공정이용의 역설
- 시소에 올라탄 거인, 균형의 복원

유민총서
26

공정이용의 역설
- 시소에 올라탄 거인, 균형의 복원

| 남형두 지음 |

홍진기법률연구재단

To Suzie

프롤로그

채무

　대학교수가 됐을 때 선배 교수들에게서 교과서부터 쓰라는 말을 들었다. 학기가 거듭될수록 수강생의 수가 줄어든 데는 여러 원인이 있었을 텐데 교과서의 부재도 그중 하나였을 것이다. 교육과정이라는 틀을 미리 정해두고 가르치는 중고등학교도 아닌데 학문의 전당이라는 대학에서 교과서로 가르쳐야 한다는 말인가? 일반지식을 빠짐없이 나열하는 교과서란, 그 속성상 저자의 독특한 견해를 제시하는 데 한계가 있을 수밖에 없다. 저작권법 분야에 이미 좋은 교과서가 여럿 있기도 했지만, 나는 대학 교단에 서면서 줄무늬 표지의 다수설/소수설/통설로 정리하는 전형적인 교과서는 쓰지 않으리라 다짐했다. 부임 후 한동안 주로 특정 주제의 연구논문을 쓰다 보니 호흡이 긴 전문서에 대한 갈증이 생겼다. 2015년 출간된 『표절론』이 나온 배경이다.
　첫 저서에 대한 평가는 기대 이상이었다. 물론 당시 표절 문제로 홍역을 앓고 있던 사회적 분위기 속에 환영받은 측면이 있는데, 그 평가 중 하나는 홍진기법률연구재단에서 수상한 것이었다. 시상식 수상 소감에서 나는 내 발목을 잡는 실수를 하고 말았다. 일부러 멋지게 말하려고 했던 것은 아니었지만 나는 내가 작성하고 있는 원고에 대해 운을 뗐다. 다소 늦게 학문의 길에 접어들면서 인류의 미래를 위한 저술을 남기고자 했는데, 이를 말로 옮긴 것이다. 그날 이후 나는 스스로 채무자가 되어버렸다. 누구도 그 말을 기억하여 지키라고 하지 않았지만, 허언이나 하는 사람이 되지 않으려 노력했으니 수상 소감에서 한 말은 발목이 아닌 손목을 잡아 이끈 셈이 되었다.

구상

　당초 구상은 법학의 학문으로서의 정체성과 관련된 생각을 정리하는 것이었다. 유독 우리나라 법학이 실무와 유리된 것은 말할 것도 없고, 현실 세계를 바꿀 힘도 의지도 없는 박제된 학문으로 전락한 것에 자괴감이 들었다. 마침 나의 전공 분야인 저작권법은 법학을 넘어 학문 전반, 나아가 인류의 미래와 연결되는 논의의 한복판에 놓이게 되었다. 2021년 미국 연방대법원은 오라클(Oracle)이 구글(Google)에 대해 제기한 저작권침해 소송에서 소제기 후 11년 만에 저작권을 침해하지 않았다는 판결을 선고했다. 판결을 요약하면, 구글이 저작권으로 보호되는 오라클의 디클레어링 코드(declaring code)를 무단 복제한 사실을 인정하면서도, 공익에 부합하므로 공정이용(fair use)에 해당한다는 것이다. 항소심에서는 저작권침해를 인정하기도 했으나, 연방대법원은 이를 뒤집었다. 소송이 시작되었을 때와 비교할 수 없을 정도로 세계적인 대기업이 되어버린 구글에 패소 판결을 내리기는 어려웠으리라 짐작된다. 만약 구글이 패소 판결을 받았다면, 구글의 모바일 기기 운영체제인 안드로이드가 불법 침해물이 되고 그로 인해 애플과 함께 모바일 앱 마켓을 양분하고 있는 구글플레이 스토어는 큰 위기를 맞았을 것이다. 연방대법원은 법리 대신 정책적 접근을 선택했다고 할 수 있는데, 오죽하면 반대의견을 제시한 토마스 대법관이 이제 미국에서 저작권법은 사라진 것이나 다름없다고 판결문에 썼겠는가? 같은 행위를 개인이나 일반 기업이 했다면 공정이용으로 인정받지 못했을 사건에서 인류에게 큰 혜택을 준다는 이유로 구글을 위해 굽은 판결이 선고됐다는 비판은 미국에서도 나왔다. 예로부터 추수 때 모퉁이까지 다 거두지 않고, 떨어진 이삭을 줍지 않는 것은 나그네와 고아를 위한 배려였다. 공정이용 제도는 바로 이런 정신에서 출발했는데, 세계에서 가장 강력한 힘을 가진 기업이 '작은 이용자'를 위해 만들어진 이 제도를 이용했고 법원이 이를 승인한 것이다.

2022년 ChatGPT의 출시는 인류 역사를 뒤바꿀지도 모른다는 설렘과 아울러 우려를 자아내고 있다. 생성형 인공지능은 성능을 고도화하기 위해 저작물, 개인정보 등을 트레이닝 데이터로 쓴다. 인터넷을 통해 접근할 수 있는 거의 모든 콘텐츠를 'TDM (Text and data mining)'의 대상으로 삼는 인공지능 개발사 등 빅테크의 비즈니스 계획(scheme)과 비교한다면, 특정 회사의 저작물 중 일부를 가져다 써서 문제가 된 '오라클 v. 구글' 사건은 그저 작은 사건이 되고 만다. 이제 국가 간 또는 기업 간 인공지능 개발에 사활을 건 치열한 경쟁 속에서 저작권은 거대한 바람에 휩쓸리는 한갓 풀 같은 존재로 전락할 것인가? 이런 상황에서 저작권법 논의는 한가한 소리로 여겨지거나 현실성 없는 책상물림으로 치부되기 쉽다. 그러나 빅테크와 인공지능 개발사의 거침없는 질주 속에 인류의 미래를 진정 걱정하는 사람이 있다면, "저작권법이 그런 일을 할 수 있어?"라는 물음에 "그렇다"라고 대답한, 이 책에 조금의 관심을 기울여 주시기를 나는 희망한다.

난관

2017년 말 거창하게 연구를 시작했지만, 도무지 그 끝을 볼 수 있을까 싶게 허우적거리다가 빠르게 발전하는 인공지능 기술이 가져오는 법률환경의 혼란(chaos) 앞에서 나는 중간 기착지가 필요했고, 결국 '공정이용'이란 주제에 집중하기로 스스로 타협하게 되었다. 2023년 상반기 일본 게이오대학에서 연구 학기를 보내면서 그간 논의를 바탕으로 본격적으로 집필에 몰두했다. 최초 구상은 200자 원고지 1,000매였는데 탈고하고 보니 3,500매가량 된 것으로 이 '타협'이 얼마나 힘든 작업이었는지 독자들께서는 짐작하실 것으로 생각한다. 책을 쓰는 내내 내 안의 열정과 냉정이 "빨리 가자"와 "그럴 수 없어"의 사이에서 대립하는 나날이었다.

매일 배달되는 신문도 구문이 되는 세상에서 작성에 몇 달 걸리는 150매내외의 연구논문도 출간 즉시 새로운 것이 나와 읽히지 않는 판에 여러 해 걸리는 단행본이라니... 그것도 하루가 다르게 기술 발전이 이루어지고 있는, 인공지능을 포함한 주제를 다루는 분야에서 수백 페이지 분량의 단행본을 누가 읽는다고 거기에 파묻혀 있는가? 처음 집필을 시작했을 때는 꽤 많이 앞서 있다고 생각했다. 그런데 작업이 더디어지면서 마치 아우토반에서 시속 100km로 달려도 전후좌우에 200km로 주행하는 차량 때문에 뒤로 가는 것처럼 느껴졌다. 이런 속수무책의 감정은 특히 관련 뉴스를 접하거나 세미나에 참여할 때 나를 사로잡았다. 집필이 늦어질 때마다 정체된 느낌이 들었고 더욱이 본질을 규명하려고 깊이 들어갈수록 기차의 역방향 좌석에 앉은 것 같았다. 서둘러 마무리하여 출판해야겠다고 생각하면서도, 영화 '쉰들러 리스트'에서 주인공이 한 명이라도 더 구하기 위해 리스트에 이름을 적었던 것처럼 내게는 짧지 않은 기간 읽고 생각하면서 해두었던 메모가 마치 활자가 되어 나오기를 기다리는 리스트로 여겨졌다. 그 사이에 오래전부터 생각해 온 것을 누군가 먼저 발표하거나, 내가 품었던 우려가 여기저기서 분출하듯 터져 나올 때 든 감정은 양가적이었다. 작업이 늦어짐에 따른 '조급증'과 나의 예상이 틀리지 않았다는 '안도감' — 이는 나의 우려가 현실화되고 있음에 대한 두려움이 섞인 안도감 — 이 그것이다. 이 두 마음이 여기까지 나를 이끌었다. 포기하지 않고 템포를 잃지 않으면서 마무리할 수 있었던 것은 학문의 숭고함과 인간의 존엄·가치에 대한 믿음 때문이라고 한다면 너무 거창하다고 말할지 모르겠으나 이것이 내 진심이라는 것만은 분명하다.

2017년부터 시작했으니 2024년 초 초고가 나오기까지 6년 이상 걸렸는데, 초고가 나오고도 출판사에 넘기기까지 6개월이 더 소요됐다. 한 편의 논문을 쓰는 것이 육면체 퍼즐의 한 단면을 맞추는 것이라면, 단행본을 저술하는 것은 육면 전부를 맞추는 것에 비유할 수 있다. 그것도 수미일관을 추구한 체계서라면 더욱 복잡해진다. 그런데 내놓으러 보니, 내가 맞췄다고 생각한 퍼즐은 전체에서 지극히 작은 조각임을 알게 된다. 법학, 학문, 인간사에 비하면 이 얼마나 하찮은 것인가?

이 책은 통독을 전제로 쓴 체계서이다. 수시로 앞뒤로 오가며 수정하고, 새로운 사건이나 견해가 나오면 반영하느라 다 왔다고 생각했을 때도 끝을 보기 어려웠다. 그러니 이 책이 출간되어 나올 때 벌써 개정(업데이트)해야 할 부분이 발견된다고 하여 놀랄 것도 아니다. 그래도 책의 핵심적 가치는 유효기간이 조금은 길지 않을까 스스로 위안해 본다.

틈

이 책은 저작권법을 전체적으로 다루지 않고 공정이용만을, 그것도 '오라클 v. 구글' 사건에서 크게 논의됐던, 그리고 오늘날 공정이용 이론을 선도하는 미국에서 가장 각광받는 '변형적 이용 이론'을 주된 내용으로 한다. 법제사적으로 매우 드물게도 권리의 시원(始原)을 알 수 있는, 젊은(young) 권리인 '저작권'이 후발 창작자의 창작활동을 지나치게 제한한다는 비판에 따라 생겨나 발전해 온 제도가 '공정이용'이다. 그런데 미국 연방대법원이 쏘아 올린 신호탄은 인간 저작물의 '최대 이용자'인 빅테크에 대해 브레이크 역할을 해야 할 '저작권 제도'를 '공정이용'의 새로운 법리로 형해화해 버렸다는 비판을 받고 있다. 이제 공정이용은 TDM 면책이라는 이름으로 인류가 그간 축적한 엄청난 양의 지식을 트레이닝 데이터로 사용하는 인공지능 개발사에 액셀러레이터가 될 기세이다.

공정이용은 저작권법의 한 제도이지만 이제 그 안에 머무를 수 없는 상황이 되고 말았다. 인류의 미래가 빅테크와 인공지능에 의해 지배당할 가능성과 위험성이 크다는 점을 우려한다면, 공정이용은 이를 멈춰 세우거나 최소한 감속하게 할 수 있는 법적 수단이 될 수 있기 때문이다. 여기에서 공정이용 논의는 경쟁법, 개인정보 보호법, 노동법, 조세법 등 법학의 제 분야를 넘어 표현의 자유(언론학), 표절금지윤리, 언어학, 컴퓨터과학(인공지능 포함), 정치학, 경제학, 장애/사회복지학, 예술, 철학, 신학 등 걸치지 않는 분야가 없을 정도로 논의의 연결점이 확장되고 있다. 거꾸로 말하면, 이들 여러 학문에서도 인공지능을 중요한 의제로 다루고 있음은 분명한 사실인데, 이 책의 논의가 인공지능을 바라보는 학문적 시야를 넓히고 협력하는 데 조금이나마 이바지하기를 기대한다. 인공지능의 눈부신 발전 앞에 비관적 회의주의에 빠져 있을지 모를 제 분야 학자들에게, 이 책이 저 멀리 어두컴컴한 곳에서 아직 끝나지 않았다고 외치는 희망의 소리가 되었으면 한다.

　제조업 분야의 분업화가 학문에 들어오면 전문화로 포장된다. 컨베이어 벨트 앞에 선 노동자처럼, 학문의 전문화와 세분화에 빠진 학자들은 깊이를 얻는 대신 넓이를 포기하게 된다. 양자를 다 취하기 어려운 상황에서 여전히 좁고 깊게만 파다 보면, 전체를 조망하는 일은 불가능해질지도 모른다. 다른 학문은 몰라도 인간과 세상을 콘텍스트로 하는 법학이 이렇게 분절/파편화된 방법론으로 현실을 당해낼 수 있을까? 문제는 분과들과 전공들 '사이'의 벌어진 '틈'에서 발생한다. 나는 그 '틈'을 메우는 일에 공부의 열정을 쏟기로 마음먹었고 이 책은 그 여정을 보여줄 것이다. 아래 이 책을 집필하는 과정에서 교유하며 가르침을 주었던 분들과 그들의 전문 분야만 보더라도 그간 여기저기 얼마나 많은 발자국을 내려고 했는지 독자들은 알게 될 것이다. 김광규의 시 <생각과 사이>에 이런 대목이 있다.

> 시인은 오로지 시만을 생각하고
> 정치가는 오로지 정치만을 생각하고
> 경제인은 오로지 경제만을 생각하고
> 근로자는 오로지 노동만을 생각하고
> 법관은 오로지 법만을 생각하고 (중략)
> 학자는 오로지 학문만을 생각한다면

이 세상이 낙원이 될 것 같지만 사실은

시와 정치의 사이
정치와 경제의 사이
경제와 노동의 사이
노동과 법의 사이
법과 전쟁의 사이 (중략)
관청과 학문의 사이를

생각하는 사람이 없으면 다만
휴지와
권력과
돈과
착취와
형무소와 (중략)
통계가

남을 뿐이다.

나는 이 책을 통해 '사이'를 들여다보고, '틈'을 메우려고 했다. 때로는 Nature에 실린 논문을 읽고, 별을 연구하는 천문학자와의 대화를 즐겼다. 그러면서 나는 몽테스키외와 아우구스티누스를 생각했다. 이를 학제적 연구(interdisciplinary research), 종합적 접근(holistic approach)으로 불러도 좋을 것이다.

기억

나는 이들을 기억해야 한다. 그것도 구체적으로. 그들이 내게 한 학문적 증여가 기억 속에 쇠미해져 사라지기 전에 활자로 명확히 남기고자 한다.

이일호 박사는 선생과 제자의 관계로 연을 맺었으나 학문의 길에 동반자가 된 지 오래되었다. 수시로 좋은 의견을 주었을 뿐 아니라 초고가 나왔을 때 늘 그랬듯이 그는 첫 독자(first reader)가 되어 부족한 부분을 보완해주었다. 연세대학교 법학전문대학원 동료 교수에 대한 고마움을 잊을 수 없다. 함재학, 이연갑, 이중교, 조인영, 박정난 교수님은 논의가 저작권법을 벗어나 뻗어갈 때 조언을 구했던 분들이다. 그들의 도움이 없었다면 멈춰 섰을 논의가 빛을 보게 된 것이 꽤 있다. 전작 『표절론』에 이어 한승 변호사(전 전주지방법원 원장)는 어떤 법 분야든 내게 길을 열어주었던 지우이다. 나는 참으로 무모할 정도로 여러 분야의 최고 전문가 교수·박사님들께 도움을 요청했고, 그들은 너그러운 마음으로 친절하게 길을 안내해 주었다. 김성호(정치학), 한준(사회학), 이상길(커뮤니케이션), 고운기(국문학), 윤혜준(영문학), 이재은(미술사), 최재천·김우택·송기원(생물학), 권영준(물리학), 김상철(천문학), 김원주(신경과), 여종석(인공지능), 그리고 신학 분야의 김기석 목사님, 고 문지식 목사님 등, 독자들은 이 책의 각주에서 이분들의 이름 또는 통섭의 흔적을 발견할 수 있을 것이다. 일본 와세다대학의 우에노(上野達弘) 교수, 게이오대학의 키미지마(君嶋佑子) 교수 그리고 영국 애버딘 대학의 두카토(Rossana Ducato) 박사의 도움도 빼놓을 수 없다. 학제적 연구가 가능하도록 도움을 준 이들에게 크나큰 학은(學恩)을 입었다. 그들이 없었다면, 이 책은 나올 수 없었다고 감히 말하고 싶다. 자료를 찾아 리서치 해주고 편집에 도움을 준 김건희 박사, 대학원생 이솔, 박도윤, 성승명, 오수아 등과 꼼꼼히 교열을 봐준 윤주형 변호사, 민건호·서준혁 공익법무관, 에필로그 끝에 '사마귀'를 멋지게 그려준 박재진 작가, 그리고 경인문화사의 한정희 대표님, 편집부 김지선 실장님과 여러 선생님께도 고마움을 표한다. 이 책은 홍진기법률연구재단의 2023년 학술서 발간 지원 사업의 지원을 받아 출간하게 됐다. 한국 법학의 발전에 크게 기여하고 있는 재단에 감사를 드린다.

나의 사랑하는 가족, S, H, W, J 등에게 고맙다는 말을 전한다. 엑상프로방스에서 뮌헨으로 돌아오는 TGV, 블라디보스토크에서 이르쿠츠크까지 가는 시베리아 횡단 열차, 그리고 주말 식탁 등지에서 세상에 막 나온 내 생각이 처음 마주한 대상은 이들이었다. 대화를 통해 생각은 더욱 영글어졌는데, 특히 J의 타박에 가까운 비판은 이 책의 소중한 일부가 되었다. 생각이 막힐 때면 찾았던 안산 자락길과 그곳에서 퍼 올려진 아이디어는 이 책에 상감(象嵌)되어 있다. 집필은 고통이었지만 행복한 나날이었다.

배가 가라앉지 않고 뜨는 것은 중력(重力)보다 부력(浮力)이 크게 작용하기 때문이라고 한다. 부력 같은 은총에 감사한다. *SDG*

2025년 2월

저자 남형두

목 차

헌사
프롤로그

I. 서설

1. 왜 이 시점에서 '공정이용' 논의인가? ·· 3
   가. 저작권, 손톱 밑 가시 ··· 3
   나. 공정이용 논의의 의의 ··· 5
2. 저작권과 토지소유권의 유비(類比) ·· 10
3. 공정이용과 TDM 면책 ·· 12
4. 논의 구성 ·· 14

II. 공정이용 법리의 발전

1. 비교법 연구 ·· 19
   가. 과학적 합리성 ··· 19
   나. 맥락에 대한 이해 ·· 22
2. 공정이용의 법제화(Codification) ·· 26
3. 판례이론의 발전과 경향성 — 미국 판례를 중심으로 ························· 31
   가. 개요 ··· 31

나. 저작권자 중심 사고 — 제4 요소 중심 ································· 37
  ⑴ 전통적 논의와 새 물결 ··· 37
  ⑵ 시장 중심 패러다임(Market-centered paradigm) ················ 38
    ㈎ Sony 판결 ··· 38
    ㈏ Harper 판결 ··· 40
    ㈐ 평가 ··· 41
  ⑶ 가치 중심 패러다임(Value-centered paradigm) ··················· 44
    ㈎ 오버랩 현상 ··· 44
    ㈏ 시장 외 가치 ··· 45
      ① Loss leader ·· 46
      ② Disincentive ··· 49
      ③ Authoritative voice ·· 51
      ④ 저작물의 가치와 저자의 권위 ····································· 54
      ⑤ 교육적 가치 ··· 57
    ㈐ 저작인격권 부재의 보완 ··· 59
  ⑷ 정리 및 평가 ··· 60
다. 공익 중심 사고: 변형적 이용 패러다임(Transformative use paradigm)
    — 제4 요소의 쇠락과 제1 요소의 부상 ······························· 62
  ⑴ Campbell 판결 — '변형적 이용 이론'의 적용 ····················· 63
    ㈎ '변형적 이용 이론'의 양적 확대 — 공익의 부상과
      저작권의 페이드아웃 ··· 69
      ① 변형적 이용이 주된 쟁점이 된 여러 판결 ················· 70
      ② Google Books 판결 — 대량 디지털 복제(mass digitization)
        시대의 서막 ··· 73
    ㈏ '변형적 이용 이론'의 질적 전환 — 의미론적 변형 ········ 79
      ① Koons/Prince 판결 등 ··· 79
      ② 현대미술과 저작권법의 불편한 동서(同棲) ················· 85
      ③ 정리 ··· 95

  ⑵ Oracle 판결 — 공익이란 틈을 이용한 빅테크 ·················· 96
   ㈎ 저작권의 형해화와 저작권법의 종언 가능성 ·················· 96
   ㈏ 재판 과정에서의 왜곡 가능성 ····································· 99
    ① 불확정 개념과 빅테크의 재판 전략 ························· 99
    ② 대마불사 전략에 굴복한 사법부 ··························· 104
   ㈐ 여론(餘論): 저작물의 특수성 — 긴즈버그 교수의 견해 ········· 110
  ⑶ Warhol 판결 — 현대미술의 저작권법적 논의 ················ 112
   ㈎ 의미론적 변형이 있기는 한가? ································ 116
   ㈏ 의미론적 변형도 '변형적 이용'으로 볼 수 있는가? ········· 117
   ㈐ 의미론적 변형을 공정이용으로 인정한다면 그로써 희생되는
    이익은? ·· 120
   ㈑ 사법 자제 ·· 122
  ⑷ 정리: 장르에 따라 흔들리는 '공익' ···························· 123
 라. 소결 ·· 125
4. 공정이용 논의의 새로운 패러다임 ·································· 126
 가. 저작물 이용 환경(context)의 변화 ······························· 127
 나. Doctrinal approach / Policy based approach ················ 129
 다. 종합적 접근 ·· 131
  ⑴ 학제적 연구 — 저작권법을 넘어 절전(折箭)으로 ············ 131
  ⑵ 통시적 연구 — '시간차 공격'에 대한 대응 ················ 134
 라. 파괴적 혁신기술에 대응하는 법학적 상상력 ······················ 137

Ⅲ. 공정이용 이론과 TDM 면책 논의

1. 공정이용 제도의 본질론 ·· 148
 가. 보조금과 부의 재분배 이론 ······································ 151
  ⑴ 조세 관점에서 본 저작권 ····································· 152
  ⑵ 조세 관점에서 본 공정이용 ··································· 154

(3) 공정이용과 부의 재분배 — 부의 왜곡 현상? ·· 159
　　(4) 빅테크, 부의 재분배 역할자? — 가정적 반론과 재반론 ·················· 162
　　(5) 지대(地代) 논의의 양면성 ··· 164
　나. 공용수용 이론 ·· 168
　　(1) 유추 ··· 168
　　(2) 비판 ··· 170
　　　(가) 주체 ·· 170
　　　(나) 목적 ·· 171
　　　(다) 보상 ·· 173
　　　　① 금전적 보상 ··· 174
　　　　② 비금전적 보상 — 출처표시 ··· 175
　다. 새 제안 — 주위지(周圍地) 통행권 이론 등 ··· 177
　　(1) 주위지 통행권 이론 ·· 177
　　　(가) 유추 ·· 177
　　　(나) 지가 상승에 따른 형평 문제 — 민사 및 조세 정의 차원 ········· 180
　　(2) 상린관계 이론 ·· 182
　　(3) 빅테크와 공정이용 — 수용(收用)인가 선린(善隣)인가? ················ 183
　라. 여론(餘論) — '이어달리기 이론' ·· 186
2. 플랫폼과 공정이용 ·· 192
　가. 플랫폼 ··· 192
　　(1) 터미널과 플랫폼 ·· 193
　　(2) 플랫폼 분류 — 다양하고 복층적인 플랫폼 유형 ···························· 195
　　(3) 플랫폼과 저작권 쟁점 ··· 198
　나. 플랫폼 환경과 저작물 유통 ·· 202
　　(1) 저작권과 시장·경쟁 개념 — 저작권 보호 범위 ······························ 202
　　(2) 플랫폼의 출현과 시장·경쟁 구도의 변화 ··· 204
　　　(가) 저작권자 대 플랫폼 ··· 206
　　　(나) 플랫폼 서비스 이용자 대 플랫폼 ·· 208
　　　(다) 광고주 대 플랫폼 ·· 209

(3) 정리 ·· 210
　다. 플랫폼 환경과 공정이용 ··· 211
　　(1) 시장의 범위: 제4 요소 ··· 211
　　　(가) 예상치 못한 경쟁자의 출현 ···································· 212
　　　(나) 새로운 시장 개척에 따른 선점 및 독점의 정당성 검토 ······ 215
　　　(다) 양면 시장에 유리한 결과? ···································· 217
　　　(라) 제4 요소의 '가치' ··· 217
　　(2) 영리 목적: 제1 요소 ··· 219
　라. 소결 — 파편과 종합 ·· 221
3. 공익의 이름으로 ·· 222
　가. 개요 ··· 222
　나. 공익과 사익의 관계 — 인격권이 함유된 재산권으로서 저작권 ········ 225
　다. 공익 개념의 모호성 ·· 227
　　(1) 공동체(community)의 정의와 범위 ······························ 227
　　(2) '사회를 풍요롭게(enrichment of society)' 하는가? ·············· 231
　라. 빅테크, 공익의 대표자? ··· 235
　　(1) 위장된 공익의 담지자 ··· 235
　　(2) 사실상 사법 기능 수행 — 사법주권의 형해화 ················· 242
　　　(가) 기본권(재판받을 권리) 침해 ·································· 243
　　　(나) 사기업이 국제적 기준을 통일하는 것이 합리적일까? ······· 248
　　　(다) 표현의 자유 억압이라는 의외의 효과 ························ 251
　　　(라) 심각한 재산상 손해 발생 — 권리금 회수 기회 봉쇄 ······· 255
　　　　① 임대차 관계 유추 ··· 256
　　　　② 권리금 ·· 257
　　　(마) 정리 — "누가 너를 재판관으로 삼았느냐?" ················· 260
　　(3) 빅테크를 둘러싼 주권 국가 간 혼전 — 규제와 탈규제의 갈등 ······ 261
　마. 소결 — 공익이란 틈을 이용하는 빅테크 ···························· 263

4. TDM 면책 — 공정이용의 미래 ·· 264
 가. 개요 ··· 264
 나. 현황 ··· 270
  (1) 산업계 현황 — ChatGPT가 쏘아 올린 신호탄 ······················· 270
  (2) 비교법적 고찰 ··· 272
 다. 생산적/소비적 이용 논의 ·· 276
  (1) 용어의 문제: 레토릭이 가져온 혼란 ······································· 281
  (2) 비표현적 이용(non-expressive use) — 중요하지만 오해되고
   있는 쟁점 ··· 285
   (가) 비판 1: 저작물 소비 방법의 차이 ······································· 286
   (나) 비판 2: 아이디어 추출을 위한 입력도 복제 ······················· 287
    ① 침해 시점의 문제 ·· 288
    ② 증명의 문제 ··· 290
    ③ 예증 ··· 291
   (다) 비판 3: 과정과 결과의 혼동 ··· 293
   (라) 비판 4: 아웃풋에 그대로 남아있는 경우 ··························· 294
   (마) 비판 5: 디지털 데이터 저작물(eBook)의 경우 ······················ 296
   (바) 정리 ·· 297
  (3) 공정이용 — 생산적 소비와 변형적 이용 ······························· 297
   (가) 생산적/소비적 이용 이분법 — Sony 판결 재검토 ············ 297
   (나) 교사 및 법관 사례 ·· 298
   (다) 소비는 생산을 위한 준비? ·· 300
 라. 21세기판 공정이용 — 제3의 인클로저 ····································· 303
  (1) 인클로저 운동 엿보기 ··· 304
  (2) 제3의 인클로저 ··· 306
  (3) 각 인클로저 비교 ··· 310
  (4) 공정이용/TDM 면책과 인클로저 — 비가역성이 주는 경종(警鐘) ······· 314
  (5) 인클로저의 명암 ··· 317
   (가) 효율성 논의의 함정 ·· 317

(내) 해자(垓字) — 혁신을 가로막는 혁신기업 ·································· 318
마. 역차별이 초래할 디스토피아 ·· 320
　(1) 인간중심주의의 역효과 ·· 321
　　(개) 권리능력 측면 ··· 321
　　(내) 책임 측면 ··· 323
　　　① AI/TDM 면책 관련 사례 ··· 324
　　　② 차별을 악용한 사례 ·· 325
　　　③ 소벨 주장에 대한 비판 — 부역(賦役)을 넘은 부역(附逆) ········· 326
　(2) 빈약한 공리주의 비판 ·· 328
바. 몇 가지 대안 비판 ·· 331
　(1) 기술 측면 ·· 332
　　(개) 창과 방패 — 스크래핑(Scraping)과 데이터 독 살포
　　　　(Data poisoning) ··· 332
　　(내) 머신 언러닝(Machine unlearning) ··································· 336
　(2) 법적 측면 ·· 339
　　(개) 전면적 '옵트 인' 방식 ··· 339
　　(내) 사용 후 보상 제도 ··· 342
　　　① '옵트 아웃' 방식과의 차이 ·· 344
　　　② 시장실패 이론의 극복 — 인본주의 정보경제와 그 위험성 ········ 344
　　(대) 정리 ··· 349
사. 소결 ·· 349
아. 여론(餘論): pre-TDM으로서 뮤프리 사건 ································· 351

Ⅳ. 공정이용 논의의 새로운 지평

1. 귀납적·경험적 고찰 ·· 355
　가. 개요 ··· 355
　나. 문화의 플랫폼 종속 — 플랫폼 측면 ······································ 357

⑴ 문화의 사은품 화(化) 경향 — 미끼·끼워팔기 상품으로 전락 ············ 359
 ㈎ 관심 끌기 경쟁과 빅테크 플랫폼 ································· 362
 ㈏ 관심 끌기용 미끼로서의 저작물 ································· 363
 ㈐ 플랫폼을 매개로 만나는 창작자와 소비자 ····················· 365
 ㈑ 전통적 저작권환경의 몰락과 창작물의 사은품 화(化) ········ 369
⑵ 플랫폼의 문화 지배 현상 — 주객전도(主客顚倒) ··················· 371
 ㈎ 유통경로 장악이 초래할 형식·내용 지배 ······················· 371
 ㈏ 다양성 상실 ·· 376
⑶ 예상 반론과 재반론 ·· 379
 ㈎ 몇몇 사례로 예단하는 것은 섣부르다? — '손바닥만 한 작은 구름' ·· 380
 ㈏ 품질의 저하라고 단정할 수 있나? ······························· 382
 ㈐ 예술의 새로운 경향으로 이해할 수는 없나? ·················· 383
다. 가치 전도 현상 — 인공지능 측면 ·· 386
⑴ 합리적 논의를 위한 전제 ··· 387
 ㈎ 낙관론·비관론과 규제 관점 ······································ 387
 ㈏ 강·약 인공지능 논의의 허상 ····································· 388
 ㈐ Tendency / Causality ·· 390
 ㈑ 특이점 ··· 396
⑵ 단순화·다수설의 오류 ··· 397
 ㈎ 단순화의 오류 ··· 397
 ㈏ 다수설의 오류 ··· 401
⑶ 효율성 신화(神話)의 맹점 — 옥수수밭과 목장 ······················ 402
⑷ 과정이 생략된 결과의 위험성 — 콩고기와 고양이 ················· 412
⑸ 인공지능에 지배당할 위험에 노출된 인류 — 탁란종 이야기 ····· 414
⑹ 트레이닝 데이터의 고갈 — 종(種)의 몰락 ··························· 416
라. 민주주의의 위기 — 미디어를 중심으로 ································ 419
⑴ 저작권·공정이용과 민주주의 ·· 419
⑵ 미디어의 문제 ··· 422
 ㈎ 최전선에 놓인 미디어 기업 ······································ 424

(내) 미디어 기업의 양면성 ··· 427
2. 대안적 논의 ··· 432
　가. 개요 ··· 432
　나. 표절 논의 — 인간의 고유성을 지켜줄 최후의 보루(堡壘) ··············· 433
　　(1) 인간의 고유성과 진정성 — '불완전한 완전성'과 창의성 ·············· 433
　　(2) 하이테크 표절 기계 — 촘스키가 쏘아 올린 공 ····························· 438
　　(3) 언어 습득에 관한 인간·인공지능의 차이 — 암기와 지식 ············· 441
　　(4) 정리 ··· 443
　다. 조세적 해법과 기본소득 논의의 단초 ··· 444
　　(1) 실패 논증 ··· 444
　　(2) 조세적 해법 — 이른바 데이터세(稅) 논의 ····································· 447
　　　(개) 실패 논증에 터 잡은 데이터세 ·· 447
　　　(내) 전장(戰場)의 이동: 사전 규제에서 사후 규제로? ····················· 449
　　　(대) 본말전도의 함정 — OSP 책임 제한 법리의 교훈 ···················· 450
　　　(래) 정리 ··· 455
　　(3) 기본소득 논의의 입구(入口) ·· 456

V. 한국의 공정이용 논의

1. 개관 ··· 463
　가. 공정이용 조항 도입 경위 — 한미 FTA ··· 463
　나. 제35조의5와 제28조의 관계 ·· 466
　다. 불확정 개념과 판례의 중요성 ··· 475
　라. 한계 ··· 478
2. 한국 공정이용 판결의 특징과 비판 ··· 480
　가. 저작권과 공정이용의 수단화 경향 ·· 483
　　(1) 현상 ·· 483
　　(2) 정치적 표현의 자유 관련 ·· 485

  ⑺ 국가권력 대 개인 ··· 485
  ⑻ 방송 인용 보도 ··· 492
 ⑶ 종교적 표현의 자유 관련 ··· 497
 ⑷ 문화예술 표현의 자유 관련 ·· 499
  ⑺ 누드 패러디 판결 ··· 499
  ⑻ 패러디와 풍자 — Warhol 판결 비교 ························· 502
   ① 추가 공통 쟁점 ··· 502
   ② 가정적 논의 — 퍼블리시티권 쟁점 ···················· 503
   ③ 공익과 사익의 형량 ·· 504
 ⑸ 정리 — 경제의 외피를 쓴 비경제적 갈등 해결의 수단 ········ 506
 ⑹ 여론(餘論) ··· 508
나. 민사·형사 구제 절차의 혼용 ·· 510
 ⑴ 개요 ·· 510
 ⑵ 비교법적 검토 ·· 511
  ⑺ 법 제도 측면의 비교법적 검토 ································ 512
  ⑻ 실무 차원의 비교법적 검토 ····································· 515
   ① 압도적인 형사 접수 건수 ··································· 518
   ② 기소 후 최종 처벌 정도의 미약 ························· 518
   ③ '공소권 없음' 처분의 과도한 비중 ······················ 519
  ⑼ 정리 ·· 519
  ⑽ 여론(餘論) ··· 520
 ⑶ 형사적 해결 선호 현상 ·· 521
  ⑺ 법률문화 일반론 ··· 522
  ⑻ 저작권시장의 협소성 — 거미줄 비즈니스 ················ 524
   ① 청소년 상대 합의금 장사 ··································· 524
   ② 합법적 이용 후 불법적 이용 방치 ····················· 525
  ⑼ 무기력한 손해배상 제도 ·· 528
  ⑽ 대리인의 논리 — '틈새시장' 공략 ··························· 529
  ⑾ 정리 ·· 532

(4) 절차 혼용이 가져오는 재판 왜곡 — 형사재판의 공정이용을
　　중심으로 ··· 533
　(개) 증거 ··· 533
　　① 증명책임 ·· 533
　　② 증명의 정도 ·· 539
　　③ 위법수집증거의 증거능력 ··· 540
　　④ 정리 ··· 541
　(내) 법률의 변경에 따른 재판시법 문제 ····························· 542
　　① "범죄를 구성하지 아니하게 된 경우"에 해당하는지 ········ 543
　　② 법령 변경 사유에 관한 대법원판결의 변경 ·············· 545
　　③ 여론(餘論) ··· 547
(5) 정리 및 대안 ·· 548
다. 합리적 분석·논의 결여 ··· 550
(1) 본격 논의에 앞서 ·· 550
(2) 빈약한 논증 ··· 553
　(개) 부실한 이유 기재 ··· 553
　(내) 분석과 종합의 혼재(混在) ·· 554
(3) 제3 요소의 비율 논의 ·· 559
　(개) 피해저작물 기준 비율 ··· 561
　　① 잘못 적용한 판결 사례 ·· 561
　　② 저작물의 장르적 특성 — '분모 찾기'의 중요성 ········ 564
　(내) 침해물 기준 비율 ··· 566
　　① 문리해석 등 ·· 566
　　② 유체물과 절도죄 ·· 570
　　③ 무체물과 저작권침해 ··· 572
　　④ 두 단계의 논의 ·· 575
　　⑤ '침해물 기준 비율'의 새로운 용처 — 표절 논의 ······ 576
　　⑥ 논의의 실익 ·· 577
　　⑦ 질적 비중 ·· 579

| ⑧ 고려 순위 ··· 579
    ⑷ 공정이용 환경에 대한 이해 부족 ····································· 579
        ㈎ 이용 맥락 ··· 580
        ㈏ 이용과 컴플라이언스 ··· 581
            ① 합법성/불법성 ··· 581
            ② 선의/악의 ··· 582
    ⑸ 정리 ·· 585
  라. 과도한 시장 중심 접근 ··· 586
    ⑴ 개요 ·· 586
    ⑵ 비영리성 중시 ··· 587
    ⑶ 시장 대체 가능성 중시 ··· 589
    ⑷ 지체현상의 공과(功過) ·· 594
    ⑸ 정리 ·· 595
  마. 기타 ·· 596
    ⑴ 제35조의5 제1항: 베른협약 정신의 적극적 활용 ············· 596
    ⑵ 제37조 제1항: 공정이용의 부수적 의무로서 출처표시 ···· 599
3. 대안 ··· 602
  가. 비판을 위한 변명 ··· 602
  나. 몇 가지 대안 ·· 603
    ⑴ 법관의 역할: 저작권분쟁의 수단화 시도에 대한 저항 ····· 604
    ⑵ 학계의 역할: 학계의 법리 개발과 실무의 화답
        — 법학계와 실무계의 산학연계 ·· 606
    ⑶ 제도개선: 관할 집중과 전문 법관제 ······························· 608

에필로그 611
참고문헌 613
참고판결 638
찾아보기 643

- 표
    1. 미국 연방대법원 공정이용 판결 32
    2. Oracle 판결과 Warhol 판결 법정의견/반대의견의 대법관 분포 123
    3. 저작물 이용 환경의 변화 128
    4. 각 인클로저 비교 313
    5. 한국 저작권침해 사범에 대한 검찰 처분 현황 515
    6. 청소년 사범 집계(2008~2011) 517
    7. 한·미·일 비교(2019~2021) 517

- 그림
    1. Blanch v. Koons (2006) 81
    2. Rogers v. Koons (1992) 81
    3. Cariou v. Prince (2013) 83
    4. Yves Klein 92
    5. Goldsmith v. Warhol (2023) 114

- 사진
    1. Frank Garlord 동상 72
    2. John Alli 사진 72
    3. 미국 우표, Korean War Veterans Memorial 72
    4. Dress from Klein's 92

- 도해(diagram)
    1. 앱 시장 운영 플랫폼(상위 플랫폼) 198
    2. 앱 형태 플랫폼(하위 플랫폼) 198
    3. 플랫폼 생태계 구도 198
    4. 플랫폼의 삼면 시장 구도 205
    5. 이용자·저작권자·플랫폼의 삼자 구도 239
    6. 저작권침해와 표절 475

I
서설

"책이란 우리 마음속에 있는 얼어붙은 바다를 깨는 도끼여야 해. 나는 그렇게 생각해"
(Br 27f.)

이주동, 『카프카 평전 — 실존과 구원의 글쓰기』, 소나무, 2012, 87면
(카프카가 친구 오스카 폴락에게 보낸 편지 중에서)

1. 왜 이 시점에서 '공정이용' 논의인가?

가. 저작권, 손톱 밑 가시

2022년 말 오픈AI(OpenAI)가 출시한 생성형 인공지능(Generative AI, 이하 '생성형 AI') 챗지피티(ChatGPT)는 인공지능이 산업계를 넘어 개인의 일상에 직접적인 영향을 미칠 수 있음을 알려준 계기가 되었다. 인공지능은 교육 현장, 번역/통역, 취업, 방송 제작, 스포츠 판정, 학술 및 저술 작업, 음악·미술 등 예술 활동, 정책, 입법 등 거의 모든 분야에서 인간을 대체하고 있다. 그런 가운데 몇몇 개인 창작자들이 인공지능 개발사를 상대로 저작권침해 소송을 제기하더니,[1] 급기야 2023. 12. 뉴욕타임스(New York Times)가

---

[1] 2023년 미국의 칼라 오티스(Karla Ortiz) 등 여러 명의 아티스트가 자기 작품이 기계학습에 이용되었다고 주장하며 스테이블 디퓨전(Stable Diffusion)이라는 인공지능 이미지 생성기(image generator)를 만든 스테빌리티 에이아이(Stability AI)와 이미지 생성 AI 개발사인 미드저니(Midjourney)를 상대로 저작권 및 퍼블리시티권 침해를 이유로 집단 소송(class-action)을 제기했고, 세계 최대 이미지 플랫폼인 게티이미지(Getty image)도 같은 피고들을 상대로 캘리포니아주 연방법원에 소송을 제기했다. Kashmir Hill, "Shielding artistry from the computer", New York Times (Int'l ed.), Feb. 17, 2023. 이 소송은 절차상의 문제로 기각됐는데(2023. 10), 흠결을 보완해 다시 제기됐고(2023. 11), 법원은 저작권침해 소송을 심리하기로 임시 결정을 내렸다(2024. 5). 2024. 12. 현재 인공지능을 훈련하기 위한 저작물 이용이 저작권침해인지, 공정이용에 해당하는지에 대한 판단은 아직 이루어지지 않았으나, 결국 공정이용이 재판의 쟁점이 될 것이다. Blake Brittain, "Judge pares down artists' AI copyright lawsuit against Midjourney, Stability AI", Reuters, Oct. 31, 2023. https://www.reuters.com/legal/litigation/judge-pares-down-artists-ai-copyright-lawsuit-against-midjourney-stability-ai-2023-10-30/ (2024. 12. 30. 방문); Blake Brittain, "AI companies lose bid to dismiss parts of visual artists' copyright case", Reuters, Aug. 14, 2024. https://www.reuters.com/legal/litigation/ai-companies-lose-bid-dismiss-parts-visual-artists-copyright-case-2024-08-13/ (2024. 12. 30. 방문).

오픈AI를 상대로 자사 기사를 인공지능 학습에 이용했다는 이유로 저작권침해 소송을 제기했다.[2] 인공지능의 성능을 높이기 위해 기계학습(machine learning)이 선행되는데, 그 과정에 타인의 저작물을 사용한 것이 문제가 되었다.

　인공지능 개발사로서는 자칫 사업 자체를 무너뜨릴 수 있는 저작권 문제를 결코 가볍게 볼 수 없다. 이는 인공지능 개발자들이 끊임없이 기술적으로 저작권 문제를 해결하려고 노력하는 데서 알 수 있다. 예컨대 머신 언러닝(Machine unlearning) 기술을 들 수 있다.[3] 머신 러닝에 상대되는 개념으로서 인공지능이 학습한 데이터(저작물)를 삭제하는 기술이다. 학습하지 않는 것이 아니라 학습한 것을 지운다는 점에서 저작권 문제를 근본적으로 해결한다기보다는 저작권침해의 증거를 없앰으로써 저작권분쟁에서 우위에 서려는 노력으로 이해할 수 있다. 그런데 언러닝 기술을 적용하면 인공지능의 전체적인 성능이 떨어져 머신 러닝을 통한 인공지능 성능 고도화와 모순 관계에 있다는 것이 증명되었다. 한편, 저작권 문제를 근본적으로 없애기 위해 저작물을 트레이닝 데이터로 쓰지 않는 기술이 시도된 적도 있다.[4] 마찬가지로 저작권 보호를 받지 않는 인공지능 생성물로 훈련하는 이 방법은 몇 세대가 지나면 결국 급격한 품질 저하로 모델 붕괴(model collapse)가 발생한다는 연구 결과가 나왔다. 오죽하면 이런 시도들이 있었을까 싶은 생각에서 보면, 저작권 문제가 인공지능 개발사에 얼마나 껄끄러운 것인지 알 수

---

2) Michael M. Grynbaum and Ryan Mac, "The Times Sues OpenAI and Microsoft Over A.I. Use of Copyrighted Work", New York Times (Int'l ed.), Jan. 19, 2024, https://www.nytimes.com/2023/12/27/business/media/new-york-times-open-ai-microsoft-lawsuit.html (2024. 12. 30. 방문). 오픈AI는 적극적으로 응소하고 있는데, 역시 주된 항변 사유는 공정이용으로 알려져 있다. 이지현, "오픈AI '뉴스 데이터 AI 학습은 정당 … 뉴욕타임스 소송 무의미한 일'", CIO, 2024. 1. 9.자 기사, https://www.ciokorea.com/news/320531?csidx30f493b49d743be87d716e71a0a9944 (2024. 12. 30. 방문).
3) 후술 III.4.바.(1) (나) 머신 언러닝(Machine unlearning)에서 상세히 논의할 예정이다.
4) 후술 IV.1.다. (6) 트레이닝 데이터의 고갈 — 종의 몰락에서 상세히 논의할 예정이다.

있다. 나아가, 인공지능 개발사를 곤혹스럽게 만드는 기술이 나오기도 했다. 인공지능 개발사가 인터넷에서 특정 웹페이지의 저작물을 긁어가는 스크래핑(scraping)을 막기 위해, 스크래핑이 일어나는 순간 인공지능의 기능을 마비시킬 수 있는 독(poison)을 살포하는 데이터 포이즈닝(Data poisoning) 기술이 최근 발표됐다.[5]

이처럼, 인공지능 개발사의 저작권 문제를 해결하거나 저작물 이용을 막기 위한, 그야말로 창과 방패의 싸움은 기술적으로 가능/불가능, 그리고 법적으로 허용/불허용을 넘어 꾸준히 진행되고 있는데, 인공지능 산업 발전에서 저작권 문제가 결코 무시할 수 없는 매우 불편한 존재임을 역으로 증명한다고 할 것이다. 그야말로 저작권은 인공지능 기술의 발전에 '손톱 밑 가시'와 같은 존재임이 틀림없다.

나. 공정이용 논의의 의의

공정이용 제도는 전 세계가 다 인정하고 있는 것은 아니지만,[6] 저작재산권을 제한하는 베른협약의 정신과 판례이론이 집적된 미국 저작권법의 영향으로 한국을 비롯해 점점 많은 나라에서 채택하고 있다. 한국 저작권법은 이용자의 공정한 이용을 저작권법의 목적을 달성하기 위한 하나의 수단 또는 하위 목적으로 설정해 놓고 있다.[7] 공정이용 제도 — 이와 별개로 개별

---

[5] 후술 III.4.바.(1) (가) 창과 방패 — 스크래핑(Scraping)과 데이터 독 살포(Data poisoning)에서 상세히 논의할 예정이다.
[6] 주요국 중에 독일, 일본 등이 공정이용 제도를 두고 있지 않다.
[7] 저작권법 제1조(목적) "이 법은 저작자의 권리와 이에 인접하는 권리를 보호하고 저작물의 공정한 이용을 도모함으로써 문화 및 관련 산업의 향상발전에 이바지함을 목적으로 한다." '문화 및 관련 산업의 향상발전에 이바지함'이 저작권법의 목적이라면, '저작자의 권리와 이에 인접하는 권리 보호'와 '저작물의 공정한 이용을 도모'하는 것이 위

저작재산권 제한 제도를 두는 경우 포함 — 는 내용 및 형식은 다르더라도 창작물에 저작권이라는 배타적 권리를 인정함에 따른 불합리를 보완·보충하는 제도이다.

한국의 저작권법상 포괄적 공정이용 조항(제35조의5)은 한미 자유무역협정(KOREA AND UNITED STATES OF AMERICA FREE TRADE AGREEMENT)의 산물로 2011년 저작권법 개정 때 성문화되었다.[8] 법 개정 전에는 제28조(공표된 저작물의 인용)가 그 역할을 담당했는데, 공정이용에 관한 일반조항이 도입됨으로써 개별적인 저작재산권 제한 조항인 제28조의 한계를 벗어나 더욱 유연하고 자유롭게 공정이용을 인정할 수 있게 되었다.[9]

역사적으로 보면 공정이용에 관한 많은 사건과 판례가 있었다. 영국 저작권법 초기 역사에서 있었던 fair dealing 사례들, 미국 저작권법상 공정이용에 관한 이론적 논의가 치열하게 전개되어 후속 사건에 법률처럼 적용됐던 Sony 판결(1984년),[10] Harper 판결(1985년),[11] Campbell 판결(1994년)[12] 등이 있었다. 그런데 이른바 빅테크[13]가 일방 당사자가 된 사건으로서 판결

목적 달성을 위한 수단이 된다.
8) 한국의 공정이용 조항 도입 과정 및 연혁에 대해서는 후술 V.1. 참조.
9) 이른바 '손담비 미쳤어 판결'(서울고등법원 2010. 10. 13. 선고 2010나35260 판결)은 공정이용 조항이 도입되기 전에 발생한 것으로서 제28조를 적용하여 저작재산권 침해가 아니라고 판결했는데, 공정이용 조항이 도입된 이후였다면 더 쉽게 해결될 수 있었을 것이다.
10) Sony v. Universal City Studios, 464 U.S. 417 (1984) (이하 'Sony 판결').
11) Harper & Row Publishers v. Nation Enterprises, 471 U.S. 539 (1985) (이하 'Harper 판결').
12) Campbell v. Acuff-Rose Music, 510 U.S. 569 (1994) (이하 'Campbell 판결').
13) '빅테크'는 세간에 널리 알려진 시사용어이다. IT(정보통신) 관련 글로벌 대기업이면서 플랫폼 비즈니스를 하는 기업을 가리킨다. 한때 미국 주식시장 시가총액 1위에서 4위까지 차지했던 구글, 애플, 페이스북, 아마존을 묶어 가파(GAFA)라는 용어가 쓰이기도 했고, 최근에는 위 네 기업 외에 마이크로소프트, 엔비디아, 테슬라 등을 묶어 M7 (Magnificent 7)이라는 용어가 자주 쓰이고 있다. 주 770. 이처럼 시시로 변하는 시가총액 기준으로 상위 기업 몇 개를 가리키는 GAFA, M7 및 새로 나올 용어와 빅테크가

결과에 따라 특정 영업의 성패, 나아가 해당 기업의 존망까지 좌우할 수 있었던 대표적인 사건은 역시 Google Books 판결(2014년, 2015년)[14]과 Oracle 판결(2021년)[15]이 아니었을까 싶다. 그도 그럴 것이 Google Books 사건은 이전 사건과 달리 공정이용 성립에 논란이 된 대상이 특정 저작물이 아니라 디지털화(mass digitization)된 대량의 저작물이어서, 판결 결과에 따라서는 구글의 검색서비스 중 중요한 부분을 차지하는 도서 및 지식 검색 기능에 심각한 타격을 줄 수 있었기 때문이다. 또한 저작권 보호를 받는 디클레어링 코드(declaring code)를 문자 그대로 무단 복제한 Oracle 사건에서 구글이 패소했다면 그 터전 위에 쌓아 올려진 구글플레이(Google Play)라는 앱 마켓이 붕괴할 수 있었다. 따라서 이 두 사건은 대표적 빅테크, 구글의 시장점유율 확보에 크게 기여하는 검색서비스를 중단케 하고 구글 매출의 상당 부분을 차지하는 앱 마켓 수수료를 날려버릴 수 있는 것이었다. 이처럼 빅테크가 피고가 된 저작권재판에서 이들 초거대 기업의 생존에까지 영향을 미칠 수 있었다는 점에서 빅테크 입장에서는 법원의 공정이용 판단 여하가 비

구별되는 것은 시가총액 상위 기업이란 점 외에 IT 및 플랫폼 기업이란 특징을 갖고 있다는 점이다. 단지 글로벌 대기업으로서, 예컨대 전 세계 기업 시총(2024. 12. 30. 기준) 6위 사우디 아람코, 10위 버크셔 헤서웨이를 빅테크라고 하지는 않는다. 빅테크가 실정법상 용어는 아니어서 정확한 용어를 사용하는 법학 전문서에서 사용하는 데 주저되는 측면이 없지 않으나, 그렇다고 이를 대체할 만한 법상 용어를 찾기도 어려워 일단 그대로 사용하고자 한다. 한편, 비교적 가까운 개념으로서 법에 들어온 것으로는 게이트키퍼(gatekeeper)를 들 수 있다. 2023. 9. 6. 유럽 위원회(European Commission)가 Digital Markets Act (DMA)에 따라 Gatekeepers로 알파벳, 아마존, 애플, 바이트댄스, 메타, 마이크로소프트 등(그 후 Booking.com이 추가돼 현재 7개)을 지정했다. https://digital-markets-act.ec.europa.eu/gatekeepers_en (2024. 12. 30. 방문).

14) Authors Guild v. Hathitrust, 755 F.3d 87 (2nd Cir. 2014) (이하 'Google Books 판결 I'); Authors Guild v. Google, 804 F.3d 202 (2nd Cir. 2015) (이하 'Google Books 판결 II'). 이 두 판결을 통칭해서 'Google Books 판결'이라고 한다. 한편, Google Books 판결 II의 주심 판사는 뒤에서 자주 언급하는 Pierre N. Leval (Circuit Judge)이다.

15) Google v. Oracle, 593 U.S. 1 (2021) (이하 'Oracle 판결').

즈니스의 결정적인 법적 걸림돌로 작용하게 되었다. 이들 사건 외에도 굵직굵직한 몇몇 공정이용 관련 사건은 기술 발전으로 저작물 제공 형태가 달라지거나 이용 형태가 달라짐에 따라 저작권자와 이용자 간에 피할 수 없는 대결이 판결로 갈려진 것들이다.

그런데 위 뉴욕타임스 대 오픈AI 재판은, 미국 저작권법이 '텍스트 데이터 마이닝(Text Data Mining, 이하 TDM)'[16])에 대해 저작재산권 침해의 예외 또는 면책을 인정하는 조항을 두고 있지 않기 때문에, 결국 공정이용이 핵심 쟁점이 될 것이다. 위 Google Books 판결 또는 Oracle 판결 등 빅테크가 피고로 되어 있는 판결은 결과에 따라 기업의 성패가 좌우될 만한 것이었으나, 현재 진행 중인 뉴욕타임스 재판은 인공지능 개발사 및 생성형 AI 사업에 막대한 투자를 하는 빅테크와 창작자, 저작권기업, 나아가 개인정보주체 등 인류 전체와의 갈등 및 대립의 현장으로 볼 수 있다는 점에서, 판결의 영향은 비교할 수 없을 정도로 클 것으로 예상한다.[17])

공정이용은 저작물성(copyrightability)과 함께 저작권법에서 가장 중요한 쟁점이다. 저작물이 아니라면 저작권침해 여부를 따질 필요가 없고, 저작물에 해당하고 침해가 인정되더라도 공정이용에 해당하면 저작재산권 침해 책임에서 벗어날 수 있다. 저작권법에 그 밖의 여러 쟁점이 있지만, 큰 틀에서 볼 때 이 두 가지는 저작권재판의 승패를 가른다는 점에서 가장 크고 중요한 쟁점이라 할 수 있다. 그런데, 공정이용은 플랫폼 환경을 통한 저작물

---

16) TDM에 대한 정의로는 대표적으로 EU 저작권 지침[Directive on Copyright in the Digital Single Market (CDSM)]에서 다음과 같이 규정하고 있다.
"any automated analytical technique aimed at analyzing text and data in digital form in order to generate information which includes but is not limited to patterns, trends and correlations."[art. 2(2)]
17) 한편, 뉴욕타임스 등 몇몇 언론매체를 제외한 다른 미디어 기업의 경우 인공지능 개발사와 저작권 문제에 대해 합의했기 때문에, 이 소송 또한 판결이 아닌 화해 또는 합의로 끝날 가능성이 없지 않다고 생각한다. 주 883 참조.

유통의 활성화, 빅테크의 출현, 인공지능 개발 및 생성형 AI의 발전 및 보급 등의 맥락(context)에서 TDM 예외 논의와 함께 새로운 도전을 받고 있다. 오늘날 특정 지역을 제외한 거의 모든 나라와 지역, 그리고 동시대 인류가 위 맥락과 무관하다고 할 수 없다는 점에서 공정이용은 저작권법이라는 울타리에 제한되지 않고, 프라이버시 및 개인정보 관련 법, 공정거래법, 조세법 등 법학 전반을 넘어 인공지능이 논의되는 거의 모든 학문 분야 및 예술 영역까지 연결되어 있다. 물론 인공지능과 관련한 철학적/신학적 논의로도 그 지평이 얼마든지 확대될 수도 있다. 나아가 현실 정치 및 국제관계 등에서도 인공지능 논의가 있는 곳에는 반드시 저작권 문제가 수반되는데,[18] 그 핵심에 공정이용 문제가 자리하고 있다.

공정이용은 저작권법이라는 실정법상 제도이지만, 법률이 적용되는 사회환경의 변화에 따라 저작권법과 법학이라는 테두리 안에 가둘 수 없게 되었다. 물론 논의의 비산(飛散)을 막고 법학 저술이라는 본분을 지키기 위해 기존 저술처럼 저작권법 내로 한정해 집중하는 논의의 장점이 없지 않으나, 본 저자는 법학적 논의가 현실을 떠나 존재할 수 없다는 점과 끊어지고 파편화된 논의[19]로는 현실의 문제를 제대로 다가서거나 해결할 수 없다는 점에서 개인 연구자의 역량을 심하게 벗어난다는 비난을 무릅쓰고 종합적 접근(holistic approach)을 시도한다.

---

18) Cecilia Kang, "California's crusade to limit A.I.", New York Times (Int'l ed.), Jun. 13, 2024. 인공지능에 관한 미국 의회 입법 청문회에서 주로 논의되는 주제는 실업, 저작권, 인류의 생존 문제라고 한다.
19) 본 저자는 빅테크에 대한 법적 문제 해법을 '화살 부러뜨리기'에 비유한 부제, 즉 '절전(折箭)'의 고사를 활용한 논문을 쓴 적이 있다. 남형두, "플랫폼과 법 — 절전(折箭)의 교훈", 정보법학 제25권 제2호, 2021. 8. 31.

2. 저작권과 토지소유권의 유비(類比)

저작권은 재산권으로 보호된다. 대표적인 재산권인 토지소유권과의 유비(類比)를 통해 저작권과 공정이용의 관계를 살펴봄으로써 공정이용 제도의 위상에 관한 논의를 시작하기로 한다.

첫째, 공정이용을 논하기 전에 특허권과 마찬가지로 저작권은 무형물을 대상으로 한다는 점에서 그 효력의 범위 및 경계 설정이 유형물을 전제로 하는 토지소유권과는 비교할 수 없을 정도로 어렵다. 토지소유권의 경우 측량으로 그 경계를 명확히 정할 수 있고 그 경계를 물리적으로 넘으면 소유권침해가 되어 민사상 책임(방해배제, 손해배상 등) 및 형사상 책임(주거침입, 경계침범 등)을 지게 된다. 최근 소유권침해 논의는 눈에 보이는(가시성, 可視性) 물리적 침해 외에 먼지, 소음, 진동, 전자기파, 악취 등 비가시성 물리적 침해로 확장되고 있다.[20] 비가시성이란 점에서 이런 침해 논란은 무체성(intangibility)을 특징으로 하는 지식재산권(저작권, 특허권)의 범위 및 침해 논의와 비슷하다고 볼 수 있다. 토지소유권 영역에서는 위와 같은 비가시성 물리적 침해가 가시성 물리적 침해보다는 판단하기 어렵다 해도 물리적 침해란 점에서 측량할 수 있고, 일정한 수준의 수인한도(受忍限度) 또는 생활 소음 등을 정할 수 있다. 그런데 저작권·특허권 등 지식재산권 영역에

---

[20] 소음(대법원 2016. 11. 25. 선고 2014다57846 판결), 먼지[서울고등법원 2015. 5. 28. 선고 2014나7300(본소), 2014나7317(반소) 판결], 진동(대법원 2017. 2. 15. 선고 2015다23321 판결), 악취(부산지방법원 2011. 2. 10. 선고 2009가합10372, 2010가합29, 272, 8078 판결), 빛(光害)(대법원 2021. 3. 11. 선고 2013다59142 판결) 등. 최근 가상현실(virtual reality), 증강현실(augmented reality) 등의 기술 발전에 따라 재산권의 범위와 대상은 새로운 논란을 불러일으키고 있다. 이 점에서 포켓몬(Pokémon) 게임과 관련해서 소유권의 효력이 미치는 범위에 대한 논문이 눈길을 끈다. 이종덕, "증강현실 기술의 활용과 물권 침해 ― 포켓몬GO 게임을 중심으로 ―", 법학논총(한양대학교) 제34권 제4호, 2017.

서는 도무지 물리적 기준(잣대)을 찾기 어렵고 굳이 말하자면 법적 기준을 찾아야 한다는 점에서 토지소유권과 다르다. 이용자의 이용이 '저작물'에 대한 침해에 해당하는지가 쟁점이 될 때, '저작물에 대한 저작권의 효력이 미치는 범위'는 늘 문제가 될 수밖에 없다. 이는 결국 판결로 결정되는데, 그 점에서 '살아 있는 법'을 찾는 법원의 역할이 중요해진다. 법원이 이러한 판단을 내릴 때는 과거와 현재, 국가 간 문화 및 기술 수준의 차이 등도 고려 대상이 되므로, 이는 시대·공간에 따라 달라질 수밖에 없는 유동적이고 불확정적인 영역으로서 물리적·사실적 문제가 아닌 법적 문제로 귀결된다.

둘째, 저작권의 범위를 확정하는 어려운 작업(위 첫째 부분)을 마치고, 이용자의 이용이 그 '저작물'에 대한 저작권의 효력이 미치는 범위 내에 있다고 하더라도, '공정' 이용에 해당하는지의 판단이 기다리고 있다. 간단한 예로, 비평가가 비평하기 위해 저작물을 이용할 때, 위 첫째의 관문에 걸릴 수 있다. 그런데 저작권침해 우려 때문에 비평을 위해 원문(비평의 대상으로서 저작물)을 사용하지 못한다면 표현의 자유에 대한 심대한 제약이 될 것이다. 이런 경우 저작권법은 비평 목적으로 타인의 저작물을 허락 없이 이용해도 공정하다고 본다. 이 책에서 다루려는 공정이용에 해당하기 때문이다. 유형물을 전제로 하는 토지소유권과 큰 차이를 보이는 지점이다.

토지소유권에 비해 상대적으로 덜 공고하고 경계가 분명하지 않은 저작권에서, 저작권침해와 공정이용 사이에 선을 긋는(line drawing) 일은 매우 어렵다. 이는 마치 표절 금지 윤리에서 어디까지 정직한 글쓰기이고 어디부터 표절인지를 정하는 것만큼이나 지난한 작업이다. 공정이용의 요건을 아무리 상세히 법률로 정해 놓는다고 하더라도 해결할 수 있는 일이 아니며, 결국 법률은 기준만 제시하고 그 기준을 적용하여 판단하는 것은 법원의 몫으로 하지 않을 수 없다. 따라서 공정이용에 관한 법리가 판례에 의해 발전되어 오다가 법률에 들어왔어도[21] 법적안정성이 단번에 성취되는 것은 아니다. '살아 있는 법'을 찾는 숙제는 여전히 법원에 주어져 있기 때문이다.

3. 공정이용과 TDM 면책

최근 공정이용 제도만으로는 부족하다는 이유로 TDM을 위한 예외를 저작재산권 면책 조항으로 새롭게 입법화해야 한다는 주장이 비등(沸騰)하다.22) 인공지능의 저작물 이용23)이라는 새로운 기술 현상에 따라 인공지능이 사용하는 수많은 저작물에 대해 일일이 저작권자의 허락을 받는다거나 매번 기존 공정이용의 요건을 심사하는 것은 현실적으로 불가능하다. 인공지능 기계학습에서 저작물의 대량 이용(소비)은 불가피하며, 인공지능 개발을 위해 수많은 콘텐츠를 수집해야 하는데 그 콘텐츠의 대부분은 개인정보와 저작물로 구성돼 있다. 여기에서 입법적 해결이 모색되고 있다.

인공지능과 빅데이터를 전제로 하는 디지털 경제 영역에서 미국과 중국이 각축전을 벌이고 있는 가운데 유럽이 뒤늦게 참전하고, 한국도 경쟁 대열에 합류하고 있다. 이와 같은 치열한 경쟁 속에 인공지능 산업과 빅데이터 산업계의 저작물과 개인정보의 제한 없는 이용 요구는 둑이 터진 양 거칠 것이 없는 기세로 각국의 입법기관을 밀어붙이고 있다.24) 저작권이란 제

---

21) 미국에서는 법원 판례로 인정되었던 공정이용의 요건이 1976년 저작권법 개정 때 법률로 들어오게 되었다.
22) 본 저자는 이런 논란을 다양한 메타포(metaphor)를 활용하여 우화(寓話) 형식으로 소개하였다. 남형두, "옥수수밭 옆 목장 ― 텍스트 데이터 마이닝(TDM) 면책을 담은 저작권법 개정안에 부쳐 ―", 법률신문 2023. 9. 25.
23) 머신 러닝(machine learning), AI feeding 등의 용어로 쓰이는데, '섭취'가 더 정확한 표현인지도 모르겠다.
24) 비견한 예로 2020년 이례적인 팬데믹을 거치면서 QR 코드를 도입해 감염원을 추적했던 것은 팬데믹 상황이 아니었다면 개인정보 보호 문제로 인해 쉽게 할 수 없었던 일이었다. 당시 개인정보 보호를 내세워 정부의 감염병 정책을 반대하는 것은 마치 거대한 피난민 행렬에서 홀로 인파 사이를 뚫고 반대 방향으로 나아가는 것에 비유할 수 있을 것이다. 남형두, "팬데믹과 개인정보 ― 빅테크와 헬스케어 기업을 주목한다", 고대신문 2020. 5. 18.자 칼럼.

도 자체를 무시할 수는 없기에 빅데이터 기업을 비롯한 거대 플랫폼 기업들은 공정이용이란 구멍(hole)을 통해 저작물을 이용하여 빅데이터를 구축하고 있다. 그런데 빅데이터 구축을 위한 인공지능의 저작물 이용(소비)은 인간 이용자와는 비교할 수 없을 정도로 많은 양을 전제로 한다. 이에 인간을 대신한 인공지능의 이용, 기계적 소비로 대변되는 머신 러닝과 같은 저작물 이용 상황에 닥쳐 공정이용이란 제도는 그 요구를 충족시켜 줄 수 없는 낡고 불편한 구식(舊式)처럼 여겨지고 있다. 여기에서 인간이 아닌 기계의 저작물 소비를 위한 새로운 의제가 필요하게 되었는데 그것이 바로 TDM 면책인 셈이다. 이미 일본 등 몇몇 국가는 TDM 예외 규정 입법에 성공했거나 시도 중이고, 한국도 관련 저작권법 개정 논의가 식지 않고 있다.25)

TDM 면책 또는 예외 규정은 공정이용의 새로운 버전(version)이라 할 수 있다. 저작권자의 개별적인 허락 없이 일정한 요건을 갖추면 저작물을 이용해도 법적 책임을 묻지 않는다는 점에서 저작재산권 제한 또는 예외에 해당하며, 요건이 특정된 개별적 제한 조항26)과 달리 포괄적·일반적이란 점에서 공정이용과 비슷하다. 그런데 TDM 면책은 이용의 주체가 인간이 아닌 기계(인공지능)라는 점에서 이용되는 저작물의 양이나 권리자 파악의 난이도에서 공정이용의 틀과는 비교할 수 없을 정도로 많고 어렵다. 이에 공정이용의 새로운 버전이란 표현을 쓴 것인데, 그로 인한 저작권자의 피해(희생 또는 양보)는 공정이용 제도보다 훨씬 심대할 것이다.

TDM 면책 도입을 위한 저작권법 개정 논의는 신중해야 한다. 그런데 이런 목소리는 홍수(洪水)에 쓸려가는 풀처럼 약해 보인다. 공정이용 제도가 본래의 취지와 달리 작은 이용자(little users)가 아닌 초거대 이용자들(super big users)을 위한 제도로 전락한 데서 보듯, 글로벌 플랫폼 기업들이 공정이

---

25) 2021년 한국 제21대 국회에 제출되었던 저작권법 전면개정안에 TDM 예외 조항이 들어 있었다(임기 경과로 폐기). 자세한 내용은 주 596 참조.
26) 저작권법 제23조 내지 제35조의4에 있는 개별적 저작재산권 제한 조항.

용 제도를 앞세워 저작권(법)을 무기력하게 만들어버렸던 전력(前歷)을 돌아봐야 한다. 이 책에서 TDM 면책 자체를 직접 비판하기도 하겠지만, 그에 앞서 그것의 이전 버전(old version)인 공정이용 제도를 되돌아봄으로써 TDM 면책 제도 도입이 가져올 위험을 경고하고자 한다. TDM 면책 논의가 공정이용의 전철을 밟을지 모르기 때문이다. 아직 충분히 경험해 보지 못한 제도이지만 TDM 면책은 공정이용과는 비교할 수 없을 정도로 그 파급효과가 클 것이다. 공정이용이란 제도가 잘못 확대 적용됨으로써 저작권이란 둑이 사실상 터진 것이나 진배없이 작은 틈이 큰 구멍이 되고 그 사이로 거대한 물결이 할퀴고 지나간 황폐한 광경을 인류는 목격하게 될지도 모른다.

4. 논의 구성

먼저 공정이용 제도의 본래 모습을 살펴보아야 한다. 저작권법 탄생 후 발생한 모순과 불합리를 해결하기 위해 만들어진 공정이용 법리와 제도가 어떤 이념과 목적으로 저작권법에 들어오게 되었는지 살펴볼 것이다. 이는 일종의 역사적 접근(historical approach)에 해당한다. 다음에는 초기의 취지와 달리 거대한 이용자로 인해 공정이용 제도가 어떻게 변모되었는지를 미국의 주요 사건 판결을 통해 분석함으로써 공정이용 제도의 확대가 가져온 또는 가져올 문제점을 드러낼 것이다. 이 과정에서 사례분석 접근(case analytical approach)을 시도한다. 디지털 대량 복제 기술과 인공지능 기술의 출현으로 공정이용은 더는 저작권법 안에서만 논의할 수 있는 주제가 아니게 되었다. 이에 본 저자는 저작물 이용 환경의 변화에 따라 종합적 접근(holistic approach)과 파괴적 혁신기술에 대응하는 법학적 상상력을 동원한 공정이용 연구에 관한 새로운 방법론을 제시한다(Ⅱ. 공정이용 법리의 발전). 공정이용에서 '공익'을 내세워 빅테크의 공정이용 수혜의 폭을 넓혀놓은 '변형적 이용 이론'을 비판한다. 이를 위해 먼저 공정이용 제도의 본질에 관한 기존 이론을 비판한 후에 본래의 취지를 잃어버린 공정이용 제도의 제자리를 찾기 위해 민법의 '주위지 통행권' 및 '상린관계'를 유추한 새로운 대안 이론을 펼쳐 보인다. 공정이용을 둘러싼 환경의 변화는 크게 플랫폼과 인공지능으로 말할 수 있는데, 플랫폼과 공정이용 그리고 TDM 면책에 관해 살펴 보고, '변형적 이용 이론'의 핵심적 가치인 '공익' 논의의 허구를 비판한다(Ⅲ. 공정이용 이론과 TDM 면책 논의). 공정이용이 현재의 추세대로 빅테크와 인공지능 개발사를 위해 확대 적용될 경우, 그것이 가져올 플랫폼과 인공지능 측면에서의 폐해를 살펴봄으로써 '변형적 이용 이론'을 비판하고(귀납적·경험적 고찰), 빅테크의 공정이용 수혜, 인공지능 개발사의 TDM 예외 인정이 피할 수 없는 것이라면, 표절 논의와 조세적 해법을 대안으로 제시한다(Ⅳ. 공정이용 논의의 새로운 지평). 끝으로 공정이용에 관한 일반론을 한국의 공정이용 논의에 적용할 것이다. 구체적으로는 한국 공정이용 판결의 특징을 나열하고 비판함으로써 한국 저작권·공정이용 실무와 학계에 대안을 제시하고자 한다(Ⅴ. 한국의 공정이용 논의).

II
공정이용 법리의 발전

"朝菌不知晦朔(조균부지회삭), 蟪蛄不知春秋(혜고부지춘추)"

莊子(장자), 內篇(내편), 逍遙遊(소요유) 중에서

공정이용은 영국과 미국의 판례이론으로 발전돼 오다가 1976년 최초로 미국 저작권법에 들어오게 되었다. 먼저 비교법적 연구와 법제화를 살펴본 후(1. 비교법 연구, 2. 공정이용의 법제화), 주로 미국 판례를 중심으로 판례 변천에 일정한 경향성을 찾아 소개한다. 크게 보면 저작권자 중심에서 공익 중심으로 판례이론의 경향성을 찾을 수 있는데, 그 변화를 이론적으로 뒷받침한 '변형적 이용 이론'이 빅테크와 현대미술에서 각기 다른 결과를 가져온 것은 이론의 정합성에 대한 의문을 자아내게 한다(3. 판례이론의 발전과 경향성 — 미국 판례를 중심으로). 이어서 저작물 이용 환경의 변화에 따라 공정이용 논의가 달라져야 함을 역설하고 종합적 접근과 파괴적 혁신기술에 대응하는 법학적 상상력을 강조하는 새로운 패러다임을 연구방법론으로 제시한다(4. 공정이용 논의의 새로운 패러다임).

1. 비교법 연구

가. 과학적 합리성

일반적으로 비교법 연구(comparative law study)를 통해 외국의 법(법률, 법제도, 판례 등이 모두 비교법 연구의 대상이 될 수 있으므로 이하 관련 논의에서는 '법'으로 통칭함)을 검토하는 목적은 자국의 법에 과학적 합리성을 부여하기 위해서라고 한다.27) 그런데 이 과정에서 필수 전제는 '맥락에 대한 이해'이다. 비교 대상 두 나라의 법 사이에 명백한 차이가 존재함에도 이를 고려하지 않는 비교법 연구는 실패가 예정된 것이나 다름이 없다. '차이'의 존재 확인과 맥락을 고려한 적용이 비교법 연구의 '과학적 합리성'을 담보한다. 여기에서 비교법 연구의 대가인 전 미국 오하이오 주립대학(Ohio State University) 교수 코지리스(John Kozyris)의 말을 옮겨본다.

> 법이 만들어지게 된 그 문화를 이해하는 것이 필요하다. 더 넓게는 그것들을 지지하는 사회적·경제적 구조, 윤리적·정치적 가치에 대해 이해할 필요가 있다. 법은 그것을 만들어 낸 사회의 환경 밖에 존재하는 이상형으로 파악될 수 없다. 분명히 말하자면 사회가 더 유사하면 유사할수록 사회학적·법학적 연구를 더 정교하게 할 필요성은 떨어진다.[28]

이에 따르면 비교법 연구 대상으로 미국(저작권법과 판례)보다는 일본이 더 적합할 것 같은데 왜 미국인가? 일본이 우선순위에서 배제된 이유를 설명한다. 일본은 한국과 같은 공정이용 제도를 도입하지 않았다. 이는 일본 학계의 치열한 논의 끝에 내린 선택의 결과인데, 대체로 일본 법학계가 법적안정성과 유연성 중에서 법적안정성을 선호했기 때문이다.[29] 판례의 축적 속에서 귀납적으로 발전하는 공정이용은 성문법주의 국가인 일본에 어울리지 않는 제도로서, 이를 도입하지 않은 것은 일본의 정신풍토, 법문화, 법전통, 소송 마인드 등을 고려한 결과라고 한다.[30] 판례의 축적 없이 공정이용을 도입하면 모든 짐을 법원에 넘기게 되어 재판 장기화의 원인이 된다는 것을 덧붙이기도 한다.[31] 이처럼 공정이용 도입에 부정적이었던 일본이 후

---

27) P. John Kozyris, *Comparative Law for the Twenty-First Century: New Horizons and New Technologies*, 69 Tul. L. Rev. 165, 167 (1994).
28) 위 논문, 168-169면.
29) 中山信弘, 『著作權法 第3版』, 有斐閣, 2020, 496면. 나카야마(中山) 교수는 공정이용 규정을 도입할 경우, 사전 규제에서 사후 규제로, 관(官)에서 민(民)으로, 행정에서 사법으로 중심이 이동할 것이라고 한다.
30) 斉藤博, 『著作權法 第3版』, 有斐閣, 2007, 224-225면.

술하는 바와 같이 TDM 면책 규정의 도입에서는 세계를 선도하고 있는 것은 아이러니가 아닐 수 없다.32) 한편, 이 책은 공정이용 제도를 도입한 미국과 한국의 법과 판례를 주로 비교 연구하고 있으므로, 공정이용 제도 도입에 소극적이었으나 이제는 TDM 면책 규정 도입을 통해 적극적으로 태세를 전환한 일본의 공정이용 제도 부재를 논하는 것은 큰 실익이 없다.

왜 미국 판결인가?

왜 미국 판결이 한국 저작권법상 공정이용 논의에서 중요하게 다루어져야 할까? 다음 몇 가지 이유를 들 수 있다.

첫째, 공통 기술에서 발생한 공통 법적 쟁점 때문이다. 일찍이 '소리바다 사건'으로 음원 파일의 p2p 전송이 저작권법상 문제 되었을 때, 이보다 조금 앞섰던 미국의 냅스터(Napster), 그록스터(Grokster) 사건의 판결이 한국 판결과 저작권법 학계 논의에 끼친 영향이 지대했다. 기술 발전과 신기술의 국제적 확산 및 공유 현상에 따라 동일 기술이 야기한 저작권분쟁에 관한 미국 판례의 법리는 한국에 직수입되어도 크게 문제 될 것이 없다.33)

둘째, 법 조문이 거의 비슷하다. 한국 저작권법이 미국의 공정이용 조항을 거의 그대로 받아들였다는 점에서 한국의 공정이용 재판은 미국 판결의 공정이용 법리에서 교훈을 얻을 수 있음은 물론이다.

---

31) 中山信弘, 『著作権法』, 有斐閣, 2007, 310-311면.
32) 일본의 TDM 면책 제도 도입과 이에 대한 설명은 후술 III.4.나. (2) 비교법적 고찰 참조.
33) 변호사들이 제출하는 소장이나 준비서면에서 미국 판결을 인용하는 것은 어제오늘 일이 아니고 심지어 한국 판결에 미국 사례가 등장하는 일이 저작권 사건에서는 드물지 않게 있다. 대표적으로 '소리바다 사건'의 민사 및 형사 판결이 있다. 서울고등법원 2005. 1. 12. 선고 2003나21140 판결(가처분이의), 서울중앙지방법원 2005. 1. 12. 선고 2003노4296 판결. 당시 언론에서는 소리바다를 '한국판 냅스터'로 소개하기도 했다. 이상주, "'한국판 냅스터' 소리바다", 경향신문 2001. 2. 23.자 기사, https://www.khan.co.kr/article/200102231912141 (2024. 12. 30. 방문).

셋째, 빅테크 플랫폼의 저작물 무단 이용과 인공지능 고도화를 위한 기계학습은 이미 저작권 갈등을 빚고 있으며, 앞으로 더욱 첨예한 충돌을 예고하고 있다. 이 쟁점에서 역시 한국은 미국과 같은 문제에 봉착해 있다.

나. 맥락에 대한 이해

비교법 연구에 과학적 합리성을 담보하기 위해서는 맥락에 대한 이해, 차이의 고려가 전제되어야 한다. 비교법 연구에서 선결 요건으로 고려해야 할 '맥락'은 법제도 등 법률환경에만 국한된 것이 아니라 법의식과도 관련이 있다.34) 나아가 저작권법의 경우 저작권이 관련된 문화적 맥락이 중요하다. 더욱이 국경 없는 거래가 상시 발생하는 문화 영역에서 미국과 한국의 저작물 교류는 빈번하게 이루어지고 있는데, 빅테크 플랫폼을 통한 각종 저작물 이용에서 발생하는 저작권침해와 공정이용 문제는 빅테크가 소재하는 국가로서 미국의 관점과 그 외의 나라로서 한국의 관점이 다를 수 있다. 이런 관점의 차이는 기업과 정부의 정책, 입법 등에서 다르게 나타나는데, 최종적으로 법원에서 자국 기업이 관련된 판결이 선고될 때 그 차이가 극대화된다. 한국은 미국에서 볼 때 외국이고, 국제정치에서 보면 미국, 유럽, 중국, 일본 등에 속하지 않은 제3세계 국가일 뿐이다. 그런데 저작물 등 콘텐츠에서 세계적인 경쟁력이 있는 문화강국이면서도 인터넷 정보통신과 인공지능 등 기술에서 세계를 이끌어가는 국가 중 하나라는 점에서 한국의 정책, 입법 방향성은 외국에 적지 않은 영향을 미치고 있다. 여기에서 비교법 대상 국가인 미국의 재판 실무와 저작권법 학계에서 간과한 것을 한국의 실무와 학계에서 볼 수 있다고 생각한다.

---

34) 후술하는 바와 같이, 한국의 저작권분쟁에 유독 형사적 구제가 많이 활용되는 것은 한국인의 법의식과 밀접한 관련이 있다. 후술 V.2.나. (3) 형사적 해결 선호 현상 참조.

차이와 보정

위와 같은 미국 판례에 관한 비교법 연구의 중요성과 유의점을 인식한 후, 미국 판결을 대할 때의 문제점 몇 가지를 지적한다.

첫째, 판결의 의의에서 미국과 한국은 크게 다르다. 선례구속의 원칙을 적용받는 미국 판결은 일종의 법원(法源)이라 할 수 있다. 연방대법원 판결을 제외하면 동일 항소법원의 관할권 내에서만 선례구속의 원칙이 인정되는데, 무엇이 당시 그리고 현재의 구속력 있는 선례인지 파악하는 작업은 미국 재판 실무에서 매우 중요하다.[35] 선례구속의 원칙을 채택하고 있지 않은 한국의 법원 실무에서 더욱이 미국 판례가 한국 법원의 선례가 되지 않는다는 점을 고려하면, 위와 같은 작업은 미국 법원 실무에서만큼 중요하지 않다. 그러나 비교법 연구의 결과물로 미국 판결을 한국에 소개하거나 법원 실무에 참고하기 위해 가져올 때, 실효성 있는 선례 확인의 중요성은 가볍지 않다. 이 점에서 미국 법원의 공정이용 판례의 경향성을 살펴보고 그 기반 위에 한국의 학계 및 실무에 반영할 필요가 있다.[36]

---

[35] 커먼로 국가의 제도인 공정이용을 대륙법계 국가에서 받아들여 적용할 때 유의해야 할 방법론적 문제점에 대해서는 이일호, "우리 저작권법상 공정이용 규정의 실효성에 관한 소고", 정보법학 제25권 제1호, 2021, 7-19면; 이일호, "우리 저작권법상 공정이용의 운영 현황과 과제 — 판례를 중심으로 —", 계간저작권 제141호, 2023, 171-177면 참조

[36] 한국의 공정이용 판단에 참고하기 위한 목적으로 작성된 미국 공정이용 판결에 대한 연구보고서 중에 미국 판결을 알파벳 순서로 소개하고 분석한 후 개별 판결 별로 의의를 제시한 것이 있다. 이규호·서재권, 「공정이용 판단기준 도출을 위한 사례연구」, 한국저작권위원회, 2009; 최승재(연구책임자), 「국내외 판례 조사 및 분석을 통한 공정이용(Fair Use) 가이드 제시를 위한 연구」, 한국저작권위원회, 2019 등. 한편, 위 한국저작권위원회 연구보고서(2019년)의 요약문에 "미국 판결들중에서도 우리 법제에 대한 시사점을 도출하고, 50개의 판결을 별도로 분석하여 저작권 상담 인력이나 법조계 등 실무자들이 활용할 수 있도록 사례화 작업을 진행하였다."라는 내용이 있다. 서로 다른 결론이 즐비할 뿐 아니라, 어떤 요소를 우위에 둘 것인지에 따라 결론이 달라지기도 한 미국 공정이용 판결을 한국에서 상담 과정이나 재판 실무에 제대로 적용하려면 '같

둘째, 미국 공정이용 판례의 경향과 흐름을 고려하지 않고 공정이용의 네 가지 요소를 법조문 순서대로 평면적으로 검토해 이를 한국에 적용하는 것은 매우 위험하다. 대표적으로 제1 요소와 제4 요소 중 어느 것에 중점을 두느냐에 따라 공정이용 항변 인용 여부가 달라질 수 있는 사건에서 판례의 경향과 흐름을 고려하지 않은 평면적 논의는 결론을 오도할 가능성이 있다. 또한 중요한 것은 철학적 논의인데, 그것이 부재하다는 인상을 지울 수 없다. 제4 요소를 강조하는 이면에 어떤 철학 이론이 있으며, 더욱이 제1 요소에는 어떤 가치관이 내재해 있는지, 그것이 어떤 함의 또는 위험성을 내포하고 있는지 등에 대한 논의가 있어야 이를 토대로 특정 요소를 우위에 둔 미국 판례를 한국에서 받아들일지 결정할 수 있을 것이다.

셋째, 미국 판례가 법원으로 기능한다고 해서 곧 법률에 준하는 것으로서 최신의 판례만 검토해야 한다는 것을 의미하지 않는다. 때로는 성문법 체제 국가에서도 구법을 보아야 할 필요가 있듯 미국 판례에서도 과거 판례를 볼 필요가 있다. (ⅰ) 저작물 이용 환경 측면에서 볼 때 미국의 최신 판결이 아닌 과거 특정 시점의 판결이 한국의 환경에 부합할 수 있는데, 이때는 과거 판결의 법리를 적용할 필요가 있다. 이는 마치 법 개정 전 행위에 대해 구법을 적용하는 것과 같은 이치이다. (ⅱ) 다양한 장르의 저작물에는 각기 그에 맞는 공정이용 법리가 있을 수 있다. 이런 필요에 따라 미국 공정이용 판결을 시기를 막론하고 다양하게 소개하는 것은 분명 유익하다. 다만, 평면적 소개에 그친다면, 마치 구법을 신법인 줄 알고 적용한다거나 더욱 정확한 저작물 장르에 맞는 판례가 있음에도 그렇지 않은 판례를 적용하는 부작용이 발생할 수 있다. 결국 미국 공정이용 판결을 한국 사안에 적용할 때 각 나라 판결의 의의가 다름에 유의하지 않으면 안 된다.

은 것은 같게', '다른 것은 다르게' 참고해야 할 것이다. 그런데, 미국 공정이용 판결을 소개하고 의의를 나열한 위와 같은 보고서 등이 미국 판결에 대한 이해를 도울 수는 있겠지만, 자칫 실무에 혼선을 빚을 수 있다는 점에 우려가 들기도 한다.

넷째, 공정이용 판결의 영향은 종래 저작권법 영역을 뛰어넘어 법학과 법학 외적 영역에 엄청난 파급효과를 초래하고 있는데, 이에 대한 각성이 시급하다. 저작권과 공정이용에 관한 미국 연방대법원 판결은 손에 꼽을 정도로 몇 개 되지 않는다. 그런데 그중 두 건이 최근 매우 짧은 기간에 선고되어 이례적이라는 평가를 받는다.37) 후술하는 바와 같이 공정이용에 관한 미국 연방대법원 판결은 논의가 매우 풍부하고 깊어 후속 사건뿐 아니라 관련 학계에도 많은 영향을 미친다. 최근 선고된 두 건의 판결 ― Oracle 판결과 Warhol 판결 ― 은 법정의견과 반대의견의 격심한 대결을 넘어 저작권법 학자를 두 그룹으로 나눌 정도로 극렬한 논쟁을 낳았다.38) 이런 대립 양상은 저작권법 내에서 해소될 수 있는 성격을 넘어 저작권의 본질, 심지어 존폐 문제, 나아가 문화의 다양성과 해석 등 법학 및 법학 외에서도 매우 깊은 논의가 필요하다. 그런데 이런 대립적 논의는 한 걸음만 더 내 걸으면 바로 인공지능을 둘러싼 저작권 논의로 이어지고, 이는 인공지능 시대 인류의 미래와 직결된다. 여기에서 빅테크 플랫폼 보유국인 미국 법원의 정책적 고려(policy based consideration)는 한국 등 다른 나라에 대단히 불편한 것이 되기도 한다. 이 문제는 국가 간 산업경쟁과 법원의 역할 등에서 논란이 있기도 하지만, 더 나아가 인류적 관점에서 빅테크 플랫폼이 가져올 미래의 재앙적 상황에 대한 인식의 차이로 증폭되기도 한다. 달(moon)의 이면처럼 누구도 볼 수 없는 면이 있지만, 선입관과 처지에 따라 남은 보는데 자기만 못 보는 면도 있다. 빅테크 플랫폼의 공정이용 쟁점 중에는 미국 외 국가의 학자에게 유독 뚜렷이 보이는 면이 있다는 뜻이다.

---

37) 이일호, 전게논문(주 35, 2023년), 154면 중 주 3 참조 Sony 판결(1984년), Harper 판결(1985년), Campbell 판결(1994년) 이후 무려 27년 만에 Oracle 판결(2021년)이 선고됐는데, 바로 이어서 Warhol v. Goldsmith, 598 U.S. 508 (2023) (이하 'Warhol 판결')이 선고된 것은 이례적이라는 평가를 받을 만하다.
38) Warhol 판결(항소심) 후 미국 내 수십 명의 저작권법 학자들이 연방대법원에 amicus curiae를 제출해 참전했던 것이 이를 말해준다. 주 281 참조.

2. 공정이용의 법제화(Codification)

저작권(법) 제도가 영국에서 시작한 서구의 제도이듯, 공정이용 역시 영국 저작권법과 판례에 뿌리를 두고 있다. 영국에서 시작한 판례가 미국으로 건너와 꽃을 피우듯 한껏 법리가 발전했으며, 판례법주의 국가로서는 매우 이례적으로 축적된 판례가 저작권법 개정을 통해 실정법 안으로 들어오게 된다. 간략히 정리하면 '영국에서 미국으로', '판례가 법으로'라고 할 수 있다. 여기에서 공정이용 제도를 역사적으로 고찰한다는 것은 곧 영국과 미국의 판례(이론)를 살펴보는 것이라 할 수 있다.

세계 최초의 저작권법으로 알려진 영국의 앤 여왕 법(The Statute of Anne, 1710년)에는 공정이용에 관한 조항이 없었다. 그런데 오늘날로 치면 공정이용 여부가 쟁점이라 할 만한 사건은 더러 있었다. 저작권법 제정 계기가 되기도 했던 출판 기술의 발전과 해적출판물의 범람은 여러 분쟁을 낳았다.[39] 18세기는 이른바, '잡지의 시대'라 할 만큼 많은 잡지가 나왔는데,[40] 잡지에서 기존 저술을 소개할 때 저작권침해 여부가 논란이 되기도 했다.

18세기 영국에서 발생한 저작권침해 사례를 소개한다. 소설가 다니엘 디포(Daniel Defoe) 책의 축약본 출간을 허락받은 출판업자(Austen)가 허락받지 않고 출판한 출판업자(Cave)를 상대로 제기한 소송에서 법원은 원고

---

39) 이 시기 출판사 간 소송에 대해서는 MARK ROSE, 『AUTHORS AND OWNERS – THE INVENTION OF COPYRIGHT』, HARVARD UNIVERSITY PRESS, pp.67-91, "Chapter 5 Battle of the Booksellers" 참조.
40) James Tierney, "Periodicals and the Trade, 1695-1780", MICHAEL F. SUAREZ, and MICHAEL L. TURNER, eds., 『THE CAMBRIDGE HISTORY OF THE BOOK IN BRITAIN, Vol. 5: 1695-1830』, CAMBRIDGE UNIVERSITY PRESS, 2009, pp.491-493.

(Austen)의 손을 들어주었다.41) 당시는 잡지에서 유력 작가의 작품에 대한 축약본을 내는 것이 유행이었는데, 그런 축약본이 공정한 요약(fair abridgment)에 해당하는지가 재판의 쟁점이었다. 오늘날 공정이용과 밀접한 관련이 있다.

미국 저작권법의 뿌리는 영국에 두고 있는데,42) 18세기 이래로 축적된 영국 법원의 공정 처리(fair dealing)에 관한 여러 사례가 미국의 공정이용 법리에 영향을 미쳤던 것은 사실이다.43) 법원 판례를 중심으로 공정이용 법리가 발전돼 오다가 드디어 1976년 저작권법 개정 때 공정이용의 요건이 법제화되었다.44) 미국 판례에서 공정이용이 처음으로 제대로 논의되기 시작한 것은 1841년 Folsom 판결45)로 알려져 있다.46)

원고 작품의 출판사 폴섬(Folsom)은 피고 작품의 출판사 마쉬(Marsh)를 상대로 피고 작품의 1/3이 원고 작품에서 가져온 것이므로 저작권침해라고 주장했고, 피고는 공정한 요약(fair abridgment)에 해당하므로 침해가 아니라고 맞섰다.47) 미국 연방법원 스토리(Joseph Story) 판사는 피고 주장을 배척

---

41) Austen v. Cave, C33/371, f.493 (Ch. 1739).
42) 미국의 저작권법은 영국(Anne Statute)에서 수입된 것으로서 미국에 이식되는 과정에서 큰 마찰이 있었으며 이를 통해 미국 특유의 독특한 제도로 발전되었다고 한다. Oren Bracha, *The Adventures of the Statute of Anne in the Land of Unlimited Possibilities: The Life of a Legal Transplant*, 25 Berkeley Tech. L.J. 1427, 1473 (2010).
43) 미국 에모리 로스쿨(Emory Law School) 교수 쌕(Matthew Sag)은 미국 공정이용 제도의 역사에서 볼 때, 영국에서 fair abridgment(공정 요약)가 성행하던 시기(1710~1841년)를 'prehistory'로 부른다. Matthew Sag, *The Prehistory of Fair Use*, 76 Brook. L. Rev. 1371, 1373 (2011).
44) WILLIAM F. PATRY, 『THE FAIR USE PRIVILEGE IN COPYRIGHT LAW』, BNA BOOKS, 1985, pp.6-17; Campbell 판결(주 12), 576면 등. 공정이용은 커먼로 하에서 논의가 발전됐지만, 1976년 미국 저작권법 제107조에 도입될 때까지 성문법에서 인정된 예가 없다고 한다.
45) Folsom v. Marsh, 9 F. Cas. 342 (C.C.D. Mass. 1841) (No. 4901)(이하 'Folsom 판결').
46) Sag, 전게논문(주 43), 1377면 중 주 36.
47) 위 논문, 1375, 1377면.

하고 원고 승소 판결을 선고했다. 이 사건에서 법원은 '단순 침해'와 '침해가 안 되는 경우'를 구분하고 후자의 요건을 제시했는데, 이는 훗날 공정이용(fair use) 법리의 원형이 되었다는 점에서 의의가 있다.[48] 1976년 미국 저작권법에 성문화된 공정이용의 요건이 1841년 Folsom 판결에서 논의되었다는 것이 놀라울 정도이다.

이후 공정이용에 관한 미국 판례는 꾸준히 발전했는데, 이는 저작물을 소비하는 문화 향유자가 확대되었기 때문이기도 하고,[49] 저작물 이용 환경의 다변화, 즉 새로운 복제 및 재생 기기의 출현 때문이기도 하다. VTR이라는 새로운 기기의 출현이 촉발한 사건(Sony 판결)[50]에 대해 보스턴 대학(Boston University) 교수 고든(Wendy J. Gordon)은 저작물 이용에 관한 기술이 발전되고 있는데도 공정이용 항변이 배척되면 관련 시장이 성장하지 못하고 실패하게 될 것이라고 예견한 바 있다.[51] 이러한 "기술의 도전에 대한 저작권법의 응전"[52]과 같은 논쟁 구조는 오늘날까지 지속적으로 반복되고 있다. 다시 말해 저작물 이용에 관한 새로운 기술이 나오면 이용자들은 공

---

48) 위 논문, 1377면.
49) 발터 벤야민(Walter Benjamin)이 지적한 '대중(大衆)의 발견'을 여기에 적용해 볼 수 있다고 생각한다. 발터 벤야민, 심철민 옮김,『기술적 복제시대의 예술작품』(원제: Das Kunstwerk im Zeitalter seiner technischen Reproduzierbarkeit), 도서출판 b, 2017, 90-91면.
50) Sony 판결(주 10).
51) Wendy J. Gordon, *Fair Use as Market Failure: A Structure and Economic Analysis of the Betamax Case and Its Predecessors*, 30 J. Copyright Soc'y U.S.A. 253, 254-55, 271-76 (1983). 이 논문은 Wendy J. Gordon, *Fair Use as Market Failure: A Structure and Economic Analysis of the Betamax Case and Its Predecessors*, 82 Colum. L. Rev. 1600 (1982)와 동일 논문이다(이하 후자 논문으로 인용한다). 이 논문은 Sony 판결의 항소심[659 F.2d 963 (9th Cir. 1981)] 선고 후에 발표됐는데, 동 연방대법원 판결(1984년)에 크게 영향을 미쳤다. 이에 대해서는 후술 II.3.나.(2) (다) 평가 참조.
52) 영국 역사학자 아놀드 토인비(Arnold J. Toynbee)는 인류 문명을 도전(challenge)과 응전(response)으로 설명했는데, 본 저자는 기술 발전과 저작권의 관계를 이에 비유해 논문의 부제로 삼은 적이 있다. 최진원·남형두, "매체기술의 변화와 저작권법 ― 그 도전과 응전의 역사", 커뮤니케이션이론 제2권 제2호, 2006. 12.

정이용을 무기로 저작권침해 책임을 피하려고 '도전'하고, 저작권자들은 공정이용 항변을 배척하려고 노력하는 '응전'이 재현되고 있다. 시대마다 기술발전의 정도가 다르고 그에 따라 저작물 이용 형태는 다르지만, 공정이용을 무기로 이용자는 저작권자에 도전하고 저작권자는 이용자에 대해 응전하는 양상의 본질은 크게 다르지 않다.

Folsom 판결(1841년) 이래 판례를 통해 축적된 공정이용에 관한 법리는 미국 저작권법(1976년)에 들어온다.

> 107. Limitations on exclusive rights: Fair use
> Notwithstanding the provisions of sections 106 and 106A, the fair use of a copyrighted work, including such use by reproduction in copies or phonorecords or by any other means specified by that section, for purposes such as criticism, comment, news reporting, teaching (including multiple copies for classroom use), scholarship, or research, is not an infringement of copyright. In determining whether the use made of a work in any particular case is a fair use the factors to be considered shall include-
> (1) the purpose and character of the use, including whether such use is of a commercial nature or is for nonprofit educational purposes;
> (2) the nature of the copyrighted work;
> (3) the amount and substantiality of the portion used in relation to the copyrighted work as a whole; and
> (4) the effect of the use upon the potential market for or value of the copyrighted work.
> The fact that a work is unpublished shall not itself bar a finding of fair use if such finding is made upon consideration of all the above factors.[53]

위 네 가지 고려 요소는 한국 저작권법 제35조의5 제2항과 매우 비슷하다.

---

53) 마지막 문장은 1992년 개정 때 들어갔다.

1. 이용의 목적 및 성격
2. 저작물의 종류 및 용도
3. 이용된 부분이 저작물 전체에서 차지하는 비중과 그 중요성
4. 저작물의 이용이 그 저작물의 현재 시장 또는 가치나 잠재적인 시장 또는 가치에 미치는 영향

위 네 가지 요소 중 제2, 제3 요소는 다른 것에 비해 상대적으로 논의가 단순하다.54) 제2 요소에서는 주로 침해된 저작물의 창의성, 공표성 등이 주로 고려된다. 창의적이기보다는 사실적 저작물이라면 공정이용에 해당할 가능성이 상대적으로 높고, 미공표 저작물은 공표 저작물에 비해 공정이용에 해당할 가능성이 상대적으로 낮다는 것이다. 어느 정도 사용해야 공정이용이 될 수 있는가 하는 제3 요소는 사용된 양과 질적 중요성을 따지는 것인데, 축약본 출판에 관한 초기 영국의 판례 사안의 주된 쟁점이었다. 그런데, Folsom 사건을 거쳐 점차 제1, 제4 요소의 중요성이 강화됐고, 기술 발전이라는 맥락에서 이 요소들이 다른 요소들을 압도해 왔다. 이 책에서 집중적으로 논의하는 부분이기도 한데, 제1 요소와 제4 요소를 두고 미국 판례는 일정한 경향성을 띠며 발전하고 있다. 이에 대해서는 항을 달리하여 살펴본다.

---

54) 공정이용 판단에서 제2 요소는 상대적으로 크게 주목받지 못하고 있는데, 대표적으로 Google Books 판결에서는 제2 요소가 결정적인 것이 아니('not dispositive')라고까지 하고 있다. Google Books 판결 II(주 14), 220면.

3. 판례이론의 발전과 경향성 — 미국 판례를 중심으로

가. 개요

공정이용에 관한 미국 제도는 쌕(Sag) 교수가 언급하고 있는 바와 같이 다른 나라에서 볼 수 없는 매우 역동적인 제도로서 장점이 있다.55)

> Copyright law in the United States is more dynamic than in many other jurisdictions because we have retained the essential common law structure of the fair use doctrine. Courts in the United States have proved quite adept in resolving latent ambiguities in copyright law as they have been exposed by changes in technology.
> (미국 저작권법은 공정이용에 관한 필수적인 코먼로 구조를 유지해 왔다는 점에서 다른 나라보다 훨씬 역동적이다. 미국 법원은 기술 변화에 노출된 저작권법의 잠재적 모호성을 해결하는 데 매우 민첩하다는 것을 입증해 왔다.)

기술 발전과 저작물 유통 환경의 변화는 종종 저작권자와의 충돌을 빚고 당대 공정이용 판결과 동서(同棲)하기 어려운 상황은 기존 판례에 대한 도전으로 나타나곤 하는데, 최종적으로 연방대법원이 내린 판결은 저작권/공정이용 분쟁의 물꼬를 트거나 흐름을 바꾸기도 한다. 한편, 연방대법원 판결 중에 개진된 반대의견은 법정의견 못지않게 후속 판결에 영향을 끼치기도 하는데, 반대의견을 법정의견과 함께 비중 있게 다룸으로써 미국 공정이용 판결의 경향성을 분석하고자 한다. 이 책에서는 미국 연방/주 법원의 공정이용 판결을 망라적으로 다루지 않고, 이른바 랜드마크(landmark) 판결이라 할

---

55) Matthew Sag, *The New Legal Landscape for Text Mining and Machine Learning*, 66 J. Copyright Soc'y U.S.A. 291, 366 (2019).

수 있는 연방대법원 판결을 중심으로 몇몇 연방항소법원 판결 등을 살펴볼 예정인데, 그렇게 하더라도 미국 공정이용 판결의 추이를 진단하는 데 지장이 없다. 연방 항소법원과 지방법원, 그리고 주 법원의 수많은 판결은 개별 저작물을 다룬 사례로서 의미가 있으나 법리적으로는 위 주요 판결의 '따름 판결'에 다름이 없어, 제한된 지면에서 다 다루지 않아도 논의 전개에 큰 문제가 없기 때문이다. 물론 연방대법원 판결이 다루지 않은 쟁점에 관한 하급심 판결로서 중요한 몇몇 판결은 깊이 있게 다룰 것이다.

이해를 돕기 위해 다음에서 주로 언급하는 다섯 건의 판결, Sony, Harper, Campbell, Oracle, Warhol 등에서 공정이용 항변 인용 여부에 관한 판단을 어떻게 했는지 표로 정리한다.[56]

〈표 1〉 미국 연방대법원 공정이용 판결

	1심 (연방지방법원)	2심 (연방항소법원)	3심(연방대법원)	
			법정의견	반대의견 (대법관)
Sony 판결 (1984)	O	X	O	X J. Blackmun
Harper 판결 (1985)	X	O	X	O J. Brennan
Campbell 판결 (1994)	O	X	O	없음
Oracle 판결 (2021)	O	X	O	X J. Thomas
Warhol 판결 (2023)	O	X	X	O J. Kagan

※ 공정이용 항변을 받아들인 경우는 'O', 받아들이지 않은 경우는 'X'로 표기함

---

56) 흥미로운 것은 Warhol 판결을 제외하고 공정이용에 관해 1, 2, 3심의 결론이 달랐다는 점이다. 일종의 랜드마크 판결이라 할 수 있는 이들 사건에서 심급별로 결론이 엎치락뒤치락했다는 것은 공정이용 판단이 얼마나 어려운 것인지를 반증한다고 할 것이다.

위 다섯 판결은 모두 법학 논문이라 해도 무방할 정도로 논의의 깊이와 풍부한 분량을 갖추고 있다. 이들 판결에는 40여 년에 걸쳐 변하지 않은 것과 변한 것이 들어 있는데, 변화에는 일정한 경향성이 있다. 이 경향성은 저작권의 목적, 공정이용의 취지 등을 어떻게 볼 것인가 하는 생각과 밀접한 관련이 있어, 일종의 방법론(methodology)으로 접근할 수 있다. 따라서 이 책에서는 판결의 경향성 또는 방법론의 이면에 들어 있는 사상적·철학적 배경까지 살펴보고, 그 논거가 과연 미국을 벗어나 전 세계적으로 합의된 또는 합의할 만한 것인지, 나아가 세대 간 합의, 즉 현재와 미래 세대(인류) 간 합의에 근거한 또는 근거해도 좋을 만한 것인지 검증하고자 한다. 특히 저작권 보호의 범위, 공정이용의 제한을 어떻게 결정하느냐에 따라 현재 세대를 넘어 미래 세대가 쓸 자원을 미리 가져다 씀으로써 인류의 지속 가능한(sustainable) 발전 — 더 극적으로 표현한다면 '생존' — 을 가로막을 수 있다는 점에 경각심을 갖지 않을 수 없다. 그런데 이 장(Ⅱ장)에서는 경향성을 살펴보는 것에 그치고, 이를 넘어서는 논의로서 주로 공정이용에 관한 미국 판결 및 경향성에 대한 비판은 장을 달리하여(Ⅲ장) 논의하기로 한다. 물론 Ⅲ장으로 넘기기에 적절하지 않으면 해당 판결에 관한 논의에서 바로 비판적 의견을 제시하기도 할 것이다.

공정이용 판례의 경향성은 주로 제1 요소와 제4 요소의 변화 양상에서 감지된다. 경향성 분석에서 가장 설득력 있게 논의해 온 학자는 단연 미국 UCLA 로스쿨 교수 네타넬(Neil Weinstock Netanel)이라 할 것이다.[57] 네타

---

57) Neil Weinstock Netanel, *Making Sense of Fair Use*, 15 Lewis & Clark L. Rev. 715 (2011). 네타넬 교수의 경향 분석과 비슷한 논문으로는 다음과 같은 것이 있다. Barton Beebe, *An Empirical Study of U.S. Copyright Fair Use Opinions, 1978-2005*, 156 U. Pa. L. Rev. 549 (2008); Pamela Samuelson, *Unbundling Fair Uses*, 77 Fordham L. Rev. 2537 (2009); Sag, 전게논문(주 43) 등. 한편 최근에는 경향성에 관한 실증 논문이 나오기도 했다. Clark D. Asay, Arielee Sloan, Dean Sobczak, *Is Transformative Use Eating the World?*, 61 B.C. L. Rev. 905 (2020); Jiarui Liu, *An Empirical Study of*

넬은 30년간(1981년~2011년) 미국의 공정이용 관련 판결이 다음 두 개의 패러다임에 의해 지배되었다고 분석한다.[58]

- 제4 요소 중심, 즉 시장 중심 패러다임(Market-centered paradigm)
- 제1 요소 중심, 즉 변형적 이용 패러다임(Transformative use paradigm)

공정이용을 배타적 권리를 갖는 저작권자 입장에서 돌이킬 수 없는 시장실패와 같은 예외적 상황에만 인정되는 제도로 보는 시각이 전자라면, 창의적 표현의 확산을 증진하고자 하는 저작권법의 목적에 부합하는 제도로 보는 시각이 후자라는 것이다.[59]

여기에서 '시장실패', '변형적 이용' 등에 대한 약간의 설명이 필요하다.[60] 전통적인 견해에 따르면, 공정이용은 시장실패(market failure) ― 저작권자가 자발적으로 저작물을 거래할 수 없거나 저작물이 제대로 활용되도록 시장이 작동하지 못하는 특별한 환경 ― 가 있는 경우에만 인정된다고 보았다.[61] 고든 교수가 정리한 시장실패 이론은 다분히 저작권 보호를 원칙으로, 공정이용을 예외로 취급하는 경향이 있다. 사실 시장실패 논의는 저작권자와 저작물 시장을 중심으로 본다는 점에서 Folsom 판결의 연장선에 있다. 스토리(Story) 판사는 원작의 중요한 부분을 가져다 쓰면서 원작을 비평

Transformative Use in Copyright Law, 22 Stan. Tech. L. Rev. 163 (2019). Asay 등 공저 논문은 공정이용 항변에서 변형적 이용(transformative use)이 논의되기 시작한 1991년부터 2017년까지 공정이용에 관한 미국 판결을 실증적으로 조사하여 분석한 것이며, Liu 논문은 제목에서 보듯 실증 논문인데, 이에 따르면 변형적 이용 테스트를 통해 공정이용 여부를 판단한 것이 미국 공정이용 관련 판결의 90%에 달한다고 한다. Liu, 전게논문, 240면.

58) Netanel, 전게논문(주 57), 734면.
59) 위 논문, 734-736면.
60) 이에 대한 상세한 설명은 이 책의 II장과 III장에 있으므로 여기에서는 경향성을 설명하는 데 필요한 정도로 소략하기로 한다.
61) Gordon, 전게논문(주 51), 1615면.

함이 없이 단지 대체하는(supersede) 결과를 가져온다면 저작권침해에 해당한다고 판결했는데,62) 이는 다분히 저작권자와 그가 누릴 경제적 이익을 고려한 것으로 볼 수 있다.

그런데, 이용자가 저작물의 상당 부분을 가져다 쓰더라도 충분히 변형적(transformative)이어서 단지 원작을 대체하는 것에 그치지 않고 원작의 이용을 통해 새로운 정보, 심미감, 통찰력과 이해를 창출한다면, 이는 사회를 풍요롭게(enrichment of society) 하는 것으로서 공정이용이 될 수 있다고 하는 이론이 나오게 되었다. 사실 이것은 새로운 이론이라기보다는 'transformative'라는 개념을 통해 명징하게 정립된 것이라고 할 수 있다.63) Leval 판사의 논문64)에 영향을 받은 Campbell 판결에 오면, 저작권이라는 제도의 목적, 즉 과학과 예술을 증진하기 위함이라는 연방헌법 저작권 보호의 근거 조항에서 볼 때, 변형적인 작품을 통해 저작권의 목적이 충족될 수 있다면 공정이용으로 볼 수 있다는 과감한 논의가 시작된다. 그리하여 새 작품이 변형적이면 변형적일수록 공정이용을 부정하는 다른 고려 요소의 중요성을 압도한다는 법리가 나오게 된다.65) 여기에서 저작권자의 이익과 저작물 시장을 중심으로 보는 데서 공익을 중시하는 쪽으로 선회하게 되는데, 이를 '변형적 이용(transformative use)'이라 한다.

네타넬 교수의 분석 이후, 즉 2011년 이후는 어떤가? 그 이후도 큰 변화 없이 변형적 이용 분석이 공정이용 항변 인정 여부에 중요한 접근법이 되는 것으로 보인다. 그런데 비교적 최근 들어 컬럼비아 로스쿨(Columbia Law School) 교수, 긴즈버그(Jane C. Ginsburg)를 중심으로 변형적 이용 분석에

---

62) Folsom 판결(주 45), 344-345면.
63) Liu 교수에 따르면, 공정이용 논의에서 'transformative'라는 용어는 Leval 판사의 논문, "Pierre N. Leval, *Toward a Fair Use Standard*, 103 Harv. L. Rev. 1105 (1990)"에서 새롭게 만들어진 것(造語)이라고 한다. Liu, 전게논문(주 57), 165면 중 주 10.
64) 위 Leval 논문.
65) Campbell 판결(주 12), 579면.

대한 비판이 제기되고 있는데, 다음 두 가지로 요약된다.

- '시장 중심 패러다임' 중에서 '가치'에의 주목
- '사용 후 보상' 대안

전자는 제1 요소 중심의 '변형적 이용 이론'에 대한 비판적 회고와 제4 요소 논의의 부활로 평가할 수 있고,66) 후자는 여전히 맹위를 떨치고 있는 제1 요소 중심의 '변형적 이용 이론'이 최근 끓어오르고 있는 'TDM 면책 논의'와 만나 유력한 대안으로 연결될 수 있다는 점에 주목할 만하다.67)

이상을 종합하면 공정이용 법리의 발전은 다음과 같이 세 가지 단계(시대)로 분류할 수 있다.

(ⅰ) 제4 요소 중심(시장 중심 패러다임)
(ⅱ) 제1 요소 중심(공익 중심 패러다임)
(ⅲ) 제4 요소의 부활과 사용 후 보상 대안

이런 구조하에서 미국 공정이용 판결을 비판적으로 소개하고, TDM 면책 논의의 미래를 전망하고자 한다. 물론 위 논의는 시기적으로 명확히 구분되지 않고 때로 (ⅱ)논의 중에 (ⅲ)논의가 겹치기도 한다는 점을 밝혀둔다.68)

---

66) 이에 대해서는 뒤[Ⅱ.3.나.(3)]에서 자세히 논한다.
67) 긴즈버그 교수의 '사용 후 보상' 대안 주장은 Gordon, Leval 등의 논문처럼 아직은 미국 판례에 영향을 주어 이른바 '판례이론'으로 채택된 것은 아니다. 따라서 이 부분 긴즈버그 교수의 주장은 미국 판례의 경향성에서 다루기보다는 장을 달리하여 TDM 면책 논의에서 대안의 하나로 다룰 예정이다[Ⅲ.4.바.(2)(대)].
68) 본 저자는 후술[Ⅱ.3.나.(3)(개)]에서 이를 '오버랩 현상'이라고 표현했다.

나. 저작권자 중심 사고 — 제4 요소 중심[69]

(1) 전통적 논의와 새 물결

저작권 보호 중심의 저작권법이 이용자의 공정한 이용을 지나치게 제약하여 표현의 자유를 위축한다는 지적은 저작권법 역사의 초기부터 있었다. 이에 공정이용 제도가 저작권에 대한 예외로서 저작권법에 들어오게 된 배경을 염두에 두면, 공정이용 성립 여부에서 가장 중요하게 고려해야 하는 것은 역시 저작권자에게 지나치게 해가 발생하지 않을까 하는 점이다. 이런 우려는 자연스럽게 Folsom 판결에서와 같은 경제적 논의, 즉 저작권자의 저작물을 시장에서 대체하는 효과가 발생하는지를 중심(제4 요소)으로 논의를 발전시켜왔다[아래 (2) 시장 중심 패러다임(Market-centered paradigm)]. 그런데, 시점을 훌쩍 뛰어넘어 제1 요소의 이용 목적을 중심으로 저작권자의 이익보다는 공익에 부합하는 변형적 이용을 공정이용으로 보는 경향이 힘을 얻는 가운데(후술 Ⅱ.3. 다. 공익 중심 사고), 한쪽에서 제4 요소가 지나치게 '시장'(market)에만 주목하고 있다는 반성과 함께, 제4 요소에 들어 있는 또 다른 개념인 '가치'(value)에 관심을 기울여야 한다는 견해가 부상하고 있다. 이는 연방항소법원 등 하급심 판결과 이를 분석한 학자(위 Ginsburg 교수)의 주장에 따른 것이다. 여기의 '가치'에는 경제적인 것 외에 인격적인 것까지 담으려는 판결이나 논의가 이어지고 있어 공정이용의 확대에 건강한 긴장감을 형성하고 있다[아래 (3) 가치 중심 패러다임(Value-centered paradigm)].

---

69) Netanel, 전게논문(주 57), 716면에서 위 소제목을 가져왔음을 밝힌다.

(2) 시장 중심 패러다임(Market-centered paradigm)

(개) Sony 판결

시장 중심, 즉 저작물의 현재 또는 잠재적 시장에 미치는 영향을 중심으로 공정이용 성립 여부가 시험대에 오른 가장 극적인 사건은 Sony 판결이라 할 것이다. 원고(Universal City Studio)는 TV 프로그램 저작권자로서 가정용 비디오테이프레코더(VTR) 제작사인 피고(Sony)를 상대로 제기한 저작권침해소송에서 피고의 VTR 판매가 결과적으로 가정에서 녹화를 통한 저작권 침해를 가능하게 했다는 점에서 기여 침해(contributory infringement) 책임이 있다고 주장했는데, 연방지방법원은 공정이용이 성립된다고 보아 청구를 기각했고, 항소심 법원(9th Cir.)은 공정이용 성립을 인정하지 아니하여 청구를 인용했다. 연방대법원은 피고가 VTR를 합법적으로 판매했다는 점에서 기여 침해 책임을 인정할 수 없고, 그 밖에 VTR의 녹화기능, 즉 타임 시프팅(time shifting)이 TV 프로그램 저작물의 잠재적 시장이나 가치에 작지 않은 손해를 끼쳤다는 증거가 없다는 이유로 공정이용을 인정하여 원고 청구를 최종적으로 기각했다(법정의견, Stevens 대법관). 한편, 공정이용이 인정되지 않는다는 반대의견(Blackmun 대법관)이 있었다.[70]

이 사건 공정이용 성립 여부에서 주로 다퉈진 부분은 원고(저작권자) 저작물의 잠재적 시장이나 가치에 악영향이 있지 않은가 하는 점이었다. 연방대법원은 첫째, 공중파를 통해 방영되는 TV 프로그램 저작자들의 상당수가 개인들이 나중에 시청하기 위해 녹화(타임 시프팅)하는 것을 반대하지 않을 가능성이 매우 크고, 둘째, 녹화기능이 원고의 TV 프로그램 저작물의 잠재적 시장 또는 가치에 작지 않은 해를 끼칠 가능성이 없다고 보았다.[71] 이상

---

70) 이상, Sony 판결(주 10), 417-418면. 이하 공정이용 쟁점에 집중하기로 한다.
71) 위 판결, 418면.

에 따르면, 법원은 공정이용 성립 여부 판단에서 저작권자의 경제적 피해 여부, 즉 시장실패(market failure) 여부에 초점을 맞추고 있음을 알 수 있다.

공정이용 성립 여부 판단에서 저작물 또는 저작권자의 피해 여부를 중시하는 견해는 Sony 판결이 선고되기 훨씬 이전부터 있었다. 1828년 영국 법률가 몸(Robert Maugham)[72]은 원저의 가치 저하("depreciation in the value of the original work")를 저작권침해 판단의 요소로 파악했는데,[73] 이는 원저작물의 판매손해, 즉 저작권자의 경제적 손해를 의미하는 것으로 이해되고 있다.[74] 몸의 논리는 이후 공정이용의 법리를 제대로 정리했다고 평가받는 Folsom 판결(1841년)에서 시장에 바탕을 둔 논의, 즉 경제학적 논의로 발전된다.

"(...) a new work that supersedes the original and substitutes for it infringed on the rights of the copyright owner."[75]

즉, 대체재(substitute)에 해당하면 공정이용이 성립하지 않고(저작권침해 성립), 대체재에 해당하지 않으면 공정이용이 성립한다는 것인데(저작권침해 불성립), 공정이용 판단의 제4 요소를 다분히 경제학적 논의로 치환하는 것으로 이해할 수 있다.

---

72) 소설 『달과 6펜스』(The Moon and Sixpence), 『인간의 굴레에서』(Of Human Bondage) 등의 저자 서머싯 몸(W. Somerset Maugham)(1874-1965)의 조부(祖父)로 추정된다.
73) ROBERT MAUGHAM, TREATISE ON THE LAWS OF LITERARY PROPERTY, 130 (Longman, Rees, Orme, Brown, & Green, 1828)[Sag, 전게논문(주 43), 1402면에서 재인용].
74) Sag, 전게논문(주 43), 1402면.
75) Folsom 판결(주 45), 344-345면.

(나) Harper 판결

위 Sony 판결과 반대로 최종적으로는 공정이용이 인정되지 않았지만, 시장 중심의 접근이 가장 중요하게 고려된 판결이 그 이듬해 있었던 Harper 판결(1985년)이다. 출판사와 잡지사 간 분쟁으로서 위에서 본 영국의 '잡지의 시대' 기출간된 저술의 요약본(abridgment) 출간으로 인한 분쟁[76]과 유사한데, Harper 판결 사안은 원고 저작물이 미공표된 상태에서 발생했다는 점에서 다르다. 1977년 원고 출판사는 전직 대통령 포드(Ford)와 회고록을 출간하기로 계약하고, 1979년 작업이 거의 끝날 무렵 타임(TIME)과 25,000달러에 닉슨 사면과 관련된 7,500자 분량의 발췌본 기사를 내기로 계약을 체결했다. 그런데 기사가 나가기 전 피고 잡지사가 2,250자 분량의 기사로 특종을 가로챘는데 그 기사 중 300~400자 정도가 원고가 작성한 회고록과 글자 그대로(verbatim) 같았다. 타임으로부터 계약을 해제당한 원고는 피고를 상대로 저작권침해 소송을 제기하여 1심에서 승소했으나, 연방항소심(2nd Cir.)은 공정이용에 해당한다고 보아 원심판결을 파기했다. 원고의 상고에 대해 연방대법원은 공정이용에 해당하지 않는다고 함으로써 원고의 승소로 종결됐다.[77]

이 판결은 "시장에 미치는 영향(Effect on the market)" — 공정이용 판단의 제4 요소 — 이 <u>단일</u>의 가장 중요한 요소임을 확인하였다는 점에서 의의가 있다.

"This last factor is undoubtedly the single most important element of fair use."[78]

Harper 판결은 고든 교수의 논문을 인용하여 공정이용은 시장이 실패

---

76) Austen 판결(주 41).
77) 이상, Harper 판결(주 11).
78) 위 판결, 566면. 이 부분은 후속 판결에 많이 인용되고 있다.

(market failure)할 때 또는 저작권자가 요구하는 가격이 'zero'에 근접할 때 비로소 예외적으로 허용된다고 함으로써[79] 저작권자의 손해와 시장의 정상가동 등을 중시했음을 알 수 있다.

(다) 평가

네타넬은 시장 중심 패러다임에서 보는 공정이용이 저작권자의 배타적 권리가 "회복할 수 없는 시장실패(irremediable market failure)"가 있는 경우에만 예외적으로 인정된다고 할 때, 그 논리의 원출처는 고든(Gordon) 교수의 논문[80]이라고 한다.[81] 사실 이 논문은 Sony 판결(반대의견)과 Harper 판결(법정의견), 공히 시장실패 측면에서 공정이용을 반대하는 쪽에서 인용됐는데,[82] 출간된 지 40년이 넘었지만 지금도 유효한 매우 중요한 논문이다.

Sony 판결에서 공정이용에 해당하지 않는다고 본 반대의견(Blackmun 대법관)은 공정이용을 제1 저자(first author, 저작권자를 말함)의 비용으로 제2 저자(second author, 공정이용 항변을 원용하는 이용자를 말함)에게 지급되는 일종의 보조금(a form of subsidy)이라고 한다.[83] 물론 공공선(public good)을 위해서이다. 블랙먼(Blackmun) 대법관은 이에 부합하는 예로 '학자(scholar)의 저작물 이용'을 든다. 학문을 하는 학자라고 해도 저작권자의 허락 없이 저작물(선행 문헌)을 이용할 수 없다는 점에서 저작물에 관한 통상의 이용자와 같으나, 만약 저작권자가 부르는 가격이 너무 높아 이용할 수 없게 되면 통상의 경우에는 그 이용자만 피해를 보고 말겠지만, 학자 이용의 경우에는 그 피해가 그 학문적 이용으로 혜택을 입을 공중에 미치게 된

---

79) 위 판결, 559, 566면; Gordon, 전게논문(주 51), 1615면.
80) 주 51.
81) Netanel, 전게논문(주 57), 734-736면.
82) 양 판결에서 고든의 논문이 중요하게 인용되고 있다는 점이 특이이다. Sony 판결(주 10), 478면; Harper 판결(주 11), 559, 566면.
83) Sony 판결(주 10), 478면; Gordon, 전게논문(주 51), 1630면.

다는 점에서 차이가 크게 발생한다고 한다.[84] 학문적 이용은 선행 저작물을 이용하는 학자 개인을 넘어 모든 사람이 향유할 '외부 혜택(external benefit)'을 생산하므로 이런 경우 공정이용을 인정해야 하는데, 이를 두고 앞서 본 바와 같이 공공선을 위해 저작권자가 이용자에게 지급하는 보조금으로 이해하는 것이다.[85] 한편, 긴즈버그 교수는 공정이용을 저작권자가 공공의 혜택을 위해 주는 보조금으로 보는가 하면,[86] 저자나 저작권자가 그들의 소득을 '정당한(fair)' 이용자들에게 재분배하는 것으로 이해하기도 한다.[87] 쌕 교수는 긴즈버그가 말한 재분배 대상인 정당한 이용자들을 '특정 계층의 이용자들(preferred class of users)'이라고 덧붙이고 있는데,[88] 교육기관, 장애인 등 우리 사회에서 우선적 보호 대상인 약자들을 말하는 것으로 이해할 수 있다. 긴즈버그 교수에 따르면, 저작권자들이 저작물을 제값(full price)을 받고 판매한 데서 얻은 여분의 이익을 위에서 말한 '정당한(fair)' 이용자들에게 나누어주는 것을 공정이용이라고 보는 것이니 쌕 교수의 긴즈버그 교수 논문에 대한 해석은 타당해 보인다.[89]

  Sony 판결(반대의견)이 인용하고 있는 고든 교수의 논문으로 조금 더 들어가 보자. 고든에 따르면, 저작권자에게서 그 권리를 일부 제한(박탈)하는 것은 합의 또는 협상이 어떤 이유로든 불가능할 때만 정당화될 수 있다고 전제한 후 시장의 결함과 같은 이유로 통상적인 거래, 즉 저작권자의 허락을 받는 것이 불가능할 때, '비합의 이전(non-consensual transfer)'을 인정할

---

84) Sony 판결(주 10), 478면.
85) 위 판결, 477-478면.
86) Jane C. Ginsburg, *Copyright, Common law, and Sui Generis Protection of Databases in the United States and Abroad*, 66 U. Cin. L. Rev. 151, 169 (1997).
87) Jane C. Ginsburg, *Authors and Users in Copyright*, 45 J. Copyright Soc'y U.S.A. 1, 15 (1997).
88) Sag, 전게논문(주 43), 1410면.
89) 후술하겠지만, 도무지 여기에 빅테크와 같은 초거대 이용자는 끼어들 여지가 없어 보인다.

경제적 필요성이 있다고 한다.90) 여기서 '비합의 이전'이 바로 공정이용을 지칭한다는 것은 긴 설명이 필요하지 않다. 시장 장벽(market barrier)의 특별한 유형으로 거래비용을 들 수 있는데, 거래비용이 예상 수익을 현저히 초과하면 일반적으로 거래가 발생하지 않을 것이다.91) 그런데 저작물 이용이 공중에 큰 혜택을 주는 것이라면, 즉 거래에 따른 혜택이 거래비용을 현저히 초과한다면, 저작권자의 허락없이 이용하게 할, 즉 공정이용을 인정할 필요성이 있다고 보는 것이다.92) 고든은 공정이용 논의에 중요한 시사점을 주는 몇 가지 키워드 — Externalities, Nonmonetizable interest, Noncommercial activities — 를 제시하고 있는데,93) 앞서 본 바와 같이 Sony 판결의 반대의견을 제시한 블랙먼 대법관은 공정이용 성립 요소로서 고든이 언급한 키워드 중 하나인 '외부 혜택(external benefit)'을 인용했다.94)

일반 저작물의 경우에는 저작물 이용료가 너무 비싸 저작권자의 동의를 받아 사용하는 것이 어렵다면, 사용하지 않으면 그만이다. 그러나 학문 세계(scholarship)나 교육 현장(teacher)에서처럼 저작물의 이용이 공공선과 연결된다면, 공정이용을 인정해서라도 저작권자의 동의 없이 저작물을 이용하게 해줄 필요가 있다. 여기에서 공정이용 인정의 정당성이 생긴다. 학자와 교사라는 직업은 공익적 성격을 띠고 있기 때문이다. 즉, 저작물의 이용으로 교육과 학문발전이라는 공익이 증진된다는 점에서 공정이용을 인정받게 되는데, 이를 저작권자가 이들 학자·교사에게 주는 보조금으로 이해하는 것이다.95) 이 보조금 수혜의 효과는 학자로 대변되는 학계를 넘어 학문발전에

---

90) Gordon, 전게논문(주 51), 1615면.
91) 위 논문, 1628면.
92) 이상, 위 논문, 1629면.
93) 위 논문, 1630면.
94) Sony 판결(주 10), 477-478면.
95) 그런데 저작물 이용자로서 빅테크는 오히려 저작권자들에게 보조금을 주어야 할 정도로 힘의 우위에 있음에도 불구하고, 저작권자들이 주는 보조금에 해당하는 공정이용

따른 혜택을 누리는 인류에게, 교사로 대변되는 교육계를 통해 교육받은 사회구성원에게 나타날 것이다.

정리하면, Sony 판결, Harper 판결 등에 나타난 공정이용 인정의 경향성은 다분히 원칙적으로 저작권자를 보호하고, 예외적으로[96] 돌이킬 수 없는 '시장실패'가 발생하는 경우에 한해 저작권자의 비용·보조금으로 공정이용을 인정한다고 요약할 수 있다. 여기에서 보조금을 받는 이용자는 저작권자와 비교해 힘(power)의 관계에서 열위에 있음은 말할 나위가 없다.

(3) 가치 중심 패러다임(Value-centered paradigm)

(가) 오버랩 현상

미국 공정이용 판결은 네타넬이 분석한 바와 같이 저작권자 중심의 제4 요소가 다른 요소를 압도해버리는 시장 중심[97]에서 공익 중심의 제1 요소가 공정이용 판단을 이끌어가는 '변형적 이용' 패러다임으로의 경향성을 보인다. 그런데, 이와 같은 판결, 특히 연방대법원 판결의 변화 경향성과 별개로 제4 요소 중심의 논의가 여전히 강력한 영향을 미치고 있는 판결, 특히 연방 항소심 판결이 존재한다. 이처럼 판결의 특정 경향성 속에 다른 결의 판결이 여전히 또는 새로운 모습으로 겹쳐서 존재한다는 점에서 이를 '오버랩 현상'으로 표현하고자 한다. 이 점에서 이 항의 논의가 뒤에서 주로 논의

제도의 혜택을 보려는 것이 오늘의 현실이다. 이에 대해서는 뒤에서 상세히 논의한다 (후술 III.1.가. (3) 공정이용과 부의 재분배 — 부의 왜곡 현상?).

96) 본 저자가 '예외적으로'에 밑줄로 강조한 것은 후술하는 Campbell 판결에 오면 공정이용은 더는 예외 제도가 아니라 저작권의 목적에 부합한 제도로 보기 때문이다. Netanel, 전게논문(주 57), 736면.

97) 네타넬은 '저작권자 중심', '제4 요소 중심', '시장 중심' 접근을 동일한 개념으로 사용한다. 그런데, 제4 요소에는 시장 외에 '가치'가 있다는 점에서 이반(離反) 현상이 생긴다. 본 항[(3)]에서는 제4 요소에서 갈라진 '가치 중심 패러다임'으로 접근한다.

할 '변형적 이용 패러다임' 판결과 시점에서 겹칠 수 있다는 점, 즉, 후술할 '변형적 이용' 논의를 전제로 여기의 '가치 중심 패러다임' 논의를 펼치기도 한다는 점을 미리 말해 둔다.

후술하는 바와 같이(Ⅱ.3.다.), '변형적 이용 이론'은 미국의 공정이용 판단에서 맹위를 떨치고 있는 것으로 보인다. 그런데, 미국 학계에서 유력한 반대의견이 있어 눈길을 끈다. 긴즈버그 교수는 '변형적 이용'이 새로운 창작을 독려하는 요소에서 저작권에 의존적인 비즈니스 모델(copyright-dependent business models)에 친화적인 요소로 탈선했다(has gone off with rails)고 비판했는데,98) 그 후로도 '변형적 이용'이 공정이용의 다른 요소에 관한 논의를 모두 삼켜(engulf) 버렸다면서 그로 인해 특히 제4 요소에 관한 논의를 쇠퇴시켰다는 매우 부정적인 의견을 이어가고 있다.99) 오랜 기간에 걸쳐 공정이용에 관한 논문을 여러 편 써온 긴즈버그는 '변형적 이용'에 지나치게 편중된 공정이용 논의에서 돌이켜 제4 요소를 주목해야 한다고 주장한다. 아래에서는 제4 요소에 대한 재조명 ― 제4 요소의 부활 ― 에 관한 긴즈버그의 주장을 중심으로 논의한다.

(나) 시장 외 가치

공정이용의 제4 요소는 '저작물 시장(market for the copyrighted work)'에 대한 손해만이 아니라 '저작물 가치(value of copyrighted work)'에 미치는 손해도 규정하고 있다. 그런데 재판 실무에서는 지나치게 시장에 끼친 해(harm)의 존부 및 입증에만 매달려 있음을 지적한 긴즈버그 교수는 제4 요

---

98) Jane C. Ginsburg, *Fair Use for Free, or Permitted-but-Paid?*, 29 Berkeley Tech. L.J. 1383, 1445 (2014). 1445면. 이 논문에 언급된 '저작권 의존적 비즈니스 모델'이 구글과 같은 비즈니스 모델을 가리킨다는 것은 분명해 보인다.
99) Jane C. Ginsburg, *Fair Use in the United States: Transformed, Deformed, Reformed*, Singapore Journal of Legal Studies [2020] 265-294, 265.

소에서 시장 외 '가치'에도 주목해야 한다고 주장한다.100) 제4 요소에 규정된 '시장'과 '가치'가 비슷한 의미를 지닌 개념이라 할지라도 법조문에서 명시적으로 구별하여 적시한 이상 별개의 의미를 지닌 것으로 해석해야 한다.101) 동어반복이 아닌 별개의 의미를 지닌 '가치'에 집중한 판결로 Philpot 판결(2019년),102) Greaver 판결(1997년),103) Weissmann 판결(1989년)104) 등이 있는데, 이를 분석함으로써 제4 요소의 '가치'가 공정이용 판단에서 매우 중요한 역할을 할 수 있음을 논증하기로 한다.

① Loss leader

먼저 Philpot 사건이다. 원고 Philpot는 라이브 공연을 하는 뮤지션을 주로 촬영하는 프리랜서 사진작가이다. 피고 WOS (Wide Open Country)는 컨트리 뮤직 관련 뉴스, 엔터테인먼트, 라이프스타일 등을 다루는 웹사이트 운영회사이다. 원고는 특정 연주자의 공연 사진을 촬영하여 자신의 사이트에 올리면서, 누구나 무료로 이용하되 원고의 이름을 밝힐 것을 조건[CC (Creative Commons)]으로 달았다. 그런데, 피고가 그중 2장을 제3의 사이트에서 내려받아 변형하지 않고 자사 사이트에 올려 이용하면서 원고의 이름을 밝히지 않았다.105) 원고의 저작권침해 주장에 대해 피고는 공정이용이라

---

100) 위 논문, 286-288면.
101) 위 논문, 289면(특히 같은 면 주 109). 한국 저작권법 제35조의5 제2항 제4호에도 '시장'과 '가치'가 병렬적으로 규정돼 있다는 점에서 동일한 해석이 가능하다.
102) Philpot v. WOS, No 18-CV-339-RP, 2019 WL 1767208 (WD Tex 22 April 2019) (이하 'Philpot 판결').
103) Greaver v. National Ass'n of Corporate Directors, No. C.A. 94-2127(WBB), 1997 WL 34605245 (DDC 19 Nov 1997) (unpublished, only the Westlaw citation is currently available) (이하 'Greaver 판결').
104) Weissmann v. Freeman, 868 F.2d 1313 (2d Cir.), cert. denied, 110 S. Ct. 219 (1989) (이하 'Weissmann 판결').
105) 사실 이런 사례는 인터넷에서 '퍼 나르기'하는 경우 자주 발생하는 일인데, 인터넷상

고 맞섰다. 공정이용 요소 중 제1 요소 판단에서 법원은 피고의 이용은 변형적 이용이 아닐 뿐만 아니라 상업적 이용이므로 원고에 유리하게 추정된다고 했다.106) 그럼에도 불구하고 법원은 제4 요소, 즉 원고의 사진에 관한 실제 또는 잠재적 시장이 존재하지 않는다는 피고의 주장을 받아들였다.107) 이에 덧붙여 원고가 문제의 사진 2장을 팔거나 라이선싱하지 않았으며 무료로 이용하도록 했고, 달리 원고가 콘서트나 행사를 촬영하도록 고용된 적이 없고 단지 콘서트 티켓, 음식, 음료 정도를 제공받았을 뿐이라는 점을 인정했다.108) 한편, 원고는 사진이 공짜가 아니며 성명을 표시할 것을 조건으로

에서 작업하는 사람들이 저작권침해와 공정이용 사이에서 고민하는 지점이기도 하다. 한편, 인터넷에 올려진 사진저작물을 무단 이용한 사건으로 Brammer v. Violent Hues Productions, No. 18-1763 (4th Cir. Apr. 26, 2019) (이하 'Brammer 판결')이 있다. 이 사건에서 원고는 전문 사진작가이고, 피고는 영화제 주최자이다. 원고가 저속도 촬영 기법(time-lapse)으로 미국 Washington D.C.에 있는 Adams Morgan 지역을 촬영한 사진을 피고가 영화제 개최지 DC 지역에 관한 정보 제공 차원에서 피고 웹사이트에 올려 이용했다. 그런데 위 Philpot 판결과 다른 점은 이 사건에서 원고는 자신이 올린 사진에 저작권 표시("ⓒ All rights reserved")를 했다는 것이다. 1심 법원은 공정이용을 인정했으나, 연방항소법원은 공정이용 항변을 배척하고 원고 승소 판결을 선고했다. "commercial and not transformative use"란 점은 양 사건이 모두 같지만, Brammer 사건에서 원고(사진작가)가 자신의 사진을 두 번 라이선싱한 증거를 제출했다는 점을 고려하여, 만약 웹사이트에 올려져 있는 사진을 상업적으로 이용하는 것을 공정이용으로 본다면 전문사진가(professional photographers)가 작품을 만들 경제적 인센티브를 거의 잃게 될 것이라는 점에서 부당하다고 보았다. Philpot 판결과 Brammer 판결은 다른 점이 있지만 두 사건 모두 전문 사진작가가 자신의 웹사이트에 올린 사진저작물이 무단 이용되었다는 점에서 같다. 이런 사례는 한국에서도 자주 발생한다는 점에서 관심이 요구된다고 생각한다.
106) Philpot 판결(주 102), *6.
107) 위 판결, *7.
108) 위 같은 면. 판결에 따르면 원고는 사진 이용자에게 저작권분쟁을 일으켜 합의금을 받는 식으로 돈을 벌어왔다고 한다. 이는 한국에서 합의금을 받기 위해 저작권침해를 이유로 고소부터 하고 보는 이른바 '합의금 장사' 사건과 유사한데, 긴즈버그는 원고 Philpot를 일종의 'copyright troll'로 평가한 후, 원고의 이런 행위로 인해 이 사건에서 공정이용에 관한 제4 요소 논의가 흐려졌다고 아쉬움을 표한다. Ginsburg, 전게논문

제공된 것이므로, 성명표시는 자신의 작품에 대한 광고로서 경제적 가치의 원천이 된다고 주장했으나("price of attribution, which has economic value as advertising for his work"), 법원은 원고의 이 주장에 설득력이 없다고 판단했다. 나아가 실제뿐 아니라 잠재적 시장의 손해를 고려한다고 해도 피고의 이용이 그 사진 2장의 시장에 어떤 해를 끼쳤다는 입증이 없다고 함으로써 원고의 주장을 기각했다.109)

여기에서 긴즈버그 교수의 날카로운 비판적 시선이 닿는다. 원고(Philpot)의 주장 중에 무료로 게시했다고 한 사진 2장이 사실은 무료가 아니라 자신의 '이름값'(price of attribution)이라는 것에 주목할 필요가 있다는 것이다. 원고의 입증 실패로 청구기각된 것과 별도로, 종래 공정이용 판결은 제4 요소 — "the effect of the use upon the potential market for or value of the copyrighted work" — 에 대한 판단에서 주로 'market for the copyright work'에 관심이 기울여졌으나, 'value of the copyrighted work'에도 관심을 가져야 한다는 것이 긴즈버그 주장의 요체이다. 원고의 사진 2장을 일종의 'loss leader'(손님 끌기용 무료 상품, 미끼 상품)로 본 것인데, 피고가 원고의 이름을 누락한 채 사진을 이용함으로써 자신을 알리기 위해 미끼 상품을 내놓은 원고로서는 그 작품이 갖는 가치(value)에 해를 입었다는 것이다.110)

만약 그 자체로는 무료인 미끼 상품의 무단 이용을 제4 요소에서 저작권자에게 손해가 발생하지 않았다는 이유로 공정이용 성립 가능성에서 저작권자에 불리하게 고려한다면, 즉 공정이용 성립 가능성을 크게 본다면, 미끼 상품만 소비하고(가로채고) 미끼 상품의 목적인 주 상품 소비로 이어지지 않을 수 있다. 이 경우 미끼 상품을 내놓은 사람은 낭패를 볼 수 있다. 백화점의 시식 코너를 예로 들어 설명한다. 시식 코너에서 샘플을 시식한 사람

(주 99), 289면.
109) Philpot 판결(주 102), *7.
110) 이상, Ginsburg, 전게논문(주 99), 289-290면.

에게 강제로 제품을 구매하게 할 수는 없지만, 시식자 중 일정 비율의 사람이 본 제품을 구매한다는 합리적 예측에 근거하여 시식용 샘플을 제공한다. 여기에서 상품이 저작물이라면 어떻게 될까? 저작권자로서는 자신의 저작물을 일종의 미끼 상품으로 내놓으면서 다른 목적 — 자신의 저작물 또는 저자 자신을 널리 알리려는 홍보의 목적 — 이 있다면, 위 Philpot 판결에서처럼 조건, 즉 저자인 Philpot의 이름을 표시하는 조건을 제시하기도 한다. 그런데 이용자가 그 조건을 지키지 않고 미끼로 내건 사진을 가져다 쓴다면, 이용자의 미끼 상품 이용이 신뢰와 좋은 이미지를 위해 서비스를 제공한 저작권자의 의도대로 자기 저작물의 확산 및 소비로 이어질 가능성은 없다고 할 것이다. 바로 이 부분이 긴즈버그가 주목한 '가치'에 해당한다.

일반적으로 공정이용 사건에서 저자의 성명표시 여부는 중요하지 않을 때가 있다. 예를 들어 패러디와 같은 사례에서 원작이 널리 알려져 출처를 밝힐 필요가 없고, 학술 비평에서는 주를 붙이기 때문이다. 그런데 Philpot 사례와 같이 널리 알려지지 않은 작가의 작품이 디지털 이용(digital use)될 때 저자와 작품은 절연되기 쉽다. 이런 작가 중에는 작품을 통해 받는 보상으로서 금전보다 평판을 원하는 경우가 많은데, 복제 이용하면서 작가의 성명을 표기하지 않는다면 작가의 저작물 가치에 악영향을 미치게 될 것이다.111)

② Disincentive

같은 연구소 소속 교수와 연구보조원 사이의 오랜 관계가 논문에 관한 저작권침해로 파국으로 치달은 사건을 소개한다(Weissmann 사건). 핵의학(nuclear medicine) 연구소에 근무하는 젊은 연구보조원(원고)이 새로운 연구물을 썼는데, 교수(피고)는 자신도 그 새로운 연구물의 공저자라 믿고 원고의 허락 없이 제목을 바꾸어 자신의 단독 저술인 양 자기 이름으로 표시해

---

111) 이상, 위 논문, 290-291면.

사용했다. 원고가 피고를 상대로 제기한 저작권침해 소송에서 1심은 공저라고 보았고, 공저가 아니더라도 피고의 이용이 공정이용에 해당한다는 이유로 원고 청구를 기각했다. 항소심에서는 피고의 공정이용 항변을 받아들이지 않고 원고 승소 판결을 선고했다.112)113)

이 사건에서 중요한 제1 요소와 제4 요소 판단을 중심으로 간략히 설명한다. 원고와 피고가 소속돼 있는 학계에서 금전적 이익은 성공의 척도가 아니며, 학계의 '인정(recognition)'이야말로 진정한 가치가 있는데, 이는 학계의 인정이 교수 사회에서 승진과 정년보장에 결정적으로 작용하기 때문이다. 항소법원은 피고의 무단 이용으로 원고에게 금전적 손실이 생겼다는 입증이 없다고 해서 곧바로 공정이용이 되는 것은 아니라고 보았다.114) 원고가 출간하려고 했던 논문을 피고가 먼저 냄으로써 원고로서는 자기 결과물을 누릴 능력과 기회를 빼앗겼을 뿐 아니라, 해당 분야에서 지속적으로 연구하고 논문을 출판할 의지가 꺾였다(creates a distinct disincentive)고 봄으로써, 제4 요소 판단에서 금전적 이익에만 치중했을 뿐 승진과 정년보장이

---

112) 이상, Weissmann 판결(주 104), 1315면.
113) 이 사건 사안은 한국 대법원 2009. 12. 10. 선고 2007도7181 판결['공동저자 판결', 이 사건의 민사 사건은 부산지방법원동부지원 2007. 8. 30. 선고 2002가합2699(본소), 2003가합4098(반소)]과 매우 유사하다. 대학의 시간강사가 같은 대학 전임교수로부터 공저 집필을 제안받았으나 거절하고 단독저서로 출간할 계획이었는데, 전임교수가 시간강사의 허락을 받지 않고 시간강사가 편집한 원고에 자신의 저술 부분을 더해 공저로 출간했다. 시간강사의 저작권침해 주장에 전임교원은 자신이 공저자이므로 저작권침해가 아니라고 맞섰는데, 법원은 공저 요건을 갖추지 못했다고 판단했다. 그런데 이 사건에서는 창작적 표현형식에 기여하지 않고 단지 아이디어만 제공한 자를 공저자로 볼 수 없다는 점을 판단했을 뿐, Weissmann 판결(주 104)에서와 같은 공정이용 논의는 없었다.
114) 이상 Weissmann 판결(주 104), 1324면. 한편, 이 사건은 한국의 '기간제교사 판결'(주 1160)과 비교하면 흥미로운 대목을 발견할 수 있다. 두 판결 모두 저작물 이용과 관련하여 승진 또는 정규직 전환 등의 내용이 나온다는 점에서 공통점이 있는데, 저작물과 관련하여 신분 상승이 되는 대상이 Weissmann 판결에서는 원고(저작권자, 피해자)이고, 한국 사건에서는 피고(저작물 이용자)라는 점에 차이가 있다.

학계에서 갖는 실체와 의미에 집중하지 않은 1심의 판결을 취소했다.115)

이 판결에서 새로운 연구와 작품 창작에의 유인을 제4 요소의 '가치'로 본 것은 매우 신선하다. 학계 등 전문가의 영역이나 창작계에서 무단 이용을 당한 저작권자가 현실 또는 잠재 시장에서 손해를 입증하지 못해도 그로 인해 창작 의욕이 꺾인다면 분명 새로운 창작에 대한 'disincentive'가 될 수 있다는 점에서 저작물의 가치에 끼친 영향이 있다고 볼 수 있다. 저작권 보호의 정당화 요소로서 경제적/금전적 이익의 동기가 창작을 유인한다는 인센티브 이론에 토대한 이 판결에 따르면, 인센티브에는 금전적인 것 외에 비금전적인 것으로서 '학계의 인정'도 동기부여가 될 수 있음을 확인한 것이다. '학계의 인정'으로 승진하고 정년을 보장받으면 더 많은 금전적 이익을 취할 수 있는 유리한 지위에 있게 된다는 점에서, '학계의 인정'을 받을 기회를 박탈당한 것이 당장 저작물의 '시장'에 영향을 미치지는 않을지라도 저작물의 '가치'에 악영향을 미친다고 볼 수 있다.

정리하면 제4 요소를 저작물과의 관계에서 볼 때, '가치'는 간접적이고 장기적인 영향을, '시장'은 직접적으로 금전적인 영향을 미치는 개념으로 구별할 수 있을 것이다.

③ Authoritative voice

전문적 영역이란 점에서 위 Weissmann 사건과 비슷한 Greaver 사건을 소개한다. 원고는 공인회계사(CPA)로서 기업의 최고재무책임자(CFO) 경력이 있는 사람인데, 사건 당시에는 직업이 없었다. 피고는 전미 이사협회(National Association of Corporate Directors)로서 회사의 이사들을 교육·훈련하는 비영리단체이다. 1993년 원고와 피고 협회의 대표는 구두계약으로 원고가 CFO를 대상으로 하는 회사지배구조에 관한 세미나의 강의자료와

---

115) 이상, Weissmann 판결(주 104), 1326면.

강의개요를 만들기로 합의했다. 원고를 비롯한 강사들은 고정급과 교통비 등 실비를 받았지만, 강사료보다 원고에게 더욱 중요한 것은 수강자인 고위급 기업 임원들에게 자신을 알림으로써 미래에 고용 기회를 받을 것이라는 기대였다. 원고는 "The CFO's Role Relating to the Board of Directors"라는 강의자료를 만들었다.116) 같은 해 CFO 세미나를 5회 실시한 원고는 갑자기 피고로부터 해고 통지를 받게 되자 피고에게 자신의 강의자료를 더는 쓰지 말라고 요청했고 이어서 강의자료를 저작권청에 등록했다. 그런데 피고가 위 강좌를 새로운 강사에게 맡기면서 원고의 강의자료를 쓰지 말라고 지시했음에도, 그 강사가 사용한 피고의 강의자료 중 23페이지 분량에 해당하는 부분은 원고 저작물의 19페이지 분량을 거의 복사한 수준이었다. 원고가 제기한 저작권침해 소송에서 유일한 쟁점은 공정이용 성립 여부였다.117)

법원은 제4 요소가 공정이용의 단일 요소로는 가장 중요한 요소라는 점 [Harper 판결(주 11), 566면]을 인용하면서, 원고가 피고의 무단 복제로 입은 일실이익을 입증하지 못한 것은 곧 원고 저작물을 위해 존재할지 모르는 시장에 손해가 없다는 증거라는 피고 주장에 대해, 원고 저작물을 위한 '시장(market)'에 끼친 손해는 반드시 '일실이익'일 필요는 없고, 저작물을 위한 정상 시장의 어느 한 부분을 대체하는 이용으로 충분하다고 했다. 여기에서 법원은 Weissmann 판결을 인용해 '컨설팅 세계'에서 한 사람의 작품에 대한 가치 평가는 학계에서와 마찬가지로 "달러(돈)로 산정되는 것"이 아니라 "권위자(authoritative voice)로 인정받느냐 여부"에 달렸다고 보았다. 컨설팅 업계에서는 클라이언트에게 유용한 방법으로 정보를 분석하고 전달할 수 있는 능력이 성공의 척도라고 할 수 있는데, 이 사건에서 피고의 원고 작품에 대한 무단 복제로 인해 원고가 자신의 강의자료를 이용해 자신을 알릴 기

---

116) Greaver 판결(주 103), 1면. Greaver는 자신의 경험과 피고 도서관 자료 등을 활용해 자료를 만드는데 200시간을 투입했다. 세미나 매뉴얼은 57페이지로 되어 있다.
117) 이상, 위 판결, 1-2면.

회를 상실했음을 인정하여 제4 요소에서 공정이용에 반한다고 본 것이다.118)

이 판결에서 전문직 종사자가 권위자(authoritative voice)로 인정받는다는 것은, 곧 성공의 척도이자 새로운 기회 창출의 원천을 갖게 되는 것으로서, 일종의 '알라딘의 요술램프(Aladdin's wonderful lamp)'를 얻는 것과 같다고 생각한다.119) 따라서 컨설팅과 같은 전문영역에서 자신의 저작물을 무단 이용당한 저작권자가 현실 또는 잠재 시장에서 손해를 입증하지 못하더라도 그 분야의 권위자가 될 기회를 빼앗긴다면, 이는 해당 저작물의 '가치'에 영향이 있다고 볼 것이다.

표절 논의에의 연결

위 Greaver 판결의 핵심 단어라 할 수 있는 권위자(authoritative voice)는 표절 논의에서 인용의 목적인 '권위의 원천 제시'와 밀접한 관련이 있다. 불완전한 인간[화자(話者)]은 상대방[청자(聽者), 독자]에게 자신의 말과 주장을 믿게 하려고 그 상대방도 수긍할 만한 권위 있는 이의 주장을 끌어다 쓴다.120) 한국 저작권법은 공정이용(제35조의5)에 대해 출처표시/출처명시 의무를 부과하고 있다(제37조). 학문적 글쓰기에서 인용/출처표시 의무의 근거 조항을 두고 있는 셈이다. 그런데, 미국 저작권법에는 한국과 달리 공정이용에 관해 출처표시 의무 조항이 없어서 공정이용이 자칫 표절을 가능케 하는 제도로 사용될 우려가 있음을 지적한 견해가 있다(Richard Posner).121)

---

118) 이상, 위 판결, 5면. 법원은 피고의 고의적 침해를 인정하고 원고가 청구한 손해배상 청구 금액 100,000달러 전액을 인용했다.
119) 특정 전문 분야에서 권위자가 된다는 것이 반드시 상업적 성공으로 연결되는 것은 아니라 할지라도, '맘몬(mammon)의 세계'에서는 권위가 돈으로 연결된다고 할 수 있다. 그 점에서 권위를 얻는 것은 곧 '도깨비방망이'를 얻는 것에 비유할 수 있다.
120) 남형두, 『표절론』, 현암사, 2015, 240-242면.
121) 위의 책, 346-347면의 포스너 논의 참조.

위 Greaver 판결에서처럼 저작물의 '가치'에 주목하여 저자(특별히 학자)의 권위를 훼손하거나 미래의(to be) 권위를 훼손할 우려가 있는 이용에 대해 제4 요소 판단에서 공정이용 성립의 부정적 요인으로 본다면, 출처표시 의무 조항의 부재를 보완할 수 있을 것이다.

한편, 본 저자는 공정이용에 대한 대안 이론을 제시하는 가운데, 표절과 인용 측면에서 출처표시를 비금전적 보상의 하나로 제시하였다[후술 Ⅲ.1.나.(2)(다) ② 비금전적 보상 — 출처표시 참조].

④ 저작물의 가치와 저자의 권위

여기에서는 위 논의가 저작물의 가치와 저자의 가치를 혼동하거나 혼용한 것이 아닐까 하는 가정적 문제를 제기하고 이에 대한 재반론 형식으로 논의함으로써, 위 '가치' 논의를 강화하고자 한다.

제4 요소 판단에서 '가치'에 주목하고 있는 Weissmann 판결 및 Greaver 판결 등과 이를 들어 '시장' 외 '가치'를 강조한 긴즈버그 교수의 견해가 가치의 대상을 '해당 저작물'을 넘어 '저자'에까지 확대함으로써 제4 요소에 대한 문리해석의 범위를 벗어난 게 아닌가 하는 의문을 제기할 수 있다. Weissmann 판결의 'disincentive'나 Greaver 판결의 'authoritative voice'가 저작물 자체라기보다는 사람(저자)을 전제로 하는 개념이기 때문이다. 여기에서 Greaver 판결의 해당 부분을 옮겨본다.

> In the "consulting world," as in other fields such as academia where "profit is ill-measured in dollars," Weissmann, 868 F.2d at 1324, <u>recognition as an authoritative voice is the measure of the value of one's work.</u>[122]

작품의 가치는 여러 각도에서 평가될 수 있는데, 누구의 작품인가가 중요

---

[122] Greaver 판결(주 103), 5면. 본문의 밑줄은 본 저자가 강조를 위해 친 것이다.

한 평가 요소가 되기도 한다. 이 점에서 Greaver 판결은 어떤 분야의 권위자로 인정받는 것이 그의 작품이 갖는 가치에 대한 척도라는 점을 명확히 했다. 이는 후술하는 뒤샹(Marcel Duchamp)의 예술론과도 밀접한 관련이 있는데, 수많은 작품(저작물)이 넘치는 오늘날 저작물 개개의 가치는 그 저작물 자체로 평가되지만, 때로는 저자(작가)에 대한 평가가 그 저작물의 가치에 더욱 강력한 영향을 미치기도 한다.123) 저작권분쟁에서 보호를 구하는 저작물의 가치는 곧 해당 저자의 권위 또는 평판과 직접 연결된다는 점에서 저작물 가치의 척도는 곧 그 저자에 대한 평가라고 할 수 있다.

이는 전문적 또는 학술적 저작물에서 매우 유용한 해석 틀이 될 수 있다. 예를 들어 어떤 저작물이 무단 이용됐는데, 그 저작물이 상업화될 가능성이 거의 없을 뿐 아니라 시장이 형성돼 있지 않고, 앞으로도 그럴 가능성(잠재적 시장) 또한 쉽게 인정되지 않을 것 같다면, 제4 요소 판단에서 공정이용 성립 가능성이 크다고 할 수 있다. 그런데, 저자의 필생 업적인 그 저작물이 출처표시도 없이 무단 이용됨으로써 저자의 흔적이 사라지게 된다면, 그 저자는 그 저작물을 기반으로 해당 분야의 권위자가 될 기회 또는 권위자로서 목소리를 낼 기회를 박탈당하는 셈이 될 것이다. 이로 보건대 제4 요소의 '저작물의 가치'가 저자의 권위(authoritative voice) 또는 저자의 창작 인센티브와 연결된다는 위 판결들과 긴즈버그 교수의 견해에 수긍할 수 있다.

한편, 위 논의는 미학의 관점에서 접근할 수도 있다. 뒤샹의 시대에 인공지능과 인공지능 창작은 상상할 수 없었다. 오늘날 인간 창작물과 인공지능 결과물이 혼재하는 상황에서 '누가' 만들었는지는 예술적으로뿐만 아니라 법적으로도 매우 중요한 논제가 되고 있다. 인공지능을 생각지도 못했으나, 결과물인 작품보다는 주체(누가)에 더 관심이 있다고 한 뒤샹의 말은 인공지능 시대를 관통하고 있다. 전문적 또는 예술적 분야에서 유명하고 권위

---

123) 후술 II.3.다.(1)(나) ② 현대미술과 저작권법의 불편한 동서(同棲) 참조.

있는 사람의 작품을 베껴 만든 초보의 작품이나, 미학적 판단이나 연역적 추론에 근거하지 않고 단지 머신 러닝으로 기존 작품을 입력해 학습함으로써 고도화된 인공지능이 만든 결과물을 놓고 생각해 보자. 과정이야 어떻든 결과를 중시하는 세계관에서는 누가 만들었는지에 관심이 없을 수 있겠지만, 지식과 정보를 구별하고 과정을 중시하는 가치관에서는 초보의 베낀 작품이나 인공지능 결과물에 대해, 공정이용의 제4 요소 판단에서 '가치'가 있다거나 최소한 인간의 작품보다 높다고 평가할 수는 없을 것이다. 이처럼 인공지능 시대에서는 저작물의 가치가 더욱 저자의 권위에서 나온다거나 최소한 밀접한 관련이 있다고 할 수 있으며, 이런 생각을 공정이용 판단에 들여올 수 있는 개념이 바로 제4 요소의 '가치'라고 할 수 있다. 뒤샹의 선견지명에 놀랄 뿐이다.

　나아가 위 논의는 상표법의 '희석화 방지 이론'으로도 설명할 수 있다. 상표권은 기본적으로 지정 상품(designated goods)을 전제로 보호된다.[124] 따라서 지정상품을 달리하면 상표권의 효력이 미치지 않는데, 이는 상표권 보호의 근거가 수요자의 오인·혼동을 막는 데 있기 때문이다(상표법 제1조). 그런데 지정상품을 달리함에도 불구하고 ― 수요자의 오인·혼동의 우려가 없음에도 불구하고 ― 상표권자를 보호하는 사례가 늘어나고 있다.[125] 세계에

---

[124] 한국 상표법 제91조(등록상표 등의 보호범위)
　① 등록상표의 보호범위는 상표등록출원서에 적은 상표 및 기재사항에 따라 정해진다.
　② 지정상품의 보호범위는 상표등록출원서 또는 상품분류전환등록신청서에 기재된 상품에 따라 정해진다.
[125] 대전고등법원 2010. 8. 18. 선고 2010나819 판결(이른바 '버버리 노래방 판결') 등. 영국의 럭셔리 브랜드 버버리사가 천안에 있는 노래방을 상대로 '버버리'라는 표장으로 노래방 영업을 하지 말라는 소송에서 법원은 부정경쟁방지법 제2조 제1호 다목 "타인의 표지의 식별력이나 명성을 손상하게 하는 행위"에 해당한다고 보아 원고 청구를 인용했다. "비록 원·피고의 영업이 동일·유사하지는 않다고 하더라도, 피고는 저명한 원고의 등록상표를 영업표지로 사용하였고 그 결과 원고의 등록상표의 상품표지로서의 출처표시 기능이 손상되었다고 할 수 있다. 또한 피고는 원고의 등록상표를 중소도시에서 다수인이 비교적 저렴한 가격에 이용할 수 있는 노래방업소의 상호

널리 알려진 상표로서 수요자가 특정 상품의 상표임을 충분히 알 수 있어 지정상품을 달리해 사용되어도 수요자가 출처에 대해 오인·혼동의 우려가 거의 없다고 할 수 있는 사안에서, 상표권자의 보호 전략에 법원이 부응하여 상표권을 보호하는 경우이다. 상표권자의 희석화 방지 전략을 법적으로 보호하는 판결의 경향은 다분히 유력 상표가 갖는 재산권성에 대한 인정에 기인한다. 이를 저작권법과 위 '가치' 논의에 적용하면, 상품은 저작물, 상표는 저자에 비교될 수 있다. 상표가 갖는 가치는 곧 저자의 권위와 비슷한 것이어서 그 권위가 갖는 아우라에 의해 작품의 가치가 평가되듯, 상표가 갖는 품질보증 또는 후원 기능이 지정상품을 막론하고 수요자의 선택을 이끌 것이기 때문이다.

⑤ 교육적 가치

지금까지의 논의는 여하튼 저작물의 경제적 이익과 직접적으로 관련이 있는 시장(market)이건 간접적으로 관련이 있는 가치(value)이건 금전적 이익에 관한 것이었다. 그런데, 직접이건 간접이건 금전적(monetary) 해가 필요 없다는 판결이 있어 눈길을 끈다('시카고 학교개혁위원회' 사건).[126)]

시카고 학교개혁위원회는 비밀로 유지해 온 시험문제[127)]를 특정 교사와

에 이용함으로써 국내에서도 널리 고급 패션 이미지로 알려진 원고의 등록상표의 명성을 손상하였다."

126) Chicago School Reform Board of Trustees v. Substance, Inc., 79 F. Supp. 2d 919 (ND Ill 2000), aff'd 354 F 3d 624 (7th Cir 2003) ('시카고 학교개혁위원회 판결'). 이 사건 주심 판사는 법경제학자로 유명한 Richard Posner이다.

127) 'Chicago Academic Standards Exams'(CASE)라는 시험문제는 시카고 학교개혁위원회가 막대한 비용을 투자하여 만든 것인데, 특정 일시와 장소에서 엄격한 감독하에 실시된 후 모든 시험문제는 회수·파쇄되어 절대 외부에 유출되지 않게 한다. 당연히 시판될 수 없다. 일반적으로 교육자 입장에서 학생들의 실력 또는 수강 결과를 객관적으로 평가하기 위해 시험문제를 출제할 때 매번 다르면서도 좋은 문제를 만드는 일이 결코 쉬운 작업이 아니다. 정해진 교과목에서 출제하기 때문이다. 한편 시험의

신문사[128]가 무단 복제함으로써 비밀성이 없어져 시험문제를 새롭게 많이 출제하게 되었다면서 저작권침해 소송을 제기했다.[129] 이에 대해 피고들은 공정이용 항변을 했는데, 시험문제는 원고 위원회가 판매할 의도로 만든 것이 아니어서 피고들이 무단 복제해 출간했어도 원고의 시장을 잠식한 것이 아니라는 것이었다. 그러나 법원은 공정이용의 제4 요소와 관련하여 피고가 시험문제의 가치를 사라지게 했음을 인정하고, 시험문제에 시장적 가치(market value)가 없다는 사실은 이 사건에서 중요하지 않다고 했다. 나아가 매년 같은 시험을 치르는 것에 교육적 가치(educational value)가 있다고 보았다.[130]

목적이 평가를 통해 성적을 내는 데 있지 않고 학생의 수준 변화를 점검하기 위한 것일 때도 있다[토플 시험에서 난이도 측정 또는 연구 목적으로 본 문제에 섞어 넣는 이른바 '더미 문제(dummy questions)' 등]. 이처럼 시험문제 출제의 어려움, 일괄 평가의 필요 등에 따라 시험문제가 외부에 유출되지 않고 비밀로 유지되어야 할 사정을 시험문제를 출제하는 교육자들은 쉽게 이해할 수 있을 것이다. 비밀로 유지되는 시험문제가 유출되지 않게 할 장치로는 시험문제에 삽입하는 경고문구나 시험문제를 다루는 이들과의 비밀유지계약 등이 있다. 이를 위반할 경우, 민사적 구제로 손해배상책임과 형사적 구제로 업무방해 등이 고려될 수 있다. 시험문제 관리에 매우 세심한 주의를 기울이는 토플 주관사의 경우 기출문제에 대한 저작권 보호를 철저히 하는 것으로 유명하다. 한편, 한국에서도 위 '시카고 학교개혁위원회 판결'(주 126)에 비교될 만한 사건이 발생한 적이 있다. 대법원 2024. 7. 11. 선고 2021다272001 판결('교육과정평가원 판결'); 서울고등법원 2007. 12. 12. 선고 2006나110270 판결('중고등학교 시험문제 판결') 등. 물론 한국 판결에서는 공정이용에 관한 논의가 매우 부족하지만, 어쨌든 비밀로 유지된 시험문제가 유출돼 무단 이용된 경우, 시판을 전제로 하지 않기 때문에 시험문제의 저작권자가 시장의 경쟁 관계 또는 경제 관점에서 공정이용 성립에 대처하기 어렵다. 이때 '가치' 관점에서 제4 요소를 고려한다면, 저작권자로서는 새로운 활로가 열릴 것이다.

128) 피고 신문사는 피고 교사가 교사들을 대상으로 발행하는 지역신문이다.
129) '시카고 학교개혁위원회 판결'(주 126), 627면.
130) 위 판결, 630면.

(다) 저작인격권 부재의 보완

제4 요소의 '가치' 논의는 비금전적 가치 중 '인격적 가치'로 연결되면 더욱 큰 논의로 이어질 수 있다. 20세기 중반 크게 주목받았던 포스트모더니즘 사상이 저작권과 매우 불편한 관계에 있다는 것은 분명하다. 저작권은 저자의 개성을 중시하는 근대성과 낭만주의의 산물이라고 할 수 있는데, 20세기 들어 낭만주의의 쇠퇴와 함께 작가의 개성보다는 독자와 청중을 중시하는 포스트모더니즘에서는 '저자의 죽음'과 함께 저작권이란 제도도 그 명운을 다한 것으로 이해한다.131) 이런 사상은 인터넷 환경에서 더욱 설득력을 발휘한다. 후술하는 바와 같이 플랫폼 생태계에서 저자는 중요하지 않고, 저작물은 단지 플랫폼이 이용자에게 제공하는 사은품으로 전락한 현실에 비춰보면,132) 롤랑 바르트(Roland Barthes)의 '저자의 죽음'은 탁월한 선견지명으로 이해할 수 있다. 또한, 여전히 내적 창작열로 가득한 시인들이 있고, 이미 그 기쁨을 보상으로 여기는 창작자들에게 저작권은 낭비적 보상일 뿐 아니라 순수한 창의력의 고상한 직업을 훼손하는 것이며, 학자들은 학문에서 보람을 얻고 존경을 받으니 이미 보상이 완료된 것이라는 견해도 있었다.133)

그런데, 디지털 시대 직업적 저자의 죽음은 다소 과장된 측면이 있고, 여전히 전문적, 직업적 저자는 건강하게 존재한다는 것을 부정할 수 없다.134) 생성형 AI의 발전 및 확산에 따라 각종 규제 철폐가 논의되고 있는 가운데, 우려 또한 못지않게 강력히 제기되고 있다. 그 우려 중에 가장 대표적인 것은 저작권침해라고 해도 과언이 아니다.135) 인공지능에 대한 규제의 목적이

---

131) Jane C. Ginsburg, *The Author's Place in the Future of Copyright*, 45 Willamette L. Rev. 381, 382-385 (2009).
132) IV.1.나. (1) 문화의 사은품 화(化) 경향 — 미끼·끼워팔기 상품으로 전락 참조.
133) Ginsburg, 전게논문(2009), 387면. '과거형'으로 쓴 것은 긴즈버그 교수가 이런 주장을 한 대표적인 사람으로 17~18세기 로크와 뉴튼을 들었기 때문이다.
134) 위 논문, 388면.
135) 주 18.

저작권 보호에 있는 것이 아니라, 효과적인 규제를 위한 수단으로 저작권이 상정되는 것은 의미가 있다. 인공지능 산업에서 저작권은 결코 쉽게 무시할 수 있는 존재가 아니기 때문이다. 이때 저작권 중 양도할 수 없는 저작인격권은 인공지능 개발자에게 더욱 강력한 걸림돌이 되는 것이 사실이다. 한편, 미국 저작권법은 시각예술저작물에 성명표시권과 동일성유지권을 인정하는 것 외에 저작인격권을 따로 보호하지 않는다. 그런데 공정이용의 제4 요소에서 저작물의 '가치'에 대한 강조 여하에 따라 저작인격권 보호의 효과를 거둘 수 있다. 제4 요소에서 '가치'를 중시하지 않으면 경제적 이익과 직접 관련이 없다는 이유로 평판이나 인격적 가치를 무시하기 쉬운데, 저자의 창작 인센티브나 권위가 상실될 수 있다는 점에서,[136] 제4 요소의 '가치' 논의는 앞으로도 더욱 활발해져야 할 것으로 생각한다.

(4) 정리 및 평가

네타넬은 미국 공정이용 판결이 저작권자의 이익을 중시하는 제4 요소 중심에서 공익을 중시하는 제1 요소 중심으로 이동하는 경향성이 있다고 보았다. 실제 미국의 경우 제1 요소 중심의 '변형적 이용 이론'이 공정이용 판단의 다른 요소나 이론을 지워버릴 기세로[137] 공정이용 논의를 뒤덮고 있다[이어지는 "다. 공익 중심 사고: 변형적 이용 패러다임(Transformative use paradigm) — 제4 요소의 쇠락과 제1 요소의 부상"에서 상세히 논의함]. 한편, 한국의 공정이용 판결은 후술하는 바(Ⅴ장)와 같이 여전히 저작권자 중심의 제4 요소를 단일의 가장 강력한 요소로 보는 Harper 판결의 자장(磁場) 하에 사실상 들어 있다.

네타넬의 경향 분석에 따르면 미국 공정이용 판결에서 제4 요소는 주된

---

136) Ginsburg, 전게논문(주 99), 291면.
137) 주 161의 본문 '약탈적 포식(predation)'이라는 표현 참조.

관심사에서 벗어난 것으로 보인다. 그런데 긴즈버그 교수는 저작물의 경제적/금전적 이익에 직접적으로 관련이 있는 '시장(market for the copyright work)'에 미치는 영향을 주로 분석 대상으로 삼아왔던 종래 제4 요소 논의와 달리, 간접적으로 관련이 있는 '가치(value of the copyrighted work)'에 주목하여 눈길을 끌고 있다. 저작재산권에 대한 예외/제한 제도인 공정이용 판단에서 저작권자의 이익과의 비교형량을 도외시할 수는 없다. 뒤에서 비판하는 바(Ⅲ장)와 같이 공익을 내세운 '변형적 이용 이론'의 단점 내지는 폐해를 생각할 때, 제4 요소 중 '가치'에 대한 논의는 저작재산권에 대한 예외 제도로서 공정이용의 본질에 부합하기도 하고, 종래 '시장'이라는 직접적인 경제적 이익에 치우친 논의 대신 '가치'라는 간접적인 이익의 논의까지 포함하고 있다는 점에서 이를 포함해 제4 요소를 재조명한 긴즈버그 교수의 주장은 매우 통찰력이 있다고 생각한다.

플랫폼 기반의 저작물 생태계가 더욱 편만해질 현재와 머지않은 미래, 저작권과 공정한 이용의 균형자로서 '저작물의 가치'는 더욱 중요하게 다루어져야 한다. 미국의 공정이용 판결 측면에서 보면 '변형적 이용 이론'이 보편화된 가운데, 일부에서 제4 요소의 '가치' 논의가 면면히 이어져 오고 있다는 것은 특기할 만하며, 본 저자의 눈에는 그것이 마치 '새 물결'처럼 보인다.

한편, 여기에 제4 요소의 '시장'을 단일시장을 전제로 할 때와 달리 오늘날 저작물이 유통되는 플랫폼 생태계는 양면/다면 시장을 전제로 한다. 이처럼 저작물 유통 환경의 변화에 따라 제4 요소의 '시장'도 플랫폼의 특수성을 고려하지 않으면 안 된다. 플랫폼 환경에서 시장의 범위는 단일 시장 때와는 확연히 다르다는 점에서 공정이용의 고려 요소로서 제4 요소는 재검토되어야 한다. 이에 대해서는 뒤에서 상술하기로 한다(Ⅲ. 2. 플랫폼과 공정이용-).[138]

---

138) 한편, 긴즈버그가 제4 요소를 부각한 저술[Ginsburg, 전게논문(주 98); Ginsburg, 뒤의 논문(주 274)]은 공교롭게도 공히 구글이 피고로 된 사건(Google Books 판결 및

다. 공익 중심 사고: 변형적 이용 패러다임
(Transformative use paradigm)
— 제4 요소의 쇠락과 제1 요소의 부상[139]

이 시기(단계)[140]에는 위 '나. 시장 중심 패러다임'에서처럼 "저작권자 보호를 원칙으로 하되 공정이용을 예외적으로 인정하는 것"이 아니라, "창의적 표현의 확산을 증진하고자 하는 저작권법의 목적에 따라 공정이용 여부를 판단"한다는 점에서 공정이용을 더는 예외적 제도로 보지 않는 관점을 취한다고 할 수 있다.[141] '시장 중심 패러다임'의 경우 저작권자가 입을 피해에 집중하는 데 반해, 이 시기의 '공익 중심의 패러다임'의 경우 공익이라는 다소 모호한 개념을 상정하고 있어 이전 시기에 비교해 논의 과정이 좀 더 복잡하고 논란도 심하다고 할 수 있다. 달리 말하면 이전 시기의 논의가 평면적이라면 이 시기의 논의는 입체적이라고 할 수 있다. 이전 시기와 다른 저작물 이용 환경으로는 대규모 저작물 이용자의 출현, 저작물 이용자와 최종 소비자의 분리 — 플랫폼을 매개로 하는 저작물 이용, 나아가 인간이 아닌 기계의 저작물 이용(TDM) — 등을 들 수 있는데, 이전 시기와 달리 공정이용 해당 여부를 논할 때 공익이 내세워지는 새로운 환경에 저작권법이 어떻게 반응할 것인지가 시험대에 올려지게 되었다. 저작권법이 브레이

Oracle 판결)에서 구글의 공정이용 항변을 인정한 판결을 비판한 논문이다. 위 판결들에 나오는 구글은 모두 저작물의 이용자라는 점에서, 후술하는(III.2.) 저작물 유통 플랫폼 운영자로서의 구글과 차이가 있다. 서로 다른 데서 출발했음에도 긴즈버그의 관점은 플랫폼 환경에서 저작물의 공정이용에 관한 제4 요소의 '시장'을 양면 시장 시각에서 보아야 한다는 본 저자 주장에 힘을 실어주고 있다.

139) Netanel, 전게논문(주 57), 736면에서 위 소제목을 가져왔음을 밝힌다.
140) 이는 위 "나. 저작권자 중심 사고 — 제4 요소 중심"과 비교해 대체로 시기적으로 후기(後期)임이 분명하지만, 저작권자 중심으로 접근하는 경우가 혼재되어 있다는 점에서 반드시 시기별로 구분할 수 있는 것은 아니어서 '단계'라는 표현을 추가한 것이다.
141) Netanel, 전게논문(주 57), 736면.

크(제동장치)가 될 것인지, 아니면 액셀리레이터(가속기)가 될 것인지의142) 분기점에 서게 되었다.

아래에서 다룰 여러 미국 판결 중 뼈대에 해당하는 것은 세 개의 연방대법원 판결이다. 이들 연방대법원 판결은 '변형적 이용 이론'에 따라 공정이용 여부를 판단했다는 점에 공통점이 있으나, 각기 다른 특색 및 의미가 있다. Campbell 판결은 '변형적 이용 이론'을 본격 적용한 최초의 연방대법원 판결이고, Oracle 판결은 빅테크가 '변형적 이용 이론'의 적용을 받은, 즉 빅테크가 수혜자가 된 최초의 연방대법원 판결이며(물론 그 이전에 Google Books 판결이 있지만 연방 항소심 판결임), Warhol 판결은 Oracle 판결의 법리에 따라 공정이용이 계속 넓게 인정될 것인지로 관심을 모았으나 그렇지 않았다는 점143) 외에, 연방 항소심의 Koons 판결, Prince 판결에 이어 공정이용 관점에서 현대미술과 저작권의 관계를 어떻게 설정할 것인지에 관한 판결로서 예술과 법의 관계를 깊이 있게 논의한 매우 획기적 판결이다. 또한 장르적으로도 위 세 개의 연방대법원 판결은 겹치지 않는다. '변형적 이용 이론'이 음악, 컴퓨터 소프트웨어, 미술 등의 저작물 이용에서 어떻게 적용되었는지, 그리고 그 의의가 무엇인지 살펴보기로 한다.

(1) Campbell 판결 — '변형적 이용 이론'의 적용

시장 중심 패러다임은 아무래도 저작권자의 경제적 이익 보호를 중심으

---

142) 산업이나 특정 집단을 육성하기 위한 법률도 있지만, 대체로 법이란 규제적 속성이 있다는 점에서 저작권법이 대규모 저작물 이용자를 제지하지 못하고 오히려 도와주는 제도로 작용한다는 것은 마치 '맛을 잃은 소금'(마태복음 5:13)에 비유될 수 있다. 결국 저작권법이 소멸의 위기에 접어든 것이 아닌가 하는 말(후술 Oracle 판결에서 반대의견을 제시한 Thomas 대법관의 언급)이 나올 만도 하다.
143) 그 점에서 Oracle 판결(주 15)이 이례적인 것으로 되었는데, 결과적으로 빅테크를 배려한 미국 법원의 policy based approach가 작동된 판결로 볼 수 있다.

로 공정이용 적용 여부를 본다는 점에서 공정이용 항변이 받아들여질 가능성이 이후 시기와 비교해 상대적으로 크다고 할 수 없다. 이용자의 이용에 상업적 동기, 영리적 목적이 있는 경우 종래의 접근 방식(Sony 판결)에 의하면 공정이용이 성립하기 어려운 것이 사실인데, 과연 상업적·영리적 동기가 있다고 하여 공정이용 성립을 배제할 것인가를 두고 시험대에 오른 사건이 1994년의 Campbell 판결이다.

미국의 팝 가수 로이 오비슨(Roy Orbison)의 록 발라드 <Oh, Pretty Woman>에 대한 저작권이 있는 원고 음반사(Acuff-Rose Music)가 이 곡을 패러디해 부른 랩 뮤직 그룹 '2 Live Crew'를 상대로 저작권침해를 이유로 소를 제기했는데, 연방지방법원은 공정이용에 해당한다고 보아 원고 청구를 기각했으나, 연방항소법원은 패러디의 상업적 성질은 공정이용의 첫 번째와 네 번째 요소의 공정성을 갖추지 못했다고 보아 원고 청구를 인용했다.[144] 그런데 연방대법원은 상업적 성격이 있다고 해서 공정이용 항변이 배척되는 것은 아니라는 판결을 선고함으로써 이후 공정이용 항변의 성립 여지를 크게 열어놓게 되었다. 한편, 위에서 본 Sony 판결과 Harper 판결에 고든 교수의 논문이 크게 영향을 미쳤다면, 이 Campbell 판결에는 Leval 판사의 논문[145]이 그 역할을 했다. 네타넬 교수는 Campbell 판결의 법리에 대해 심지어 "Leval-*Campbell* transformative use doctrine"이란 표현까지 사용함으로써 변형적 이용 패러다임을 가져온 Leval 논문의 기여를 크게 인정하고 있다.[146]

Leval 판사가 쓴 평석 논문(commentaries)은 실은 자신이 연방지방법원(뉴욕 남부지법) 판사로서 선고한 판결[147]이 연방항소법원(2nd Cir. Newman

---

144) Campbell 판결(주 12), 569면.
145) 주 63.
146) Netanel, 전게논문(주 57), 735-736면.
147) Salinger v. Random House, Inc., 650 F. Supp. 412 (S.D.N.Y. 1986). 이 사건은 『호밀밭의 파수꾼』의 저자 샐린저(J. D. Salinger)가 자신의 미출간 편지를 무단으로 이용해 전기(biography)를 출판한 출판사(랜덤 하우스)를 상대로 저작권침해를 이유로 출판

판사)에 의해 파기되고,148) 이어 연방대법원에서 상고기각, 원심대로 확정되자149) 그 판결을 대상으로 한 것이다. 공정이용 성립 여부가 쟁점이었던 재판(Salinger 사건)에서 Leval 판사는 공정이용을 인정했으나, Newman 판사는 부정했고 연방대법원은 Newman 판사의 손을 들어준 셈인데, 자신의 견해가 연방대법원에서 최종적으로 받아들여지지 아니하자 그 판결을 대상으로 평석을 썼다는 점에서 흥미를 불러일으킨다. 실제 Leval 판사는 자신이 선고한 판결을 뒤집은 항소심 판결에 대한 불만을 서슴없이 토로함으로 논문의 서두를 시작하고 있다. 아이러니한 것은 Leval 판사의 이 논문은 이후 연방대법원의 Campbell 판결(1994년)에 지대한 영향을 미쳤을 뿐 아니라 지금까지 공정이용 논의의 물꼬가 '변형적 이용'으로 흐르게 한 시발점이 되었다는 점이다.150)

Campbell 판결은 항소심 판결이 피고의 이용(랩 뮤직)에 상업성(commercial nature)이 들어 있다는 이유로 공정이용에 해당하지 않는다는 결론을 쉽게 내렸다고 보았다. 이는 Sony 판결의 법리, 즉 저작물의 상업적 이용은 공정이용 측면에서는 불공정한(unfair) 것으로 추정된다는 법리151)를 표면적으로 이해한 나머지 피고 저작물과 같은 패러디조차 상업성이 있다고 보아 공정이용 판단을 그르친 잘못이 있다고 판단했다.152) Campbell 판결은 이전까지 유지돼 온 상업적 이용의 경우 불공정 이용이 추정된다는 법리를 뒤엎었다는 점에서 의의가 있다.

금지를 구한 소송인데, 피고는 공정이용 항변을 하였다.
148) rev'd, 811 F.2d 90 (2nd Cir. 1987).
149) cert. denied, 484 U.S. 890 (1987).
150) Netanel, 전게논문(주 57), 735-736면. 한국 상황에서 볼 때, 현직 판사가 자신의 판결을 뒤집은 상급법원 판결을 비판하는 논문을 쓴 것도 대단히 기이하지만, 그 논문이 후에 연방대법원 판결에 채용되어 새로운 법리가 되었다는 것도 매우 인상적이다.
151) Sony 판결(주 10), 452면. 저작물의 상업적 이용은 불공정 이용(unfair exploitation)을 추정한다고 한다.
152) Campbell 판결(주 12), 583-584면.

연방대법원 판결은 먼저 문리해석에서 시작하는데, 제107조(1)에 '상업적 성격(commercial nature)'이 예시적으로 규정되어 있을 뿐이란 점에 주목하여 이용의 '목적과 성격'을 폭넓게 조사할 수 있다고 보았다.153)154) 만약 상업성이 공정이용을 배척하는 결정적 사유가 된다면, 제107조 전문에서 공정이용의 예시로 나오는 "news reporting, comment, criticism, teaching, scholarship, and research" 같은 이용 역시 일반적으로 영리성이 있다는 점에서 대부분 상업적 이용이란 요건에 걸려 공정이용으로 인정받지 못하게 될 것이므로 모순이다.155) 이용행위에 상업성, 영리성이 있다는 이유로 공정이용에서 배척될 수 없다는 단순 명쾌한 논리라 하지 않을 수 없다.156)

---

153) 위 판결, 584면. "(1) the purpose and character of the use, including whether such use is of a commercial nature or is for nonprofit educational purposes;" (밑줄은 본 저자가 친 것임). 미국 저작권법 §101에서 'including'에 대한 정의를 다음과 같이 하고 있다. "The terms 'including' and 'such as' are illustrative and not limitative."
154) 한편, 한국 저작권법은 2016. 3. 22.자 개정(시행 2016. 9. 23.) 때 제2항 제1호에서 '영리성 또는 비영리성 등'을 삭제했다. 이로써 겉으로만 보면, 미국 저작권법과 같이 '상업적 성격'이라든가 '비영리적 교육 목적'과 같은 구체적인 내용을 두고 있지 않다는 점에서 다르다. 그러나 한국의 저작권재판 실무에서 이용자의 이용에 상업적 성격이 있으면 공정이용으로 보지 않는 결론에 쉽게 이르는 예를 볼 수 있다. 이에 대해서는 후술하는 V.2. 라. 과도한 시장 중심 접근 참조. 마치 Sony 판결(주 10), 452면의 '저작물의 상업적 이용은 공정이용 측면에서는 불공정한(unfair) 것으로 추정된다는 법리'를 보는 것 같다. 한국 저작권 판례가 미국 법원의 판결을 따라야 하는 것은 아니지만, 이미 폐기된 과거의 법리를 미국 판례이론으로 알고 있다면 큰일이 아닐 수 없다. 본 저자가 앞에서(II.1. 나. 맥락에 대한 이해) 미국 판례는 어느 시점의 판결인가가 중요하다고 한 것은 바로 이를 두고 한 말이다.
155) Campbell 판결(주 12), 584면. 원출처는 Harper 판결의 반대의견(Brennan 대법관)이다. Harper 판결(주 11), 592면.
156) 한국 저작권법도 같은 취지에서 이해할 수 있다. 제35조의5에는 미국 저작권법 제107조 전문(preamble)에서와 같은 예시적 내용이 없지만, 같은 내용이 제28조에 있기 때문이다. 공정이용에 관한 미국 저작권법 제107조는 한국 저작권법 제28조와 제35조의5를 합쳐 놓은 것이라 할 수 있다. 이는 당초 한국 저작권법에 제28조만 있다가 한미 자유무역협정(FTA) 체결 후 포괄적 공정이용 조항을 도입할 때(2011년 신설), 기존 제28조를 두고 추가하는 과정에서 현재와 같은 조문 형태가 된 것으로 이해한다.

오히려 Campbell 판결에서 연방대법원은 Leval 판사가 만든 'transformative'라는 용어를[157] 통해 변형적인 작품의 창작을 통해 저작권법 목적을 달성할 수 있으며, 변형적 이용이야말로 저작권이라는 제도 안에서, '숨 쉴 공간'을 보장해 주는, 공정이용의 핵심이라고 한다.[158] Campbell 판결에서 가장 유명하다고 생각되는 판시를 옮겨오면 다음과 같다.

> "the more transformative the new work, the less will be the significance of other factors, like commercialism, that may weigh against a finding of fair use."[159]

즉, 새로운 작품이 변형적일수록 공정이용 판단에서 공정이용 성립에 부정적으로 작용하는 상업성 등 다른 요소의 중요성은 덜해진다는 것인데, Leval 판사가 제시한 '변형적 이용(transformative use)'을 Campbell 판결이 받아들임으로써 변형적 이용은 향후 공정이용 판결을 주도하는 핵심적 요소로 자리 잡게 된 것이다. 네타넬 교수는 Campbell 판결 이후 공정이용 사건은 '시장 중심 패러다임'에서 '변형적 이용 중심 패러다임'으로 완전히 바뀌었으며 이런 추세는 이후에도 지속되고 있어 변형적 이용 중심 논의가 공정이용 논의의 주류적 위치를 차지하고 있다고 한다.[160] 이에 대해 긴즈버그 교수는 변형적 이용 논의가 공정이용 논의를 지나치게 잠식함으로써 다른 논의를 제한한다는 비판적 입장에서 변형적 이용 논의를 '약탈적 포식(predation)'으로 표현했다.[161] 변형적 이용 논의가 공정이용 여부 판단의 네

---

157) 주 63 참조.
158) Campbell 판결(주 12), 579면[Sony 판결(주 10) 중 Blackmun 대법관의 반대의견 인용, 동 478-480면].
159) Campbell 판결(주 12), 579면.
160) Netanel, 전게논문(주 57), 768, 771면.
161) Ginsburg, 전게논문(주 99), 294면.

가지 고려 요소에 관한 논의를 모두 제압해 버렸다는 뜻이다.

  Campbell 판결은 피고의 랩 뮤직이 원고 노래에 대한 패러디로서 변형적 이용이라고 보았는데, 위와 같은 논의에 따르면 비록 피고에게 상업적 목적이 있어도 그것으로 곧 공정이용을 배척하는 것은 아니라는 결론에 달하게 된다.

  Campbell 판결에서 변형적 이용, 즉 제1 요소 판단이 중요하긴 해도 다른 요소를 판단하지 않은 것은 아니었다. 제4 요소, 즉 원작의 잠재적인 시장 또는 가치에 미치는 영향 판단에서 '시장에 미치는 해(market harm)'는 원저작물 뿐 아니라 2차적저작물 시장에 대해서도 고려해야 하는데, 패러디와 원작은 보통 서로 다른 시장을 갖고 있다는 점에서 원작의 대체물(substitution)이 되지 않을 뿐 아니라 원작의 2차적저작물 시장에도 악영향을 끼치지 않는다고 보았다.162)

  변형적 이용을 공정이용 판단에 중요한 기준으로 제시하였다는 점에서 Campbell 판결은 큰 의미가 있는데, 여기에 그치지 않고 다음에서 보는 바와 같이 종합적 접근을 강조함으로써 향후 공정이용 관련 사건에 적용될 논의의 깊이와 폭을 깊고 넓게 했다는 점에서 중요한 의미를 찾을 수 있다. 첫째, 변형적 이용 판단에서 '여부'만이 아니라 '정도'까지 봐야 한다는 것이다. 공정이용을 주장하는 이용자의 원작 이용이 변형적인가 아닌가를 넘어 그 변형의 정도도 변형적 이용 판단에 중요하게 고려해야 한다는 것이다.163) 둘째, 공정이용 판단 시 네 가지 고려 요소를 별개(isolation)로 다루지 말고, 서로 연결해 종합적으로 봐야 한다는 것이다.164) 왜냐하면 이 네 가지 요소는 서로 불가분적으로 연결되어 있기 때문이다. 예를 들어, 사용된 양이 많을수록(제3 요소) 또는 이용 목적이 상업적·영리적일수록(제1 요소)

---

162) Campbell 판결(주 12), 590-591면.
163) Leval, 전게논문(주 63), 1111면; Campbell 판결(주 12), 579면.
164) Campbell 판결(주 12), 578면.

원작의 잠재적 시장에 악영향(제4 요소)을 끼칠 가능성이 클 것이다. 이처럼 단선적 판단이 아닌 종합적 판단을 하는 것은 상식적이고 당연하지만, 네 요소의 관계를 명확히 정리했다는 점에서 Campbell 판결의 의의를 찾을 수 있다. 이는 곧 법원이 '살아 있는 법'을 찾기 위한 노력을 게을리해서는 안 된다는 점을 내포하고 있는데, 다른 한편으로는 새로운 환경(context)에 저작권법, 공정이용에 관한 법리를 적용할 때, '변형적 이용 이론' 또한 예외가 아니어서 종합적 접근(holistic approach)을 해야 한다는 주장165)에 힘을 실어줄 것으로 생각한다.

한편, 이하의 논의가 중요한 것은 공정이용의 최신판(updated version)이라 할 수 있는 TDM 면책 조항 도입 논의에서 '공익'은 더욱 강조되고, '변형적 이용'은 '비표현적 이용', '비향유적 이용' 등의 개념을 통해 더욱 심화된 주장으로 나타나기 때문이다.

(가) '변형적 이용 이론'의 양적 확대
— 공익의 부상과 저작권의 페이드아웃

'변형적 이용 이론'이 공정이용 판단을 주도하게 된 이후, 그 발전 과정에 일정한 경향성을 발견할 수 있다. 먼저 2005년에서 2011년 사이 네타넬이 대표적인 사례로 든 판결을 보면 대체로 Campbell 판결의 흐름이 유지되고 있음을 알 수 있다. 후술하는 Oracle 판결이 있기 전 이 시기 '변형적 이용 이론'과 관련해 가장 주목받았던 사건은 역시 Google Books 판결이라 할 것이다. 아래에서는 Google Books 판결을 다루기에 앞서 공정이용 논의에서 '변형적 이용' 여부가 쟁점이 되었던 여러 사건을 먼저 다루고 이어서 Google

---

165) 본 저자가 이 책에서 비판적으로 논의하는 빅테크의 공정이용 활용법에 대한 종합적 대처 내지는 접근 방식을 말한다. 후술 II.4. 다. 종합적 접근 참조. 이와 같은 종합적 접근에 대해서는 다음 글 참조. 남형두, "미국 법무부의 구글 반독점 제소를 보며 — 빅테크 기업에 대한 우리의 대응 방안", 법률신문 2020. 11. 5.자 연구논단.

II. 공정이용 법리의 발전

Books 판결을 논의한다.

① 변형적 이용이 주된 쟁점이 된 여러 판결

록 콘서트 프로모터 Bill Graham의 콘서트 티켓 7장을 허락 없이 사용한 피고 출판사 — 역사상 유명한 록 밴드들의 연대기를 펴낸 출판사 — 에 대해 법원은 티켓 원본의 목적과 달리 역사적 유물로 사용한 것이 변형적 이용이라고 하여 공정이용을 인정한 사례(Bill Graham Archives v. Dorling Kindersley, Ltd.),[166] 표절 검색 프로그램, 턴잇인(Turnitin)을 운영하는 피고 회사가 고등학생들의 숙제(paper)를 기존 출판된 논문이나 이전에 업로드된 학생들의 과제물과 대조하여 표절 여부를 검증하고 있는데, 그 과정에서 학생들이 자신들의 숙제(저작물)를 대조용으로 사용한 피고 회사에 대해 저작권침해 소송을 제기한 사안에서, 법원은 피고 회사가 원고 학생들이 숙제를 작성한 것과는 다른 목적, 즉 표절을 방지하기 위한 목적으로 저작물을 이용하였으므로 변형적 이용에 해당한다고 본 사례(A.V. ex rel. Vanderhye v. iParadigms, LL.C.),[167] 소설 『호밀밭의 파수꾼』의 작가 샐린저(J. D. Salinger)를 소설 출간(1951년) 후 60년이 지나 작중 주인공 홀든(76세)에게 사로잡힌 90세 노인으로 묘사한 소설, 『60 Years Later: Coming through the Rye』에 대해 샐린저가 출판금지 가처분을 구한 사건에서 피고의 공정이용 항변(parodic comment)을 거부하고 속편으로 인정한 사례(Salinger v. Colting),[168] 『Harry Potter』 시리즈의 작가 롤링(J. K. Rowling)이 시리즈에 나오는 2,400개의 어휘 등을 모아 용례집(lexicon)을 펴낸 피고 출판사에 대해 저작권침

---

166) Bill Graham Archives v. Dorling Kindersley, Ltd., 448 F.3d 605 (2d Cir. 2006).
167) A.V. ex rel. Vanderhye v. iParadigms, LL.C., 562 F.3d 630 (4th Cir. 2009). 이 사건에서 피고는 원고 학생들의 숙제를 변형하지 않고 사용했어도 변형적 이용에 해당한다고 보았다. 위 판결, 639면. 나아가 전부를 사용했어도 제3 요소(사용된 부분의 양과 질) 측면에서 공정이용을 저해하지 않는다고 보았다. 위 판결, 642면.
168) Salinger v. Colting, 607 F.3d 68 (2d Cir. 2010).

해금지를 구한 사안에서 피고가 변형적 이용이라고 항변했으나, 법원은 소설에 대해서는 다른 목적으로 출판한 것이므로 변형적이라고 할 수 있지만, 롤링이 소설과 별개로 낸 두 권의 책(companion books)에 대해서는 — 피고의 용례집이 원고의 이 두 책에서 상당 부분을 가져왔다 — 소설에 대해서 보다는 훨씬 변형적이지 않다고 보아 공정이용 항변을 거부한 사례(Warner Brothers Entertainment v. RDR Books),[169] 워싱턴 디씨(Washington D.C.)의 내셔널 몰(National Mall)에 설치한 한국전 참전용사를 기리기 위한 기념 조형물(Korean War Memorial)의 조형 예술가(원고)가 자신의 허락을 받지 않고 조형물 사진을 기념우표로 발행한 미국 우정국(U.S. Postal Service, 피고 미국 연방정부)을 상대로 제기한 저작권침해 소송에서 법원은 피고 연방정부(우정국)가 3차원 조형물을 눈 덮인 초현실적 환경과 차분한 조명을 비춰 우표로 만든 것에 대해 원본과 다른 변형적 이용이라고 본 1심 판결을 뒤집고 한국전 참전용사를 기리기 위한 공통 목적이 있다는 이유만으로 공정이용이라고 볼 수 없다고 본 사례(Gaylord v. United States)[170] 등에서 보면 다

---

169) Warner Brothers Entertainment v. RDR Books, 575 F. Supp. 2d 513 (S.D.N.Y. 2008).
170) Gaylord v. United States, 595 F.3d 1364 (Fed. Cir. 2010). 이 사건은 한국전쟁과 관련된 것이어서 눈길을 끈다. 미국 의회의 건립 결의(1986년) 및 지원에 따라 공모에 선발된 Frank Garlord (원고)는 1990년 19개의 스테인리스 스틸 미군 병사의 동상을 만들었다(아래 사진 1). 1996년 사진작가 존 알리(John Alli)는 한국전 참전용사인 자기 아버지의 퇴역을 기념하기 위해 공원을 여러 차례 방문한 끝에 눈보라 치는 겨울 아침 눈 덮인 조형물을 촬영한 사진(사진 2)에 'Real Life'라는 제목을 붙여 아버지에게 선물했고, 후에 이 사진을 판매하기로 결정하여, 자신이 저작권자라고 나선 위 조형물 공사의 계약자인 건축사 사무소(Cooper-Lecky Architects, P.C.)의 Mr. Lecky에게 사용료를 냈다. 2002년 미국 우정국은 한국전쟁 정전 50주년 기념우표에 Alli의 사진을 이용하기로 하고 Alli에게 1,500달러를 지급했으며, Alli는 저작권자라고 생각했던 Mr. Lecky를 우정국에 소개했다. 미국 우정국은 Garlord의 조형물을 Alli가 촬영한 사진의 크기를 줄이고 이미지를 어둡게 처리하여 "Korean War Veterans Memorial" (사진 3)이란 이름으로 37센트짜리 우표를 발행, 2005. 3.까지 86,800,000장을 판매했다. 한편, 뒤늦게 이 사실을 알게 된 조형물 제작자이자 저작권등록자인 원고(Garlord)는 Alli를 상대로 저작권침해 소송을 제기하여 판매액의 10%의 사용료를 지급하는 조

음과 같은 몇 가지 시사점을 얻을 수 있다.171)

첫째, 변형적 이용 기준의 확대와 시장적 경쟁 이론의 쇠퇴 현상 가속화이다. '변형적 이용 기준의 확대'는 '변형적 이용 기준의 완화'와 같은 표현으로서 이용자 쪽에 유리한 국면이 조성됐다는 뜻이다. 이용 목적이 다른 경우 창의적 표현의 확산을 증진하고자 하는 저작권법의 목적에 부합되면 이용자에게 영리적 목적이 있어도 변형적 이용 요건을 충족한다고 보는 것은 저작권자가 입을 경제적 피해에 집중했던 이전 시기와 비교할 때 공정이용 인정의 폭을 확대했다고 평가할 수 있다. 피고가 영리적 기업인 경우는 물론이고, 피고의 이용 목적에 영리성·상업성이 있을지라도 그것이 공정이용 판단의 중요한 요소가 되지 못하는 현상이 새삼스럽지 않게 되었다(Sony 판결 때와 비교).

둘째, 위 사례들에서 나오는 피고 이용자가 대체로 이때까지는 본격적으로,172) 뒤에서 비판적으로 살펴보는 바와 같은, '빅 유저(big user)'에 해당하

건으로 합의했는데, 우정국을 상대로 제기한 저작권침해 소송이 본문에 있는 사건이다.

〈사진 1〉　　　　〈사진 2〉　　　　〈사진 3〉

※ 위 사진들은 다음 판결문(https://cyber.harvard.edu/people/tfisher/IP/2010%20Gaylord%20Abridged.pdf)에서 가져온 것이다.

171) 위 판결들은 네타넬이 공정이용에 관한 대표 판결로 뽑은 것인데, 관련 논문 등에서 자주 언급되고 있어 이로부터 본문의 시사점을 얻는다면 충분하다.
172) 본 저자가 "이때까지는 본격적으로"라는 표현을 쓴 것은 이 시기에 Google Books 판결과 같은 사건이 있었지만, 후술하는 Oracle 판결을 '본격적인' 빅 유저 사례로 보기 때문이다. '빅 유저'는 '빅테크'에서 착안한 것으로서 거대기업이 저작물 이용자인 경우를 말하는데, 이에 상응하는 개념은 '작은 이용자(little user)'이다. '빅 유저'와 '작은 이용자'는 본 저자가 논의를 위해 만든 용어임을 밝힌다.

지 않는다. 여기에서 '빅 유저'라고 함은 특정 절대적 기준과 요건에 따른 개념이 아니라 상대방(저작권 소송의 원고) 창작자와 비교할 때 상대적으로 규모가 거대한 이용자를 말한다. 이런 관점에서 보면 위에서 든 사건들의 피고는 대체로 원고보다 열위에 있거나 비슷한 위치에 있는 이용자 내지는 후속 창작자들이라 할 수 있다. 한편 Gaylord 사건에서는 피고가 연방정부이지만, 개별 저작물 한 건이 문제 되고 있다는 점에서 뒤에서 보는 빅테크 비즈니스 모델의 운명을 결정짓는 저작물의 포괄적인 이용 방법에 관한 사건과 구별된다.

② Google Books 판결 — 대량 디지털 복제(mass digitization) 시대의 서막

위 여러 사건과 비교하면 Google Books 판결(2014년, 2015년)은 매우 이례적이라 할 수 있다. 이 사건에서 원고 작가협회는 피고 구글에 비하면 경제력에서 현저히 약하기 때문이다. 그 점에서 Google Books 판결은 다음[(2) Oracle 판결 — 공익이란 틈을 이용한 빅테크]에서 살펴볼 Oracle 판결의 전조(前兆)로 볼 수 있다.

2004년 구글은 이른바 '구글 도서관 계획(Google's Library Project)' 아래 세계 유수의 미시간, 캘리포니아, 하버드, 스탠퍼드, 옥스퍼드, 컬럼비아, 프린스턴, 겐트(Ghent), 게이오 등 대학 및 오스트리아 국립도서관(Austrian National Library), 뉴욕 공공 도서관(New York Public Library) 등과 계약을 체결하여 이들 대학 및 공공 도서관이 보유하고 있는 도서를 디지털 스캔하여 기계가 읽을 수 있는(machine-readable) 텍스트를 뽑고 책마다 그 인덱스를 만들어 스캔한 책의 이미지를 구글이 보유하기로 했다.[173] 한편, 2008. 10. 구글 도서관 계획에 참여하고 있는 13개 대학이 디지털 카피를 위한 저장소(repository)를 만들기 위해 HathiTrust라는 비영리 재단법인을 설립하였

---

173) Google Books 판결 II(주 14), 208면.

으며, 이 기관에서 HathiTrust Digital Library(HDL)를 운영하였다.[174] 구글 도서관 계획에 따라 대학도서관 책에 대한 스캔 작업이 진행되자 미국 작가 협회(Authors Guild, Inc.)와 몇몇 작가들은 두 건의 소송을 제기하였다. 첫째, HathiTrust와 구글 도서관 계획에 참여하고 있는 대학 등을 상대로 제기한 소송(Google Books 판결 Ⅰ), 둘째, 구글을 상대로 제기한 소송이다 (Google Books 판결 Ⅱ).[175] 특기할 만한 점은 Google Books 판결 Ⅰ에서 미국 시각장애인협회(National Federation of the Blind)가 피고 HathiTrust 등의 승소를 위해 보조참가를 했다는 것이다.[176] HathiTrust는 HDL repository에 저작물의 세 가지 이용을 허락하는데, (ⅰ) 일반 공중이 특정 검색어로 검색할 수 있도록 하되 전문이 아닌 일부만 제공하는 것(Snippet view), (ⅱ) 인쇄물 접근 장애인(print-disabled persons)에 대해 편의를 제공하는 것, (ⅲ) 디지털 아카이브 형태로 보존(preservation)하는 것이다.[177] Google Books 판결(Ⅰ, Ⅱ)에서 가장 중요하게 다루어진 것은 위 (ⅰ) Snippet view의 공정이용 해당 여부였다.

양 사건에서 법원은 전문 검색(full-text search) 과정에서 공히 전부(full text)를 보여주지 않고 일부만 보여주는 서비스(Snippet view)[178]라는 점에서

---

174) Google Books 판결 Ⅰ(주 14), 90면.
175) 앞의 사건은 구글이 당사자는 아니지만, 구글 도서관 계획에 따라 발생한 사건이고 구글과 계약을 맺은 파트너 대학 및 그 도서관 등이 설립한 기관(HathiTrust)을 상대로 제기한 소송이란 점에서 구글을 상대로 제기한 소송과 함께 'Google Books 판결'로 통칭한다.
176) Google Books 판결 Ⅰ에서 시각장애인협회가 구글 편에 선 것은 결과적으로 구글의 승소에 크게 기여했을 것으로 생각된다. 인쇄물에 대한 정보접근에 어려움을 겪는 ― 이를 '책 기근(book famine)'이라 한다 ― 시각장애인 등 독서장애인에게 정보접근권을 보장하는 것은 기회균등, 전면적인 참여, 독립적 생활, 경제적 자기 충족 등을 보장하는 미국 장애인법(ADA)의 목적에도 부합한다. Google Books 판결 Ⅰ(주 14), 101-102면.
177) 위 판결, 91-92면.
178) 서비스 분량은 많아도 책의 16%를 넘지 않는다. Google Books 판결 Ⅱ(주 14), 224면.

변형적 이용에 해당한다고 보아 공정이용으로 인정했다. 작가들(원고)의 집필 목적에 책을 검색하게 할 목적이 들어 있다는 증거가 없으므로 피고가 전문 검색이 가능한 데이터베이스를 만드는 것은 이용 목적(제1 요소)에서 변형적 이용에 해당한다는 것이다.[179] Campbell 판결에 영향을 준 논문 저자이자 Google Books 판결 Ⅱ의 주심 판사인 Leval은 판결에서 자신의 이론이라 할 수 있는 변형적 이용 이론에 대해 깊은 논의를 한다. 요약하면 저작권법에서 저자의 이익이 중요하지만, 그것보다 공중에 돌아갈 혜택이 더 중요하다는 것이다.[180] 사실 디지털 스캔한 수많은 책의 정보를 제공하는 것은 그 자체로 원작(책)의 이용 목적과 다른 것으로서 변형적 이용이라는 판결 이유[181]는 구글 도서관 계획으로 가능하게 된 도서 검색서비스에 부합한 것으로서 나름대로 설득력이 있다. 실제 구글의 도서 및 지식 검색서비스는 혁신적인 아이디어와 기술의 결합으로 가능한 것이었는데 저작권분쟁이 발생하여 결국 재판까지 가게 되었으나, '변형적 이용 이론'에 의해 공정이용을 인정함으로써 일반 공중에게 도서 정보검색이라는 획기적인 혜택이 생겼다는 점에서 Google Books 판결의 의의를 찾을 수 있다.[182]

그런데, Google Books 판결에는 마냥 긍정적 측면만 있는 것이 아니다. 크게 두 가지 점을 지적하고자 한다.

---

179) Google Books 판결 Ⅰ(주 14), 97면.
180) Google Books 판결 Ⅱ(주 14), 212면.
181) 위 판결, 215면.
182) 그 밖에 Google Books 판결 Ⅰ은 독서장애인의 정보접근 향상, 저작재산권 보호기간 내에 있으나 절판된 책으로서 저자를 알 수 없거나 소재 불명인 책을 스캔하여 서비스하는 고아 저작물 프로젝트(Orphan Works Project)에서도 의의를 찾을 수 있다. 한편, Google Books 판결을 긍정적으로 평가한 미국 법학 논문은 매우 많은데, 미국 외에서 이 판결을 높게 평가한 저술로 Google Books 사건이 발생한 지 10년을 회고하면서 그 판결이 유럽에 끼친 영향(긍정적 측면)을 살펴본 논문이 있어 소개한다. Rita Matulionyte, *10 years for Google Books and Europeana: copyright law lessons that the EU could learn from the USA*, International Journal of Law and Information Technology, 2016, 24, 44-71.

첫째, Google Books 판결 Ⅱ에서 공정이용에 관한 제1 요소(이용 목적) 판단 시, 구글의 상업적 동기(commercial motivation)에 관한 논의이다. Google Books 판결 Ⅰ의 피고 HathiTrust는 비영리단체인 데 반해, 이 사건 피고 구글은 영리기업으로서 비록 Google Books 기능(Google Books functions)에서 직접적으로 수익하는 것은 아니지만 도서 검색에 대한 지배력을 이용해 인터넷 검색 시장에 대한 지배력을 강화함으로써 간접적으로 Google Books 기능으로부터 이익을 취한다는 원고 주장에 대해, 법원은 예의 Campbell 판결을 들어 영리적 목적이 있다고 해서 공정이용 주장이 배척되는 것은 아니라고 함으로써 그 주장을 받아들이지 않았다.[183] 그런데, Campbell 판결의 피고 음반사 또는 Cariou v. Prince 판결[184]의 피고 미술가와 Google Books 판결 Ⅱ의 피고 구글의 영리성 또는 영리 목적을 동렬에 놓고 본 것은 무리라고 생각된다. 실제 구글의 인터넷 검색서비스 시장점유율은 90%를 넘는 수준에서 크게 변하지 않고 있는데,[185] 이는 Google Books 기능에 크게 의존하고 있다는 점을 부인하기 어렵다. 이용 목적과 동기에 영리성이 있는지는 구글과 같은 플랫폼 회사에서는 양면/다면 시장 시각에서 보아야 한다. Google Books 서비스는 무료이지만 이를 미끼로 하여 구글 수익 대부분이 나오는 광고 매출에 절대적 영향을 미치는 인터넷 검색 시장을 장악하게 되었는데, 영리 목적에서 음반사 또는 개인 미술가와 비교한 것은 지나친 무리수라고 하지 않을 수 없다.

---

183) Google Books 판결 Ⅱ(주 14), 218-219면.
184) 이 판결에 대해서는 후술 주 194 참조.
185) 웹 트래픽 분석 사이트 스탯카운터(StatCounter)에 따르면, 2024. 12. 기준 글로벌 검색엔진 시장점유율은 구글이 89.74%로서 2위 Bing (MS의 검색엔진)의 3.97%와 현저한 격차를 벌리고 있다. https://gs.statcounter.com/search-engine-market-share (2024. 12. 30. 방문). 한편, 2024. 12. 기준 웹브라우저 시장점유율에서도 구글 크롬(Chrome)은 68.38%로 압도적 1위를 차지하여 애플 사파리(Safari) 17.09%, MS 엣지(Edge) 4.92%를 큰 차이로 따돌리고 있다. https://gs.statcounter.com/browser-market-share (2024. 12. 30. 방문).

둘째, 공정이용과 직접적인 관련은 없으나 구글의 디지털 스캔 파일 저장소에 대한 해킹 우려에 관한 논의이다.186) 법원은 공정이용을 주장하는 구글이 공중의 인터넷 접속이 차단된 안전한 컴퓨터에 저장되어 있음을 입증하였으므로 이를 반박할 입증책임이 원고에게 넘어갔는데 원고가 그렇지 않다는 점을 입증하지 못하였다는 이유로 원고의 주장을 배척했다.187) 그런데 이 판결이 선고된 지 10년이 지난 오늘날에도 이 판단에 정당성이 있다고 볼지 의문이 든다.188) 위 주장입증에 관한 논의는 구글이 아닌 다른 제3자의 해킹/이용에 관한 것이었고, 구글 자체가 검색서비스 외의 용도로 이용하는 경우까지 염두에 둔 것은 아니었다. 이와 같은 구글의 이용까지 포함해 보면, 도서를 스캔하여 디지털 파일로 보유하고 있는 구글이 자사의 인공지능 제미나이(Gemini)의189) 성능 고도화를 위해 디지털 파일 저장소에 있는 데이터를 트레이닝 데이터로 쓰지 않을 것이라고 장담할 수 없다. 오늘날 빅테크와 인공지능 개발사가 양질의 콘텐츠 확보에 열띤 경쟁을 벌이고 있고, 콘텐츠 보유 기업과의 분쟁190)이 발생하고 있는 상황에서, 즉 허락 없이 무단으로 크롤링하는 것이 논란인 상황에서 자사가 보유하고 있는 디지털 콘텐츠, 그것도 도서라는 양질의 데이터를 인공지능의 트레이닝 데이터로 쓰지 않으리라고 생각한다면 순진하다는 말로는 부족할 것이다.

---

186) Google Books 판결 I(주 14), 100면; Google Books 판결 II(주 14), 227면.
187) Google Books 판결 II(주 14), 227-228면.
188) 물론 판결에는 "현재 예측할 수 없는 상황 및 다른 기록에 근거한 미래의 청구를 배제하지 않고(Without foreclosing a future claim based on circumstances not now predictable, and based on a different record)"라는 문구가 있다. Google Books 판결 I, 101면. 한편, 위 판결 당시 오늘날 구글이 생성형 AI를 활용한 비즈니스에서 오픈AI 등과 치열하게 경쟁하는 상황을 쉽게 예측했을 것으로 생각되지는 않는다.
189) 구글은 오픈AI의 ChatGPT와 경쟁하기 위해 자사의 생성형 인공지능 바드(Bard)의 성능을 고도화해 왔는데, 2024년 2월 제미나이(Gemini)로 명칭을 바꾸었다. https://gemini.google.com/ (2024. 12. 30. 방문).
190) 대표적으로 뉴욕타임스와 오픈AI와의 분쟁(주 2)을 생각하면 된다.

Google Books 판결이 최종 확정된 후 10년이 지나간다. 이용자는 Google Books 서비스로 큰 혜택을 본 것이 사실이다. 같은 기간 구글의 성장에 대해서는 설명할 필요가 없다. 한편, 원고 등 저작권자들의 지위와 이해관계는 어떻게 되었을까? 사실 Google Books 판결 Ⅱ에서 1심 판결 전에 합의가 시도됐으나 결렬되었고,[191] 1심에 이어 항소심 모두 피고 구글의 승소로 끝이 났다. 공정이용이 인정된 결과 작가 조합(원고)으로 대변되는 저작권자들은 보상받을 기회가 사라졌다. 저작권자의 희생으로 도서 검색서비스를 이용하게 된 일반 공중이 혜택을 입게 된 것이며, 이를 공정이용으로 구성한 이론이 바로 '변형적 이용 이론'이다. 여기까지 보면 '변형적 이용 이론'이 타당해 보이지만, 저작권자와 도서 검색서비스를 이용하는 일반 공중 사이에서 이 둘을 매개한 구글에 주목할 필요가 있다. 겉으로만 보면 구글은 구글 도서관 계획에 따라 막대한 비용(스캔 비용, 대학도서관 등과의 협력 및 시스템 구축 비용 등)을 투자하고도 검색서비스를 무료로 제공하기 때문에 저작권자와 같은 희생자의 반열에 있는 것 같다. 그러나, 구글이 무료로 도서를 스캔하여 검색서비스를 무료로 제공한다고 하지만, 이로써 플랫폼 기업인 구글의 다른 면 시장의 수익을 증대시킬 수 있었다는 점에서 결과적으로 구글은 이 판결을 통해 일종의 원가를 절감하게 된 셈이다. 작은 이용자는 저작권자의 허락을 받지 않으면 저작권침해를 피할 수 없고 공정이용의 관문을 통과하기가 매우 까다롭다. 그런데 구글은 공익을 내세워 '변형적 이용 이론'을 통해 공정이용을 인정받게 되었고, 이는 결과적으로 구글을 빅테크의 하나로 우뚝 솟게 한 것이다. 구글이 세계적 기업으로 성장하는 데 'Google Books'라는 혁신이 기여한 것은 분명하다. 그러나 '변형적 이용 이론'이라는 논리로 공정이용을 인정한 법원의 역할을 간과해서는 안 된다고 생각한다.[192]

---

191) Google Books 판결 Ⅱ(주 14), 203면.
192) 본 저자는 혁신의 몫에 대한 공정한 분배와 관련하여 '법의 역할'을 '법의 지원'이란

Google Books 판결은 '변형적 이용 이론'이 적용된 사건으로서 이때까지 선고된 공정이용 판결 중 경제적 이해관계가 가장 큰 사건이라고 할 수 있다. 나아가 '변형적 이용 이론'이 본격적으로 적용되었다는 점에서, '저작권 중심 사고 또는 시장 중심 패러다임'에서 '공익 중심 사고 또는 변형적 이용 패러다임'으로 넘어간 판결로서, 극단적으로 저작권법의 존재 의의를 묻는 Oracle 판결의 전주곡 또는 프리뷰(preview)라고 할 만하다.

(나) '변형적 이용 이론'의 질적 전환 — 의미론적 변형

변형적 이용 기준은 몇 가지 사건을 통해 몰라보게 발전하게 된다. 앞 단계의 발전이 물리적 변형이 수반된다는 점에서 '양적 발전'이라고 한다면, 여기의 발전은 물리적 변형이 없는 의미론적 변화에 대해서도 변형적 이용 요건을 충족했다고 본다는 점에서 '질적 전환'이라 할 만하다. 질적 전환으로 다룰 판결은 주로 차용 미술(Appropriation art)을 비롯한 현대미술이 관련된 사건에서 원작을 사실상 물리적으로는 거의 그대로 이용하면서도 그 의미(meaning)를 달리하면 변형적 이용 요건을 충족했다고 볼 수 있는가에 대한 사례들이다.

① Koons/Prince 판결 등

현대미술에 관한 몇몇 사건에서 미국 연방항소법원은 물리적인 변형이 수반되지 않고도, 의미가 달라지면 변형적 이용이라는 데까지 나아가고 있다. 복제(copying)에 의존하면서도 저작권침해가 될 수 있다는 것에 개의치 않는 현대미술 관련 분쟁에서 — 법적 관점에서 보면 현대미술의 저작권법에 대한 도전으로 이해할 수 있음[193] — 연방항소법원은 대체로 변형적 이

논점에서 분석한 적이 있다. 남형두, "잉여(剩餘) — 빅테크와 양봉업자", 법철학연구 제25권 제2호, 2022. 8. 31., 238-240면.
193) 복제에 과도히 의존하는 현대미술은 저작권법과 지속적으로 충돌을 일으킬 수밖에

용으로서 공정이용이 되기 위해서 반드시 원작을 변화(change)시켜야 하는 것은 아니라는 취지의 판결을 내놓고 있다.[194] 피고 작가가 원작의 복제 이용을 통해 추구하려는 목적이 중요하다고 보는 것이다. 공정이용의 네 가지 요소 중 변형적 이용이 속한 범주(제1 요소)인 '이용의 성격과 목적(character and purpose)'에 초점을 맞추고 있다. 몇 가지 사례를 살펴본다.

패션 사진작가 블랑쉬(Andrea Blanch)가 현대미술가 쿤스(Jeff Koons)[195]를 상대로 제기한 저작권침해 소송에서 원고는 샌들을 신은 여성의 다리를 촬영한 자신의 사진 작품 <Silk Sandals by Gucci>를 피고가 사진의 방향을 바꾸고 여러 여성의 다리 이미지를 포함한 작품 <Niagara>로 만들었다고 주장했다. 법원은 피고의 작품(콜라주)이 원고의 사진을 원료로 이용한 변형적 이용에 해당한다는 이유로 공정이용을 인정했다. 즉, 새로운 인사이트를 얻기 위해 원작을 이용했다는 Koons의 주장을 법원이 받아들인 것이다.[196]

없다는 견해가 있다. Amy Adler, *Fair Use and the Future of Art*, 92 N.Y.U. L.Rev. 559, 562 (2016). 애들러의 이 논문은 아래 Prince 사건에서 Prince 측 변호사에 대한 조언자(consultant)로 소송에 참여해 제출한 의견서를 기반으로 작성한 것이라고 한다. 위 논문, 559면.

194) Blanch v. Koons, 467 F.3d 244 (2d Cir.2006) [이하 'Koons 판결(2006)']; Cariou v. Prince, 714 F.3d 694 (2d Cir.) *cert. denied*, 134 S. Ct. 618 (2013) (항소심 판결, 이하 'Prince 판결'). 한편, Prince 사건의 1심 판결[Cariou v. Prince, 784 F. Supp. 2d 337 (S.D.N.Y. 2011)]은 변형적 이용이 아니라는 이유로 공정이용을 부정했었다.
195) Jeff Koons (1959~)는 미국 예술가로서 팝 문화(popular culture)를 활용한 작업과 일상의 오브제를 묘사한 조형 작업으로 유명하다.
196) Koons 판결(2006)(주 194); Adler, 전게논문(주 193), 580-582면.

3. 판례이론의 발전과 경향성 — 미국 판례를 중심으로   81

〈그림 1〉 Blanch v. Koons (2006)

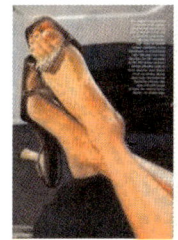 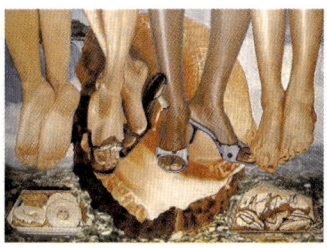

〈Silk Sandals by Gucci〉   〈Niagara〉

※ 판결 비평을 위해 두 작품이 함께 나온 이미지를 위키피디아(https://en.wikipedia.org/wiki/Blanch_v._Koons)에서 가져왔다.

한편, 이 사건보다 훨씬 전인 1992년 Koons는 사진작가 로저스(Art Rogers)로부터 <Puppies>라는 작품을 복제했다는 이유로 저작권침해 소송을 당했는데, 당시 법원은 Koons의 <String of Puppies>가 경제적 동기로 만들어진 것으로서 원작에 대한 패러디로 인정할 수 없다고 하여 공정이용을 인정하지 않았었다.[197]

〈그림 2〉 Rogers v. Koons (1992)

〈Puppies〉   〈String of Puppies〉

※ 판결 비평을 위해 두 작품이 함께 나온 이미지를 위키피디아(https://en.wikipedia.org/wiki/Rogers_v._Koons)에서 가져왔다.

Koons가 피소된 2건의 재판을 맡은 연방 제2 항소법원이 14년 사이에 공정이용에 관해 상반된 판결을 선고한 이유를 뉴욕대 로스쿨(New York

---

[197] Rogers v. Koons, 960 F.2d 301 (2d Cir. 1992) [이하 'Koons 판결(1992)'].

University School of Law) 예술법(art law) 교수 에이미 애들러(Amy Adler)는 네 가지로 설명한다. 첫째, 1994년 선고된 Campbell 판결에서 '변형적 이용 이론'이 인정된 이후 상업적 이용이라고 해서 공정이용이 배척되는 것은 아니게 되었다. 둘째, Koons가 그새 대중적 인기를 끄는 예술가가 되었다. 셋째, Koons가 법원판결에 적응하여 첫 사건(1992년)에서는 원작 이미지를 작품 중심에 두었지만, 두 번째 사건(2006년)에서는 콜라주로 변형했다. 넷째, Koons가 법정에서 자신의 작품 세계를 잘 설명한 것이 주효했다.

그런데, 현대미술이 관련된 저작권재판에서 법관의 현대미술에 대한 이해 부족을 질타해 온 애들러는 Koons 판결(2006)에서 법원이 공정이용을 인정했어도 공정이용 판단에서 작가의 의도를 고려하는 것은 위험하다고 지적하면서 그 이유로 두 가지를 든다. 첫째, 회화 작가들은 다른 창작자들과 달리 작품에 대한 작가의 의도를 설명하는 것이 적당하다고 생각하지 않으며, 그렇게 훈련되지도 않았다. 일반적으로 미술가들은 이미지로 표현하는 것만큼 말로써 효율적으로 소통하지 못하며, 예술적 표현이 말로 환원되지 않는 것으로 생각하는 사람들이라고 한다. 둘째, 작품이 지닌 의미(meaning) 또는 메시지(message)와 작가가 설명하는 의도(intent)가 반드시 같은 것은 아니며, 작가의 설명에 따라 공정이용 여부를 판단하는 것은 타당하지 않다.[198]

한편, Prince[199] 판결은 변형적 이용 이론의 질적 전환에서 가장 진보적

---

198) 이상, Adler, 전게논문(주 193), 584-585면. 애들러는 작품의 메시지가 공정이용을 판단하는 데 중요한 요소인 것은 분명하다고 한다. 그런데 메시지라는 것이 단순하지 않고 다층적인 경우가 있으며, 또한 자기 작품이 지닌 메시지와 의미를 잘 설명하는 작가가 있는가 하면 그렇지 않은 작가가 있는데, 설명을 얼마나 잘하느냐에 따라 공정이용 성립 여부가 달라지는 것은 부당하다고 한다. 여기에서 애들러는 수정헌법 제1조 표현의 자유가 명확히 말하는 사람에게만 보장되는 것이 아니라는 레발 판사의 판결[Yankee Publ'g Inc. v. News America Publ'g Inc., 809 F. Supp. 267, 280 (S.D.N.Y. 1992)]을 근거로 제시한다.

199) Richard Prince (1949~)는 미국 예술가로서 후술하는 <수어사이드 걸즈(Suicide Girls)>의 작가이기도 하다.

판결로 평가할 수 있는데, 변형적 이용 테스트를 통과하기 위해 원작의 변화가 없어도 되며 이용 목적이 중요하다고 보았다. 그리고 그 목적은 작가의 의도보다는 객관적 심미감이 중요하며, 작가 자신의 진술보다는 합리적 관찰자의 시각에서 보아야 한다고 했다.200)

〈그림 3〉 Cariou v. Prince (2013)

※ 판결 비평을 위해 두 작품이 함께 나온 이미지를 위키피디아(https://en.wikipedia.org/wiki/Cariou_v._Prince)에서 가져왔다.

Koons 판결(2006), Prince 판결(2013)은 모두 Campbell 판결의 변형적 이용 이론이 현대미술 사건에 적용된 것들이다. 물리적 변화 없이 의미 또는 메시지(message)의 변화로도 변형적 이용의 요건을 충족한다고 보는 것인데, '변형적 이용 이론'이 적용되지 않았던 종래 판결이나 물리적 변형(양적 변화)에 따라 변형적 이용에 해당한다고 본 판결에 비하면, 이와 같은 질적 전환에 관한 판결은 공정이용의 문을 상당히 확대한 것이라고 볼 수 있다. 이에 따라 저작권법과의 불편한 관계는 피할 수 없는데, 그 갈등의 최고점은 후술하는 'Warhol 판결'이라고 할 것이다.

대체로 저작권법 학자들은 미국 연방법원이 현대미술에 관해 공정이용을 지나치게 관대하게 적용한 것이 아닌가 하는 생각을 가질 수 있다. 실제 이런 이유에서 Warhol 판결이 Oracle 판결보다 공정이용의 폭을 좁혀 놓았다

---

200) Prince 판결(주 194), 707면; Adler, 전게논문(주 193), 578면.

고 볼 수 있다. 그런데 애들러와 같은 학자는 공정이용이 창의성을 질식시키지 않도록 고안된 것인데, 오히려 '변형적 이용 이론'을 통해 현대미술 분야에서 예술을 고사시키고 있다고 한다.201) 변형적 이용으로 인정되기 위해서는 의미 또는 메시지의 변형이 요구되는데, 현대미술은 의미와 메시지가 불확실·다의적·비고정적이며, 나아가 새로움(newness)을 거절한다는 것이다. 그런데 예술을 평가하기에 대단히 서툴고 이론을 갖추지 못한 법관의 의미와 메시지 등에 대한 심미성 판단으로 '변형성'과 공정이용 여부를 결정하는 것의 문제점을 지적하고, Leval의 논문(1990년)이 나온 지 25년이 지났으니 이제 Leval 판사가 만든 '변형적 이용 이론'을 재검토해야 할 때가 됐다고 애들러는 주장한다.202) 저작권법과 미술(art)의 관계를 재정립할 필요가 있다는 이러한 애들러의 주장이 비단 '변형적 이용 이론'의 요건에만 관련된 것이겠는가? 본 저자는 이것이 근본적으로 법과 예술의 관계에 관한 문제라고 생각한다. 이 점에서 Prince 판결에서 별개의견을 제시한 Wallace 판사의 "Nor am I trained to make art opinions ab initio."라는 판시203)는 일찍이 홈즈 대법관이 피력한204) 적이 있는 예술에 대한 사법 자제 전통의 연장선에 있는 것으로 보인다.205)

---

201) Adler, 전게논문(주 193), 625-626면.
202) 이상, 위 논문, 587, 625-626면.
203) Prince 판결(주 194), 714면. 월러스 판사는 공정이용 항변을 인정한 다수의견에 동의하면서도 공정이용 사건에서 사실을 확정하고 그 사실에 법률을 적용하는 주된 임무는 1심 법원에 있다고 하면서, Prince 작품 30점 모두에 대한 심리는 1심 법원에서 맡는 것이 타당하다는 별개의견을 제시했다.
204) Bleistein v. Donaldson Lithographing Company, 188 U.S. 239, 251 (1903).
205) 예술에 대한 사법 자제에 대해서는 후술하는 Warhol 판결(주 37)에서 상세하게 다루기로 한다. 아울러 본 저자의 다음 논문 참조 남형두, "법과 예술 — 조영남 사건으로 본 주리스토크라시(Juristocracy)", 정보법학 제20권 제2호, 2016. 8. 31., 55-63면.

② 현대미술과 저작권법의 불편한 동서(同棲)

현대미술과 저작권법의 불편한 관계에 대해서 애들러 교수만큼 직설적으로 언급한 법학자는 없을 것이다.206) 그에 따르면 현대미술은 심미적, 시각적, 물리적 영역에서 개념의 영역으로 끊임없이 이동해 왔으며, 작품의 가치가 진정성(authenticity)으로 결정되는 상황에서 미술시장(art market)은 미술가를 작가(authors)가 아닌 브랜드(brands)로 여긴다고 한다.207) 작가의 정체성(identity)을 중시한 애들러의 이런 견해는 일찍이 뒤샹이 말했다고 알려진 "나는 미술에 관심 없고 미술가에 관심 있다."라는 말과 통한다. 심지어 애들러는 미술의 시장가치는 심미성과 결별한 지 오래되었고 작가의 정체성과 평판에 좌우하게 되었다면서 오늘날 작품수집가들은 그들의 눈(eyes)이 아닌 귀(ears)에 의지한다는 클리셰가 있다고 한다.208)

저작물(物, 작품)보다 저작자(者, 예술가)에 주목한 뒤샹이나, 저작권법이 예술을 풍성하게 만드는 데 필요하다기보다는 오히려 방해하고 있다고 한 애들러209)는 전통적인210) 저작권법 시각에서 볼 때 극복해야 할 대상이다. 일반적으로 저작권법은 표현을 보호할 뿐 아이디어는 보호하지 않는데, 현대미술의 이른바 '개념'을 아이디어로 보면 현대미술과 저작권은 매우 불편

---

206) 애들러 교수는 앞서 본 바와 같이(주 193) 현대미술과 저작권이 충돌하는 사건에서 자신의 견해와 맞는 쪽을 지지하는 등 적극적으로 참여하는 법학 교수로 알려져 있다. 이런 경험을 통해 현대미술에서 저작권의 효용이 더는 필요 없게 되었다는 그의 주장은 바로 아래 주에 나온 논문 제목에 극명하게 드러난다.
207) 이상, Amy Adler, *Why Art Does Not Need Copyright*, 88 Geo. Wash. L. Rev. 313, 346-348 (2018).
208) 위 논문, 347면.
209) 위 논문, 322면.
210) 여기에서 '전통적인'이란 수식어를 단 것은, 저작권 일반론에서 볼 때 그렇다는 것으로서, 본 저자가 반드시 이에 동의하는 것이 아니라는 점을 드러내기 위함이다. 다시 말해 본 저자는 뒤샹이나 애들러 등의 견해가 반드시 저작권과 화해할 수 없는 것은 아니라고 생각한다.

한 관계에 놓이게 된다. 개념을 이용한 현대미술은 저작권 보호 대상이 될 수 없기 때문이다. 시각적(visual) 매체의 속박에서 벗어나 미술 오브제의 비물질화(dematerialization of the art object)를 추구하는 개념미술[211]은 매체에 표현의 고정(fixation)을 요건으로 하는 미국 저작권법상 저작물성에 도전하는 것이 된다.

여기에서 <샘(Fountain)>을 통해 미술의 가치가 미술 오브제보다는 예술가에 의해 어떻게 만들어지는가를 보여줌으로써 미술사에 분수령을 그어 놓은 뒤샹을 저작권 시각에서 어떻게 이해할 것이며, 현대미술과 저작권의 관계에 관해 가장 진보적인 견해를 취하고 있는 법학자 애들러의 주장을 어떻게 극복할 것인가는 아래에서 분석할 Warhol 판결 논의의 핵심과 맞닿아 있다는 점에서 예술에 관심 있는 저작권법학자로서 피할 수 없는 논제이다. 법학자로서 현대미술에 다가서려는 애들러의 노력은 높이 평가할 만하다. 그런데, 법학적 논의에서 흔히 빠지기 쉬운 함정이 있다. 이를 예술에 관한 법(학)의 대응과 관련해 논의하고자 한다.

본래 예술과 법의 어긋남은 늘 있었던 일이다. 과거와 현실을 규율하는 법은 현재를 넘어 미래를 추구하는 예술과 갈등을 빚는 일이 다반사였다. 이때 모든 것을 법으로 규율할 수 있고 그래야 한다고 믿는 관점[212]에서 새

---

211) Adler, 전게논문(주 207), 347면.
212) 이런 관점과 달리 본 저자는 법과 예술은 화해의 노력에도 불구하고 불일치하는 지점이 생기는데, 때로는 이를 겸허히 받아들여야 한다고 생각한다. 당대의 윤리기준이나 법률에 저촉되지 않는 예술을 하기보다는 오히려 예술적 완성을 위해 당대의 법과 불화하여 투옥까지 무릅쓰기도 한 예술가 ― 그중에는 후대의 독자/관객에게서 높은 평가를 받는 경우가 있음 ― 의 사례는 많다. 남형두 편저,『문학과 법 ― 여섯 개의 시선』, 사회평론아카데미, 2018, 29-34면. 이처럼 현실을 떠나 존재할 수 없는 법규범과 현실에 구애받지 않는 예술의 조화에는 한계가 있음을 인정하지 않을 수 없는 지점이 분명 존재한다. 한편, 예술(art)과 어원을 같이하는 기술(techno)은 법의 지배 아래 있어야 한다. 남형두, "'타다'와 '카카오모빌리티' 사례로 본 기술과 법 ― 레드헤링으로서 과학·혁신", 경제규제와 법 제17권 제1호(통권 제33호), 2024. 5., 94-97면. 같은 지식재산권법 범주에 속하지만, 예술을 콘텍스트로 하는 저작권법과 기술을

로운 사조의 예술이 법과 충돌하는 경우 ― 또는 충돌한다고 생각하는 경우 ― 예술을 포기할 수 없어 법에 실망하고 법을 탓하는 것이 바로 애들러 교수와 같은 견해이다. 물론 본 저자는 예술에 실망하거나 포기하는 쪽을 선택한 것보다는 애들러의 태도가 상대적으로 낫다고 생각한다. 법과 예술이 충돌할 때, 법의 잣대로 변화하는 예술(사조)을 함부로 재단하기보다는 법 쪽에서 예술을 이해하려고 적극적으로 다가서는 노력이 필요한데,213) 이는 상당한 예술적 소양을 갖춘 법률가만 가능하기 때문이다. 그런데, 여기에서 애들러의 노력, 즉 저작권법과 예술의 화해 시도가 충분했느냐 하는 점을 지적하고 싶다. 애들러의 논문을 보면,214) 그녀의 지난한 노력이 예사롭지 않은 것은 분명하다. 그런데 애들러의 현대미술에 대한 이해는 동의할 수 있어도 그녀의 저작권법에 대한 이해, 나아가 법과 예술의 관계에 전적으로 동의를 표시하기는 어렵다.

  콘텍스트로 하는 특허법에 차이가 있다. 즉, 특허법에서는 출원 기술에 대해 특허권을 부여할지 판단할 때, 현재 출원 기술을 알고 있음을 전제로 사후적으로 고려해서는 안 된다는 원칙이 있다. 이른바 '사후적 고찰 금지의 원칙'(대법원 2020. 1. 22. 선고 2016후2522 전원합의체 판결 등)인데, 미래 시점에서 현재 심판 대상 기술의 진보성 여부를 판단하지 말라는 것이다. 그런데, 저작권법은 현재의 예술과 문화가 분쟁의 대상이 될 때, 미래에 대해 좀 더 열린 태도를 보여야 한다고 생각한다.
213) 본 저자는 일찍이 법과 예술의 관계를 텍스트와 콘텍스트로 보고 논의한 적이 있다. 골자에 해당하는 부분을 옮기면 다음과 같다.
  현대미학과 저작권법학은 서로 화해하기 어려운 틈이 있다. 사실로 인정할 수밖에 없는 이 갈등을 해소하기 위해서 텍스트(저작권법)를 상수항으로 놓고 콘텍스트(미학, 미술)를 텍스트에 근접시킬 것인가, 아니면 콘텍스트에 텍스트를 적응시킬 것인가의 고민이 있다. 이는 법철학의 오랜 숙제이다. 필자의 생각은 매우 간명하다. 몸(콘텍스트)에 옷(텍스트)을 맞추어야지 그 반대일 수 없다는 것이다. 법은 그 자체로 목적이 될 수 없다. 맥락(콘텍스트)이 바뀌면 법은 그에 따라 적응해야 하는 것이지, 맥락을 법에 맞추는 것은 법을 현실로부터 더욱 고립시키는 것으로서 받아들일 수 없다.
  남형두, 전게논문(주 205), 41면.
214) Adler, 전게논문(주 205); 전게논문(주 207) 등.

(ⅰ) 저작인격권

애들러가 지적하고 있는 진정성(authenticity)은 저작권법상 저작인격권(성명표시권 또는 동일성유지권)으로 포섭할 수 있는 면이 있다.215) 미국 저작권법에서는 일반적으로 저작인격권을 인정하지 않지만, 시각예술(visual arts)에 대해서는 예외적으로 성명표시권과 동일성유지권을 인정하고 있다(§106A). 뒤샹의 작품 <샘>의 원래 전시 작품(1917년)이 도난당했다는 것은 널리 알려진 사실이다. 뒤샹이 새롭게 다른 소변기를 전시실에 놓았다고 해서 그 작품의 진정성이 훼손된 것은 아니다. 이럴 수 있는 것은 레디메이드(Ready-made), 즉 기성품에 불과한 소변기가 예술 작품이 되는 데 뒤샹의 보증이 있다고 보기 때문이다. 작품의 진정성은 일반적으로 서명으로 표시되는데, 이는 바로 저작인격권의 하나인 성명표시권에 해당한다. 리처드 프린스(Richard Prince)의 작품 <수어사이드 걸즈(Suicide Girls)>는 모델 커뮤니티에 올려진 인스타그램 사진을 스크린샷으로 복제해 six-foot canvas에 제트프린트한 후 자신의 이름을 암호처럼 기재해 미술관에 전시한 것이다. 이 작품은 90,000달러에 팔렸다.216) 'Suicide Girls'는 개념미술로서 개념의

---

215) "This emphasis on authorship explains the consummate value placed on authenticity by the art market; an authentic work is one that is property attributed to its author." Adler, 전게논문(주 207), 347면.
216) Prince는 사진의 모델이 된 Doe Deere와 Suicide Girls 커뮤니티의 설립자 Selena Mooney의 허락을 받지 않았는데, Mooney는 소송을 제기하는 대신 오히려 Prince의 작품을 커뮤니티 웹사이트에 올려 이미지 당 90달러에 판매하고 그 금액을 전액 자선기금에 출연했다. Mooney는 허락 없이 자신들의 이미지를 가져다 쓸 때 5센트를 받는다면, 예술에 9만 달러를 쓸 수 있으나, Forever 21에서 허락 없이 약간 고쳐서 셔츠를 판매하는 것에는 화가 난다고 하면서, 오히려 예술가인 Prince에게 고맙다고 했다. 정리하면, Prince는 인스타그램 사진을 무단 복제해 작품으로 판매했고, 복제 당한 Suicide Girls 커뮤니티는 Prince의 작품을 역시 허락 없이 90달러에 판매했으나, 둘 사이에 법적 분쟁은 발생하지 않았다. Alex Needham, "Richard Prince v Suicide Girls in an Instagram price war", The Guardian, May 27, 2015. https://www.theguardian.com/artanddesign/2015/may/27/suicide-girls-richard-prince-copying-instagram (2024. 12.

창안과 소재 선택에 창작성이 있다고 볼 수 있고, Prince의 이름을 기재함으로써 비로소 그의 작품이 되었다고 이해할 수 있다. 이렇게 보면, 작품의 진정성은 저작권법의 성명표시권으로 해석할 여지가 있다.217)

한편, 애들러의 주장은 지나치게 미술시장(art market)에 경도돼 있음을 부인하기 어렵다. 애들러에 따르면 오늘날 미술시장은 심미성 따위에는 관심이 없다는 것인데,218) 그런 미술시장이 항상 옳은 것인가, 그리고 그런 미술시장의 경향이 앞으로도 지속될 것인지 등에 대한 논의는 여전히 해결되지 않은 채 남아 있다. 또한 복제가 창의성에 대한 해(harm)가 되고 창작을 위한 인센티브를 허물 것이라는 애들러의 저작권에 대한 관점219)은 저작권의 정당화 이론으로 미국 헌법의 지식재산권 근거 조항이 토대하고 있는 공리주의와 인센티브 이론의 한계에 갇혀 있음을 부인하기 어렵다. 시장과 공

---

30. 방문).
217) 작품의 서명이 얼마나 중요한가? 서명이 들어 있음으로써 비로소 작품의 가치가 인정된다는 점에서 뒤샹과 애들러의 진정성(authenticity)을 이해할 수도 있다. 한편, 조영남 화투그림 사건 항소심에서 법원은 사기죄를 인정한 1심과 달리 사기죄가 성립되지 않는다고 보아 무죄를 선고했는데(대법원에서 원심 확정), 기망과 편취 사이에 인과관계가 인정되지 않는다는 것이 이유였다. 인과관계를 부정한 이유 중 하나로서, 조영남 화투그림을 구매한 사람 중 일부가 "어렸을 적부터 가수 조영남씨의 팬이라서 조영남씨의 좋은 그림을 하나 갖고 싶었다. 구매한 작품이 '오광'과 '말 자체'에 의미가 있는 것이다. 미술계에서 보조 조수가 있다는 것을 몇십 년 전부터 들어서 알고 있다. 구입한 그림이 대작(代作)이라고 생각하지 않는다."라든지, 큐레이터 ooo는 "작품 경향이 독특하고 조영남씨의 작품의 경우 수집 가치가 있다고 판단하여 구입을 하게 된 것이다. 대강의 구도나 작품에 대한 자신의 구상을 ***에게 말한 것이라면 이는 명백히 작품의 아이디어는 조영남의 것이라고 보아야 하기 때문에 이 작품이 조영남의 것이 아니라고 단정 짓지는 못한다고 본다. 아직 미술계에서는 그러한 기준이 정립되지 않았기 때문에 고민이 필요한 부분이다."라고 진술하기도 했다. 서울중앙지방법원 2018. 8. 17. 선고 2017노3965 판결. 이 판결의 타당성에 대한 판단과 별개로, 조영남의 서명이 작품 구매의 중요한 동기가 된 경우가 있었다는 것은 시사하는 바가 있다고 생각한다.
218) Adler, 전게논문(주 207), 347면.
219) 위 논문, 319면.

리주의를 넘어 저작권의 정당화 이론으로 저작인격권의 근거가 되는 인격이론을 지나치게 도외시하고 있다는 인상을 지울 수 없다.

(ii) 아이디어/표현

개념미술에서 작품은 물질, 물리적 오브제에서 벗어나 이른바 비물질화(dematerialization)가 보편화되었다. 현대미술에서 물질/비물질의 구분은 중요하지 않게 된 것이다. 이에 상응하는 저작권법에서 아이디어/표현 이분법(dichotomy)은 머릿속에 들어 있는 생각/사고 또는 추상이 밖으로 나와 구체화되고 행위로 드러난다고 할 때, 추상 단계를 아이디어, 구체화/구현 단계를 표현이라고 말할 수 있다. 여기에서 물질을 표현, 비물질(화)을 아이디어로 보면 현대미술과 저작권법은 화해하기 힘들다. 그런데 이때 법이 예술에 다가가는 노력을 해본다면 다음과 같은 시도가 가능하다. 예를 들어 뒤샹의 <샘>, 워홀의 <Brillo Box>에서 소변기와 박스 그 자체가 뒤샹과 워홀이 의도한 미술작품이 아니라는 것은 설명할 필요도 없다. 뒤샹도 <샘>의 물리적 소변기(urinal)에 주목하여 심미적 아름다움(aesthetic beauty)을 극찬한 비평가에 대해 불만을 토로했다는 유명한 일화가 있다.[220] 여기에서 누군가 소변기 대신 좌변기를 갤러리에 가져다 놓았다고 해서 새로운 작품이 될 수는 없다. 저작권침해 내지는 적어도 표절이 된다고 생각한다.[221] 워홀의 <Brillo Box> 대신 아닌 농심라면 박스를 미술관에 갖다 놓았다고 해도 마찬가지가 될 것이다. 예술계에서 "이것은 뒤샹 또는 워홀의 것"이라고 할 만한 부분이 있다면 그것이 바로 법적으로 또는 예술계의 직업윤리(표절 금

---

220) Adler, 전게논문(주 207), 346면 중 주 146.
221) 물론 널리 알려진 뒤샹의 <샘>을 패러디 또는 풍자하는 뜻으로 했다면, 뒤샹의 작품임을 밝히지 않았어도 표절이나 저작권침해가 되지 않을 것이다. 실제 Sherrie Levine에 의해 뒤샹의 <샘>은 브론즈로 리메이크되기도 했는데, 이는 오마주에 해당할 뿐 저작권침해 또는 표절로 보기는 어렵다.

지 유리)로 보호되어야 한다. 뒤샹이 물리적으로 한 작업이라고는 기성 제품 소변기를 갤러리에 옮겨 놓은 것뿐이지만 ― 그마저도 뒤샹이 인부에게 옮기라고 지시했다고 해서 미학적 가치가 달라지는 것은 아님 ― 미술의 가치가 시각성(visuality)과 오브제(object)에 있지 않고 미술가에 의해 만들어지는 것이라는 뒤샹의 예술적 발상은 미술의 중심을 미술작품에서 미술가로 옮겨 놓은 일대 분기점으로 평가될 만한 것이다. 이제 미술 오브제(art object)는 시각이라는 굴레에서 벗어나게 되었고, 비물질화(dematerialization)의 시도는 개념미술에서 다양한 형태로 나타나게 된 것이다. 뒤샹이나 워홀이 현대미술에 남긴 자취가 워낙 커 그들이 생각하여 구현한 비물질화 전부를 저작권 보호 대상으로 삼기에는 부적절할 수 있다. 하나의 사조(思潮)를 열었다고 볼 수 있는데, 사조를 법적으로 보호하면 후발 창작자들을 모두 침해자로 만들 수 있기 때문이다. 그런 점에서 위에서 든 가정적 사례(좌변기, 농심라면 박스)는 저작권침해 또는 표절의 논의 대상조차 되지 못할지도 모른다. 그런데, 뒤샹이나 워홀 정도가 아닌 경우로서 개념미술 작가의 비물질화 시도가 저작권으로 보호될 만한 것이 있을 수 있다. 예를 들어 이브 클랭(Yves Klein)222)의 작품 <Anthropometry of the Blue Period (ANT 82), 1960>은 나체의 모델들이 자기 몸에 파란색 물감을 바른 후 벽에 붙어 있는 하얀 캔버스에 몸을 밀착하여 가슴과 몸통, 허벅지가 찍히게 한 작품이다. 이 퍼포먼스 자체가 예술이라고 할 수 있는데,223) 이 퍼포먼스 과정에서 클랭은 모델들을 지켜보고 있을 뿐 아무런 지시를 하지 않는다. 물론 사전에 모델들에게 지시했을 것이다. 여기에서도 클랭의 것이라 할 만한 것은 특정 여성의 몸이나 물감 색, 캔버스에의 압착 정도가 아닐 것이다. 모델을 남성

---

222) Yves Klein (1928~1962)은 프랑스 예술가로서 누보 리얼리즘(Nouveau Realisme)의 리더였다.
223) 작품 창작 과정을 담은 녹화영상은 다음 참조.
https://www.youtube.com/watch?v=IjAcXJeqvCw (2024. 12. 30. 방문).

으로 바꾸었다고 해도 마찬가지다. 누구도 생각하지 못했던 것으로서 맨몸에 물감을 바르고 도장 찍듯 몸을 캔버스에 압착해 자국을 남기는 퍼포먼스, 그 자체로도 행위예술에 해당할 수 있고, 퍼포먼스의 순간(시점)이 캔버스(평면)에 포착된 결과물도 예술이 된다. 위와 같은 행위예술의 과정을 사전에 인지했는지와 관계없이 캔버스에 찍힌 파란색 물감 흔적을 보는 관객은 상상의 나래를 펼 수 있는데, 이런 점들이 클랭의 예술적 의도가 아니었을까 싶다. 이 작품(캔버스에 찍힌 작품)을 이용한 여성용 원피스 드레스가 패션쇼에 등장하기도 했는데, 만약 클랭의 허락이 없었다면 법적으로 문제 삼을 수 있다고 생각한다.224) 이때 법적 수단은 역시 저작권이 될 것이다. 또한, 비물질화 과정에서 행위와의 관계를 생각해야 한다. 미술이 시각적인 것에서 자유롭게 되었다는 것은 행위에서도 자유롭게 되었다는 것으로 여결될 수 있다. 위 클랭 사례에서 보는 바와 같이 작품이 만들어지는 과정에서 클랭이 한 행위는 없다. 클랭은 사전에 자기 생각을 모델들에게 지시했을 뿐이고, 퍼포먼스 과정이나 캔버스 작품을 만드는 과정에서 그가 한 행위는 가만히 서 있었던 것, 그야말로 부작위 자체였을 뿐이다. 뒤샹의 <샘>에서 소변기를 뒤샹이 만들지 않은 것은 말할 것도 없고, 특정 소변기를 선택하여 갤러리에 옮기는 일(행위)조차 뒤샹의 작업일 필요가 없다. 워홀의

---

224)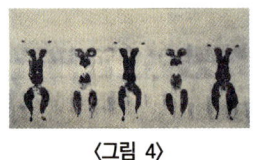

　　　　　　　　　　<그림 4>　　　　　　　　　<사진 4>

※ <그림 4>는 Klein의 작품이고, <사진 4>는 이를 활용해 만든 드레스와 패션쇼 장면 사진(Céline Yves Klein Dress SS17)인데, 다음 사이트(https://marionabou.com/2021/12/15/celine-x-yves-klein/)에서 가져왔다.

한편, <그림 4>에서 모델의 얼굴이 드러나지 않는다는 점에서 특정 모델의 정체성이 확인됨을 전제로 하는 퍼블리시티권은 인정되기 어렵다.

<Brillo Box>도 마찬가지다. 워홀이 사람(노동자)을 시켜 박스를 쌓게 했다고 해서 워홀의 작가성 또는 작품성에 손상이 발생하는 것이 아니기 때문이다. 조영남 사건에서 조수 사용이 논란의 시발점이었지만 불행히도 재판에 넘겨진 이후 대법원판결에 이르기까지 위와 같은 진지한 논의가 없었던 것은 아쉬움으로 남는다. 조영남 사건에서 가장 중요하게 다루어졌어야 했던 것은 조영남이 조수를 썼건 그렇지 않건 그가 화투 작품을 통해 전달하려고 했던 메시지가 미술/미학계에서 평가받을 만한 것이었느냐에 있었다고 생각한다. 그 점에서 한국의 워홀이 되려고 했다든지, 자신의 작품이 팝아트였다든지 한 조영남의 발언에 대한 평가가 중요했다. 뒤샹의 식으로 말하자면, 화투 작품 그 자체보다는 조영남에 더욱 관심을 가졌어야 했던 것이다. 정리하면, 개념미술의 비물질화를 저작권법상 보호 대상인 '표현'으로 구성하는 것이 불가능하지 않다는 점에서 개념미술과 저작권법의 화해 시도는 일정 부분 성공할 수 있다.

(iii) 저작권침해와 표절

위에서 거론한 'Suicide Girls' 사례를 이어서 논의한다. 애들러는 위 사례를 통해 복제가 창의성에 위협이 된다는 저작권법의 기본 전제 ― 인센티브 이론에 터잡은 것임 ― 가 시각예술에서는 진실이 아니라고 주장한다.[225] 한편, Prince와 Suicide Girls 커뮤니티 사이에 무단 복제로 인한 분쟁이 발생했다는 가정 아래 논의하면, 저작권침해 및 표절과 관련한 흥미로운 여러 쟁점을 발굴할 수 있다(모델의 초상권/퍼블리시티권 논의는 별론으로 함).

첫째, 출처를 밝히지 않고 썼다면, Prince는 Suicide Girls에 대해 저작권침해 또는 표절 책임을 질 수 있다. 이때 애들러 식 논의에 따르면 저작권법이 시각예술에는 타당하지 않다고 할 수 있겠으나, 물리적 변형이 없더라도 의

---

225) Adler, 전게논문(주 207), 316-323, 343, 351-368면.

미 또는 메시지의 변형으로도 '변형적 이용'을 인정할 수 있다면 공정이용에 해당한다는 논리 구성이 가능하다. 공정이용이 성립한다면, 프린스의 작품을 판매한 Suicide Girls가 오히려 Prince에 대해 저작권침해 책임을 부담할 가능성이 있다. 이때 Suicide Girls 측은 "너도 훔쳤으니 나도 훔쳤다", "상호 간에 훔침에 대한 양해가 있었다", "판매대금을 자선기금에 기부했으니 영리적 목적이 없다"라고 주장할 것으로 예상된다. 그런데 저작권 측면에서 현대미술을 적극적으로 이해하고 수용한다면 받아들여지기는 어려울 것으로 보인다. Suicide Girls로서는 자신의 사진(저작물)을 Prince가 이용한 것이 맞으므로, Prince의 작품을 무단으로 게시하였다고 해도 표절 책임이 성립하지 않을 가능성이 있다. 물론 Prince 작품인 양했다면 표절 책임을 질 수 있지만, 자신의 인스타그램 사진으로 판매한 것이라면 표절의 요건인 '기망'(passing off)이 있다고 보기 어렵기 때문이다.

둘째, 출처를 밝히고 썼다면, 양쪽 모두 표절에 관한 논의는 불필요하다. Prince의 Suicide Girls에 대한 저작권침해 책임은 위 '첫째'에서와 같이 현대미술에 대한 저작권법의 수용 여하에 따라 공정이용 성립 여부가 달라질 것이다. 공정이용이 성립하고 Prince의 작품에 대한 저작권이 인정된다면 오히려 Suicide Girls의 Prince에 대한 저작권침해 책임이 인정될 가능성이 있다.226)

한편, 둘 사이에 법적 책임(저작권침해 책임)이 예술계의 윤리(표절 금지 윤리) 영역 안에서 해소될 수는 없는가 하는 문제를 제기할 수 있다. 물론 가능하다. 그런데 저작권침해와 표절의 양 책임이 모두 인정될 경우 피해자가 손해배상을 원한다면 표절만으로 책임을 구성하는 것은 부족할 것이다.

---

226) 이상은 본 저자의 논의인데, 애들러도 비슷한 취지의 주장을 한다. Prince는 마치 마이다스 왕(King Midas)과 같아서 그의 터치로 이전에 가치 없는 것이 예술로 바뀌었으므로(Prince는 복제를 통해 Suicide Girls 사진의 시장에 해를 끼친 바 없이 이전에 존재하지 않았던 새로운 미술시장을 만들었음) Suicide Girls는 90,000달러의 가치가 인정된 Prince의 작품을 이용할 수 없고, 따라서 Suicide Girls의 판매대금 90달러는 오히려 Prince에 귀속되어야 한다는 것이다. 애들러, 전게논문(주 207), 351면.

③ 정리

현대미술과 저작권법의 불편한 관계의 해소/화해에는 예술 쪽보다는 법 쪽의 적극적 변화와 적응이 필요하다고 본다. 작품보다는 예술가를 중시하는 현대미술의 관점에서 보면, 위의 여러 사례(Prince/Koons 판결 등)에서 변형적 이용을 인정하기 쉬울 것이다. 그런데, Prince 판결에서 보는 바와 같이 변형적 이용에 관한 작가의 의도와 목적을 객관적으로 검토해야 한다고 한 것을 현대 예술론에서 수용할 수 있을지 의문이다. 어떤 예술 행위의 목적을 논할 때 주체를 빼고 제대로 논의할 수 있을까? 같은 행위를 해도 '누가' 하느냐에 따라 그 목적에 대한 예술적 판단이 달라질 수 있기 때문이다(위 뒤샹의 발언과 같은 취지).[227] 여기에서 예술의 가치가 작가의 정체성과 평판에 크게 좌우되고 있는 현대미술 사조는 인공지능 시대 인간/비인간과 관련하여 저자성을 비롯한 저작권법의 여러 논점에 연결되고 있다.[228] 그런데 여전히 위 논의는 법의 세계에 들어온 이상 법적안정성이라는 가치와 갈등을 빚기 마련이다. 그 갈등의 정점에 Warhol 판결이 있다. 이에 대해서는 뒤에서 상술한다[Ⅱ.3.다.(3)].

---

227) 예술의 주체를 중시하는 현대미술과 '저자의 죽음'으로 대변되는 롤랑 바르트 등의 포스트모더니즘이 어떤 관계를 형성할 수 있을지 질문을 던져본다. 바르트와 푸코는 저자(작가)의 역할보다 독자를 중시하는 사고 아래 "Who is an author?"라는 물음 대신 "What is an author?"라고 묻고 있다. 미셸 푸코, 황유진 역, "저자란 무엇인가", 윤난지 편, 『모더니즘 이후, 미술의 화두』, 눈빛, 1999. '저자의 죽음'은 곧 '독자의 탄생'으로 이어지는데, 작가의 의도 따위는 중요하지 않다고 보는 이런 사조에 따르면, 본문에서 변형적 이용 여부를 객관적으로 판단해야 하는지, 아니면 작가의 주관적 의도를 중시해야 하는지의 논의에서 전자를 취할 가능성이 크다.
228) 현대미술에서 강조되는 진정성(authenticity) 개념은 인공지능 시대 작품의 객관적 가치보다는 누가 만들었는가, 즉 인간의 작품인가라는 저자성(authorship) 또는 인간의 고유성 개념과 일맥상통한다고 할 수 있다. 후술 Ⅳ.2. 나. 표절 논의 - 인간의 고유성을 지켜줄 최후의 보루(堡壘) 참조.

(2) Oracle 판결 — 공익이란 틈을 이용한 빅테크

(가) 저작권의 형해화와 저작권법의 종언 가능성

오라클(Oracle)이 2009년에 인수한 썬 마이크로시스템즈(Sun Microsystems) (이하 '썬')는 자바(Java) 프로그램에 대한 저작권자이다. 2005년경 여러 회사가 스마트폰 OS (operating system) 개발 경쟁에 뛰어들었을 때, 애플, 마이크로소프트와 구글의 행로를 살펴보자.[229] 당시 소프트웨어 개발자들에게 가장 대중적으로 알려진[230] 'Java computer program language'를 이용하는 컴퓨터 프로그램, 'Java SE'는 썬이 보유하고 있었는데, 썬의 전략은 더 많은 프로그래머가 Java language를 배우도록 하는 것이었다. 새롭게 열리는 스마트폰 시장의 OS를 개발하는 과정에서 소프트웨어 개발자에게 친숙한 컴퓨터 언어를 사용하려는 회사들이 앞다퉈 썬과 라이선스 계약을 체결하고자 했으나 협상이 실패로 돌아가자, 애플과 마이크로소프트는 자체 개발에 나섰다. 애플은 iOS 개발에 성공했으나(2007년), 마이크로소프트는 개발에 실패했다.[231] 한편, 1998년에 설립되고 위 두 기업과는 비교되지 않을 정도의 작은 기업이었던 구글은 2005년 안드로이드(Android, Inc.)라는 스마트폰 소프트웨어 스타트업을 5천만 달러에 인수한 후, 안드로이드를 통해 스마트폰과 같은 모바일 기기를 위한 소프트웨어 플랫폼을 개발하고자 했다.

---

229) 이하 Oracle 판결(주 15)의 법정의견과 반대의견에서 인정하는 사실을 기반으로 정리하였다.
230) 당시 약 6백만 프로그래머들이 Java language를 사용하고 있었다. Oracle 판결(주 15), 8면.
231) 애플은 2007년 iOS 독자적 개발에 성공해 가장 먼저 모바일 OS 시대를 열었으나, 마이크로소프트는 모바일 OS 개발이 늦어짐에 따라 모바일 시장 경쟁에서 밀리게 되었다. 빌 게이츠는 당시 안드로이드를 인수하지 못한 것이 자신의 최대 실수였다고 실토했다. 곽도영, "MS 창업자 빌게이츠 뒤늦은 후회… '구글 안드로이드 허용은 최대 실수'", 동아일보 2019. 6. 25.자 기사.

이 과정에서 구글은 프로그래머들에게 익숙한 디클레어링 코드를 안드로이드에 포함시키려고 했는데, 안드로이드의 설립자 앤드류 루빈(Andrew Rubin)은 디클레어링 코드가 저작권으로 보호되는 것임을 알고 2005년에서 2006년 사이에 네 차례에 걸쳐 썬과 협상을 시도했으나 역시 실패로 돌아갔다. 그런데, 이때 구글은 애플이나 마이크로소프트와는 전혀 다른 길을 선택하는데, 썬의 디클레어링 코드(declaring code)에서 11,500줄(line)을 무단복제 해 자사의 안드로이드에 편입시켜 버린 것이다(2008년).232) 이후 잘 알려진 바와 같이 모바일 폰 OS 시장은 구글과 애플이 양분하고 있다.233)

Oracle은 썬을 인수한 이듬해인 2010년 구글을 상대로 저작권침해 소송을 제기했는데, 무려 11년에 걸친 소송전 끝에 패소하고 말았다. 구글의 공정이용 항변이 최종 받아들여진 것이다.234)

이 판결은 법정의견 못지않게 반대의견(토마스 대법관)의 분량이 길고 내용이 풍부하다. 먼저 법정의견을 간단히 정리하면, 공정이용 성립 여부 판단

---

232) 이상, Oracle 판결(주 15), 6-9, 45면.
233) 주가 변동에 따라 기업의 시가총액 순위는 자주 바뀌는데, 한동안 미국 나스닥에서 5위 안에 GAFA라는 묶음으로 구글은 애플과 함께 들어 있었으나 마이크로소프트는 들지 못했었다는 점을 상기할 필요가 있다.
234) 장기간에 걸쳐 판결이 여럿 선고됐는데 간략히 설명하면 다음과 같다. 1심(캘리포니아 북부연방지방법원 샌프란시스코 지원)은 자바 API의 저작권을 인정하지 않았는데(원고 패소), 항소심(연방 제9 항소법원)은 저작권을 인정하되 공정이용에 해당하는지를 심리하라고 지방법원으로 환송하였다(원고 승소). 이에 대해 구글은 저작권 인정 부분에 대해 연방대법원에 상고 신청했으나 기각되었다(원고 승소). 여기까지는 공정이용이 재판의 쟁점이 아니었다. 한편, 위 항소심 판결에 따라 1심 법원은 공정이용 부분에 관해 심리한 결과 공정이용에 해당한다고 판단했고(원고 패소), Oracle이 불복하여 항소한 재판에서 연방항소법원은 공정이용에 해당하지 않는다고 판결했다(원고 승소). 이에 다시 구글이 상고한 재판이 본문에서 다루고 있는 연방대법원 판결이다(원고 패소 확정). 공정이용 부분만을 놓고 보면, 앞에서 본 Sony 판결(주 10), Harper 판결(주 11), Campbell 판결(주 12)과 똑같이 심급별로 결론이 달라졌음을 알 수 있다(위 <표 1>에서 Oracle 판결의 결과는 위 여러 판결 중 공정이용 쟁점에 관한 재판만을 정리한 것이다).

에서 종전 대법원판결(Campbell 판결 등)과 마찬가지로 '변형적 이용' 해당 여부를 판단할 때 저작권으로 보호받는 Oracle의 디클레어링 코드를 구글이 무단 사용함으로써 얻어지는 공익과 그로 인해 Oracle이 입을 피해를 비교 대상으로 놓고 전자가 후자보다 훨씬 크다는 이유로 구글의 무단복제 사용을 공정이용으로 인정하였다.235) 한편, 반대의견을 낸 토마스 대법관은 구글의 이용이 공정이용에 해당하지 않는다고 보았다. 구체적으로 살펴보면 다음과 같다.236)

반대의견은, 구글의 무단복제로 인해 Oracle은 주요 고객 아마존과의 파트너십 가치의 97.5%를 잃어 수십억 달러의 손해를 입은 한편, 구글은 세계에서 가장 많이 쓰는 모바일 OS를 보유한 기업이 되었다는 것을 법정의견도 인정하면서 구글의 공정이용 항변을 받아들였다고 신랄하게 비판하고 있다.237) 구글은 2008년에 오픈 소스(open source)를 선언하고 안드로이드를 무료로 배포함으로써 결과적으로 자바 플랫폼을 통해 수익을 올리려던 Oracle의 수입은 급감했고 구글의 주 수익원인 광고 매출은 획기적으로 늘어났다.238) 법정의견이 공정이용을 인정한 이유 중에는 Oracle이 자바 프로그램의 디클레어링 코드의 저작권 보호를 통해 모바일 폰 시장을 독점하게 될 것을 우려했다는 것이 있다.239) 사실 발생하지도 않았던 일을 예상하여 우려를 표명하는 것보다는 공정이용을 인정함으로써 결과적으로 구글이 모바일 폰의 OS 시장을 독점하게 되었고 이 판결이 선고되기 전에도 독점적 지위 남용으로 인한 경쟁법 위반으로 천문학적 금액의 제재를 받았던 사실

---

235) 법정의견은 구글의 무단복제로 얻어지는 이익을 '공익'으로 보았는데[Oracle 판결(주 15), 35면], '공익'과 관련한 비판은 후술한다(III.3).
236) 법정의견을 비판하는 반대의견을 구체적으로 소개함으로써 법정의견의 내용도 알 수 있다.
237) Oracle 판결(주 15), 43면.
238) 위 판결, 53-54면.
239) 위 판결, 38-40면.

을 고려했어야 했다는 것이 반대의견이다.[240] 법정의견이 구글 편들기를 한 정점은 변형적 이용에서 '변형적(transformative)'이란 용어의 정의마저 바꾼 데 있다. 토마스 대법관은 법정의견이 "변형적 이용이란 단지 타인이 새로운 창작물을 만들도록 돕는 이용을 의미한다"라고 함으로써 사실상 저작권을 형해화했다고 비판한다.[241] 이렇게 되면 소설을 원전으로 하여 영화를 만드는 것도 공정이용에 해당하게 될 것인데, 결국 변형적 이용을 확대 정의함으로써 모든 2차적저작물을 변형적 이용의 범주에 넣게 된다고 본다.[242]

(나) 재판 과정에서의 왜곡 가능성

빅테크 플랫폼이 공정이용 분쟁에서 '변형적 이용 이론'을 활용하면서부터 공정이용 제도는 "큰 고기는 놓치고 작은 고기만 잡는" 성긴 그물이 되고 말았다. 이로 인해 공정이용 제도의 기능 또는 효과로서 '부의 재분배'가 왜곡되고 있는데, 이는 '변형적 이용 이론'이 변질함으로써 생긴 <u>결과</u>라고 할 수 있다. 이하에서 그렇게 된 <u>원인</u>을 분석한다.

① 불확정 개념과 빅테크의 재판 전략

공정이용 요건은 저작물성(copyrightability)이나 저작권침해의 실질적 유사성(substantial similarity) 요건과 마찬가지로 기준이 명확하지 않다. '변형적 이용', '표현', '공익', '생산적·소비적 이용' 등과 같은 개념과 기준이 있으나 구체적 사건에 적용하는 단계에서는 미궁에 빠질 수밖에 없는 것이 현실이다. 법률의 일반성만으로 설명하기 어려운 저작권법의 추상성은 이 법이 다루는 대상인 문화의 다양성에서 비롯된 측면이 있다. 학술과 예술을 포함한 문화의 장르별 공정이용 요건을 법령에 규정할 수 없을 뿐만 아니

---

[240] 위 판결, 55-56면.
[241] 위 판결, 58면.
[242] 위 같은 면.

라, 정부나 각종 단체가 세부 기준을 만든다 해도 저작물의 종별로 일일이 정하기는 사실상 어렵다. 게다가 창작과 이용, 원작과 해석에 대한 관념이 시대의 사조(思潮)[243]에 따라 가변적이란 점에서 기준 제정의 어려움은 더욱 가중되고 있다.

공정이용에 관한 조문을 예로 들면, 한국의 공정이용 조항 제35조의5의 '일반적인 이용 방법', '저작자의 정당한 이익', '부당하게 해치지 아니하는 경우' 등과 이 조항이 도입되기 전 그 역할을 감당했던 제28조의 '정당한 범위', '공정한 관행' 등, 그리고 부수적 의무로 이해되는 제37조(출처의 명시)의 '합리적이라고 인정되는 방법' 등이 불확정 개념으로 점철돼 있다. 미국 저작권법 제107조[244]나 나아가 이른바 3단계 테스트를 정하고 있는 베른협약[245]도 마찬가지다. 저작권법상 공정이용 조항과 그 요건의 불확정성은 한국 민법 제103조(반사회질서의 법률행위),[246] 제393조(손해배상의 범위),[247] 제741조(부당이득의 내용),[248] 제750조(불법행위의 내용)[249] 등의 일반조항

---

243) 예를 들어 '저자(작가)의 죽음'을 강조하는 포스트모더니즘에 따르면, 저작권 보호는 좁게 그러나 공정이용의 폭은 넓게 인정할 것이다.
244) 한국 저작권법 제35조의5 제2항에 있는 네 가지 고려 요소와 비슷한 미국 저작권법 제107조의 네 가지 요소의 해석 및 적용과 관련하여 미국 법원이 얼마나 많은 판결을 쏟아내고 또 그 경향성이 변해왔는지는 결국 이 책을 집필하게 된 동기라는 점에서 네 가지 고려 요소의 불확정성은 더 이상 설명이 필요하지 않다.
245) Article 9 (2) It shall be a matter for legislation in the countries of the Union to permit the reproduction of such works in certain special cases, provided that such reproduction does not conflict with a normal exploitation of the work and does not unreasonably prejudice the legitimate interests of the author. (밑줄은 본 저자가 친 것임)
246) 제103조(반사회질서의 법률행위) 선량한 풍속 기타 사회질서에 위반한 사항을 내용으로 하는 법률행위는 무효로 한다. (밑줄은 본 저자가 친 것임)
247) 제393조(손해배상의 범위) ①채무불이행으로 인한 손해배상은 통상의 손해를 그 한도로 한다. (밑줄은 본 저자가 친 것임)
248) 제741조(부당이득의 내용) 법률상 원인없이 타인의 재산 또는 노무로 인하여 이익을 얻고 이로 인하여 타인에게 손해를 가한 자는 그 이익을 반환하여야 한다. (밑줄은 본 저자가 친 것임)

에 비견될 정도여서, 이런 민법 일반조항의 해석과 적용에서 그러하듯 공정이용의 불확정 개념의 빈틈을 채우는 것은 법관의 몫이라 할 것이다.

이처럼 공정이용 요건의 불명확성250)으로 인해 저작권법 및 관련 판례는 창작자와 이용자가 구체적인 행위규범으로 삼기에는 부족하다.251) 결국 공정이용의 성부(成否)는 분쟁을 통해 최종 재판으로 가려질 수밖에 없다. 많은 경우에 공정이용 재판은 심급별로 결론을 달리하기도 하여 엄밀히 말하면 그 최종 판단은 최고법원이 결정한다고 할 것이다. 여기에서 이런 특성이 저작권분쟁에 고유한 것이 아니라, 일반 민사, 형사, 행정 등 모든 법적 분쟁에 공통된 것이 아니냐는 반론이 제기될 수 있다. 그러나 반드시 그런 것은 아니다. 저작권분쟁, 특히 공정이용이 쟁점인 분쟁의 특징으로 몇 가지를 들 수 있다. 첫째, 창작 현장에서 자주 발생한다(빈발성). 둘째, 창작의 장르마다 기준이 다양하다(다양성). 셋째, 분쟁의 해결에 상당한 수준의 전문성이 필요하다(전문성). 첫째와 둘째 특성이 문화 영역에서 연유한 것이라면, 셋째 특성은 법률(텍스트) 영역에 속한 것으로서 타당한 결론을 찾기 위해 이론적 논의를 넘어 구체적 분쟁 사안에서 창작 현장(콘텍스트)에 대한 깊은 이해가 있어야 한다. 이 점에서 저작권분쟁, 특히 공정이용 관련 분쟁은 여타 법률 분쟁과 차별이 있다.

---

249) 제750조(불법행위의 내용) 고의 또는 과실로 인한 위법행위로 타인에게 손해를 가한 자는 그 손해를 배상할 책임이 있다. (밑줄은 본 저자가 친 것임)
250) UC 어바인 로스쿨(Irvine Law School) 교수 버크는 공정이용 요건의 불명확성에 대해 'muddy entitlements'라고 했다. Dan L. Burk, *Muddy Rules for Cyberspace*, 21 Cardozo L. Rev. 121, 140 (1999).
251) 창작 현장에서 공정이용 해당 여부가 모호할 때 저작권법 전문가에게 질의를 해도 명확한 답변을 듣기 어려운 것은 이런 사정 때문이다. 한편, 일본 도쿄대학의 야마모토 류지(山本 隆司) 교수는 일본 저작권법에서 공정이용 조항 도입에 신중해야 하는 이유로 일본이 미국과 비교할 때 법조 인구가 현저히 적다는 것을 들고 있다. 공정이용에 관한 구체적 규범은 재판례의 축적을 통해 형성되는데 일본은 법조인 숫자가 작아서 문제가 있다는 것으로서 참고할 만한 주장이다. 山本隆司・奧邨弘司,『フェア・ユースの考え方』, 株式會社太田出版, 2010, 19면.

그런데, 공정이용과 관련한 법률과 판례 — 선례구속의 원칙을 채택한 판례법주의 국가의 판례 — 의 모호함은 법적안정성 측면에서 치명적인데, 모두에게 반드시 그런 것은 아니다.252) 이 제도가 본래 예정했던 작은 이용자들은 선행 저작물 이용이 공정이용 요건을 충족할지 매우 조심스럽게 접근하는 반면,253) 초거대 이용자들은 '변형적 이용 이론'이 추구하는 '공익'과

---

252) 포스너 교수는 지식재산권을 'blurry rights (흐릿한 권리)'라고 한 후, 이런 권리의 잠재적 효율성에 대해 언급한 적이 있다. RICHARD A. POSNER, 『ECONOMIC ANALYSIS OF LAW 4th ed.』, ASPEN, 1992, p.53, n.3. 이에 따르면 공정이용 제도의 모호함은 후술하는 바와 같이 분쟁이 발생하여 소송으로 진행돼도 장기간 막대한 재판비용을 쓸 수 있는 대기업에는 오히려 호재가 될 수도 있다(주 273). 대기업은 소송을 비즈니스 전략으로 삼기도 하기 때문이다.

253) 통상 창작 과정에서 기존 저작물을 이용해야 할 때 저작권자의 허락 없이 사용하면 공정이용으로 인정받지 못하고 저작권침해가 되지 않을까 노심초사하는 경우가 있다. 본 저자가 창작자로서 직접 경험했던 사례를 소개한다. 본 저자는 정희성 시집 『그리운 나무』(창비, 2013)를 읽는 중에 우연히 제목이 '표절'인 시를 발견하고, 2015년 『표절론』을 펴낼 때 책의 헌사와 머리말 사이 독립된 페이지에 가져다 쓰면 좋겠다고 생각했다. 출판사의 편집자는 혹시 시인의 허락을 받지 않으면 저작권침해가 되는 것이 아닌가 하는 우려를 전해왔다. 통상 이럴 때 가장 좋은 방법은 저자의 허락을 받는 것이다. 그런데 일반적으로 저자를 찾기 어렵거나, 찾는다고 해도 저자가 사용료를 과도하게 요구한다면 이 방법을 쓰기 어렵다. 다음 방법은 공정이용 제도에 의지하는 것이다. 그런데 공정이용이 되면 안심할 수 있으나, 누구도 공정이용에 해당한다고 확인해 줄 수 없다는 것이 문제이다. 무턱대고 공정이용이 될 것으로 생각하여 출판했다가 후에 저자로부터 소송을 당하거나, 최악의 경우 공정이용으로 인정받지 못한다면 저자와 출판사는 재앙적 상황(출판금지 및 기 출판물의 전량 회수, 또는 해당 부분 삭제 후 출간 등)을 맞이할지도 모른다. 이런 문제로 고민하다 보면 꼭 이렇게 해야 하나 하는 근본적 질문을 던지게 되고, 굳이 쓰지 않아도 된다는 결론 — 다분히 의도된 결론 — 을 내리기 쉽다. 사실 『표절론』에서 정희성의 시를 인용하지 않아도 큰 문제는 없었다. 이처럼 많은 경우 작은 이용자인 저자와 출판사는 공정이용이란 관문을 통과할지를 두고 고민 끝에 "안 써도 그만 아닌가?"라는 자기 합리화로 공정이용의 문 앞에서 좌절하고 마는 것이다. 그런데 인문사회 분야의 저술에서 생각과 내용이 중요하지만, 멋진 수사학적 표현으로 독자를 설득하는 것 또한 그에 못지않게 중요하다. 결론적으로 본 저자는 총 68편의 시가 들어 있는 시집에서 4행으로 된 짧은 시 한 수를 가져다 쓴 것이 공정이용의 요건에서 벗어나지 않을 것이라는 판단으로 저자의 허락을 받지 않고 쓰게 됐다. 이처럼 저술 또는 출판 과정에서 공정이용

'생산적 이용자'라는 틀을 활용해 마음껏 ― 저작권자의 눈치를 보거나 저작권자로부터 소송을 당하지나 않을까 하는 조심 없이 ― 저작물을 이용하는 것처럼 보이기 때문이다.254) 이렇게 되면, 공정이용 제도는 부의 재분배 기능을 상실할 것은 말할 것도 없고, 나아가 애초 고안된 수혜자('작은 이용자')에게는 법적안정성이 없는 반면, 초거대 이용자에게는 법적안정성마저 보장해 주는 기이한 결과로 이어진다. 그리하여 위 뉴스미디어연합의 백서에서 저작권법이 구글에 의해 장악된 미국 언론을 살리는 데 전혀 기대할 만한 것이 못 된다고 한 것은 과장이라고 폄훼하기 어렵다.255) Oracle 판결에서 법정의견이 사실상 저작권을 형해화했다고 주장한 토마스 대법관의 반대의견도 이를 뒷받침한다.256) 법정의견에 따를 경우, 소설을 원전으로 하여 영화를 만드는 것도 변형적 이용으로서 공정이용에 해당할 수 있게 된

여부가 긴가민가할 때가 있다. 이럴 때 일반적인 저자와 출판사는 진통 끝에 저자의 허락을 받거나 다소간 위험을 무릅쓰고 공정이용에 기대는 쪽으로 가거나 한다. 그런데 빅테크 플랫폼의 비즈니스 과정에서 공정이용이 문제 될 때, 빅테크 측이 과연 이런 고민을 할 성싶다. 나아가, 빅테크가 TDM 면책을 통해 빅데이터를 구축하거나 인공지능으로 머신 러닝을 하는 과정에서, 통상의 인간 창작자들이 하는 위와 같은 고뇌를 하는지, 그리고 고뇌 끝에 저작물 이용을 포기하기라도 하는지 의문이다.

254) 이는 빅테크의 '무단 사용 후 소송에서의 승소'라고 하는, 이른바 '대마불사' 전략이 뒷받침한다[아래 '② 대마불사 전략에 굴복한 사법부'].

255) 뉴스미디어연합(NEWS MEDIA ALLIANCE), 문재완·황현숙 역, 「구글은 어떻게 시장지배적 플랫폼으로서 지위를 남용하여 언론사들을 강압하고 저널리즘을 훼손하였는가」(원제: How Google Abuses Its Position as a Market Dominant Platform to Strong-Arm News Publishers and Hurt Journalism), 한국신문협회, 2020. 7. 10., 45면. 위 단체가 백서에서 뉴스 저작권이 미국 저작권법으로 더는 보호되지 못하게 됐다고 토로한 것은 'Perfect 10 사건' 때문이다. 2007년 연방 제9 항소법원은 검색엔진이라기보다는 뉴스 애그리게이터에 해당하는 구글이 뉴스매체의 허락을 받지 않고 뉴스 저작물을 가져다 썼음에도 공정이용 항변을 받아들여 면죄부를 주었다고 한다. 오늘날 구글이 미국 언론을 장악하게 된 시작점은 저작권법의 공정이용이라는 허들을 넘은 바로 이 사건 판결이며, 구글은 법원의 허가를 받아 뉴스를 이용해서 트래픽을 유도하고 광고 사업에 활용하게 되었다고 평가한다. 위 백서, 6면.

256) Oracle 판결(주 15), 57-58면.

다.257) 구글이 아닌 다른 작은 이용자의 저작물 이용에 대해서도 미국 연방 대법원이 '변형적 이용'을 이렇게 관대하게 해석함으로써 공정이용의 범위를 넓게 인정할까? 공정이용에 관한 엄정한 잣대가 구글 앞에서 휘어졌다는 비판이 힘을 얻는 지점이다. 결과적으로 공정이용 성립 요건에 관한 여러 불확정 개념에 기댄 빅테크의 재판 전략은 성공한 셈이다.

② 대마불사 전략에 굴복한 사법부

이 사건은 Oracle이 썬을 인수한 직후인 2010년에 구글을 상대로 제기되었는데, 무려 11년 만에 구글의 최종 승소로 끝이 났다. 공정이용에 관한 미국 법원 판단기준의 변화에서 본 바와 같이 미국 연방대법원은 초기 시장 관점에서 공익을 중시하는 관점으로 변화해 왔는데, 이 사건에서 공정이용을 인정함으로써 얻어질 공익과 저작권자가 입을 피해를 형량해 결론을 내렸다. 그런데 이처럼 이익의 크기를 형량하여 결론을 내리는 것이라면, 법리의 당부를 떠나 장기간 소송을 통해 어느 쪽에 득이 되었을까?

여기에서 기업(구글)의 전략과 법원의 판단 사이에서 미묘한 줄다리기를 감지할 수 있다. 피소(被訴)를 무릅쓰고 무단복제 사용이라는 길을 선택한 기업이 의도했건 그렇지 않았건 소송은 장기전으로 흘렀다.258) 그 사이 구글이 바라던 대로259) 모바일 환경에서 수많은 프로그래머가 구글의 안드로이드를 사용하게 됐다. 그런데 11년에 걸친 소송에서 최종적으로 연방대법원이 공정이용 여부를 판단할 때 ― 그 준거가 된 변형적 이용 이론의 공익 형량에서 ― 이미 인터넷 이용자의 주류가 PC 기반에서 모바일로 이동된

---

257) 위 판결, 58면.
258) Oracle 판결의 Syllabus에서 당해 재판을 'protracted litigation'(질질 끈 소송)이라고 표현한 것에 주목한다. Oracle 판결(주 15), 1면. 이 사건 Oracle 판결이 있기까지 동일 사안에 대해 하급심에서 여러 번 판결이 선고됐다. 주 234 참조.
259) 구글의 목표는 초지일관 안드로이드를 통해 스마트폰과 같은 모바일 기기를 위한 소프트웨어 플랫폼을 개발하려는 것이었다. Oracle 판결(주 15), 7면.

상황에서 무단복제라는 불법을 시정하기 위해 현재와 다른 결론을 내리기는 결코 쉽지 않았을 것이다. 무단복제(불법) 위에 쌓아 올려진 법적/경제적 관계를 흔드는 것은 법적안정성을 훼손할 가능성이 있기 때문이다.260) 이 판결에서 이른바 정책적 고려(policy based approach)를 읽을 수도 있지만,261)262) 그렇지 않더라도 법적안정성 측면에서 법원의 판결을 이해할 수

---

260) 앱 개발자로서는 모바일 플랫폼의 운영체계가 타인의 저작권을 침해한 것인지는 크게 중요하지 않다. 그들이 중요하게 생각하는 것은 그 플랫폼(장터)에 얼마나 많은 이용자가 접근하고 있느냐에 있다. 예를 들어, 백화점에 입점해 사업을 하는 점주들에게는 백화점이 인근 토지를 불법 점유한 건축물인지보다는 백화점에 얼마나 많은 사람이 왕래하느냐에 더욱 관심이 있다. 어느 날 갑자기 법원에서 해당 백화점 건물이 불법 건물이므로 철거하라는 판결을 선고했다고 가정해 보자. 점주들은 길바닥으로 내쫓기게 될 것이고 그간 그 백화점을 이용했던 수많은 소비자는 당장 새로운 백화점으로 이동하기까지 얼마나 큰 불편을 입게 될 것인가? 백화점 건물에 대한 철거 소송 재판을 맡은 법원으로서는 위와 같은 점주들과 소비자들의 피해를 고려하지 않을 수 없을 것이다.

261) 구글은 세계적 기업으로서 미국 연방대법원으로서는 판결이 가져올 미국 국익에 미치는 영향을 고려하지 않을 수 없었을 것이다. 만약 구글이 패소하여 안드로이드를 기반으로 하는 구글의 비즈니스가 무너지고 거액의 손해배상을 해야 했다면, 구글의 주가는 곤두박질했을 것이다. 거시적 경기변동이나 경제환경의 악화와 관계없이 특정 기업(구글)에 투자한 수많은 투자자, 연기금 등은 큰 손실을 보게 될 것인데, 특정 대기업의 근간을 흔들 수 있는, 소송의 패소가 몰고 올 도미노 현상은 어렵지 않게 짐작할 수 있다.

262) 본 저자는 빅테크의 급성장 이면에는 '법의 지원'이 있었고, '법의 지원'에는 '입법의 지원' 외에 '사법의 지원'도 있음을 언급한 적이 있다. 남형두, 전게논문(주 192), 240면. 본문에서 말하는 'policy based approach'는 '사법의 지원'에 들어간다. 한편, 법의 지원은 역으로 '회수 가능성'을 내포한다고 말했다. 위 논문, 254-275면. 공정이용은 대표적인 '법의 지원'으로서 법원이 빅테크에 유리하게 판결하는 것은 '사법의 지원'에 해당하며, 빅테크에 유리하게 내린 판결을 바꾸는 것은 '법의 지원의 회수'에 해당한다. Oracle 판결이 빅테크의 성장을 돕기 위한 'policy based approach', 즉 '사법의 지원'에 의한 판결이라고 단정하고 싶지는 않다. 다만 Oracle 판결에서 이유 여하를 막론하고 법정의견과 반대되는 결론을 내린다는 것은 마치 전자 제어 자동차가 내리막길을 달리고 있을 때 엔진을 꺼 버리는 것에 비유할 정도로 무척 어려운 일이었을 것으로 생각한다.

있는 측면이 있다.

그런데 여기서 간과할 수 없는 것은 구글의 전략에 법원이 말려든 측면이 있다는 점이다. 첫째, 공익에 대한 현혹이다. Oracle 판결에서 법정의견은 구글의 무단복제로 얻어지는 이익을 '공익'으로 보았다.263) 구글의 안드로이드 무료 배포에 따라 수많은 프로그래머가 구글 생태계에서 활동하면서 결과적으로 일반 이용자의 편익이 증대된 측면이 있고 이를 공익이라 할 수는 있다. 그런데, 구글이 비영리단체도 아니고 이런 과정을 통해 세계 최대 회사가 되는 데 결정적 혜택을 입었다면, 일반이용자의 후생을 내세운 구글의 전략이 법정의견 형성에 주효했다고 하지 않을 수 없다. 역으로 말하면 법정의견은 구글의 전략에 말려든 셈이 아닐까?

둘째, 일종의 대마불사(大馬不死)이다. 라이선스를 받으려 협상하다가 실패하자 저작권으로 보호되는 상당한 분량의 프로그램을 문자 그대로(verbatim) 무단 복제해 쓴 행위에 대해 십 년도 훨씬 더 지난 시점에 공익을 들어 면죄부를 준다는 것은 거칠게 말하면, "성공한 쿠데타는 처벌할 수 없다"라거나, "작은 도둑은 잡아들이고 큰 도둑은 봐준다"라는 비판을 피할 수 없을 것이다. 조심스러운 예상이지만, 인공지능의 기능을 높이기 위해 저작물을 학습시키는 머신 러닝이 저작권침해 여부 판단의 대상이 되면, 법원으로서는 Oracle 판결에 못지않은 부담을 질 것이다. 코넬 로스쿨(Cornell Law School)의 소벨(Sobel) 박사는 '표현적 머신 러닝(expressive machine learning)'에 대해 공정이용을 거부하기는 어려울 것으로 전망한다. 인풋 데이터에 무단 사용된 저작물의 저자에 대한 손해배상으로 괴멸적 상황이 초래될 것이기 때문이다. 미국법의 경우 침해가 고의라고 인정되면 침해된 작품당 750달러에서 150,000달러까지 법정 배상이 선고될 것이고, 머신 러닝 데이터셋은 수십만 건의 저작물을 포함할 수 있으므로 엄청난 손해배상액

---

263) Oracle 판결(주 15), 35-36면.

은 제아무리 강한 회사라도 심각하게 타격을 입힐 수 있다는 것이다. 한 명의 저작권자라도 머신 러닝으로 사업을 하는 피고를 멈춰 세울 수 있기에 이런 재난적 상황을 법원이 받아들일 것 같지는 않다고 소벨은 자문자답한다.264) 불법임에도 배상액이 너무 커서 법원이 손해배상 판결을 선고하기 어려울 것이라는 소벨의 주장은 본 저자의 '대마불사' 논의에 다름이 없다. 한편, 한 명의 저작권자라도 머신 러닝을 하는 인공지능 개발사를 멈춰 세울 수 있을 만큼 거액의 손해배상금을 받을 수 있다는 데서 본 저자가 이 책의 에필로그에서 밝힌 '당랑거철'이 우화가 아닌 현실이 될 수 있다는 근거로 삼는다면 무리일까?

자사의 이익을 일반 이용자의 이익과 결부시켜 공익으로 포장한 구글의 전략은 공정이용의 주도적 이론이 된 '변형적 이용 이론'과 무단복제 위에 형성된 경제적/법률적 관계를 법적안정성이라는 기치 아래 바로잡기를 주저하는 법관의 신념이 만나 관철될 수 있었는데, 사실 이는 공익이란 이름으로 일반 이용자를 볼모로 삼은 것이나 다름없다.265) 일반적으로 기업이 법 위반 문제로 소송을 당하는 것은 이른바 '재판 리스크'로서, 경우에 따라 이를 일반에 알리지 않으면 불이익을 입기도 한다(공시의무 위반).266) 그런데 Oracle 판결에서는 오히려 장기간 진행된 재판 중에 무단 복제한 디클레어링 코드를 포함한 안드로이드 운영체계가 더욱 확산해 피소 상태가 오히려 구글의 기업 성장에 장애가 되지 않는 상황이 되었고, 이는 법관에 대한 압박으로 작용했을 것이다. '재판 리스크'가 법원에 대한 압박으로 작용해 역

---

264) 이상, Benjamin L. W. Sobel, *Artificial Intelligence's Fair Use Crisis*, 41 Colum. J.L. & Arts 45, 80 (2017). 현재 진행 중인 창작자들이 인공지능 개발사를 상대로 제기한 소송(주 1), 뉴욕타임스가 오픈AI를 상대로 제기한 소송(주 2) 등의 결과에 따라 위 소벨이 말한 괴멸적(재난적) 상황이 발생할 수도 있다는 점에서 귀추가 주목된다.
265) 이용자를 전면에 내세우는 구글의 이런 전략은 뒤에서 자세히 언급한다(Ⅲ.3. 라. 빅테크, 공익의 대표자?, (1) 위장된 공익의 담지자).
266) 상장법인 공시 규정.

으로 강점이 될 수 있다는 것은 이 사건이 남긴 교훈이다.[267]

'대마불사' 전략이 저작권 사건에만 유효한 것은 아니다. IT 기업을 규율하는 또 다른 법 영역인 공정거래법, 개인정보 보호법 등으로 확대해 보면 구글 같은 빅테크가 소송 등 분쟁에서 패소하거나 패소로 인해 기업 성장이 위축된 사례를 찾기란 쉽지 않다. 물론 미국의 석유 재벌이었던 록펠러의 '스탠더드 오일'처럼 오랜 기간에 걸쳐 결국 30여 개의 개별 회사로 분할·해체된 사례도 있으나, 이 책의 분석 대상인 빅테크의 경우 기업결합에 대한 심사 및 제재를 넘어 사법 판단을 거쳐 최종적으로 기업이 해체된 사례는 거의 없다. 최근 메타도 왓츠앱과 인스타그램 합병 관련 미국 법무부와 재판 중이지만, 최종적으로 해체될지는 미지수이다. 오히려 빅테크를 상대로 소송을 제기했으나 장기간 재판으로 인해 시장점유율 상실로 이겼어도 진 것이나 다름없고, 반대로 패소한 빅테크는 손해배상액을 물어주어도 동기간 기업이 성장한 것에 비하면 큰 부담이 아니어서 져도 이긴 경우가 있다.[268] 이렇다 보니 최근 급성장한 빅테크는 제소당하는 것을 두려워하지

---

[267] 한편, 공정이용을 넘어 TDM 차원에서 볼 때, 2022년 말 ChatGPT의 출시로 기계학습 인공지능 경쟁에 불이 붙어 전 세계로 확산하고 있는데, 이런 상황에서 저작권으로 이를 제지하는 판결을 내놓기란 더욱 어려운 상황이 되고 있다. 국제적 경쟁이란 변수는 개별 국가 내의 상황과 또 다르기 때문이다. Oracle 판결의 토마스 대법관의 반대의견은, 법정의견이 계속 유지된다면 만들어진 지 3세기 만에 저작권 제도를 존폐 위기로 몰아가는 것이 될 수 있어, 훗날 선견지명으로 평가받을지도 모른다.

[268] 경쟁법위반 심사와 재판이 오래 걸린다는 점을 이용하는 일종의 '시간 끌기'라는 빅테크 소송 전략이 비즈니스 전략이 되기도 한다. 일반적으로 빅테크가 관련된 경쟁법 사건에서 이해관계인의 신고 또는 경쟁 당국의 직권으로 조사가 시작되어 어떤 쪽으로 결론이 나든 간에 꽤 오랜 기간이 걸린다. 최종적으로 공정거래법 위반이란 결론이 난다고 하더라도 지나치게 오랜 기간이 걸린다면, 이긴 쪽은 승소해도 사실상 실익이 없는 반면, 진 쪽은 그 기간에 엄청나게 성장해 패소해도 실질적으로 이긴 결과가 생긴다. 비견한 예로 1999년 설립되어 EU 지역에서 성공한 온라인 쇼핑회사 Kelkoo는 2011. 2. 구글이 자체적으로 유사한 쇼핑 서비스를 시행하면서 검색 화면의 상단에 자신의 쇼핑 리스트를 올려놓는 바람에, 불과 2, 3년 만에 구글이 Kelkoo에 보내는 트래픽의 92%나 감소하는 손해를 입었다. 그로 인해 Kelkoo는 8년여의 재판

않고 '재판 리스크'를 감내할 뿐만 아니라 제소당하는 것을 오히려 기업 성장의 기회로 삼는 것이 아닌가 하는 생각마저 든다.269)

때로는 소송(제소)을 무기로 삼기도 한다. 본 저자는 앞에서 공정이용을 포함한 저작권분쟁의 특징으로 빈발성, 다양성, 전문성을 들었다.270) 전 2자(분쟁의 빈발성·다양성)로 인해 일반적인 저작권자와 이용자 간의 창작 현장에서는 늘 갈등이 내재하기 마련인데, 후자(분쟁의 전문성)로 인해 실제 재판에까지 진전되는 경우는 흔하지 않다.271) 본인 소송으로 감당하기 어려운 전문적 분쟁이란 점에서 변호사를 선임해야 할 필요가 있는데, 개인으로서는 이에 따른 변호사 선임료 등 큰 비용을 감내하면서 시비곡직(是非曲直)을 가려보겠다는 결정을 내리기가 만만치 않기 때문이다.272) 그런데, 일방 당사자가 기업, 특히 거대한 저작권기업이거나 빅테크인 경우는 사정이 다르다. 사내 변호사나 외부 로펌을 고용해 일반 개인이나 중소 규모 기업을

끝에 파산에 이르게 됐는데, 그 사이 구글은 2009년 237억 달러에서 2018년 1,370억 달러로 수입이 증대됐다고 한다. Adam Satariano, "He beat Google. Yet it crushed him.", New York Times (Int'l ed.), Nov. 12, 2019.

269) 결은 조금 다르지만, 애플로부터 스마트폰의 디자인을 베꼈다는 등으로 제소당한 삼성전자도 거액의 손해배상 판결에도 불구하고 제소당하기 전과 비교하면 삼성전자의 위상과 기업 규모는 크게 달라졌음을 알 수 있다. 이 기간 삼성전자가 성장하는 시기였기 때문이었을 수도 있지만, 소송이 오히려 유형·무형으로 삼성전자를 성장시킨 측면도 없지 않다고 생각한다. 관련하여 연구해 본다면 흥미로울 것이다.

270) 주 251이 있는 면.

271) 이 점에서 저작권분쟁은 재판외 분쟁해결 수단(ADR)이 타 분야에 비해 비교적 활성화되어 있다.

272) 이런 까닭에 한국에서는 폰트 저작권침해, 기사 저작권침해, 청소년 저작권침해 등 사건에서 저작권자 측이 변호사를 통해 형사 고소를 하겠다고 내용증명을 보내 합의를 유도하는, 이른바 합의금 장사가 여전히 성행하고 있다. 100만 원에서 500만 원 정도의 합의금 요구에 응하지 않으면 소송으로 진행되어 변호사를 선임하고 최악의 경우 대법원까지 가야 하는 상황 앞에, 저작물성이나 공정이용 등을 법적으로 따져볼 여유도 없이 합의금 요구에 응하는 경우가 허다하다. 이에 대해서는 뒤에서 자세히 논한다[V.2.나.(3) (나) 저작권시장의 협소성 — 거미줄 비즈니스].

상대로 소송을 제기하면, 그 상대방은 재판을 통해 싸워볼 의지가 꺾이는 경우가 많다.273) 상대방의 약점이 곧 이들 거대기업으로서는 강점이 될 수 있는 대목인데, 대체로 재판까지 이르지 않고 거대기업이 원하는 대로 되거나 재판하더라도 분쟁의 실질과 재판의 결과가 일치하지 않는 경우가 있다.

(다) 여론(餘論): 저작물의 특수성 — 긴즈버그 교수의 견해

Oracle 판결 선고 후 많은 논란이 있었는데, 긴즈버그 교수의 비판은 결을 조금 달리한다. 긴즈버그는 Oracle의 디클레어링 코드가 기능적 저작물이라

---

273) 이와 관련하여 최근 재미있는 분석 기사가 이코노미스트에 실렸다. 미국의 저작권 보호기간이 만료됐음에도 불구하고 디즈니 등 거대 저작권기업이 보호기간이 지난 저작물(Winnie-the-Pooh, 2022년 1월 만료)을 이용하는 이용자에 대해 상표권, 부정경쟁방지법 등으로 소를 제기하여 상대방의 이용을 좌절시키거나 합의를 유도함으로써 사실상 만료된 저작권 보호기간을 연장하고 있다고 한다. "The A treasure trove of Hollywood intellectual property is heading for the public domain - Mickey Mouse is about to be set free.", Economist, Dec. 24th, 2022. 이 기사에 따르면 종래와 같이 미국 의회가 저작권 보호기간을 연장하는 법(CTEA, 2000년)을 다시 만들지 않는 것은 이용자 중에 빅테크와 같은 초거대 이용자 기업이 생겼기 때문인데, 이 점에서 입법으로 보호기간을 연장하는 대신, 소 제기를 통해 사실상 이용자의 이용 계획을 주저앉히고 보호기간을 무력화하여 영구적인 재산권으로 만들고 있다는 취지이다. 그런데 저작권 보호기간이 만료된 저작물 이용에 관한 논란은 계속 이어지고 있다. 푸우를 살인마로 만든 영화에 관한 다음 기사 참조. Darryn King, "Horror and honey: Upending beloved memories", New York Times, Feb. 13, 2023. 조만간 저작권 보호기간 만료 저작물 이용과 관련하여 분쟁이 발생할 것으로 예상하는데, 상표권, 부정경쟁방지법 등으로 여전히 그 지위를 유지하려고 하는 디즈니 등 거대 저작권기업의 의도가 끝까지 관철될지는 두고 볼 일이다. 어떤 점에서는 본 저자가 주장하는 바와 같이 이들 거대기업으로서는 소송 제기 그 자체가 목적이고 판결 선고 단계까지 가기를 원하지 않을 수 있다고 생각한다. 한편, 조지프 스티글리츠(Joseph Stiglitz)는 사법 시스템을 가동하는 것, 즉 재판을 시작하고 이어가기 위해 비용이 들어가는데, 이런 법률 시스템은 대기업과 부자에 우위를 제공한다고 하며 대기업들이 작은 기업의 지식재산권을 침해하고서도 책임을 피할 수 있는 것은 법적 분쟁이 벌어져도 자신들의 화력이 더 세다는 것을 알기 때문이라고 한다. 스티글리츠는 이를 '지대 이론'으로 설명한다. 이에 대해서는 후술 Ⅲ.1.가. (5) 지대(地代) 논의의 양면성 참조.

며 공정이용 판단까지 갈 필요 없이 청구가 기각되었어야 했음에도 법정의 견은 공정이용 논의를 위해("for argument's sake") API의 저작물성을 전제했다고 한다.274) 그런데 저작물성에 관해 판단을 유보한 법정의견과 달리 반대의견의 토마스 대법관은 '독창성(originality)'은 '독립적으로 만들고 (independently created by the author)', '최소한의 창작성(possesses at least some minimal degree of creativity')이 있으면 충분하다는 'Feist 판결'275)을 인용해 Oracle의 코드는 저작물의 요건을 갖추었다고 보았다. 또한 경쟁사인 마이크로소프트나 애플이 각자 스스로 디클레어링 코드를 만든 데 반해, 구글은 Oracle이 썼던 수많은 방법 중에 꼭 Oracle의 디클레어링 코드를 복제했어야 했는가 하는 점에서도 저작물로 보호하기에 충분하다고 보았다.276)

긴즈버그 교수는 Oracle의 청구를 받아들이지 않은, 즉 구글의 손을 들어 준, Oracle 판결의 법정의견과 결론에서 같은 입장인데, 결론과는 별개로 공정이용 쟁점에서는 반대의견을 지지하는 것으로 보인다. 긴즈버그는 공정이용에 관한 법정의견의 판단이 과도했으며, 스스로 전통적인 저작권 개념을 깨뜨렸다고 지적했는데, 이는 저작권법을 형해화했다는 토마스 대법관의 반대의견과 일치한다.277) 긴즈버그가 Oracle 판결을 비판한 지점, 즉 기능저작물로 접근했어야 했다는 지적이 이 판결(Oracle)에서는 타당할 수도 있다. 그러나, 후술하는 TDM 면책 논의에서는 TDM이 기능저작물이건 순수예술물이건 가리지 않는다는 점에서 긴즈버그의 견해가 Oracle 판결의 반대의견

---

274) Jane C. Ginsburg, "Twenty Years of US Digital Copyright: Adapting from Analogue", HAYLEIGH BOSHER & ELEONORA ROSATI eds., 『DEVELOPMENTS AND DIRECTIONS IN INTELLECTUAL PROPERTY LAW: 20 YEARS OF THE IP KAT』, OXFORD UNIVERSITY PRESS, 2023, pp.92-93. 긴즈버그 교수는 Oracle 판결에서 디클레어링 코드가 저작물성의 경계선에 있다는 점에서 제2 요소 "the nature of the copyrighted work"에 대한 판단이 잘못된 것이라고 비판한다. 위 논문, 96면.
275) Feist Publications v. Rural Telephone, 499 U.S. 340, 345 (1991).
276) Oracle 판결(주 15), 45-48면.
277) 이상, Ginsburg, 전게서(주 274), 96-97면.

과 같은 궤에 있다는 점이 중요하다고 생각한다. 결국 Oracle 판결(법정의 견)의 근거가 된 '변형적 이용 이론'과 그것이 배경으로 삼는 '공익'에 관한 논의가 본격적으로 다루어져야 한다. 이에 대해서는 Ⅲ장의 비판에서 충분히 논의할 예정이다.

(3) Warhol 판결 ─ 현대미술의 저작권법적 논의

원고는 현대미술가 앤디 워홀(Andy Warhol) 사후 그의 재산을 관리하는 재단이고, 피고 골드스미스(Lynn Goldsmith)는 사진작가이다. 피고는 1982년 자신의 스튜디오에서 가수 프린스(Prince)를 촬영하였으며, 그중 한 장을 1984년 Vanity Fair라는 잡지에 일러스트레이션(illustration)을 위한 '예술가 자료(artist reference)'로 제공했는데(아래 그림 5 왼쪽 사진), 피고의 이름을 밝혀 1회에 한해 사용하되 400달러를 받기로 했다. Vanity Fair는 Warhol을 고용해 일러스트레이션을 만들어 1984년 11월 프린스에 관한 기사 옆에 실었다. 그런데 Warhol은 단일의 일러스트레이션을 만들기로 했음에도 Vanity Fair의 허락 없이 Goldsmith의 사진에 기초해 15개의 작품('프린스 시리즈')을 추가로 만들었다.[278] 한편, 2016년 프린스 사망 후 Vanity Fair의 모기업인 Condé Nast는 'The Genius of Prince'라는 제하의 특별 헌정판 잡지를 내면서 표지에 위 프린스 시리즈 중 하나인 오렌지색의 실크스크린 초상화, '오렌지 프린스(Orange Prince)'(아래 그림 5 오른쪽 사진)를 실었다. Warhol 사후였던 당시, Condé Nast는 'Prince 시리즈'의 저작권을 보유하고 있는 원고 재단에 사용료로 10,000달러를 지급했다. 이 과정에서 피고는 Condé Nast나 원고 재단으로부터 아무런 보상도 받지 못했을 뿐만 아니라 잡지 사진에 피고가 출처로 명시되지도 않았다. 한편, 피고는 피플(People), 타임

---

[278] 13개는 실크스크린 프린트이고 2개는 연필 드로잉 작품이다(이를 통칭해 '프린스 시리즈'라고 함). Warhol 판결(주 37), 518-519면.

(TIME) 등 몇몇 잡지에 피고가 촬영한 Prince 사진을 게재하도록 허락했는데, 그중 피플에서 1,000달러를 받았다. 피고는 Condé Nast에 'Orange Prince'가 실린 것을 보고서야 Warhol이 자신의 사진을 이용해 위 'Prince 시리즈'를 만들었다는 사실을 알고 원고 재단에 사진 저작권침해 사실을 통고했다. 원고 재단은 2017년 피고를 상대로 법원에 원고가 피고의 저작권을 침해하지 않았으며, 침해했더라도 공정이용에 해당한다는 선언판결(declaratory judgment)을 해줄 것을 청구했다. 피고는 반소로 저작권침해를 주장했다. 뉴욕 남부 연방지방법원은 공정이용에 해당한다는 이유로 summary judgment를 내림과 동시에 피고의 반소를 기각했다. 피고의 항소에 따라 열린 연방 제2 항소법원은 가수 Prince의 사진을 Warhol이 이용한 것은 공정이용에 해당하지 않는다고 보았다. Warhol 작품에 중요한 변경이나 수정이 없이 사진의 필수적 요소가 그대로 들어 있어 변형적 이용이 아니라는 것이었다. 피고 사진은 창의적이고 미공표 상태였는데, Warhol이 사진에서 양적 또는 질적으로 중요한 부분을 가져왔으며, 비록 피고 사진과 원고 시리즈의 주요 시장이 다를지라도 시리즈 작품은 사진가(피고)의 사진에 대한 라이선스할 수 있는 시장에 인식할 만한 해를 끼쳤다는 것을 이유로 들었다.[279] 특기할 만한 것으로 연방항소법원의 판결 중에 Warhol이 Prince 사진을 거의 그대로 가져다 쓰면서도 공정이용이라고 주장하는 것은 '유명인의 표절 특권(celebrity-plagiarist privilege)'에 불과하다는 판시가 눈에 띈다.[280]

---

279) 이상은 1심과 항소심 판결[Warhol v. Goldsmith, 382 F. Supp. 3d 312 (S.D.N.Y. 2019); 992 F.3d 99 (2d Cir. 2021)], 그리고 대법원판결[Warhol 판결(주 37), 514-524면]을 요약한 것이다.
280) Warhol 판결(주 37), 524면.

〈그림 5〉 Goldsmith v. Warhol (2023)

〈Prince 사진〉

〈Orange Prince〉

※ 판결 비평을 위해 두 작품이 함께 나온 이미지를 위키피디아(https://en.wikipedia.org/wiki/Andy_Warhol_Foundation_for_the_Visual_Arts,_Inc._v._Goldsmith)에서 가져왔다.

Oracle 판결 이후 불과 2년 만에 공정이용을 쟁점으로 한 저작권 사건이 다시 연방대법원 재판 대상이 되어 미국뿐만 아니라 전 세계 저작권법 학자들의 관심을 받았다.281) 이는 앞서 본 Oracle 판결의 공정이용 판단, 즉 사실상 거의 그대로 베꼈음에도 이용 목적(제1 요소) 판단에서 '공익'을 중시하는 '변형적 이용 이론'에 따라 공정이용을 인정했던 Oracle 판결이 유지될 것인가에 대한 관심이 한몫을 거든 측면도 간과할 수 없다. Oracle 판결은 결론 여하에 따라 세계에서 가장 큰 회사라 할 수 있는 구글의 명운을 좌우할 수도 있었다는 점에서 법원으로서도 상당한 부담을 갖지 않을 수 없었을 것이나, Warhol 판결은 상대적으로 Oracle 판결보다 훨씬 부담이 적었을 것

---

281) 미국 연방대법원이 한 해 선고하는 판결이 기껏해야 100건을 넘지 않고, 저작권 사건은 손에 꼽을 만하다는 점에서 Oracle 판결 이후 단기간 내 연방대법원에 오른 Warhol 사건에 대해 미국의 내로라하는 저작권법 학자와 단체 등이 전문가 의견서(amicus curiae) ― Warhol을 지지하는 쪽(13건)과 반대하는 쪽(20건) 등 총 41건 ― 를 냈다는 점에서 Warhol 사건에 대한 지대한 관심을 엿볼 수 있다. 위 전문가 의견서를 제출한 미국 저작권법 학계 전문가들의 면모와 그 내용에 대해서는 다음 논문 참조. 류시원, "공정이용 판단의 고려요소로서 '변형적 이용'의 한계 ― 미국 연방법원의 Andy Warhol Foundation v. Goldsmith 사건을 중심으로 ― ", 계간저작권 제140호, 2022, 30-35면.

이다. Oracle 판결과 쟁점은 같이 하되, 일반적으로 미국 판결에서 자주 볼 수 있는 '정책적 접근(policy based approach)'에 대한 부담에서 자유로웠던 Warhol 판결은 연방대법원에서 공정이용, 특히 '변형적 이용 이론'에 관해 그야말로 활발한 법리 논쟁이 가능했기에 그 결과에 따라 Oracle 판결이 향후 확고한 판례로 굳어질 것인지 주목을 받았다. 이는 그만큼 Oracle 판결 선고 후 이 판결에 대한 논란이 뜨거웠다는 점을 반증한다.

연방대법원에 올라온 Warhol 사건의 쟁점은 제1 요소에 관한 것이 유일했다.282) 원고 재단은 Warhol이 'Orange Prince'를 만들 때 피고의 사진에 없는 새로운 의미(meaning)와 메시지(message)를 부가했으므로 변형적 이용(transformative use)에 해당하여 공정이용이라고 주장했는데, 연방대법원은 이를 기각하고 피고 승소 판결을 선고했다. 그런데 법정의견과 달리 반대의견은 공정이용을 인정했다. 이하 판결의 결론과 상관없이 법정의견과 반대의견을 동렬에 놓고 살펴보기로 한다. 논점은 크게 세 가지로 압축할 수 있다.

(ⅰ) 워홀 측이 주장하는 의미론적 변형이 있는가?
(ⅱ) 의미론적 변형도 '변형적 이용'으로 볼 수 있는가?
(ⅲ) 의미론적 변형을 공정이용으로 인정한다면 그로써 양해되는 이익은?

끝으로 고서치 대법관(J. Gorsuch)과 잭슨 대법관(J. Jackson)이 법정의견

---

282) 원고 재단은 제1 요소를 제외한 나머지 요소에 대한 항소법원의 판단에 대해서는 상고하지 아니하였다. 공정이용에 관한 다른 연방대법원 판결과 달리 제1 요소 하나에만 집중한 판결이란 점에서 매우 독특한데, 판결의 방대한 양 ― 판결의 개요(syllabus) 6개 면(508-513면), 법정의견 39개 면(514-552면), 별개의견 6개 면(553-558면), 반대의견 36개 면(558-593면) 등, 총 86개 면(총 29,320 단어) ― 도 놀랍지만, 내용에서도 일반 판결에서 볼 수 없는 문학, 음악, 미술 등 다양한 장르의 예술작품 사례를 다루고 있어 매우 특이하다.

에 대한 별개의견으로 제시한, 예술 분쟁에서 법관의 역할에 대해 살펴본다.

(가) 의미론적 변형이 있기는 한가?

법정의견은 원고 주장의 의미론적 변형, 즉 'Orange Prince'에 사회 비평이 들어 있다는 주장을 받아들이지 않았다. 반면 반대의견에 따르면, Warhol은 일찍이 1964년 마릴린 먼로(Marilyn Monroe)와 같은 유명인(celebrity)을 실크스크린 인쇄 방식으로 만들어 대중스타를 우상화하는 대중미디어 문화(mass-media culture)를 비판해 왔는데, 'Orange Prince'도 같은 선상에 있는 작품이라고 한다.283) Warhol의 의도가 이들 스타를 실제보다 훨씬 부풀려진 아이콘 또는 토템으로 그려냄으로써 미국의 비인간화된 셀럽 문화(dehumanizing culture of celebrity)를 통렬히 비판하려는 것이라는 전제284) 하에 반대의견은 피고의 'Prince 사진'과 Warhol의 'Orange Prince'를 사진(photo)과 초상(portrait)으로 구별하고, 양자 사이 심미감(aesthetics)과 의미(meaning)에 큰 차이가 있다고 보았다.285)

팝아티스트 Warhol이 추구했던 미학과 이에 토대한 비평적 시각을 인정하지 않은 법정의견은 현대미술에 대한 몰이해라는 반대의견의 신랄한 비판을 받는다. 후술하는 한국의 '누드 패러디 판결'286)이나 '이재수 패러디 판결'287)에서처럼 지나치게 직설적이거나 작품과 무관하게 조롱으로 일관한 경우와 달리 한 시대와 문화를 비평하는 방식으로 기존 작품을 차용한 것은 개인의 취향을 넘어 이미 미술/미학의 한 사조로 자리를 잡았다는 점에서 이를 인정하지 아니한 법정의견에 아쉬움이 있다. 오히려 Warhol의 의

---

283) Warhol 판결(주 37), 562-564면.
284) 위 판결, 566면.
285) 위 판결, 567면.
286) 주 1019.
287) 주 293.

도를 포착해 그 예술적 지향을 법적으로 승인한 반대의견에 수긍할 만한 점이 있다.

(나) 의미론적 변형도 '변형적 이용'으로 볼 수 있는가?

법정의견은 Campbell 판결의 '변형적 이용'을 지나치게 넓게 인정하면 저작권자의 배타적 권리를 다 삼켜버릴 수 있음(swallow)을 경계하면서, 공정이용 여부는 이용자가 원작을 이용해 표현한 것을 객관적으로 검토해야(objective inquiry) 하며, 이용자의 주관적 의도(subjective intent)나 예술비평가 또는 법관이 작품으로부터 받은 의미나 인상에 좌우돼서는 안 된다고 했다.[288] 이에 대해 반대의견은 제1 요소, 'the purpose and character of the use'의 사전적 정의까지 내세워 '목적(purpose)'은 창작자를 중심으로, '성격(character)'은 작품을 중심으로 봐야 하므로 변형적 이용에 해당하는지를 판단할 때 이용 목적에서 이용자의 의도를 중요하게 고려해야 한다고 한다.[289] 법정의견과 반대의견의 차이는 결국 공정이용을 얼마나 넓게 인정할 것인가의 문제에 귀착한다.

한편, 'the purpose and character of the use'에 대한 문리해석상 '문제가 된 이용(the challenged use)'을 중심으로 봐야지, 목적과 성격을 나누어 보는 반대의견은 문리해석의 범위를 벗어났다는 고서치 대법관의 별개의견에 귀 기울일 만하다.[290]

법정의견은 의미론적 변형이 인정된다고 해도 그것이 공정이용을 인정하기 위한 변형적 이용에 해당하지 않는다고 하고, 반대의견은 변형적 이용에 해당한다고 본다. 법정의견은 Campbell 판결을 들어 비평의 대상(타겟)이 원

---

288) Warhol 판결(주 37), 512면.
289) 위 판결, 576-577면.
290) 위 판결, 553-554면.

작 자체인 패러디(parody)와 원작은 단지 수단(매개)일 뿐 사회(society)를 비평의 대상으로 삼는 풍자(satire)를 구별하여 전자에 대해서만 변형적 이용을 인정할 수 있다고 한다. 그런데, 법정의견이 Warhol의 작품을 원작 사진에 대한 패러디가 아닌 풍자라고 전제한 후 공정이용 성립에서 패러디와 풍자를 이분법적으로 나눈 것은 아니다. 원작 자체를 비평하는 패러디는 공정이용 성립에 더욱 유리하지만, 원작을 이용해 사회를 비평하는 풍자라고 해서 반드시 공정이용 성립에 부정적인 것은 아니라는 뜻이다. 법정의견은 Warhol 작품에 원작 사진에 대한 비평적 요소가 없어 공정이용 주장의 설득력이 약한 데 반해 상업적 이용 측면은 더욱 커 보일 뿐 아니라, Warhol이 원작 사진을 상업적으로 이용한 것은 사진의 일반적인 이용과 매우 유사하여 공정이용을 위해서는 그 자체로 독립적인 정당화 주장이 필요한데, Warhol 측의 주장에 충분한 설득력이 없다고 보아 그 주장을 배척한 것이다.[291] 반대의견은 Warhol이 비평하려고 한 것은 셀럽을 우상화·비인간화하는 미국의 대중문화에 있으며 피고의 사진에 들어 있지 않은 이런 의미(비평)를 새롭게 부가한 것이므로 이것이 변형적 이용의 핵심이라고 본다.[292] 이 논의는 한국의 '이재수 패러디 판결'을 연상시키는데,[293] 결국 공

---

[291] 위 판결, 546-547면. 결론만으로 보면, 이 부분 판시는 아래 한국의 '이재수 패러디 판결'(주 293)에서 직접 패러디만을 저작재산권 예외로 인정할 뿐 매개 패러디를 인정하지 않은 것과 유사하다.
[292] Warhol 판결(주 37), 565-567면.
[293] 서울지방법원 2001. 11. 1.자 2001카합1837 결정('이재수 패러디 판결').
"살피건대, 기존의 저작물에 풍자나 비평 등으로 새로운 창작적 노력을 부가함으로써 사회 전체적으로 유용한 이익을 가져다줄 수 있는 점이나 저작권법 제25조에서 '공표된 저작물은 보도·비평·교육·연구 등을 위하여는 정당한 범위 안에서 공정한 관행에 합치되게 이를 인용할 수 있다'고 규정하고 있는 점 등에 비추어 이른바 패러디가 당해 저작물에 대한 자유이용의 범주로서 허용될 여지가 있음은 부인할 수 없다 하겠으나, 그러한 패러디는 우리 저작권법이 인정하고 있는 저작권자의 동일성유지권과 필연적으로 충돌할 수밖에 없는 이상 그러한 동일성유지권의 본질적인 부분을 침해하지 않는 범위 내에서 예외적으로만 허용되는 것으로 보아야 할 것이고, 이러한

정이용 인정의 폭을 얼마만큼 인정할 것인지의 문제로 귀결된다. 나아가 패러디와 풍자의 관계 및 구별이 문학과 예술의 범주를 넘어 법학(저작권법)에서 어떤 의미 있는 차이를 만들어내는지 논의할 필요가 있다[후술 V.2.가. (4) 문화예술 표현의 자유 관련 (나) 패러디와 풍자 참조].

관점에서 패러디로서 저작물의 변형적 이용이 허용되는 경우인지 여부는 저작권법 제25조 및 제13조 제2항의 규정 취지에 비추어 원저작물에 대한 비평·풍자 여부, 원저작물의 이용 목적과 성격, 이용된 부분의 분량과 질, 이용된 방법과 형태, 소비자들의 일반적인 관념, 원저작물에 대한 시장수요 내지 가치에 미치는 영향 등을 종합적으로 고려하여 신중하게 판단하여야 할 것이다.
이 사건에 관하여 보건대, 피신청인들이 이 사건 원곡에 추가하거나 변경한 가사의 내용 및 그 사용된 어휘의 의미, 추가·변경된 가사 내용과 원래의 가사 내용의 관계, 이 사건 개사곡에 나타난 음정, 박자 및 전체적인 곡의 흐름 등에 비추어 피신청인들의 이 사건 개사곡은 신청인의 이 사건 원곡에 나타난 독특한 음악적 특징을 흉내내어 단순히 웃음을 자아내는 정도에 그치는 것일 뿐 신청인의 이 사건 원곡에 대한 비평적 내용을 부가하여 새로운 가치를 창출한 것으로 보이지 아니하고(피신청인들은 자신들의 노래에 음치가 놀림 받는 우리 사회의 현실을 비판하거나 대중적으로 우상화된 신청인도 한 인간에 불과하다는 등의 비평과 풍자가 담겨있다고 주장하나, 패러디로서 보호되는 것은 당해 저작물에 대한 비평이나 풍자인 경우라 할 것이고 당해 저작물이 아닌 사회현실에 대한 것까지 패러디로서 허용된다고 보기 어려우며, 이 사건 개사곡에 나타난 위와 같은 제반사정들에 비추어 이 사건 개사곡에 피신청인들 주장과 같은 비평과 풍자가 담겨있다고 보기도 어렵다), 피신청인들이 상업적인 목적으로 이 사건 원곡을 이용하였으며, 이 사건 개사곡이 신청인의 이 사건 원곡을 인용한 정도가 피신청인들이 패러디로서 의도하는 바를 넘는 것으로 보이고, 이 사건 개사곡으로 인하여 신청인의 이 사건 원곡에 대한 사회적 가치의 저하나 잠재적 수요의 하락이 전혀 없다고는 보기 어려운 점 등 이 사건 기록에 의하여 소명되는 여러 사정들을 종합하여 보면, 결국 피신청인들의 이 사건 개사곡은 패러디로서 보호받을 수 없는 것이라 하겠다."
위 판시 중 괄호 안에 밑줄 친 부분은 본 저자가 강조를 위해 친 것인데, Warhol 판결의 법정의견과 매우 유사하다.

㈐ 의미론적 변형을 공정이용으로 인정한다면 그로써 희생되는 이익은?

　의미론적 변형이 있다고 할 때, ― 그리하여 공정이용이 되는지를 판단할 때 ― 공정이용 인정으로 양보해야 하는 대상은 무엇인지 논의한다. 판결에서 다투어지지 않은 중요한 논점 하나를 제기한다. 반대의견은 법정의견이 캠벨 수프 캔(Campbell's Soup Cans) 제품을 활용한 Warhol 작품보다도 Prince 이미지를 활용한 이 사건 작품('Orange Prince')에 대해 더 당혹해하는 것을 이해할 수 없다고 한다. 즉, 둘 다 과도한 소비주의(consumerism) 또는 셀레브리티(celebrity)에 대한 비판으로서, 통조림이나 셀럽이나 대중이 소비하는 아이템이라는 점에서 큰 차이가 없다고 보기 때문이다.294) 그런데 반대의견의 케이건(Kagan) 대법관이 여기에서 놓친 부분이 있다. 소비지상주의를 비판하려고 했다는 점은 같을 수 있고 그 대상이 통조림과 가수 Prince라는 케이건 대법관의 의견에는 동의할 수 있다. 하지만 '통조림 사진' ― 기존 사진을 가져왔거나 Warhol이 촬영했거나 ― 과 'Prince 사진'에는 다른 쟁점이 숨어 있다. 'Prince 사진' 이용의 이해관계자에는 가수 'Prince' 외에 Goldsmith(이 사건 피고)라는 사진 저작권자가 포함돼 있다. 케이건 대법관이 소비지상주의를 비판하는 점에서 다르지 않다고 본 Warhol의 두 작품에서 통조림과 등치관계에 있는 것이 'Prince'라는 셀럽이라고 한다면 동의할 수 있지만, 저작권자인 Goldsmith라고 한다면 동의하기 어렵다. 여기에서 Warhol 판결의 법정의견과 반대의견에는 나오지 않지만, 퍼블리시티권이 쟁점으로 논의될 수 있다.

　이 사건에서 피고가 Goldsmith가 아니라 Prince의 상속인(또는 재단)이라면 어땠을까? 즉, Prince 쪽에서 원고(재단)에 대해 퍼블리시티권 침해라고 주장한다면 원고는 Prince의 허락 없이 'Orange Prince'를 만든 것에 대해 책

---

294) Warhol 판결(주 37), 540, 572면.

임져야 할까? 퍼블리시티권도 저작권에서처럼 공정이용이 가능하다는 점에서 원고는 공정이용 항변을 할 수 있고, '변형적 이용 이론'이 적용될 수 있다.295) 공익을 위해 Marilyn Monroe, Elvis Presley, 그리고 Prince와 같은 유명인이 비평의 대상이 될 수 있다고 보는 것이다. 그런데 이 사건에서 사회 비평을 위해 Prince 외에 사진 저작권자인 피고 Goldsmith의 양보와 희생이 반드시 당연시되는 것은 아니다.296) '변형적 이용 이론'이 중시하는 공익을 위해 Prince가 양보해야 한다는 것과 Goldsmith가 양보해야 한다는 것은 다른 차원의 논의임에도 케이건 대법관은 이를 구별하지 않았거나 혼용한 잘못이 있다. 결론의 타당성과 별개로, 반대의견이 변형적 이용에 관한 논의에서 Prince와 피고 Goldsmith로 구별한 후 후자에 집중해 논의했어야 했는데 그렇게 하지 않은 흠결로 논리의 설득력을 스스로 떨어뜨린 점은 지적하지 않을 수 없다.

---

295) 저작권침해에 대한 공정이용 성립 여부에서 '변형적 이용 이론'이 있는 것처럼 퍼블리시티권 침해에 대한 공정이용 항변에서도 '변형적 이용 이론'이 자주 활용되고 있다. ETW v. Jireh Publishing, 332 F.2d 915 (6th Cir. 2000) ('타이거 우즈 판결'); Comedy III Productions, Inc. v. Gary Saderup, Inc., 25 Cal. 4th 387 (2001); Winter v. DC Comics, 30 Cal. 4th 881 (2003) 등. 한편, 관련 논문이 많이 있는데 비판적인 견해로는 다음 참조. Eugene Volokh, *Freedom of Speech and The Right of Publicity*, 40 Hous. L. Rev. 903, 916-923 (2003); Roberta Rosenthal Kwall, *A Perspective on Human Dignitary, The First Amendment, and The Right of Publicity*, 50 B.C. L. Rev. 1345, 1358 (2009) 등.
296) 이 점에서 닥터 수스 엔터프라이즈(Dr. Seuss Enterprises, L.P.), 미국 음반 산업 협회(The Recording Industry Association of America) 등 저작권 관련 기관의 Goldsmith에 대한 공개 지지 표명을 이해할 수 있다. 한편, 원고(AWF)의 편에 선 기관으로는 팝아트의 선두 주자였던 로버트 라우센버그(Robert Rauschenberg)의 재단과 로이 리히텐슈타인(Roy Lichtenstein)의 재단 등이 있었다. 이나라, "[미국] 美 연방대법원, 앤디 워홀의 [프린스 초상화 시리즈] 저작권 분쟁 다룬다", 저작권문화 제21호, 2022. 12. 9.자.

(라) 사법 자제

반대의견을 제시한 케이건 대법관은 종래 법원판결에서 보기 힘든 많은 사례를 들어 변형적 이용 요건을 완화해야 한다고 주장한다.297) 그런데 고서치 대법관은 별개의견에서 법관은 단순해져야 한다고 하면서, 다행히도 법관에게 요구된 것은 자신의 능력을 뛰어넘어 예술가의 의도까지 신경 쓸 필요가 없고, 단지 '이용의 목적과 성격'에서 양 저작물을 비교하는 것으로 충분하다고 한다.298) 고서치 대법관의 주장은 재판에서 과도한 논란에 대한 부담을 벗어나 당해 사건에만 집중하자는 것으로서, 이는 법관의 역할론과 관련하여 시사점이 작지 않다. 후술하는 바와 같이 판례법주의 국가인 미국과 성문법주의 국가인 한국에서 법관의 역할은 차이가 있다.299) 입법 기능도 있는 미국 법관의 역할에 대해서조차 고서치 대법관과 같은 견해가 있다는 것은 양국 법관의 역할론, 판례의 의미 등에서 생각해 볼 점을 제공한다. 그러나 고서치 대법관의 견해를 예술에 대한 사법 자제로까지 확대해석할 수 있을지는 더 고민해 볼 일이다.300) 여전히 반대의견의 적부를 떠나 케이건 대법관이 예술론과 미술이론의 지평을 법과의 관계에서 넓혀놓은 점은 분명히 평가받을 만하다.

---

297) Warhol 판결(주 37), 583-592면. 구체적으로 반대의견에는 문학(셰익스피어의 <로미오와 줄리엣>, 나보코프의 <롤리타>, 마크 트웨인, 토마스 만), 음악(하이든, 모차르트, 베토벤, 스트라빈스키, 쇤베르크, 그 밖에 에릭 크랩튼 등 팝 아티스트), 미술(조르조네의 <잠자는 비너스>, 티치아노의 <우르비노의 비너스>, 마네의 <올랭피아>, 벨라스케스의 <교황 이노센트 10세>, 프란시스 베이컨의 <벨라스케스의 교황 이노센트 10세 초상 연구>) 등 적지 않은 예술작품이 사진과 함께 거론된다. 대법관 간 열띤 논쟁은 저작권법을 넘어 미술사론, 예술론, 나아가 예술과 법학의 관계에 관한 향후 논의에 상당한 영향을 미칠 것으로 생각한다. 물론 케이건 대법관은 법정의견이 공정이용 제도가 창의성을 진작시킨다는 선례들에 어긋난다고 주장한다. 위 판결, 576면.
298) 위 판결, 556면.
299) 후술하는 V.2.다. (1) 본격 논의에 앞서 참조.
300) 연방항소심에서도 이에 관한 논의가 있었다. 예술 판단에 대한 법관의 자제에 대해서는 위 Prince 판결(주 194)에서 별개의견을 낸 Wallace 판사의 견해(주 203) 참조.

(4) 정리: 장르에 따라 흔들리는 '공익'

공익 중심의 '변형적 이용 이론'을 적용한 결과, 빅테크에는 문을 활짝 열어주고(Oracle 판결), 현대미술에는 문을 걸어 잠근 판결이 나왔다(Warhol 판결). 현대미술 관련 'Koons 판결(2006)', 'Prince 판결(2013)' 등에서 의미적 변화에 대해서 변형적 이용을 인정했던 미국 법원판결이 연방대법원에서는 치열한 논란 끝에 변형적 이용을 인정하지 않은 것이다.

Campbell 판결 이후 미국 연방대법원을 비롯한 법원에서 제1 요소를 중심으로 공정이용을 검토하는 '변형적 이용 이론'이 득세하고 있는 것은 사실이다. 그런데 Oracle 판결에 이어 Warhol 판결에서 연방대법원 대법관들의 공정이용에 관한 의견은 크게 엇갈려 심각하게 대립하였다. 결국 법정의견과 반대의견의 대립은 저작권자 보호와 새로운 창작을 위한 이용자 보호, 즉 공정이용의 넓은 인정 중 어느 것을 중시할 것인지의 문제로 귀착된다. 불과 2년 만에 선고된 Oracle 판결과 Warhol 판결의 대법관 구성이 대부분 동일하다는 점에서 연방대법관들의 성향을 분석하는 것은 매우 흥미로운 일이다.

〈표 2〉 Oracle 판결과 Warhol 판결 법정의견/반대의견 대법관 분포[301]

	Oracle 판결(2021)	Warhol 판결(2023)
공정이용 인정	BREYER,[302] Roberts, Sotomayor, Kagan, Gorsuch, Kavanaugh	KAGAN, Roberts
공정이용 부정	THOMAS, Alito, (Barret)[303]	SOTOMAYOR, Thomas, Alito, Kavanaugh, Barret, GORSUCH, Jackson[304]

---

301) 대법관 이름 중 대문자로 쓴 것은 각기 법정의견과 반대의견 등을 대표로 작성한 대법관을 표시하기 위함이다. Warhol 판결의 Gorsuch 대법관은 법정의견에 대한 별개의견을 냈다.
302) 2022년 은퇴했다.

공정이용을 인정하든 부정하든 일관성을 유지한 대법관은[305] Roberts, Kagan, Thomas, Alito 등이고, 일관성을 변경한 대법관은 Sotomayor, Gorsuch, Kavanaugh 등이다. 여기에서 양 사건에서 모두 일관성을 유지했다는 점과 반대의견을 대표 집필했다는 점에 공통점이 있는 케이건과 토마스 대법관에 주목한다. 후술(Ⅲ. 공정이용 이론과 TDM 면책 논의)에서 자세히 살펴보겠지만, 본 저자는 Oracle 판결에 대해 대단히 부정적 견해를 갖고 있다. 한편 Warhol 판결에서 케이건 대법관의 예술에 대한 이해, 법과의 관계에 관한 견해에 매우 공감한다. 이는 다분히 한국 판결에서 너무나도 부족한 점이 케이건 대법관의 반대의견에 풍부하게 있기 때문일 것이다. 그런데, 양 사건에서 일관성을 유지한 것이 반드시 타당한 것인지에 대해 숙고할 필요가 있다. 저작권침해와 공정이용 논란의 쟁점이 된 저작물이 양 사건에서 기능저작물과 예술저작물로서, 일반적으로 저작권법의 창의성, 표현 여지 등 논의의 양극단에 위치하기 때문이다. 그 점에서 케이건 대법관이 반대의견 말미에서 언급한 "It will make our world poorer."[306]라는 말이 저작권법의 목적에서 공익 증진을 내세운 Oracle 판결의 연장선에서 나온 것이라면 동의하기 어렵다.

공익을 기준으로 변형적 이용을 넓게 보고 있는 Oracle 판결의 법정의견과 Warhol 판결의 반대의견에서 말하는 '공익'이라는 것이 미국을 넘어 전 세계적 관점에서도 동일하게 유지될 것인가? 그리고 저작권 보호와 공정이용 도모를 동렬에 놓고 볼 것인지, 아니면 원칙과 예외의 관계로 볼 것인

---

303) Barret 대법관은 Ruth Bader Ginsburg 대법관 사후 임명되어 심리에 참여하지 않아 중립 의견을 낸 것으로 보인다.
304) Breyer 대법관의 후임으로 2022년 바이든 대통령에 의해 지명됐다.
305) 양 사건 사이에 은퇴했거나(Breyer 대법관), 신규 임명된 경우(Jackson 대법관), 그리고 긴즈버그 대법관 사후 임명돼 Oracle 판결 심리에 실질적으로 참여하지 않은 경우(Barret 대법관)를 제하면, 일관성 유지 조사 대상 대법관은 총 7명이다.
306) Warhol 판결(주 37), 593면.

가?307) 이에 대해서는 후술하는 '변형적 이용 이론'에 대한 비판(Ⅲ장)에서 더욱 풍성하게 논의할 것이다.

한편, 법의 본질인 억강부약(抑强扶弱)308) 측면에서 본다면, 초거대 이용자인 빅테크(구글)가 공정이용의 수혜자가 되는 데 '변형적 이용 이론'이 논거로 작동하는 것은 받아들이기 어렵다. 그 점에서 Prince가 아닌 Goldsmith를 상대로 한 Warhol 판결에서, 현대 팝아트의 가장 강력한 예술가 중 한 사람인 Warhol이 공정이용의 수혜자가 되는 것을 막고, Goldsmith를 보호하는 데 '변형적 이용 이론'의 확대 적용을 거부한 것은 여러 가지 논란에도 불구하고 수긍할 만한 점이 있다. 이는 저작권 측면에서 볼 때, Oracle 판결로 과도하게 나아간 '변형적 이용 이론'이 Warhol 판결로 제자리를 찾아간 것으로 이해할 수 있다.

다만, 이 과정에서 남는 것은 예술과 법의 관계이다. <u>예술에 대한 몰이해와 예술에 대한 사법 자제는 동의어가 아니다.</u>

라. 소결

미국 공정이용 판결의 경향성, 즉 저작자 중심의 제4 요소에서 공익 중심의 제1 요소를 중시하는 방향으로 공정이용 논점의 변화가 눈에 띈다. 네타넬 교수의 분석309)은 그 점에서 상당한 통찰력이 있다고 평가할 수 있다.

---

307) 본 저자가 공정이용의 대안적 이론으로 제시한 후술 '주위지 통행권 이론' 참조(Ⅲ. 1.다).

308) 억강부약의 정신은 성서의 곳곳에서 발견할 수 있다. 대표적으로 "He will defend the afflicted among the people and save the children of the needy; he will crush the oppressor."(Psalms 72:4, NIV)("그가 백성들 가운데 고통당하는 자들을 옹호하고 가난한 자들의 자녀들을 구하며 학대하는 자들을 꺾을 것이다.", 현대인의 성경 시편 72편 4절).

그런데, 판결의 경향성이 반드시 옳은 방향을 향하는 것이라고 단정할 수는 없다. 저작권 강화에 따라 공정이용 제도를 통해 표현의 자유를 확보하고 이용을 촉진해야 할 필요성이 생겼고, 이런 필요성의 근거를 미국 헌법 지식재산권 조항의 '공익(public welfare)'에서 찾는 것은 저작권에 관한 의식 수준과 관련 산업의 발전 상태에 비추어 볼 때 미국에서 충분히 설득력이 있다고 생각한다. 그런데, 그것이 미국 외의 나라, 특히 한국에서도 그런지에 대해서는 논의가 필요하다.

나아가 공익 중심의 공정이용 제도 논의가 빅테크라는 '슈퍼 빅 유저(super big users)'에 의해 활용된다면, 강화된 저작권에 대한 보완으로서 시작된 공익 중심의 제1 요소 논의, 즉 '변형적 이용 이론'은 심각한 결과를 가져올 수 있다는 점에 유의해야 한다.310) 한편, 공익 중심의 제1 요소가 공정이용 논의를 뒤덮고 있는 미국에서도 비교적 근자에 들어서 제4 요소의 의미를 '가치' 측면에서 재발견하고 있는데, 이는 강화된 이용자 지위를 조정하기 위한 시의적절한 논의라고 생각한다.

4. 공정이용 논의의 새로운 패러다임

공정이용 법리는 미국 판례를 통해 발전해 왔다. 판례가 형성 발전하는 데 학자들의 논의가 큰 영향을 미쳤다는 점은 말할 필요가 없고, 판례는 다시 학계에 논의를 위한 새로운 연료를 제공해 왔다. 네타넬은 미국 공정이용 판례의 변화 경향성을 분석하고 여기에 학자들이 어떻게 영향을 미쳤는

---

309) 네타넬 교수 경향성 분석에 대해서는 Netanel, 전게논문(주 57), 734면 참조.
310) 본 저자는 후술하는 Ⅲ. 공정이용 이론과 TDM 면책 논의의 대부분을 이 비판에 할애하고 있다.

지 설득력 있게 분석했다. 본 저자도 위에서 미국 공정이용 판결의 경향성을 분석할 때 네타넬의 틀(방법론, 패러다임)을 이용했다. 네타넬의 분석을 요약하면, 시장 중심(저작권자 중심)에서 공익 중심('변형적 이용 이론')으로 이동해 왔고 거기에는 '변형적 이용 이론'이 다른 이론을 압도하고 있다는 것이다. 네타넬, 긴즈버그 교수 등의 주장과 같이 미국 판결에서 '변형적 이용 이론'이 여전히 득세하고 있는 것은 분명하다.

그런데, '변형적 이용 이론'이 만들어진 지 30년이 지났고 네타넬의 분석 기간이 30년간(1981년~2011년)에 국한된다는 점에서,311) 굳이 특정 분야에 대한 이론의 부정합(不整合)312)을 거론하지 않더라도, 저작물 이용 환경의 변화에 따라 네타넬의 패러다임이 유지되기 어렵다는 점에서 새로운 이론을 제시하고자 한다.

가. 저작물 이용 환경(context)의 변화

네타넬이 분석한 판결은 대부분 개인 간 분쟁이거나 기업이 일방 당사자로 되어 있다고 하더라도 개별 저작물의 이용이 공정이용에 해당하는지가 문제가 된 사안이다. 이런 판도를 깬 것이 네타넬의 분석 기간 이후에 발생한 Google Books 판결(2014, 2015년)이다. 이 사건은 두 가지 점에서 공정이용 사건의 새로운 시대를 열었다. 첫째, 개별 저작물 이용이 아닌 '대량의 디지털 복제(mass digitization)'가 공정이용의 핵심 쟁점으로 떠올랐다. 둘째, 저작권자와 이용자의 힘의 균형이 깨졌다. 즉, 공정이용의 혜택을 받고자 하는 피고(이용자)에 '작은 이용자'가 아니라, '슈퍼 빅 유저'인 빅테크가 들어

---

311) Netanel, 전게논문(주 57), 734면.
312) '변형적 이용 이론'에 대한 답답함을 호소하는 분야로서 대표적으로 현대미술을 들 수 있다. Adler의 주장(주 202) 참조.

오게 되었다는 점이다. 이 두 가지 점에서 Google Books 판결은 후술하게 될 인공지능 개발사의 크롤링과 관련된 TDM 면책 논의(위 첫째와 관련), Oracle 판결(위 둘째와 관련)의 서막에 해당하는 것이다.[313]

여기에서 저작물 이용 환경을 중심으로 공정이용 논의를 시대 구분하면 다음과 같이 제안할 수 있다.

〈표 3〉 저작물 이용 환경의 변화

	저작물 이용 형태	저작권자와 이용자의 수
1단계	개별 저작물 이용	다수 저작권자 대 다수 이용자
2단계	mass digitization	다수 저작권자 대 소수 이용자
3단계	인공지능 개발사의 크롤링	다대수 저작권자 대 극소수 이용자

본 저자의 제안에 따르면 네타넬이 분석한 기간의 '시장 중심'과 '공익 중심'은 모두 위 1단계에 들어간다. 2014년/2015년 선고된 Google Books 판결을 통해 'mass digitization' 시대가 열렸는데, '변형적 이용 이론'의 적용이 종래 개인 간 분쟁에 적용될 때와 사뭇 다른 시사점을 준다(위 2단계). 나아가 인터넷 크롤링을 통해 저작물을 학습하는 인공지능 개발사와 저작권자와의 갈등으로 개인 저작자들이 소송을 제기하기 시작했는데, 최근 뉴욕타임스가 오픈AI를 상대로 저작권침해 소송을 제기함으로써 공정이용 또는 TDM 예외(입법) 문제가 본격화하기에 이르렀다(위 3단계). 물론 2단계 또는 3단계에 접어들었다고 해서 1단계 또는/그리고 2단계의 이용 환경이 종식되었다고 말하는 것은 아니다. 위 세 단계는 겹쳐 진행되기도 하는데, 중요한 것은 2단계·3단계로 나아가면서 새로운 — 그런데 그것이 공정이용 논의에서 중요한 변화를 초래하는 — 저작물 이용 환경이 생긴다는 점이다.

이용된 저작물의 양을 중심으로 보면, 2단계는 1단계와 비교할 수 없을

---

[313] 위 II.3.다.(1)(개) '② Google Books 판결 — 대량 디지털 복제(mass digitization) 시대의 서막'이라는 제목과 그 항의 말미 중 '전주곡 또는 프리뷰'라고 한 부분 참조.

정도로 많아졌고, 3단계에 오면 피해자(저작권자)와 피해 규모(저작물의 양)를 파악할 수 없을 정도가 된다. 이용 대상의 특정/불특정 측면에서 보면, 특정 저작물을 선택하여 이용하는 1단계와 달리 2단계와 3단계에서는 불특정 다수의 저작물이 이용 대상이 된다. 이용(복제) 주체 시각에서 보면, 1단계와 2단계는 사람의 수작업을 통해 복제(2단계의 스캔 포함)와 입력이 이루어지는 데 반해, 3단계는 인공지능이 그 작업을 기계적으로 수행한다.

인터넷, 플랫폼, 인공지능이라는 맥락 아래 저작물 이용 양태는 1단계에서 2단계와 3단계로 빠르게 변화하고 있다. 이에 따라 저작권자와 이용자의 갈등은 1단계의 개인 간 분쟁 수준을 넘어 글로벌 대기업의 사운(社運), 나아가 인류의 미래를 결정지을 수 있는 중대한 문제로 비화하고 있다. 문제의 출발점 내지는 기로(岐路)에 공정이용 쟁점이 놓이게 되었는데, 이런 상황에서 1단계의 공정이용 논의를 주도하게 된 '변형적 이용 이론'이 2단계와 3단계에도 여전히 유효하게 작동할 수 있을까? 그리고 그것이 타당한 것일까? 심각한 회의가 들지 않을 수 없다.

나. Doctrinal approach / Policy based approach

위 1단계 논의는 판례가 공정이용 법리 형성을 주도했다. 그런데 그런 메커니즘이 2단계와 3단계에도 지속될 수 있을까? 이는 공정이용 논의에서 '사례연구(case study)'라는 방법론의 한계에 관한 문제 제기이다.

첫째, 본 저자는 위 Google Books 판결 분석에서, 공정이용의 제1 요소(이용 목적) 판단에서 상업적 동기(commercial motivation)가 있다고 해서 공정이용이 배제되는 것은 아니라는 결과를 도출하기 위해 선례로서 Campbell 판결과 Prince 판결을 제시한 것이 얼마나 구차한 논리인지에 대해 언급한 적이 있다.[314] 더욱이 Google Books 서비스는 플랫폼 기업인 구글의 일종의

'미끼 상품/서비스'라는 점에서 단면 시장의 개인 간 사건의 판결을 양면/다면 시장을 거느린 플랫폼 기업이 피고로 된 사건에 적용하는 것이 가져올 오류를 우려하지 않을 수 없다. 1단계의 '변형적 이용 이론'이 'mass digitization'(위 2단계)을 넘어 인공지능 크롤링(위 3단계) 환경에도 그대로 적용될 때 발생할 수 있는 여러 문제점은 아래 Ⅲ장에서 깊이 다루게 될 것이다.

둘째, 현재 진행 중인 뉴욕타임스와 오픈AI의 소송이 최종 판결로 결론이 날지 의문이다. 말인즉슨 공적 역할을 담당하는 언론기관이면서 영리를 추구하는 사기업이기도 한 뉴욕타임스가 거액의 합의금을 받고 이 분쟁을 합의로 종결할 가능성을 배제하기 어렵다는 것이다.315) 뉴욕타임스와 같은 언론기관이 기업의 이익을 위해 합의하는 것이 타당한지에 대한 언론학/언론법상 문제 제기는 별론으로 하고, 이들 언론사가 넘기기로 하는 저작물 기타 각종 콘텐츠가 과연 언론사가 처분할 수 있는 것인지에 대한 심각한 법적 문제가 있다.316) 정작 중요한 언론사와 인공지능 개발사 간 저작권분쟁 ― 즉 언론사의 저작물(뉴스콘텐츠)을 인공지능 성능 고도화를 위한 트레이닝 데이터로 이용하는 과정의 분쟁 ― 에 대해서는 합의에 따른 종결로 판결이 나오지 않는 상황을 어렵지 않게 예상할 수 있다. 이런 상황에서 개별 저작권자들(예술가, 저술가)이 인공지능 개발사를 상대로 제기한 소송에서 공정이용을 인정한 판결만 나온다면, 이런 판결로 위 3단계에서 이용자들의 공정이용 해당 여부를 판단하는 선례로 삼는 것이 정당할까? 큰 사건은 합의로 끝나고 잔챙이 사건만 판결로 존재할 때, 큰 사건을 둘러싼 맥락에 대

---

314) 위 Ⅱ.3.다.(1)(가)② 내용 중 '첫째'(주 183, 184, 185의 본문) 부분 참조.
315) 이미 유수의 글로벌 미디어 기업이 인공지능 개발사와 자사의 뉴스콘텐츠를 트레이닝 데이터로 이용하는 것에 대한 저작권 합의를 한 적이 있다. 주 883 참조.
316) 언론법 및 민법상 여러 문제에 대해 후술한다. Ⅳ.1.라.(2) (나) 미디어 기업의 양면성 참조.

한 고려 없이 잔챙이 사건의 판결을 2단계와 3단계의 저작물 이용 환경에서 선례로서 인정하는 것은 대단히 위험하다. 더욱이 미국 외 국가에서 미국 판결을 금과옥조로 여기는 경향이 있는데, 위와 같은 저작물 이용 환경의 변화라는 맥락을 고려하지 않는다면 그 폐해는 눈덩이처럼 불어나 공정이용에 관한 법리를 심각하게 왜곡한 결과 인터넷을 통해 동일한 플랫폼 또는 인공지능 환경에 놓여 다른 나라의 사회 및 산업에 악영향을 미칠 가능성이 있다.

이상과 같은 이유로 공정이용 논의에서 중요한 방법론으로 자리 잡았던 사례연구(case study)는 2단계와 3단계에서 양날의 검이 될 수 있다는 점에 유의해야 한다. 판례를 중심으로 하는 사례연구의 한계가 노정(露呈)된 자리에 학리적 접근(doctrinal approach)과 정책 기반의 접근(policy based approach)에 대한 논의/비판이 이루어져야 한다. 나아가 3단계의 경우 분석할 판례가 아직 나오지 않았거나 충분하지 않다는 점에서 오히려 입법론(비판 포함)이 주요 논의 대상이 될 수 있다. 공정이용 논의에 관해 종래 사례연구를 벗어난 위 여러 방법론이 아래 Ⅲ장에서 논의될 것이다.

다. 종합적 접근

(1) 학제적 연구 — 저작권법을 넘어 절전(折箭)[317]으로

미국 공정이용 판례의 경향성을 분석한 네타넬의 방법론/패러다임은 저작권법 내에서 충분히 설득력이 있다. 그런데 오늘날 공정이용과 TDM 문제

---

317) '절전(折箭)'은 중국 북조의 역사서 『북사(北史)』 중 「토욕혼전(吐谷渾傳)」에 나오는 고사성어로서, 화살은 하나씩은 잘 부러져도 한 묶음으로는 쉽게 부러지지 않는다는 뜻으로 쓰이는데, '종합적 접근'에 잘 어울리는 말이라고 생각한다.

는 빅테크와 인공지능 개발사에 초미의 관심사가 되고 있어 이 쟁점이 해결되지 않으면 비즈니스가 어려워지거나 심지어 회사의 운명이 좌우될 수 있다. 이에 따라 작금에 발생하는 논의, 특히 플랫폼 환경에서 생성형 AI와 관련된 공정이용/TDM 쟁점은 저작권법의 범위를 훌쩍 넘어, 민법, 개인정보보호법, 노동법, 절차법, 공정거래법, 조세법 등 법학 전반과 나아가 경제학(효율과 정의에 관한 논의), 사회학(예술과 창의성에 관한 예술사회학 논의), 정치학 및 국제관계(주권의 일부인 재판관할권 논의), 철학과 신학(인간과 인공지능에 관한 존재론적 논의) 등으로까지 확장되고 있다. 한편, 이들 여러 학문 분야에서 인공지능, 플랫폼에 관한 논의가 활발한데, 그 논의의 출발선에 인공지능의 기계학습(machine learning)이 전제된다는 점에서 저작권 논의를 피할 수 없다. 이제 공정이용과 TDM 논의는 저작권법 영역 안에 가둘 수 없는 논제가 되고 말았다.

  이런 상황에서 공정이용과 TDM 논의를 저작권법 내로 한정하거나, 위 여러 학문 분야에서 저작권(공정이용) 문제를 간과하거나, 또는 법학의 전공 분야별 및 위 학문 분야별로 각기 따로 이 문제에 접근한다면, 공정이용 또는 TDM 예외 적용을 받아야만 하는 빅테크, 인공지능 개발사로서는 지극히 환영하는 상황이 될 수 있다. 화살 하나씩은 얼마든지 쉽게 부러뜨릴 수 있는 것처럼 공정이용 문제를 개별 분야별로 대응하면, 상대방인 빅테크와 인공지능 개발사로서는 이 문제를 매우 수월하게 극복할 수 있기 때문이다. 저작권법뿐만 아니라 여러 법 분야, 나아가 여러 학문 분야가 함께 대응하지 않고 개별로 대처한다면, 빅테크와 인공지능 개발사에 대해 효율적으로 견제할 수 없는 상황이 올 수 있다. 마치 '두더지 잡기 게임(Whack-a-mole game)'에서 거의 동시에 튀어 오르는 두더지를 한 사람이 상대하다가는 백전백패하는 것에 비유할 수 있다.[318]

---

318) 본 저자는 종전 저술에서 개별법의 빅테크에 대한 견제 논의를 '두더지 잡기 게임'에 비유하여 견제가 효과적이지 못했음을 지적한 적이 있다. 남형두, 전게논문(주 19),

'화살 부러뜨리기'와 '두더지 잡기 게임' 비유를 통해 빅테크의 공정이용 문제에 대한 '종합적 접근(holistic approach)'이 왜 필요한지 충분히 이해할 수 있을 것이다. 이 책에서 저작권법에 제한하지 않고 여러 법학 분야, 나아가 학문 분야를 자유롭게 넘나드는 것은 위와 같은 인식하에 종합적 접근이라는 연구방법론을 채택했기 때문이다. 아래에서 '파편(fragment)'화 된 접근을 경계하는 논의가 자주 등장할 텐데 이는 종합적 접근의 필요성을 강조하기 위함이다.

한편, 종합적 접근의 필요성과 유용성에도 불구하고 전문성을 갖추기 어려워 개인 차원에서 종합적 접근이라는 연구방법론을 시도하는 데 어려움이 있다. 이에 관해 몽테스키외를 들어 본 저자의 견해를 밝히고자 한다.

세계 최초로 대통령제의 삼권분립 국가로 건국된 미국의 설계자는 몽테스키외요, 설계도는 『법의 정신』이라고 생각한다. 몽테스키외는 각 나라의 기후, 인구, 지형 등이 법체계와 밀접한 관련이 있음을 논증하였는데, 심지어 그가 한 번도 가보지 못했던 인도, 중국, 일본은 물론 한국까지 언급하고 있다.[319] 여행을 많이 했어도 유럽의 여러 국가를 가본 것이 전부인 몽테스키외가 아시아 국가의 풍토와 문화를 서술하고 그로부터 법체계와의 상관성을 논증할 수 있었던 데는 몇몇 유력한 여행기[320]에 의존했기 때문이다. 몽테스키외가 살았던 중세에서 근대로의 전환기에 비견될 만한 역사의 분기점을 살아가는 오늘날 법학자로서는 특정 분야에 매몰되기보다는 때로는 떨어져서 먼 곳을 조망하는 자세도 필요하다고 본다. 그런데 몽테스키외가 살았던 시대와는 비교할 수 없을 정도로 학문이 세분화·전문화된 오늘날, 개별 분야에 대해 그 분야 전문가 수준의 지식 없이 논의에 뛰어드는 것을

226-227면.
319) 샤를 루이 드 스콩다 몽테스키외(Charles-Louis de Secondat Montesquieu), 이재형 역, 『법의 정신』(원제: DE L'ESPRIT DES LOIS), 문예출판사, 2004, 159-165, 173-192면 등.
320) 뒤 알드 신부의 『중국제국』, 라 루베르의 『샴 왕국 여행기』, 베르니에의 『여행기』 등.

부정적으로 보는 시각이 엄연히 존재한다. 이런 따가운 시선을 의식해 전문성에 집착하는 것을 금과옥조로 생각하는 '학문적 내향성'321)에 따라 각자의 전문 분야 — 법학 내에서 말하자면 개별법 테두리 — 안에 갇힌 나머지 학제적 연구를 시도조차 하지 않는다면, 법학의 대부분 분야에 쟁점을 걸치고 있는 빅테크 플랫폼에 제대로 대처하기 어렵다. 모든 전문 분야를 해당 분야 전문가 수준으로 알기 전에는 입을 닫아야 한다면, 법학의 비평 대상에게는 그보다 더 좋은 환경이 없을 것이다. 때로는 몽테스키외와 같은 과감한 태도가 법학에 필요하다고 생각한다.

(2) 통시적 연구 — '시간차 공격'에 대한 대응

배구 경기에서 상대방 세터가 토스하고 그에 맞춰 공격수 한 명(위장 공격수)이 마치 스파이크를 하려는 듯 점프할 때, 우리 쪽 수비수도 그에 맞춰 블로킹하기 위해 점프를 한다. 그런데 그때 위장 공격수는 일부러 헛손질하고 우리 쪽 수비수와 동시에 착지한다. 그 순간 상대의 공격이 실패했다고 생각하여 안도할 수 있다. 그러나 그 후 매우 짧은 시간에 진짜 공격수가 다른 쪽에서 뛰어올라 멀리 토스한 공을 우리 편 지역에 내리꽂는다. 상대의 공격이 실패했다고 생각하여 진짜 공격수에 대해 대비하지 않은 우리 쪽 선수들은 뒤늦게 알아도 손 쓸 수 없는 상황이 된다. 이를 '시간차 공격'이라고 하는데, 경쟁법 사건에서 이를 차용해 설명할 수 있는 사례들이 많다. 2019. 12. 독일의 딜리버리히어로가 한국의 배달앱 '배달의민족'을 인수하면서 주변의 우려를 인식해 절대 수수료를 인상하지 않겠다고 발표했으나, 오래지 않아 수수료를 인상하여 결국 소비자에게 피해가 전가된 것이 그 단적

---

321) 본 저자가 임의로 만들어 본 표현인데, 전문성이라는 미명하에 다른 학문 분야로 자연스럽게 뻗어가는 학문적 관심을 스스로 억제하고 내적으로 움츠러드는 것을 뜻하는 말로 썼다.

인 예라 할 것이다.322) 그 밖에 최근 구글 인앱 수수료 인상 등 그 사례는 차고 넘친다.

플랫폼 기반 기업결합이 당장에 소비자 후생과 관련이 없는 것처럼 보이고, 나아가 일시적 가격 인하, 효율성 제고로 오히려 소비자 후생을 올려 주는 경우가 있으며, 경쟁기업에 대한 보호는 경쟁법의 목표가 아니라는 주장도 있다. 또한 (ⅰ) 백화점(플랫폼)이 작은 마켓(재래시장) 또는 예상치 않은 업종(금융, 배달앱, 보험 등)을 인수하거나[기업결합 심사], (ⅱ) 그 백화점(플랫폼)이 입점자에게 과도한 임차료(수수료)를 받는 경우[시장지배적 지위 남용 심사], 그러한 것들이 소비자 후생과 무슨 관계가 있느냐고 반문할 수 있다. 이런 질문이 오늘날 대부분 전통적인 경쟁법학자에게서 나온다. 당장은 효율성, 가격 인하 등의 효과로 소비자 후생을 가져올 수 있으나 가까운 미래에 그 피해가 고스란히 소비자들에게 전가되어 온 사례들을 접할 때, 배구의 '시간차 공격'을 떠올림으로써 위장 공격수의 허슬 플레이에 해당하는 허위 주장을 골라낼 필요가 있다.

한편, Facebook/WhatsApp 합병 사례에서 보듯 합병 당시 적자 상태였던 왓츠앱은 유럽 경쟁 심사지침을 무사히 통과했지만,323) 단기간에 페이스북의 유럽 시장 점유율은 놀라울 정도로 높아졌고, 케임브리지 애널리티카 사건에서 보는 바와 같이 페이스북의 개인정보 유출은 현실이 되었다.324) 이

---

322) 김은영, "배달의민족, 요기요 모기업 獨 딜리버리히어로에 팔려...4조7500억 규모 M&A", 조선일보 2019. 12. 13.자 기사; 박세인, "'배민' M&A 겨누는 공정위 '수수료 개편 영향 집중 조사'", 한국일보 2020. 4. 8.자 기사. 위 기사들에서 보듯 배달의민족을 인수한 딜리버리히어로는 당초 수수료를 올리지 않겠다고 했으나, 불과 4개월 만에 수수료 인상을 전제로 하는 개편안을 발표했다.
323) 기업 인수합병 시 매출액 규모를 신고 대상 기준으로 삼으면, 플랫폼 환경에서 초기 과다 투자로 매출이 크지 않고 적자를 기록하고 있는 스타트업은 신고 기준 대상이라는 그물에 걸리지 않는 경우가 자주 발생한다.
324) 영국에 기반을 두고 있는 데이터 분석 기업인 케임브리지 애널리티카(Cambridge Analytica)가 2016년 미국 대통령 선거 기간 동안 페이스북에서 회원 정보를 불법으

처럼 폐해가 금방 드러날 일이었음에도, 마치 불확실한 먼 미래의 일을 현재의 확인되지 않은 사실로 예상하는 양 '수정 구슬'로 점치는 것에 비유하여, 혁신을 가로막을 수 있다는 식으로 반대하기도 한다.325) 그런데 마찬가지로 조금 과장하여 비유한다면 그 미래는 멀리 있는 것이 아니라 '시간차 공격'에서처럼 바로 닥칠 수 있는, 미래라고도 할 수 없는 미래인 것이다. 빅데이터를 보호하는 결정을 내리고 그 전후 소비자에 피해가 바로 나타나지 않았다고 해서 옳은 결정이었다고 두둔하는 것은 위장 공격수의 허슬 플레이를 실패한 공격이라 생각하여 안도하는, 그러나 잠시 후 진짜 공격수가 떠올라 우리 쪽 코트에 스파이크를 내리찍는 순간까지의 매우 짧은 시간 동안 유효한 주장일지도 모른다. 시간차 공격을 효율적으로 막아내기 위해서는 진짜 공격수를 찾아내고 그 선수가 점프할 때 블로킹할 수 있도록 준비하고 있어야 한다. 허슬 플레이하는 위장 공격수만 봐서는 안 된다. 대증요법, 개별적 대응만으로는 부족하고 코트 전체를 보고 대비해야 한다. 나아가 진짜 공격수를 찾아내 블로킹을 시도했으나 실패하면 수비수들이 리시브로

로 유출해 당시 공화당 후보였던 도널드 트럼프를 지원하는 데 활용한 것이 알려져 파문을 일으켰던 사건이다. 페이스북도 실제 데이터가 수집된 이용자 수가 8천7백만에 이른다고 발표했고, 마크 저커버그는 2018. 4. 10. 미국 의회 청문회에서 페이스북이 악용되는 것을 막기 위해 최선을 다하지 못했음을 시인했다. 이로써 페이스북 주가는 한때 곤두박질치기도 했다. Carole Cadwalladr, Emma Graham-Harrison, "Revealed: 50 million Facebook profiles harvested for Cambridge Analytica in major data breach", The Guardian, Mar. 17, 2018 등.

325) Alex Chisholm & Nelson Jung, Platform regulation—ex-ante versus ex-post Intervention: evolving our antitrust tools and practices to meet the challenges, Competition Policy International, Vol. 11, No. 1, 7-21 (2015). 이 논문에 따르면, 사전 규제가 도입될 경우, 예를 들어 기존 기준에 고착됨(locking in)으로써 혁신에 해를 끼칠 위험이 있고 파괴적(disruptive)인 'radical' innovations를 가로막을 위험성이 있다고 한다. 디지털 시장의 진화는 특별히 예측하기가 어려워 디지털 시장에서 미래의 혁신이 가져올 믿을 만한 영향을 알려줄 수정 구슬(crystal ball, 미래를 점치는 것)이 없이는 미래의 혁신을 가로막을 위험이 없다고 장담할 수 있는 사전 규제는 있을 수 없다는 것이다. 사전 규제에 대해 상당히 부정적인 견해이다.

받아내야 하듯 단계적 대처도 해야 한다. 그야말로 배구 경기처럼 상대 진영의 코트를 전체적으로 보고 대처하는 종합적인 접근(holistic approach)이 필요한 것이다.

라. 파괴적 혁신기술에 대응하는 법학적 상상력

법학은 '상상력의 학문'이다. 흔히 법학자에게는 정치(精緻)한 논리로 무장하고 일체 감정과 상상력을 배제한 인간상을 요구하는 것으로 알려져 있다. 치밀한 논리성과 풍부한 감성/상상력이 상치하는 덕목일까? 논리만으로 법학 또는 법적 결론을 낼 수 있다면, 기계(인공지능)에 의존하는 편이 나을 것이다. 인간과 사회에 대한 이해에 기반하지 않은 논리적 결론은 자칫 위험한 결과를 초래할 수 있다. 논리적으로 결점이 없음에도 공감을 불러일으키지 못하는 판결을 볼 때면, 법관의 인간과 사회에 대한 따뜻한 감성이 부족해서라고밖에 볼 수 없는 경우가 바로 이런 경우이다. 물론 법정에서 상대방의 주장을 제압하고 법관을 설득하여 자신에게 유리한 판결이 선고되게 하거나, 판결이 상급심에서 파기되지 않으려면 증거에 의한 사실인정과 결론에 이른 명확한 논거가 필요하다. 법학에서도 마찬가지이다. 자신의 주장이 현재의 법적 문제에 관한 논란에서 논의를 주도하거나 관련 법적 분쟁의 판결, 준비서면 등에 채택되는 권위 있는 것이 되기 위해서는 허황(虛荒)된 주장이어서는 안 된다. 허황되다는 것은 현실에 기반하지 않은 것으로서 상상의 산물임을 의미한다. 법학자를 포함한 법률가가 상상으로 사실을 인정하고 현실과 가상을 구분하지 않거나 짐작으로 주장을 해서는 안 된다. 이는 비단 법학 영역만의 문제가 아니고 예술과 학문의 차이라고 할 만큼 학문에서 상상은 금기시된다고 할 수 있다.

그런데 꼭 그렇기만 할까? 가장 논리적 학문인 수학(mathematics)에서 '0

(零)', '음수(陰數)', '허수(虛數)'는 오늘날 수학의 토대가 되었는데, 그 발견은 상상력에 의한 것이었다. 1962년 노벨 생리의학상을 받은 미국 생물학자 James Watson과 Francis Crick이 1953년 발표한 논문에서 DNA가 이중 나선 구조로 되어 있다는 것을 주장하고 이를 그림(diagram)으로 묘사했는데,[326] 이 구조(그림)는 저자들이 육안(현미경, 기타 광학적 기기)에 의해 확인한 것이 아니라, 여러 데이터를 통해 이중나선 구조로 되어 있을 것이라는 일종의 가설이었다. 물론 이 가설은 후에 광학적 기기에 의해 검증·확인되었다. 이와 같은 '가설'에 과학자의 상상력이 크게 작용하는 것은 당연하다. 위대한 발견을 가능케 한 상상력은 자연과학에서만 유효한 것이 아니다. 법학을 포함한 사회과학과 학문 전반에서도 매우 중요한 덕목이다.[327]

　Warren과 Brandeis가 1890년 "The Right to Privacy"라는 유명한 논문[328]을 쓸 때만 해도 '프라이버시권(right to privacy)'라는 개념 또는 권리는 매우 생소한 것이었다. 프라이버시(사생활의 자유)가 이 논문 전에 존재하지 않았을 리는 없다. 집을 짓고 산다는 것, 방문을 잠근다는 것, 커튼을 친다는 것 등은 프라이버시권이 만들어 준 삶의 형태가 아니라, 이 권리가 인정

---

326) WATSON, J., CRICK, F. Molecular Structure of Nucleic Acids: A Structure for Deoxyribose Nucleic Acid. Nature 171, 737-738 (1953). htps://doi.org/10.1038/171737a0 (2024. 12. 30. 방문). 노벨상을 받은 이 논문은 불과 2페이지 분량인데, 내용 중에 있는 나선구조는 사진이 아닌 스케치로 되어 있다.
327) 아우구스티누스의 고백록을 번역 출판한 성염 교수는 아우구스티누스의 상상력을 다음과 같이 서술하고 있다. "비록 내륙에서 태어나고 자랐지만, 소싯적부터 조그만 잔에 담긴 물을 보고도 나는 바다를 상상할 수 있었다."(Augustinus, Epistula 7 ad Nevium 3,6). 성염, "해제", 아우구스티누스, 성염 역주, 『고백록』(원제: Confessiones), 경세원, 2016, 10면.
328) Samuel D. Warren & Louis Brandeis, The Right to Privacy, 4 Harv. L. Rev. 193 (1890). 이 논문이 미국 법학계에서 차지하는 위상 및 의의에 대한 설명으로 다음 참조. James H. Barron, Warren and Brandeis, the Right to Privacy, 4 Harv. L. Rev. 193 (1890): Demystifying a Landmark Citation, 13 Suffolk U. L. Rev. 875, 876 (1979).

되기 이전에도 있었던 삶의 모습이었다. 그런데 사진, 잡지, 라디오 같은 매체의 등장과 신기술의 출현으로 프라이버시 보호가 현실적으로 심각한 문제가 되었던 것일 뿐이다. 프라이버시 침해가 더는 좌시할 수 없는 상황이 되었을 때 이 문제를 해결하기 위해 프라이버시권이라는 새로운 권리를 만들어 해법을 제시한 것이다. Warren과 Brandeis가 없었다면, 또는 그들이 이 논문을 쓰지 않았다면, 사생활은 법적으로 보호되지 않았을까? 그렇지 않았을 것이다. 그들이 아니었어도 누군가에 의해 이런 권리가 주장되었을 것이고, 그 이후 프라이버시권이라는 이름 또는 다른 이름으로 인간의 사생활은 권리로 보호되고 법으로 규율되었을 것이다. 이 점에서 Warren과 Brandeis는 새로운 권리를 창안 또는 제안한 뛰어난 법률가였다.

공저자 중 한 사람이 사생활 침해를 당한 적[329]이 있었을 정도로 당시는 프라이버시권이 인정되지는 않았어도 이 권리가 절실하게 필요했던 때라고 할 수 있다. 그 점에서 '법학적 상상력'까지 거론할 필요는 없다고 할 수 있다. 그런데 하버드 로스쿨 교수 밀러(Arthur R. Miller)는 1993년에 이미 컴퓨터가 만든 작품(Computer-generated works, 이하 CGW)을 저작권으로 보호할 수 있겠는지를 논의하면서, 인공지능은 컴퓨터 소프트웨어에 비해 미래에 대한 예견가능성이 작고 인공지능이 저작권으로 보호될 수 있는 작품을 창작할 만큼 인텔리전트한 상황에 도달할 것으로 보이지 않는다고 했다.[330] 지금으로부터 무려 삼십 년도 더 지난 과거에 인공지능 결과물의 저작권 논의를 한 것만으로도 경이롭다고 할 수 있다. 그런데 예상이 가능한 미래에

---

329) 이 논문은 공저자 중 한 사람인 Warren의 개인적 경험, 즉 워런의 부인(상원의원의 딸)이 황색언론(yellow journalism)에 의해 사생활 침해를 당한 것이 저술 계기가 되었다고 한다. J. THOMAS McCARTHY, 『THE RIGHTS OF PUBLICITY AND PRIVACY 2nd ed.』, WEST, 2011, § 1:12.

330) Arthur R. Miller, *Copyright Protection for Computer Programs, Databases, and Computer-Generated Works: Is Anything New Since CONTU?*, 106 Harv. L. Rev. 977, 1072-1073 (1993).

CGW의 저작물성은 그 창작에서 인간 역할의 중요성으로 인해 크게 문제가 되지 않을 것이라는 밀러의 예상과 달리 인공지능은 인간의 간섭 없이도 결과물을 만들어내는 상황에 도달했으며 그에 따라 그 결과물을 저작권으로 보호할 것인지 현실적 문제가 되고 있다. 기술 분야에서 인공지능에 관한 논의가 시작되었을 수는 있지만, 인공지능의 상용화는 공상 과학 영화/소설에서나 가능했던 1990년대 초반에 법학 논문에서 이를 소재로 다루었다는 점에서 논문을 쓴 저자도 그렇거니와 이를 실어준 하버드 로 리뷰 편집진의 선구안에 찬사를 보내지 않을 수 없다.[331]

인공지능, 그 이전에 인터넷, 그리고 유전자 기술 등과 같이 이전 기술로부터 연속적·점진적(漸進的) 발전이 아닌 불연속적·단속적(斷續的) 발전을 이룬 기술을 이른바, '파괴적 혁신기술(disruptive innovation technology)'[332]이라고 한다. 기술과 법은 '도전과 응전'의 관계처럼 앞서가는 기술에 대해 법이 뒤따르며, 규제 필요가 있으면 늦게나마 법을 제정 또는 개정한다. 그런데, 이와 같은 파괴적 혁신기술을 대하는 법률가/법학자의 태도는 달라야 한다고 믿는다. 통상적인 기술을 대하듯 법률/법학적 논의가 이루어진다면, 발전 속도가 눈부실 정도로 빠른 파괴적 혁신기술은 규제의 필요성에도 불구하고 규제가 그 목적을 달성할 수 없게 된다. '법학적 상상력'이 필요한

---

331) 본 저자가 밀러 교수의 논문을 읽고 경탄해 마지않는 것처럼 이 책이 출간될 2025년으로부터 30년 후인 2055년의 독자들이 2025년에 어떻게 오늘날을 예견하고 이런 법학적 논의를 할 수 있었을까 하고 놀랄 만한 논의를 이 책에서 조금이나마 하고 있는지 자탄(自嘆)하지 않을 수 없다. '법학적 상상력'의 부재를 절감한다는 말이다. 물론 인공지능 기술은 그 발전 속도가 기하급수적(exponential)이어서 30년이 아닌 10년 또는 5년 앞도 내다보기 어려운 것이 현실이다.
332) 이 용어는 1995년 하버드 비즈니스 스쿨 교수 Clayton Christensen(1952-2020) 등이 창안한 것으로 알려져 있다. Joseph L. Bower and Clayton M. Christensen, Disruptive Technologies: Catching the Wave, Harv. Bus. Rev., Jan.-Feb. 1995, https://hbr.org/1995/01/disruptive-technologies-catching-the-wave (2024. 12. 30. 방문). 파괴적 혁신기술의 예로는 컴퓨터, 디지털, 인터넷, 3D 프린팅, 블록체인, 인공지능 등을 들 수 있다.

대목이다. 당대에는 아직 발생하지 않은 상황일지라도 현재의 기술 수준과 속도 등을 감안할 때, 머지않은 장래 발생할 가능성이 매우 큰 상황을 전제하고 이에 대한 법학적 논의를 하는 것을 두고 법학에서 피해야 할 비논리, 상상이라고 단정하는 것은 곤란하다. 위에서 든 여러 사례와는 비교할 수 없을 정도로 오늘날 파괴적 혁신기술로서 인공지능 기술은 그 발전 속도가 기하급수적이라고 할 정도로 미래의 일을 현재로 빠르게 당기고 있다. '법학적 상상력'이 절실한 이유가 여기에 있다.

생각해 보면 법학이나 과학보다 앞선 문학의 예는 어렵지 않게 찾을 수 있다. 시험관 인공수정은 이미 괴테의 <파우스트>에서,[333] 복제인간은 헉슬리의 <멋진 신세계>에서,[334] CCTV (Telescreen)를 통한 인간 감시는 오웰의 <1984>에서[335] 이미 등장했다. <스타워즈>, <마이너리티 리포트> 등 영화의 예도 수없이 많다. 소설이나 영화가 나왔을 당시는 황당하다는 말로도 부족했을 것이지만, 모두 현실이 되었거나 되어가고 있다. 오늘날 인공지능 기술도 문학이 앞서간 길을 뒤따라가는 것인지도 모른다. 기술적 검증이 필요 없는 문학에서 상상력으로 만들지 못할 것이 없고, 기술 발전은 이를 현실화하고 있다. 법학적 상상력이 충일한 법학자/법률가로서 파괴적 혁신기술이 초래할 인류와 지구적 문제에 대해 아직 발생하지 않은 문제이지만 추

---

[333] 요한 볼프강 폰 괴테(Johann Wolfgang von Goethe), 정서웅 옮김, 『파우스트 2』(원제: Faust), 민음사, 1999, 123-124면. Wagner 박사로 분한 Faust 박사가 인조인간(호문클루스, Homunculus)을 시험관에서 만드는 장면이 나온다. 주를 보면, 괴테는 당시 Paracelsus (파라켈수스)의 학설에서 힌트를 얻었다고 추측하는 내용이 있다. 정자를 밀폐된 증류기에 넣어두면 생기를 얻게 되는데, 여기에 사람 피의 엑기스를 섞어 40주 동안 양육하면 인간의 모습이 된다는 것이다. 오늘날 유전공학, 생명공학 논의가 있기 200여 년 전에 이런 상상을 했다는 것이 놀랍다.
[334] 올더스 헉슬리(Aldous Leonard Huxley), 이덕형 옮김, 『멋진 신세계』(원제: Brave New World), 문예출판사, 1998, 7-26면. 이 책은 1932년에 출간된 것으로서 하나의 난자에서 수만 명의 복제인간을 만들어내는 과정을 그리고 있다.
[335] 조지 오웰(George Orwell), 정회성 옮김, 『1984』(원제: Nineteen Eighty-Four), 민음사, 2003, 10-11, 311-312면.

세를 감안, 동시대의 문제로 인식하여 법학적 논의를 하는 것에 두려움을 갖거나 주저해서는 안 된다고 믿는다.

상상력이란 용어가 부담스럽다면 '가설'로 말해도 좋다. 추후 검증을 조건으로 하는 법학적 주장, 또는 법학적 주장의 실현(현실에의 적용)이 시급한 환경에서는 추후 검증으로 그 주장이 허구임이 드러날 것을 해제조건으로 하는 법학적 주장도 과감하게 수용할 필요가 있다. 앞서도 언급한 바와 같이 Google Books 판결에서 도서 파일 저장소에 대한 해킹 우려를 법원은 보안이 철저하다는 피고 구글 측 주장을 받아들여 배척했는데, 오늘날 구글과 같은 빅테크가 생성형 AI를 트레이닝하기 위해 양질의 콘텐츠를 확보하느라 혈안이 된 상황에서 사실상 구글이 관리하는 저장소의 도서 데이터를 쓰지 않으리라고 기대하기는 어렵다.336) 이렇게 불과 몇 년 만에 빅테크에 대한 우려와 주장이 현실로 드러나는 경우는 드물지 않다. 이런 일은 특히 기업결합심사, 불공정거래행위심사 등에서 자주 나타난다.

한편, 파괴적 혁신기술의 대표적인 예로 인공지능 기술이나 빅테크 플랫폼에 대한 법적 논의를 하면 자칫 혁신을 가로막는 규제로 인식하는 경향이 있다. 이에는 파괴적 혁신기술이 가져다주는 편리성, 즉시성, 풍부함 등 이전과 비교가 안 될 정도로 빠르고/많고/편한 쾌락(유익)을 가져다준다고 생각하기 때문이기도 하고, 자칫 법적 규제를 하다가는 국가 간 경쟁에서 낙오될 것을 우려하기 때문이기도 할 것이다. 이런 불확실한 단계에서는 대체로 세 가지 접근법이 가능하다. 첫째, 기술 발전과 혁신을 전적으로 밀어주고 그로부터 얻은 수입을 나누자는 것으로서 일종의 '선 성장 후 배분' 방식이다. 둘째, 역사적으로 이와 같은 성장에 따른 낙수효과가 성공한 사례가 없다고 보는 입장, 그리고 성장과 경제만이 전부가 아니라고 보는 입장에서는 특히 빅테크와 인공지능 기술이 인간의 삶을 진정 풍요롭게 하는 것인지

---

336) 주 188 및 그 본문 참조.

에 관한 본질적 질문을 던진다. 나아가 사회나 국가를 넘어 인류 전체와 미래 세대를 고려할 때 빅테크와 인공지능 기술이 통제하는 세상을 수용할 태세가 되었느냐는 근원적 물음을 던지고 있다. 위 두 가지 중 어떤 태도를 취할 것인지는 결국 인간, 삶, 인류, 미래 등에 대한 가치관과 세계관의 문제로 귀결될 것이다. 효율성, '능력주의 대 공정', 평등의 가치, '경제성장 대 비경제적 가치' 등의 문제이기도 하다. 이런 상황에서 한목소리로 빅테크 또는 인공지능 기술에 관한 법적 규제를 논의한다는 것은 어려운 일이다. 다만, 현시점에서는 이들 기술이 주는 유익과 경쟁에서 낙오할 수 없다는 생각으로 법적 규제에 관한 논의를 환영하지 않는 사람(법률가, 학자)이라 할지라도 멀지 않은 장래에 일정 부분 동의하거나 수긍하게 될 것을 전제로 빅테크에 대한 법적 규제를 제대로 논의해 보는 것은 의미가 작지 않다고 생각한다. 전부가 다 동의하기를 기다려 법적 논의를 하는 것은 있을 수 없고, 절실함을 느껴 논의를 시작하기에는 너무 늦을 수 있다는 점에서 인공지능, 빅데이터, 빅테크 등 비인간으로부터 인간과 인간의 존엄을 구한다는 차원에서 빅테크에 대한 법적 규제 논의는 더는 미룰 수 없는 중요한 문제가 되었다. 셋째, 사전 규제로 혁신의 씨앗이 제거된다는 주장에 귀 기울일 점이 있다. 그런데 공정거래법 사례에서 주로 발생하는 것처럼 당대의 기준에는 불공정거래에 해당하지 않지만 길지 않은 기간이 지나서 과거의 결정이 단견이었음이 드러나는 경우가 자주 있다. 여기에서 사전 규제를 하지 않고 사후 규제 또는 조세적으로 해결하자는 주장이 나올 수 있다. 전혀 규제하지 않는 것에 비하면 부정적으로만 평가할 것은 아니지만, 정작 사후 규제를 해야 할 때는 기득권/기득의 이익을 빼앗긴다고 생각한 나머지 강력한 저항이 발생할 수 있다. 따라서, 사전 규제는 아니더라도 사전 논의가 필요한 이유가 여기에 있다. 이와 같은 사전 논의는 '법학적 상상력'의 발현이라고 할 수 있는데, 이는 사후 규제 시 저항을 무력화하는 데 일조할 수 있으며, 규제의 정당성에 관한 일종의 알리바이로서 '뒷북'이라는 비판을 봉쇄하는 데 기여할 수 있을 것이다.

　상상력은 문학과 수학만의 전유물이 아니다. 가설은 위대한 과학적 발견에만 있는 것이 아니다. 수준 높은 법학에서도 반드시 필요한 덕목이다.

III
공정이용 이론과 TDM 면책 논의

"유피테르여, 그대는 정신을 넣어준 것인즉 이 형상이 죽을 때엔 그 정신을 받을 것이며,
텔루스여, 그대는 육체를 떼어준 것이니 그 육체를 받도록 하라.
하지만 쿠라는 이것을 처음 만들었으니 그것이 살아 있는 동안만은 그것을 소유하도록 하라.
그러나 그 이름에 대해 너희가 서로 다투는 이상 그것은 분명 후무스(흙)로 만들어진 것인즉,
호모(인간)란 이름을 붙여줌이 옳을 것이다."

마르틴 하이데거(Martin Heidegger), 전양범 역, 『존재와 시간』(원제: SEIN UND ZEIT),
동서문화사, 2016, 256면

이제 공정이용 논의의 새로운 패러다임(위 Ⅱ.4)에 따라 공정이용의 주류적 이론으로 떠오른 '변형적 이용 이론'을 중심으로 비판하되, 저작권법적 논의에 제한하지 않고 공정이용 논의가 오늘날 갖는 함의에 비추어 법학 전반 및 법학을 넘어서까지 논의를 확장하고자 한다.

이 장은 공정이용에 관한 '변형적 이용 이론'의 적용 과정에서 구글과 같은 빅테크가 공정이용 제도를 악용하는 것을 비판하는 것에 맞춰져 있다. 그렇다고 해서 '변형적 이용 이론'을 극단적으로 적용한 나머지 반대의견에서 저작권법을 무용지물로 만들었다는 비판이 나온 Oracle 판결 외의 판결이나 '변형적 이용 이론' 외의 이론에 문제가 없다는 것이 아니다. 어떤 점에서는 구글이 승소한 Oracle 판결 이전 판결에서도 본 저자가 비판하려는 부분이 있다. 다만 그것이 Oracle 판결에서처럼 크게 도드라진 것이 아니었을 뿐이다. 따라서 이하 비판 내용은 Sony 판결에서부터 – 그 이전부터일 수도 있으나 이 책에서 미국의 공정이용 역사를 고찰할 때 Sony 판결로 시작하므로 – 배태된 것일 수도 있다. 인간 정신의 발로라 할 수 있는 저작물을 둘러싼 저자와 이용자의 이해충돌을 경제적 관점에서 고찰하는 것은 Sony 판결에서 Oracle 판결, 그리고 Warhol 판결에 이르기까지 미국 법원의 일관된 태도이다. 다만 그 경제적 이익이 충돌하는 주체가 저자와 이용자를 넘어 저자와 공익(공익의 담지자)으로 확장된 것일 뿐이다.

먼저 빅테크가 공정이용의 수혜자가 되는 것이 이 제도의 취지에 맞는지 이론적 관점에서 살펴본다. 이를 위해서는 공정이용 제도의 본질이 무엇인지 논의해야 한다. 종래 저작권과 달리 공정이용에 관한 논의는 별도로 깊이 있게 다루어져 있지 않으나 몇몇 이론을 규명하고 이를 비판한 후에, 민법의 '주위지 통행권 이론'과 '상린관계'를 유추한 이론을 새롭게 제안한다

(아래 1. 공정이용 제도의 본질론). 플랫폼 환경은 저작물 이용에서 기존 환경과 다름에도 불구하고 시장 환경의 차이를 고려하지 않고 공정이용 이론을 적용하는 과정의 문제점을 지적한다(아래 2. 플랫폼과 공정이용).[337] '변형적 이용 이론'이 내세우는 '공익'은 미국 법원에서 보는 것과 그 밖의 나라에서 보는 것이 같을 수 없다. 공익 관점의 허구성을 개념의 모호성과 빅테크가 공익의 담지자가 될 수 있는가에 관한 문제 제기로써 논박한다(아래 3. 공익의 이름으로).[338] 빅테크와 인공지능 개발사의 중대 관심사인 TDM 면책 논의는 개별 기업의 기술 경쟁을 넘어 나라 간 입법 경쟁으로 이어지기도 하는데, 논의 과정에서 그 뿌리라 할 수 있는 공정이용 논의를 소환할 수밖에 없다. 여기에서 그 핵심에 해당하는 '생산적/소비적 이용'에 관한 논의를 비판하고, 인클로저 관점에서 TDM 논의를 살펴보며 면책이 초래할 디스토피아를 보임으로써 인류 공동체의 비가역적 결말을 경고한다(아래 4. TDM 면책 ― 공정이용의 미래).

1. 공정이용 제도의 본질론

너무 먼 길을 돌아왔다. 이론이 발전하다 보면 본말전도로 원래 제도의 취지를 잃는 경우가 있다.[339] 이때는 본질에 대한 기억을 회복함으로써 현

---

337) 제4 요소 시장에 집중한 논의이다.
338) 제1 요소 공익에 집중한 논의이다.
339) 시대적 맥락의 변화로 어떤 제도의 취지가 본래 그랬는지 격세지감이 생기는 경우가 있다. 그렇다고 처음에서 상당히 변한 현재의 제도를 본래의 모습으로 되돌리는 것은 가능하지도, 타당하지도 않을 수 있다. 그렇다면 왜 제도의 본래 취지를 살펴보아야 하는가? 이는 반드시 회복을 위해서가 아니라 현재의 모습과 본래의 위치를 확인함으로써 제도가 제대로 운용되는지 점검하고 균형을 잡기 위해서이다. 예를 들어 변호사

재의 위치를 점검할 필요가 있다. 공정이용 이론 중 하위 요소 판단에 관한 '변형적 이용' 쟁점이 그중 하나이다.

공정이용 제도가 처음 고안된 것은 저작권 제도의 출범 이후 얼마 되지 않아서인데, 창작 과정에서 기존의 저작물을 이용하는 것이 불가피하다는 점에서 저작권에 대한 제한으로서 공정이용 논의의 출현은 예정돼 있었는지도 모른다. 저작권법의 발전은 저작권의 확대·강화와 공정이용 판단기준의 변화를 동시에 이끌어왔다. 공정이용 법리의 발전을 주도한 미국 법원판결의 경향성에 상당 부분 수긍할 만한 점이 있는 것도 사실이다. 그런데 이론이란 시간이 흐름에 따라 경직되는 경향이 있어 때로는 상식을 벗어나기 쉽다. 공정이용에 관한 이론 중에서도 예컨대, 이용 목적의 상업성·영리성이 있으면 공정이용이 아닌 것으로 추정한다는 Sony 판결(1984년)의 법리는 피고의 이용 목적에 영리성이 들어 있으면 공익성이 있어도 저작권침해에서 벗어날 수 없다는 점에서 사실상 공정이용의 문을 닫아버릴 수 있었다. 이와 같은 이론의 고수가 가져온 불합리는 Harper 판결(1985년)의 반대의견(브래넌 대법관), Leval의 논문 등에서 지속적으로 제기돼 왔는데, 드디어 Campbell 판결(1994년)에서 공정이용 법리를 '시장 중심 패러다임'에서 '공익 중심 패러다임'으로 바꿈으로써 해결되었다. 이때의 논거가 '변형적 이용 이론'이다. 이 이론은 공정이용에 관한 재판에서 당시 상황에 맞게 꾸준히 적용됐으나, 2021년 Oracle 판결에서는 구글의 공정이용 항변을 인정하는

라는 제도가 그렇다. 민법상 위임계약의 뿌리는 로마법상 변호사계약인데, 당시 귀족들이 프로 보노 차원에서 평민을 위해 무료 변론을 했기 때문에 민법전에 들어 있는 위임계약이 무상(無償) 계약으로 규정돼 있다. "제686조(수임인의 보수청구권) ①수임인은 특별한 약정이 없으면 위임인에 대하여 보수를 청구하지 못한다." 이에 따라 변호사 위임계약에서 유상의 특약이 없으면 무상이 원칙인데, 현실은 무료 변론이 오히려 예외적으로 인식되고 있다. 여기에서 위임계약의 당초 정신에 따라 무료 변론을 원칙으로 해야 한다고 하면 비현실적인 주장으로 치부될 것이다. 그런데, 이와 같은 법제사적 논의는 변호사계에 변호사 정신과 본질에 관해 주의를 환기하는 효과가 있을 것이다. 남형두, "플랫폼 시대 변호사의 고민", 한국경제신문 2023. 3. 8.자 칼럼 참조.

논거로 채용됨으로써 이론의 본래 취지를 한참 벗어난 것이 아니냐는 비판을 받고 있다. 여기에서 '변형적 이용 이론'을 비판하기 위해서는 공정이용 제도의 본질을 되돌아볼 필요가 있다.

공정이용 제도는 저작권에 대한 예외로서 발전돼 왔다. 이론의 이름은 여러 가지였으나 저작권자와 이용자의 균형을 추구하는 것이었다. 그런데 위에서 본 바와 같이[Ⅱ.4. 가. 저작물 이용 환경(context)의 변화], 공정이용의 환경이 '개별 저작물 이용'을 넘어 '대량 디지털 복제(mass digitization)'라는 새로운 환경으로 접어들면서 빅테크 플랫폼이 이 제도를 이용하여 혜택을 보는, 당초 제도의 취지에서 예상치 못한 상황이 발생하였다. 나아가 최근에는 인공지능의 성능을 고도화하기 위한 머신 러닝 과정에서 생기는 TDM에 대해서 별도의 입법이 없이도 공정이용 법리, 특히 '변형적 이용 이론'을 적용해 해결하려는 조짐이 있다.340) 빅테크 플랫폼이 '변형적 이용 이론'으로써 공정이용의 틈을 벌려 저작권 제도를 형해화하는 상황에서 공정이용 제도의 제자리 찾기라는 새로운 과업은 공정이용을 정당화하는 새로운 대안 이론을 요구하고 있다.

그간 저작권법 학계에서 저작권 정당화 이론과 비교해 공정이용의 근거 이론은 상대적으로 주목을 덜 받았다.341) 별도로 논의하는 경우가 거의 없지만, 굳이 찾아보자면 일부 저작권법학자가 저작권과 공정이용의 관계에 관한 논의에서 '보조금' 또는 '부의 재분배'의 관점에서 논의하고 있다(아래

---

340) 현재 진행 중인 뉴욕타임스와 오픈AI 간 소송(주 2)에서 미국에는 아직 TDM 면책이 입법되어 있지 않으므로 공정이용이 재판의 쟁점이며, 결국 '변형적 이용'에 해당하는지에 따라 결론이 달라질 것이다.
341) 본 저자도 저작권의 정당화 이론 또는 철학 이론에 대해 다음과 같이 논의한 적이 있는데, 이는 기존 논의를 정리하고 비판한 것이다. 남형두, "저작권의 역사와 철학", 산업재산권 통권 제26호, 2008. 8.; 남형두, 전게서(주 120), 68-101면. 그런데, 공정이용은 저작권에 부수해 논의될 뿐, 공정이용 제도의 철학적 논거에 집중해 치열하게 논의한 경우를 찾기 힘들었다.

가. 보조금과 부의 재분배 이론). 또한 경제학자를 포함한 몇몇 학자가 공용수용(Eminent domain) 이론에서 공정이용의 근거를 찾기도 한다(아래 나. 공용수용 이론). 그런데, '보조금과 부의 재분배 이론'은 '변형적 이용 이론'에 편승한 빅테크에 대한 견제 이론이 되기에 부족하고, '공용수용 이론'도 수용의 주체와 보상에서 한계가 극명히 드러난다. 이에 본 저자는 생각의 자유로운 흐름을 막는 저작권을 제한한다는 점에서 민법상 주위지 통행권 제도 및 상린관계의 법리를 차용함으로써 공정이용 제도의 '제자리 회복'을 위한 논의의 새로운 지평을 열고자 한다(아래 다. 새 제안 ― 주위지 통행권 이론 등). 아울러 비법적 차원의 논의로서 '이어달리기 이론'을 제시한다[라. 여론(餘論) ― '이어달리기 이론'].

가. 보조금과 부의 재분배 이론

공정이용을 넘어 저작재산권 제한 전반으로 확대하면, 제한 사유의 정당화 근거는 다양하다. 한국 저작권법은 예를 들어 주권면책[재판 등에서의 복제(제23조)], 교육 등 공익 목적[학교교육 목적 등에의 이용(제25조), 도서관 등에서의 복제(제31조), 시험문제를 위한 복제(제32조)], 정치적 기본권 보호(제25조, 제26조, 제27조), 저작권 실행(집행)의 어려움과 사익과의 균형 [(사적이용 복제, 제30조), 미술저작물 등의 전시 또는 복제(제35조)], 장애인 등 소수자 복지(제33조, 제33조의2), 저작권업계와 이용업계의 균형(제29조) 등 개별 제한 조항의 입법 취지가 다양하다. 그 밖에 한국에서는 별도로 명시 규정을 두고 있지 않지만, 미국 저작권법은 종교기관의 저작물 이용에 관한 예외 조항을 두고 있는데[§110(3)], 이는 미국의 건국 이념과 무관하지 않다.

그런데 일반조항인 공정이용에 관해서는 그 정당화 근거를 따로 깊이 연구할 필요가 있다. 개별 제한 조항과 달리 일반조항이란 점에서 요건이 매우 추상적이고 불확정적이어서 그 취지, 정신, 나아가 철학을 제대로 정립하지 않고는 상황에 따라 기준이 흔들릴 수 있기 때문이다. 아래에서는 조세와 보조금 관점에서 저작권과 공정이용을 논의한 종래 이론을 살펴보고 비판한다.

(1) 조세 관점에서 본 저작권

민법의 소유권, 재산권, 채권 등 여러 이름으로 불리는 권리의 시원(始原) ― 언제, 누가, 어떤 법률로 만들었는지 ― 을 명확히 알 수 없지만, 저작권은 그 출발이 매우 명확한 권리이다. 영국의 앤 여왕 법(The Statute of Anne, 1710년)이 그것이다. 저작권이 성문법으로 들어오기까지의 많은 논란은 대체로 금속활자의 발명에 따른 인쇄술의 획기적인 발전 및 서적 보급의 확대와 깊은 관련이 있다.342) 권리로 보호되기 시작했다는 것은 당시 저자들의 열악한 지위를 반증한다. 서구 사회는 중세를 빠져나온 후로도 종교와 국가 등 절대적이고 신성시됐던 권력 앞에 개개인의 표현의 자유를 억압하는 사회구조가 한동안 유지되었는데, 금속활자의 발명으로 인쇄 출판물이 나오면서 큰 변화를 맞게 된다. 단지 말로만 표현했던 시대 ― '말'과 '화자(話者)'의 시대 ― 에는 말의 휘발성으로 인해 표현에 따른 책임을 피하기 쉬웠으나, 그 말이 책에 고정되어 화자와 별개로 전파되는 시대 ― '글'과 '저자(著者)'의 시대 ― 에는 책이라는 명확한 증거로 인해 그 책임을 피하는 것이 상대적으로 더 어렵게 되었다. 더욱이 익명이 아닌 개인의 이름을 밝히고 쓰는 행위는 위험한 상황에 노출될 수 있었다. 푸코(Paul-Michel Foucault)는 이런 위험을 감수한 자에게 보상하는 것이 저작권이라고 이해한다.343) 이전 시대에 익명으로 쓰였던 책들은 저작권 개념의 형성으로 집단

---

342) 남형두, 전게논문(주 341), 251-259면 참조.
343) 다만, 푸코는 저작권을 개성과 낭만이 중시되었던 근대의 산물로 보고 탈근대(포스트

속에 파묻혀 있던 개인을 저작권자라는 특수한 지위로 끌어올렸다.344) 이처럼 위험에 대한 보상, 개성의 발현, 침해로부터의 보호 등 저작권을 수식하는 여러 견해는 대체로 저작권(법) 태동 당시 저자들이 약자의 지위에 있었다는 것으로 수렴한다.345)

이런 창작자에 대한 보호와 보상을 조세 관점에서 접근한 이가 있다. 식민지 인도의 총독을 지낸 영국 상원의원 매컬리(Thomas Babington Macaulay, 1800~1859)는 영국 하원 연설에서, 창작자들에 대한 보상 제도로서 저작권이야말로 좋은 책의 공급을 늘리는 가장 덜 불쾌한(the least objectionable) 방편이라고 했는데, 이는 저작권을 "작가들을 위해 독자들에게 부과하는 세금"으로 이해한 현대 저작권법학자들의 견해와 일치하는 것으로서, 지금으로부터 무려 2세기 전에 저작권을 이렇게 정확히 파악했다는 것이 믿기지 않을 정도이다.346) 조세 관점에서 저작권 제도를 둘러싼 이해당사자는 다음과 같이 정리할 수 있다.

모던)에는 누가 말했는지가 중요하지 않다는 점에서 저작권이란 제도를 일종의 시대착오 물이라고 규정한다. 미셸 푸코, 전게서(주 227), 52-53, 63면.
344) 제레미 리프킨(Jeremy Rifkin), 이희재 옮김, 『소유의 종말』(원제: The Age of Access), 민음사, 2001, 304면.
345) 한편, 위험한 생각에 대한 보상, 즉 표현의 자유를 보호하기 위한 저작권이 오히려 표현의 자유를 억압하는 수단이 되기도 한다. 최근 한국에서는 정치적 견해가 다른 쪽을 공격하고 그 입을 막기 위해 유튜버 등 해당 매체를 저작권침해로 신고하여 유튜버 채널을 정지 또는 삭제하는 일이 발생하고 있다. 이에 대해서는 후술 V.2.가. '(2) 정치적 표현의 자유 관련' 참조(본 저자는 저작권을 정치적 수단으로 악용하는 것에 대해 추후 별도의 논문을 펴낼 예정이다). 이처럼 저작권이 표현의 자유를 보장하기 위한 제도로 출발했어도 항상 제도의 취지에 맞게 운용되는 것은 아니다. 바로 이 점에서 저작권과 공정이용의 본질 또는 역사를 살펴볼 필요가 있다.
346) Ginsburg, 전게논문(주 87), 15면 중 주 52[원출처: Speech before the House of Commons (Feb. 5, 1841, *reprinted in* MACAULAY, PROSE AND POETRY, pp.733-34, G. Young ed., 1952)].

- 담세자: 독자
- 납세자: 출판사 등
- 수혜자: 저자

(2) 조세 관점에서 본 공정이용

저작권의 탄생 이후 저자의 권리는 강화되는 추세를 보여왔다. 매체의 변화 ― 인쇄, 사진, 녹음·녹화, 라디오·TV 방송, 통신, 인터넷 등 ― 는 늘 저작물을 저자와 별개로 자유롭게 유통될 수 있게 만들어왔다. 이는 저작물의 '시간·공간 이동(time/space shifting)'으로 요약할 수 있다. 이와 같은 저작물의 이용 확대는 오히려 저작권의 강화 현상으로 이어지게 되는데 이를 뒷받침하는 것으로는 크게 두 가지를 들 수 있다. 첫째, 초기 저작권 시대 영국, 프랑스 등 유럽 내 선진국이 주도한 저작권 강화는 미국 등 후발 선진국의 음악, 방송, 영화 등 저작권산업의 발전으로 이어져 저작권은 국가의 산업 정책적 측면의 지원을 받았다(공리주의적 전통). 둘째, 저작권이 탄생하여 뿌리를 내렸던 18~19세기는 개인과 개성을 강조하는 낭만주의 시대와 겹치는데, 이런 근대정신은 인간의 창작물을 재산권으로 보호하는 저작권과 맥을 같이 한다(자연권 전통).[347]

그런데 권리의 강화는 이용자의 불편과 표현의 자유 억압, 나아가 후속 창작자들의 기회 박탈이라는 그림자를 남기게 마련이다. 이에 따라 저작권 강화 현상은 공정이용 논의와 확대를 필연적으로 동반할 수밖에 없다. 공정이용의 수혜자는 저작권과 그 권리의 강화로 피해를 보는 또 다른 약자를 의미하는데, 여기에서 저작권자와 이용자의 균형(balancing) 문제는 저작권법이 생긴 이래 오늘날까지 늘 따라다니는 저작권법의 핵심적 과제가 되고

---

347) 이에 대한 상세는 남형두, 전게서(주 120), 68-101면; 박성호, 『저작권법』(제3판), 박영사, 2023, 14-16면 참조.

있다. 1980년대 이후 유력한 저작권법 학자 중에는 저작권의 정당성을 세금에서 찾는 것에 유추해 공정이용 제도의 정당화 논거를 저자가 후속 창작자에 주는 보조금,[348] 저자에 부과하는 세금,[349][350] 나아가 부의 재분배(redistribution of wealth)를 위한 제도[351] 등으로 설명한다. 조세 관점에서 공정이용 제도를 둘러싼 이해당사자는 다음과 같이 정리할 수 있다.

- 담세자 겸 납세자:[352] 저자
- 수혜자: 이용자

---

[348] Sony 판결(주 10), 478면(Blackmun 대법관의 반대의견). "The scholar's work, in other words, produces external benefits from which everyone profits. In such case, the fair use doctrine acts as a form of subsidy - albeit at the first author's expense - to permit the second author to make limited use of the first author's work for the public good." (밑줄은 본 저자가 친 것임); Robert P. Merges, *The End of Friction? Property Rights and Contract in the "Newtonian" World of On-Line Commerce*, 12 Berkeley Tech. L. J. 115, 134 (1997).

[349] 위 논문, 135면. "Indeed, since fair use can profitably be understood as a tax on copyright holders for the benefit on certain classes of users, the analogy is a close one." (밑줄은 본 저자가 친 것임)

[350] Ginsburg, 전게논문(주 87), 15면. 앞서 매컬리 상원의원이 저작권을 "작가들을 위해 독자들에게 부과하는 세금"으로 이해할 때 납세자가 독자 등 일반 이용자라면, 여기에서 공정이용을 "저자에 부과하는 세금"으로 이해할 때 납세자는 저자(저작권자)를 의미한다. 납세자가 달라졌다는 점에 주의할 필요가 있다.

[351] Merges, 전게논문(주 348), 134-135면; Ginsburg, 전게논문(주 87), 15면.

[352] 조세 관점에서 볼 때 저작권과 달리 공정이용에서는 납세자와 담세자가 같다고 정리했다. 먼저 저작권에서는 저자가 수혜자로 되는데, 이용자가 저자에게 바로 세금을 지급하는 것이 아니라 출판사 등 매개자를 통해 인세 형식으로 지급한다. 그런데 공정이용에서는 그런 중간 매개 없이도 저작물을 이용하는 과정에서 공정이용이 인정되면 바로 저자에서 이용자에게로 세금 또는 보조금이 지원되는 효과가 발생한다. 그 차이는 저작권자는 이용자에 비교해 숫자가 현저히 작고 저작권으로 인한 수익을 금전 형태로 받으며 그 지급 주체가 출판사 등 매개자인 데 반해, 공정이용에서는 금전 형태로 지급되는 것이 아닐뿐더러 공정이용이 인정됨으로써 현금의 이동 없이 바로 부의 이전이 이루어진다는 데 있다.

저작권자를 지원하는 조세 관점에서의 구도[위 (1)]와 위 공정이용을 지원하는 조세 관점에서의 구도는 정반대이다. 저작권과 공정이용이라는 제도가 조세 관점에서 정반대의 구도가 된 것을 어떻게 설명할 수 있을까? <u>분명한 것은 시대적 상황은 달라도 수혜자가 약자라는 점이다.</u>353) 저작권자와 이용자가 정치적이든 경제적이든 시대를 달리하여 약자의 지위에 있을 때 저작권 탄생 및 강화와 공정이용의 인정 및 확대가 정당성을 확보할 수 있었다. 이 점에서 구도는 정반대이지만 공통점은 분명하게 존재한다. 공정이용 성부에 관한 치열한 논의가 벌어진 사건의 판결에서 미국 연방대법원이 공정이용을 두고 "엄격한 저작권 제도하에서 숨 쉴 공간(breathing space)",354) "저자의 비용으로 지급하는 보조금(subsidy)"355)이라고 표현하고, 학자 중에도 "강자가 약자의 표현의 자유라는 숨통을 끊지 못하게 하는 일종의 안전밸브(safety valve)"356)라고 설명한 것은 공정이용의 수혜자로 인정된 이용자가 저작권자와 비교해 얼마나 열악한 지위에 있는지를 웅변한다.

미국 버클리 로스쿨(Berkeley Law School)의 머지스(Robert P. Merges) 교수는 저작권과 공정이용을 각기 다른 차원의 '부의 재분배'로 설명하는데, 그는 부의 재분배와 보조금은 저작권법에서 두 가지 방식으로 이루어진다고 본다. 첫째, 창의적인 일을 하는 사람들은 영화사(film studios), 출판사(publishers)와의 사이에서 취약한 협상력(weak bargaining position)을 갖고 있는데, 이들에게 지급되는 보조금이 '저작권'이라는 것이다.357) 둘째, 이용자는 저작물을 이용하고 싶어도 저작권자가 허락하지 않거나 저작권자를 찾기 어려운 경우 그에 들어가는 거래비용이 저작물 이용의 방해 요소로 작

---

353) 저작권과 공정이용 제도는 각기 그 시대 상황에서 '억강부약(抑强扶弱)'의 관점으로 파악할 수 있다. 주 308 참조.
354) Campbell 판결(주 12), 579면.
355) Sony 판결(주 10)(블랙먼 대법관의 반대의견), 478-480면.
356) Sobel, 전게논문(주 264), 88면.
357) 이때 보조금은 최종적으로 소비자에게서 나온다. Merges, 전게논문(주 348), 134면.

용해 역시 취약한 지위에 있게 놓이게 되는데 이때 특정 계층의 이용자들에게 혜택을 주기 위해 저작권자들에게 부과되는 세금이 '공정이용'이라는 것이다.358)

긴즈버그 교수는 머지스의 공정이용 논의를 더 진전시켜 '변형적 이용 이론'에 조세적 접근을 시도하는데, 공정이용이 정당화되는 것은 비판적 창의성에 우리 사회가 숨겨진 조세(hidden tax)를 지원하는 것이라고 한다.359) 여기서 '비판적 창의성'이란 말은 세금의 사용처가 생산적 이용자(productive users)여야 하고, 소비적 이용자(consumptive users)는 배제해야 한다는 점을 강조하기 위한 것으로서 '변형적 이용 이론'의 정당성을 조세 관점에서 더욱 명확히 정립한 것으로 평가할 수 있다.

한편, 이들보다 훨씬 이전인 1958년에 조세 부과가 아닌 면세 차원에서 공정이용을 논의한 예가 있다. 뉴욕대 로스쿨(New York University School of Law)의 라트먼(Alan Latman) 교수는 자선(charitable), 교육(educational) 또는 종교(religious) 기관을 위한 저작권 제한은 마치 정부가 이런 기관에 대한 간접적 지원 정책을 반영하는 것으로 보인다는 점에서 저작권과 관련된 금전적 문제라기보다는 면세(tax exemptions)에 더 유사하다고 한다.360) 조

---

358) 위 논문, 132-134면. 머지스는 1997년 쓴 이 논문에서 미래에는 디지털 기술에 의해 위와 같은 방해 요소로 작용하는 거래비용이 현저히 줄어들 것이므로, 거래비용이 공정이용의 정당화 요소로 작용하는 것은 매우 한시적일 것이라고 예상했다. 그런데 그로부터 24년이 지난 시점(2021년 Oracle 판결)에서 디지털 기술은 말할 수 없이 발전했음에도 불구하고 구글 같은 빅테크 플랫폼이 공정이용 제도의 최대 수혜자가 된 것을 어떻게 설명할 수 있을지 의문이다.
359) Ginsburg, 전게논문(주 87), 15-16면.
360) Alan Latman, *Fair Use of Copyrighted Works* (1958), reprinted in Study No. 14 for the Senate Committee on the Judiciary, Copyright Law Revision, Studies Prepared for the Subcommittee on Patents, Trademark, and Copyrights, 86th Cong., 2d Sess., 1 (1960), 31면. 이는 라트먼 교수가 쓴 것에 기반한 입법 보고서인데, 작성 시기로 볼 때, 미국 저작권법(1976년)에 공정이용 조항이 들어가기 전 작성된 것으로 보인다. 1950년대 미국 저작권법 제107조 외에 여러 가지 개별적 저작권 제한 사유에 대한

세·보조금으로 보든 면세로 보든, 그 재원이 독자(저작권 제도)나 저자(공정이용 제도)에게서 비롯된 점은 크게 다르지 않다. 정부의 수입(재정)이 될 재원으로 특정 계층(이용자)에게 지원한다고 보거나(보조금), 특정 계층(이용자)이 부담해야 할 이용료를 면제해 준다고 보거나(면세), 저자와 이용자 사이에 정부가 개입한다는 점만 다를 뿐 재원의 최종 부담자와 수혜자는 위 조세·보조금 논의와 같다.

라트먼 교수의 면세 논의는 정부의 적극적인 개입을 전제로 한다. 본 저자는 미국 법원의 공정이용에 대한 적극적인 해석에 힘입은 빅테크의 성장을 일종의 '법의 지원'으로 보고, 빅테크에 대한 견제로서 "'법의 지원'에 대한 회수"를 논의한 적이 있는데,361) 공정이용을 정부의 적극적인 개입을 전제로 한 '면세'로 본 라트먼의 견해와 일정 부분 맥락을 같이 한다고 생각한다. 정부가 조세 정책의 필요에 따라 면세 여부 및 대상을 언제든지 철회/변경할 수 있는 것처럼, 공정이용의 문호를 넓힘으로써 빅테크의 성장을 지원했다면 이를 견제하기 위한 효과적 수단으로 공정이용의 폭을 좁히는 것이 고려될 수 있기 때문이다.

검토를 담은 입법 보고서가 제시되었다는 점에서 놀랍다. 예컨대 본문에서 든 면세 외에, 주권면책(sovereign immunity)에서 정부의 저작물 사용으로서 재판절차에서의 저작물 이용의 정당성을 찾았는데, 이는 한국 저작권법 제23조에 해당한다. 종교기관 면책 사유는 미국의 건국 이념과 관련이 있다고 생각한다. 한편, 라트먼은 묵시적 동의(implied consent)가 공정이용의 근거가 되기에는 부족하고 실패하기 쉽다고 한다. 통상 저자가 자기 작품을 리뷰하고 비평한다고 하면 이용하도록 동의할 가능성이 있는데 이는 작품의 가치를 손상하지 않고 증대시켜 주기 때문이라고 한다. 그런데 가치 증대와 손상의 경계를 긋기 어렵다는 점에서 '묵시적 동의'는 공정이용의 근거로 신뢰할 만하지 않다고 한다.

361) 남형두, 전게논문(주 192), 238-240면.

(3) 공정이용과 부의 재분배 — 부의 왜곡 현상?

　조세적 관점에서 공정이용을 분석한 머지스나 긴즈버그는 공히 공정이용 제도에 '부의 재분배' 기능과 효과가 있다고 한다.362) 저작권과 공정이용이 조세제도가 아님에도 조세적 관점에서 부의 재분배 효과가 있다고 한다면, 논리적 정합성을 위해서 조세와 부의 재분배가 저작권과 공정이용 제도의 본질인지, 아니면 효과인지에 대해 논의할 필요가 있다.
　먼저 세입과 세출로 이루어진 조세제도는 현금 등 가시적인 자산의 이동이 수반된다는 점에서 부의 재분배와 밀접한 관계가 있다. 물론 조세제도의 본질이 부의 재분배에 있다고 단정할 수는 없다. 조세를 통한 부의 재분배는 조세 정책의 문제로서 가진 자에게 더 많이 거두어서 가난한 자에게 더 많이 지출한다면 부의 재분배 효과가 있다고 할 것이나, 반대의 경우라면 또는 똑같이 거두어서 똑같이 지출한다면 부의 재분배에 왜곡이 발생할 수 있기 때문이다. 현금 이동이 있는 조세제도가 그럴진대 하물며 자산의 이동이 직접적으로 나타나지 않는 저작권·공정이용 제도의 본질에 부의 분배적 정의가 들어 있다고 말하는 것은 지나치다고 할 수 있다. 그런데 본질은 아닐지라도 효과로서 부의 재분배가 나타날 수 있다는 점에서 — 이는 조세제도의 본질 및 효과 논의와 유사하다 — 저작권이 자동화로 직장을 잃은 트럭 운전사의 생계를 보장해 줄 수는 없지만, 공정이용 제도가 분배적 정의를 실현하는 데 효과적으로 쓰일 수 있다고 한 소벨 박사의 말은 매우 설득력이 있다.363)
　여기에서 본 저자가 집중하고 있는 빅테크를, 공정이용의 수혜자로서 저자에게 매겨진 세금을 재원으로 보상금을 받거나 왜곡된 부의 쏠림 현상을

---

362) Sobel도 공정이용의 재분배 기능은 공중에 대한 보조금으로 작용한다고 한다. Sobel, 전게논문(주 264), 85면.
363) 위 논문, 82면.

해소하기 위해 저자에게서 부를 이동시켜(재분배하여) 지원받아야 할 대상으로 볼 수 있을까?364) 주지하는 바와 같이 빅테크는 오늘날 전 세계에서 가장 큰 기업들이란 점에서 저작권과 공정이용의 발전 과정에서 예상치 못한 큰 문제가 생긴 것이다. 공정이용에서 'big or little copyright holders v. little users'라는 구도는 갑자기 'big or little copyright holders v. super big users'의 구도로 바뀐 것이다. 더욱이 그 초거대 이용자는 최근 기준이 모호한 공정이용 제도에 만족하지 못하고 법적 위험(legal risk)에 노출된 사업의 안정을 위해 TDM 면책까지 요구하는 상황이다.365)

공정이용 제도를 통한 양질의 콘텐츠 확보는 빅테크의 안정적 사업을 위해 필수적이다.366) 빅테크 플랫폼은 수많은 저작물과 개인정보 등 콘텐츠를 원료로 이용자를 모아 광고 등 매출을 일으키는 것을 주된 영업전략으로 삼고 있는데, 공정이용을 통해 대량의 원료를 무상으로 공급받고 있는 것이니 공정이용 제도가 빅테크 영업에서 핵심 역할을 하는 셈이다.367) 이 과정에

---

364) 이는 본말전도의 극치라고 할 수 있는데, 시인 정희성의 시 중 한 대목을 소개함으로 비판을 대신한다.
(전략) 꾸정물은 나가고
맬강물은 들오라고
어린 시절 모래톱에
새긴 노래여
이리를 쫓고 나면
승냥이가 막아서니 (후략)
시 <울 엄니 나를 낳아> 중에서 발췌. 정희성,『한 그리움이 다른 그리움에게』, 창비, 1998.
365) 저작물을 대량으로 이용하는 빅테크 또는 인공지능 사업자가 공정이용보다 더 강력한 TDM 면책 제도를 요구하는 것은 소송의 위험을 원천적으로 차단하여 안정적인 사업을 영위하기 위해서라고 할 수 있다.
366) 남형두, "신발을 위한 영화 － 플랫폼 사업자의 콘텐트 확보에 따른 법적 문제 －", 경제규제와 법 제11권 제2호(통권 제22호), 2018. 11., 296-300면.
367) 공정이용이 빅테크 영업전략에서 핵심 역할을 한다는 것은 '양날의 검'이 될 수 있다는 점에서 본 저자는 공정이용 제도를 '킹핀(kingpin)'으로 비유했다. 남형두, 전게논

서 공정이용은 부의 심각한 왜곡을 일으키는 수단으로 활용된다. 긴즈버그 교수는 공정이용의 '변형적 이용 이론'이 인터넷 시대 창작자들을 가난뱅이가 되도록 내몰고 있다고 비판한다.368)

머지스 교수는 공정이용의 범위를 구체적으로 정하는 것은 공정이용이 "'특정 부류의 이용자들'을 수혜자로 하여 저작권자에 부과된 세금"이라는 전제하에 공정 세율('fair tax rate')을 정하는 것 못지않게 어려운 과업이라고 했는데,369) 이는 지극히 타당한 견해로서 본 저자가 하려는 논의에 바로 연결되는 선견지명이라 생각한다. 앞서 본 바와 같이 미국 연방대법원 판결에서 공정이용을 '숨 쉴 공간', '숨통', '안전밸브' 등으로 표현한 것370)은 공정이용 제도에 이용자를 위한 최소한의 보장적 성격이 있음을 의미하며, 이용자를 약자로 전제한다고 이해할 수 있다. 이와 같은 약자를 위한 생명 호스(산소호흡기)를 세계에서 가장 거대한 기업인 구글 등 빅테크가 이용한다면 과연 타당한 것일까? 오늘날 강력한 기술을 가진 회사들이 저작물 이용자이고 그 회사의 서비스를 이용하는 엔드유저(end users)가 권리자인, 과거에 없던 기현상이 벌어지고 있다. 플랫폼 체제에서는 이런 엔드유저가 타인의 지식재산을 소비하는 데 그치지 않고, 오히려 큰 회사들에게 서비스 대가로 자신들의 텍스트, 이미지 등 데이터를 쓰도록 라이선스를 준다는 특색이 있다.371) 소벨은 이런 상황에서 공정이용 제도가 더는 가진 자에게서 일반 공중으로 부를 재분배하고 있지 않으며 오히려 부를 반대 방향으로, 즉 일반 공중에게서 강력한 회사로 옮기고 있다는 점에서 시장 동력의 피벗(회전축)이 공정이용에 대한 태도(관점)에 상응한 변화를 가져와야 한다고 주

문(주 192), 239-240면.
368) Ginsburg, 전게논문(주 98), 1445-1446면.
369) Merges, 전게논문(주 348), 135면.
370) Sony 판결(주 10)(블랙먼 대법관의 반대의견), 478-480면.
371) Sobel, 전게논문(주 264), 85면.

장한다.372) 심지어 그는 머신 러닝에 대해 공정이용을 인정한다면, 이는 기계를 운용하는 자에게 일종의 백지위임장을 주는 것으로서 부의 역 재분배 현상을 가속화할 것이라 한다.373) 모두 같은 우려에서 나온 견해로서 타당하다고 생각한다.

공정이용 제도가 판례를 통해 축적되는 과정에서 처음부터 '부의 재분배'를 목적으로 만들어진 것은 아니었다. 부의 재분배는 공정이용 제도의 효과, 엄밀히 말하면 부수적 효과일 뿐인데, 시간이 흐르면서 공정이용 제도를 정당화하는 이론으로 자리를 잡았다. 그런데 공정이용을 판단하는 기준이 시장 중심에서 공익 중심으로 바뀐, '변형적 이용 이론'이 주류가 되고, 여기에 빅테크가 수혜자로서 공익을 내세워 공정이용 항변을 하면서부터 공정이용의 이론과 기준은 큰 도전을 받게 되었다. 이에 더해 문화 창작 분야에서의 '억강부약(抑强扶弱)'으로 기능했던 공정이용 제도가 오히려 작은 물고기는 잡고 큰 물고기를 놓치는 성긴 그물이 된 데는 미국 연방대법원이 빅테크의 재판 전략에 말려든 측면을 도외시할 수 없다.

(4) 빅테크, 부의 재분배 역할자? — 가정적 반론과 재반론

세금은 국가에 내는 것이라는 점에서 사기업에 불과한 구글 등 빅테크가 공정이용을 통해 세금을 걷는다거나 보조금을 받는다는 논리는 당초에 성립할 수 없다. 다만 가상 논의로서 구글이 '국가를 대신해 세금을 걷어' — 구글이 공정이용 항변에 성공한 것을 말함 — 일반 공중에 혜택이 돌아가게 한다면, 결국 위 세금·보조금 논의로도 합리성을 잃은 것은 아니지 않는가 하는 반론을 상정할 수 있다.

그런데 이 가정적 반론의 가장 큰 허점은 구글과 같은 빅테크가 국가를

---

372) 위 같은 면.
373) 위 논문, 89면.

대신하여 재화를 (재)분배할 수 있는 권한이 있는가 하는 점이다. 빅테크에 정부 역할에 준하는 공적 역할을 기대할 수 있을까? 권한의 위임은 누구에 의해 어떻게 행해질까? 권한에 따른 견제는 있을까? 등 질문이 이어질 수밖에 없다.374)

실제 대표적으로 구글은 '작은 이용자(little users)' — 구글 플랫폼의 이용자 — 의 이익 보호를 내세우고 이들의 지원을 받아 자사의 이익을 관철하는 전략을 쓴다.375) 이에서 구글이 마치 '작은 이용자'의 목소리를 대변하는 '공익의 대변자' 같은 착시를 불러일으킬 때가 있다. 그런데 구글은 무료 봉사자 또는 공익 단체가 아니다. 이용자에게 서비스를 무료로 제공하는 것이 아니라 개인정보, 트래픽 등 각종 콘텐츠와 인지 잉여(cognitive surplus)376)를 받아 이를 다른 비즈니스에 활용하는 것을 비즈니스 전략으로 삼는 영리기업이다. 그럼에도 불구하고 양면/다면 시장을 거느린 플랫폼의 성격

---

374) Lindsey Graham & Elizabeth Warren, "When It Comes to Big Tech, Enough Is Enough", New York Times (Int'l ed.), Jul. 27, 2023. 미국 민주·공화 양당의 상원의원이 뉴욕타임스에 공동 기고한 글에서 GAFA와 마이크로소프트 등 5대 빅테크가 무소불위의 막강한 권력을 가졌는데, 선출직이 아닌 빅테크 경영진에게 누가 이런 권한을 부여했는지에 관한 문제를 제기한다. 빅테크에 대한 견제의 필요성을 역설한 글이다.
375) 실제 구글 편에서 구글과 같은 목소리를 내는 시민단체의 논리는 바로 이런 논의의 선상에 있는 것으로 이해할 수 있다. 인터넷 자유, 망 이용료 등의 쟁점에서 ① 초거대 플랫폼·빅테크, ② 중간층의 통신사·저작권기업, ③ 하위의 이용자 등 3자의 이해관계가 충돌할 때, ①과 ③이 연합하여 ②와 대립하는 경우를 자주 볼 수 있다. 남형두, "'망 이용료法' 반대나선 구글", 한국경제신문 2022. 11. 10.자 칼럼. 위 3자 간 관계는 주 524의 해당 본문 및 <도해 5> 참조.
376) 인지 잉여(cognitive surplus)는 뉴욕대학 커뮤니케이션 전공 교수 클레이 서키(Clay Shirky)가 주장한 이론인데, 간단히 말하면, 인터넷상의 '좋아요'(like), 후기, 트래픽 등, 이용자가 의식하지 못한 상태에서 또는 재산권화할 의사 없이 인터넷상에서 한 행동이 플랫폼 등 빅테크의 자원이 된다는 것이다. CLAY SHIRKY, 『COGNITIVE SURPLUS — CREATIVITY AND GENEROSITY IN A CONNECTED AGE』, THE PENGUIN PRESS, 2010, pp.1-12. 이 책은 "클레이 서키, 이충호 역, 『많아지면 달라진다 — '1조 시간'을 가진 대중의 탄생』, 갤리온, 2011"으로 번역 출간됐다.

상 그 영리성이 철저히 감추어져 있기에 위와 같은 착시현상이 생긴다. 심지어 미국 연방항소법원조차 타인의 저작물을 섬네일로 이용한 구글의 이용 목적의 영리성을 부정했는데,377) 미국의 뉴스 저작권 보호단체인 뉴스미디어연합(NEWS MEDIA ALLIANCE)이 2020년에 낸 백서에 따르면, 2019년 구글과 모회사 알파벳의 매출이 1,610억 달러를 넘었으며, 그중 검색과 광고 부문의 연 매출 980억 달러는 미국 모든 언론사의 판매 및 광고에서 얻는 연 매출의 약 4배에 해당한다고 한다.378) 이로써 위 착시현상의 실체가 어느 정도 드러났다고 생각한다.

구글 등 빅테크가 공익의 대변자 또는 재화의 분배와 같은 정부 기능을 수행하는 기관인가에 대한 논의와 비판은 뒤에서(Ⅲ.3. 라. 빅테크, 공익의 대표자?) 자세히 하기로 한다.

(5) 지대(地代) 논의의 양면성

저작권 제도를 지대(rent), 저작권산업(기업)을 지대 추구(rent seeking) 관점에서 논의하는 대표적인 학자로 노벨경제학상 수상자인 조지프 스티글리츠(Joseph Eugene Stiglitz) 미국 컬럼비아 대학 교수를 들 수 있다. 스티글리츠의 말을 가져와 본다.

"정치의 실패와 경제의 실패는 연관되어 있고, 상호 보강 효과를 발휘한다.

---

377) Perfect 10 v. Amazon.com, 508 F.3d 1146, 1164-1166 (9th Cir. 2007). 연방항소법원은 구글의 섬네일 이용이 이용자들을 구글 사이트로 이끌어 구글 사업에 직접적으로 도움을 준다는 점에서 이용 목적의 영리성을 인정한 지방법원의 판결이 잘못된 것이라고 결론을 뒤집었다.
378) 뉴스미디어연합, 전게백서(주 255), 9면. 이는 한국의 NAVER와 기타 신문 등 언론매체와의 관계(추세)와 아주 유사하다. 한편, 위 백서 발간 이후 구글, 메타 등 빅테크의 매출에서 광고 수익이 차지하는 비중은 거의 유지되고 있다. 주 469 참조.

정치 시스템이 부유층의 관점에 포획되어 있는 경우, 법률 및 규정(그리고 법률 및 규정의 집행)은 부유층의 횡포로부터 서민들을 보호하는 기능을 약화시킬 뿐만 아니라 오히려 사회의 나머지 구성원들을 희생시켜 부유층의 부를 불려주는 방향으로 설계될 여지가 많다."[379]

"오늘날 미국에서 진행되는 정치 과정 가운데 사회의 나머지 성원을 희생시켜 부자들에게 이득을 몰아주는 여러 가지 행위들에 <지대 추구>라는 이름을 붙였다. (...) 정부가 비공개적, 공개적으로 현금을 이전하거나 보조금을 지급하는 것, 경쟁을 촉진하는 기존 법률을 느슨하게 집행하는 것, <u>기업들이 다른 사람들을 이용하거나 사회의 나머지 성원에게 비용을 전가하는 것을 허용하는 법규를 마련하는 것</u>도 지대의 일종이다."[380]

스티글리츠는 지대의 예로서, 저작권 보호기간 연장이 디즈니사의 지대를 증진시켜 주었다고 지적한다.[381] 한편, 텍사스 대학(University of Texas) 경제학과 교수 리보위츠(Stan Liebowitz)는 상품의 사용을 인위적으로 제한함으로써 발생한 공급자의 증가 이익을 '독점 렌트'라고 했는데, 저작권을 바로 인위적 사용 제한 제도의 하나로 본다.[382] 경제학자들이 지대 이론으로 저작권을 논의하는 것은 부유한 저작권기업을 비판하는 데 매우 유효하다. 스티글리츠는 저작권 보호기간을 연장하는 것으로 지대 추구를 말했지만, 최근에는 보호기간이 지났음에도 상표권 또는 부정경쟁방지법 등으로 사실상 그 보호기간을 늘리고 있는 미국의 거대 저작권기업이 과도하게 지대를 추구하고 있다는 비판을 받기에 충분하다.[383]

---

379) 조지프 스티글리츠(Joseph E. Stiglitz), 이순희 역, 『불평등의 대가』(원제: THE PRICE OF INEQUALITY), 열린책들, 2013, 38면; JOSEPH E. STIGLITZ, 『THE PRICE OF INEQUALITY』, W. W. NORTON & COMPANY, 2012, xix.
380) 위의 책, 130면(위 원저, p.39)(밑줄은 본 저자가 친 것임).
381) 위의 책, 550면, 주 56번(위 원저, p.354, n.56).
382) Stan Liebowitz, *The Case for Copyright*, 24 Geo. Mason L. Rev. 907, 910 (2017).
383) 주 273 및 그 본문 참조.

그런데, 모든 저작권 보호 또는 모든 창작자(창작물)에 대한 저작권 보호가 다 '지대' 또는 '지대 추구(rent seeking)'로 되는 것은 아니다. 부자 저작권기업에 대해 비판적인 이들이 저작권을 모두 지대, 저작권자를 모두 지대 추구자로 몰아버리는 것은 매우 위험하다.384) 이런 논의에는 빠지기 쉬운 두 가지 함정이 있다. 첫째, 대부분 개인 창작자/저작권자들은 여전히 약자들이고, 따라서 그들을 지대추구자로 모는 것은 합리적이지 않다.385) 사실 초기 저작권 제도의 탄생 과정에서 '위험한 사상에 대한 보상'이라든지, 특허권 제도의 '발명의 공개에 대한 보상'이라는 관점에서 보면, 스티글리츠의 지대 이론은 저작권의 전(全) 역사에 대한 이론으로서는 정확히 부합하지 않고 20세기 이후 비대해진 저작권산업, 저작권기업에 해당하는 말일 수 있다. 둘째, 더 심각한 함정인데, 오늘날에는 제아무리 큰 저작권기업일지라도 이들을 작은 기업으로 만들어 버리는 빅테크가 있다. 예를 들어, 뉴스콘텐츠 저작권기업 뉴스코퍼레이션과 뉴스 저작물을 무단 복제해 사용하고 있는 구글 중에 어떤 기업이 더 큰 기업인가? 그리고 지대 추구 측면에서 볼 때

---

384) 대표적으로 이런 종류의 기사를 들 수 있다. 박병희, "[초동시각]저작권은 현대판 지대인가", 아시아경제, 2024. 6. 24.자 기사, https://cm.asiae.co.kr/article/2024062407274414983 (2024. 12. 30. 방문). "이 때문에 저작권이 현대판 지대라는 지적도 나온다. 노벨경제학상을 받고 세계은행(WB) 수석 경제학자를 역임한 스티글리츠 교수는 2012년 출간한 저서 '불평등의 대가(The Price of Inequality)'에서 오늘날 부자들이 얻는 수익은 상당 부분 지대 추구가 활발해진 결과라고 했다." 위 기사에서 가져온 내용인데, 본 저자가 본문에서 지적하는 바와 같이 맥락을 거세하고 저작권을 '현대판 지대'라고 단정하는 것은 매우 위험한 발상이다.
385) 스티글리츠도 이 점을 인정하고 있다. 과학·기술의 새로운 지평을 연 발명가나 과학자들, 예컨대 앨런 튜링, 아인슈타인, 왓슨/크릭이 인류의 안녕과 복지에 막대한 기여를 했지만, 미국 경제시스템에서 큰 보상을 받지 못했으며, 오히려 혁신가로서 스티브 잡스나 마크 저커버그는 최상층 갑부에 올랐지만, 이들 기업을 가능하게 했던 월드와이드웹을 창안한 팀 버너스-리(Tim Berners-Lee)는 그 목록에 없는데 이는 그가 자기 아이디어를 무상으로 공개했기 때문이라고 한다. 스티글리츠, 전게서(주 379), 132-133면(위 원저, p.41).

어떤 기업이 더 비판받을 만한 지대추구자인가? 때로는 이처럼 더 큰 지대 추구자가 있음에도 이를 못 보거나 눈을 감는 경우가 더 큰 함정이라고 생각한다.386)

경제학자들이 말하는 '지대', '지대 추구'는 다분히 부정적/비판적 개념이다.387) 그런데 이 용어가 대규모 탐욕적인 저작권기업을 비판할 때는 순기능을 하는데, 그것이 모든 저작권자를 사악한 것으로 간주하고 이용자들을 선하게 묘사함으로써 결과적으로 빅테크를 위한 이론이 될 때는 역기능을 할 수 있다는 점에 매우 유의해야 한다. 지대 논의가 갖는 양면성이다.

한편, "사회의 나머지 구성원에게 비용을 전가하는 것을 허용하는 법규를 마련하는 것도 지대의 일종"이라는 위 스티글리츠의 관점에서 보면, 후술하는 TDM 면책 입법도 지대 또는 지대 추구에 해당할 수 있고, 나아가 미국 법원이 '변형적 이용 이론'을 통해 빅테크의 저작물 이용을 원활히 하도록 공정이용의 문호를 빅테크에 우호적으로 열어주는 것(법원 실무)도 지대 또는 지대 추구의 일종이라고 볼 수 있다.

---

386) 시민단체 중에는 맹목적으로 저작권자 또는 저작권기업을 비판하는 경향이 있는데, 때로는 이런 시민단체가 최상위 지대추구자들에 의해 조종되기도 한다는 점을 지적하지 않을 수 없다. 주 525 참조.
387) 스티글리츠의 다음 말에서 '지대', '지대 추구'가 부정적으로 사용된 용어임을 알 수 있다. 즉, 지대를 임금과 비교함으로써 일종의 불로소득과 같은 의미로 언급하고 있다. "지대라는 용어는 원래 토지로 인한 수익을 이르는 말로서 토지소유자는 자신이 '한' 일이 아니라 토지에 대한 소유권을 가지고 있다는 사실 때문에 보상을 받는다. 지대는 노동자들이 받는 임금과는 본질적으로 다르다. 임금은 노동자들이 제공한 '노력'에 대한 보상이다." 위 스티글리츠, 전게서(주 379), 130면(위 원저, p.39).

나. 공용수용 이론

(1) 유추

공정이용은 저작권법상 저작재산권 제한 사유의 하나이다. 공정이용 항변이 받아들여지면 이용자는 저작재산권 침해라는 불법행위 책임에서 면책되고, 권리자는 법률로 재산권(저작재산권)을 제한당하게 된다. 개인 이용자(작은 이용자)와 달리 구글과 같은 초거대 이용자의 공정이용 항변이 받아들여지면, 해당 저작물은 구글을 통해 일반 이용자들이 쉽게 접근하여 이용할 수 있게 돼 사실상 퍼블릭 도메인으로 된다고 할 수 있다. 한편, 작가 조합이 구글을 상대로 제기한 Google Books 판결에서 보는 바와 같이 구글의 공정이용 항변이 받아들여져 Google Books 프로젝트가 성공함으로써 수많은 이용자는 구글을 통해 저작권으로 보호되는 도서에 접근하여 이용할 수 있게 되었다는 점에서 저자의 저작권은 제한되는 정도가 아니라 수용된다고 해도 과언이 아닐 것이다. Oracle 판결에서 본 바와 같이 이때 공정이용의 근거가 된 것은 '변형적 이용 이론'이고 그 근저에는 공익에 의해 사익을 제한한다는 사상이 들어 있다. 이상을 종합하면, 공정이용에서 '공용수용'이 연상된다.

여기에서 공정이용 제도의 본질/성격을 '공용수용'으로 보는 견해에 주목할 필요가 있다.[388] 미국 미첼 햄라인 로스쿨(Mitchell Hamline School of Law) 교수 딜(Gregory M. Duhl)은 정부가 때때로 공익을 위해 토지수용권을 사인(私人)에게 위임하는 것처럼, 기본적으로 의회가 저작권법을 통해 저작

---

[388] 공정이용이 저작권자로부터 저작권에 대한 지배력을 빼앗는다는 점에서 공용수용법(law of eminent law)이 유추될 수 있다고 한다. Gregory M. Duhl, *Old Lyrics, Knock-off Videos, and Copycat Comic Books: The Fourth Fair Use Factor in U.S. Copyright Law*, 54 Syracuse L. Rev. 666, 675, 727-728 (2004).

물을 공적으로 이용할 수 있도록 허가받지 않은 이용자에게 사적 이용권(a private 'takings' power)을 주어왔다고 한다.389) 물론 허락받지 않은 이용자가 저작권자에 끼친 해(害)에 대해서는 토지수용에서처럼 보상해야 한다.390) 포스너(Richard A. Posner)도 저작권법상 공정이용에 대해 유체재산을 위한 재산권법에 대응되는 가까운 개념이 없지만 멀리서 찾자면 공용수용(Eminent domain), 긴급피난(the doctrine of necessity)과 유사하다고 한다.391) 미국 어바인 로스쿨(The University of California, Irvine School of Law) 교수 버크(Dan L. Burk)는 지식재산권 환경에서 공정이용이라는 저작권원칙에 따라 새로운 창작 과정에서 '지적 통행권(intellectual rights of way)'392)이 필요할 때는 언제든지 타인의 저작물을 사적 수용(private takings)하는 것을 허락한다고 한다.393) 버크는 공정이용을 공익적 사용이 충분히 입증되는 경우 저작권자의 재산권394)에 대한 제한적 접근과 이용을 허용하는 것으로서 저작권자의 재산권에 설정된 일종의 지역권(public easement)으로 이해하기도 한다.395) 그 밖에 댐스태트(Benjamin G. Damstedt) 변호사는 정부의 토지수용권이 무체재산권을 정당한 보상을 하고 수용하는 데 사용될 수 있다는 점을 언급하고, 정부는 사회 전체의 자유로운 이용을 위해 무체재산 구입에 세금(tax revenue)을 사용할 것이라고 한다.396)

---

389) 위 논문, 730면.
390) 위 논문, 738면.
391) Richard A. Posner, *Misappropriation: A Dirge*, 40 Hous. L. Rev. 621, 623 (2003).
392) Dan L. Burk, *The Trouble With Trespass*, 4 J. Small & Emerging Bus. L. 27, 50 (2000).
393) 위 같은 면. 버크는 저작권법상 강제실시허락(compulsory licensing system)이 정액 사용료(set royalty)로 저작물을 사적 수용(private takings)하는 것인데 반해, 공정이용은 사용료 없이(royalty of zero) 강제실시하게 하는 유형이라고 한다. 즉 버크에 따르면, 공정이용의 경우 보상의 필요가 없다.
394) 공정이용의 대상이 되는 저작물을 의미한다.
395) Burk, 전게논문(주 250), 158면.
396) Benjamin G. Damstedt, Note, *Limiting Locke: A Natural Justification for the Fair Use*

공정이용 제도는 저작권자의 의사와 관계없이 저작재산권의 처분이라는 법률관계가 형성된다는 점에서 일종의 강제매매로서 공용수용 법리와 유사하다고 볼 수 있다. 패러디(parody)를 예로 들어 설명한다. 원칙적으로 패러디는 2차적저작물에 해당하므로, 원작을 풍자하고 비평함으로써 독자에게 새로운 재미와 의미를 부여하는 패러디물의 출현은 저작권자의 수락 여부에 달리게 된다. 일반적으로 저자들은 자신의 작품을 풍자하고 비평하는 것을 싫어한다는 점에서 저작권자가 허락하지 않을 가능성이 크다. 그런데 문화의 향상발전이란 측면에서 패러디가 주는 효용이 작지 않으므로 저자의 거부 의사에도 불구하고 패러디를 허용해야 할 필요성이 있는데 그 통로가 되는 것이 바로 공정이용이다. 다시 말해 공정이용 요건에 충족하면 저작권자의 의사와 관계없는 정도가 아니라 의사에 반해서라도 패러디가 성립해 저작재산권 침해에서 면책된다. 이는 마치 토지소유주가 끝까지 반대하더라도 요건을 갖추면 공공필요에 따른 토지수용이 가능한 것과 유사하다. 또한 공정이용을 포함한 저작재산권 제한(한국 저작권법 제23조 내지 제35조의5)에는 공적 목적을 위한 것이 다수 포함돼 있다는 점에서도 공공필요에 의한 소유권 제한의 법리인 공용수용을 유추할 수 있다.

(2) 비판

공정이용 제도를 공용수용에서 유추하는 것은 상당히 설득력이 있지만, 다음과 같은 몇 가지 치명적 결함이 있다.

㈎ 주체

대한민국 헌법 제23조에[397] 의해 제정된 "공익사업을 위한 토지 등의 취

Doctrine, 112 Yale L.J. 1179, 1213 (2003).

득 및 보상에 관한 법률"(토지보상법)에서 공용수용의 주체는 중앙정부, 지방자치단체와 법에 의해 공용수용 권한을 부여받았거나 중앙 또는 지방 정부로부터 권한을 위임받은 공사(公社) 등이 이에 해당한다. 사유재산권 제도를 인정하는 법 체제에서 대체로 공익사업을 위해 사인의 재산권을 제한하는 공익사업의 주체는 공기관 또는 그로부터 위임받은 사인(私人)이다.

그런데, 한국 저작권법이나 이와 비슷한 내용을 담고 있는 미국 저작권법에서도 공정이용의 주체로서 공기관 또는 이로부터 위임받은 사인만을 상정하고 있지 않다. 한국 법을 예로 들면, 제23조(재판 등에서의 복제), 제25조(학교교육 목적 등에의 이용), 제31조(도서관등에서의 복제 등), 제32조(시험문제를 위한 복제 등), 제35조의4(문화시설에 의한 복제 등) 등을 제외하고는 대부분 저작재산권 침해 책임에서 면제되는 이용 주체는 사인이다.

이처럼 공정이용의 이용 주체와 공용수용의 수용 주체가 판이하다는 점이 이 유추 논리의 걸림돌로 도드라져 보인다.

(나) 목적

공용수용은 공익사업을 전제로 한다(토지보상법 제1조).398) 저작권법상 저작재산권의 제한 사유에는 공익 목적이 있기도 하지만(제23조 재판 등에서의 복제, 제24조 정치적 연설 등의 이용, 제25조 학교교육 목적 등에의 이용, 제26조 시사보도를 위한 이용, 제27조 시사적인 기사 및 논설의 복제

---

397) 헌법 제23조 제3항은 다음에서 보는 바와 같이 공공필요에 의한 재산권의 수용, 사용, 제한에 관해 규정하고 있다. 이하에서 공용수용, 공용사용, 공용제한 등을 특별히 구별하지 않으면 공용수용으로 통칭하기로 한다.
　　헌법 제23조 ③공공필요에 의한 재산권의 수용·사용 또는 제한 및 그에 대한 보상은 법률로써 하되, 정당한 보상을 지급하여야 한다.
398) 제1조(목적) 이 법은 공익사업에 필요한 토지 등을 협의 또는 수용에 의하여 취득하거나 사용함에 따른 손실의 보상에 관한 사항을 규정함으로써 공익사업의 효율적인 수행을 통하여 공공복리의 증진과 재산권의 적정한 보호를 도모하는 것을 목적으로 한다.

등, 제31조 도서관등에서의 복제 등, 제33조 시각장애인등을 위한 복제 등, 제33조의2 청각장애인 등을 위한 복제 등, 제34조 방송사업자의 일시적 녹음·녹화, 제35조의4 문화시설에 의한 복제 등), 공익 목적과 관계없는 것도 있다. 대표적으로 제30조(사적이용을 위한 복제)를 들 수 있다.

저작권자와 이용자 사이의 이해 균형을 도모하거나 집행의 어려움 또는 피해의 사소(些少)를 감안하여 저작재산권을 제한하기도 한다는 점에서 공익사업을 전제로 하는 공용수용 제도를 유추하는 데 한계가 있다.

이용자들(후발 창작자)이 창작하는 과정에서 타인(선행 창작자)의 저작물을 이용하는 것을 '공용수용'에서 말하는 '공익사업'이라거나 '공익적 목적'을 가진 것이라 할 수 있을까? '변형적 이용 이론'이 추구하는 공익을 위해 빅테크가 공정이용 제도를 활용하는 경우, 빅테크의 저작물 이용은 공익에 부합한다는 것이 전제된다. 그런데 빅테크, 나아가 인공지능 개발사가 저작물의 무단 이용을 통해 추구하는 사업이 공익에 부합한 것이라고 단정할 수 있을까?[399] 물론 앞서 본 바와 같이 미국 연방대법원은 공정이용의 제1 요소를 '공익'(미국 저작권법의 목적) 차원에서 접근하기도 한다. 이런 공익 주장은 역설적으로[400] 초거대 이용자인 빅테크의 경우에나 가능할지 모르겠다. 예컨대 Google Books 프로젝트를 이용하는 수많은 도서관 이용자의 편의 증진이나, Oracle 판결에서 안드로이드 운영체계를 무단 복제했음에도 그 이후 구글에서 이용자들이 편리하게 창작행위를 할 수 있게 되었다는 점을 공익으로 내세운다는 이야기다. 그런데 개인적 차원의 작은 이용자들의 창작을 바로 '공익'으로 연결하여 이해하기는 어렵다. 후발 창작자들이 창작

---

[399] 무소불위의 막강한 권한을 지닌 빅테크에 대한 권한 위임의 모호함은 미국 정치인들조차 당을 불문하고 지적한 적이 있다. 주 374 참조.
[400] 본 저자가 '역설적으로'라는 표현을 쓴 것은 이용 목적의 '공익성'을 따진다면 차라리 개인 이용자보다는 빅테크와 같은 초거대 이용자의 이용에 공익성이 인정되기 쉽다는 뜻에서다. 그렇다고 본 저자가 빅테크의 이용 목적이 반드시 공익적이라고 인정하는 것은 아님에 유의할 필요가 있다.

과정에서 타인의 선행 저작물을 허락 없이 쓰면서 공익을 내세워 공정이용 항변을 전가(傳家)의 보도(寶刀)처럼 주장한다면, 저작권법은 사실상 무력화 되고 말 것이기 때문이다.401)

(다) 보상

공용수용에 대한 보상은 정당한 보상을 원칙으로 한다(헌법 제23조 제3항). 이는 미국에서도 마찬가지다.402) 그런데 공정이용 요건을 충족하는 경우 이용자는 저작권자에게 저작권 이용료를 별도로 지급하지 않는다. 이 점에서 공용수용 법리와 큰 차이를 보인다. 물론 인용과 출처표시를 통해 저작물 이용료를 지급하는 것이라는 이른바, '대가이론'(代價理論)403)에 따르면 출처표시로써 피인용 저작물의 권위가 그만큼 올라가므로 이를 일종의

---

401) Oracle 판결에서 토마스 대법관은 공익을 내세운 구글의 공정이용 항변을 받아준다면 저작권법은 존재 의의가 없어질 것이라고 했다[Oracle 판결(주 15), 58면]. 여기에서 구글의 공정이용 항변은 이것이 법원에서 받아들여지면 판결 선고 당시 안드로이드 기반의 수많은 앱 개발자·이용자에게 혜택이 돌아갈 수 있다는 점에서 구글이 내세운 공익이 충족된다고 볼 수 있지만, 개인 이용자의 공정이용 항변에는 구글처럼 공익이라고 내세울 만한 명분이 약한 것이 사실이다.
402) Duhl, 전게논문(주 388), 729-730면. 한편, 미국 수정헌법 제5조는 공용수용에 관한 근거 조항으로 다음과 같이 규정하고 있다.
Amendment 5 - Trial and Punishment, Compensation for Takings.
"No person shall be held to answer for a capital, or otherwise infamous crime, unless on a presentment or indictment of a Grand Jury, except in cases arising in the land or naval forces, or in the Militia, when in actual service in time of War or public danger; nor shall any person be subject for the same offense to be twice put in jeopardy of life or limb; nor shall be compelled in any criminal case to be a witness against himself, nor be deprived of life, liberty, or property, without due process of law; <u>nor shall private property be taken for public use, without just compensation</u>."
(밑줄은 본 저자가 친 것임)
403) 본 저자는 한국 저작권법 제28조 '공표된 저작물의 인용'에 대한 정당화 논리로서 '대가이론'을 제시한 적이 있다. 남형두, 전게서(주 120), 155-156면.

사용료(royalty) 지급에 해당한다고 볼 수 있다. 그런데 한국 저작권법은 공정이용의 경우에 출처표시 의무를 두고 있지만(제37조 제1항 본문),404) 미국 저작권법에는 이와 같은 의무 규정이 없다. 어떻게 보더라도 최소한 미국 저작권 논의에서 공정이용에 공용수용 법리를 유추하는 데는 금전 또는 비금전 보상이 따르지 않는다는 점에서 허점이 있다.

작은 이용자들을 위해 설계된, 그리하여 그들에게 창작자의 부담으로 보조금을 지급하는 것과 같은, 공정이용 제도를 초거대 이용자인 빅테크가 전용(轉用) 또는 악용하는 상황의 부당함은 더 말할 필요가 없다. 나아가 이에 유추할 공용수용의 경우 보상 의무가 있음에도, 공정이용을 이용하는 빅테크에게 보상 의무가 없다는 것은 이해하기 어렵다. 더욱이 빅테크의 급성장 이면에는 공정이용 제도를 이용해 허락 없이 무상으로 제공받은 인지 잉여의 기여가 절대적이라는 점405)에서 빅테크의 공정이용 제도 활용에 따른 보상은 어떤 형식으로든 이루어져야 할 것이다. 다음에서는 공정이용에 따른 이용자의 저작권자에 대한 보상 가능성을 여러 가지로 모색해보기로 한다.

① 금전적 보상

공정이용 제도에는 보상 규정이 없지만, 논의를 확대하여 개별 저작재산권 제한에 따라 보상이 이루어지고 있는지 살펴보기로 한다. 한국 저작권법은 제2장 제4절 제2관 '저작재산권의 제한'의 제23조에서 제36조까지 저작재산권 제한 사유를 나열하고 있으며, 제35조의5에서 미국의 공정이용 제도와 유사한 포괄적 공정이용 조항을 두고 있다. 이들 제한 사유 중 보상 규정

---

404) 한국 저작권법은 저작재산권의 제한 관(款)에서 원칙적으로 저작물 이용에 따른 출처표시 의무를 부여하면서(제37조 제1항 본문), 예외적으로 출처표시 의무가 없는 조항을 열거하고 있는데(동 단서), 그 예외 조항 중에 공정이용 조항(제35조의5)을 포함하지 않는 방식으로 공정이용에 따른 출처표시 의무를 부과하고 있다.
405) 남형두, 전게논문(주 192), 231-237면.

을 두고 있는 것은 제25조(학교교육 목적 등에의 이용) 제6항, 제31조(도서관등에서의 복제 등) 제5항, 제35조의4(문화시설에 의한 복제 등) 제3항 등 3개 조항뿐이다. 반대해석하면 이런 보상 규정을 두고 있지 않은 공정이용 규정(제35조의5)의 경우 저작권자에 보상할 필요가 없다고 할 수 있다.

그런데 앞서 본 바와 같이 공정이용 조항이 당초 설계된 작은 이용자가 아니라 초거대 이용자 첫째, 작은 이용자를 내세워 이면에서 사실상 공정이용의 혜택을 보거나,[406] 둘째, 초거대 이용자가 직접 당사자로서 공정이용 조항의 수혜자가 된다면,[407] 현재 저작권자에 대한 보상시스템이 없는 법적 환경은 심한 불합리를 노정하게 된다.

② 비금전적 보상 — 출처표시

같은 지식재산권으로 분류되지만, 특허권과 달리 저작권은 정신적/문화적 성격이 있다.[408] 따라서 저작물의 공정이용에 따른 보상이 반드시 경제적으로만 이루어져야 하는 것은 아니라고 볼 수 있다. 한편, 저작물 중에도 경제적/상업적 가치가 높은 저작물(예를 들어 영상저작물, 음악저작물 등)이 있는가 하면, 경제적/상업적 가치보다는 명예와 평판 등 정신적 가치를 더욱 중시하는 저작물(예를 들어 학술저작물 등)이 있으며, 물론 이 두 가지 성질을 겸유하는 저작물도 있는데, 같은 장르의 저작물이라도 저자에 따라 그 성질 또는 가치를 달리 보기도 하므로 일률적으로 말하기는 곤란하다. 그런

---

406) 예컨대 플랫폼 환경에서 작은 이용자들이 기존 저작물을 이용하면서 공정이용으로 인정받으면 플랫폼은 더욱 활성화되는데, 이때 공정이용의 직접적 수혜자는 작은 이용자이지만 간접적/결과적 수혜자는 활성화된 플랫폼이라 할 것이다.
407) Google Books 판결(주 14), Oracle 판결(주 15) 등.
408) 미국 카도조 로스쿨(Cardozo Law School) 교수 부카푸스코(Buccafusco)는 저작권과 특허권을 다음과 같이 구별한다. 생각, 감정 등 정신세계에 반응하면(mental effect) 저작물인 데 반해, 특허발명은 더 빠르고 강하고 가볍고 효과적인 것으로서 정신이 아닌 물리적인 영역에 기능하는 것으로 본다. Christopher Buccafusco, *A Theory of Copyright Authorship*, 102 Va. L. Rev. 1229, 1266 (2016).

데, 분명한 것은 특허권과 달리 저작권에는 저작인격권이 별도로 인정된다는 점에서 비경제적/정신적 보상을 논의하는 것이 가능하다.

저작권법은 공정이용에 따른 출처표시 의무를 부여하고 있는데(제37조 제1항), 이를 저작권자에 대한 일종의 '은혜 갚기' 또는 '비경제적/정신적 보상'으로 이해할 수 있다.409) 참고로 미국 저작권법은 한국 저작권법과 같은 공정이용에 따른 출처표시 의무 조항을 두고 있지 않다.410) 이 점에서 공정이용에 따른 출처표시 의무 조항을 두고 있는 한국 저작권법은 그렇지 않은 법제에 비해 상대적으로 보상이 어느 정도 이루어지고 있다고 평가할 수 있다.

그런데 빅테크의 공정이용 제도에 대한 전용 현상이 Google Books 판결, Oracle 판결 등 미국 연방법원 판결로 정당성을 부여받아 한국 등 전 세계에 파급될 가능성이 크다고 본다면, 한국 저작권법상 출처표시 의무 조항(제37조)이 빅테크에 대한 견제로 작동될 수 있을까? 앞질러 말하면 회의적이다. "출처 명시는 저작물의 이용 상황에 따라 합리적이라고 인정되는 방법으로 하여야 한다."에서 '이용 상황'을 적극적으로 해석하여 빅테크 플랫폼 환경의 저작물 이용 상황을 강조함으로써 출처표시 의무를 사실상 회피해 갈 가능성이 예상되기 때문이다.411)

---

409) 본 저자는 표절의 상대개념인 '인용'과 '출처표시'의 가장 중요한 정당성을 '권위의 원천 제시'에서 찾았는데, 선행 저술을 출처로 밝히는 행위는 곧 선행 저술에 권위를 부여하는 것이라고 봤다. 따라서 출처표시를 빠뜨린 행위, 즉 표절은 선행 저술로 돌려져야 할 권위를 생략한 비위행위가 되는 것이다. 남형두, 전게서(주 120), 240-242면 참조.
410) 포스너는 공정이용 조항이 표절의 피신처가 될 수 있다고 하면서, 경우에 따라서는 공정이용이 허용되는 범위 내에서 타인의 저서로부터 조금씩 가져오고 출처표시를 하지 않으면서 책 한 권을 저술할 수도 있다고 한다. 리처드 포스너(Richard A. Posner), 정해룡 역, 『표절의 문화와 글쓰기의 윤리』(원제: The Little Book of Plagiarism, Pantheon books, 2007), 산지니, 2009, 40-41면.
411) 본 저자는 '합리적이라고 인정되는 방법'에 출처표시 누락이 포함된 것은 아니라고 생각한다. 그렇게 볼 경우 제37조 제1항 본문이 사실상 무의미해지기 때문이다. 남형두, 전게서(주 120), 347면.

여기에서 더 나아가 TDM 면책은 공정이용의 확대판이라 할 수 있는데, 이는 다분히 빅데이터, 인공지능(AI) 등 이른바 4차 산업혁명을 원활히 하기 위한 입법 지원으로 이해되고 있다. 머신 러닝을 위한 전제로서 저작재산권 예외를 인정하기 위한 TDM 면책 조항이 도입된다면, 공정이용보다 훨씬 더 많은 저작물이 이용될 것이고 공정이용에서조차 쉽지 않은 정신적 보상으로서의 출처표시는 사실상 기대난망이라 할 것이다.

다. 새 제안 — 주위지(周圍地) 통행권 이론 등

(1) 주위지 통행권 이론[412]

(가) 유추

공정이용 제도의 본래 입법 취지인 '작은 이용자' 보호 관점에서 본다면,[413] 공정이용은 '공용수용'보다는 한국 민법의 '주위토지 통행권'(제219조)[414]에 가깝다고 할 수 있다. 자신의 토지에서 이웃(주위)의 토지를 통행

---

412) 공정이용을 주위지 통행권과 연결 짓는 학자는 없고 단지 그 암시를 얻을 만한 선행연구가 있을 뿐이다. 버크는 'intellectual rights of way'라는 용어를 사용했는데, 본 저자의 주위지 통행권 이론과 정확히 같지는 않아도 통하는 면이 있다. Burk, 전게논문(주 392), 50면.
413) 앞서 본 바와 같이(Ⅲ.1. 가. 보조금과 부의 재분배 이론) 이용자에게 주는 보조금 이론, 저자에게 부과하는 세금 이론 등은 이용자를 저작권자와 비교해 열위의, 즉 '작은' 이용자임을 전제로 한다는 뜻이다.
414) 독일에도 민법 제917조(Notweg, 영어로는 'Right of way of necessity')에 비슷한 제도가 있다. 이는 상식(common sense)에서 출발한 것으로서, 구약성서 민수기(Numbers) 20장과 21장에서도 그 뿌리를 찾을 수 있다. 이집트에서 나와(출애굽, Exodus) 가나안 땅을 향했던 이스라엘 백성이 가나안으로 들어가기 위해서는 에돔 땅을 통과해야 했다. 이에 에돔 왕에게 그 땅을 통과하게 해달라고 요청하면서 땅을 통과하는 동안에 밭이나 포도원으로 통과하지 않고 우물물도 마시지 않으며 그 영역에서 나가기까

또는 통로로 하지 않으면 공로(公路)에 출입할 수 없거나 과다한 비용이 드는 경우 그 주위의 토지를 통행할 수 있고 필요한 경우 통로를 개설할 수 있다. 주위지 통행권은 맹지(盲地) 소유자의 통행권 보장을 위해 주위토지 소유자의 소유권을 제한하는 것으로서 토지소유권의 한계415) 중 하나로 규정되어 있다. 이는 강고한 재산권인 소유권의 효력 중 하나인 물권적 방해 배제권(일종의 'property rule') 대신, 주변 토지의 활용이라는 사익과의 균형을 고려해 소유권을 제한하고 보상하는 제도(일종의 'liability rule')를 채택한 결과라고 할 것이다.

이를 무체재산 영역인 저작물의 세계에 적용해 보자. A가 자신의 독창적 아이디어로 어떤 창작물(a)을 만들려고 한다. 그런데 a를 창작하는 과정에서 불가피하게 B(선행 창작자)의 창작물(b)을 이용해야만 하는 상황이 있다고 할 때, B의 허락을 받지 않고 b를 이용하는 것을 공정이용에 비유할 수 있다. 주위지 통행권 법리를 위 가정적 예에 적용하면, A가 소유한 땅(a)이 맹지여서 A가 그 땅에서 공로로 나가기 위해서는 이웃(B)의 소유지(b)를 통과해야만 하는 상황으로 이해할 수 있다. 이는 앞서 공정이용을 지식재산권 환경에서 '지적 통행권(intellectual rights of way)'으로 이해한 버크의 주장과

지 좌편이나 우편으로 치우치지 않겠다고 하였으나 에돔 왕이 이를 거절한다. 이 사건 후 이스라엘 백성의 마음이 상하여 여호와를 원망하는 일이 발생했고 이후 불뱀 저주와 모세의 놋뱀이 등장하는 계기가 된다. 주위지 통행권, 나아가 공정이용의 정신을 여기에서 발견할 수 있다. 즉, 최종 목적지(공로 또는 새로운 창작)로 가는 길이 그 길 외에는 없거나 우회 길이 있어도 너무 멀리 돌아가는 것은 아닐지, 통행에 목적이 있는 것이 아니라 오히려 중간에 머물거나 주저앉는 것은 아닐지, 그 중간 토지소유자(주위지 통행권의 경우) 또는 기존 창작자(공정이용의 경우)에게 손해를 입히는 일은 없는지, 그 밖에 목적지에 도달한 후 그 길을 통행한 것에 대해 보상하고(주위지 통행권의 보상) 감사를 표해야(공정이용의 출처표시) 한다는 등의 논의를 해볼 수 있다. 국제법 영역에서도 바다나 강에 인접하고 있지 않은 나라가 해로 또는 수로에 닿기 위해 인접 국가의 영토를 이용하기 위해 많은 갈등과 때로는 전쟁을 불사한 경우가 많은데, 같은 이치에서 살펴볼 수 있다.

415) 한국 민법 제2편 물권, 제3장 소유권, 제1절 소유권의 한계.

궤를 같이한다.

공용수용에서 '공공필요'라는 개념이 더 큰 이익을 창출하기 위한 적극적인 요건이라고 한다면, 주위지 통행권에서 '주위의 토지를 통행 또는 통로로 하지 아니하면 공로에 출입할 수 없거나 과다한 비용을 요하는 때'라는 것은 다소 소극적 측면의 요건이라고 할 수 있다. 공정이용이 저작재산권에 대한 예외라는 점에 착안하면, 적극적인 요건보다는 소극적인 요건을 두고 있는 주위지 통행권 법리가 더욱 타당하다고 볼 수 있다. 공익이 중요한 기준인 공용수용 법리와 달리 주위지 통행권은 개인(A와 B) 간 특정 개인(A)의 필요 — 그것이 공익적 필요, 즉 '공공필요'(헌법 제23조 제3항)이어야 할 필요는 없음 — 에 따라 다른 특정 개인(B)의 토지소유권이 제한되는 경우이므로 사인 간 이해충돌에 따른 요건이 매우 엄격하다.

> 제219조(주위토지통행권) ①어느 토지와 공로 사이에 그 토지의 용도에 필요한 통로가 없는 경우에 그 토지소유자는 주위의 토지를 통행 또는 통로로 하지 아니하면 공로에 출입할 수 없거나 과다한 비용을 요하는 때에는 그 주위의 토지를 통행할 수 있고 필요한 경우에는 통로를 개설할 수 있다. 그러나 이로 인한 손해가 가장 적은 장소와 방법을 선택하여야 한다.
> ②전항의 통행권자는 통행지소유자의 손해를 보상하여야 한다.

이 법조문에 따르면, 주위지 통행권은 세 가지 요건이 필요하다.

(ⅰ) 토지소유자는 주위의 토지를 통행 또는 통로로 하지 아니하면 공로에 출입할 수 없거나 과다한 비용을 요하는 때[416]

---

416) 대법원 1982. 6. 22. 선고 82다카102 판결. "주위토지통행권은 그 소유토지와 공로 사이에 그 토지의 용도에 필요한 통로가 없는 경우에 한하여 인정되는 것이므로 이미 그 소유토지의 용도에 필요한 통로가 있는 경우에는 이 통로를 사용하는 것보다 더 편리하다는 이유만으로 다른 장소로 통행할 권리를 인정할 수는 없다."

(ⅱ) 이로 인한 손해가 가장 적은 장소와 방법 선택
(ⅲ) 통행지 소유자의 손해 보상

이를 저작권의 공정이용에 적용하면, 신기하게도 베른협약에서 각국이 저작권의 복제권에 대한 제한과 예외를 인정할 때 따라야 할 이른바 '3단계 테스트(3 step test)'와 매우 유사함을 알 수 있다.

"저작물의 통상적인 이용과 충돌하지 않고, 저작자의 합법적인 이익을 불합리하게 침해하지 않는, 특정한 경우에 한해 그러한 저작물의 복제를 허용하는 것을 회원국의 입법에 맡긴다."(베른협약 제9조 제2항)

(나) 지가 상승에 따른 형평 문제 — 민사 및 조세 정의 차원

민법 제219조 제2항의 보상액은 통행로에 대한 임료 이하의 상당액으로 결정되는 것으로 이해할 수 있다.[417] 그런데, 통행로 개설로 인해 주위토지

---

417) 대법원 2014. 12. 24. 선고 2013다11669 판결.
"타인 소유의 토지를 법률상 권원 없이 점유함으로 인하여 그 토지소유자가 입은 통상의 손해는 특별한 사정이 없는 한 그 점유토지의 임료 상당액이라고 할 것이지만(대법원 1994. 6. 28. 선고 93다51539 판결 참조), 주위토지통행권자가 단지 공로에 이르는 통로로서 통행지를 통행함에 그치고 통행지 소유자의 점유를 배제할 정도의 배타적인 점유를 하고 있지 않다면 통행지 소유자가 통행지를 그 본래 목적대로 사용·수익할 수 없게 되는 경우의 손해액이라 할 수 있는 임료 상당액 전부가 통행지 소유자의 손해액이 된다고 볼 수는 없다(대법원 2010. 7. 15. 선고 2010다22927, 22934 판결 참조). 따라서 주위토지 통행권자가 통행지 소유자에게 보상해야 할 손해액은 주위토지 통행권이 인정되는 당시의 현실적 이용 상태에 따른 통행지의 임료 상당액을 기준으로 하여, 구체적인 사안에서 사회통념에 따라 쌍방 토지의 토지소유권 취득시기와 가격, 통행지에 부과되는 재산세, 본래 용도에의 사용 가능성, 통행지를 공동으로 이용하는 사람이 있는지를 비롯하여 통행 횟수·방법 등의 이용태양, 쌍방 토지의 지형적·위치적 형상과 이용 관계, 부근의 환경, 상린지 이용자의 이해득실 기타 제반 사정을 고려하여 이를 감경할 수 있고, 단지 주위토지 통행권이 인정되어 통행하고 있다는 사정만으로 통행지를 '도로'로 평가하여 산정한 임료 상당액이 통행

통행권자(맹지 소유자를 전제로 함)의 토지 지가가 상승했다면, 그 이익(토지 시가 상승분)에 통행지 소유자가 참여할 수는 없는 것일까?

첫째, 민사법적 해결로서 부당이득반환을 생각해 볼 수 있다. 통행로 개설로 인해 맹지(통행권자의 소유지)의 지가가 상승했다면(그리고 실제 매매가 이루어졌다면), 그 지가 상승분에 대해 후술(아래 '둘째')하는 조세(재산세, 지방세) 등으로 공적 회수하는 것 외에, 민사적으로 형평을 기하는 방법으로 통행지 소유자가 통행권자에 대해 부당이득반환청구를 할 수 있는지 검토해 본다. 한국 대법원판결에 따르면, 부당이득반환청구를 위해서는 반드시 손해가 필요한 것은 아니므로,[418] 통행지 소유자에게 통행로 개설로 인한 손해(물론 제219조 제2항에 따라 보상된 것은 별론)가 발생하지 않았더라도 통행권자 토지(맹지)의 지가상승분은 통행지 소유자가 통행로를 개설해줌으로써 발생한 것이 분명하다는 점에서 그 이득에 대해 부당이득반환을 구할 수 있는 논리가 가능하다.[419]

둘째, 조세적 해결을 상정해본다. 통행로 개설 이후 맹지의 공시지가가 오르고 그에 따라 재산세 및 지방세가 상승하여 중앙정부 또는 지자체의 재원이 확보된 만큼 재정 지출을 통해 인근 통행로 소유자에게도 간접적인 혜택이 주어질 수 있다. 그런데, 맹지의 지가 상승에 가장 직접적이고 적극적으로 기여한 통행로 소유자가 위와 같이 간접적으로 수혜하는 것만으로는 정의/형평에 반한다고 볼 수 있지 않을까? 통행료를 받고 있어도 그것은 지가상승분과 관련이 없기 때문이다. 이와 관련하여 '개발이익 환수에 관한 법률'(개발이익환수법)을 참고하여 논의할 수 있다. 개발이익환수법에 따르

지 소유자의 손해액이 된다고 볼 수 없다."
[418] 대법원 2020. 5. 21. 선고 2017다220744 전원합의체 판결. 이 판결에 대한 분석은 남형두, 전게논문(주 192), 248-252면 참조.
[419] 이에 관한 추가적 논의는 이 책의 범위를 벗어나므로 생략하고, 민법학의 논의가 이어지기를 기대한다.

면 징수된 개발부담금은 지자체와 중앙정부가 5:5로 나눈다.[420] 작은 규모의 개발이익이라 할 수 있는 주위토지 통행권자에게 생긴 '지가상승분'은 일종의 개발이익에 상응하는 것인데 이에 대해 재산세 등 세금으로 회수하는 것 외에 개발이익환수에서 '해당 지자체'에 상응한 '통행로 소유자'에게도 그 지가상승분에 참여하게 하는 것이 정의에 합치하는 것은 아닐까? 또는 회수된 세금의 일부를 특별히 그 통행로 소유자에게 배분해야 하지 않을까? 통행로 소유자는 법률에 의해 토지소유권에 제한을 당했기 때문이다. 통행로 소유자는 법률에 의해 강제적으로 '희생', '양보'를 한 셈이다. 물론 이상의 논의는 가정적인 것으로서 현실에서는 이를 법률상 실현하기가 쉽지 않다. 그렇다면, 통행로 개설에 따른 지가상승분을 개발이익 환수에서처럼 재산세 등 세금으로 충분히 회수해야 할 것이다.

이상의 논의는 후술할 논의(Ⅳ.2. 다. 조세적 해법과 기본소득 논의의 단초)에 큰 시사점을 줄 것이다.

(2) 상린관계 이론

주위지 통행권 외에도 창작 과정에서 생각(아이디어)의 흐름이 타인의 저작물로 막혀 더는 창작이 진행될 수 없는 경우, 그 타인의 저작권이라는 장벽을 해소해준다는 측면에서 공정이용을 유수(流水) 및 용수(用水)에 관한 상린관계(相隣關係, 민법 제221조~제236조)에 유추할 수 있다. 다시 말해 흐르는 물처럼 '생각의 흐름'을 막지 말라는 것이다. 이웃 간 물의 흐름이 막히지 않게 하거나 상류로부터 흘러오는 물을 이용하는 등[421]에 관한 위 규

---

420) 제4조(징수금의 배분) ① 제3조에 따라 징수된 개발부담금의 100분의 50에 해당하는 금액은 개발이익이 발생한 토지가 속하는 지방자치단체에 귀속되고, 이를 제외한 나머지 개발부담금은 「지방자치분권 및 지역균형발전에 관한 특별법」에 따른 지역균형발전특별회계(이하 "특별회계"라 한다)에 귀속된다.
421) 저작권에 관한 정당화 이론에서 이른바 '사회적 산물성' 이론, 즉 저작권은 어느 특정

정들은 생각할수록 저작권과 공정이용에 주는 지혜가 많음을 알 수 있다.

'생각의 흐름', '사상의 자유' 측면에서 볼 때, 저작권 또는 공정이용이 생각(사상/표현)의 자유를 가로막을 때가 있다. 이런 관점은 '시대 상황'(context)에 따라 달라지기도 한다. 후술하는 바(Ⅲ.4. 라. 21세기판 공정이용 — 제3의 인클로저)와 같이 제2 인클로저로 인해 생성된 저작권이 사상의 자유로운 흐름을 막는 것으로 작용할 수 있다. 그런데 제3 인클로저(재전유)의 결과 오히려 빅테크가 공정이용 제도를 이용(악용)함으로써 자유롭고 다채로운 사상을 획일적으로 만들어 버린다면, 공정이용이 생각의 흐름을 막는 기제가 될 것이다. 빅테크가 공정이용 제도를 이용함으로써 표현의 자유가 막히고 획일화된 표현만 난무하게 된다면, 이는 일종의 '공정이용의 역설'이라 할 만하다.

(3) 빅테크와 공정이용 — 수용(收用)인가 선린(善隣)인가?

저작권자의 허락이 필요 없다는 점에서 주위지 통행권에 의한 소유권 제한 법리는 공정이용에 적실하게 유추될 수 있다. 공용수용에서와 달리 소유권이 완전히 양도될 필요가 없다. 주위토지 소유권자는 통행로가 개설된 부담을 안은 채 여전히 소유권을 보유하는데, 이는 공정이용이 성립한 후에도 저작권자가 저작권을 상실하지 않는 것과 유사하다. 무엇보다 공용수용 법리에 비해 뛰어난 점은 공정이용의 주체가 공적 기관일 필요가 없다는 점이다. 또한 사인(私人) 간의 법률관계를 규율하는 법리로서 비슷한 생각들이 마치 담과 경계로 잇대고 있거나 흘러가는 물이 각 토지를 지나가는 것과

인의 전적인 노력으로 탄생하는 것이 아니라 공유자산(public domain) 또는 전작(前作)에 터 잡기도 하고, 때로는 팬덤 등 문화적/사회적 힘(social force)에 기인하는 바가 크다고 보는데, 이 점에서 공정이용의 정당화 근거를 상류로부터 흘러내리는 물[유수(流水)]의 이용 논의에서 찾을 수도 있다. 남형두, 전게서(주 120), 75-79면.

유사하여, 민법상 상린관계의 '아름다운'422) 양보와 부의 재편(再編)이 매우 자연스럽다.

다만, 공용수용과 마찬가지로 보상 문제가 따라야 하는데(민법 제219조 제2항), 최소한 한국 저작권법에 따르면 공정이용의 경우에도 출처표시 의무가 있고 출처표시를 통해 일종의 보상('대가이론')이 이루어진다는 점에서 주위지 통행권을 유추 적용하는 데 큰 문제가 없다.

이상에서 본 바에 따르면, '공용수용' 법리와 '주위지 통행권' 법리를 놓고 볼 때, 작은 이용자를 전제로 한 공정이용의 본래 취지에 더욱 가까운 것은 '주위지 통행권' 법리라고 할 수 있다. 미국 학계 일각에서 유력하게 제시된 공용수용 법리는 일견 타당해 보이지만 그 이면에 도사린 위 여러 문제점을 인지한다면 매우 위험한 논리라는 것을 알 수 있다. 그 점에서 더욱 선린관계에 기초한 주위지 통행권 법리의 상대적 우월성이 검증되기도 한다.

저작권법상 공정이용은 창작자들의 희생과 비용으로 작은 이용자들의 표현의 자유를 보호하기 위해 설계된 제도이다. 그런데 제도의 취지에 맞지 않게 초거대 이용자인 빅테크가 다수의 저작물을 무상으로 확보하기 위한 매우 중요하고도 안정적인 법적 도구로 전용되고 있다. 이렇게 된 데는 법 자체의 문제라기보다는 법을 해석하고 운용하는 법원, 특히 현존 빅테크의 본점이 위치한 미국 법원의 판결 — 다른 나라의 저작권 법실무에도 큰 영향을 미치고 있음 — 때문이라고 할 것이다.

공익이란 잣대의 모호함이 오히려 빅테크 기업에는 사업의 기회가 되기도 한다.423) 빅테크의 막강한 협상력과 재판 전략424)은 모호한 기준을 오히

---

422) '아름다운'이란 표현을 쓴 것은 당초 이웃 간의 양보를 통해 선린(善隣) 관계를 유지하는 것이 아름답다는 뜻에서다. 물론 현실에서는 그렇지 못한 경우 법으로 규율할 수밖에 없어 민법의 소유권 한계(제3장 제1절)에서 상세히 규정하고 있다.
423) 공정이용 해당 여부는 재판으로 가기 전에 명확한 결론이 나기 어려운 모호함 때문에

러 반기는 측면이 있는 것이다. 토지나 건물과 같이 명확한 경계가 있는 물권과 달리 권리의 외연이 명확하지 않은 저작권에서 후발 창작자들 또는 후속 이용자들을 위해 열어놓은 문425)에 해당하는 '공정이용'의 요건이 명확하지 않은 것을 빅테크가 활용하는 기회로 삼는 것이다.

이처럼 초거대 이용자가 공정이용 제도의 혜택을 받아 저작물을 이용하는 것을 Oracle 판결 등 공정이용에 관한 미국 법원판결은 공익적 목적에 부합한 것으로 해석하고 있다. 공익에 의해 재산권의 일종인 타인의 저작재

버크 교수는 저작권을 'muddy'(애매한) 권리라고 했다. Burk, 전게논문(주 250), 140면. 포스너는 지식재산권을 'blurry'(흐릿한) 권리라고 하고, 오히려 이런 모호함이 권리의 잠재적 효율성에 장점이 된다고 했다. RICHARD A. POSNER, 『ECONOMIC ANALYSIS OF LAW 4th ed.』, ASPEN, 1992, p.53, n.3. 버크와 포스너의 주장은 저작권의 애매한 속성이 오히려 권리자에게 유리하게 작용한다는 취지로 이해할 수 있다.

424) 일반 이용자는 공정이용이 문제 될 때 재판까지 가서라도 공정이용임을 확인하려는 시도를 하기 쉽지 않다. 비용과 시간을 고려하면 개인적 차원에서 해당 저작물의 이용을 포기하거나 충분히 변형시키는 등으로 위험을 피하는 방법을 선택하는 것이다. 그런데 빅테크의 경우 ― Oracle 판결의 예 ― 소송을 불사하면서까지 공정이용임을 확인하는 예를 어렵지 않게 볼 수 있다. 이는 비단 공정이용에 관한 빅테크의 전략뿐 아니라, 저작권 대기업의 경우 저작권 보호기간이 만료된 저작물 이용자에 대해 저작권 외의 여러 수단으로 소송을 제기하여 사실상 저작권 보호기간을 연장하는 재판 전략을 쓰기도 한다. 위 Economist 기사(주 273) 참조. 실제 미국에서는 저작권 소송에 최소 50만 달러 이상이 필요해 영세한 크리에이터들은 소송하기가 어렵다고 한다. 이상덕, "인공지능 창작물의 소유권은? … 저작권 분쟁 시작됐다", 매일경제 2023. 5. 9.자 기사. 이 기사에 따르면 챗GPT에 관한 유럽 및 미국의 규제와 관련하여 유럽 법안의 초안은 ChatGPT와 같은 생성형 AI를 개발하는 업체는 시스템 구축에 사용된 '저작권 현황 자료' 공개를 강제하는 내용을 담고 있는데, AI 개발사가 스스로 밝힌 정보를 통해 향후 저작권 논란 발생 시 소송을 쉽게 하겠다는 취지이다. 이에 대해 AI 개발사는 반발하고 있다. 이에서 보듯 인공지능 개발사가 저작물을 이용하는 것은 공정이용보다 더 나아간 TDM에 의한 것인데, 분쟁 발생 시 고액의 소송비용 부담은 작은 창작자의 권리구제를 사실상 막고 있으며 빅테크 등 IT 분야 대기업은 이를 사실상의 장벽으로 삼는 전략을 구사하고 있다.

425) 본 저자가 비유로 사용한 우화에서 이 문(門)의 의미를 설명하였다. 남형두, 전게글(주 22). 후술 IV.1.다. (3) 효율성 신화(神話)의 맹점 ― 옥수수밭과 목장 참조.

산권을 법으로 제한하는 것을 공용수용에 유추하는 견해의 치명적인 약점은 공용수용에 따른 보상이 없다는 것이다. 그렇다고 비경제적 보상이라 할 수 있는 출처표시 의무를 부과하기도 쉽지 않다. 이렇게 되면 공익적 사용이라는 주장에 동의하기 어려워진다. 빅테크의 공정이용 제도 활용은 공익을 내세워 타인의 저작물을 공용수용하는 것과 같은데, 일반적인 공용수용에 따른 보상 의무까지도 면제받는 꼴이 되기 때문이다. 사기업에 불과한 빅테크 ― 초국가적 규모 ― 에게 누가 이런 막대한 혜택을 주었는가? 이는 입법기관이 그렇게 한 것이 아니라, 의도적인지 비의도적인지 알 수 없으나, 빅테크의 소송전략에 미국 연방대법원이 넘어간 것이 아닌가 싶다. 한편, Oracle 판결에서 미국 연방대법원은 공정이용 항변 성립 여부에 관해 변형적 테스트(transformative test)와 저작권법의 목적으로서의 '공익' 인정 여부에 집중하여 판단했을 뿐, 공정이용 항변 인정에 대한 대가로서의 출처표시까지 고려하지는 않았다. 아무튼 미국 연방대법원은 공정이용 항변을 인정하면서도 일체의 경제적 보상, 비경제적 출처표시 등의 의무를 부여하지 않음으로써 빅테크에 탄탄대로를 활짝 열어주었다.

오늘날 빅테크와 인공지능 개발사가 공정이용 또는 TDM 면책 제도를 이용해 저작물을 무상 이용하는 것은 수용(收用) 또는 징발에 해당한다고 볼 수 있다. 그런데, 보상이 따르지 않는 수용/징발은 현대 법치주의 국가에서는 상정하기 어렵다는 점에서 공정이용의 이론적 근거를 공용수용 법리를 유추하기보다는 선린(善隣)에 기초한 주위지 통행권 법리를 유추한다면 이런 불합리가 발생하지 않을 것이다.

라. 여론(餘論) ― '이어달리기 이론'

위 공용수용 유추, 주위지 통행권 등(상린관계 포함) 유추 이론이 법적 측면에서 본 것이라면, 지금부터는 비법적 측면의 논의이다.

일반 재산권에서 재산권을 정당화하는 논리로서 로크의 노동이론은 널리 알려진 이론이다. 노동한 사람, 씨를 뿌린426) 사람만이 그 결과물을 거둘 수 있고, 그래야 정의로우며, 그럴 때 그 과실에 재산권을 부여할 정당성이 주어진다. 저작권도 재산권의 하나로서 그 정당화 이론으로 노동이론은 매우 중요하게 다루어진다.427)

---

426) 한편, 씨 뿌리는 비유가 성서에 여러 번 등장하는데, 이에서 노동이론을 연상케 하는 부분이 있어 인용한다(아래 밑줄은 본 저자가 친 것임).
(ⅰ) Matthew 25:24~26, NIV
"Then the man who had received the one talent came. 'Master,' he said, 'I knew that you are a hard man, harvesting where you have not sown and gathering where you have not scattered seed. So I was afraid and went out and hid your talent in the ground. See, here is what belongs to you.' His master replied, <u>'You wicked, lazy servant! So you knew that I harvest where I have not sown and gather where I have not scattered seed?'"</u>
(번역: 개역개정)
"한 달란트 받았던 자는 와서 이르되 주인이여 당신은 굳은 사람이라 심지 않은 데서 거두고 헤치지 않은 데서 모으는 줄을 내가 알았으므로 두려워하여 나가서 당신의 달란트를 땅에 감추어 두었었나이다 보소서 당신의 것을 가지셨나이다 그 주인이 대답하여 이르되 <u>악하고 게으른 종아 나는 심지 않은 데서 거두고 헤치지 않은 데서 모으는 줄로 네가 알았느냐</u>"
(ⅱ) John 4:36~38, NIV
"Even now the reaper draws his wages, even now he harvests the crop for eternal life, so that the sower and the reaper may be glad together. Thus <u>the saying 'One sows and another reaps' is true.</u> I sent you to reap what you have not worked for. Others have done the hard work, and you have reaped the benefits of their labor."
(번역: 개역개정)
"거두는 자가 이미 삯도 받고 영생에 이르는 열매를 모으나니 이는 뿌리는 자와 거두는 자가 함께 즐거워하게 하려 함이라 그런즉 <u>한 사람이 심고 다른 사람이 거둔다 하는 말이 옳도다</u> 내가 너희로 노력하지 아니한 것을 거두러 보내었노니 다른 사람들은 노력하였고 너희는 그들이 노력한 것에 참여하였느니라"
위 마태복음의 뿌리지 않은 데서 거두는 것이 정의롭지 않다는 비유는 본문의 노동이론에 부합함을 알 수 있다. 그런데 요한복음에서는 뿌림(sowing)과 거둠(reaping)이 동일한 주체가 아닐 수 있다고 한다. 즉, 누군가는 뿌리고 누군가는 거둔다는 말에서 뿌리지 않은 데서 거두는 자는 '빚진 자'가 되어 또 누군가를 위해 그 자신도 뿌리는 사람이 되어야 함을 암시한다. 이는 곧 이어 나올 본문의 '창조적 계승'과 맞닿아 있다.

그런데 저작권의 경우 때로는 자기가 뿌리지 않은 데서 거두기도 한다. 즉, '심는 사람'과 '거두는 사람'이 일치하지 않는 경우가 있다. 심는 사람 따로 거두는 사람 따로 존재하기도 하는데, 일정한 요건을 갖추면 이런 것도 정당하다고 본다. 이는 공정이용 제도를 말하는데, 저작권이란 권리의 특성, 즉 저작물은 전적으로 개인 정신노동의 산물이라기보다는 사회적 노동 또는 문화적 산물로서의 성격[428]에서 연유한다. 부동산/동산과 같은 일반 유체재산(tangible property)에서는 위와 같은 불일치가 결코 정당화될 수 없다. 만약 유체재산에서 심지 않은 사람이 거둔다면, 이는 절도, 횡령 등 범죄행위가 될 것이고, 심지어 특정물이 아닌 종류물이라고 해서 그 불법성이 면제되지 않는다. 소비한 후 같은 종류의 다른 물건 또는 등가의 돈을 지급한다고 해서 무죄로 되거나 불법행위 책임을 면하지 못한다는 뜻이다. 그런데 저작권의 공정이용 제도는 자신이 만들지 않았어도 이용한 행위에 대해 법적 책임을 면제한다. 공정이용의 '변형적 이용 이론'은 제1 요소인 이용 목적에서 저작물의 이용이 공익에 부합하면 공정한 이용으로 정당화한다. 저작물의 이용을 '생산적 이용(productive use)'과 '소비적 이용(consumptive use)'으로 구분하고, 전자는 공익을 위한 것이므로 공정이용이라고 하는데[429] 모두 같은 취지이다.

저작물의 이용이 새로운 창작을 위한 것으로서 그 결과물이 공익에 이바지한다면 공정이용으로 면책한다. 여기에서 '심는 행위(씨를 뿌린 행위)'와 '거두는 행위'의 주체가 일치하지 않아도 '거두는 행위'가 다음 사람을 위해 다시 '심는 행위'로 되는 것임을 알 수 있다. 마치 '이어달리기'와 유사하다.

---

427) 남형두, 전게서(주 120), 70-79면.
428) 18세기 프랑스 계몽주의 철학자 콩도르세(Nicolas de Condorcet)에 따르면 아이디어의 소유권(저작권을 말함. 본 저자 주)과 자연물로서 유형물의 소유권은 같을 수 없으며, 문예물이 자연 질서에서 나온 재산이 아니라 사회적 힘(social force)으로 보호되는 것이니 사회에 근거한 재산이라고 했다. 위의 책, 75-77면.
429) III.4. 다. 생산적/소비적 이용 논의 참조.

1. 공정이용 제도의 본질론   189

앞 사람의 배턴(baton)을 받아 다음 사람에게 전달하는 주자(走者)가 자신의 책임 주행 구간 직전의 앞선 주자의 주행 구간에 들어가 있거나, 후속 주자의 주행 구간까지 일부 뛰어 들어간다고 해도 반칙이 아닌 것은 릴레이에서 허용된 룰이기 때문이다. 지정된 교체구역에 두 선수가 동시에 있다고 해서 반칙이 아니다. 이처럼 릴레이의 주자가 자신이 책임진 구간 외 교체구역에 들어가도 룰을 어긴 것으로 보지 않는데, 릴레이 주자 모두 한 가지 목적, 즉 배턴을 떨어뜨리지 않고 이어 뛰면서 도착 지점에 먼저 들어가는 것을 목적으로 하기 때문이다. 이 '교체구역'이 공정이용에 해당한다고 생각한다. 릴레이에서 교체구역을 벗어나 배턴을 주고받으면 반칙이 되어 탈락하듯, 공정이용에서도 요건을 벗어나면 저작권침해가 된다.

사실 창작이란 선행 창작물을 이어받아 새것을 만드는 행위인데, 그것이 후에 또 다른 창작에 이용된다는 점에서 보면, 하나의 '과정'이라고 할 수 있다. 개별 창작은 그 자체로 완결성이 있지만, 인류적 관점에서 보면 릴레이에 유사하다고 할 수 있다. 창작의 세계에서 뿌림(sowing)과 거둠(reaping 또는 harvesting), 뿌리는 자(sower)와 거두는 자(reaper)의 불일치를 조화롭게 하는 법적 장치를 공정이용이라고 할 수 있다. 한국의 '태왕사신기 판결'의 다음 판시 부분은 뿌림과 거둠의 관점에서 창작자와 이용자의 관계를 잘 설명하고 있다.

> "원고에게 더 넓은 범위의 저작권 보호를 인정하면 할수록 원고의 편익은 증가하는 면이 있겠지만, 이는 또한 원고 자신의 비용 증가로 귀결될 수 있다. 왜냐하면, 원고의 저작물인 바람의 나라 중에서 저작권으로 보호되는 범위를 넓힐수록 그 부분은 원고가 아닌 다른 창작자들에 의해 이미 사용되어진 부분에 해당하게 될 가능성이 점점 높아지고, 원고 자신도 자신의 창작에 있어서 그 소재를 사용할 수 없게 될 뿐만 아니라, 이미 사용한 소재 및 캐릭터에 대하여 앞선 다른 창작자들로부터 저작권침해라는 주장을 당하게 될 것이기 때문이다."[430]

미국 연방 제9 항소법원이 선고한 한국 기업(삼성전자)이 피고로 된 퍼블리시티권 판결의 반대의견에서도 같은 취지를 발견할 수 있다.

> "Overprotecting intellectual property is as harmful as underprotecting it. (…) Intellectual property rights aren't free: They're imposed at the expense of future creators and of the public at large. (...) This is why intellectual property law is full of careful balances between what's set aside for the owner and what's left in the public domain for the rest of us."[431)]

(번역)
"지식재산권을 과도하게 보호하는 것은 덜 보호하는 것과 마찬가지로 해롭다. 창작은 풍부한 공유자원이 없이는 불가능하다. (중략) 지식재산권은 공짜가 아니다. 그것은 일반적으로 미래의 창작자들과 일반 공중의 비용으로 전가된다. (중략) 이것이 바로 지식재산권법이 그 소유자를 위해 확보된 것과 일반 공중을 위해 공유로 남겨진 것 사이에서 매우 조심스러운 균형감을 갖추어야 하는 이유다."

위 White 판결에서 미래 후손(공중)이 창작할 수 있도록 남겨야 한다는 취지의 판시가 바로 '이어달리기'를 의미하는 것으로 이해할 수 있다. 한국과 미국 판결 모두 창작물이 독자적/독립적으로 존재하지 않고 선행/후속 저작물과 유기적으로 연결돼 있음을 간파한 것이다. 인류와 문화가 존속하는 한 끊임없이 이어져야 할 창작을 위해 창작물에 관한 저작권 보호 및 제한과 공정이용 인정 문제는 이처럼 '이어달리기'에 적절히 비유할 수 있고,

---

430) 서울중앙지방법원 2006. 6. 30. 선고 2005가단197078 판결('태왕사신기 판결'). 한편, 이 판시 부분 뒤에 "Richard A. Posner, Economic Analysis of Law (6th ed.), 41, Aspen Publishers 2003"이라고 출처를 밝혀놓고 있다.
431) J. Kozinski (dissenting op. in White v. Samsung, 989 F.2d 1512, 1513 (1993)(이하 'White 판결')(본문의 밑줄은 본 저자가 친 것임).

공정이용은 '이어달리기'에 유추해 정당성을 확보할 수 있다.

그런데 초등학교 운동회와 같은 이어달리기(계주) 경기에서 종결자(terminator)가 등장해 계주를 끝내 버려서야 될까? 빅테크의 공정이용 활용과 인공지능 개발자에 대한 TDM 면책 인정은 '변형적 이용 이론'의 '생산적 이용'을 내세우고 있지만, '창조적 계승'이라는 이어달리기 관점에서 볼 때, '인간 창작자'의 생산을 위축시키고, 나아가 과실 배분에서 균형을 잃게 된다는 점에서 부당하다. 빅테크의 공정이용 제도 이용이 갖는 부작용과 작금에 논의 중인 인공지능 개발사의 TDM 면책이 가져올 위험성에 눈을 감는다면, 이어달리기로 '창조적 계승'을 유지해 왔던 인류 공동체의 문화는 막을 내릴 가능성이 있다.

인류가 하나의 문화 공동체라는 관점에서 보면, 누군가는 뿌리고 누군가는 거둔다는 것이 부당하지 않을 수 있다. 이런 이어달리기가 오늘의 인류와 문화를 만들어 왔다고 볼 수 있기 때문이다. 공정이용에서 '변형적 이용 이론'의 공익 기준으로 '생산적 이용'은 '거두되 또 다른 뿌림'을 의미하는 것이기에 공정이용으로 면책을 해주는 것이다. 자기가 심지 않은 것, 즉 <u>이전에 누군가 심은 것(A)</u>을 <u>거두었지만(B)</u> 그것을 <u>후에 누군가 거둘 수 있도록(C)</u> <u>심는 행위(D)</u>로 이론 구성하는 것이 '변형적 이용 이론'이다. 여기에서 불일치가 발생한다. B와 C 사이의 시차(時差)와 행위자(sower와 reaper)의 불일치이다. 이와 같은 불일치를 조화시키고 보정하는 일이 필요한데, 창작의 세계에서 공정이용이 그 역할을 한다.

B를 D와 동일시하는 것이 바로 '생산(D)적 이용(B)'이고, 여기에서는 이용이 생산에 앞서는데, 이를 정당화하는 것이 '변형적 이용 이론'이다. 심는 행위(D)를 공익으로 보아 사전 이용행위(B)를 저작권침해가 아니라고 정당화하는 것이다. 이렇게 시차와 행위 주체의 차이를 극복/정당화하려면, 즉 B를 정당화하려면 ─ B가 D를 위한 것이라고 하려면 ─ C가 전제되어야 한다. 그리고 그와 같은 매칭에는 균형과 등가성(Balancing / Equivalence)이 있

어야 한다. "되로 주고 말로 받아서는 안 된다"라는 말이다. 저작물 이용이 저작권침해/공정이용에 해당하는지가 쟁점이 된 재판에서 '변형적 이용 이론'을 적용한 판결이 존중된다면, 이는 위와 같은 조화와 보정이 균형과 등가성을 갖춘 경우라고 할 것이다. 그런데, 과연 빅테크의 저작물 이용을 변형적 이용이라고 본 판결에서 이와 같은 균형과 등가성이 있는지 자문해 볼 일이다. 오늘날 플랫폼 환경에서 빅테크는 수많은 꿀벌이 모은 것을 기가 막히게 거두고 있다. 그런데 거두는 만큼 심고 있는 것일까? 솥단지를 박박 긁듯 철저히 긁어모으기는 하지만, 다른 솥에 새 밥을 짓기는 하는 것일까?432) '이어달리기' 관점에서 볼 때, 공정이용의 변형적 이용 이론은 빅테크나 인공지능 개발자와 같은 종결자를 제외한다면 유효하고 좋은 이론이라고 할 수 있다.

2. 플랫폼과 공정이용

가. 플랫폼

오늘날 공정이용과 TDM 문제는 인공지능 쟁점과 맞물려 저작권법을 넘어 법학 전반에 걸친 문제가 되고 있다. 공정이용과 TDM이 글로벌 이슈로 된 것은 플랫폼 환경 때문이다. 인터넷 기반의 플랫폼을 상정하지 않는다면, 저작권과 공정이용이 오늘날처럼 특정 국가를 넘어 전 세계적 공통 관심사가 될 수 없었을 것이다. 이 책에서 플랫폼을 본격적으로 다루지는 않지만,

---

432) 만약 그것이 충분하지 못해 균형을 잃고 있다면, 즉 거두기만 하되 그에 걸맞게 심지 않는다면, 돈으로라도 기여해야 하지 않을까? 이 지점에서 위 조세 논의가 시작될 수 있다.

플랫폼에 대한 이해를 전제하지 않고는 논의를 전개하기 어려운 것이 사실이어서 필요한 범위 내에서 관련 논의를 한다.

플랫폼에 관한 논의에서 논자마다 다양한 개념으로 플랫폼을 말하고 있어 합리적 논의를 위해서는 용어와 정의에 대한 합의가 필요하다. 대체로 합의할 수 있는 플랫폼의 구성요소에는 인터넷 기반과 양면 시장433)이 있다.

(1) 터미널과 플랫폼

플랫폼이란 말이 세간에 널리 쓰이기 시작한 것은 아마도 고속버스 터미널 또는 철도역이 아니었을까 싶다. 각기 다른 목적지로 가려는 사람들이 뒤섞여 있는 터미널의 승강장을 뜻하는 플랫폼이 언제부터인지 터미널 전체를 의미하는 것으로 사용됐다. 터미널 회사는 운수회사와 승객 양쪽을 고객으로 삼고 있는데, 이들 고객 간에는 직접적인 거래가 이루어지지 않고 터미널 회사가 매개한다. 개별 운수회사가 승객과 거래하려면 승하차를 위한 승강장 부지를 확보하고 매표원을 별도로 고용해야 한다. 부지와 인력 확보를 위해 막대한 비용이 드는 것은 말할 필요도 없다. 이런 운수회사의 비용은 승객에게 전가될 것이므로 승객 쪽에서도 운수회사별 승하차 및 매표 행위가 비용 면에서 유리하지 않다. 게다가 최종 목적지를 가기 위해 중간에 기착하여 다른 운송 수단(버스나 기차)으로 갈아타야 한다면 개별 승

---

433) 이하에서 '양면 시장'이라 함은 반드시 두 개의 시장만을 전제로 하는 것이 아니라 둘 이상의 시장 또는 거래 집단을 전제로 한다. 양면 시장, 다면 시장 등의 용어를 사용할 수 있으나, 편의상 '양면 시장' 또는 '양면/다면 시장' 등으로 약칭하기로 한다. 참고로 2024년 현재 국회에 제출된 "온라인 플랫폼 공정화법안"(서영교의원 등 발의) 제2조(정의) 제1호는 '온라인 플랫폼'을 다음과 같이 정의하고 있다. "'온라인 플랫폼'이란 재화 또는 용역(일정한 시설을 이용하거나 용역을 제공받을 수 있는 권리를 포함한다. 이하 같다)의 거래와 관련된 둘 이상 이용자 간의 상호작용을 위하여 정보통신설비를 이용하여 설정된 전자적 시스템으로서 대통령령으로 정하는 것을 말한다."

하차장 시스템은 매우 불편하다.434) 이런 중복투자로 인한 과다한 비용과 이용 불편을 해소할 수 있는 시스템이 바로 터미널이다. 터미널 시스템에서 터미널 회사는 운수회사를 대신해 티켓을 판매하고 그 판매대금에서 일부를 수수료 및 비용으로 공제한 후 나머지를 운수회사에 지급한다. 겉으로 보면 승객은 터미널을 무료로 이용하는 것 같지만, 티켓 가격에 운수회사가 터미널 회사에 내는 수수료 등이 포함되어 있어, 실은 승객도 터미널 이용료를 부담하는 셈이다.

한편, 플랫폼이라는 말이 처음 나왔을 때는 버스/기차 터미널의 승하차 장소인 승강장을 의미했으나, 오늘날에는 이에 더하여 인터넷 기반의 양면시장의 의미로 더 많이 사용되고 있다. 언어의 와전 현상인데, 이는 양면 시장을 완벽하게 보여주는 단어가 터미널 또는 플랫폼이었기 때문으로 생각한다. 오프라인에서 온라인 인터넷 환경으로 옮겨진 플랫폼은 그 경계가 어디까지인지 알 수 없을 정도로 광범위하고 지금도 확장되고 있다. 플랫폼이 양면/다면 시장을 매개하는 틀은 같지만, 온라인 플랫폼은 거래 품목(재화,

---

434) 프랑스 파리역을 예로 들어 설명한다. 파리가 최종 목적지가 아닌 경우, 즉 프랑스의 어떤 지역에서 다른 지역으로 이동할 때 파리역을 거쳐 가야 할 때가 있다. 오랜 도시의 특성상 도심에 터미널을 갖추고 있지 않아 도심 외곽에 있는 역에서 하차하여 별도의 교통수단을 통해 파리 외곽의 다른 역으로 이동해 그곳에서 최종 목적지로 가는 기차를 갈아타야 한다. 이때 이동 거리 및 시간이 꽤 걸려 여행자가 사전에 이를 고려하지 않으면 후속 열차를 놓쳐 낭패를 입기 쉽다. 효율성 측면에서 보면 파리역은 대단히 뒤떨어진 역이라 할 수 있다. 공항처럼 안전과 소음 방지를 위해 도시 외곽에 건설하는 것과 달리 버스 또는 기차 터미널은 도심에 환승 가능한 터미널 형태로 건설하는 것이 현대 도시의 특징이라 할 수 있기 때문이다. 한편 도심에 종합터미널(플랫폼)을 만들어 편리와 효율을 추구하면 속도와 양에서는 진보를 이룰 수 있을지 모르지만, 그로 인해 잃어지는 것이 많다. 오래된 도시의 역사와 숨결이 담겨 있는 도심의 궁전, 공연장, 공원, 그리고 시민의 일상 등 다른 역으로 이동하는 동안 누릴 수 있는 가치, 천천히 이동하거나 잠시라도 머물러야 보이는 것들이 비효율이란 이름으로 지워지고 파괴된다. 도심 내 거대 플랫폼(터미널)이 갖는 효율을 포기하면서 외곽 터미널을 유지하는 파리시의 지혜에 주목할 필요가 있다.

서비스 등)이 다양하고 수익을 창출하는 비즈니스 모델도 천차만별이라는 점에서, 오프라인 플랫폼(터미널)과는 그 출발을 공유할 뿐 전혀 다른 세상을 열어가고 있다.435)

(2) 플랫폼 분류 — 다양하고 복층적인 플랫폼 유형

플랫폼의 최소 공통분모는 양면 시장과 인터넷 기반이다. 그런데 플랫폼에는 매우 다양한 형태의 플랫폼이 있어 플랫폼 경제라는 범주에서는 하나로 묶을 수 있겠지만, 법적 측면에서는 합리적 논의를 위해 유형화할 필요가 있다. 여기에서는 '탑 다운 방식'436)으로 유형을 나누되, 대표적으로 플랫폼 비즈니스를 하는 글로벌 플랫폼(GAFA: Google, Apple, Facebook, Amazon)과 한국의 대표적인 플랫폼(네이버, 카카오 등) 등을 대상으로 다음과 같이 크게 네 가지로 나누어 설명한다.

(ⅰ) 앱 시장 운영 플랫폼: 구글(구글플레이), 애플(앱 스토어)
(ⅱ) 오픈 마켓 플랫폼: 아마존
(ⅲ) 소셜네트워크서비스(SNS) 기반 플랫폼: 페이스북, 카카오
(ⅳ) 종합 포털 서비스 기반 플랫폼: 네이버

모바일폰의 대표적인 운영체계인 Android와 iOS를 보유하고 있는 구글과 애플은 사실상 전 세계 앱 시장(앱 마켓)을 양분하고 있다. 종래 플랫폼이 '웹 기반'에서 '앱 기반'으로 진전됨에 따라 앱 시장을 전제로 할 때, 위

---

435) 오늘날 고속버스/철도 터미널(플랫폼)도 단순히 환승을 넘어 백화점, 음식점 등 각종 서비스를 제공하는 등으로 그 기능이 확장되고 있다. 그런데 인터넷상의 플랫폼에 비하면 시극히 제한적이라 할 것이나.
436) '탑 다운 방식'은 플랫폼 생태계에서 가장 크고 강력한 것에서 아래로 층위를 나눈 방식을 말한다.

(ⅱ) 내지 (ⅳ) 유형의 플랫폼도 구글이나 애플과 같은 '앱 시장 운영 플랫폼'에 대해 종속적 관계로 변화하는 추세이다. 따라서 플랫폼을 가장 크게 분류하면, 앱 시장 운영 플랫폼과 앱 기반 플랫폼이 있다.

'앱 기반 플랫폼'은 다시 '앱 형태 플랫폼'과 '논-플랫폼(non-platform) 앱'으로 구별된다. 이해를 돕기 위해 예를 들면, '앱 형태 플랫폼'에는 에어비앤비(Airbnb), 우버(UBER), 카카오톡(KakaoTalk), 에픽게임즈 스토어(Epic Games Store), 스포티파이(Spotify), 배달의민족, 태스크래빗(TaskRabbit), 크몽,437) 알바천국, 당근마켓 등이 있고, '논-플랫폼 앱'에는 리니지와 같은 게임 앱, 런드리고(LaundryGo), 애플뮤직(Apple Music)과 같은 구독형 앱 등이 있다. '앱 형태 플랫폼'과 '논-플랫폼 앱'을 나누는 기준은 해당 앱이 재화 및 서비스를 직접 공급하느냐에 있는데, 직접 공급하는 구조라면 '논-플랫폼 앱'이 되고, 그렇지 않고 다수의 수요자와 다수의 공급자를 연결해 주는 역할을 하는 플랫폼 구조라면 '앱 형태 플랫폼'이 된다. 엄밀히 말하면, '논-플랫폼 앱'은 양면 시장을 전제로 하지 않는다는 점에서 이 책에서 말하는 플랫폼에 해당하지 않는다. 따라서 양면 시장 관점에서 볼 때, 플랫폼은 '앱 형태 플랫폼'과 '앱 시장 운영 플랫폼'이 있는 것이고, 전자는 후자의 운영체계 안에서 거래된다는 점에서 '앱 시장 운영 플랫폼'은 '플랫폼들의 플랫폼(platform of plaforms)'이라고 할 수 있으며, 플랫폼 생태계에서 최상위에 위치한다.438)

---

437) 2012년 한국에서 설립된 서비스 중개 플랫폼으로서 번역, 종합소득세 신고, 홈페이지 제작 등 프리랜서 마켓에서 전문가와 소비자를 연결해 준다. 2025. 1. 24. 현재 누적 회원 수 415만 명 이상, 누적 거래 건수 590만 건 이상을 기록하고 있다. https://www.kmongcorp.com/ (2025. 1. 24. 방문).
438) 인터넷상에서 비즈니스를 하는 사업자는 앱 시장 운영 플랫폼에 수수료를 부담하지 않기 위해 스스로 최상위 플랫폼이 되고자 할 수 있으나, 한국의 원스토어가 사실상 실패한 것에서 보는 바와 같이 이미 양분된 앱 시장에서 최상위 운영 플랫폼이 되기는 쉽지 않다. 그 점에서 미국 법무부가 구글이 삼성전자 등 스마트폰 제조사에 연간 수십억 달러를 주면서 스마트폰에서 자동적으로 구글 검색을 할 수 있도록 불법으

이렇게 플랫폼을 나누어 다양하고 복층적인 구조로 이해하는 것의 실익은 이들 플랫폼 간에 이해관계가 상충될 때 도드라진다. 이른바 '인앱결제 강제방지법'으로 알려진 개정 전기통신사업법(2021년) 시행 후 국내 대표적인 '앱 형태 플랫폼'인 카카오가 앱 수수료 문제를 놓고 글로벌 '앱 시장 운영 플랫폼'인 구글과 맞서다가 물러났던 사건[439]은 이들의 갈등이 바깥으로 첨예하게 대립했던 경우에 해당한다. 이런 갈등을 생태계의 먹이사슬 관계에 유추하여 플랫폼 생태계에 적용하면, 구글/애플과 같은 '앱 시장 운영 플랫폼'은 '(최)상위 플랫폼'으로, 구글플레이/앱 스토어를 통해 다운되는 '앱 형태 플랫폼'은 '하위 플랫폼'으로 명명할 수 있다. 하위 플랫폼 중에도 아마존/페이스북처럼 구글/애플과 함께 빅테크 그룹으로 묶이는 것이 있으나, 아마존/페이스북이 '앱 시장 운영 플랫폼'이 아닌 것은 분명하다는 점에서 이 책에서 '빅테크 플랫폼'이라고 할 때는 주로 구글/애플을 가리키는 것이다. 이상의 논의를 도해하면 다음과 같다.

로 경쟁자들을 배제하고 시장 지배력을 유지했다는 이유로 공정거래법 위반으로 조사하고 제재한 것은 앱 시장 운영 플랫폼이 앱 시장을 장악하기 위해 불법을 무릅쓰고 있음을 단적으로 보여준 사례이다. 한편, 이 사건은 2024. 8. 5. 워싱턴 연방지방법원에서 법무부의 손을 들어주었다. 구글의 항소로 최종 확정된 것은 아니지만, 이번 판결은 2000년에 마이크로소프트가 자사의 인터넷 브라우저만 피시(PC)에 기본적으로 탑재하게 만든 것은 불법이라는 판결이 나온 이후 주요 정보기술 대기업의 반독점법 위반 논란에 대한 첫 판결이라는 평가가 있다. 이본영, "미 법원 '구글 검색 독점은 불법'... 빅테크들 제동 '획기적 판결'", 한겨레 2024. 8. 5.자 기사, https://www.hani.co.kr/arti/international/america/1152402.html (2024. 12. 30. 방문).

[439] 정인선, "카카오, 2주 만에 구글에 '백기'…카톡 '결제 아웃링크' 뺀다", 한겨레 2022. 7. 13.자 기사, https://www.hani.co.kr/arti/economy/it/1050800.html (2024. 12. 30. 방문). '앱 시장 운영 플랫폼'과 '앱 형태 플랫폼'의 갈등에 대해서는 뒤에서 상세히 논한다(주 521).

〈도해 1〉 앱 시장 운영 플랫폼(상위 플랫폼)

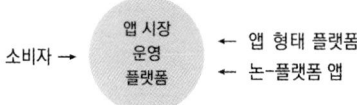

〈도해 2〉 앱 형태 플랫폼(하위 플랫폼)

〈도해 3〉 플랫폼 생태계 구도(도해 1과 2를 합친 것)

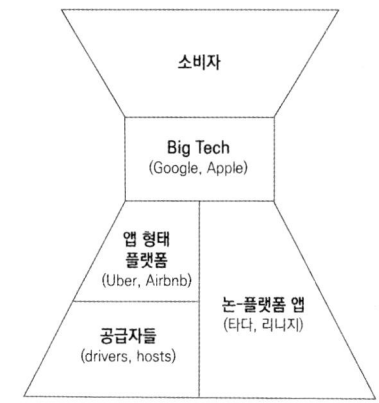

(3) 플랫폼과 저작권 쟁점

　상위 플랫폼(앱 시장 운영 플랫폼)의 수익은 주로 광고와 앱 수수료에서 나온다. 상위 플랫폼이 소비자에게 직접 과금하는 경우는 거의 없다. 광고와 앱 시장의 관건은 사람을 얼마나 많이 모으는 데 달려있다.440) 여기에서 관심 추종 기업(attention seekers)이 생겨난다.441) 이들 기업은 사람들의 관심을 끌기 위해 매력 있는 서비스 또는 콘텐츠를 제공해야 하는데, 이는 두 가지로 나누어 볼 수 있다. 첫째, 안드로이드와 같은 운영체계이다. Oracle 판결에서 본 바와 같이 구글은 저작권침해를 무릅쓰고 안드로이드 운영체계를 갖추었다. 이후 밴드왜건 효과(Bandwagon effect) 또는 네트워크 효과(Network effect)로 많은 사람이 구글에 모이게 되었다. 둘째, 이메일, SNS, 정보검색, 도서관(Google Books) 등의 콘텐츠/서비스의 무료 제공이다.

하위 플랫폼은 유료 서비스인 경우가 많은데, 그 서비스 이용에 따른 수수료는 사업자(공급자)에게서 징수하는가 하면 소비자와 사업자 모두에게서 징수하기도 한다. 전자의 경우에도 수수료 일부가 사업자를 통해 소비자에게 전가된다는 점에서 소비자는 하위 플랫폼의 수익을 이루는 수수료의 일정 부분을 최종적으로 부담하게 된다.442) 하위 플랫폼의 경우에도 초기에는 무료 서비스를 제공하다가 유료로 전환하거나 서비스를 차별화하여 유료/무료를 병행하기도 한다.443) 한편, 상위 플랫폼이 자체 하위 플랫폼을 거느리기도 한다. 동영상 공유 플랫폼인 유튜브는 '앱 형태 플랫폼'인데 구글에 인수돼 구글(상위 플랫폼)에 속한 하위 플랫폼이 되었다.

저작물을 이용하는 플랫폼 중에는 저작권자와 갈등을 일으키는 경우가 많다. 저작물 콘텐츠를 제공하는 플랫폼이 저작물을 유료로 구입하면 큰 문제가 없겠지만, 플랫폼이 무단 이용하거나 저작권 문제를 해결하지 아니하

---

440) 여기에서 본 저자는 전통 시장에 대비해 '온라인 장터'라는 개념을 도출했고, '앱 시장 운영 플랫폼'의 경우 사람과 인터넷 트래픽만 모으면 광고 효과가 저절로 생긴다는 것을 전통적 금융기관의 '예대마진'에 비유한 적이 있다. 남형두, 전게논문(주 366), 303-306면.
441) Evans, David S., Attention Rivalry Among Online Platforms (April 12, 2013). University of Chicago Institute for Law & Economics Olin Research Paper No. 627, Available at SSRN: https://ssrn.com/abstract=2195340), p.19.
442) 배달앱으로서 '배달의민족'을 생각하면 쉽게 이해할 수 있다.
443) 대표적인 예로 ChatGPT를 들 수 있다. 사업 초기에는 무료로 서비스하다가 수요자가 늘어나면 낮은 버전은 무료로 제공하되, 높은 버전은 유료화한다.

여 이용의 합법성 여부가 모호한 경우 플랫폼 비즈니스에 큰 위험 요소가 될 수 있다. 이에 관해 상위/하위 플랫폼으로 나누어 논의한다.

먼저 상위 플랫폼의 경우이다. 뉴스콘텐츠에 관한 저작권 문제는 매우 심각한데, 뉴스콘텐츠 저작권에 관한 가장 심한 갈등을 겪은 당사자는 루퍼트 머독(Rupert Murdoch)이 이끄는 거대 미디어 그룹 뉴스코퍼레이션(News Corporation)과 구글(상위 플랫폼)이라 할 것이다. 머독은 구글이 지속적으로 뉴스 저작물을 훔쳐 장사해 왔다고 주장했는데, 뉴스 저작권을 둘러싼 구글/페이스북과 언론사 간의 분쟁은 개별 국가의 입법으로 결실하기도 했다.444) 그런데, 최근 인공지능의 득세와 함께 인공지능 개발사가 AI 트레이닝을 위해 양질의 콘텐츠를 확보하는 과정에서 뉴스 기사를 무단 크롤링한 것이 문제 되고 있다. 모두에서 언급한 바와 같이 뉴욕타임스가 오픈AI를 상대로 제기한 저작권침해 소송이 대표적이다.445) 한국에서도 비슷한 갈등이 격화되고 있다. 최근 인공지능 개발사와 뉴스 회사 간에 거액의 합의가 이루어져 다시 주목받고 있다.446) 언론사의 기사는 모두 언론사의 저작권으로 귀속되는 것이 맞는가? 저작권이 외부 기고가에게 있는 외부 기고물이나 기사의 사진에 나오는 인물의 초상권(퍼블리시티권) 등은 해당 신문에 게재하기 위한 권리 확보는 되어 있을지 몰라도 해당 언론사가 제3자인 인공지능 개발사에 해당 기사 및 사진을 AI 트레이닝 데이터로 쓸 수 있도록 양도 또는 이용 허락할 권리를 보유하고 있다고 확신할 수 없다. 언론사와 인공지능 개발사 간의 합의는 경우에 따라 권한 없는 자가 타인의 권리를 양도한 것으로 인정될 수 있다[후술 Ⅳ.1.라.(2) (나) 미디어 기업의 양면성].

하위 플랫폼 경우에도 저작권이 비즈니스의 중요한 위험 요소가 될 수 있음을 살펴본다. 한국의 판례 검색서비스 회사인 엘박스(LBOX) 사례이다.

---

444) 이에 대한 상세는 주 879 참조.
445) 주 2 참조.
446) 주 882, 883 참조.

지난 몇 년 사이 이 회사가 급성장한 데는 한국 법원의 판결 비공개가 한몫했다. 특히 법원이 공개하지 않는 하급심 판결을 직접 사건을 담당했던 변호사들이 엘박스라는 플랫폼에 올리면 엘박스는 그 변호사들에게 플랫폼을 무료로 이용할 수 있는 혜택을 주는 방식의 비즈니스로 단기간 내 엄청난 수의 하급심 판결을 확보, 데이터베이스를 구축해 법률 DB 시장의 점유율을 높이는 데 성공했다. 그런데 따져보면 하급심 판결을 당해 사건의 소송대리인 변호사가 일방적으로 엘박스에 제공할 권한이 있는지 의문이다.[447] 변호사가 의뢰인의 허락 없이 판결문을 외부에 공개할 수 있는지, 그리고 변호사 선임계약서에서 수임인인 변호사가 판결문을 제3자에 제공할 수 있는 권한을 유보해 놓고 있더라도 그 계약서가 약관으로서 고객(의뢰인)에게 반드시 효력이 있는지도 의문이다.[448]

이상에서 본 바와 같이 상위/하위 플랫폼의 저작물 무단 이용이 저작권침해인지에 관해서는 정확히 떨어지지 않는 면이 있다. Oracle 판결 사안에서처럼 기능저작물로서 저작권침해가 되지 않을 수도 있고,[449] 엘박스 사례에

---

[447] 물론 본 저자는 기본적으로 판결 공개에 소극적인 법원의 태도가 옳지 않다고 보며, 헌법 제109조에 따라 공개해야 한다고 생각한다.
[448] 이와 유사한 사례로 학술논문 데이터베이스 회사의 논문 수집 경로도 문제 삼을 수 있다. 통상 학술논문을 투고할 때 논문집(저널)에 논문에 관한 저작권을 양도한다는 내용의 계약 또는 저널 약관 등이 있는데, 학술지를 펴내는 학회 또는 저널은 이에 근거해 투고 논문을 학술논문(학술정보) 데이터베이스 회사에 저작권을 양도 또는 이용 허락한다. 한편, 논문투고자가 문예학술저작권단체 회원인 경우 논문 등 저술에 대해 인별(人別) 신탁한다는 내용의 회원약관에 따라 위와 같이 논문이 투고된 경우 저작권의 이중양도의 문제가 생긴다. 즉, 저자와 상관없이 학술논문 인별 신탁계약에 따라 저작권을 확보했다고 주장하는 신탁단체와 논문이 투고된 학술지의 약관에 따라 개별 논문의 저작권이 양도되고 다시 양도 또는 이용 허락을 받은 학술정보 데이터베이스 회사가 서로 논문에 대한 저작권을 주장하는 기이한 경우가 생긴다. 논문 저자로서는 자신이 쓴 논문의 저작권, 특히 저작인격권에 관해 문제 삼을 여지가 많다.
[449] Oracle 판결에 대한 긴즈버그 교수의 비판[II.3.다.(2) (다) 여론(餘論): 저작물의 특수성 — 긴즈버그 교수의 견해] 참조.

서처럼 합의에 의한 이전 또는 이용 허락이라고 볼 수도 있으며, 뉴스콘텐츠 사례에서처럼 언론기관이 저작권 등을 확보하고 있지 않은 경우에는 최소한 해당 언론기관에 대한 저작권침해가 아니라고 볼 소지도 있기 때문이다. 반면 Oracle 판결의 경우 저작물에 대한 무단복제로 볼 수 있고(물론 그 다음 단계에서 공정이용으로 판단된 것과 별론으로), 엘박스 사례의 경우 계약(약관)의 효력에 문제가 있다고 볼 수 있으며, 뉴스콘텐츠 사례의 경우 입법 등에 의해 확인된 바와 같이 언론사에 대한 저작권침해라고 볼 소지가 있다. 이처럼 위 여러 사례는 저작권침해 여부가 모호한 영역(gray area)에 놓여 있다고 할 수 있다.

여기에서 개별 저작물의 이용을 넘어 대량의 저작물을 이용할 필요가 있는 경우, 나아가 AI 트레이닝 데이터로 써야 할 경우, 위와 같은 회색 지대를 명확히 해소하는 방법으로 공정이용에 의한 해결, TDM 면책 제도의 도입은 고르디우스의 매듭(Gordian Knot)을 푼 '알렉산더 대왕의 검'이 될 수 있을까?

한편, 위에서 제기한 문제는 단지 저작권에만 해당하는 것이 아니라 개인정보에도 적용될 수 있다. 즉 플랫폼 비즈니스에서 껄끄러운 저작권 문제의 본질은 대부분 개인정보에도 공통된다.

나. 플랫폼 환경과 저작물 유통

(1) 저작권과 시장·경쟁 개념 — 저작권 보호 범위

앞서 본 바와 같이 일찍이 1841년 Folsom 판결에서 저작권에 대한 예외로서 공정이용이 성립하려면 원작과 시장에서 경쟁 관계 구도에 있어서는 안 된다는 이론이 나왔다.450) 미국 법경제학의 태두(泰斗), 포스너 교수는 자신이 판사로서 맡은 공정이용 사건 판결에서 경제학의 보완재와 대체재 용어로 시장 경쟁 관계에 관한 논의를 전개하면서, 경제학이 공정이용 논의를 뒤덮어 경제학적 분석이 전통이 되어 버렸다고 판시했다.451) 이처럼 원작에 대한 수요 대체 여부로 공정이용의 성부(成否)를 판단하는 것은 저작권자 보호를 원칙으로 하되 예외적으로 공정이용을 인정하겠다는 취지에 다름이 없어 베른협약의 3단계 테스트 정신에도 부합한다.

  Folsom 판결 이래 영국과 미국의 공정이용 판례에 면면히 이어져 오는 시장적 경쟁 관계 이론은 2차적저작물 법리에서 크게 도드라진다. 원작과 경쟁 관계에 놓일 작품이 나온다면 이를 금하여 원작자를 보호해야 하는데, 이때 동원될 수 있는 것이 2차적저작물 법리이다. 이는 한국 저작권법에도 구현돼 있다. 2차적저작물이 성립하는 데 원작자의 동의가 필요한 것은 아니지만(제5조 제1항),452) 동의를 받지 않고 만들면 원작자의 2차적저작물작성권 침해가 될 수 있다(제22조).453) 이는 원작을 만들 당시 저자가 예상하지 못했거나 계획하지 않았더라도 2차적저작물을 만들어 수익할 기회를 저자에게 먼저 보장하겠다는 것으로서, 저작권법상 2차적저작물과 2차적저작물작성권의 취지이다. 한편, 저작재산권 양도 조항에서 저작재산권의 전부를 양도하는 경우에도 특약이 없으면 2차적저작물 작성권은 포함되지 아니한 것으로 추정하는 조항(제45조 제2항 본문)454)을 둔 것도 원작자가 2차적저작물 작성에서 경제적 수익을 충분히 선취할 수 있도록 하기 위한 것이

---

450) 주 62의 본문 참조.
451) Ty, Inc. v. Publications International, 292 F.3d 512, 517 (7th Cir. 2002).
452) 제5조(2차적저작물) ①원저작물을 번역·편곡·변형·각색·영상제작 그 밖의 방법으로 작성한 창작물(이하 "2차적저작물"이라 한다)은 독자적인 저작물로서 보호된다.
453) 제22조(2차적저작물작성권) 저작자는 그의 저작물을 원저작물로 하는 2차적저작물을 작성하여 이용할 권리를 가진다.
454) 제45조(저작재산권의 양도) ②저작재산권의 전부를 양도하는 경우에 특약이 없는 때에는 제22조에 따른 2차적저작물을 작성하여 이용할 권리는 포함되지 아니한 것으로 추정한다.

다.455) 또한, 2차적저작물 또는 독립저작물인지를 판단할 때 원작과 시장적 경쟁 관계에 놓여 있는지는 중요한 고려 요소이다.

이처럼 2차적저작물을 통해 원작자에게 우선적으로 수익 기회를 보호하는 것은 저작권법의 근간이라 할 수 있을 정도로 오랜 이론인데, 이런 선취권 보장은 '시장'과 '경쟁' 개념을 전제로 한다.

(2) 플랫폼의 출현과 시장·경쟁 구도의 변화

종래 판결에서 경쟁 관계의 유무를 판단할 때 '시장'은 화폐로 거래되는 단일시장을 전제로 했다.456) 그런데 전통적인 시장 외에 온라인 플랫폼이라는 새로운 유통 환경이 생기면서 시장의 구조는 획기적으로 바뀌게 된다. 전통적인 시장457)에서는 재화·서비스의 공급자와 수요자가 직접 만나지만,

---

455) 한국에서 2023년 3월 논란이 됐던 고 이우영 작가의 '검정고무신 판결'[서울중앙지방법원 2023. 11. 9. 선고 2019가합579315(본소), 2020가합564098(반소)]은 이전에 있었던 '구름빵 이야기 판결'(대법원 2020. 6. 25. 선고 2020다217816 판결, 원심: 서울고등법원 2020. 1. 21. 선고 2019나2007820 판결, 1심: 서울중앙지방법원 2019. 1. 11. 선고 2017가합588605 판결)과 유사하다. 계약 당시 원고가 신인 작가였다는 점을 고려하면 저작권 양도 조항은 상업적 위험을 분담하는 측면도 있고 저작재산권 일체를 양도하는 조항이 원고에게 부당하게 불리한 것이 아니라고 판단했다. 원고의 상고는 대법원에서 심리불속행으로 기각됐다.

456) 온라인 플랫폼이 나오기 전에는 '양면/다면 시장'이란 개념이 존재하지 않아 일반적으로 시장이라고 하면 당연히 '단일시장'을 말하는 것이었으므로 단일시장이란 말을 쓰는 것조차 이상하다고 생각할 수 있다. '양면/다면 시장'이 등장함으로써 비로소 이전 시장이 '단일시장'임을 알게 됐다는 뜻이다. 여기서는 논의 상 온라인 플랫폼이 등장하기 전의 시장을 이후의 '양면/다면 시장'에 상대되는 개념으로서 '단일시장'이라 호칭한다.

457) 이런 전통적 개념의 시장은 반드시 백화점과 같은 오프라인 매장(시장)만 있는 것이 아니라 백화점 홈쇼핑과 같이 유형적인 매장을 두지 않는 온라인 매장(시장)도 포함한다. 그런데 후자(홈쇼핑)도 공급자와 소비자가 직접 거래한다는 점에서 플랫폼과 구별되므로 '전통적 개념'의 시장으로 분류하기로 한다.

플랫폼 유통 환경에서는 플랫폼을 중심으로 간접적인 거래 관계를 맺게 된다. 이 과정에서 플랫폼 중심으로 양면/다면 시장이 형성된다.

플랫폼 중에 저작물 등 콘텐츠를 미끼로 하는 관심 추종 기업의 경우 대체로 다음과 같은 '삼면(三面) 시장'의 구조로 되어 있다.

① 저작권자 대 플랫폼
② 플랫폼 서비스 이용자 대 플랫폼
③ 광고주 대 플랫폼

〈도해 4〉 플랫폼의 삼면 시장 구도

물론 플랫폼에 따라 삼면이 아닌 그 이상의 다면 관계일 수 있고, 플랫폼과 개별 참여자들의 관계도 유상·무상으로 다를 수 있다. 그런데 여기서는 논의를 위해 단순화하되 일반적으로 널리 알려진 구글 모델로 논의한다.

a (저작권자 → 플랫폼): 저작물(콘텐츠)의 자발적·비자발적 제공
b (플랫폼 → 저작권자): 유상·무상
c (이용자 → 플랫폼): 유상·무상(개인정보 제공, 트래픽 유발을 대가 지

급으로 볼 수 있음)

d (플랫폼 → 이용자): 각종 콘텐츠(저작물) 및 서비스 제공

e (광고주 → 플랫폼): 광고료

f (플랫폼 → 광고주): 광고(노출·검색 광고)

위 삼면 관계를 조금 더 깊숙이 들여다보기로 한다.

(가) 저작권자 대 플랫폼

플랫폼에서 유통·이용되는 콘텐츠에는 반드시 저작물만 있는 것은 아니다. 그런데 여기에서는 저작물 콘텐츠만을 다루기로 한다. 저작물이 플랫폼에서 유통되기 위해 플랫폼에 올려지거나 연결되어야 하는데, 이 과정이 저작권자의 자발적 의사로 행해지지만 때로는 비자발적으로(심지어 인지하지 못한 경우를 포함하여) 이루어지기도 한다.[458] 자발적인 제공의 대표적 예는 Google Books 프로젝트에 동의한 대학도서관이 구글과 계약에 따라 도서관 자료를 제공한 것을 들 수 있다.[459] 비자발적인 제공, 즉 저작권자의 허락에 의하지 않은 제공은 다시 두 가지로 나누어 볼 수 있다. 첫째, 법으로 동의가 의제된 것으로서 '공정이용'에 의한 제공을 들 수 있다. 둘째, 해당 저작물이 플랫폼을 통해 이용자에게 전부 또는 부분으로 그대로 전달·이

---

[458] 빅테크가 활용하는 인지 잉여(cognitive surplus)가 제공되는 것에는 여러 양태가 있는데, 본 저자는 인지 잉여 주체의 자발성(voluntariness)과 의식성(consciousness)을 각 x축, y축으로 하여 정리한 그래프를 활용해 설명한 적이 있다. 남형두, 전게논문(주 192), 232면. 저작물이 반드시 인지 잉여와 같지는 않으나, 자발성·인지성을 이용한 구도는 이 논의에 가져다 쓸 수 있다.

[459] 물론 대학도서관이 해당 대학의 졸업생이 쓴 학위논문에 대한 저작권을 보유하고 있을 수는 있지만, 소장하고 있는 모든 도서관 자료에 대해 저작권을 확보한 것은 아닐 수 있다. 한편, 저작재산권 보호기간이 만료된 자료에 대해서는 대학도서관이 소유권자로서 Google Books 프로젝트에 참여하고 구글이 이를 디지털화하여 이용할 수 있도록 허용할 권한을 갖고 있음을 전제로 한다.

용되는 위 첫째와 달리, 어떤 과정을 통해 전달·이용되는지 알 수 없는 경우이다. 예컨대 TDM을 통한 이용을 들 수 있는데, 저작권자의 자발적 의사가 없다는 것은 말할 필요도 없고, 저작권자는 자신의 저작물이 이용됐는지조차 인지할 수 없다. 인공지능 개발사 또는 빅테크가 인터넷을 통해 수많은 저작물을 크롤링하여 인공지능의 성능을 고도화하기 위해 머신 러닝에 이용하거나(feeding), 빅데이터를 형성하는 것이 이에 해당한다.

이 과정에서 플랫폼이 저작권자에게 대가를 지급하는가? 가장 논란이 되는 지점이다. 대개 경우,460) 논란이 있으나, 플랫폼의 콘텐츠 이용은 공정이용 또는 TDM 예외를 통해 무상 공급 형태로 이루어지고 있다. 이 책에서 비판적으로 검토하는 부분이다.461) 한편, 자발적인 경우(적극 또는 허용)라

---

460) 여기에서 '대개'라는 표현을 쓴 것은 애플(Apple)의 iTunes와 같이 콘텐츠를 유상으로 구매하는 모델이 있기 때문이다. 한편, 콘텐츠를 창작하여 제공하는 유튜버와의 관계에서 조회 수 등 일정 요건을 충족하면 광고 수익의 일정 부분을 유튜버에게 지급한다는 점에서 ― 엄밀히 말하면 다음에서 보는 바와 같이 광고 수익 배분 ― 구글(유튜브)도 유상으로 창작물(콘텐츠)을 구매한다고 볼 수 있다. 유튜브 광고 수익을 유튜브(구글)가 유튜버와 공유하는 구조를 간략히 소개하면 다음과 같다.
  (ⅰ) 광고를 붙여 발생한 광고 수익의 일정분을 유튜버(콘텐츠 제공자)와 나눈다는 점에서 무상은 아니다. 다만 유튜브(구글)로서는 콘텐츠 제공자에 편승하여 이익을 얻는 것으로 볼 수 있다.
  (ⅱ) 유튜버가 제3자의 저작물을 이용하는 경우, 저작권자의 신고가 들어오면 유튜브는 공정이용 여부를 판단한다. 공정이용이라고 보면 (ⅰ)과 같고, 공정이용이 아니라고 보면(저작권침해) 광고 수익을 제3자(저작권자)와 유튜브(구글)가 나눈다.
  (ⅲ) 위 어떤 경우든 ― ①유튜브에 올라오는 콘텐츠가 유튜버의 순수 창작 영상물이든, 제3자의 저작물에서 가져온 것으로서 그것이 ②공정이용에 해당하든 ③저작권침해든 ― 유튜브(구글)는 유튜브에서 발생하는 광고 수익에 대해 유튜버 또는 저작권자와 나누어 갖는다.
  (ⅳ) 위 '일정 요건', 즉 유튜브의 광고 수익을 유튜버에게 배분하기 위한 요건을 충족하지 못하는 경우 ― 사실 유튜브에 올라오는 대부분 영상은 이에 해당한다 ― 광고 수익은 전부 유튜브(구글)에 귀속한다.
461) 이 책은 '공정이용'을 주제로 논의하고 있으므로, 저작물 이용자로서 빅테크에 관해 특별한 언급이 없으면 공정이용을 통해, 즉 무상으로 저작물을 이용하는 경우를 전제

고 해서 법적으로 아무런 문제가 없는 것이 아니다. 저작권자가 자발적으로 이용을 허락한 미끼 상품(loss leader)의 경우, 저작권자가 성명 표시의 조건을 달았음에도 플랫폼에 올려진 이후 그 조건이 이행되지 않는다면 공정이용 여부에 의문이 생길 수 있기 때문이다.462)

(나) 플랫폼 서비스 이용자 대 플랫폼

플랫폼 이용자는 플랫폼이 제공하는 각종 서비스(이메일, 정보검색, SNS 등)463)를 무상으로 이용하고 있지만, 이용자가 플랫폼에 제공하는 개인정보 등을 기반으로 플랫폼이 비즈니스에 활용한다는 점에서 결코 무상이 아니다. 그러니 "공짜 점심은 없는" 셈이다.464) 겉으로 보면 무상 서비스인 것

로 한다. 다시 말해 저작물을 유상으로 구매하거나(iTunes 모델), 수익 일부를 저작권자에게 나눠주는 경우(유튜브 모델)는 엄밀히 말하면, 빅테크가 공정이용 제도를 통해 무상으로 공급받는 경우에 해당하지 않으므로, 이 책의 주된 논의 대상이 아님을 밝힌다.

462) Philpot 판결(주 102) 참조. 물론 이 사건에서 피고 WOS (Wide Open Country)는 컨트리 뮤직 관련 뉴스, 엔터테인먼트, 라이프스타일 등을 출판하는 웹사이트 운영 회사로서 본문에서 말하는 플랫폼은 아니다. 그런데 저작권자들이 위 Philpot 판결에서처럼 무료 이용할 수 있도록 미끼 상품으로 내놓은 저작물에 성명 표시 조건이 달려 있음에도 플랫폼이 이를 어긴 경우는 흔한 일이다.

463) 현대 소비자들이 공짜로 누리는 각종 혜택으로 Monster (구직), Fox (수퍼 볼), Visa debit (지불수단), 구글(검색), 페이스북(메시지), Yellow Pages (비즈니스 찾기), iPhones / iPads (애플리케이션 다운), 리눅스(OS) 등이 있다. David S. Evans, *The Antitrust Economics of Free* (April 17, 2011), Competition Policy International, Spring 2011. Available at SSRN: https://ssrn.com/abstract=1813193 or http://dx.doi.org/10.2139/ssrn.1813193, p.2.

464) 웹사이트에 접근하거나 앱을 다운받을 때 개인정보를 제공하겠다는 약관에 동의하는 것을 16세기 탐험가(explorer)와 원주민(native)의 관계에서 하찮은 유리구슬과 황금을 교환하는 것에 비유하기도 한다. 이 비유의 전제에는 정보가 21세기의 황금이라는 의미가 내포되어 있다. 인터넷을 이용하는 많은 사람이 "공짜 점심 같은 것은 없다"(no such a thing as a free lunch)라는 속담이 있음에도 불구하고 정보의 비대칭성 세계에서 '자율적 동의'라는 시스템의 유혹에 넘어간다고 보는 것이다. Andreas Sattler,

같지만, 방문 기록(쿠키), 유발된 트래픽 등이 플랫폼으로서는 비즈니스 기회를 창출하는 소중한 정보라는 점에서 사실상 무상이 아니라고 보는 것이다. 한편, 개인정보 등의 제공으로 '사실상' 유상인 경우 외에 이용을 위해 현금을 지출하는 '실질적' 유상인 경우도 있다.465)

자발성 측면에서 볼 때, 위와 같은 서비스를 받기 위해 약관에 동의한다는 점에서 합의가 있는 것 같지만, 정보 비대칭 세계에서 '자율적 동의'란 사실상 동의가 없는 것이나 마찬가지이다. 플랫폼 입장에서 취득하기 어려운 개인정보를 개인정보 주체가 자주 사용하지도 않을 앱을 다운받기 위해 제공하는 것은 "황금과 유리구슬의 교환"에 비유할 수 있다.466)

한편, 이용자가 제공하는 것이 저작물이라면 위 (가)의 경우와 같게 된다. 이때는 삼면 시장이 아니라 양면 시장이 될 것이다.

(다) 광고주 대 플랫폼

플랫폼 광고에는 배너 광고와 같이 불특정 이용자에게 하는 광고가 있는가 하면, 인터넷 검색사이트에 특정 키워드를 검색한 사람을 상대로 하는 검색 광고가 있다. 어떤 경우에도 광고주는 플랫폼에 광고료를 지급하는데,

---

"From Personality to Property - Revisiting the Fundamentals of the Protection of Personal Data", MOR BAKHOUM, BEATRIZ CONDE GALLEGO, MARK-OLIVER MACKENRODT, GINTARE SURBLYTE-NAMAVICIENE, eds., 『PERSONAL DATA IN COMPETITION, CONSUMER PROTECTION AND INTELLECTUAL PROPERTY LAW — TOWARDS A HOLISTIC APPROACH?, MPI STUDIES ON INTELLECTUAL PROPERTY AND COMPETITION LAW 28』, SPRINGER, 2018, p.40.

465) 월정액을 지급하고 이용하는 유튜브 프리미엄(YouTube Premium)이 대표적인 예이다. 그 밖에 덕덕고(DuckDuckGo)와 같은 검색사이트는 개인정보 보호를 중요한 정책으로 삼아 구글과 달리 검색어를 수집하지 않는 대신 유료로 운영한다.

466) Sattler, 전게서(주 464), 40면. 한편, 개인정보 제공 동의로 받는 서비스 중에, 예컨대 구글의 지메일 서비스 같은 것을 '하찮은 유리구슬'로 단정할 수 있는가에 대해서는 논란이 있을 수 있다. 그런데 내려받은 후 사실상 거의 사용하지 않는 앱이 적지 않은데, 이런 앱은 '값싼 유리구슬'로 볼 수 있다고 생각한다.

갈수록 TV, 라디오, 신문 등 전통적인 매체 광고보다 플랫폼에서의 광고 비중이 높아지고 있다. 그도 그럴 것이 광고는 기본적으로 사람이 많이 모일수록,467) 그리고 모인 사람의 성향, 필요 등을 알수록 그 효과가 커지는데,468) 전통적 광고와는 비교할 수 없을 정도로 플랫폼에서의 광고 효과가 크다는 것은 이미 입증된 사실이다. 이른바 '맞춤형 광고', '표적 광고'는 개인정보 보호와 충돌할 수밖에 없는데, 개인정보 정책을 두고 페이스북(메타)과 애플이 첨예한 대립을 보였던 것은 광고 수입에 대한 의존도가 달랐기 때문이다.469)

(3) 정리

저작권법 제정 이래 플랫폼 유통 구조가 나오기 전까지의 저작물 이용 환경(context)은 창작자와 소비자가 직접 만나거나 소비자가 저작물을 직접 선택함으로써 연결되던 시기였다고 할 수 있다. 그런데 플랫폼 출현 후 창작자는 소비자와 직접 만나지 않을 뿐 아니라, 플랫폼을 통해 간접적으로 연

---

467) 본 저자는 플랫폼을 '온라인 장터'로 비유한 적이 있다. 남형두, 전게논문(주 366), 294-295면.
468) '맞춤형 광고'를 말하는데 이에는 개인정보 수집이 필수적이다.
469) 메타와 애플 간의 갈등에 대해서는 주 767 참조. 전체 수익에서 광고 수익이 차지하는 비중이 가장 큰 빅테크는 역시 메타이다. 2023년 전체 수익(Meta Family of Apps annual revenue) 133bn USD에서 광고 수익(annual advertising revenue) 131,9 bn USD가 차지하는 비율은 무려 97.9%이다. Stacy Jo Dixon, Meta: annual advertising revenue worldwide 2009-2023, Feb. 12, 2024, https://www.statista.com/statistics/271258/facebooks-advertising-revenue-worldwide/ (2024. 12. 30. 방문). 구글은 2023년 전체 수익(Global revenue of Google in 2023) 305.63bn USD에서 광고 수익(ad revenue) 237.8bn USD가 차지하는 비율은 77.8%이다. 광고 수익의 대부분은 검색 광고에서 나온다. Tiago Bianchi, Google: global annual revenue 2002-2023, Jan. 31, 2024, https://www.statista.com/statistics/266249/advertising-revenue-of-google/ (2024. 12. 30. 방문).

결되고 있다. 이로써 저작물 시장과 유통은 시간과 공간의 한계를 뛰어넘어 세계화되었으며, 플랫폼의 창작자와 소비자(이용자)에 대한 장악력은 과거에 없던 새로운 변수가 되었다.

다. 플랫폼 환경과 공정이용

플랫폼 환경에서 저작물 유통을 중심으로 보면 구매자와 소비자가 분리되는 것을 알 수 있다. 저작물을 무상으로 공급받거나 유상으로 구매하는 당사자는 플랫폼이고 이를 소비하는 주체는 플랫폼 가입자로서 플랫폼이 제공하는 각종 서비스(정보검색 등)를 무상으로 이용하는 자이다. 구매자(플랫폼)와 소비자(플랫폼 이용자)의 이반(離反) 현상이 생긴다. 이하에서는 저작물 구매자와 소비자가 달라지는 플랫폼 환경이 공정이용 판단을 위한 고려 요소에 어떤 영향을 미칠지 살펴본다.

(1) 시장의 범위: 제4 요소

미국 저작권법 제107조 공정이용 판단 시 고려해야 할 제4 요소, "the effect of the use upon the potential market for or value of the copyrighted work"와 한국 저작권법 제35조의5 제2항 제4호 "저작물의 이용이 그 저작물의 현재 시장 또는 가치나 잠재적인 시장 또는 가치에 미치는 영향"에 공히 나오는 'market' 또는 '시장'에 주목한다.[470]

---

470) 한국 저작권법의 해당 조항은 미국 저작권법을 모델로 하여 사실상 번역한 것인데, 미국 저작권법에 없는 '현재 시장'을 어떻게 볼 것인가? 미국 저작권법에서 공정이용에 관한 고려 요소 중 네 번째의 저작물의 현재 시장에 미치는 영향은 너무도 당연해 고려 요소에서 생략한 것이고, '잠재적 시장'도 고려의 대상이 된다는 뜻으로 조문화한 것으로 이해한다. 그런데 한국에서는 그 당연한 것을 조문에 넣은 것으로 보인다.

위 제4 요소에서 시장은 반드시 단일시장을 전제로 한 것일까? 공정이용 제도가 법제화되거나 판례로 인정될 때의 사회적 환경에는 플랫폼과 같은 '양면/다면 시장' 개념이 없었다. 그런데 저작물이 플랫폼 환경에서 유통되는 경우, 경쟁 관계에 있는지를 살펴볼 때의 '시장', 특히 '잠재적 시장(potential market)'은 역시 양면/다면 시장을 상정해야 하지 않을까? 이와 같은 문제의식 하에 논의를 전개하기로 한다.

(가) 예상치 못한 경쟁자의 출현

양면 시장 구조에서는 마치 평면에서 입체로 차원 이동을 한 것처럼 예상치 못한 곳에서 경쟁자가 나타나는 복잡한 양상이 발생한다. 예를 들어 2020년 '코비드 19' 감염병이 급속도로 번져 사회저 거리 두기가 전 세계적으로 실시될 때, 실시간 비대면 회의를 온라인으로 제공하는 줌(Zoom) 서비스가 각광 받았다. 그런데 사회적 거리 두기가 강제적으로 실시됐던 시기가 끝난 후에도, 꼭 필요한 경우가 아니라면 장시간 이동과 숙박이 따르는 대면 회의 대신 비대면 온라인 회의를 선택하는 경향이 지속되고 있다. 전염병 감염 우려 때문만 아니라 편리하기도 하고 효율성에서도 뒤떨어지지 않는다는 생각이 널리 퍼진 것이다. 이처럼 사회적 격리 기간뿐만 아니라 해제 이후에도 비대면 온라인 회의 서비스 사업이 호텔숙박업, 컨벤션 사업, 항공기 여객 시장 등과 현재 또는 잠재적 시장에서 경쟁 관계에 놓일 것이라고는 코비드 사태 이전에 쉽게 생각할 수 없었다. 대규모 감염병 사태와 같은 과거에 경험하지 못한 상황이 시장의 경쟁 구도 및 경쟁시장 획정에 큰 변화를 초래한 대표적 사례이다.[471]

제1호에서 '영리성 또는 비영리성 등'이 들어 있다가 2016년 저작권법 개정으로 삭제된 것처럼, 제4호에서 '현재 시장'도 언젠가 삭제되지 않을까 생각한다.

471) 여기에서 플랫폼과 같이 이른바 혁신기술에 의해 급변하는 시장에서는 경쟁법의 중요 쟁점 중 하나인 '관련시장 획정' 문제나 이 책에서 논의하는 공정이용의 '시장 경쟁

단일시장에서는 예상할 수 없었던 경쟁자가 플랫폼 환경에서 나타나는 예는 저작물 유통에서 많이 찾아볼 수 있다. 소설책을 인쇄·출판하는 출판사가 있는 가운데 전자책(eBook)으로 서비스하는 아마존 킨들(Kindle)이 나왔는가 하면, 최근에는 네이버, 카카오가 세계적인 웹소설 업체를 인수해 자사의 서비스로 제공하고 있다.[472] 만화의 경우는 더 극적이다. 만화 문화가 있는 한국과 일본은 각기 대여와 판매의 서로 다른 형식의 유통경로를 갖고 있었다. 그런데 한국에서는 최소한 과거의 종이책으로 대여하는 형식의 만화방 문화가 거의 사라졌다. 그 자리에 웹툰이 들어왔는데,[473] 웹툰 전문 플랫폼(예, 레진코믹스)이 있는가 하면 기존 빅테크[예, 페이스북(메타)]나 포털(네이버)이 웹툰을 유료 또는 무료로 제공하고 있다. 이제 소설, 만화 등의 장르에서 플랫폼은 출판사와 경쟁 관계에 놓이게 됐다.

플랫폼의 양면/다면 시장에는 전에 볼 수 없었던 새로운 경쟁 관계가 속출하고 있는데, 저작물 유통에 한정해 볼 때 플랫폼 간에 저작물을 취득하는 방식에서 차이가 있다. 아마존, 페이스북 등은 저자나 출판사로부터 유료 구매하는 데 반해, 구글은 다른 행보를 보였다.[474] 대표적으로 구글은 저작권자에게 사용료를 지급하지 않고 몇몇 대학도서관의 방대한 책을 스캔하는 Google Books 프로젝트를 실행하였다.[475] 저작권단체로부터 거센 저항

관계', 특히 '잠재적 시장' 문제를 판단할 때, 과거의 시장 상황으로 현재 및 미래 시장을 재단하면 잘못된 판단을 할 가능성이 있다는 점에 유의할 필요가 있다.
472) 2021년 카카오는 미국의 웹툰 타파스, 웹소설 래디쉬를 인수했으며, 네이버도 세계 최대 웹소설 업체인 왓패드를 인수했다. 홍지인, "카카오·네이버, 북미 웹툰·웹소설 인수…글로벌 콘텐츠 공략(종합)", 연합뉴스 2021. 5. 11.자 기사, https://www.yna.co.kr/view/AKR20210511038851017 (2024. 12. 30. 방문).
473) 정확히 말하면 웹툰이 과거의 종이책 만화와 만화방을 사라지게 했다고 할 것이다.
474) 이는 모바일 운영체제 안드로이드에 대한 저작권자인 썬 마이크로시스템즈(Oracle의 전신)와 라이선스 협상이 결렬된 이후, 애플이 독자 개발로 나아간 데 반해 구글은 무단 사용 후 소송절차에서 승소하는 방향으로 나아간 것에 유사하다. '무단 사용 후 소송 전에서의 승소'가 구글의 패턴이자 전략이 아닌가 싶을 정도이다. II.3.다.(2)(나) ② 대마불사 전략에 굴복한 사법부 참조.

을 받아 협상을 시도했지만 결렬되어 끝내 재판을 거쳐 공정이용 항변을 인정받아 결과적으로 무료로 도서를 복제하여 공중송신하는 서비스를 하게 됐다. 이처럼 양면/다면 시장의 플랫폼 환경에서 저작물을 유료 구매하는 플랫폼 등 기업이 있는가 하면 무단으로 이용하는 플랫폼도 있다면, 플랫폼 간에 매우 불공정한 게임을 하게 될 것이다.

프랑스의 경제학자 프랑수아즈 벤하무(Françoise Benhamou)는 Google Books 사건에서 구글이 직접적으로 상업화(direct commercialization)를 하지 않았다고 주장한 것에 대해, 이북(eBook) 사업을 하는 거대기업을 두 개의 모델(two Giants Models)로 나누어 반박 설명한다.

(ⅰ) open model: Google
(ⅱ) lock-in model: Amazon (Kindle), Apple (iBook, iPad, iPhone)

아마존과 애플 모델에서 eBook은 그 자체가 수익을 창출하는 전자 상거래(eCommerce)의 한 유형인 데 반해, 구글 모델에서 eBook은 양면 시장에서 온라인 광고 수익을 위해 무료로 제공되는 수단이란 점에서 차이가 있다는 것이다.[476] 이처럼 플랫폼 중 저자로부터 유료로 구매하여 유료로 서비스하는 다른 플랫폼(아마존, 애플)이 존재한다면, 이들 플랫폼과 무단 이용 플랫폼(구글)은 경쟁 관계에 놓이게 되고,[477] 무료 서비스를 제공하는 플랫

---

475) Google Books 판결 II(주 14), 208-211면; Françoise Benhamou, *Fair Use and Fair Competition for Digitized Cultural Goods: the Case of eBooks*, J Cult Econ (2015) 39:123-131, pp.126-127.
476) 위 논문, 126면.
477) 벤하무는 대형서점이나 아마존(킨들)이 세금을 내면서 사업을 하는 데 반해, 구글은 세금마저 피하고 있어 공정한 경쟁이 일어나지 않는다고 한다. 위 논문, 130면. 또한 Google Books 판결로 인해 구글은 절판된 책(out-of-print books) 시장을 독점하게 됐다고 한다. 위 논문, 128면.

폼(구글)의 시장점유율이 오르면 최종적으로 저자들이 피해를 보게 된다. 유료 플랫폼은 사실상 저자와 이해관계를 같이 한다는 점에서 이 경쟁 관계 역시 저자와 무료 서비스 플랫폼 간 경쟁 관계로 환원되기 때문이다.

(나) 새로운 시장 개척에 따른 선점 및 독점의 정당성 검토

'Google Books 판결'에서, 구글은 저작권 보호기간 내 있는 도서에 대해서는 일부분(16% 이하)만을 보여주는 서비스(Snippet service)를 했으며 그것이 저자의 수익 감소를 초래하지 않는다고 주장했고 법원은 이를 인정했다.[478] 그런데 양면/다면 시장 전체를 종합적으로 볼 때, 구글의 도서 검색을 통한 인터넷 시장에 대한 지배력 강화는 구글의 다른 시장 — 예컨대 광고 시장 — 에서의 수익 증대를 가져올 것이 분명하다는 점에서, 경쟁 유료 플랫폼(예, 아마존 킨들)과 저자의 현재 및 잠재 시장에 영향이 없다고 단정하기는 어렵다. 이렇게 새로운 시장을 개척한 자에게 선점을 넘어 지속적인 독점을 허용하는 것이 옳을까? 나아가 그 시장 선점에 누군가의 기여 — 법률상 강제된 기여[479] — 가 가공할 만하게 존재한다면, 그 시장 개척자의 선점과 독점에 정당성이 부여될 수 있는가의 논의로도 연결된다. 이 논의 결과, 시장 개척자의 선점과 독점에 부당함이 논증되거나 최소한 합리적 의심이 인정된다면, 그 '법률상 강제된 기여' 중 하나인 '공정이용' 판단은 재고할 필요가 있다.

아무도 개발하지 않았던 미지의 영역을 개척했을 때 누가 그 결과물을 가질 것인가와 관련해 참고할 만한 판결이 최근 한국 대법원에서 선고됐다.[480] 기존 판례는 손실자에게 손해가 없으면 부당이득이 성립하지 않는다

---

[478] Google Books 판결 II(주 14), 224면. 물론 이 16%는 연결되지 않고 파편적으로 표시되는 정보를 이어 붙였을 때의 최대치를 의미한다.
[479] '법률상 강제된 기여'의 예로 저작권법상 '공정이용'과 'TDM 면책', 개인정보 보호법상 '예외 제도'와 '동의 의제' 등이 있다. 남형두, 전게논문(주 19), 229-242면.

는 것이었는데, 대법원 전원합의체는 손실자에게 손해가 없어도 부당이득이 성립한다고 판결함으로써 기존 판례를 변경했다.[481] 변경된 판결은 '없는 시장'을 만들어 선취하는 과정에 그 시장을 이용할 의사나 계획이 없으므로 손실이 없다고 볼 수 있는 자에게도 부당이득 반환청구권이 생길 수 있다는 것으로 해석된다. 따라서 이 전원합의체 판결에 따르면, 존재하지 않는 시장을 개척했다는 이유로 개척자가 시장의 선점을 넘어 독점하는 것이 정당하다는 논리는 도전받게 된다. 무엇보다 빅테크 플랫폼 환경에서는 새롭게 만들었다고 하는 그 시장이 저작권자의 도움과 기여 없이는 불가능하다는 점에서 그 타의 도움(기여)이란 것이 '적극적'인 것이 아니었을지라도 ─ 예컨대 버린 쓰레기(garbage)에서 찾은 것이든, 쓰레기는 아니어도 그것의 중요성을 잘 모르고 있는 사람으로부터 받은 것이든 ─ 시장 선점에 따른 독점의 정당성을 갖추기는 어렵다.

더욱이 빅테크 플랫폼의 수많은 콘텐츠의 안정적 이용이 이 책에서 논의하는 바와 같이 법률상 저작재산권을 제한함으로써 저작권자의 허락을 법으로 강제한 공정이용 제도에 의해 가능하게 된 것이라면, 더 나아가 공정이용이 지나치게 확장됨으로써 법률상 강제를 통한 '법의 지원'[482]에 문제

---

480) 주 418.
481) 심지어 다수의견에 대한 보충의견 중에는 손실자에게 이용할 의도나 계획이 없어도 부당이득이 성립한다는 의견(김재형 대법관)이 있어 눈길을 끈다. 판결은 인지 잉여를 활용하여 성장해 온 빅테크에 대해 부당이득반환의 길을 모색하게 했다는 점에서 의의를 찾을 수 있다. 여기에서 '가능하게'라고 하지 않고 '모색하게'라는 표현을 쓴 것은 공정이용 제도에 의해 자신의 저작물이 무단 사용당하게 된 저작권자를 포함해 그 밖에 인지 잉여 제공자가 수없이 많고, 빅테크가 만든 빅데이터의 개별 구성요소가 된 저작물의 기여분을 평가하기도 어려워 실제 빅테크를 상대로 한 부당이득반환청구 소송의 실익은 크지 않기 때문이다. 본 저자는 이를 '실패 논증'의 한 사례로 풀고 있다. 남형두, 전게논문(주 192), 240-254면.
482) 본 저자는 빅테크의 성장 이면에는 공정이용 제도의 도움, 재판에서 공정이용 제도의 우호적 확대 적용 같은 것이 작용했다고 주장하며, 이를 '법의 지원'이라고 명명했다. 위 논문, 238-240면.

점이 많다면, 시장 선점에 따른 독점의 정당성은 크게 도전받을 수 있다.

(다) 양면 시장에 유리한 결과?

Google Books 판결에서 구글의 공정이용 항변을 받아들인 것의 모순점은 다른 곳에서도 발견된다. 동일한 행위를 했음에도 플랫폼 구조를 이용하면 공정이용으로 인정받아 저작권침해 책임에서 면제되는 것은 모순적이다. 예를 들어 공정이용 항변이 받아들여지지 않았던 Harper 판결에서, 만약 피고가 개별 출판사가 아니라 구글과 같은 플랫폼이었다면 ─ 즉, 저자 허락 없이 출판하여 수익하는 대신 저작권침해물을 플랫폼에 올려 독자들이 무료로 읽을 수 있도록 서비스를 제공하고 수익은 광고에서 발생시키는 방식의 사업을 했다면 ─ 피고의 공정이용 항변이 받아들여졌을 것인지 반문하고 싶다.

그간 단일시장에서 공정이용 항변을 했음에도 제4 요소라는 장벽을 넘지 못하고 공정이용 항변이 받아들여지지 않아 패소한 피고들이 이처럼 양면/다면 시장을 만들고 수익은 광고 등 다른 곳에서 발생시킨다면 원고 저작물의 시장 또는 잠재적 시장에 대한 영향 판단에서 다른 결론을 내렸을 것인가? 양면/다면 시장의 플랫폼은 저작권자와 단일시장에서 경쟁하는 피고에 비해 훨씬 더 큰 기업인 경우가 많고, 그 영향력 또한 지대하여 원고(저작권자) 저작물의 현재 시장 또는 잠재적 시장에 미치는 영향이 비교할 수 없을 정도로 크다고 볼 수 있음에도 불구하고, 양면/다면 시장 구조로 되어 있는 플랫폼이 피고로 된 사건에서 제4 요소의 시장을 단일시장으로만 파악하여 공정이용 요건을 상대적으로 쉽게 충족하는 것으로 본다면, 큰 고기는 통과시키고 작은 고기만 잡는 '성긴 그물'이 되고 말 것이다.

(라) 제4 요소의 '가치'

앞서 제4 요소의 재발견 또는 부각 논의[483]를 플랫폼 환경의 유통구조에 확대해 본다. '가치'를 도외시하고 '시장'에만 주목하는 것이 플랫폼 환경에서 이루어질 때 공정이용의 제4 요소 판단에서 왜곡된 결론이 나올 가능성은 매우 커진다. 왜냐하면 양면 시장의 플랫폼은 미끼 상품으로 내건 저작물에서 수익을 내는 것을 목적으로 삼지 않기 때문이다. 그런데 그렇다고 해서 저작권자에게 손해가 발생하지 않는다는 것을 공정이용 인정에 유리한 요소로 고려하면, 숨겨진 다른 시장을 놓치게 된다. 플랫폼이 저작물을 공짜로 제공하는 것은 그것으로 소비자(이용자)를 끌어모아 다른 것을 구매하게 하거나, 이용자로 하여금 광고에 노출될 정도로 충분한 시간 해당 플랫폼에 머물게 하는 것을 목적으로 한다. 여기에서 플랫폼 이용자가 저작권자와 플랫폼에 직접 금전을 지출하지 않아도 플랫폼은 광고주 등으로부터 수익을 취한다. 그러므로 저작권자가 저작물을 위한 '시장'에서 직접적으로 손해를 입는 것은 아닐지라도 간접적으로 손해를 입는다고 볼 수 있다. '간접적'이라 함은 자신의 이름이 감춰짐으로써 발생한 손해일 수도 있고, 자신이 수취해야 할 이익이 플랫폼에 돌려짐으로써 발생하는 일실이익일 수도 있다. 이런 것까지 염두에 두면, 미끼 상품이라 하여 공짜로 보아 제4 요소에서 공정이용 성립에 유리한 점으로 고려하는 것은 부당하다. 이 점에서 제4 요소의 '가치'가 중요한 고려 요소가 되어야 하는 이유는 플랫폼 환경에서 더욱 절실하다고 생각한다. 만약 그렇게 보지 않는다면, 플랫폼 시장에서 저자가 자신의 저작물을 미끼 상품으로 내놓고 자신과 작품의 가치를 알리는 비즈니스 모델 ― 위 Philpot 판결의 'loss leader business model'[484]의 플랫폼 버전 ― 은 플랫폼 기업의 배만 불릴 뿐 성공하기 어려울 것이다. 플랫폼에서 저자의 성명이 가려져도 공정이용이 된다면, 금전적 이익보다 평판 등 가치를 취하려는 저자의 의도가 달성되지 못할 것이기 때문이다.

---

483) 위 II.3.나. (3) 가치 중심 패러다임(Value-centered paradigm).
484) 위 II.3.나.(3)(내) ① Loss leader.

(2) 영리 목적: 제1 요소

　　Google Books 사건에서 구글은 Google Books 서비스를 통해 직접적으로 수익을 올리지 않으므로 공정이용 판단의 제1 요소에서 상업적 동기(commercial motivation)가 없다고 주장했다.[485] 이에 대해 원고들은 영리 목적을 좁게 봐서는 안 된다고 하며, 결과적으로 인터넷 검색 시장의 장악력을 강화하기 위해 도서 검색에 대한 지배력을 추구함으로써 간접적으로 이익을 얻고 있으므로 영리 목적이 있다고 맞섰다.[486] 원고들의 주장은 영리 목적을 특정 시장(Google Books 기능)으로 한정해 보아서는 안 되고, 양면/다면 시장의 다른 시장까지 종합적으로 살펴봐야 한다는 본 저자의 주장과 일치한다. 여기에서 법원은 의외로 영리 목적이 있다고 해서 공정이용이 성립할 수 없는 것이 아니라는 Campbell 판결의 법리를 이용해 원고들의 주장을 배척하는데, 그 과정에서 Prince 판결[487]도 같이 들고 있다.[488] 그런데, <u>Campbell 판결에서 피고 래퍼와 Prince 판결에서 피고 미술가에게 있는 영리 목적</u> — 그러나 그것이 있다고 하여 공정이용이 거부되지 않는다고 했던 — 과 <u>Google Books 판결에서 피고 구글의 영리 목적을 동렬에 놓고 본 것은 매우 실망스럽다고 하지 않을 수 없다.[489] 개인 이용자와 구글이라는 이용자를 동렬에서 비교한다는 것이 의아할 뿐이다.

　　여기에서 두 가지 문제를 지적한다. 첫째, 공익과 공리주의 측면이다. 이 판결의 주심을 맡은 Leval 판사는 공리주의에 입각한 미국 연방헌법의 지재권 조항을 들어 구글의 서비스를 공익 차원에서 정당화하고 있는데, 이에

---

485) Google Books 판결 II(주 14), 218면.
486) 위 같은 면.
487) Prince 판결(주 194), 708면.
488) Google Books 판결 II(주 14), 219면. 본 저자는 이를 일종의 '동문서답' 내지는 '성동격서'라고 생각한다.
489) 주 184의 본문 참조.

대해서는 미국 외의 학자로서 맹점을 지적하지 않을 수 없다.490) 미국 헌법이 제정될 당시 미국은 식민모국이었던 영국이나 프랑스 등 유럽 국가에 비교하면 후발 국가였다. 당시 미국이 영국과의 갈등을 빚었던 문제 중 하나는 저작권이었는데, 그런 시대적 상황에서는 저작권을 보호하기보다는 이용을 활성화함으로써 자국민의 문화 향유를 증진하는 것이 헌법 목적에 부합하고 저작권법 차원에서는 공정이용의 범위를 확대하는 것일 수도 있다. 그런데 저작권 강국이 된 오늘날에도 공익을 위해 공정이용을 확대하는 근거로 연방헌법 지재권 조항의 공리주의를 내세우는 것은 시대적 맥락에 맞지 않는다고 생각한다. 더욱이 그 공정이용 확대의 수혜자가 '작은 이용자'가 아닌 '초거대 이용자'라면 문제는 심각해진다. 또한 이 문제는 국제교역으로 비화할 수 있다. 오늘날 국제질서에서 미국은 정치, 경제에서 최강국이다. 미국은 자국의 지식재산권 보호를 위해 이른바 스페셜 301조를 가동하여 세컨더리 보이콧을 활용, 개별 국가의 지식재산권법과 행정부 및 사법부의 지식재산권 보호 수준을 무시하고 미국의 기준(standard)을 사실상 유일의 기준으로 확산시키고 있다. 그런가 하면 그 반대 측면, 즉 저작권법상 공정이용 기준을 적용할 때는 갑자기 공익을 내세워 저작권을 사실상 형해화한 판결을 내놓고 있는데(Oracle 판결, Google Books 판결 등), 이는 공정이용 항변의 수혜자가 다름이 아닌 미국 기업인 것과 관계없다고 할 수 있을까? 저작권 보호와 공정이용 확대라는 상호 모순된 논의가 합일적으로 해석될 수 있는 핵심(key)은 미국 국익 수호 ― 미국 법원의 정책적 접근(policy based approach) ― 로 귀결된다. 그야말로 현실을 도외시한, 아니 어떤 점에서는 미국 법관이 세계에서 가장 큰 자국 기업의 이익을 옹호하기 위해 일종의 맹목(盲目)적 판결을 선고한 것이 아닐까 하는 의구심마저 든다.

둘째, 구글은 구글 프로젝트를 통해 구축한 빅데이터에 검색엔진을 장착

---

490) 공익의 수혜자인 공동체의 범위에 관한 논의는 뒤에서 자세히 논한다. Ⅲ.3.다. (1) 공동체(community)의 정의와 범위 참조.

하여 이를 무료로 이용하게 하였으므로 영리 목적이 없는 것일까? Leval 판사는 유저(이용자)가 무료로 검색서비스를 이용할 수 있으므로 영리 목적이 없다고 보았는데,[491] 플랫폼의 양면 시장을 생각하면, 유저의 이용은 결코 '무료' 이용이 아니고 구글로서도 '무료'로 이용하게 한 것이 아니다. 이용자들은 서비스 이용 대가로 개인정보 등을 제공하고 트래픽 유발에 기여했으므로 무료 이용이 아니게 된 것이고,[492] 구글로서도 이용자들의 관심(attention)을 이용해 광고 영업 등을 하거나 모인 트래픽을 활용해 각종 비즈니스 기회를 창출할 수 있었으므로 무료의 자선사업이 아니게 된 것이다. Google Books 사건에서 원고들도 이와 같은 취지로 주장했으나, 법원(Leval 판사)은 이를 가볍게 배척하고 말았다.[493] 이는 Google Books 프로젝트의 최종 목적과 플랫폼 사업을 추구하는 빅테크 전략을 총체적으로 보려는 안목이 부족했던 탓이라고 생각한다. 때로는 분쟁 사안 또는 분석 대상에서 떨어져서 살펴보는 '이격(離隔) 관찰'과 다른 이해관계 등을 함께 살펴보는 '종합 고찰'이 진실에 다가가는 좋은 해법이 되기도 한다. 따라서 미국 바깥에서 이 문제를 객관적으로 바라볼 수 있다는 것은 미국 외의 학자들에게 주어진 특권이라 할 수 있다.

라. 소결 — 파편과 종합

양면/다면 시장인 플랫폼 환경에서 한쪽 시장만을 기준으로 영리적 목적(제1 요소) 또는 시장의 경쟁 관계(제4 요소)를 검토하고 결론을 내리는 것은 매우 위험하다. 단일시장이라면 모를까 여러 법률적 쟁점 — 해당 플랫

---

491) Google Books 판결 II(주 14), 207면.
492) 주 464 참조.
493) Google Books 판결 II(주 14), 207면.

폼에서 보면 법적 리스크 — 을 품고 있는 양면/다면 시장의 플랫폼을 정확히 분석하기 위해서는 종합적 접근(holistic approach)이 필요하다.494) 공정이용 논의에서 중요한 요소인 시장을 분석할 때, 양면/다면 시장을 종합적으로 고찰하지 않고 파편화된 시장으로 살피는 것은 합리적인 분석 방법론이 될 수 없다.

3. 공익의 이름으로

가. 개요

공정이용에 관한 법리는 변화해 왔다. Campbell 판결을 기점으로 네 가지 요소 중 제4 요소인 '시장 경쟁관계 중심'에서 제1 요소인 '이용 목적', 즉 '공익 중심'으로 논점이 이동하는 경향이 있다. 공익 중심 논의 이면의 핵심 이론이 '변형적 이용 패러다임(Transformative use paradigm)'이다. 오늘날 미국 법원의 공정이용 판단에서 가장 중요한 논리로 떠오른 이 이론에 따르면 공정이용은 창의적 표현의 확산을 증진하고자 하는 저작권법의 목적에 따른 것으로서 공익에 기여하는지가 핵심적 판단기준이 된다.

Campbell 판결은 공정이용 판단 시 네 가지 요소를 개별적으로 검토해서는 안 되고 저작권의 목적이라는 관점에서(in light of the purposes of copyright) 종합적으로 검토해야 한다고 하고 있다.495) 여기에서 '저작권의 목적'에 관심이 집중되는데, 한국 및 일본 저작권법과 달리 미국 저작권법의 목적은 연방헌법에 들어 있다.496) 미국 연방헌법의 지식재산권 조항497)

---

494) 주 317.
495) Campbell 판결(주 12), 577-578면.

과 판례[498]에서 저작권을 보호하는 근거는 일반적으로 공리주의 이론으로 알려져 있다. 그런데 위에서 본 바와 같이 공정이용에 관한 '변형적 이용 이론'의 중요한 기준인 공익 또한 공리주의적 전통에 기반한다. 그렇다면 미국 논의에서 저작권을 보호하는 논거나 저작권 보호의 예외로서 공정이용을 정당화하는 이론, 모두 공리주의 철학과 밀접한 관련이 있다는 것은 아이러니가 아닐 수 없다. 이렇다 보니 공정이용 제도가 창작 의욕을 꺾는 유인(disincentive)이 될 수 있다는 지적[499]이 나오는 것도 이해할 수 있다.

이처럼 공리주의는 저작권 보호와 공정이용이라는 상반된 두 제도에 모두 복무하는 셈인데, 자칫하면 이현령비현령(耳懸鈴鼻懸鈴)으로 저작권 체제에 심각한 무질서가 초래될 수 있다. 여기에서 공정이용을 포함한 저작권 논의에 공리주의 철학의 조화로운 적용은 무척 중요해진다. '저작권 보호'와 '공정이용 도모'의 관계를 어떻게 설정할 것인가?

---

496) 한국과 일본의 저작권법은 그 제1조에서 법의 목적이 명시돼 있다. "문화 및 관련 산업의 향상발전"(한국), "문화의 발전"(일본). 그런데 미국 저작권법 제1장 제1조(§101)는 정의(definition) 규정일 뿐이다. 한국이나 일본의 저작권법 제1조에서와 같은 목적은 미국 연방헌법 지식재산권 조항에 있는 것이 전부다. 그 밖에 영국, 독일, 프랑스 저작권법도 따로 목적 조항을 두고 있지 않다.

497) 미국 연방헌법 제1장 제8조 제8항
"The Congress shall have Power To promote the Progress of Science and useful Arts, by securing for limited Times to Authors and Inventors the exclusive Right to their respective Writings and Discoveries." (밑줄은 본 저자가 친 것임)

498) 대표적으로 Mazer v. Stein, 347 U.S. 201, 219 (1954).
"The economic philosophy behind the clause empowering Congress to grant patents and copyrights is the conviction that encouragement of individual effort by personal gain is the best way to advance public welfare through the talents of authors and inventors in 'Science and useful Arts.' Sacrificial days devoted to such creative activities deserve rewards commensurate with the services rendered." (밑줄은 본 저자가 친 것임)

499) Ginsburg, 전게논문(주 99), 289-291면. 긴즈버그 교수가 말하는 'disincentive'는 Weissmann 판결(주 104)에 근거한다.

저작권법 체제를 인정하지 않는다면 모를까 인정한다면,500) 저작권 보호를 전제로 이에 대한 예외로서 공정이용을 허용하는 것으로 보아야 한다. 물론 공정이용 허용의 정도를 넓게 하느냐 좁게 하느냐에 따라 그 스펙트럼은 매우 다양하다. 그런데 작은 이용자를 위한 예외적 이용이나 특정 공익 목적을 위해서가 아니라, 가장 큰 이용자(슈퍼 빅 유저)인 빅테크의 저작물 이용을 돕기 위해 공익을 들어 공정이용의 문호를 넓혀주는 것은 사회 전체의 총효용을 올리기 위한 인센티브로서 저작권을 인정하는 저작권 체제를 부정하는 것에 다름이 없다. 한편, 이는 카피파레프트(copyfarleft)와도 다른데, 카피파레프트는 단지 저작권 자체를 인정하지 않는 것에 불과하지만, 저작권 체제를 인정하면서도 공익을 내세워 빅테크에 공정이용의 길을 터주자는 논의 또는 경향은 저작권과 공정이용의 관계에 관한 기본 전제를 뒤흔드는 것으로써 더욱 심각한 결과를 초래할 수 있다. 일종의 약육강식(弱肉強食)을 합법으로 포장하고 저작권법 체제로 포섭해 정당성을 부여하기 때문이다.

여기에서는 미국 연방대법원이 변형적 이용 패러다임의 기준으로 삼고 있는 '공익'의 이름으로 인격권을 함유한 재산권의 하나인 저작권을 제한할 수 있는 것인지(아래 나. 공익과 사익의 관계 — 인격권이 함유된 재산권으로서 저작권), '공익'이 명확히 합의된 개념인지(아래 다. 공익 개념의 모호성)를 논의하고, 이어서 '공익의 담지자'로서 빅테크의 역할과 이에 대한 평가(아래 라. 빅테크, 공익의 대표자?)을 살펴봄으로써, 공익 기준의 '변형적

---

500) 이른바 극단적 카피파레프트(copyfarleft)에서는 카피레프트(copyleft)의 기수라 할 수 있는 로런스 레식(Lawrence Lessig)의 크리에이티브 커먼즈(Creative Commons) 모델조차 강고한 저작권 체제의 존속에 알리바이를 준 것이라고 비판한다. 카피파레프트에 따르면 지식재산권을 인정한 가운데 간신히 숨통만을 틔워주는 CCL (Creative Commons License) 등 저작권 라이선스 모델을 단지 임시처방에 불과한 것으로 간주하고, 지식재산권 자체를 부정하는 커먼즈를 주장한다. 이광석, 『피지털 커먼즈 Phygital Commons』, 갈무리, 2021, 120-121, 128-129면.

이용 이론'을 비판하고자 한다.

나. 공익과 사익의 관계 ― 인격권이 함유된 재산권으로서 저작권

공익을 위해 저작권이라는 사적 재산권 또는 사익이 희생당하는 것은 정당한 것일까? 앞서 본 바와 같이 공정이용의 정당성을 공용수용(Eminent domain) 제도에서 찾을 때,[501] 사유재산권을 제한하기 위한 요건으로서 공익이란 것이 얼마나 엄격한 것인지와 비교하면, '변형적 이용 이론'의 공익 기준은 매우 허술하다고 할 수 있다. 어떤 점에서는 저작권이 비교적 신생의 권리로서 강고한 사적 재산권이 아니라고 보기 때문이 아닌가 하는 생각이 들기도 한다. 그렇지 않고서야 전체주의 체제도 아닌데 명백한 기준과 요건도 없이 공익을 위해 사적 재산권을 제한한다는 논리가 성립할 수 없기 때문이다. 특히 저작권으로 보호되는 창작물은 정신적 사유의 결과물로서 저작인격권으로도 보호되는데, 저작인격권과 결합된 저작재산권이 공익을 위해 제한될 수 있다는 것은 매우 거친 논리라는 비판도 가능하다.

저작권법의 보호를 받는 저자 또는 창작자 중에는 정신적 창작물의 무단 징발에 매우 민감한 이들이 있다.[502] 이들 중에는 경제적 측면의 손해보다는 정신적 측면의 피해를 더 크게 여기기도 하는데, 그나마도 일종의 징발에 따른 경제적 보상마저 하지 않는다면 더욱 강압적으로 느껴질 수 있다. 토지와 같은 물리적 세계의 물건은 공익 목적을 위해 수용하면서 보상하기

---

501) 위 III.1. 나. 공용수용 이론 참조.
502) 이에 관해 무수한 예가 있지만, 소설가 밀란 쿤데라의 다음 책은 저자가 저작인격권에 얼마나 민감할 수 있는지를 매우 설득력 있게 보여준다. 밀란 쿤데라(Milan Kundera), 김병욱 옮김, 『배신당한 유언들』(원제: LES TESTAMENTS TRAHIS, 1993), 민음사, 2013.

라도 하는데, 정신적 산물에 대해서는 공익 목적에 부합한다는 이유로 공정이용을 인정할 때 별도의 보상 제도가 없는 것이 문제로 지적된다.503)

한편, 공정이용은 저작재산권 제한일 뿐 저작인격권을 제한하는 것이 아니지 않은가 하는 주장이 제기될 수 있다. 즉, 공정이용이 인정되더라도 저작인격권이 제한되는 것은 아니라는 것이다. 물론 한국 저작권법은 저작재산권의 제한이 저작인격권에 영향을 미치는 것으로 해석되어서는 아니 된다는 규정(제38조)을 두고 있어 공정이용이 인정될 때도 저작인격권까지 제한되는 것은 아니다. 그런데, '변형적 이용 이론'을 공정이용 인정의 주요 논거로 삼는 미국에서는 저작권법에 원칙적으로 저작인격권을 인정하지 않을 뿐 아니라,504) 저작재산권의 제한이 저작인격권에 영향을 미치는 것으로 해석되어서는 안 된다는 규정도 없다. 그렇다 보니 미국의 '변형적 이용 이론'에 따라 공정이용이 성립하면 이용자는 이용에 따른 보상 의무가 없을 뿐 아니라, 성명표시권, 동일성유지권 등 저작인격권에 따른 제한조차 받지 않을 수 있어 결과적으로 매우 폭넓게 저작권이 제한되는 셈이 된다. 그만큼 저작권자에게는 치명적이다.

여기에서 정신적 창작물을 보호하는 저작권을 제한하는 데 공익이 최고의 핵심 잣대가 될 수 있을까 하는 질문을 던지지 않을 수 없다. 개인의 정신적 창작물이 공익 앞에 징발되어야 마땅한가? 공리주의적 접근의 이면에 있는 경제주의·효율주의가 정신적 창작물을 보호하는 저작권법 세계에 일방적 기준이 되는 것을 받아들일 수 있을까?

한편, 빅테크의 이용을 변형적(transformative)이라고 할 수 있을까? 빅테크가 저작물(콘텐츠)을 모으고(방대한 집적), 검색이 쉽도록 제공하는 과정

---

503) 긴즈버그 교수는 보상 제도가 없는 공정이용을 비판하고, '사용 후 보상'을 하나의 대안으로 제시한다. 이에 대해서는 후술하는 III.4.바.(2) (나) 사용 후 보상 제도 참조.
504) 제한적으로 시각예술(visual arts) 저작물에 한해 일부 저작인격권(성명표시권, 동일성유지권)을 인정하고 있을 뿐이다. 미국 저작권법 §106A.

에서 편집이 이루어질 수 있다. 그런데, 예컨대 샘플링 형식으로 일부 보여주는 것을 변형적이라고 단정하기 어렵다. 더욱이 이 과정에서 원작의 특징적이고 대표적인 부분이 드러나지 않거나 그로 인해 원작의 취지가 잘못 전달된다면(왜곡 현상), 동일성유지권침해, 명예훼손 등의 문제가 발생할 수 있다. 법적인 문제가 아니더라도 플랫폼의 이용으로 원작이 대중에 잘못 알려질 경우, 표절금지 및 연구윤리 차원에서 문제가 발생할 수도 있다.

이처럼 인격권적 성질을 함유한 저작권에서 공익 우월주의에 사로잡혀 공익과 그것에 뿌리를 둔 '변형적 이용 이론'으로 공정이용 여부를 판단하는 것은 위험하다고 할 수 있다.

다. 공익 개념의 모호성

(1) 공동체(community)의 정의와 범위

양보해서 공익 앞에 사익 영역인 저작권이 제한될 수 있다고 가정한다. 여기에서 "미국의 헌법과 판결에서 내세우는 공익이 전 세계에 통용될 수 있는 것일까?"라는 다소 불편한 질문을 하지 않을 수 없다. 여기에서 왜 '전 세계'에 통용될 것을 묻는가? Campbell 판결만 해도 원고와 피고 모두 미국 내 실체(entity)이고, 피고가 원고 저작물을 이용한 곳이 미국 내여서, '변형적 이용 이론'의 기준인 '공익'이 미국이라는 장소를 전제로 하는 데 큰 문제가 없어 보인다. 그런데 Oracle 판결의 피고였던 구글은 전 세계를 시장으로 하는 대기업이라는 점에서 구글이 공정이용 항변을 하면서 내세운 '변형적 이용 이론'과 이를 통해 추구하는 '공익'이 미국 내로 한정될 수 없다는 점은 당연하다. 이 점에서 Campbell 판결 때와 확연한 차이가 있다. 그러니 Oracle 판결이 '공익'을 위한다는 명분으로 글로벌 빅테크에 대해 저작권 침

해의 족쇄를 풀어주었다는 볼멘소리가 나오는 것이다. 미국 법원이 의식·의
도했건 아니했건 간에, 이러한 공익에 관한 판단은 전 세계에 미치게 되는데,
그런 권한을 어느 누가 미국 법원에 부여했다는 것인지 묻지 않을 수 없다.

공익이란 '공공의 이익'으로서 '공공(公共)'과 '공동체(共同體)'를 전제로
한다. 공동체가 공유하는 이익이란 그 공동체의 지향점과 가치로서 종교, 민
족, 전통, 문화, 정치·경제 환경 등을 공통으로 한다. 예를 들어 종교적 갈등
이 건국의 계기가 된 미국과 그 외 나라 사이에서, 또는 정교분리가 이루어
지지 않은 대다수 이슬람 국가와 그 외 나라 사이에서 저작물의 종교적 목
적 이용에 관한 공정이용 성립 여부에 관점의 차이가 있을 수 있다.505) 역
사적으로 볼 때 미국과 영국은 영국 출판물에 대한 미국 내 무단 출판(이른
바 해적판)으로 심한 갈등이 있었다.506) 지식재산권 선진국과 후발국 사이
의 갈등은 이른바 '사다리 걷어차기' 사례의 하나로 거론된다.507) 저작권,

---

505) 예를 들어 미국 저작권법은 이례적으로 종교기관 면책 규정을 두고 있다. §110(3),
§112(c).
506) 19세기 말 Dyke는 독일, 프랑스, 영국 등 문명국가(enlightened nations)의 국민과 같
이, 정직한 미국인들은 해적 출판(literary piracy)이 십계명의 8번째, 10번째 계명에
위반한 것이라며 회개를 촉구했다. 미국인들이 이를 방치하는 것은 자기 자녀에게 핀
을 훔치는 것은 죄이지만 영국인이 쓴 책을 훔치는 것은 죄가 아니라고 가르치는 것
과 같다고 했는데, Dyke의 주장은 19세기 말에 미국이 영국, 독일, 프랑스에서 출판
된 책을 무단 출판했던 관행을 비판하면서 이것이 실정법 위반의 범죄(crime)일 뿐
아니라, 종교적 범죄(sin)에 해당한다고 함으로써 기독교 신앙을 지닌 양식 있는 미국
인들에게 경종을 울리려는 것이었다. HENRY VAN DYKE, 『THE NATIONAL SIN
OF LITERARY PIRACY』, NEW YORK CHARLES SCRIBNER'S SONS, 1888,
pp.11, 16-17, 20.
507) 장하준 교수는 여러 저서에서 서구 선진국의 후발 국가에 대한 경제적 압력의 부당
성을 지적하면서 지식재산권을 논의 소재의 하나로 제시했다. HA-JOON CHANG,
『KICKING AWAY THE LADDER DEVELOPMENT STRATEGY IN HISTORICAL
PERSPECTIVE』, ANTHEM PRESS, 2002, pp.81-85; HA-JOON CHANG,
『GLOBALISATION, ECONOMIC DEVELOPMENT AND THE ROLE OF THE
STATE』, ZED BOOKS, 2003, pp.273-301. 장 교수는 이어지는 저서에서도 지식재산
권이 지나치게 보호되는 것을 비판했다. HA-JOON CHANG, 『BAD SAMARITANS

특허권 등의 지식재산권 영역을 벗어나면 국가라는 공동체 간의 이해충돌의 현장은 매우 다양하다. 경제개발과 환경보호는 과거뿐 아니라 지금도 국제적 차원에서 가치 충돌이 발생하는 대표적인 영역이다.

'합의된 공익'의 존재는 공동체 구성원에게 공익을 위해 일정한 요건을 갖추면 희생을 요구할 수 있다는 점에서 중요하다. 물론 무조건적 희생이 아니라 보상이 따라야 한다. 앞서 본 바와 같이 공정이용을 공용수용에서 추론하기도 하는데, 토지수용에서 시가에 따른 보상은 기본 전제다. 그런데 직접적인 금전 보상 외에 간접적인 수혜도 넓게 보면 경제적 보상에 들어간다. 예를 들어 설명한다. 철로를 내기 위해 특정인의 사유지를 수용해야 하는 경우 사업자는 시가에 따라 보상해야 한다. 공용수용의 요건에 충족되면 토지소유자는 이를 거부할 수 없다.[508] 이에는 보상이 뒤따르기 때문이기도 하지만 토지소유자가 그 공익을 공유하는 공동체의 구성원으로서 공익의 수혜자라는 점도 간과할 수 없다. 그런데 공익을 증진한다는 이유로 빅테크 플랫폼의 공정이용 항변이 받아들여지는 경우, 직접적인 보상이 따르지 않기도 하지만, 콘텐츠 유통의 장이 초국가적이어서 공정이용 인정으로 희생하는 저작권자가 그 공익을 누리는 공동체 구성원이 아닐 수 있다는 점에서 '합의된 공익'을 전제로 하는 공용수용의 논리를 그대로 적용하기에 어려움이 있다.

물론 공동체를 어떻게 정의하고 범위를 어디까지로 하느냐에 따라 논의가 달라지겠지만, 하나의 공동체 안에서도 공유하는 이익과 가치를 일률적으로 말하기 어려운 것이 사실이다. 이런 상황에서 저작권을 제한하기 위해 공익을 내세우는 것은 매우 위험하다고 생각한다. 심지어 장애인 등 소수자는 공익에서 배제되는 일이 생기기도 한다. 단적인 예로 시각장애인의 정보

- RICH NATIONS, POOR POLICIES & THE THREAT TO THE DEVELOPING WORLD』, RANDOM HOUSE BUSINESS BOOKS, 2007, pp.122-144.

508) 이 점에서 토지수용은 일종의 '강제매매'인 셈이다.

접근권 보장을 위해 수십 년간 논의했던 저작권 제한에 관한 국제적 논의('마라케시 협상')가 최종 타결되기 직전까지 가장 우호적이지 않았던 나라가 미국이었다는 사실은 미국이 평소 인권 선진국을 자처해 왔다는 점에서 아이러니가 아닐 수 없다. 마라케시 조약은 저작권 제한을 위한 최초의 국제조약이란 점에서 의의가 있고, 국제인권규약이나 장애인인권규약 정신에도 부합한다.509) 그런데 다른 나라도 아닌 미국의 반대로 조약 탄생이 지연됐다는 것은 의아한 일이었다. 이는 자국 내 다수의 지식재산권 기업의 로비 때문이었는데, 여론을 이기지 못한 미국 의회의 요구가 있자 미국 정부가 찬성으로 돌아섰고 극적으로 조약이 성립되었다.510) 미국 정부로서는 시각장애인의 정보접근권 보장 및 향상을 위한 저작권 제한이 가져올 이익과 그로 인해 다수의 지식재산권 기업이 입을 손해를 비교 형량해서, 미국 국익에서 볼 때 후자가 더 크다고 보았기 때문에 반대했을 것이다.511) 이처럼 저작권 제한, 공정이용 성립, '변형적 이용 이론'에서 공통적으로 나오는 '공익'이란 개념이 얼마나 자의적으로 행사될 수 있으며, 다수와 부자의 횡포로 소수와 약자의 이익이 도외시될 수 있는지 긴 설명이 필요하지 않을 것이다.

한편, 공동체는 공간적 개념이기도 하지만, 시간적 개념을 전제로 하기도 한다. 시간의 흐름에 따라 공동체의 구성원이 변화하고 때로는 합쳐지기도 분리되기도 하는데, 저작권 보호 여부와 범위 판단에서 이 시간적 개념은

---

509) 남형두, "마라케시 조약의 의의와 우리나라에 미치는 시사점 — 인권의 저작권에 대한 우위 확인", 저스티스 통권 제146-1호, 2015. 2., 392-397면.
510) 위 논문, 395-396면; Shae Fitzpatrick, *Setting Its Sights on the Marrakesh Treaty: The U.S. Role in Alleviating the Book Famine for Persons with Print Disabilities*, 37 B.C. Int'l & Comp. L. Rev. 139, 145-147 (2014).
511) 마이크로소프트사는 마라케시 조약의 채택으로 창작 인센티브가 감소할 것이라는 우려를 표명한 적이 있다. Sean Williams, *Closing in on the Light at WIPO: Movement towards a Copyright Treaty for Visually Impaired Persons and Intellectual Property Movements*, 33 U. Pa. J. Int'l L. 1038, 1070-1071 (2012).

매우 중요하다. 현재의 창작자에 대한 과도한 저작권 보호는 미래 창작자의 창작 여지를 좁힐 수 있다.512) 이는 마치 자원 개발과 남획이 환경파괴를 불러와 미래 후손과 이해 상충을 초래하는 것과 비슷하다. 공동체를 구성하는 당대 사람들과 조만간 그 공동체의 구성원이 될 사람들 사이에 이해가 상반되는 것은 저작권 보호와 공정이용 사이에 늘 발생하는 문제이다. 이처럼 겉으로는 공동체의 구성원이 확정적으로 보이지만, 현재와 미래 구성원 간에 이해 상충이 발생하여 귀일(歸一)되기 어렵다는 점에서 보면, 즉 시간적 개념을 고려하면, 공동체는 공익의 측면에서 확정적인 집단이라고 말하기 어렵게 된다.

이상에서 본 바와 같이 '공익'은 공동체의 공간적 개념에 대한 합의가 어려울 뿐만 아니라, 시간의 경과에 따른 공동체의 이해관계 변화로 인해 사적 재산권의 일종인 저작재산권을 제한하는 준거가 되기에 미흡하며, 운용하기에 따라서는 자칫 저작권 제도를 형해화할 우려마저 있다.

(2) '사회를 풍요롭게(enrichment of society)' 하는가?

양보해서 합의된 공익이 존재하고 빅테크를 보유한 미국의 법원이 전 세계에 적용될 공익을 정할 수 있다고 가정하자. 미국 법원의 판단대로 ─ Oracle 판결의 법정의견과 같이 ─ Oracle 판결에서 구글의 무단 이용이 '사회를 풍요롭게' 한 것으로 볼 수 있을까?

미국식 지식재산권 정당화 이론의 접근방법은 'enrichment of society'를 위해 저작권과 공정이용이 봉사해야 하는 것을 전제로 한다. '변형적 이용

---

512) 미국에서 삼성전자가 퍼블리시티권 침해로 제소당한 사건에서 연방항소법원 판결 중 반대의견(Kozinski 판사)의 다음 판시에 주목할 필요가 있다. "Intellectual property rights aren't free: They're imposed at the expense of future creators and of the public at large."(번역: 지식재산권은 공짜가 아니다. 그것은 일반적으로 미래의 창작자들과 일반 공중의 비용으로 전가된다.) White 판결, 1516면.

이론'의 이론적 창시자라 할 수 있는 Leval 판사의 논문에 따르면, 저작권에 저촉되는 것으로 의심을 받는 이용(challenged use / secondary use)이 변형적 (transformative)인 것에 해당하기 위해서는 그 이용이 반드시 생산적 (productive)이어야 하며(상대개념: consumptive), 원작과 구별되는 다른 방식과 다른 목적이 있어야 한다고 한다.513) 그렇지 않고 단지 원작을 재포장 (repackage), 재공표(republish)하는 것이라면 변형적이지 않다고 한다. 그렇다면 2차적 이용이 원작과 구별되는 가치를 더한다는 것은 무엇일까? 원작을 원료(raw material)로 하여 새로운 정보, 새로운 심미감, 새로운 인사이트와 이해를 창조하는 것을 말하는데, 이는 공정이용이 곧 사회를 풍요롭게 (enrichment of society) 하는 것에 목적을 두고 있다고 보기 때문이다. 여기에서 몇 가지 질문을 던질 수 있다.

첫째, 저작물의 종류에 따라서는 법률가가 판단하기에 적절하지 않은 예술 영역의 심미감, 상징성 등에 관한 판단이 전제될 때가 있다. 최근 미국 연방대법원이 현대미술에서 기존 저작물을 거의 그대로 이용하되 의미론적 변화를 추구한 것에 대해 공정이용을 인정하지 않은 판결을 선고하여 그간 현대미술과 저작권의 갈등에 관해 중요한 화두를 던졌다(Warhol 판결). 종래 문학·예술 사조의 발전 과정에서 볼 때 공정이용이 그간 저작권과 현대예술의 갈등을 해소하는 균형추 역할을 해왔는데,514) 문화예술계의 반발은 한동안 이어질 것으로 보여 그 귀추가 주목된다.515) 개념의 선점을 요소로

---

513) Leval, 전게논문(주 63), 1111면.
514) Prince 판결(주 194); Koons 판결(2006)(주 194); Koons 판결(1992)(주 197) 등.
515) Warhol 재판 진행 중에 수많은 저작권법학자가 법원에 의견서(amicus curie)를 제출했다. 의견서 중에는 항소심 판결 선고 후에 논문 형식으로 발표되기도 했다. 대표적인 예로 긴즈버그 교수의 논문을 들 수 있다. Jane C. Ginsburg, *Comment on Andy Warhol Found. for the Visual Arts, Inc. v. Goldsmith, 992 F.3d 99 (2d Cir. 2021)*, Journal of Intellectual Property Law & Practice, forthcoming; Columbia Public Law Research Paper No. 14-691 (2021). https://scholarship.law.columbia.edu/faculty_scholarship/2756 (2024. 12. 30. 방문). 이후 연방대법원 판결이 선고되었으므로, 앞으로 이 판결

하는 현대미술과 현대문학에서 의미론적 변화가 원작에 대한 단순한 대체물(substitution)이 아니라 사회를 풍요롭게 하는 변형물로 볼 수 있지 않느냐라는 반론이 만만치 않을 것이다.

둘째, 빅테크의 이용을 '사회를 풍요롭게' 하는 것으로 볼 수 있을까? 양적 측면에서 이전과 비교할 수 없을 정도로 풍부한 콘텐츠를 공급한다고 볼 수 있으나, 질적 측면에서 문화 수준이 떨어진다면 반드시 사회를 풍요롭게 하는 것으로 볼 수 없을 것이다.516) 이 문제는 공정이용을 넘어 TDM 단계로 넘어가면 더욱 심각한 문제가 될 수 있다. 미국 연방헌법 지식재산권 조항의 'progress'(진보)와 관련하여, 많은 양의 저작물이 공급되면 진보가 이루어졌다고 볼 수 있을까? 창작물이 많이 만들어지면 질적으로 우수한 것이 나올 확률이 높아진다는 일종의 '양질전화(量質轉化) 논의'517)로 연결될 수 있다. 그런데 이에 대한 반론으로 'The progress of science'란 '작품으로 꽉 찬 거대한 창고'를 의미하지 않는다는 강력한 견해가 있다.518) 최근 ChatGPT의 열풍으로 AI 창작물은 음악, 미술, 번역 등 종래 인간 고유의 영역이라 할 수 있는 분야로 확산되고 있다. 이런 현상에서 창작물의 양과 질을 둘러싼 논의는 더욱 첨예하면서도 심각해질 수 있다. 자유롭게 이용할 수 있는 저작물의 양적 증가로 공익이 증진되었다고 판단하는 것은 섣부를 수 있다. 지금 당장은 빅테크가 주는 편리함이 국가 간 경쟁을 부추겨, 공익이란 이름으로 빅테크의 저작물 이용을 확대하기 위해 공정이용 제도가 활용될 수 있겠지만, 그것이 가져올 미래의 문화 황폐화 현상은 장기간에 걸쳐 나타날 수 있다.519) 풍요를 가져올 것인지, 황폐를 가져올 것인지는 문제

에 관한 논문이 여럿 나올 것으로 예상한다.
516) 남형두, "사은품으로 전락한 창작물 ― 플랫폼 유통 구조하에서의 문화상품", 저작권문화 제317호, 2021. 1.
517) 발터 벤야민은 예술에 참여하는 대중의 대폭적인 증대가 참여 방식 자체를 변화시켰다고 함으로써 양이 질로 전화한 것이라고 한다. 주 49 참조.
518) Sobel, 전게논문(주 264), 90면.

의 심각성이 수면 위로 떠 오를 때까지 걸리는 회임(懷妊) 기간을 고려해야 한다. 빅테크의 저작물 무단 이용에 공정이용이라는 면책부를 줌으로써 사회가 풍요롭게 되는 것 같아도 길게 보면 그로 인한 폐해가 점차 드러나 풍요롭지 않은 결과가 초래되는 경험은 이미 낯설지 않다. Oracle 판결에서 구글의 공정이용이 인정된 후 — 정확히 말하자면 구글의 무단복제 이용으로 전 세계 앱 생태계를 구글과 애플이 양분하게 된 이후 — 구글의 앱 수수료가 구글 전체 매출에서 얼마나 큰 비중을 차지하게 되었는지,520) 그리고 구글의 앱 수수료가 수많은 앱 개발자와 전 세계 앱 이용자에게 어떻게 전가되고 있는지521)에 대해서는 긴 설명이 필요하지 않다.

---

519) 이에 대해 자세한 것은 후술한다(IV. 1. 귀납적·경험적 고찰).
520) 글로벌 앱 마켓은 구글플레이와 앱 스토어로 양분되어 있는데, 2022년 모바일 앱 마켓에서 발생한 수익은 1,670억 달러로서, 이 중 50%는 앱 스토어, 27%는 구글플레이, 나머지 23%는 서드파이 앱에서 발생했다. 앱 마켓 수익 구조는 크게 광고, 인앱결제, 유료앱으로 구분되는데, 2022년 기준 인앱결제는 전체 앱 마켓 매출의 43.1%를 차지하고 있다. 2018년 인앱결제 매출은 916억 달러였으며, 지속적으로 늘어나 2027년까지 연평균 약 14%의 성장률을 기록하여 2,968억 달러 규모로 성장할 것으로 전망한다. 이상, 한국콘텐츠진흥원, 정책보고서, 「앱 마켓 독점 규제 게임사 인앱결제 수익성 개선되나」, 2023. 8. 14., https://www.kocca.kr/global/2023_7+8/sub02_02.html (2024. 12. 30. 방문).
521) 2022. 3. 15. 한국에서 개정 전기통신사업법(이른바 '인앱결제 강제방지법') 시행에도 불구하고 구글은 한국 법을 무시했는데, 국내 대표적인 앱 사업자인 카카오가 구글의 인앱결제 정책에 맞서다 결국 물러섰던 전례가 있었다. 장형태, "구글·카카오 '인앱결제' 격돌", 조선일보 2022. 7. 6.자 기사, https://www.chosun.com/economy/tech_it/2022/07/06/AWLPSILU75G37M2SBGCPBJBBGQ/?utm_source=daum&utm_medium=referral&utm_campaign=daum-news (2024. 12. 30. 방문); 김민지, "구글에 백기 든 카카오…'인앱 결제 갈등' 이대로 끝?", KBS 뉴스 2022. 7. 14.자 방송, https://news.kbs.co.kr/news/view.do?ncd=5509471&ref=A (2024. 12. 30. 방문). 한편, 음악 앱의 경우 최종 이용자인 음악소비자에게 비용이 전가되지 않게 하려는 정부 방침에 따라 앱 사업자와 음악저작권자(음악저작권협회)가 인앱결제에 따른 비용 상승분을 서로 분담하는 상황이 생기기도 했다. 박종진, "음악스트리밍 업체, 저작권료 부담 줄어든다…문체부 산식 변경", 전자신문 2023. 2. 8.자 기사, https://www.etnews.com/20230208000217 (2024. 12. 30. 방문). 미국에서는 에픽게임즈가 앱 마켓을 상대로

라. 빅테크, 공익의 대표자?

(1) 위장된 공익의 담지자

빅테크 플랫폼의 공정이용 항변의 성공은 플랫폼 이용자에게 최종적인 이익이 돌아가는 것처럼 보인다. 공정이용 제도를 저자가 내는 세금(levy, tax)을 재원으로 이용자들에게 지급되는 보조금이라고 보는 견해에 따르면,522) 빅테크는 조세의 수입과 지출을 담당하는 정부와 같은 역할을 하는 셈이다. 이때 담세자 겸 납세자는 저자이고 수혜자는 이용자에 해당하는데, 플랫폼 환경에서 담세자·납세자와 수혜자는 직접 연결되지 않고 공정이용 제도를 활용하는 빅테크 플랫폼을 매개로 이어지게 된다. 플랫폼을 중심으로 나눠보면 다음과 같다.

(ⅰ) 담세자·납세자에 해당하는 저자가 세금을 직접 내지는 않고, 받아야 할 돈(저작권료)을 받지 않는 형식으로 이루어진다. 법적으로 말하면, 빅테크 플랫폼의 저작권 면책으로 나타나는데, 이것이 바로 공정이용이다. (ⅱ) 보조금 역시 현금 형태로 지급되지 않고, 플랫폼 가입자가 플랫폼에 올려져 있는 저작물을 저작권료를 내지 않고 이용(무상 이용)하는 형식으로 이루어진다.

저작권자 쪽에서 보면, 플랫폼이나 플랫폼 가입자는 모두 이용자에 해당한다. 한편, 플랫폼을 통해 저작물을 이용하는 '플랫폼 가입자'는 다시 앱 사업자(개발자) 형태의 중간 이용자와 플랫폼 또는 앱 사업자를 통해 저작물을 이용하는 최종 이용자(소비자)로 나눌 수 있다. Oracle 판결을 예로 설

제기한 인앱결제 방식에 대한 반독점 소송에서, 애플에 대해서는 사실상 최종 승소했고 구글에 대해서는 1심에서 승소한 상태이다. 노도현, "미 법원, 구글에 독점금지 명령 내렸다", 경향신문 2024. 10. 8.자 기사.

522) 위 Ⅲ.1.가. (2) 조세 관점에서 본 공정이용 참조.

명한다. 판결을 통해 알려진 바와 같이 디클레어링 코드에 대한 저작권자인 Oracle은 이를 무단복제 이용한 구글을 상대로 저작권침해 소송을 제기했다. 무단복제를 통해 구글이 만든 앱 생태계, 즉 앱 마켓에 올려진 수많은 앱이 작동할 때 구글이 무단복제한 디클레어링 코드가 반드시 복제되는 것인지 확실하지 않다. 만약 복제된다면 앱 사업자도 구글과 마찬가지로 Oracle 저작물에 대한 무단 이용이 문제될 수 있고, 그렇지 않더라도 구글의 무단복제 터전 위에 만들어진 앱 마켓에 앱을 올렸으므로 Oracle 입장에서는 이들 앱 사업자에 대해서도 공동불법행위 등의 책임을 묻는 법적 구성(legal scheme)을 할 수 있을 것이다. 또한, 이들 앱을 이용하는 일반 이용자는 위에서 말한 최종 이용자에 해당하는데, 이런 최종 이용자도 구글과 앱 사용자의 불법 상태가 치유되지 않은 상태에서 간접적으로 Oracle의 저작물(디클레어링 코드)을 이용한 것으로 보아 Oracle은 최종 이용자에 대해서도 법적 책임을 구성할 수 있을 것이다.

위 경우 최종 이용자나 중간 이용자(앱 사업자)는 구글의 Oracle에 대한 공정이용 항변으로 자신의 저작권침해 면책을 주장할 수 있을까? 달리 말하면, 구글의 공정이용 성립이 Oracle의 최종 이용자(앱 개발자 포함)에 대한 권리행사에 차단효가 있을까? 이는 Oracle의 저작권침해 주장에 대해 구글의 공정이용 성립이 엄폐물이 될 수 있느냐와 같은 질문이 된다. 저작권자 입장에서 저작물을 중심으로 보면, 저작권침해와 공정이용 성립 여부 판단은 행위자별로 개별적으로 이루어지는 것이 맞다. 그 점에서 이른바 엄폐물의 법칙(Shelter rule)에 대해 살펴볼 필요가 있다.

엄폐물의 법칙(Shelter rule)과 공정이용

저작권자가 플랫폼 환경에서 매개자인 빅테크 플랫폼이 아닌 최종 이용자를 상대로 저작권침해 소송을 진행한다고 가정하자. 빅테크 플랫폼이

Oracle 판결에서 구글처럼 공정이용으로 저작권침해 책임에서 면책된다고 전제할 때, 플랫폼을 통해 저작물을 이용하는 최종 이용자(end users)가 이전 이용자이자 매개자인 플랫폼의 저작권침해 면책(공정이용 항변의 성공)을 들어 저작권침해 책임에서 벗어날 수는 없을까?

영미법의 재산권에 관한 커먼로(common law of property)에 따르면 선의의 취득자·행위자(bona fide purchaser) 이후 악의의 행위자는 앞선 선의자에 주어진 법률적 엄폐·차단의 혜택을 입는다는 'Shelter rule'[엄폐물(掩蔽物)의 법칙]이 있다. 빅테크 플랫폼의 저작물 이용이 공익 목적이라는 이유에서 변형적 이용으로 인정되고 나아가 공정이용 항변이 받아들여질 경우, 그 플랫폼 생태계에서 저작물을 이용하는 최종 이용자는 '엄폐물의 법칙'의 혜택을 받을 수 있을까? 즉, 플랫폼의 저작물 이용이 공정이용으로 면책되었으므로 자신들의 이용 또한 공정이용이 아니냐는 것이다.

한국 판례에 따르면 채권 관계의 사해행위 취소의 소에서 선의의 수익자 이후의 악의의 전득자가 있는 경우 위와 같은 엄폐물의 법칙 또는 차단효가 인정되지 않고 개별 행위자별로 사해행위 취소의 요건을 따진다.[523] 그런데 엄폐물의 법칙을 적용하지 않는 것은 대인적 관계의 채권 채무 영역에서 그렇다는 것일 뿐, 배타적 권리인 물권(저작권도 준물권으로서 넓게 보면 물권적 성격을 갖고 있음)의 영역에서는 여전히 엄폐물의 법칙이 적용될 수 있다고 볼 수 있다.

저작권이 부동산으로 대표되는 물권과 다른 점은 비경합성에 있다. 즉, 나의 사용이 남의 사용을 방해 또는 배제하지 않는 것이 같은 배타적 성격의 재산권임에도 저작권이 부동산 물권과 다른 점이다. 부동산 또는 동산의 선의취득·취득시효가 성립하면 그 효과는 원시취득이라고 보기 때문에, 이

---

523) 사해행위 취소의 경우 수익자가 선의이더라도 전득자가 악의이면 전득자를 상대로 한 사해행위취소 청구를 인용하여야 한다는 다음 판례 참조. 대법원 2012. 8. 17. 선고 2010다87672 판결.

후의 행위자는 선의·악의를 불문한다. 부동산과 물권의 경합적 성격으로 권리가 완전히 상실되고 취득자에게 원시 취득된다. 그런데, 공정이용이 적용되는 저작권의 세계에서는 플랫폼의 공정이용 항변이 성공한다고 해도, 그것으로 저작권자의 저작권이 상실되는 것은 아니다. 저작권의 비경합적 속성 때문이다. 이 점에서 저작권은 물권적 성격을 갖고 있음에도 사해행위취소의 소에서처럼 이용자의 불법행위(저작권침해) 성립 여부는 각 단계의 이용자에 대해 별도로 살펴보아야 한다는 근거가 될 수 있다. 즉, 매개자인 플랫폼의 공정이용 성립이 최종 이용자의 이용에 대한 엄폐물이 될 수 없다는 것이다.

그렇다면, 저작권자로서는 공익을 내세워 '변형적 이용 이론'을 통해 공정이용 항변에 성공하는 빅테크 플랫폼을 상대하기보다는 플랫폼을 통해 저작물을 이용하고 있는 일반 이용자를 상대하는 것이 저작권침해 소송에서 승소 가능성이 크므로 플랫폼이 아닌 최종 이용자를 상대로 저작권침해 소송을 하는 것이 합리적이지 않을까? 그런데 현실에서는 그렇지 않다. 즉 저작권자가 플랫폼을 상대로 소송을 하는 대신 일반 이용자를 상대로 소송을 제기하는 예는 거의 없다. 왜 그럴까? 소송경제 및 소송의 실익 측면 — 당사자 특정의 문제, 기판력, 집행가능성 등 — 에서 볼 때, 플랫폼 환경에서 벌어지는 저작권침해 사건은 돌고 돌아 빅테크 플랫폼을 상대로 제기할 수밖에 없는 것이 현실이기 때문이다.

이와 같은 현실적 필요에 따라 플랫폼 환경에서 저작권침해 소송은 저작권자가 플랫폼을 상대로 제기하는 것이 일반적이다. 바로 여기에서 구글과 같은 빅테크 플랫폼의 주장, 즉 자신은 저작물 이용의 매개자일 뿐 최종적인 혜택은 플랫폼 이용자(end users)에게 돌아가므로 결과적으로 공익에 부합한다는 주장의 실체를 뚫어볼 필요가 있다. 최종 이용자를 대표하거나 대신하는 일종의 '공익의 담지자'라는 빅테크의 주장은 사실에 부합하고 나아가 합리적일까?

여기에서 매우 재미있는 현상을 마주할 수 있다. 재화나 서비스의 공급이 온라인서비스프로바이더(Online Service Provider, OSP) 또는 플랫폼 등의 중간 매개자를 통해 이루어지는 영역의 이해 및 갈등 관계는 대체로 삼자(三者) 관계로 정리할 수 있다. 거래되는 콘텐츠가 저작물인 경우를 예로 들면, 저작자, 이용자, 그리고 플랫폼(여기서는 OSP를 포함해 논의함) 등이 그 세 당사자이다. 이 갈등 양상에서 이해관계에 따라 편 가름이 생기는데, 정치적 영역에서 자주 볼 수 있는 이이제이(以夷制夷) 현상이 발생하곤 한다.524) 이때 개별 주체들의 경제력 측면에서 힘의 우위(상하)와 그 수(좌우 폭)를 그림으로 나타내면 아래와 같다.

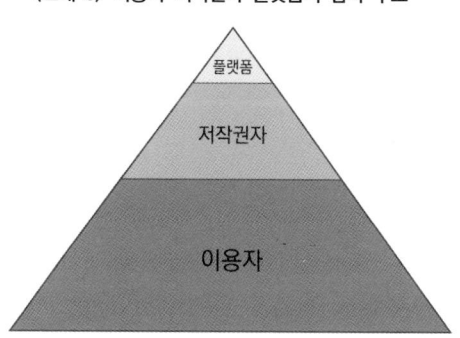

〈도해 5〉 이용자·저작권자·플랫폼의 삼자 구도

---

524) 저작권 영역 외로서 망 중립성 문제, 인앱결제 문제, 그 이전에 인터넷 자유 등의 논란이 있을 때(헌법재판소 분쟁)도 이런 삼자 간 갈등 구조는 늘 있었다. 최근 한국에서는 공정거래위원회가 빅테크 플랫폼을 규제 대상으로 하는 '온라인 플랫폼 중개거래의 공정화에 관한 법률'(이하 '온플법') 입법을 추진하는 것에 대해 시민단체가 적극 반대에 나서고 있는 것도 같은 이치에서 볼 수 있다. 조성진, "온플법 반대 소비자 서명 2천명 넘어…'물가 상승 우려'", ZDNET Korea, 2024. 1. 16.자 기사, https://n.news.naver.com/article/092/0002318259?sid=105 (2024. 12. 30. 방문). 한편, 이 시민단체는 컨슈머워치라는 소비자단체인데, 산업간 경계가 모호해지는 현상을 의미하는 '빅블러(Big Blur)' 시각에서 이를 분석할 수도 있다. I-ON COMMUNICATIONS, "산업 간 경계가 사라진 빅블러 시대(Big Blur)", 2023. 8. 21., https://www.i-on.net/news/newsletter/community/1240989_9962.html (2024. 12. 30. 방문).

이 구도에서 (ⅰ) 중간층의 저작권자들은 최하위층에 있는 이용자들과 사이에서 갈등을 빚는데 이는 통상 저작권 영역에서 발생하는 문제로서 저작권 보호와 공정이용의 구도에서 이해할 수 있다. (ⅱ) 플랫폼 환경에서 중간층의 저작권자들은 최상층의 플랫폼과 갈등 관계에 있다. 대표적인 예로 Google Books 판결이나 Oracle 판결을 들 수 있다. (ⅲ) 이용자들과 플랫폼의 관계는 저작물 이용에 국한해 볼 때 대개 무료('형식적' 무료)여서 갈등이 위 두 관계에 비해 상대적으로 두드러지지는 않는다.

여기에서 최하위층과 최상층이 같은 이해관계를 갖고 때로는 연합하여 중간의 저작권자들과 대립하는 경우가 많다. 때로는 구글과 같은 빅테크가 자신에게 유리한 여론을 형성하기 위해 입법기관에 로비하거나 세미나를 개최하여 지지층을 넓히기도 하는데 — 물론 이런 행위가 불법은 아니지만 — 자발적인 풀뿌리 운동이 아니라 하향식 여론조작이 문제라는 덴마크 올보르 대학교(Aalborg University) 교수 로슬린 레이튼(Roslyn Layton)의 말은 일리가 있다.525) 여기에서 간과하기 쉬운 것은 구글 등 빅테크 플랫폼이 공익의 담지자로 위장하고 있다는 점이다. 기본적으로 빅테크는 이윤추구를 목적으로 하는 사기업이다.526) 구글은 이로 인해 엄청난 부를 얻고 있으며

---

525) 레이튼에 따르면, 유튜버를 이용하는 '초국가적 행동주의'는 구글의 정치학적 전략으로 전 세계 각기 다른 정치규제, 입법 등에 영향을 주고 있다. 이러한 여론 형성이 절대 불법은 아니지만, 이러한 활동의 부정적인 측면은 풀뿌리 운동(민중의 참여 중심)이 아니라 하향식 여론조작이라는 점을 강조한다. 이상우, "로슬린 레이튼 '구글, 망 중립성 내세워 페북 데이터 무료 막았다'", 아주경제 2022. 10. 21.자 기사. 한편, 한국에서도 한 시민단체가 구글의 지원을 받아왔다는 것이 국회 국정감사에서 밝혀졌는데, 문제는 이 단체가 초기에는 구글의 후원 사실을 공개하다가 어느 시점부터 이를 숨겼다는 것이다. 남형두, "'망 이용료法' 반대나선 구글", 한국경제신문 2022. 11. 10.자 칼럼. 최근에는 같은 빅테크 간에 시민단체를 활용해 공격하는 양상이 생겼다. 노도현, "'구글, 뒤에 숨어 클라우드 사업 방해' MS, 유럽에서 '흑색선전' 공개 비판", 경향신문 2024. 10. 30.자 기사.

526) Julia Angwin, "The lessons of Big Tech sovereignty", New York Times (Int'l ed.), Jul. 17, 2023. 앵윈에 따르면, 정보혁명으로 도서관 사서, 저널리스트, 정부관료 등

정부와 같은 법적·정치적 책임을 지지 않는다는 점에서 정부의 역할을 대신하거나 공익의 담지자로 상정하는 것이 적절하지 않다.

사실 공정이용이 '작은 이용자'를 위한 예외적 제도이지만, Oracle 판결에서처럼 문자 그대로(verbatim) 복제하여 이용한 것에 대해 공정이용이 성립할 것인지를 놓고 볼 때, 구글과 같은 초거대 기업은 차라리 '공익'을 위한 것이라는 논의가 외양적·형식적으로라도 성립할 수 있지만, 개별적인 작은 이용자(최종 이용자)는 이런 형식을 갖추기도 어렵다. 즉, 이들의 이용으로 공익이 실현된다는 논리가 성립하기 어렵다는 말이다.527) 그렇다면, 왜 빅테크 플랫폼이 작은 이용자보다 더 '변형적 이용 이론'에 따른 공정이용 항변 성립에서 유리하게 된 것일까? 이렇게 된 데는 빅테크 플랫폼이 첫째, '변형적 이용 이론'의 중요 가치인 '공익'을 내세운다는 점, 둘째, 저작물의 직접 이용자가 아닌 간접적인 이용자처럼 보인다는 점, 달리 말하면 소비적 이용이 아닌 생산적 이용이란 외양을 띄고 있다는 점528)에 있다고 생각한다. 여기에서 '위장된 공익의 담지자'에 대한 '베일(veil) 찢기'가 필요하다.

전통적인 지식의 게이트키퍼가 검색엔진과 인공지능과 같은 기술적 게이트키퍼로 대체됐는데, 적어도 종이신문과 같은 전통적 게이트키퍼는 대중에 책임을 지기라도 하지만 새로운 게이트키퍼는 기본적으로 이익을 추구하는 사기업으로서 주주들에게 책임을 질 뿐이라고 한다.

527) 대표적인 예로 Oracle 판결(2021년) 이후에 선고된 Warhol 판결(2023년)에서 미국 연방대법원은 공정이용 항변을 배척했다. 플랫폼이 아닌 개인/최종 이용자인 Warhol 재단(AWF)의 Prince 사진의 상징적(iconic)·비인간화(dehumanization) 이용이 변형적 이용에 해당하지 않는다고 본 것이다. 공정이용 항변을 배척한 것은 대표적인 현대미술가라 할 수 있는 Warhol과 현대미술에 대한 이해 부족이라는 비판이 있지만, 달리 생각하면 미국 연방대법원이 공정이용 판단에서 유독 빅테크에 관대한 것으로 볼 수도 있다.

528) 이 둘째의 점은 공정이용을 넘어 TDM 면책 도입 논의에 오면 더욱 강해질 수 있다. TDM 면책 조항을 정당화하는 논거 중에는 기계의 저작물 이용이 소비적/향유적 이용에 해당하지 않는다는 것이 있다. 자세한 것은 후술(Ⅲ.4. 다. 생산적/소비적 이용 논의) 참조.

⑵ 사실상 사법 기능 수행 ─ 사법주권의 형해화

'변형적 이용 이론'에서 '공익' 부합성에 관한 판단은 누가 하는가? 더 넓게 보면 공정이용 해당 여부는 누가 판단하는가? 물론 저작권자와 이용자 간에 합의가 되지 않아 분쟁이 생기면 최종적인 판단은 각 나라의 최고(最高)법원에서 할 수밖에 없다. 전 세계를 시장으로 삼는 빅테크가 피고로 된 공정이용 쟁점의 저작권침해 사건에서, 미국 연방대법원이 공정이용의 성부(成否)를 '공익' 기준으로 판단하는 것의 위험성과 부당성에 대해서는 위에서 지적한 바 있다[위 Ⅲ.3.다. ⑴ 공동체(community)의 정의와 범위]. 여기에서는 빅테크가 당사자가 되어 공익 판단을 받는 경우가 아니라 판단의 주체가 되는 경우를 다룬다.

다시 한번 위 'Ⅲ.3.다. ⑴ 공동체(community) 문제'의 논의와 여기의 논의가 다름을 강조한다. 앞의 논의는 미국 연방대법원이 변형적 이용 이론에 따라 공정이용을 판단할 때 기준이 되는 '공익'에서, 예컨대 구글과 같은 빅테크의 이용에 유리한 환경을 조성하는 것이 '미국의 공익'에 부합한다는 것을 전제로 하고 있다는 점을 비판한 것이다. 그런데, 여기의 논의는 유튜브에 올라오는 수많은 저작물에 관해 저작권분쟁이 있을 때, 법원판결보다는 구글(유튜브) 정책에 따른 결정이 사실상 판결과 같은 효과가 있다는 점에서 구글이 판정 주체가 됨을 비판하는 것이다. 구글을 기준으로 말하면, 앞의 논의에서 구글은 당사자이고, 여기에서는 구글이 판정 주체이다. 판단 주체를 기준으로 말하면, 앞의 논의에서 판단 주체는 미국 법원이고, 여기에서는 구글이다. 이처럼 위 두 논의는 서로 다른 논의라는 점에 유의하여 살펴본다면, 공익 기준의 '변형적 이용 이론'이 미국 외 국가에서 얼마나 부당한 것인지 드러나게 될 것이다. 이하 유튜브 환경을 전제로 논의한다.

(개) 기본권(재판받을 권리) 침해

수많은 저작물이 노출되는 유튜브 환경에서 유튜버와 저작권자의 갈등은 수시로 발생한다. 이른바 크리에이터(creator)라고도 불리는 유튜브 이용자(유튜버)가 올린 동영상을 둘러싸고 자신의 저작물이 무단 사용되었다고 주장하는 이가 있거나, 크리에이터의 동영상이 후에 다른 이용자에 의해 무단 사용되는 경우가 자주 발생한다. 한편, 비교 대상 동영상들이 전적으로 같은 경우 외에 일부가 비슷하거나 이용 관계에 있는 경우, 즉 이전 동영상을 이용해 새로운 동영상을 만든 경우가 있으며, 동영상이 아닌 오디오, 멜로디까지 확장하면 동일·유사 저작물로 인한 갈등은 헤아릴 수 없을 정도가 된다.529) 보전소송과 본안소송 등 재판절차를 통해 문제 된 동영상 등의 재생을 중지 및 삭제 조치하고, 나아가 해당 채널과 계정을 정지 및 삭제하는 등의 판결을 받는 방법이 있지만, 이에 걸리는 시간 및 비용, 발생 건수 등을 고려하면, 재판을 통해 분쟁을 해결하는 것은 비현실적이다. 유튜브라는 환경에서 발생하는 분쟁은 다발성, 신속 해결의 필요성, 전문성 등에서 볼 때 '재판 외 분쟁 해결 수단'(ADR)이 적합하다고 할 수 있다.

---

529) 월간 활성 이용자 수(MAU) 20억 명이 넘는 유튜브에는 1분마다 500시간 분량의 영상이 올라오는데, 모든 콘텐츠가 창작물은 아니지만, 유튜브에 따르면 2021년 하반기에만 약 7억 6,700만 건의 저작권분쟁이 발생했다고 한다. 한편, 유튜브의 '2021년 하반기 저작권 투명성 보고서'에 따르면 '불펌'(불법으로 퍼오는) 영상을 찾아내 수익을 공유하는 등의 방법으로 2021년까지 약 3년간 저작권자에게 돌아간 유튜브 광고 수익은 약 75억 달러(9조 7,600억 원)였다고 한다. 하선영, "1분에 500시간 분량 업로드... 유튜브의 '불펌' 대처법", 중앙일보 2022. 6. 24.자 기사. https://news.nate.com/view/20220624n00173 (2024. 12. 30. 방문). 이 책에서는 저작권침해에 관한 것만 다루지만, '유튜브 커뮤니티 가이드'에는 '스팸 및 현혹 행위', '민감한 콘텐츠'(아동 보호, 과도한 노출 및 성적인 콘텐츠 등), '폭력적이거나 위험한 콘텐츠'(괴롭힘 및 사이버 폭력, 유해하거나 위험한 콘텐츠 등) 등의 대해서도 저작권침해와 마찬가지의 절차를 정하고 있다. '유튜브 커뮤니티 가이드'에 관해서는 다음 참조. https://www.youtube.com/intl/ALL_kr/howyoutubeworks/policies/community-guidelines/ (2024. 12. 30. 방문).

한편, 유튜브는 '저작권 및 권한 관리 규정(약관)'에서 저작권침해 신고(저작권 삭제 요청, Content ID 소유권 주장), Content ID 소유권 주장에 대한 이의제기, Content ID 소유권 주장에 대한 항소, Content ID 이의제기 중 수익 창출 등 각종 절차를 통해 저작권자와 침해의혹자 간의 분쟁 해결을 위한 합리적 제도를 두고 있다.[530] 일종의 ADR이라고 할 수 있는데, 일반적인 ADR의 경우 처음부터 재판에 의한 분쟁 해결을 선택할 수 있을 뿐 아니라, ADR 절차 진행 중 또는 절차 종료 후에도 일정한 요건을 갖추면 분쟁을 법원으로 가져갈 수 있는 권리가 보장된다.[531] 그런데, 특정 국가를 제외하고는 전 세계 대부분 나라에서 사용되는[532] 유튜브에서 발생하는 분쟁이 재판으로 해결될 가능성은 아래에서 보는 바와 같이 사실상 막혀 있다. 이로써 현대 국가에 일반적으로 인정된 기본권으로서 재판받을 권리가 보장되지 못하는 결과를 낳는다. 아래에서 이를 논증하기로 한다.

유튜브 동영상을 둘러싼 저작권침해 여부에서 대부분 쟁점은 공정이용과 관련되는데, 유튜브는 저작권 예외 사유로서 '공정이용'에 관한 상세한 설명을 하고 있다.[533] 공정이용과 관련하여 유튜브는 자체 알고리듬 시스템에 의해 판단하고,[534] 나아가 다시 사람이 판단하기도 하는데, 그 결과에 불복

---

530) https://support.google.com/youtube/topic/9282678?hl=ko&ref_topic=2676339&sjid=3462656813051140908-AP (2024. 12. 30. 방문). 이와 관련한 국내 논문으로는 다음 참조. 노현숙, "사적 미디어로서의 유튜브 플랫폼에 의한 콘텐츠 삭제에 관한 논의", 미디어와 인격권 제8권 제1호, 2022; 이나라, "사적 저작권 집행 시스템의 법적 쟁점 — 유튜브의 콘텐츠 ID를 중심으로 —", 계간저작권 제125호, 2019 등.
531) 당사자 간 합의가 성립하거나 ADR 판정부가 제시한 안에 당사자가 동의하여 종결되는 임의조정의 경우에는 불복하여 법원으로 분쟁을 가져갈 수 없지만, 판정부가 강제조정한 경우 불복하고 재판절차로 진행할 수 있다.
532) 전 세계적으로 이용되는 유튜브를 사용하지 않는 이유로는 정치적 이유(중국 등), 종교적 이유(이슬람권 국가) 등을 들 수 있다.
533) https://support.google.com/youtube/answer/9783148?sjid=3462656813051140908-AP (2024. 12. 30. 방문).
534) 유튜브는 저작권으로 보호되는 저작물에 저촉하는 영상물을 체크해 침해 여부를 점검

하면 결국 재판으로 갈 수밖에 없다. 그런데 이때 재판의 관할과 준거법에 관해서 유튜브 서비스 약관의 일반조항이 적용된다.

> 일부 국가의 법원에서는 분쟁 유형에 따라 미국 캘리포니아주 법률을 적용하지 않을 수 있습니다. 귀하가 이러한 국가에 거주하고, 미국 캘리포니아주 법률의 적용이 배제되는 경우, 거주 국가의 법률이 본 약관과 관련된 분쟁에 적용됩니다. 그렇지 않은 경우, 귀하는 본 약관 또는 서비스와 관련되거나, 이로부터 야기된 일체의 분쟁에 대해 미국 캘리포니아주 법률이 적용되며, 캘리포니아주 국제사법의 적용은 배제된다는 것에 동의합니다. 마찬가지로, 거주 국가의 법원이 귀하가 미국 캘리포니아주 산타클라라 카운티 법원의 관할에 합의하는 것을 허용하지 않는 경우, 본 약관과 관련된 분쟁에 관하여 귀하의 거주지 재판관할이나 법정지가 적용됩니다. 그렇지 않은 경우, 본 약관 또는 서비스와 관련되거나, 이로부터 야기된 모든 청구는 미국 캘리포니아주 산타클라라 카운티의 연방 또는 주 법원이 전속관할을 가지며, 귀하와 YouTube는 해당 법원이 인적 관할을 갖는 것에 동의합니다.[535][536]

분쟁 당사자들이 모두 미국 외의 국가에 주·거소를 두고 있어도 위 서비스 약관에 따라 미국 캘리포니아주에서 재판해야 한다면, 편의성과 경제적

하고 있는데, Copyright Match Tool, Content ID 등에서 기계적 시스템에 의해 중복, 유사도 등을 걸러내고 있다. https://support.google.com/youtube/answer/7648743?hl=ko&ref_topic=9282364&sjid=3462656813051140908-AP) (2024. 12. 30. 방문). 다른 플랫폼들도 비슷한 알고리듬 게이트키퍼를 도입하고 있는데, FACEBOOK의 경우 'Rights Manager'를 들 수 있다. https://www.facebook.com/formedia/blog/introducing-rights-manager (2024. 12. 30. 방문).

535) 유튜브 서비스 약관(발효일 2022. 1. 5.) https://www.youtube.com/t/terms#9d68b9ec4c (2024. 12. 30. 방문).

536) 미국인이 구글(유튜브)을 상대로 자신의 콘텐츠 또는 채널의 삭제·정지를 다투는 데 구글 약관상 합의관할은 큰 문제가 되지 않는다. 실제 사립대학인 프래거 대학이 운영하는 유튜브 콘텐츠를 구글(유튜브)이 삭제조치하여 분쟁이 발생, 판결이 선고된 적이 있다. Prager University v. Google, 951 F.3d 991 (9th Cir. 2020).

측면에서 사실상 재판에 의한 분쟁 해결의 길은 원천 봉쇄되고, 유튜브의 결정이 최종적인 판단이 될 것이다.537) 그래서 피해를 입었음에도 사법 구제를 시도하지 못하는 경우가 많을 것이다. 이 점에서 구글(유튜브)이 사실상 최종 판단기관이 될 가능성이 크다. 더욱 심각한 문제는 이런 불합리가 유튜브상에서 벌어지는 공정이용을 둘러싼 저작권침해 분쟁과 이를 넘어 유튜브상의 분쟁에서 구글(유튜브)이 사실상 개별 국가의 사법권을 무력화 내지 형해화할 가능성이 있다는 것이다.538)539) '변형적 이용 이론'에 따르면 공정이용의 '공익'은 전 세계가 합의할 수 있는 것도 있지만, 사법주권이 미치는 공동체별로, 즉 국가별로 추구하는 가치가 달라 공익의 내용과 기준이 다를 수도 있다. 예를 들어 종교, 기술, 성적(性的) 지향 및 윤리, 정치적 표현 등에서 전 세계는 매우 다양한 가치관과 규범을 갖고 있는데, 이와 관련된 저작권침해(공정이용) 여부가 쟁점이 된 경우 유튜브가 개별 국가의

---

537) 구글 본사와 구글 코리아를 상대로 제기한 소송에서 원고와 피고 구글 코리아는 서울 강남구에 주소를 두고 있는 법인들이었는데, 한국 법원은 구글 본사에 대한 청구는 구글 약관에서 정한 합의관할에 위반한다는 관할위반 항변을 받아들여 각하, 구글 코리아에 대한 청구는 실체 판단 후 기각했다. 서울고등법원 2020. 6. 9. 선고 2019나2044652 판결(대법원 2020. 10. 15. 선고 2020다238424 판결로 심리불속행 기각 확정, '구글 합의관할 판결'). 임혜령, "'노란 딱지 받으면 미국 법원 가라'... 보호 받지 못하는 국내 크리에이터들", 법조신문 2022. 3. 3.자 기사, http://news.koreanbar.or.kr/news/articleView.html?idxno=24407 (2024. 12. 30. 방문) 참조. 동 기사 중 "역삼역 1분 거리에 구글 코리아가 있음에도, 직항도 없는 미국 산타클라라 카운티 법원에 가서 재판을 받으라는 태도는 쉽게 납득이 가지 않는다."라는 인터뷰 부분이 매우 인상적이다.
538) 본 저자는 다음 논문의 'Ⅳ. 빅테크가 초래한 사법주권의 형해화'에서 이에 대해 논의 했다. 남형두, "빅테크에 대한 국제사법의 대응 — 구글 합의관할 사건 판결에 대한 비판으로부터 —", 국제거래법연구 제31권 제1호, 2022. 7. 31.
539) 개별 국가의 사법권을 무력화하는 또 다른 예로 '투자자 정부 소송 제도(ISDS)'를 들 수 있다. 한동안 각종 국제투자협정에 들어 있는 ISDS는 최근 미국을 비롯해 많은 나라가 이탈하는 조짐을 보여 눈길을 끈다. 조계완, "'국가정책 흔드는 ISDS 이탈' 새 흐름 ... 한국은 피소 10건", 한겨레 2023. 7. 25.자 기사, https://www.hani.co.kr/arti/economy/economy_general/1101524.html (2024. 12. 30. 방문).

가치관과 규범 기준에서 공익을 도출하여 판단한다는 것은 매우 어려운 일이 될 것이다.540) 그렇다고 유튜브 약관에 따라 미국 캘리포니아주의 법률에 따라 공익 여부를 판단하는 것 또한 매우 위험할 뿐 아니라 합리적이라 할 수 없다.

하버드 로스쿨 교수 오케디지(Ruth L. Okediji)도 이를 "online platforms' self-policing"이라고 하여 온라인 콘텐츠 플랫폼에서 공정이용 항변을 파괴하고 왜곡하는 위협적 기능을 수행하고 있다고 지적했는데,541) 미국 외의 국가에서 발생한 유튜브상 저작권분쟁에 적용하면, 사기업에 불과한 빅테크의 '선 결정 후 이의제기'라는 일종의 자경단(自警團) 시스템이 저작권침해 여부 및 공정이용 성립 여부에 관한 최종적 판단 역할을 할 가능성은 더욱 크다고 할 것이다.

물론 영국, 프랑스 등에는 위에서 정한 구글의 일반약관이 적용되지 않기도 한다.542) 그러나 대부분 국가에서는 구글의 일반약관을 그대로 사용하고 있는데, 그럼에도 불구하고 개별 국가 사법부의 해석에 따라서는 약관의 적용을 배제하고 해당 국가의 재판관할을 행사하는 것이 불가능하지 않다. 그런데 한국 법원에 제기된 한 사건에서 한국 사법부는 오히려 자국 사법권 행사에 소극적 자세를 견지함으로써 자국민의 재판받을 권리를 보장하지 않았다는 비판을 받고 있다.543)

---

540) 남형두, 전게논문(주 538), 465-469면.
541) 자치경찰(self policing), 자체 스크리닝 시스템 등 같은 말로 대체할 수 있다. Okediji, Ruth L. 2018. Creative Markets and Copyright in the Fourth Industrial Ere: Reconfiguring the Pubic Benefit for a Digital Trade Economy. Geneva: International Centre for Trade and Sustainable Development (ICTSD), pp.41-42.
542) 주 549 참조.
543) 이는 개별 국가의 사법권이 적절히 제동을 걸 수 있어야 하는데, 한국에서는 오히려 법원이 이러한 역할을 포기한 경우가 있어 눈길을 끈다. 구글(유튜브) 약관은 전 세계에 균일하지 않고 나라별로 예외를 두고 있어 제아무리 빅테크의 약관이 강력하다고 하더라도 개별 국가의 노력, 특히 입법부[인앱결제 강제방지법(개정 전기통신사업법)]

일찍이 프랑스에서는 이른바 인터넷저작권보호법에 대해 헌법위원회의 위헌결정이 있었다. 법관의 판결에 의하지 않고 표현의 자유를 제한하는 것이 위헌이라는 이유에서였다.544) 그렇다면, 구글(유튜브)의 계정 정지·삭제 결정이 법관이 아닌 구글 시스템 또는 직원에 의해 이루어지는 것은 위헌적 요소가 다분하다고 할 수 있다. 물론 불복의 길이 있기는 하지만 미국 외의 나라에서 전속적 합의관할을 정한 약관에 의해 사실상 구글(유튜브)의 결정에 대한 불복이 가능하지 않다는 점에서, 즉 구글의 결정이 최종적인 것으로 기능한다는 점에서 형식적 불복 수단의 존재가 위헌적 요소를 상쇄하기 어렵다고 생각한다. 후술하는 바와 같이545) 국가기관 또는 공기관이 외부(외국)의 힘을 빌려 자국민의 표현의 자유를 제한한다면 이는 공권력·공기관의 위헌적 행위로 평가할 수 있을 것이다.

(나) 사기업이 국제적 기준을 통일하는 것이 합리적일까?

저작권과 공정이용에 관한 요건과 기준은 세계적으로 고르지 않다. 이런 상황에서 경제력이나 실질적 영향력에서 초국가적 역량을 갖는 빅테크가 공정이용에 관한 기준을 일방적으로 적용하는 것을 어떻게 볼 것인가? 문화나 기술에서 나라별로 발전546)의 정도가 다른 상황에서 저작권이나 특허권

와 사법부[위 '구글 합의관할 판결', 그리고 '페이스북 개인정보 침해 사건: 서울중앙지방법원 2022가단5024943(원고: 강남규 외 161명, 피고: 메타 플랫폼스 외 1명, 민사87단독, 손해배상청구)', 2024. 12. 현재 재판 계류 중]의 노력 여하에 따라 달라질 수 있다는 점에 유의해야 한다. 남형두, 전게논문(주 538), 472-475면.
544) 정병욱, "저작권 '삼진아웃제'...프랑스 '위헌', 국내는 '강행'", 아이뉴스24, 2009. 6. 11.자 기사, https://www.inews24.com/view/421325 (2024. 12. 30. 방문).
545) 아래 '(대) 표현의 자유 억압이라는 의외의 효과'.
546) '진보'의 의미를 지닌 '발전'이란 단어가 여기에서 반드시 타당한 것은 아니다. 기술에서는 진보와 발전이란 용어를 사용하는 것이 어렵지 않으나, 문화에서는 다양성을 희생시킬 수 있다는 점에서 획일적 기준의 진보와 발전이란 용어가 적절하지 않기 때문이다. 이점을 고려하여 본문에서 '발전'이란 용어를 사용한다는 것을 밝힌다.

에 관한 통일된 기준을 적용한다는 것은 결코 합리적이라 할 수 없다. 이와 같은 부조화(disharmony)로 인한 불공평 ― 지식재산권의 남북문제 ― 을 해결하기 위해 오히려 개별 주권 국가는 지식재산권에 관해 고유의 제도를 두고 사법 판단에서 유연하게 대처하고 있다.547) 그렇게 하지 않으면 기술과 문화가 발전된 나라로 부(wealth)의 쏠림 현상이 발생할 것이라는 지적548)에 귀 기울일 필요가 있다. 이 점에서 사법권을 행사하는 국가별로 공정이용과 공익에 관한 판단기준의 차이, 즉 부조화를 세계적 관점에서 반드시 해소해야 할 대상이라고 말할 수는 없다. 물론 개별 국가 사법부의 판단이 기술 또는 콘텐츠 선진국의 지식재산권을 침해하는 구실이 되어서는 곤란하지만 ― 침해자가 자국 사법부 판결의 엄호를 받는 것은 곤란하지만 ― 때로는 적절한 유연성이 개별 국가의 유치산업 보호나 문화 다양성을 위해 적극적으로 발휘될 필요도 있다. 여기에서 유튜브 약관 및 유튜브의 공정이용에 관한 판단을 전 세계에 적용하는 것이 바람직하지 않다는 주장의 논거를 도출할 수 있다. 실제로 구글(유튜브) 약관은 영국, 프랑스 등 몇 나라에서는 한국, 인도, 이스라엘 등에 적용되는 일반약관과 달리 특별한 예외를 두고 있으며,549) 애플 역시 상대 기업에 따라 다른 정책을 펴기도 한

---

547) 스티글리츠는 특허, 특히 의료 분야에서 개별 주권 국가의 사정에 따른 지식재산권 제도의 운용을 강조한다. 그런데 세계무역기구(WTO) 체제하에서 이와 같은 다양성이 무너지고 개별 국가가 세계 질서에 편입되도록 강요되고 있음을 비판한다. 스티글리츠, 전게서(주 379), 262면(원저, p.140).
548) Okediji, 전게논문(주 541), 46면.
549) 구글의 서비스 약관은 다음 링크(https://policies.google.com/terms)에서 확인할 수 있다. 그런데 상단에 있는 로그인 아이디 및 접속 위치에 따라 자동 생성된 '국가 버전'에 따라 대한민국으로 설정되어 있고, 대한민국 서비스 약관의 하단 관할 섹션에 원칙적으로 캘리포니아주 산타클라라 카운티 법원이 전속관할을 갖는다는 취지가 포함되어 있다. 한편, 링크 끝에 국가코드를 입력하는 경우, 임의로 타국 서비스 약관을 확인할 수 있는데, 예컨대 이스라엘의 경우 괄호 링크(https://policies.google.com/terms?gl=il), 인도의 경우 괄호 링크(https://policies.google.com/terms?gl=id)로 볼 수 있다. 이들 나라도 한국과 마찬가지로 하단 관할 섹션에서 원칙적으로 캘리포니아주 산타클라라

다550)는 점에서 빅테크 약관의 통일적 적용이 논리의 문제가 아님을 알 수 있다.

제아무리 빅테크의 약관이 강력하다고 할지라도 개별 국가 입법부와 사법부의 태도에 따라 획일적 기준을 탈피해 유연성을 발휘할 수 있다. 예를 들어 한국은 그간 구글, 애플 등 빅테크, 그리고 글로벌 콘텐츠 기업인 넷플릭스의 약관이나 정책과 다른 입법을 시도하여 이들 글로벌 대기업과 충돌을 빚고 있으며, 이는 EU 등의 입법에 상당한 시사점을 주고 있다. 또한 구글 합의관할 판결에서 보는 바와 같이 한국의 사법부 역시 비슷한 갈등과 도전의 국면에서 시험대에 오르기도 했다.551) 구글 합의관할 판결에서 한국 사법부는 구글 약관의 효력을 인정하여 국내 법원의 관할을 인정하지 않았으나, 앞으로도 국내법 적용을 피하려는 빅테크를 상대로 한국 법원에 재판

카운티 법원이 전속관할을 갖는다는 취지가 포함되어 있다. 그런데, 영국의 경우 (https://policies.google.com/terms?gl=gb), 관할 섹션에 원칙적으로 영국 법원에 소를 제기할 수 있다는 내용이 있으며, 프랑스(https://policies.google.com/terms?gl=fr)의 서비스 약관 하단 관할 섹션에도 거주국 법원(즉 프랑스의 경우 프랑스 법원)에 소 제기가 가능하다는 내용이 기재되어 있다.

550) 애플과 스포티파이(Spotify)는 지난 수년간 애플의 앱 스토어 정책을 두고 갈등을 빚어왔다. 결국 애플은 자사의 과도한 인앱결제 수수료에 저항한 스포티파이에 대해 외부 결제를 허용했다. 이승우, "애플의 앱 마켓 정책 비판하던 '스포티파이' 외부 링크 결제 가능해져", 데일리시사 2022. 3. 31.자 기사, http://www.dailysisa.com/news/articleView.html?idxno=44606 (2024. 12. 30. 방문). 한편, 유럽연합(EU)은 인앱결제를 강제한 애플에 대해 반독점법 위반 혐의로 한화 7,200억 원의 과징금을 부과할 예정이라는 보도가 있었다. 스포티파이의 손을 들어준 것이다. 김상범, "'인앱 결제 강제' 애플, 유럽서 7200억원 첫 과징금", 경향신문 2024. 2. 20.자 기사. 그런데, 당초 예상을 훨씬 뛰어넘는 18억4천만 유로(한화 약 2조7천억 원)의 과징금이 부과됐다. 이는 애플 전 세계 매출의 0.5%에 해당한다. 김재섭, "EU, 애플에 매출 0.5% 규모 과징금... '빅테크 규제' 본격화", 한겨레 2024. 3. 5.자 기사, https://www.hani.co.kr/arti/economy/it/1130902.html (2024. 12. 30. 방문). 이에 대해 애플은 유럽연합이 이용자 보호를 명분으로 유럽 내 스웨덴기업인 스포티파이(유럽 음악 스트리밍 시장의 56%를 점유)를 보호하는 것이라고 반발했다. 위 김재섭 기사 참조.

551) '구글 합의관할 판결'(주 537).

관할권을 인정해야 한다는 시도가 지속될 것으로 보인다.552)

(다) 표현의 자유 억압이라는 의외의 효과

구글 일반약관에 따른 관할 집중으로 구글(유튜브)이 의도한 것이 아닐지라도 개별 국가 시민과 기업의 표현의 자유를 심각하게 억압하는 결과가 발생할 수 있다. 예를 들면, 한국에서는 정치적 의견 표명의 장으로 유튜브가 적극 활용된 지 오래되었다. 그런데 정치적으로 의견이 극명하게 갈린 경우, 상대방 진영의 유튜브 방송을 방해할 목적으로 유튜브 약관을 활용하기도 한다. 특정 유튜브 방송에 저작권침해 의혹이 있는 경우 저작권침해 신고를 하고 세 번에 걸쳐 유튜브(구글)로부터 경고가 있으면 특정 유튜브 채널이 삭제되는 것을 이용하는 것이다(삼진아웃제).553) 이런 조치에 불복하여 채널을 복구하려면 유튜브(구글)를 상대로 소송을 해야 하는데, 위 구글 일반약관에 따라 재판관할이 미국에 있으므로 영세한 유튜브 운영자로서는 실제 소송으로 나아갈 엄두를 내기 어렵다. 이렇다 보니 유튜브(구글)가 한국의 정치 상황으로부터 중립적 입장을 갖는다고 하더라도 그 입장과 상관없이 유튜브의 저작권정책은 자칫 악용될 수 있다. 구글이 이런 상황을 의도한 것은 아닐지라도 미국 외의 국가에서 자주 발생할 수 있는 문제이다.

수많은 구독자가 있는 특정 유튜브의 경우 삼진아웃제가 얼마나 위협적인지는 긴 설명이 필요하지 않다. 한 차례 경고를 받아도 자신의 유튜브 채널이 삭제될지 모른다는 두려움은 역으로 같은 두려움을 인식하고 있는 다른 유튜브에 대한 효과적인 통제 장치 또는 공격 수단이 될 수 있다. 가정이

---

552) 주 543. 2024년 현재 서울중앙지방법원에 계류 중인 페이스북 개인정보 침해 사건에서 국내 대리인 제도에 따른 송달의 효력을 인정할 것인지 관심이 집중되고 있다.
553) 90일 안에 3차의 경고를 받으면 채널이 유튜브에서 영구적으로 삭제된다. 유튜브상의 이른바 삼진아웃제에 관한 공식적 설명은 다음 링크(https://support.google.com/youtube/answer/2802032?hl=ko&sjid=4915218816914283778-AP) (2024. 12. 30. 방문) 참조.

지만, 정치적 견해가 다른 정도가 아니라 상대방의 존재를 부정할 정도로 극단적인 대립각을 세우는 유튜버 간에는 익명 또는 허위 계정을 만들어 경쟁 유튜브를 배제하기 위해 허위로 신고할 수도 있다. 유튜브(구글)가 공무소 또는 공무원이 아니므로 무고죄554)가 성립할 가능성은 없다. 그런데 위와 같은 허위신고로 특정 유튜브 채널이 삭제되는 경우 피해 유튜버에 대한 영업방해죄555)는 성립할 수 있다. 허위신고처(유튜브/구글)와 업무방해의 피해자(채널이 삭제된 유튜버)가 다른 경우이다. 이 과정에서 업무방해죄로 수사하여 처벌하기 위해서는 허위신고처에 대한 조사가 이루어져야 하는데, 한국 수사기관이 미국 법인(구글)을 조사하고 공소를 유지하는 것이 현실에서는 쉽지 않을 것이다.

특정 유튜브 채널이 삭제되면 그것이 정당한 사유에 의한 것이건 허위 사실에 의한 것이건 간에 사실상 민형사상 구제가 어렵다. 유튜브상의 표현의 자유가 위축되고 왜곡되기 좋은 환경인 셈이다.

한편, 페이크(fake) 뉴스 및 고의적으로 유포되는 잘못된 정보로서 고의성이 없는 오보(誤報, misinformation)와 구별되는 역정보(逆情報, disinformation)에 관한 논란은 이제 전 세계적인 논란이 되고 있다. 민주주의가 성숙한 선진국으로 알려진 미국 사회도 지난 십수 년 사이 정치적으로 양분되어 진실이 무엇인지 알려고 하기보다는 자기가 믿고 싶은 것만 보고 듣는 것이 정치적·사회적 문제가 되고 있다. 이처럼 좁혀지지 않는 사회적 갈등은 믿기

---

554) 형법 제156조(무고) 타인으로 하여금 형사처분 또는 징계처분을 받게 할 목적으로 공무소 또는 공무원에 대하여 허위의 사실을 신고한 자는 10년 이하의 징역 또는 1천500만원 이하의 벌금에 처한다.

555) 제314조(업무방해) ①제313조의 방법 또는 위력으로써 사람의 업무를 방해한 자는 5년 이하의 징역 또는 1천500만원 이하의 벌금에 처한다.
②컴퓨터등 정보처리장치 또는 전자기록등 특수매체기록을 손괴하거나 정보처리장치에 허위의 정보 또는 부정한 명령을 입력하거나 기타 방법으로 정보처리에 장애를 발생하게 하여 사람의 업무를 방해한 자도 제1항의 형과 같다.

지 않는 의사당 폭력 사건556)으로 현실이 되기도 했다. 문제는 그 정도가 더욱 심화하고, 전 세계로 확산하고 있다는 점이다. 이른바 레거시 미디어(legacy media)의 퇴조와 1인 미디어 시대를 가능하게 한 유튜브가 위와 같은 갈등을 증폭시키는 한 원인이 되고 있다는 데 크게 이의가 없을 것이다. 한국도 예외는 아니다. 그런데, 2023년 한국 방송통신심의위원회(방심위)가 내놓은 가짜뉴스 대책이 우려되는 것은 구글(유튜브)이 동원된다는 데 있다.557) 방심위가 구글(유튜브)에 가짜뉴스로 신고하고, 구글(유튜브)은 공기관의 신고라는 이유로 신속한 처리를 하되,558) 공정성559)을 잃을 만한 결정

---

556) 2020년 미국 대통령선거 이후 발생한 의사당 폭력 사태는 민주주의의 심장인 미국 의사당에서 발생한 일이라고는 도저히 믿을 수 없을 정도로 충격적이었다.

557) 2023년 하반기 한국에서는 이를 우려한 보도가 쏟아져 나왔다. 그중 몇 개를 소개하면 다음과 같다. 김기범, "방통위, '가짜뉴스 근절' 앞세워 방송 장악에 속도…'패스트트랙' 활성화", 경향신문 2023. 9. 19.자 기사, https://www.khan.co.kr/article/202309181707001 (2024. 12. 30. 방문); 강한들, "방심위 사무처 팀장 11명 "언론 탄압·검열 논란 우려…성급한 의사 결정 지양해야", 경향신문 2023. 10. 6.자 기사, https://www.khan.co.kr/article/202310061907001 (2024. 12. 30. 방문); 오수연, "방심위, 구글 부사장과 면담…가짜뉴스 대책 동참 당부", 아시아경제 2023. 9. 20.자 기사, https://v.daum.net/v/20230920105756100 (2024. 12. 30. 방문) 등. 특히 마지막 기사는 유튜브 채널에 관한 칼자루가 구글에 쥐어진 와중에 구글 부사장의 한국 방심위 방문을 다룬 것이어서 예사롭지 않았다. 이 무렵 구글은 한국 방심위와 법적 이해관계가 있었다는 점에서 구글 고위 임원의 방심위 회동은 충분히 이목을 끌 만했다. 전성필, "구글·애플 과징금 부당"… '인앱결제 강제' 법적다툼 가열 조짐", 국민일보 2023. 10. 9.자 기사, https://v.daum.net/v/20231009040516315 (2024. 12. 30. 방문); 김재섭, "방통위, '특정 결제방식 강제' 구글·애플 680억 과징금", 한겨레 2023. 10. 6.자 기사, https://v.daum.net/v/20231006110009083 (2024. 12. 30. 방문).

558) "Google 투명성 보고서"에 따르면, 구글은 전 세계 법원, 정부 기관으로부터 유튜브 등 구글 제품에서 정보를 삭제해 달라는 요청을 받고 있으며 구글은 검토 후 콘텐츠가 법률 또는 구글 제품 정책에 위반하여 삭제되어야 하는지를 결정한다. 정부 요청이 이루어지는 방식은 크게 법원 명령과 국가/지방 정부의 서면 요청, 법 집행 기관 담당자의 요청 등 다양한 수준의 정부 기관으로부터 여러 가지 방식으로 콘텐츠 삭제 요청을 받고 있다. https://transparencyreport.google.com/government-removals/overview?hl=ko (2024. 12. 30. 방문); https://support.google.com/transparencyreport/answer/7347744

을 내려 해당 유튜브 채널과 콘텐츠를 삭제한다면, 이는 표현의 자유에 대한 심각한 억압을 가져올 수 있다. 한국 방송법상 방심위 구성은 대체로 정부 여당이 선임한 위원 수가 많기 마련이다. 소수 정파가 정권을 잡아도 일정한 기간이 지나면 위원회를 정부 여당이 장악하는 것이 한국의 실정이다.560) 이렇게 되면 소수파 또는 소수의견은 늘 억압될 수밖에 없는 구조가 된다. 정부가 자기 뜻에 맞지 않는 유튜버의 표현의 자유를 억압하기 위해 일정한 사유를 들어 특정 유튜브를 구글(유튜브)에 신고하여 삭제하는 것이 일상화된다면, 외부(구글)의 힘을 빌려 내국인의 표현의 자유를 탄압하는 전례 없는 상황이 생길 수 있다.561) 사법주권 훼손과 국민의 재판받을 권리

    (2024. 12. 30. 방문). 한편, 위 정부 기관(government authorities)에는 예컨대, 정보통신망법 제44조의7에 따른 방송통신위원회와 방송통신심의위원회가 포함되는 것으로 이해된다. 즉, 방통위와 방심위는 구글(유튜브)에 특정 영상에 대한 삭제 요청을 할 수 있고, 구글(유튜브)은 그에 따른 원활한 요청 접수 및 검토를 위한 채널을 두고 있다. "정부의 콘텐츠 삭제 요청"에 관해서는 위 구글 투명성 보고서 참조.

559) 구글이 한국의 상황을 고려하지 않는 중립성을 취함으로써 공정한 결정을 내린다고 볼 수도 있다. 그런데 기계적 중립성이 반드시 공정성을 담보한다고 할 수 있을까? 정치, 경제, 언론 지형이 이미 '기울어져' 있다면 중립성은 오히려 불공정을 심화한다고 할 수 있다. 평균대에서는 눈을 감거나 눈을 가려야 중심을 잡고 전진할 수 있을지 모른다. 그런데 그 평균대가 한쪽으로 기울어져 있다면 눈을 감고 걷다가는 반드시 밑으로 떨어질 수밖에 없다. 기울기를 고려하여 무게 중심을 이동해야 바르게 앞으로 갈 수 있다. 이 점에서 보면, 구글(유튜브)이 콘텐츠의 삭제 요청을 받았을 때, 한국을 비롯한 개별 국가의 사정과 맥락을 이해하지 못한 가운데 중립적 태도를 취하는 것으로 공정한 결정을 내린다고 생각하는 것은 착각이다.

560) 배덕훈, "방심위 가짜뉴스 대책, 중대한 절차적 하자…책임 물어야", 뉴스토마토 2024. 12. 30.자 기사, http://www.newstomato.com/ReadNews.aspx?no=1205794&inflow=N (2024. 12. 30. 방문).

561) 안희정, "방심위원장 구글 방문 논란 ... 국회서도 비판", 지디넷코리아 2024. 5. 23.자 기사, https://v.daum.net/v/20240523181809294 (2024. 12. 30. 방문). 방심위가 정부 기관은 아니지만 사실상 정부의 영향력 아래 있는 것은 부인하기 어렵다. 기사에 따르면, 방심위 위원장이 구글 본사에 방문하여 "한국 내 불법·유해 유튜브 콘텐츠에 대한 구글 측의 삭제·차단 조치가 신속하게 진행되지 않고 있다고 지적했다."라고 한다. 이것이 사실이라면, 방심위의 요구에 실효성이 있는지와 관계없이 외부(구글)의 힘을

침해라는 결론에서는 위 ㈎ 및 ㈏와 같아도, 다른 점은 여기에서는 정부가 자국민의 표현의 자유를 탄압하는 과정에서 스스로 외부의 힘을 빌린다는 데 있다.

㈑ 심각한 재산상 손해 발생 ― 권리금 회수 기회 봉쇄

구글의 자경단 역할 또는 사실상 사법권 행사로 이용자(유튜버)에게 심각한 재산상 손해가 발생할 수 있다. 만약 구글(유튜브)이 그 정책·약관에 반한다거나 저작권분쟁(저작권침해 신고에 따른 분쟁)의 결과로 이용자(유튜버)의 콘텐츠를 삭제하거나 채널을 중지·삭제할 경우, 유튜브에서 영리 활동을 하는 유튜버로서는 치명적 결과를 낳을 수 있다. 구글(유튜브)의 조치에 대해서 관할과 준거법이란 난관에도 불구하고 사법적 구제의 길이 전혀 없는 것은 아니지만, 콘텐츠가 삭제되거나 채널이 중지·삭제되면 추후 재판을 거쳐 복구한다고 해도 이전 상태로 회복한다는 것은 유튜브 환경의 특성상 불가능에 가깝다는 점에서 유튜브(구글)의 조치는 결정적일 수밖에 없다. 그렇다면 유튜버에게 발생할 피해는 어느 정도 심각한 것일까? 이에 대해 논의한다.

유튜브 채널이나 블로그 계정이 거래 대상으로 된 것은 새삼스러운 일이 아니다. 수요가 있기 때문인데, 유튜브에서 영업하고자 하는 자는 단기간에 회원 또는 구독자를 늘리기 위해 이미 상당수의 회원을 확보한 유튜브 채널을 이전받을 유인이 있다. 이런 수요에 따라 회원 수를 늘린 후 채널을 파는 유튜버가 있게 마련이다. 이와 같은 수요와 공급에 따라 인터넷 트래픽을 원하는 신생 사업자에 해당 유튜브 채널을 거액에 양도하는 거래가 이미 관련 업계의 관행으로 자리 잡고 있다.562) 온라인에서 영업을 시작하거나 확

빌려 내국인의 표현의 자유를 탄압하려 한다는 오해를 받기에 충분하다고 생각한다.
562) 유튜브(구글)에서 유튜버가 하나의 계정으로 여러 개의 채널을 생성할 수 있고, 이 중 일부 또는 전부를 양도할 수 있다. 한편, 유튜브(구글)는 채널 이전을 기술적으로

장하려는 경우 대중의 '관심 끌기(attention seeking)'를 영업전략으로 하는 이상 매우 빠르게 그 목적을 달성할 수 있어 유튜브 채널에 대한 거래가 성사되는 것이다.

여기에서 유튜브(구글)가 특정 유튜브 채널을 삭제하는 것은 마치 집주인이 세입자를 쫓아내는 것과 비슷한데, 이 과정에서 세입자가 관련 법률[주택임대차보호법(주택임대차법), 상가건물 임대차보호법(상가임대차법) 등]의 보호를 받지 못하여 보증금을 반환받지 못하거나 권리금을 회수하지 못하여 큰 손해를 보는 것에 비유할 수 있다. 왜 그런지 차분히 살펴보기로 한다. 유튜브와 유튜버, 그리고 그 유튜버로부터 계정을 양수한 새로운 유튜버의 관계는 상가임대차에서 임대인, 임차인, 신규임차인의 관계에 비유할 수 있다.

① 임대차 관계 유추

(ⅰ) 유튜브와 유튜버의 관계

물론 이 관계를 임대차계약에서처럼 차임을 지급하고 일정 기간 목적물(부동산)을 사용 수익할 수 있는 법률관계로 보기는 어렵다. 그러나 비교 대상은 될 수 있다. 임대차계약에서 임대인은 임차인에게 목적물을 사용 수익하게 할 의무를 부담하고, 임차인은 임대인에게 차임 지급 의무를 부담한다.

임대인에 해당하는 유튜브는 임차인에 해당하는 유튜버에게 유튜브라는 인터넷상의 공간을 제공한다. 그런데 유튜버는 유튜브에 대해 차임을 어떻게 지급할까? 양면 시장인 플랫폼의 특성상 유튜브는 유튜버로부터 돈을 받

지원하고 있다. YouTube 고객센터, "다중 채널 네트워크(MCN) 운영안내서, 콘텐츠 소유자 간의 채널 이전", https://support.google.com/youtube/answer/6351567?hl=ko (2024. 12. 30. 방문); YouTube 고객센터, "YouTube 채널을 한 브랜드 계정에서 다른 브랜드 계정으로 이전", https://support.google.com/youtube/answer/3056283?hl=ko&ref_topic=9267586&sjid=5057141424992327623-AP (2024. 12. 30. 방문).

지 않고 광고주로부터 광고료를 받는데, 유튜브와 유튜버의 관계에서 보면 광고주는 제3자에 해당한다. 제3자가 채무자를 대신하여 차임 지급 의무를 이행하는 구조이다. 물론 대위변제자인 광고주(제3자)는 유튜버의 활동에 따라 수많은 이용자를 플랫폼(유튜브)에 끌어모으기 때문에 그 과정에서 광고 노출을 할 수 있어 대위변제의 목적을 달성하는 것이다.

한편, 유튜버의 활동이 활발하여 일정한 요건을 갖추면 유튜브는 광고 수입의 일부를 유튜버에게 지급하기도 한다. 임대인이 임차인에게 금전을 지급하는 것은 일반적인 임대차계약에서는 상정하기 어려운데, 양면 시장의 특성에서 기인한 것이다. 유튜브와 광고주 간의 광고 계약에서 보면 유튜버는 제3자인 셈인데, 광고의 효과, 즉 광고 수익을 늘리기 위해 유튜브가 유튜버에게 광고 수입의 일부를 일종의 인센티브로 배분하는 것이다. 이것이 유튜브와 유튜버 사이의 계약 내용으로 편입된다.

(ii) 유튜버 간의 관계

임차인에 해당하는 유튜버는 자신의 계정을 다른 유튜버에게 유상 양도하기도 하는데, 이때 수수되는 돈은 유튜버와 신규 유튜버 간에 발생하는 것으로서 상가임대차의 권리금에 유사하다. 상가임대차에서 권리금 장사라는 말이 있다. 임차인 중에는 임대차계약 기간 중 영업을 통해 수익을 올리는 것보다는 권리금을 받아 나가려는 데 주목적을 두고 영업하는 경우를 말한다. 유튜브나 블로그 활동을 하는 이들 중에는 구독자 또는 회원 수를 늘린 후 이것(트래픽)을 필요로 하는 유튜버나 블로거에게 상당한 돈을 받고 계정을 넘기기도 하는데, 이는 상가임대차의 권리금 장사에 비유될 수 있다.

② 권리금

현실에서는 상가임대차 관계에서 권리금 수수가 관행으로 자리 잡고 있었으나 재판에서는 이를 인정하지 않았다. 이로 인해 종래 임대인(부동산

소유자)으로부터 명도요구를 받고 퇴거해야 하는 임차인 중에는 권리금을 회수할 수 없어 그 피해가 눈덩이처럼 커지는 경우가 많았다. 이에 2015년 상가임대차법을 개정하여 권리금을 법에서 인정하기 시작했다.563) 권리금은 일반적으로 (ⅰ) 바닥권리금(입지, 역세권), (ⅱ) 영업권리금(영업장의 단골손님, 학원의 경우 학생 수), (ⅲ) 시설권리금(시설, 감가상각 대상임), (ⅳ) 음식점권리금(레시피, 주방장, 직원교육 등 노하우) 등으로 나뉜다. 여기에서 유튜브와 유튜버의 관계를564) 임대인과 임차인으로 치환해 논의하면 다음과 같다.

(ⅰ) 바닥권리금

유튜브는 교통이 편리하여 많은 사람이 모인다는 의미에서 일종의 '역세권' 플랫폼이라 할 수 있다. 이런 지역의 상권이 좋아짐에 따라 세입자 점포의 권리금이 덩달아 올라가는 경우, 이를 바닥권리금이라고 하는데, 엄밀히 말하면 이 권리금이 형성되고 높아지는 것은 당해 점포 세입자의 노력 때문이라기보다는 위치(역세권) 때문이라고 할 수 있다. 여기에서 '위치'란 유튜브 환경을 의미한다. 그런 플랫폼에 들어가면 많은 사람(이용자)을 만날 수 있어 여러 가지 비즈니스 기회가 생긴다. 따라서 세입자(유튜버)가 이와 같은 무형자산 또는 이익을 자기 것이라 하기는 어려울 것이고, 다만 임대인(플랫폼)이 이를 인정하거나 불인정할 수 있다. 그런데 플랫폼의 이런 권리

---

563) 제10조의3(권리금의 정의 등) ① 권리금이란 임대차 목적물인 상가건물에서 영업을 하는 자 또는 영업을 하려는 자가 영업시설·비품, 거래처, 신용, 영업상의 노하우, 상가건물의 위치에 따른 영업상의 이점 등 유형·무형의 재산적 가치의 양도 또는 이용대가로서 임대인, 임차인에게 보증금과 차임 이외에 지급하는 금전 등의 대가를 말한다.
② 권리금 계약이란 신규임차인이 되려는 자가 임차인에게 권리금을 지급하기로 하는 계약을 말한다.
564) 플랫폼과 앱 사업자 간의 관계로 비유해 논의할 수도 있다. 이에 대해서는 다른 기회에 논의하기로 한다.

또는 권한은 어디에서 오는 걸까? 유튜브가 유튜버에게 무료로 유튜브 환경을 제공하고 있기 때문일까? 유튜브는 유튜버의 활동에 따라 광고 수입을 얻고 있으며, 그 밖에도 트래픽 증가에 따라 구글 전체에 유형·무형의 이익을 가져다준다. 다시 말해 유튜브의 막강한 권한(위 '바닥권리금')은 오로지 유튜브의 노력만으로 형성된 것이 아니라는 말이다. 그럼에도 불구하고, 바닥권리금에 해당하는 권리금을 유튜버가 자신의 몫으로 주장하기는 어려울 것으로 보인다.

<u>(ii) 영업권리금</u>

세입자에 해당하는 유튜버가 열심히 노력해서 고객을 많이 확보했는데(그로 인해 '영업권리금' 발생 및 증가), 위에서 말한 내분 또는 경쟁자 간의 문제 제기로 중립적인 플랫폼이 채널을 정지·삭제한 경우는 일단 논외로 하고(이 부분도 추후 balancing 측면에서 볼 필요 있다), 유튜브가 자사 정책 또는 약관에 위배된다는 이유로 채널을 정지·삭제한 경우에 집중해서 논의한다. 이하의 권리금은 영업권리금에 보다 가깝다.

임차인을 보호하기 위한 권리금 조항의 요체는 임차인이 권리금을 신규 임차인으로부터 회수할 기회를 임대인이 방해하지 못하게 하는 데 있다(상가임대차법 제10조의4 권리금 회수기회 보호 등). 다시 본 논의로 돌아가서, 유튜브를 임대인으로, 유튜버를 임차인으로 비유할 때, 유튜버가 자신의 채널을 신규 유튜버에게 이전하고 그 대가를 취득할 계획을 갖고 있는데, 유튜브가 자사 약관 위반을 들어 유튜버의 채널을 정지·폐쇄한다면, 이는 마치 임대인이 임차인의 권리금 회수 기회를 방해하는 것에 해당할 수 있다.

물론 어디까지나 이는 비유에 불과하고, 현실적으로 한국의 상가임대차법과 같은 법을 만들어 구글(유튜브)에 적용한다거나, 구글(유튜브)이 유튜버의 권리금 회수 기회를 보장하도록 약관을 개정하라고 할 수는 없을 것이다. 다만, 중요한 것은 권리금도 처음에는 법이나 판례에서 인정되지 않다가 현실의 필요에 따라 법률로 보호되었듯이, 유튜브가 오프라인 상가와 같이 많은 유튜버의 영업활동 공간이 되고 유튜버 간에 유상의 채널 거래가 활성화된다면, 구글(유튜브)이 약관 위반을 들어 일방적으로 채널을 정지·삭제함으로써 유튜버로서는 불측의 손해를 입거나 기대했던 수익을 상실하게 되는 경우가 발생할 수 있으므로, 이의 부당성과 유튜버 보호의 필요성이 강조될 수 있다는 점이다. 더욱이 이 책에서 다루고 있는 바와 같이 구글(유튜브)의 일방 조치에 대해 전속관할, 준거법 지정 등으로 미국 외의 국가에 있는 유튜버가 사실상 재판에 의한 구제를 받을 수 없고 구글(유튜브)의 조치가 최종적인 것이 될 수밖에 없다는 현실을 더해보면, 그 부당함은 매우 심각하다고 할 것이다. 이에서도 구글(유튜브) 약관의 전속관할에 대한 합의와 준거법 지정이 얼마나 비합리적인 것인지 알 수 있다.

(마) 정리 — "누가 너를 재판관으로 삼았느냐?"[565]

구글과 같은 빅테크가 사실상 국가의 사법권을 행사하고 있는 것이 현실이다. 그런데 재판권은 주권의 위임이 있어야 하는데, 사기업에 불과한 구글에 누가 그와 같은 권한을 주었다는 말인가? 자기 구속의 법리에 따라 주권을 위임받지 않은 자의 사실상 재판권 행사는 지극히 부당하다고 할 수밖에 없다.

---

565) 구약성서 출애굽기 2:14 (개역개정) "누가 너를 우리를 다스리는 자와 재판관으로 삼았느냐"(Exodus 2:14, NIV, "Who made you ruler and judge over us?")에서 가져온 말이다. 이집트 공주의 아들 모세가 자신이 히브리 출신이란 것을 뒤늦게 안 후 다툼이 있는 히브리 백성 간 분쟁을 중재하려고 했는데, 모세의 진심을 알지 못했던 히브리 노예들이 모세에게 항의하며 한 말이다. 빅테크의 무소불위의 권력 또는 권한 행사에 대해 미국 내에서도 위임의 근거가 없다는 지적이 있는데(주 374 참조), 이는 히브리 백성이 모세에게 대든 상황과 비슷하다고 생각된다.

(3) 빅테크를 둘러싼 주권 국가 간 혼전 — 규제와 탈규제의 갈등

구글 등 빅테크가 사실상 주권 국가보다 막강한 힘을 발휘할 수 있는 것은[566] 단지 이들 빅테크가 제공하는 서비스의 강력한 고객 흡인력과 약관 때문만일까? 빅테크가 제공하는 서비스의 편의성과 유용성에 길들여진 전 세계 소비자가 약관 내용의 불합리에도 불구하고 이에 순응할 수밖에 없는 원인으로는 위에서 본 바와 같이 한국과 같은 개별 국가 사법부의 소극적 태도[567] 외에 입법부와 행정부 쪽의 소극성도 지적하지 않을 수 없다. 그런데 같은 소극성도 후자의 경우는 상황이 다르다. 미국 정부와 비정부기관의 전방위 압박에 대한 저항이 매번 성공하지 못해 결과적으로 '소극적인' 태도로 끝맺기 때문이다. 최근에 있었던 한국 사례를 들어 설명하면, 미국 정부와 비정부기관의 한국 정부와 입법부에 대한 압박은 국회 입법이나 행정부의 정책 및 시행령 이하 입법에 큰 영향을 주고 있다. 2023년에서 2024년에 이르기까지 한국 공정거래위원회가 이전 정부 때 추진했다가 잠시 주춤했던 온플법을 다시 추진하자 미국의 정부를 포함해 여러 기관이 외교적 채

---

566) 빅테크의 경제력 또는 기업 규모는 매우 클 뿐 아니라, 그 성장 속도가 멈추지 않고 기하급수적이라는 데 있다. 2020년 기준 GAFA의 시장가치(combined market value)가 일본의 GDP와 맞먹는다는 보도가 있었다. Margaret O'Mara, "The last days of the tech emperors?", New York Times (Int'l ed.), Aug. 3, 2020. 그런데 불과 4년이 지난 2024년 11월 현재, 시총 기준 기업 순위가 바뀌긴 했어도 GAFA 기업 시총은 Alphabet: $2,149bn, Apple: $3,428bn, Meta: $1,412bn, Amazon: $2,114bn 등 총 $9,103bn으로, 2024년 국제통화기금(IMF) 발표 기준 일본(세계 4위) GDP $4,070bn을 훨씬 앞질렀을 뿐 아니라, 독일(3위)의 $4,710bn와 합친 $8,780bn를 상회하였다. https://www.myfinpl.com/investment/stock/nasdaq/ranking (2024. 12. 30. 방문); https://www.imf.org/external/datamapper/NGDPD@WEO/OEMDC/ADVEC/WEOWORLD/JPN/CHN/DEU (2024. 12. 30. 방문). 한편, 위 통계에 따르면, M7 (Alphabet, Apple, Amazon, Meta, Microsoft, NVIDIA, Tesla)의 시총 합계는 $16,942bn으로 중국의 GDP $18,270bn에 필적한다.

567) '구글 합의관할 판결'(주 537).

널 또는 각종 로비를 통해 한국 정부에 압력을 넣고 있다.568)

  이런 외교적 마찰을 감수하면서까지 미국 정부가 한국 정부의 입법에 개입하는 것은 자국 기업인 빅테크를 보호하기 위한 것임은 긴 설명이 필요하지 않다. 결국 빅테크의 강력한 후원자는 미국 정부인 셈이다. 자국 국민과 기업을 보호하려는 한국 정부의 빅테크에 대한 규제와 자국 기업인 빅테크를 보호하려는 미국 정부의 압력이 충돌하고 있다. 한국은 신기술에서 세계적으로 앞서가는 몇 나라 중 하나로서 빅테크를 규제하는 각종 입법569)에 성공하거나 입법 추진 중이어서 전 세계의 주목을 받고 있다. 특히 유럽연합은 한국의 입법을 예의주시하고 있으며 실제 각종 지침 등을 만드는 데 한국 입법사례를 참고하는 것으로 알려져 있다. 이와 같은 인공지능 기술, 빅테크 등을 둘러싼 국제정세를 감안하면, 미국의 정부와 비정부기관이 나

---

568) 미국의 대표적인 싱크 탱크인 전략국제문제연구소(CSIS)는 미국 기업을 차별하는 한국의 사전적 경쟁 규제를 우려하는 기고문을 연달아 냈다. William Alan Reinsch and Kati Suominen, "Korea's Move to Ex Ante Competition Regulation Discriminations against U.S. Business", CSIS, Jan. 11, 2024. https://www.csis.org/analysis/koreas-move-ex-ante-competition-regulation-discriminates-against-us-business (2024. 12. 30. 방문); William Alan Reinsch and Kati Suominen, "Are U.S. Digital Platforms Facing a Growing Wave of Ex Ante Competition Regulation?", CSIS, Jun. 21, 2023. https://www.csis.org/analysis/are-us-digital-platforms-facing-growing-wave-ex-ante-competition-regulation (2024. 12. 30. 방문). 미국 상공회의소(U.S. Chamber of Commerce)도 한국 공정거래위원회에 법 제정으로 구글·애플 등 빅테크 기업이 규제 대상이 될 것을 예상하여 강력한 의견을 제시한 것으로 알려졌다. 이준형, "美상의 또 플랫폼법 압박", 서울경제 2024. 2. 14.자 기사, https://www.sedaily.com/NewsView/2D5CWDCKKS (2024. 12. 30. 방문). 뉴욕타임스는 한국의 플랫폼법이 한미 양국 간의 경제 관계에 부담을 가중하고 있으며 빅테크 기업에 공포를 불러일으키고 있으며, 미국 국무부도 한국의 온플법에 대해 우려를 표시했다고 보도했다. Jin Yu Young and Daisuke Wakabayashi, "The Antitrust Enforces Aimed at Big Tech. Then Came the Backlash", New York Times (Int'l ed.), Feb. 16, 2024.

569) 대표적으로 '인앱결제 강제방지법'(개정 전기통신사업법)은 입법에 성공한 사례이고, '넷플릭스 방지법'(전기통신사업법 일부개정안)과 본문에서 논의한 '온플법'은 2024년 현재 입법 추진 중이다.

서서 한국의 정부와 국회에 압박을 가해서라도 빅테크 규제를 막으려는 이유를 어렵지 않게 이해할 수 있다.

한편, 한국 내 테크기업의 온플법 제정 반대 움직임이나 시민단체가 이에 합세하는 형국은 익숙한 광경인데,570) 위와 같은 국제 판도를 감안하면 이해관계의 충돌과 해법은 평면적 차원을 넘어 고차원의 복잡한 논의가 이루어져야 한다.

마. 소결 — 공익이란 틈을 이용하는 빅테크

공정이용 기준과 '변형적 이용 이론'의 내용은 계속 다른 모습으로 변모(변형)하고 있다. 그런데 그 기저에 흐르는 것은 변하지 않고 있다. 겉으로만 보면 'benefit of society' (공익)을 추구하는 수단으로 보이지만, 이면을 들여다보면 빅테크에게 좋은 비즈니스 환경을 조성하기 위한 것으로서, '변형적 이용 이론'이라는 이름으로 치장하더라도 빅테크를 위한 '새 옷'이라는 인상을 지울 수 없다.

공익이 마치 '전가(傳家)의 보도(寶刀)'라도 되는 양, 공익을 내세워 사유재산권을 제한하는 것은 대단히 위험한 시도이다. 효율주의와 공리주의가 법학을 뒤덮을 때 발생하는 위험성571)을 말할 것까지도 없이 정신적 세계의 창작물을 보호하는 저작권을 효율과 공리를 내세워 제한하는 '변형적 이용 이론'은 그 위험한 시도의 결정판이라 할 수 있다. 더욱이 그것이 빅테크에 봉사하는 결과를 낳을 때의 심각성은 길게 말할 필요도 없다.

---

570) 주 525 참조.
571) 남형두, "법학의 학문 정체성에 관한 시론(試論) — 경제학의 침습과 법학의 고립", 서울대학교 法學 제62권 제3호, 2021. 9.; 남형두, "[법조광장] 솔로몬 재판의 생모(生母) — 법학에 주는 교훈", 법률신문 2024. 2. 8. 등 참조.

4. TDM 면책 — 공정이용의 미래

가. 개요

2022년 11월에 출시한 챗지피티(ChatGPT) 광풍572)은 인공지능(AI)에 대한 일반의 관심을 증폭했고 AI 산업 발전을 가로막는 각종 규제를 폐지하라는 주장에 힘을 실어주고 있다. 머신 러닝(machine learning)에 사용되는 저작물이 대규모이고 관련된 저작권자도 헤아리기 어려울 정도로 많다는 점에서 사전 허락(옵트 인)에 의한 이용 방식은 사실상 불가능하다. 일종의 베끼기에 해당하는 머신 러닝은 타인의 저작물임을 인식하고 이루어지는 행위로서 저작권침해가 성립하는데, 그 밖에 불법행위 성립요건으로서 고의나 과실을 요하지 않는다는 점에서 인공지능 개발사의 부지 항변 — 트레이닝 데이터셋에 타인의 저작물이 포함돼 있음을 알지 못했다는 것 — 이 성립되기 어렵다.573) 이와 같은 이유에서 인공지능 개발사는 저작권 문제 해결을 위해 공정이용의 법리에 의존할 수밖에 없다. 그런데 이 책에서 지금까지 해온 공정이용 논의로는 기계적 사용에 대해 저작권침해 책임을 면해 주는 데 여러 가지 어려움이 따른다. 이에 기본적으로 공정이용 법리의 연장선에 있으면서도 다량의 저작물 이용에 적합한, 공정이용 논의의 확대·심화 판(version)이라 할 수 있는 TDM 예외 조항574)의 도입 논의가 활발한 실정이다.

TDM 예외 조항 도입에 관한 저작권법 논의는 매우 단순하다. 머신 러닝

---

572) 이에 대한 상세는 주 585 및 이의 본문 부분 참조.
573) 박성호, 전게서(주 347), 656면; Jenny Quang, *Does Training AI Violate Copyright Law?*, 36 Berkeley Tech. L.J. 1407, 1413 (2021).
574) 주 16.

과정에서 이루어지는 대량의 디지털 복제(mass digitization)는 복제할 저작물의 엄청난 수량575)과 권리자(저작권자) 찾기의 어려움 때문에, 머신 러닝 또는 TDM을 필요로 하는 인공지능 개발사와 빅테크는 기존 저작권법 체제하에서 공정이용과 같은 일종의 '허락 의제' 방식에 희망을 걸고 있다. 그런데, 변형이 이루어지지 않는 복제 방식의 이용은 공정이용의 요건을 통과하기 어려울 뿐만 아니라, 더욱이 이용자가 대체로 규모가 큰 인공지능 기업이란 점에서 공정이용 제도에 의해 설계된 본래의 수혜자라고 보기 어려운 점도 있어, 법 논리만으로는 공정이용 제도에 기대기에 역부족이다. 결국 강력한 산업적 필요가 논리 부족의 허점을 제압하거나 건너뛰게 함으로써 나라 별로 TDM 면책 조항 도입(입법)이 이루어지고 있는 형국이다. 한국도 이런 대열에서 예외가 아니어서 21대 국회 임기 만료로 관련 저작권법 개정안이 폐기됐지만 언제든지 재추진할 기세이다.576)

앞서 본 바와 같이 공정이용에 관해 열띤 저작권법적 논의가 있었지만, TDM 예외 문제는 그것이 가져올 결과가 공정이용과는 비교되지 않을 정도이다. 심하게 말하면 3백 년간 이어져 온 저작권 체제를 뿌리부터 허물어뜨릴 수 있는 폭발력을 갖고 있다. 저작물 이용에 관한 패러다임 변화를 초래할 수 있기 때문이다. 저작권 시대(체제)가 종말에 달했는가 하는 근본적 질문도 가능한 상황인데, 흥미로운 것은 카피레프트(copyleft) 또는 카피파레프트(copyfarleft)에 의해 교수대(絞首臺)에 올려진 것이 아니라, 20여 년 전만해도 상상하지 못했던 빅테크에 의해 그 명(命)이 다할 위기에 처했다는 것이다.577)

---

575) 램리 교수 등은 머신 러닝을 하는 인공지능을 '탐식하는 학자(voracious learner)'로 표현하여 눈길을 끈다. Mark A. Lemley & Bryan Casey, *Fair Learning*, 99 Tex. L. Rev. 743, 750 (2021).
576) 주 596.
577) 그간 저작권 체제를 반대해온 카피레프트/카피파레프트에서 현재와 같은 상황에 동조하고 환영할지는 의문이다. 그간 강고한 저작권 체제로 인해 표현의 자유가 억압되었

AI 개발자나 AI를 앞세운 빅테크 앞에 놓인 저작권침해라는 법적 불안정성을 해소하기 위해 시작된 TDM 면책 논의는 기업 간 및 국가 간 경쟁이 불붙어 저작권침해라는 위험성을 가리거나 의도적으로 축소하고 외면하려는 경향마저 보인다. 그럼에도 불구하고 저작권은 손에 박힌 가시처럼 불편한 존재로 남아 있다.

<u>저작권법의 본질과 관련된 다학제적 문제</u>

TDM 예외 규정의 도입은 그 필요성에도 불구하고 저작권 제도, 저작권법의 본질과 목적에 관한 논의로 귀결될 수밖에 없다. 이에 관한 관점은 다양하다. 예를 들어 저작권법에 대한 고찰을 통해 그 안에서 해결을 모색할 것인가,[578] 저작권법을 넘어 다른 법과 함께 유기적으로 볼 것인가, 나아가 법을 둘러싼 여러 맥락을 함께 살펴보는 이른바 종합적 접근(holistic

---

다고 보는 한에서는 그럴 가능성이 있으나, 저작권 체제를 대체한 빅테크의 등장과 장악이 과연 그들의 철학 또는 이념과 맞아떨어질 것으로 생각되지 않기 때문이다. 만약 카피레프트/카피파레프트 쪽에서 현재 상황을 지지한다면, 이는 극과 극은 통한다는 논의[위 III.3.라. (1) 위장된 공익의 담지자 중 특히 주 525의 레이튼 주장 참조]가 다시 소환될 수 있을 것이다.

578) 대표적으로 오승종 교수의 견해를 들 수 있다. 그는 TDM 면책 규정 도입 근거를 저작권법 목적(제1조)에서 찾는다. 그 주장을 그대로 옮겨온다.
 "저작권법의 한계로 인하여 TDM은 4차 산업혁명에 성공적으로 진입하기 위하여 반드시 필요한 행위이고 경제적·산업적 기여도가 높은 행위임에도 불구하고 권리제한 규정에 명백히 해당하지 않아 저작재산권 침해의 책임을 질 수 있게 된다. 이는 관련 산업 종사자들의 적극적 활동을 위축시키는 요인으로 작용함으로써 기술의 성장과 발전을 저해할 뿐만 아니라, 팽창하는 정보사회의 일반 수요자들의 요구에도 충분히 대응할 수 없도록 하며, 그로 인하여 저작물의 이용활성화를 통한 문화 및 관련 산업의 발전을 목적으로 하는 저작권법의 취지에도 결과적으로 부합하지 않게 된다."
 오승종, "데이터마이닝 및 텍스트마이닝과 저작재산권의 제한", 홍익법학 제20권 제2호, 2019, 458-459면.

approach)을 할 것인가[579] 등이다. 저작권법의 쟁점으로서 예를 들어 저작물성, 2차적저작물 범위, 저작인격권, 저작재산권의 보호기간, 침해 및 구제 등에서, 저작자와 이용자의 이해관계는 늘 상충하기 마련이다. 이로 인한 분쟁 해결을 위해 저작권법은 '저작자의 권리와 이에 인접하는 권리 보호'와 '저작물의 공정한 이용 도모'라는 상반된 가치의 해결 원리로서 '문화 및 관련 산업의 향상발전에 이바지함'이라는 저작권법 목적을 제시하고 있다(한국 저작권법 제1조). 물론 위에서 든 쟁점 중에도 저작물성의 경우 비인간(non-human beings) — 인공지능, 동물, 자연, 초인간(신적 존재) — 이 만든 것에도 저작물성을 인정할 것인가를 논할 때, 인간중심주의(anthropocentrism)에 기반해 법인 포함 인(人)에만 권리능력을 부여하는 기존 법질서에 대한 도전과 해체가 거론되는데, 이는 저작권법의 영역을 뛰어넘는다. 다만, 이는 매우 예외적인 경우이고, 대부분의 저작권 갈등은 저작권법 체제 안에서 저작권법의 목적을 중심으로 해결할 수 있다. 그리고 저작권법이 추구하는 목적의 핵심 요소인 '문화'는 특별한 사정이 없는 한 법의 효력이 미치는 주권국가를 전제로 하므로, 해당 국가 저작권법의 취지에 따라 갈등 해결이 모색될 수 있다. 이들 쟁점에 관한 최종적인 판단인 법원판결의 효력이 대체로 해당 국가와 그 사회를 넘어 미치지 않기 때문이다. 그런데 공정이용 쟁점으로 접어들면, 상황은 달라진다. 전술(Ⅲ. 3. 공익의 이름으로)한 바와 같이 공정이용의 판단에서 변형적 이용 기준이 득세하면서 중요해진 '공익'과 관련하여, 종래 공정이용 사건과 달리 최근 빅테크를 중심으로 하는 국제적 저작권분쟁에서 국가 간 추구하는 공익이 서로 상충할 수 있기 때문이다. 그나마 공정이용에 관한 판단이 국가를 넘는 공동체, 나아가 인류 전체에 미치는 영향은 여기에서 논하는 TDM 면책에 관한 쟁점에 비하면 제한적이라 할 수 있다. TDM 면책 논의는 특정 국가를 넘어서는 초국가적 기업(빅

---

[579] 이것이 Ⅱ장 말미에서 밝힌 본 저자의 연구방법론이다. Ⅱ.4. 공정이용 논의의 새로운 패러다임, 다. 종합적 접근 참조.

테크)과 관련된 문제로서 현재 및 미래 인류에 위협을 미칠 수 있기 때문이다. 여기에서 유엔 사무총장 구테흐스(Guterres)가 유엔 차원에서 AI의 눈부신 발전이 인류에 초래할 위협에 대처하기 위해 핵확산 금지에 관한 국제기구(IAEA)와 같은 기구를 창설해야 한다고 주장한 것[580]은 그 심각성을 강조한 것으로서 매우 시의적절한 것이었다. 그만큼 AI의 인류에 대한 위협은 구체적이고 심각하다. 이쯤 되면 공정이용보다 더 심각한 TDM 문제에서 저작권을 둘러싼 갈등 양상은 종래의 저작권자와 이용자 간을 넘어 궁극적으로 인류의 문제로까지 확장된다고 말할 수 있다. 이런 관점에서 볼 때, TDM을 저작권침해로 인정하는 것이 오히려 저작권법 취지에 부합하지 않을 것이라는 견해[581]는 재고할 필요가 있다. AI 기술은 인류에게 유익을 줄 뿐 아니라, 돌이킬 수 없는 해를 끼칠 수 있다는 점에서 양날의 검과 같은 존재이다.[582] 이런 상황을 고려하면, AI가 촉발한 TDM 면책 논의는 저작권법 내에서 해소될 성질의 것이 아니다. 저작권 쟁점은 마치 '두더지 잡기 게임'(Whack-a-mole game)에서 수시로 올라오는 하나의 두더지에 불과하기 때문이다. 이 게임에서 이기기 위해서는 거의 동시에 튀어나오는 두더지에 대응하기 위해 여러 법 분야, 나아가 법을 넘는 종합적 접근이 요구된다. 이 점에서 위에서 언급한 법적 문제, 특히 TDM 면책에 관한 여러 관점 중에서

---

580) 이고운, "유엔 사무총장 'IAEA 같은 AI 감시기구 필요'", 한국경제신문 2023. 7. 20.자 기사, https://www.hankyung.com/article/2023071988501 (2024. 12. 30. 방문).
581) 오승종 견해(주 578) 등.
582) 일본 게이오대학 정치학 교수 켄 쓰쓰미바야시(堤林劍)는 AI 기술을 포함한 모든 기술은 양날을 갖고 있어서 ELSI (Ethical, Legal and Social Issues)와 정책 결정에 관해 진지한 사고가 필요하다고 함으로써, 본 저자와 비슷한 견해를 펼치고 있다. Ken Tsutsumibayashi, "Anticipated Technological Breakthroughs and Their Possible Impact on Democratic Legitimacy: ELSI and the Political Implications of Neuroscience", HOGAKU KENKYU, Vol. 96, No. 6, Jun. 2023, 83(18)면 참조. 가치편향적인 기술의 양면성을 지적하고 가치중립적인 과학으로 포장하려는 테크기업의 위장 전술을 비판한 것으로는 다음 글 참조. 남형두, 전게논문(주 212); 남형두, "침대는 과학인가? - '혁신기술과 법의 관계'에 관한 합리적 논의의 전제", 법률신문 2022. 3. 28. 등.

본 저자는 종합적 접근(holistic approach)을 채택하고자 한다. TDM 면책 문제는 저작권법과 저작권 제도에서 저작자와 이용자 간의 문제만으로 볼 수 없고, 빅테크, 국제관계, 인간과 인공지능이 공존하게 될 인류의 미래 등 여러 쟁점의 핵심적 논제라고 보기 때문이다. 이하 논의는 이런 관점에서 진행될 것이다.

  TDM 예외는 기본적으로 공정이용 법리의 확대 또는 심화 판이란 점에서 공정이용에 관한 논의의 상당 부분을 공유한다. 산업계의 요구는 더욱 강력해지고 있으나, 이 책에서는 이를 깊이 다루지는 않고 다만 비교법적 현황을 소개하고 논의하는 것으로 그칠 예정이다(아래 나. 현황). 이후에는 TDM 면책이 옳은가의 문제에 집중하고자 한다. 전형적인 '필요와 옳음'의 문제이자, '현실과 당위'의 문제이기 때문이다. 먼저 당위적 측면에서 TDM 면책 필요의 논거를 고찰할 것이다. TDM 면책 논의는 공정이용 논의의 연장선에 있으므로 먼저 공정이용의 '생산적/소비적 이용'에 관한 논의를 한다(아래 다. 생산적/소비적 이용 논의). TDM 면책은 공정이용의 미래이기도 하다. 저작권을 제2 인클로저라고 한다면, 공정이용을 넘어 TDM 면책은 제3의 인클로저가 될 수 있음을 논증한다(아래 라. 21세기판 공정이용 — 제3의 인클로저). TDM을 통해 성능이 고도화된 인공지능에 익숙해지면 오히려 인간 소외 현상이 발생할 수 있다는 점에서 이는 디스토피아(Dystopia) 논의로 연결된다(아래 마. 역차별이 초래할 디스토피아). 끝으로 TDM 면책 관련 기술과 법적 측면의 대안을 소개하고 이에 대한 사견을 제시한다(아래 바. 몇 가지 대안 비판).

나. 현황

(1) 산업계 현황 — ChatGPT가 쏘아 올린 신호탄

인간과 소통하는 대화형 AI 챗봇(chatbot)이 개발된 지는 꽤 됐는데,583) 현재는 생성형 AI가 그 발전을 이어가는 가운데 가장 관심을 받고 논란의 중심에 있는 것은 오픈AI가 개발한 ChatGPT라고 할 것이다. ChatGPT가 가져온 충격은 출시 후 단기간 유례없는 가입자 수의 팽창이 말해주는데,584) 그 효과는 좀처럼 변화가 없던 웹브라우저 시장에 작지 않은 변화를 일으켰다. 마이크로소프트의 인터넷 검색엔진 빙(Bing)은 구글의 강고한 벽을 넘지 못했는데, ChatGPT의 인기로 검색 시장의 점유율에 의미 있는 변화를 가져왔다.585) 오픈AI의 ChatGPT 선풍은 세계 경제계, 특히 빅테크의 서열에도

---

583) 2016년 마이크로소프트사가 공개한 트위터 챗봇 테이(TAY)의 법적 논란에 관해서는 다음 논문 참조. Toni M. Massaro, Helen Norton & Margot E. Kaminski, *SIRI-OUSLY 2.0: What Artificial Intelligence Reveals About the First Amendment*, 101 Minn. L. Rev. 2481 (2017). 아울러 챗봇에 관해 업데이트한 법적 논의를 포함한 것으로 다음 논문 참조. Giovanni De Gregorio, *The Normative Power of Artificial Intelligence*, 30 Ind. J. Global Legal Stud. 55 (2023).

584) 오픈AI가 2022. 11. 30. 무료로 공개한 ChatGPT는 출시 5일 만에 100만 명, 한 달 만에 1억 명의 사용자를 기록, 2023. 6. 기준 월 16억 명의 방문자와 2억 명의 사용자를 보유했다. 오픈AI는 트래픽 데이터를 토대로 조사한 상위 50개 생성형 AI 업체 가운데 1위를 차지했고, 세계에서 24번째로 많이 방문하는 웹사이트가 되었다. 최진석, "생성형 AI 열풍 주역 '챗GPT' 1년 만에 방문자수 세계 24위", 한국경제신문 2023. 10. 15.자 기사.

585) 2022년 6월 현재 구글의 웹브라우저 크롬(Chrome)의 시장점유율은 65.87%, 2022년 12월 64.68%로 완만한 하향세였는데, 2023년 6월 62.58%로 두 배 가까운 점유율 하락을 기록한 데 반해, 마이크로소프트는 ChatGPT를 검색서비스 '빙(Bing)'에 접목하는 방식으로 자사 웹브라우저 '엣지(Edge)'의 시장점유율을 높였다. 동 기간 18.61%, 18.29%, 20.47%로, 특히 ChatGPT 출시(2022. 11.) 이후 2023년 상반기에 무려 2.2%를 상회하는 점유율 상승을 기록했다. 애플의 브라우저 사파리(Safari) 역시 4.13%, 4.23%, 5.27%로 상승하여, 구글의 검색 시장점유율의 큰 감소세를 확인해 주고 있는

큰 변화를 가져왔다. 생성형 AI인 ChatGPT에 투자한 마이크로소프트는 주가가 치솟았던 반면, 전통적인 검색 시장을 장악해 왔던 구글은 은퇴한 창업자들까지 다시 불러들여 비상 경영을 선언하고 급하게 내놓은 AI 바드(Bard)가 실패로 돌아가 그간 차지했던 위상이 흔들리기도 했다.586)

생성형 AI의 끊임없는 발전은 인간의 고유성에 대한 도전과 위협적 존재로 인식되기 시작해 심각한 우려를 낳고 있다.587) 앞서 본 바와 같이 유엔 차원에서 논의가 진행되고 있기도 하다.588) 생성형 AI 개발업체에서 유엔에 이르기까지 AI에 대한 우려의 목소리가 터져 나오고 있다. 유엔이 AI의 인류에 대한 위협을 핵무기에 비교할 정도로 사태의 심각성을 인식한 것은 높게 평가할 수 있지만, AI 기술에 관한 선후발 기업 간 또는 국가 간 이해관계가 첨예하다는 점에서 유엔 사무총장이 제안한 국제기구가 얼마나 실효적일지 크게 기대하기 어려운 것이 사실이다. 한편, AI 기술 개발을 제한하는 국제적 차원의 규제가 만들어지기 전에 관련 기술 개발에 더욱 박차를 가할 수도 있다는 점에서589) AI 개발에 대한 우려가 현실적으로 국제적인 실

데, 동 기간 발생한 이런 변화는 ChatGPT가 추동한 것으로 보인다. 크롬에는 구글 검색엔진이 기본으로 탑재되어 있어 크롬의 시장점유율 하락은 구글 매출의 90%를 가량을 차지하는 검색 매출 하락으로 이어질 수 있다. 이상, 구체적인 수치와 내용은 양철민, "챗GPT 품은 '엣지'의 반격 ... '구글 크롬' 흔들", 서울경제 2023. 8. 1.자 기사 참조.
586) 이에 대한 본 저자의 평가는 다음 글 참조. 남형두, "챗GPT가 촉발한 교육 현장의 문제", 한국경제신문 2023. 1. 30.자 칼럼. 한편, 구글은 2024. 2. 8. Bard를 Gemini로 리브랜딩하였다.
587) 이선율, "'챗GPT 대부' 샘 알트만 방한 'AI 규제 공감, 스타트업 혁신 막을 우려도'", 조선일보 2023. 6. 9.자 기사, https://it.chosun.com/site/data/html_dir/2023/06/09/2023060902086.html (2024. 12. 30. 방문).
588) 주 580 본문.
589) 이는 마치 핵확산금지조약이 발효되기 전에 핵무기 개발을 서두르는 것과 같은 이치이다. 한편, 대기업의 기술 개발 촉진으로 AI 개발업체 간의 기술 격차는 더욱 벌어지고 있다는 다음 기사에 주의할 필요가 있다. Sheera Frenkel and Stuart A. Thompson, "Creators revolt over A.I.'s 'wanton theft'", New York Times (Int'l. ed.), Jul. 19,

효성 있는 규범 제정과 기구 탄생이란 열매를 맺을 수 있을지는 의문이다.

이런 가운데 머신 러닝 기반 AI 개발업체에 대한 저작권 소송은 계속 이어지고 있다.590) 이처럼 기업 간 경쟁 가속과 빈발하는 저작권분쟁은 역으로 개별 국가의 입법기관을 입법 경쟁의 장으로 내몰고 있다. 즉, AI 기술의 발전을 촉구하고, 이 과정에서 잠재된 저작권 문제를 해소하기 위해 TDM 면책을 담은 입법이 나라별로 이루어지고 있다.

(2) 비교법적 고찰

뒤에서 자세히 논의하겠지만, 일반적으로 TDM 면책 논의는 입법론으로 흐르는 경향이 있다. 입법론에서 흔히 논의되는 비교법적 연구(comparative law study)의 중요성은 새삼 강조할 필요가 없다. 그런데, 비교법 논의에서 빠지기 쉬운 함정은 개별 국가의 기존 법 제도와 체계, 그리고 여러 맥락을 고려하지 않은 채 선진국의 법제를 추종하는 것이다.591) 예를 들어 현재 TDM 면책 규정이 있는 나라 및 권역은 일본, 영국, 싱가포르 그리고 EU 등

2023. 이 기사에서 결국 deep-pocketed tech giants (재력이 풍부한 테크 공룡들)인 구글과 마이크로소프트는 이미 엄청난 분량의 정보를 모은 상태이고 쉽게 콘텐츠를 끌어모으는 시대가 저물어감에 따라 AI 스타트업이나 비영리 기관들은 이런 빅테크와 경쟁하기 어렵게 되었다고 한다.

590) 정원식, "미 작가들 '챗GPT, 대규모 조직적 절도'…오픈AI에 작품 무단 사용 소송", 경향신문 2023. 9. 21.자 기사, https://www.khan.co.kr/article/202309210943001?utm_source=urlCopy&utm_medium=social&utm_campaign=sharing (2024. 12. 30. 방문). 현재까지 AI 개발사와 콘텐츠 회사 간 가장 주목받는 소송은 뉴욕타임스가 오픈AI를 상대로 제기한 저작권 소송이라 할 것이다. 주 1, 2 참조.

591) Kozyris, 전게논문(주 27), 169면. 대표적으로 류시원 교수는 2024년 현재 국회를 통과하지 못한 저작권법 전부개정안의 다른 조항과 달리 TDM 예외 규정은 충분한 검토가 이루어지지 않았고 다른 나라의 규정을 적당히 뒤섞은 안이라고 비판한다. 류시원, "인공지능 시대 저작권 정책 형성절차에 관한 제언 — 텍스트·데이터 마이닝 예외규정 입법 논의를 중심으로 —", 법제 제704호, 2024, 119면.

인데, 이 중에서 공정이용 제도까지 갖춘 나라는 싱가포르가 유일하다.[592] 한국과 법체제나 저작권 법제가 유사한 일본에는 한국에 있는 공정이용 조항이 없다. 오히려 한국은 저작권 예외 제도에서 공정이용 조항을 두고 있는 미국에 가깝다고 할 것이다.[593] 여기에 케이팝(K-pop)으로 대변되는 한국의 콘텐츠 산업, AI 산업의 발전 정도 등을 더해보면, 일본의 입법이 한국의 모델이 되기에는 부족하다고 생각한다.

위와 같은 전제하에 주요국의 TDM 면책 법제를 살펴보면 다음과 같다. 일본은 가장 먼저 TDM 면책 규정을 도입했는데(2009년, 제47조의7), 2018년 개정(제30조의4)을 통해 더욱 강화했다.[594] 예외 규정 수혜의 주체와 이용 목적을 제한하지 않는 것이 특징이다. EU와 영국의 경우 '적법한 접근 권한이 있는 연구기관 또는 문화유산 기관' 또는 '법적 권한이 있는 개인'으로 주체를 한정하고 있으며, '비영리적 목적' 또는 '비상업적 연구'로 이용

---

[592] 싱가포르의 TDM 면책 조항에 대해서는 다음 문헌 참조. 홍승기, "데이터마이닝 면책 입법 방향에 대한 의문", 경영법률 제32집 제4호, 2022, 28-30면; 류시원, "저작권법 텍스트·데이터 마이닝(TDM) 면책규정 도입 방향의 검토", 선진상사법률연구 제101호, 2023. 1., 365-366면.

[593] 박성호 교수는 한국의 저작권법 제35조의5가 미국 저작권법 제107조의 영향을 받아 입법한 것이라는 점에서 TDM 예외에 관해 별도의 규정을 두지 않고 공정이용에 관한 일반규정으로 문제를 해결하고 있는 미국 판결의 흐름에 주목해야 한다고 주장한다. 박성호, "텍스트 및 데이터 마이닝을 목적으로 하는 타인의 저작물의 수집·이용과 저작재산권의 제한", 인권과정의 제494호, 2020. 12., 53, 66면. 한편, 아무리 법관의 입법 형성 기능을 강조하는 것이 미국의 공정이용 재판 실무라 하더라도, TDM 예외와 같은 전혀 새로운 저작재산권 제한 규정을 법원의 판단으로 창설하는 것까지 공정이용의 역할로 볼 수 있는지에 의문을 제시한 견해도 있다. 이일호, 전게논문(주 35, 2023년), 172면. 실제 TDM 예외를 별도의 입법 없이 공정이용 조항의 해석으로 인정할 수 있는지는 2024년 현재 진행 중인 뉴욕타임스와 오픈AI의 소송(주 2)에서 가려질 것이란 점에서 주목하지 않을 수 없다.

[594] 일본 와세다 대학의 우에노 타츠히로 교수는 2018년 개정으로 일본은 정보해석에 관한 권리제한 규정에서 한발 앞선 나라로서 전 세계의 주목을 받게 되었다고 주장한다. 上野達弘, "人工知能と機械学習をめぐる著作權法上の課題 ― 日本とヨーロッパにおける近時の動向", 法律時報, 2019年 91卷8号 通卷1140号, 40면.

목적을 제한하고 있다(EU 지침 art. 3, 영국 저작권법 29A). 한편, 일본의 경우 이용 방법에서도 컴퓨터 환경을 전제로 하지 않는다는 점에서 매우 폭넓게 면책을 인정하고 있다. EU 지침은 이른바 '옵트 아웃' 방식을 채택하고 있는데[art. 4(2)],[595] 특이한 점은 저작권자의 권리 유보 방식을 제한하고 있다는 것이다("in an appropriate manner, such as machine readable means in the case of content made publicly available online"). 이는 일종의 형식을 갖춘 해제조건부 면책 규정이라 할 것이다. 풀어 설명하면, 주체와 목적 등의 요건을 갖추면 TDM 면책이 일반적으로 허용되나, 권리자가 특정 형식을 갖추어 명시적으로 반대하는 의사표시를 하면 해제조건이 성취되어 TDM 면책이 안 된다는 것이다.

한국의 저작권법 개정안[596]에 들어있는 TDM 예외 규정을 살펴보면, 비

---

595) EU 지침 전문 (18)의 "(...) In the case of content that has been made publicly available online, it should only be considered appropriate to reserve those rights by the use of machine-readable means, including metadata and terms and conditions of a website or a service. (...)"에 따르면, 옵트 아웃 방식에서 권리자가 유보할 수 있는 방식으로 "기계가 읽을 수 있는 수단"에는 메타데이터, 웹사이트 또는 서비스의 'terms and conditions'가 있다.

596) TDM 예외 규정이 들어 있는 저작권법 개정안이 국회에 제출된 것은 2024년 현재 도종환 의원 안(2021년 발의), 이용호 의원 안(2022년 발의), 황보승희 의원 안(2023년 발의) 등 총 3건인데, 모두 소관 상임위원회를 넘지 못하였다(21대 국회 임기 만료로 폐기). 세 가지 개정안 모두 비향유 목적, 적법 접근 권한 있는 경우에 한정한다는 점에서 공통되며, 이용호 의원 안만 이용 목적을 "교육·조사·연구 등의 비상업적 목적, 저작물의 창작 목적"으로 제한하고 있다. 이하 대표적인 도종환 의원 안을 기준으로 설명한다.

제43조(정보분석을 위한 복제·전송) ① 컴퓨터를 이용한 자동화 분석기술을 통해 다수의 저작물을 포함한 대량의 정보를 분석(규칙, 구조, 경향, 상관관계 등의 정보를 추출하는 것)하여 추가적인 정보 또는 가치를 생성하기 위한 것으로 저작물에 표현된 사상이나 감정을 향유하지 않는 경우에는 필요한 한도 안에서 저작물을 복제·전송할 수 있다. 다만, 해당 저작물에 적법하게 접근할 수 있는 경우에 한정한다.

② 제1항에 따라 만들어진 복제물은 정보분석을 위하여 필요한 한도에서 보관할

향유 목적이라는 점, 비상업적·연구 목적으로 제한하지 않는다는 점에서 일본 저작권법과 유사하며, 적법한 접근 권한이 있는 자에게 허용한다는 점에서 영국 저작권법과 유사하다. 여기에서 한국 저작권법 체제와 비슷하고 개정안에도 큰 영향을 끼친 일본 저작권법의 관련 조항을 살펴볼 필요가 있다. 공정이용 조항조차도 두지 않고 저작권 제한에 매우 신중했던 일본에서, 요건·보상·출처표시 등 복잡하고 성가신 문제들을 일거에 해결하는 묘수로 TDM 면책 입법을 했다는 것은 그간 논의의 진지성과 입법이 가져올 여러 심각한 문제점을 감안할 때, 다소 이례적이라고 생각한다.597) 그런데 한국의 TDM 면책 입법 논의에서 위와 같은 비교법적 고찰이 충분히 이루어지고 있는지 의문이다.

한국 학자들 간에는 TDM 예외 규정의 신설 여부에 관해 의견이 갈리지만 TDM 면책의 필요성에 대해서는 대체로 인정하는 편이다.598) 그런데, 4

수 있다
597) 현재로서는 전 세계에서 가장 강력한 TDM 면책 입법으로 평가받는 일본 저작권법의 개정 작업을 주도한 우에노 교수는 동 개정으로 일본이 기계학습의 천국이 될 것이라고 하며, AI를 창작에 활용하는 기업을 일본에 유치하려는 목적이 있음을 숨기지 않는다. 우에노 교수는 2022. 12. 14. 서울에서 열린 한일저작권 포럼에서 "AI 빅데이터 산업 활성화를 위한 면책 규정 운영 결과"라는 제목으로 발표할 때, 위와 같이 역설했다. 한편, 우에노 교수의 위 발언은 그의 논문에서 다음과 같이 정리돼 있다.
"무엇보다 일본법 30조의4 제2호는 정보해석 자체가 영리 목적으로 이루어지는 경우에도 명시적으로 적용되는 점, 설령 권리자가 명시적으로 권리를 유보하더라도 적용되는 점, 컴퓨터를 이용하지 않는 정보해석에도 적용되는 점[한편, 동지령(同指令)에서 말하는 정보해석은 디지털 형식에 의해 자동적으로 실시하는 것으로 정의되고 있다(2조2항)], 복제뿐만 아니라 모든 이용행위가 허용될 수 있다는 점에서 역시 매우 광범위한 권리제한 규정이라 할 수 있다. 찬반양론이 있을 수 있지만, 우리나라 규정은 기계학습 발전에 매우 유용하며 일본은 「기계학습 파라다이스」라고 부를 만하다.", 上野達弘, 전게논문(주 594), 40면.
598) TDM과 관련된 저작재산권 제한규정의 신설 필요성에 대해서는 다음 논문 참조. 오승종, 전게논문(주 578); 최상필, "빅데이터의 분석과 활용을 위한 TDM의 저작권적 쟁점과 입법론", 계간저작권 제137호, 2022 등. TDM 문제를 입법적으로 해결하자는 주장이 다수를 이루는 가운데, 드물게 기존의 공정이용 조항의 해석으로 TDM 문제를

차 산업혁명을 뒷받침하기 위해 공정이용을 넘어 TDM 예외 조항까지 도입해야 한다는 국내 유력한 학자들의 주장을 살펴보면, 다소 비관적인 생각이 든다. 먼저 비교법적 측면에서 볼 때 TDM 예외 도입에 적극성을 보이는 영국 등 유럽의 일부 나라에는 공정이용 조항이 없다는 등의 사정을 감안해야 한다. 공정이용 제도가 있는 한국에서 TDM 예외 규정까지 도입해야 할 것인지에 대해서 심사숙고할 필요가 있다. 근본적으로는 TDM 예외 도입에 따른 저작권자의 피해만을 고려할 것이 아니라, TDM 예외 조항 도입으로 빅테크와 인공지능 개발 산업을 뒷받침함으로써 초래될 미래 사회의 위험에 대한 충분한 고려가 있어야 한다. 물론 새로운 기술과 그런 기술을 토대로 한 기업의 발전이 국가 경제에 가져올 혜택을 생각하여 연구 목적 등에 제한적으로 인정할 필요성은 수긍할 수 있다. 그러나 공정이용 제도에 대한 연혁적/비교법적 고찰 없이 무분별하게, 최근 사회적 분위기에 편승해 TDM 면책을 열렬히 옹호하는 것은 다소 문제가 있다고 생각한다.[599]

다. 생산적/소비적 이용 논의

현재 TDM 예외 규정을 도입한 입법례에서 대체로 빠지지 않고 등장하는 것이 '비향유적'[600]이라는 문구이다. 저작물의 향유적/비향유적 논의는

해결하려는 시도가 있다. 박성호, 전게논문(주 593) 참조.
[599] 인공지능의 기계학습이 전제된 빅데이터 구축이 가져올 폐해에 대한 근본적인 고민 없이 플랫폼 산업의 발전을 위해 TDM 면책만을 주장하는 것의 위험성은 다음 논문 참조. 남형두, 전게논문(주 366), 308-310면.
[600] 한국 저작권법 개정안의 "향유하지 아니하는 경우", 일본 저작권법의 "향수하거나 다른 사람에게 향수하게 하는 것을 목적으로 하지 않는 경우", EU Directive on Copyright in the Digital Single Market (CDSM) art. 2(1) "cannot be enjoyed" 등으로 조금씩 다르게 표현돼 있지만, 그것이 뜻하는 바는 동일하다.
일본: 제30조의4(저작물에 표현된 사상 또는 감정의 향수를 목적으로 하지 않는 이

Sony 판결의 공정이용 논의로 거슬러 올라가는데, 이른바 생산적/소비적, 표현적/비표현적 논의와 본질에서 비슷하다. 여기에서 공정이용의 논의를 소환해보자.

대체로 머신 러닝은 저작권침해의 문제를 안고 있다. 여기에서 '대체로'라고 한 것은 먼저 머신 러닝을 통해 입력하는 데이터가 모두 저작권으로 보호되는 것이 아니기 때문이다. 그중에는 개인정보 보호법으로 보호되는 개인정보도 있는데,[601] 저작권법 또는 개인정보 보호법으로 보호되는 데이터라 할지라도 사전에(opt in) 허락을 받아서 법에 저촉되지 않을 수도 있다. 나아가 저작권에 국한해서 보더라도 '보호받지 못하는 저작물'(한국 저작권

> 용) (전략) 저작물에 표현된 사상 또는 감정을 스스로 향수하거나 다른 사람에게 향수하게 하는 것을 목적으로 하지 않는 경우 (후략)
> 한국 개정안: 제43조(정보분석을 위한 복제·전송) ① (전략) 저작물에 표현된 사상이나 감정을 향유하지 아니하는 경우에는 (후략)
> EU Article 3 Text and data mining for the purposes of scientific research
> 1.Member States shall provide for an exception to the rights provided for in Article 5(a) and Article 7(1) of Directive 96/9/EC, Article 2 of Directive 2001/29/EC, and Article 15(1) of this Directive for reproductions and extractions made by <u>research organisations</u> and cultural heritage institutions in order to carry out, for the purposes of scientific research, text and data mining of works or other subject matter to which they have lawful access.
> Article 2 Definitions For the purposes of this Directive, the following definitions apply: (1) 'research organisation' means a university, including its libraries, a research institute or any other entity, the primary goal of which is to conduct scientific research or to carry out educational activities involving also the conduct of scientific research: (a) on a not-for-profit basis or by reinvesting all the profits in its scientific research; or (b) pursuant to a public interest mission recognised by a Member State; in such a way that the access to the results generated by such scientific research <u>cannot be enjoyed</u> on a preferential basis by an undertaking that exercises a decisive influence upon such organisation; (이상 밑줄은 본 저자가 친 것임).

[601] AI, 빅데이터의 TDM 과정에서 개인정보를 수집할 때 EU General Data Protection Regulation (GDPR)과 같은 프라이버시 보호 문제 등이 발생할 수 있다. Peter K. Yu, *Can Algorithms Promote Fair Use?*, 14 FIU L. Rev. 329, 362-363 (2020).

법 제7조), 저작재산권 보호기간이 지난 저작물도 있으며, 그 밖에 저작권법 또는 개인정보 보호법 등 어떤 법으로도 보호되지 않는 데이터[602]도 있다. 따라서, 여기에서 머신 러닝에 이용되는 데이터로서 저작권법에 저촉되는 것은 모든 데이터가 아니라 그중 일부라는 것에 유의할 필요가 있다.[603] 그런데 머신 러닝 과정에서 사용되는 데이터 일부라도 저작권법상 보호되는 저작물에 해당하여 법적 문제가 생기면 머신 러닝 기반의 인공지능 비즈니스와 그 사업 모델 전반에 심각한 불안정성을 초래할 수 있다.[604]

한편, 머신 러닝 기반의 TDM이 최종적으로 저작권침해에 해당한다는 결론을 내린 학자는 찾아보기 어려울 정도로 드문 것이 현실이다. 학계의 이런 현상은 머신 러닝이 법리적으로 저작권침해가 아님이 확실하기 때문일

---

[602] 이른바 '인지 잉여'(cognitive surplus)로 논의되는 인터넷 트래픽 등이 이에 속한다. 이에 대한 상세는 남형두, 전게논문(주 192), 219-220면 참조.

[603] 이와 관련해 Sobel 박사는 머신 러닝에 이용되는 데이터(트레이닝 데이터)를 (ⅰ) Uncopyrightable training data, (ⅱ) Licensed training data, (ⅲ) Unauthorized uses of copyright-protected로 분류하고, 다시 (ⅲ)을 'Market-encroaching uses'와 'Non-market-encroaching uses'로 세분한다. Sobel, Benjamin, A Taxonomy of Training Data: Disentangling the Mismatched Rights, Remedies, and Rationales for Restricting Machine Learning (August 19, 2020). Artificial Intelligence and Intellectual Property (Reto Hilty, Jyh-An Lee, Kung-Chung Liu, eds.), Oxford University Press, Forthcoming, Available at SSRN: https://ssrn.com/abstract=3677548 or http://dx.doi.org/10.2139/ssrn.3677548 (2024. 12. 30. 방문), p.16. 저작물에 관해서는 소벨과 본 저자의 분류가 대체로 일치하지만, 본 저자는 머신 러닝 과정에 입력되는 데이터에 저작물 외 개인정보, 그 밖의 '인지 잉여'까지 포함하고 있어 소벨이 분류한 '데이터'보다 더 광범위하다.

[604] Sobel은 논문 중 한 챕터의 제목을 "Everyone Owns Something and Someone Owns Everything"으로 달았다. 이는 AI 트레이닝 데이터 대부분은 평범하고 심지어 폐기물 같은 것들이지만, 미국 저작권법상 저작물로 보호받기 위해 등록해야 하는 요건을 폐지하고(1976년 법 개정), 실무에서 창작성의 요건을 낮추는 등으로 트레이닝 데이터의 상당수가 저작권으로 보호받는 저작물이 될 수 있어, 저작물 보유자의 수가 늘어남에 따라 저작권이 AI를 멈추게 할 허들로 작동할 수 있게 됐다고 한다. Sobel, 전게서(주 603), pp.9-11.

까? 그렇다고 보지 않는다. 만약 저작권침해가 아닌 것이 분명하다면, 한국을 비롯한 여러 나라에서 TDM 예외 규정 도입을 위한 저작권법 개정 논란은 필요가 없을 것이다.[605] 그런데 오히려 TDM을 둘러싸고 인공지능 산업과 빅테크가 저작권침해 문제에 민감하게 반응하고 있을 뿐 아니라[606] 규제당국에 끊임없이 TDM 면책을 요구하는 것[607]은 TDM이 저작권침해에서 자유롭지 않음을 반증한다. 엄밀히 말하면 대다수 학자가 TDM이 저작권침해가 아니라는 논지를 펼치는 것은 논리적으로 저작권침해가 아니어서가 아니라, 저작권침해가 되어서는 안 된다는 일종의 강박감이 작동한 결과가 아닐까 생각된다. 이런 강박감을 구성하는 인자로는 (ⅰ) 기계가 인간보다 많은 자료를 활용해 결과를 빠르게 도출하므로 유용하다는 것,[608] (ⅱ) 그런

---

605) 물론 이와 같은 입법론을, 법리적으로 저작권침해가 아니나 입법으로 법적안정성을 도모하기 위한 일종의 '확인적 입법'으로 해석할 여지는 있다.
606) 오픈AI는 스크래핑(scraping)한 인터넷 데이터가 소셜 미디어 게시물이나 저작권이 있는 정보인지 확인하지 않는데, 이로써 AI 학습을 위한 데이터 소싱은 점점 더 논란이 되고 있다. 최근 오픈AI는 GPT 모델 학습을 위해 웹페이지의 데이터를 추출하는 크롤러를 차단할 수 있는 기능을 도입했다. AI리포터, ""내 작품으로 학습하지마!" 오픈AI, 챗GPT 데이터 수집 차단기능 도입", 디지털 투데이, 2023. 8. 10.자 기사, https://www.digitaltoday.co.kr/news/articleView.html?idxno=484207 (2024. 12. 30. 방문). 이런 반응은 오픈AI와 같은 기업이 최근 저작권자로부터 잦은 소송의 대상이 되는 것과 무관하지 않다. 한편, 인공지능 기술 쪽에서도 저작권침해 문제를 인식하여 이를 피하려는 기술이 지속적으로 연구 발표되고 있다. 대표적으로 '머신 언러닝 기술'[후술 Ⅲ.4.바.(1) (나) 머신 언러닝(Machine unlearning)]과 'Self-Consuming Generative Models 기술'[Ⅳ.1.다. (6) 트레이닝 데이터의 고갈 — 종의 몰락] 참조.
607) 영국의 가디언지에 따르면, 구글은 호주의 AI 규제 당국에, 생성형 AI 시스템의 인터넷 정보 수집을 폭넓게 허용하기 위해 저작권자가 거부 의사를 밝히지 않는 한 정보 수집·활용에 동의한 것으로 간주하는 옵트아웃(opt-out) 방식의 제안서를 제출했는데, 이 제안서대로라면 소규모 콘텐츠 창작자를 위기에 빠뜨릴 수 있다고 진단했다. Josh Taylor, "Google says AI systems should be able to mine publishers' work unless companies opt out", The Guardian, Aug. 9, 2023. https://www.theguardian.com/technology/2023/aug/09/google-says-ai-systems-should-be-able-to-mine-publishers-work-unless-companies-opt-out (2024. 12. 30. 방문).

데 저작권침해의 우려가 있다는 것, (iii) 저작권침해를 피하기 위해서는 사전에 일일이 허락을 얻어야 하는데 그것이 사실상 어렵다는 것,[609] (iv) 저작권침해가 되면 배상액이 천문학적이어서 TDM을 활용한 AI 개발 등 각종 산업이 고사할 위기에 놓인다는 것[610] 등이 있다. 이상 어떤 논거든 법 논리보다는 현실론에 기반한 것으로 생각한다. 이런 처지에서 TDM 관련 저작권법 학자들의 주장은 대체로 TDM이 비표현적 이용에 해당하여 저작권침해가 아니고, 가사 표현적 이용이라고 하더라도 공정이용에 해당하여 저작권침해가 아니라는 식의 정형화된 논의 구조로 되어 있다. 이러한 주장은 여기서 나아가 법적안정성을 위해 또는 산업적 필요를 충족하기 위해 TDM 면책에 관한 입법론으로 이어지는 비슷한 패턴을 보인다.[611]

이하에서는 머신 러닝의 저작권침해 가능성에 대해 논의하고자 한다. 정확히 말하자면 저작권침해가 아니라는 주류 주장에 대한 반론에 해당한다. 머신 러닝이 저작권침해에 해당하지 않는다는 주장 — 이 주장은 머신 러닝 기반의 TDM 예외 규정 도입의 근거가 된다 — 을 논리 순으로 살펴보면 다음과 같다. 첫째, 용어의 문제이다. 머신 러닝이라고 하면 기계(AI)가 이용 주체가 되는 것으로 오인하여 저작권침해 책임을 물을 수 없는 것이 아닌가 하는 생각이 들 수 있다[아래 (1) 용어의 문제: 레토릭이 가져온 혼란]. 둘째,

---

608) 대부분 논자가 이 주장에 동의하고 있어 일일이 열거할 수 없을 정도이다. 대표적인 예로, Sag, 전게논문(주 55), 295-301면. 본 저자는 이런 주장이 마치 산업혁명 당시 수공업이 여전하던 때 방직기계가 나온 것에 비교할 수 있다고 생각한다. 수공업자건 방직공장이건 면화를 원료로 구매해 의류를 만드는 것은 마찬가지이다. 그런데 면화가 부족하다고 해서 더 빠르게 의류를 생산하는 기계 방직업자를 위해 수공업자더러 면화 구매를 양보하라거나, 심지어 수공업자가 확보한 면화를 방직업자에게 양도하라고 할 수 있을까? 참고로 영국에서 기계 방직이 성공할 수 있었던 데는 영국인 노동자들이 인도 수공업자에 비해 손기술이 서툴러 면제품의 품질을 따라잡을 수 없었기 때문이라는 분석도 있다. 이영석, 『영국사 깊이 읽기』, 푸른역사, 2016, 227-244면 참조.
609) 오승종, 전게논문(주 578), 484면.
610) 주 264의 본문 참조.
611) Yu, 전게논문(주 601), 363면.

머신 러닝은 이른바 비표현적 이용(non-expressive use)에 해당한다. 저작권으로 보호되는 것은 아이디어가 아닌 표현인데, 기계(AI)는 저작물의 표현 그 자체를 이용하는 것이 아니라 비표현적인 것, 즉 아이디어를 이용하므로 저작권침해가 아니라는 것이다[아래 (2) 비표현적 이용(non-expressive use) ─ 중요하지만 오해되고 있는 쟁점]. 셋째, 표현적 이용(expressive use)인 경우에도 기계(AI)의 저작물 이용으로 공익이 증대된다면 저작권법의 목적에 부합하므로 공정이용에 해당한다는 것이다[아래 (3) 공정이용 ─ 생산적 소비와 변형적 이용]. 마지막 주장에 관한 논의가 이 책에서 다루고 있는 공정이용 논의의 연장선에 있다. 아래에서 차례대로 비판하기로 한다.

(1) 용어의 문제: 레토릭이 가져온 혼란

사실 머신 러닝에서 '러닝'이란 주체적이고 의식적 활동이란 점에서 기계에는 어울리지 않는다. 다시 말해, 머신 러닝이란 말은 원칙적으로 성립할 수 없다. 인간이 기계(AI, 로봇)를 스마트하게 할 목적으로 인공지능에 저작물 등을 입력한다는 뜻에서 'feeding AI' 또는 'training AI'가 정확한 용어이다. 물론 머신 '러닝'을 일종의 레토릭(rhetoric)으로 이해할 수 있지만, 다음에서 보는 바와 같이 자칫 저작물 이용에서 기계(AI)를 인간보다 우대하는 결과를 낳아 TDM 예외 규정 도입에 관한 논의를 왜곡할 수 있다. 합리적 논의를 위해 언어의 오용(誤用)을 바로잡을 필요가 있다. 레토릭 또는 언어의 오용이 TDM 예외 논의와 어떤 관련이 있는지 살펴본다.

인간 중심으로 설계된 저작권법에서 기계는 저자(author)가 될 수 없듯 독자(reader)도 될 수 없다는 견해가 있다.[612] 개념적으로 저작권법이 상정하

---

612) 그리멜만의 주장인데, 그는 저작권법이 처음부터 인간을 중심으로 논의되어 왔기 때문에 컴퓨터에 의한 읽기(reading performed by computers)를 침해로 보지 않았다고 한다. James Grimmelmann, *Copyright for Literate Robots*, 101 Iowa L. Rev 657,

고 있는 이상적인 독서 행위(ideal reading)는 인간 독자를 위해 만들어진 인간 저자의 작품을 전제로 한 것이므로, 인간 독자의 리딩은 침해가 되는 한편, 기계(AI, 로봇)의 리딩은 비침해(저작권 면책)가 되는 기이한 결과가 발생하게 되었다는 것이다.613) 미국 코넬 로스쿨(Cornell Law School) 교수 그리멜만(Grimmelmann)의 이 주장은 맥락상 기계의 리딩, 즉 TDM을 정당화하기 위한 것이 아니고, 단지 인간을 기계보다 차별하는 것을 비판하는 과정에서 나온 것이다. 그런데, 그 의도와 무관하게 이런 논의는 자칫 TDM 예외 규정 도입에 힘을 실어줄 수 있다는 점에서614) 그리멜만 논의의 허점을 지적하고자 한다.

첫째, 저자와 독자를 같은 차원에서 보는 그리멜만의 견해가 반드시 타당한 것은 아니다. 한국 저작권법을 예로 들면, 문리해석상 저작물의 창작은 인간만이 주체가 될 수 있지만(저작권법 제2조 제1호 저작물의 정의, "'저작물'은 인간의 사상 또는 감정을 표현한 창작물을 말한다."), 이용행위는 반드시 '인간'이 주어(주체)로 되어 있지는 않다(제2조 제3호 공연, 제22호 복제, 제25호 공표 등). 그렇다고 해서 한국 저작권법이 애초부터 저자는 인간만을, 독자는 인간과 기계를 염두에 두고 위와 같이 의도적으로 만들었다고 말할 수는 없지만, 최소한 법 조문만으로는 기계도 이용 주체가 되는 것을 금지한 것은 아니라고 해석할 수 있다. 공정이용 조항(제35조의5)에서도 문리해석상 저작물 이용의 주체가 반드시 인간이라고 단정할 만한 것은 없다. 물론 저작물 이용의 주체가 인간인 것은 지극히 당연하여 주어로 인간을 밝히지 않은 것이라고 볼 수도 있지만,615) 인공지능이 저자가 될 수 없듯 독

657-658 (2015).
613) 위 같은 면.
614) 실제로 Lemley, Sobel 등 유력 학자들의 TDM 면책에 관한 여러 논문에서 그리멜만이 인용되고 있는데, 본 저자의 우려가 현실로 드러나기도 한다. 그리멜만의 분석은 매우 뛰어난 것이지만, 그리멜만의 주장이 오독(誤讀)되고 있음을 이하 본문에서 설명한다.

자(이용자)도 될 수 없도록 저작권법이 설계돼 있다는 그리멜만의 주장은 최소한 설계(법 제정) 의도와 달리 법조문의 모호성으로 인해 인공지능이 저작물의 이용자가 될 수 있는 길이 반드시 막힌 것은 아니라는 점에서 동의하기 어렵다. 물론 본 저자는 이로 인해 인공지능이 인간과 비교해 저작물 이용에서 특혜를 받는 결과로 이어지는 것에 찬성하지는 않으나, 한국이나 미국 모두 법조문의 모호성만큼은 지적하지 않을 수 없다. 인공지능 창작이라는 환경(콘텍스트)의 변화가 법(텍스트)의 빈틈을 만들어낸 한 예라고 생각한다.

둘째, 엄밀히 말하면, 독서 자체가 저작권침해로 되는 것이 아니라 독서를 위한 전 단계로서 복제(출판), 배포, 전송 등의 행위가 침해에 해당한다. 독서 행위가 저작권침해가 아니라는 것은 달리 설명할 수 있다. 예를 들어, 타인의 책을 훔쳐서 읽었다고 할 때 절도죄 외에 별도로 저작권침해가 성립하지 않으나, 훔쳐 복제한다면 저작권침해죄가 추가될 수 있다.[616] 이로 보건대 독서 행위 그 자체는 현행 저작권법상 저작재산권(복제권, 공연권, 공중송신권, 전시권, 배포권, 대여권, 2차적저작물작성권 등) 침해를 구성하지 않으며, 저작재산권 침해의 전제가 되는 복제 등 어디에도 독서 행위가 끼어들 여지는 없다.

셋째, "기계는 저자가 될 수 없듯 독자도 될 수 없다"라는 그리멜만의 명제는 저작물, 특히 어문저작물의 이용을 독서(리딩)로만 좁게 이해한 우를 범하고 있다. 책(어문저작물)의 이용 및 소비는 독서 외에 복제, 전송, 2차적

---

[615] 미국 저작권법 공정이용 조항(제107조)도 문면상으로는 이용의 주체(주어)로 반드시 인간만을 상정한 것은 아니라고 해석할 여지가 있다. 한편, 공정이용 조항의 주체로 인간만을 상정했다고 해도, 공정이용이 성립하면 저작재산권 침해에서 제외되므로 인간이 기계와 비교해 차별받는 것이 아니게 된다.

[616] 이 경우 형법상 '불가벌적 사후행위'가 아니라 새로운 범죄행위를 구성한다. 타인의 물건을 훔친 후 소비하거나 파손한다고 해서 절도죄 외 손괴죄가 별도로 구성되지 않으나, 책이나 그림 같은 저작물을 훔친 후 이를 복제 판매하면 절도죄 외 저작권침해죄가 별도로 성립한다는 것이다.

저작물 작성 등 여러 형태로 행해질 수 있는데, 복제 행위는 기술 발전에 따른 새로운 유형의 복제를 포함하기 위해 예시적 열거 규정에 더하여 '그 밖의 방법'을 명시함으로써 '열린 규정' 형태를 취하고 있다.617) 이 점에서 기계에 책(어문저작물)을 입력(feeding)하는 행위는 복제 행위에 포함될 수 있는 것이다.

위와 같은 이유에서 오늘날 저작권법이 창작과 이용에서 인간을 중심으로 설계되었다는 사실이 곧바로 저작물 이용에서 기계가 인간보다 우대되는 결과를 초래하는 것은 아니다. 저작권법이 창작 단계에서 기계를 전제로 설계된 것은 아니며, 해석으로도 기계를 권리주체인 저작권자의 지위에 놓을 수 없는 것은 맞다. 그런데 이용 단계에서는 인간이 주체가 되어 기계를 보조적 수단으로 활용하는 것은 얼마든지 가능하다. 예를 들어 인간이 타인의 저작물(어문저작물)을 직접 필사(筆寫)하는 것도 복제이지만,618) 카메라, 녹음기, 복사기 등 기계를 활용해서 복사하는 것도 복제에 해당한다. 확장하여 인공지능에 저작물을 입력(feeding)하는 것도 인간의 복제 행위에 포함될 수 있다. 머신 러닝은 인간의 개별 명령(행위)에 따라 인공지능에 저작물을 입력하는 행위가 이루어지기도 하지만, 개별 명령 없이 인공지능이 스스로 기존 저작물을 찾아서 입력하는 이른바 크롤링(crawling)을 통해 이루어지기도 한다. 개별 명령이 없는 경우에도 그와 같은 인공지능을 만들고 통제하

---

617) 한국 저작권법 제2조 제22호 복제 정의 규정.
   22. "복제"는 인쇄·사진촬영·복사·녹음·녹화 그 밖의 방법으로 일시적 또는 영구적으로 유형물에 고정하거나 다시 제작하는 것을 말하며, 건축물의 경우에는 그 건축을 위한 모형 또는 설계도서에 따라 이를 시공하는 것을 포함한다.
618) 필사가 복제에 해당하는 것처럼 인쇄물을 타이핑하여 컴퓨터에 입력(저장)하는 것도 복제에 해당한다. 2003년 시각장애인을 위한 전용 기록방식의 복제 등을 허용한 저작권법 제30조(시각장애인등을 위한 복제 등, 현재 제33조)의 개정 및 시행령(2009년) 개정 전에는 실제로 텍스트 파일을 구하지 못한 시각장애인을 위해 인쇄된 책을 일일이 수작업으로 타이핑해서 디지털 파일로 만들어 점자 또는 소리 도서로 변환 출력하기도 했다. 이때 저작물을 타이핑하여 디지털 파일로 만드는 것은, 엄밀히 말하면 복제권 침해가 될 수 있었다. 그런데, 위 2009년부터는 디지털 파일을 이용하여 시각장애인 전용 기록방식으로 복제할 수 있게 되어 이런 위법적 상황을 피하게 됐다.

는 것이 인간이라면, 이는 인간의 저작물 복제(이용) 행위로 볼 수 있다.

정리하면 '머신 러닝'의 정확한 용어는 'feeding data to machine' 또는 'machine training'으로서, 이때 피딩과 트레이닝의 주체는 인간일 뿐 기계(AI)는 어디까지나 객체라는 점에서 종래 인간의 저작물 이용행위와 다르게 볼 이유가 없다.

(2) 비표현적 이용(non-expressive use)
― 중요하지만 오해되고 있는 쟁점

머신 러닝이 저작권침해가 되지 않는다는 주장의 가장 강력한 논거는 저작권법의 기본 원칙인 아이디어/표현 이분법(dichotomy)에 기반한다. 저작권의 효력은 표현에만 미치는데, 인공지능(AI)은 표현을 가져다 쓰지 않고 저작물의 아이디어나 구조 등을 가져다 쓸 뿐이므로 저작권침해가 아니라는 것이다. 이른바 '비표현적 이용(non-expressive use)'이므로 저작권침해에 해당하지 않는다는 논의가 이것이다.

본격적 논의에 앞서 비표현적 이용을 공정이용 논의에서 다루기도 하는데,[619] 논리상 맞는지부터 검토할 필요가 있다. 엄밀히 말하면, 공정이용은 저작재산권 침해 이후 단계의 논의라는 점에서, 아이디어 등 비표현물에 대한 이용이므로 저작재산권 침해에 해당하지 않는다는 주장은 공정이용 논의에서 다룰 내용이 아니다.[620] 표현과 아이디어를 구분하고, 표현에 해당

---

[619] 미국의 대다수 저작권법 학자의 논의에 있는데, 대표적인 것으로 소벨, 전게논문(주 264), 51-57면 참조. '비표현적 이용'이 가장 극명하게 다루어진 사례로는 역시 위 'Google Books 판결 II'를 들 수 있다. 구글은 Google Books 서비스를 위해 기계가 읽을 수 있는 텍스트(corpus of machine-readable texts)를 수집했을 뿐이라고 주장했는데, 이것이 바로 '비표현적 이용'에 해당한다는 것이다. 동 판결, 208-209면.

[620] 머신 러닝을 'technical or non-communicative uses'라고 하여 표현적 목적으로 저작물을 이용하는 것이 아니므로 저작권침해가 아니고 공정이용 분석의 논의 대상도 아니라는 견해가 있다. Quang, 전게논문(주 573), 1420면. 머신 러닝이 반드시 비표현적

하는 것을 이용했을 경우 공정이용 요건에 해당하는지 논의하는 것이 논리적으로 맞다. 그런데 아이디어와 표현을 구분하기 쉽지 않을 때 공정이용의 개별 요건, 즉 이용 목적(제1 요소), 시장 잠식 여부(제4 요소) 검토에서 뭉뚱그려 논의하기도 하지만, 그것이 반드시 타당한 것은 아니다.621) 아무튼 비표현적 이용 논의는 공정이용 논의와 구별하는 것이 합리적 논의에 도움이 된다.

다시 논의로 돌아와서, 인공지능(AI)의 저작물 이용은 비표현적 이용이 맞는가?622) 이러한 질문에는 기계는 침해적 방법으로 저작물의 표현을 소비할 수 없고, 기계가 분석에 이용하고 가치를 추출하는 대상은 저작물의 비표현적 구성 부분으로서 저작권이 미치지 않는다는 전제가 깔려 있다.623) 기계는 인간과 달리 독자(reader)가 될 수 없다는 그리멜만의 주장과 같은 궤에서 이해할 수 있다. 그런데 다음과 같은 이유에서 이런 주장에 동의하기 어렵다.

(가) 비판 1: 저작물 소비 방법의 차이

인간과 기계는 각자 자신의 방식으로 저작물을 소비한다.624) 기계는 인간

    이용이란 점에 대해서는 동의할 수 없지만, 표현적 이용이 아니면 공정이용을 논의할 필요가 없다는 주장은 본 저자의 생각과 같다.
621) 긴즈버그 교수는 바로 이 점에서 Oracle 판결을 비판했다. 이에 대해서는 위 II.3.다. (2) (다) 여론(餘論): 저작물의 특수성 — 긴즈버그 교수의 견해 참조.
622) 물론 머신 러닝의 대상물 중에는 저작물이 아닌 것도 많고, 저작물이어도 보호되지 않는 저작물(저작권법 제7조)이거나 보호기간이 지난 저작물도 있어, 저작권자의 허락이 반드시 필요한 것은 아니다. 여기서는 보호받는 저작물, 즉 인간 이용자가 저작권자의 허락 없이 이용하면 저작권침해가 되는 저작물을 기계가 이용하는 경우를 전제로 살펴본다.
623) Sobel, 전게논문(주 264), 57면.
624) Lemley & Casey, 전게논문(주 575), 785면. "We don't think the law should treat robots and humans differently. On the contrary, each should be entitled to learn from a copyrighted work in the way they naturally learn." (밑줄은 본 저자가 친 것임)

처럼 읽지 못할 뿐, 디지털 코드의 입력이 바로 저작물을 이용하는 것에 해당한다. 디지털화된 데이터가 인간이 사용하는 표현(글자, 그림 등)이 아닐 뿐, 기계가 사용하는 표현이라고 못 볼 바 아니다. 즉, 인간은 인간의 언어로 표현된 것을 이용하고, 기계는 기계의 언어로 표현된 것을 이용하며, 기계가 인간의 언어를 바로 이해할 수 없고 인간 또한 기계의 언어를 바로 이해할 수 없어, 인간과 기계는 서로의 언어를 자신이 이해할 수 있는 언어로 바꾸어 소비·이용하는 것이다. 그렇다면, 기계의 저작물 이용, 즉 머신 러닝이 저작권침해에 해당하는지를 판단하려면, 당초 의도된 방식에 따른 저작물 이용이 아니라고 하기보다는 저작물 이용에 해당한다는 것을 인정하고 그것이 공정이용에 해당하는지를 별도의 단계[아래 (3) 공정이용 — 생산적 소비와 변형적 이용]에서 따져보는 것이 합리적이다. 그렇게 하지 않는다면, 인간보다 기계(AI, Robot)를 우대한다[625]는 말이 나올 만도 하다.

(나) 비판 2: 아이디어 추출을 위한 입력도 복제

머신 러닝 과정에서 저작물을 복제하는 것은 저작권법이 보호하는 표현의 소비가 아니라, 저작권법이 저자 허락 없이도 이용할 수 있도록 허용한 '사실이나 구조(facts and structures)'에 대한 접근일 뿐이므로 저작권침해가 아니라는 견해가 있다.[626] 그런데 이렇게 본다면, 후술하는 교사 또는 학생의 저작물 이용도 마찬가지로 볼 수 있다.[627] 단지 기계와 인간의 인지구조와 학습방법의 차이에서 비롯된 것일 뿐 저작물을 이용하는 것은 같다. 기계와 인간이 스마트해지기 위해 배우는 방법이 각기 인지구조의 차이에 따

---

625) Grimmelmann, 전게논문(주 612), 657-658면.
626) Lemley & Casey, 전게논문(주 575), 785면. 국내 학자로는 오승종 교수를 들 수 있는데, 그는 저작권침해가 아니라고 단정하지는 않지만, 이를 금지하거나 제한한다면 저작권법의 원래 취지와 부합하지 않는다는 식으로 에둘러 표현한다. 오승종, 전게논문(주 578), 467면.
627) 아래 (3) '(나) 교사 및 법관 사례', '(다) 소비는 생산을 위한 준비?' 부분 참조.

라 다를 뿐인데, 같은 저작물을 이용하는데도 인간은 표현을, 기계는 그 속에 들어 있는 '사실이나 구조'를 이용한다고 보는 것은 부당하다. 또한, 기계도 특정 저작물을 이용할 때, 즉 입력 단계에서부터 저작권으로 보호되지 않는 '사실 또는 구조'만을 입력 이용하는 것이 아니다. 저작물 전부를 입력하되 그 속에서 '사실 또는 구조'와 같은 비표현적 요소만을 추출할 뿐이다(아래 '(라) 비판 4: 아웃풋에 그대로 남아있는 경우'에서 보는 바와 같이 표현적 요소를 직접 추출해 사용하기도 함). 그럼에도 불구하고 이를 두고 비표현적 이용이라고 한다면, 인간 이용자도 다르지 않다. 교사가 사전에 지식을 연마하기 위해 저작물을 이용하거나, 학생이 실력을 배양하고 입시를 준비하기 위해 저작물을 이용하는 경우, 눈으로 들어온 저작물이 교사 또는 학생의 머리에 최종적으로 남아있는 형태는 구체적인 표현이 아니라 비표현적 아이디어, 사실, 구조 등이라고 할 수 있기 때문이다. 그렇다고 해서 교사 또는 학생 등 인간의 이와 같은 저작물 이용을 비표현적 이용이라고 하지 않듯, 기계도 마찬가지다. 저작물을 최초로 '입력한 시점의 형태'로 파악해야지, '입력 후 기계의 저장장치, 인간의 두뇌에 남아있는 결과물'을 기준으로 표현적 이용 또는 비표현적 이용으로 구별하는 것은 합리적이지 않다. 이 부분을 조금 더 분석해 보기로 한다.

① 침해 시점의 문제

오승종 교수는 "사상이나 감정의 '표현'을 탐구하거나 감상하는 것을 목적으로 하지 않는 단순히 그에 내재하는 '아이디어'를 수집하고 체계화하는 행위는 원래 저작권법의 보호 영역 밖에 있다. 그런데 <u>그 중간 과정에서 일어나는 행위</u>가 형식적으로 저작물 이용행위에 해당한다고 하여 금지하거나 제한할 수 있도록 하는 것은 저작권법의 원래 취지와는 부합하지 않는다."라고 주장한다.628)

그런데 중간 과정의 행위와 최종 행위의 구별은 누가 하는 것일까? 어떤

4. TDM 면책 — 공정이용의 미래

행위가 법에 위반됨에도 불구하고 그 행위는 최종 행위를 위한 중간 과정의 행위였다고 하면 위법 판단을 피할 수 있는 것일까? 자의적 논리로 흐를 수 있다는 점에서 동의하기 어렵다. 저작권침해에서 '침해'는 행위 자체로 판단해야지 그 행위가 특정 결과를 위한 중간 과정이라는 이유를 들어 침해 여부를 달리 보는 것은 부당하다. 전 단계이든 중간 과정이든 정보 수집(크롤링)할 때 복제가 이루어지는 것을 부인할 수는 없다.[629] 따라서 허락이 없다면 저작재산권(복제권) 침해가 그때 발생한다. 다만, 그것이 공정이용에 해당하는지는 공정이용 논의 단계에서 따져볼 수 있을 뿐이다.

이런 오해 아닌 오해는 왜 발생하는 것일까? 저작재산권의 개별 지분권인 복제권(제16조) 침해와 2차적저작물작성권(제22조) 침해를 혼동한 데서 비롯된 것으로 보인다. 전자(복제권 침해)의 경우 허락 없는 복제로 성립한다. 이때 복제의 정의는 저작권법에 별도로 규정되어 있다(제2조 제22호). 복제는 방식은 다양하지만, 동일성을 전제로 한다. 그런데, 동일하지 않아도 비슷한 경우(유사성), 저작권침해로 볼 것인가의 문제가 대두된다. 저자를 보호하기 위해 저작권법은 이를 '2차적저작물'로 규정하고 있다(제5조 제1항). 그리고 저자에게 2차적저작물작성권을 저작재산권의 하나로 보장하고 있다(제22조). 따라서 원작과 2차적저작물 관계에 놓이게 되면 저작재산권 침해가 되는데, 문제는 그 '관계'에 관해서 법률에서 정의해 놓고 있지 않다는 것이다. 이에 판례를 통해 '실질적 유사성' 이론이 발전하게 된 것이

---

628) 오승종, 전게논문(주 578), 467면(본문의 밑줄은 본 저자가 친 것임).
629) 박성호, 전게논문(주 593), 48, 52면. 한편, 데이터 마이닝 과정에서 이루어지는 복제가 제35조의2(저작물 이용과정에서의 일시적 복제)에 의해 면책되는지에 관한 논란을 소개한 것으로는 다음 논문 참조. 오승종, 전게논문(주 578), 471-473면; 이상용, "데이터의 비계약적 이용 — 데이터 마이닝을 위한 저작권 제한을 중심으로 —", 강원법학 제65권, 2021. 11., 31-32면. 오승종 교수는 TDM 수행 과정에서 일어나는 이용행위의 태양을 일률적으로 평가할 수는 없으므로 구체적인 사례별로 저작권법 제35조의2 규정에 의한 면책가능성 여부를 따져야 한다고 한다.

다.630) 실질적 유사성 판단에서 비교 대상을 논할 때, '아이디어·표현 이분법'이 비로소 빛을 발한다. 원작의 아이디어만 갖다 쓰고 표현을 달리하면 실질적 유사성이 없다고 보아 2차적저작물 관계가 부정되고 저작권침해에서 자유롭게 된다.631) TDM 과정에서 크롤링하고 이어서 패턴과 형식을 추려내는 것에 대해 아이디어를 쓸 뿐 표현을 가져다 쓴 것이 아니므로 저작권침해가 아니라는 위 주장은 유사성을 전제로 하는 2차적저작물작성권 침해를 말하는 것이다. 그런데 크롤링할 때 위에서 본 바와 같이 복제행위가 발생한다. 그리고 그 복제행위는 동일성을 전제로 한다. 따라서 이 단계에서 저작권침해가 성립하는 것이지 그 후에 이어지는 행위로 이미 이루어진 행위에 대한 법적 평가가 달라진다고 보는 것은 논리적이지 않다. 물론, 이미 이루어진 행위에 대한 저작권 예외 규정(공정이용) 적용 여부는 다른 단계의 논의로 이루어질 수 있다. 정리하면 TDM에 대해 아이디어를 쓸 뿐이므로 표현을 보호하는 저작권법에 위반되지 않는다는 주장은 타당하지 않다.

② 증명의 문제

TDM의 저작권침해 여부에서 관건은 TDM 과정의 트레이닝 데이터, 즉 인풋 데이터로 저작물이 사용되었는지에 달려있다. 최근 AI 개발업체를 상대로 제기된 몇 건의 저작권침해 소송에서 원고(저작권자)들은 자신의 저작물(작품)이 AI의 머신 러닝에 사용되었으므로 저작권침해라고 주장한다.632) 그런데 이들 소송에서 증명책임이 원고에게 있으므로 증명에 성공할 것인지 확실하지 않으나, 만약 증명에 성공한다면 그 자체로 저작권침해가 되는

---

630) '실질적 유사성'이라는 일종의 버퍼(완충장치)를 통해 최종 판단이 법원에 유보된 것이다.
631) 물론 아이디어가 독창적이어서 표현을 바꾸더라도 남아있다면, 표절이 성립하는 것은 별론으로 한다. 남형두, 전게서(주 120), 184면.
632) 뉴욕타임스가 오픈AI를 상대로 제기한 소송 등. 주 1, 2.

것이지 — 물론 공정이용 해당 여부는 다음 단계 논의로서 별론으로 할 것임 — AI의 아웃풋에 원고 작품의 표현이 남았는지가 저작권침해 판단을 좌우할 것은 아니다.

'닭이 먼저냐 달걀이 먼저냐'의 순환논리로 들어갈 수 있지만, 증명에 애를 먹는 원고로서는 AI의 아웃풋에 자기 저작물의 표현이 고스란히 남아있다면 자기 저작물이 인풋 데이터로 사용되었다는 강력한 증거(간접증거)로 주장할 수 있다. 그런데 여기서 중요한 것은, 만약 피고의 자백 또는 피고 회사 직원의 증언 등을 통해 인풋 데이터로 사용되었다는 것이 증명된다면 최종결과물(아웃풋)의 표현이 다르다고 해서 저작권침해가 부정되는 것은 아니라는 점이다.

정리하면 저작권침해는 웹 크롤링 또는 웹 스크래핑과 같은 복제행위로 성립하는 것이지 아웃풋에 저작권으로 보호되는 표현이 남아있는지로 성립 여부가 좌우되는 것은 아니라는 점이다. 아웃풋에 표현이 남아있는가 하는 것은 침해의 유력한 증거일 뿐, 그것이 침해 판단을 좌우하는 전부가 아니다. 아웃풋에 흔적이 남아있어야만 저작권침해로 판정되는 것은 아니라는 뜻이다.

③ 예증

위 침해 시점과 증명의 문제를 예를 들어 논증해 보기로 한다. 남의 식물(食物, 음식)을 훔쳐 먹은 후 소화하여 피가 되고 살이 됐다면, 훔친 식물이 체내에 온전히 남아있지 않다고 해서 절도가 아니라고 할 것인가? 체내에 소화되지 않고 남아있다면 절도의 유력한 증거가 될 수 있을 뿐이지, 소화되어 남아있지 않다고 해서 절도가 성립하지 않는 것은 아니다. 또 다른 예로 남의 밭에 들어가 수박 서리를 했다고 가정하자. 수박 서리를 한 것으로 범죄 또는 비위행위가 성립하는 것이지 서리한 후 집에 와서 먹을 때 비로소 범죄 또는 비위행위가 성립하는 것은 아니지 않은가? 남의 밭에 허락 없이 들어가 수박을 훔쳤느냐 아니냐가 중요한 것이지, 먹었는지 안 먹었는지가 중요한 것이 아니다.

　타인의 저작물을 훔치면(무단 복제) 그 자체로 저작권침해가 되는 것이지, 그것을 사용했는지가 중요한 것이 아니다. 위 두 예화의 연장선에서 볼 때, 타인의 재산권인 저작물을 무단 복제(입력)했으면 ─ 공정이용 성립 여부는 별론으로 하되 ─ 그 자체로 저작권침해가 되는 것이지, 복제(입력) 후 아이디어만 추출해 사용했다거나 아예 트레이닝 데이터로 사용하지 않았다고 해서 허락 없는 복제에 대한 죄책 여부가 달라지지 않는다. 만약 인간과 기계(AI, 로봇)의 '각자 사용하는 방식'을 고려하지 않고, 인간의 통상적인 또는 이상적인 이용 방식에 의한 이용이 아니면 ─ 또는 그 방식을 회피하거나 우회하면 ─ 표현적 이용이 아니라고 볼 경우, 의도적으로 그 통상적인 방식을 회피하거나 우회하는 이용행위에 면책부를 주는 결과가 된다. 이것이 타당한 것일까?633)

　또한 시각 또는 청각 장애로 인해 저작물(어문저작물 또는 음악저작물)을 저작자가 창작해 놓은 당초 방식대로 이용할 수 없어 시각장애인 또는 청각장애인이 이용할 수 있는 점자, 한국수어를 비롯한 대체자료(녹음자료, 화면해설자료 및 화면글자자료 등)로 변환하여 이용하는 경우 저작권침해가 아니라고 볼 것인가? 물론 이에 대해서는 저작재산권 예외를 허용하고 있는데,634) 이는 저작권침해가 됨을 전제로 한다. 이처럼 인간과 기계(인공지능),

---

633) 여기에서 '우회 발명'을 침해로 보는 특허법 논의를 참고할 수 있을 것이다. 대법원 2001. 6. 15. 선고 98후836 판결('우회 발명 판결') 등 참조.
634) 점자 변환 복제를 저작재산권 예외로 한 것은 시각장애인 복지를 위한 합의의 산물이다. 더욱이 마라케시 조약으로 대체자료(대체포맷) 변환을 위해 시각장애인에 대한 디지털 파일 제공도 저작권침해 책임에서 면제되었다. 이처럼 TDM에 대해서도 인공지능 산업 발전을 위해 합의할 수 있을까? 여기에서 중요한 것은 장애인을 위한 저작재산권 예외의 합의는 베른협약 3단계에 부합하지만, 인공지능을 위한 TDM 면책은 그렇지 않다는 데 있다. 시각장애인을 위한 저작재산권 예외 적용에 관한 마라케시 조약에 대해서는 다음 참조. 남형두, 전게논문(주 509); 남형두, "장애인 정보접근성

비장애인과 장애인은 각기 저작물을 이용하는 방식이 다른데, 이상적·표준적 이용 방식을 벗어나 이용하는 것에 대해 표현적 이용이 아니므로 저작권 침해가 아니라고 보는 것에 동의하기 어렵다.

(다) 비판 3: 과정과 결과의 혼동

기계적 이용을 비표현적 이용으로 보는 견해는 과정과 결과를 혼동한 것으로서 결과론에 치중한 잘못이 있다. EU 지침의 TDM 정의 규정에 따르면,635) TDM을 통해 달성하려는 최종 목적은 "to generate information which includes but is not limited to patterns, trends and correlations"이고, 이를 위한 수단 또는 하위 목적이 "analyzing text and data in digital form"이다. 다시 말해 패턴, 경향, 상관관계에 제한하지 않고 이를 포함한 정보를 생성할 목적으로 디지털 형태의 텍스트와 데이터를 분석하는 것이 자동화된 분석 기술인 TDM이다. TDM 기술이 처음 맞닿는 부분, 즉 이용하는 대상은 '디지털 형태의 텍스트와 데이터'인 것이지, '패턴, 경향, 상관관계'가 아니다. 따라서, TDM이 비표현적인 패턴, 경향 등을 이용할 뿐, 표현을 이용하는 것이 아니라고 하는 주장은 과정과 결과를 혼동한 잘못을 범한 셈이다. 인공지능이 표현을 학습하고 스마트해져서 어떤 작업을 할 때 입력된 — 머신 러닝한 — 표현을 쓰지 않고 단지 특정 스타일을 구현하는 것에 불과한데도, 이를 두고 비표현적 이용이라고 한다면 자칫 진실을 호도할 수 있다. 예를 가정(제시)하고 반박하기로 한다.

향상을 위한 입법과제 — 장애인의 능동적 사회참여를 위한 기본 전제", 입법과정책 제7권 제2호, 2015. 12. 한편, 한국 저작권법은 2023년 개정을 통해 장애인 조항에 대체자료 개념을 도입함으로써 마라케시 조약의 취지를 반영했다. 2023년 장애인 조항을 개정한 저작권법의 공과(功過)에 대해서는 다음 참조. 남형두, "모두를 위한 저작권법, 장애인의 권리를 더하다 — 2023년 저작권 장애인 조항 개정에 대한 소감", 저작권문화 제355호, 2024년 4-5월, 8-13면.

635) 주 16.

트위터에 게시된 트윗 글도 저작권 보호 대상이 될 수 있다는 점에서 트윗 글을 그대로 복제해 쓰거나 편집해 출판한다면 저작권침해가 될 수 있다.636) 그런데 인공지능이 트윗 글을 학습하고 분석한 후 일정한 유형을 파악하여 이로써 상품 마케팅에 활용하거나, 그 밖에 의학 논문을 학습하여 새로운 의약을 개발하거나, 램브란트나 고흐의 그림을 학습하여 이들의 풍(風)으로 그림을 그린 경우, 표현을 똑같이 재현하지 않았으니 표현을 가져다 쓴 것이 아니고 단지 풍 또는 스타일을 가져다 쓴 것으로서 비표현적 이용이라고 할 수 있을까? 표현적 이용 후에 결과로 남은 것이 비표현적인 것일 뿐인데, 이를 두고 비표현적 이용이라고 한다면 처음부터 비표현적인 아이디어나 스타일을 입력(사용)한 것으로 호도할 수 있다는 점에서 비논리적이다. 이는 저작물을 학습하여 연마한 후 창작하는 인간과 다를 바 없다. 선행 창작물을 보고 배우며 익혀 소화한 후 창작행위를 할 때, 그 시대의 고유한 스타일이나 풍이 남아있을 수 있지만, 선행 창작물의 표현이 그대로 남아있지 않다고 해서 앞에서 창작물을 이용하는 행위에 대해 비표현적 이용이라고 할 것인가?

논제에서 조금 나아간 이야기이지만, 이 주장을 따른다 해도 이는 표절에 해당할 가능성이 크다. 표절은 표현이 아닌 독창적 아이디어에 대해서도 출처를 밝히지 않으면 성립할 수 있기 때문이다.637)

(라) 비판 4: 아웃풋에 그대로 남아있는 경우

인공지능의 표현적/비표현적 이용 논의는 주로 인풋(입력) 단계에서 문제가 된다.638) 그런데 간혹 인공지능의 아웃풋(출력, 결과물)에 저작권으로 보

---

636) 서울남부지법 2013. 5. 9. 선고 2012고정4449 판결(이른바 '이외수 트윗글 판결').
637) 남형두, 전게서(주 120), 262-263면. 인공지능의 표절 문제는 뒤에서 자세히 논의한다
 [IV.2. 나. 표절 논의 – 인간의 고유성을 지켜줄 최후의 보루(堡壘)].
638) Sobel, 전게논문(주 264), 65면.

호되는 타인의 표현이 그대로 남아있을 때가 있다. 이 경우 표현적 이용으로 보지 않을 이유가 없다. 최근 저작권자들이 인공지능 기업을 상대로 저작권침해 소송을 제기하기 시작했는데,639) 비슷한 소송은 앞으로도 한동안 이어질 것이다. AI의 머신 러닝이 사전 허락에 의해 이루어지지 않는 이상 저자들은 자신의 저작물이 머신 러닝에 이용되었을 것으로 추측할 뿐 명확한 증거를 갖고 있지 않은 경우가 일반적이다.640) 그런데 저작권침해의 주관적 요건을 입증하는 근거로서 '공통의 오류(common errors)', '에피소드의 동일성' 같은 이론이 이런 류의 소송에 활용될 수 있다. 즉, 인공지능의 머신 러닝에 저자 자신의 저작물이 사용되었다는 명확한 증거는 없으나, 자신이 특별히 고안한 것으로서 일반이 알 수 없는 독특한 경험이나 에피소드 또는 의도적인 실수 등이 인공지능의 결과물에 고스란히 들어 있다면, 비록 인공지능 개발사 측에서 인풋 데이터를 제출하지 않더라도 원고의 저작물을 이용했다고 강하게 추정될 것이다.641)

---

639) 주 1, 2.
640) 실제 소송에서 원고들은 피고 AI 기업에 대해 트레이닝 데이터의 상세를 공개하라고 요청할 것이고 이것이 재판의 중요한 쟁점이 될 것이다. 피고 측에 제출을 강제할 수 없다면, 즉 법원의 자료 제출 명령에 피고 측이 응하지 않아도 별도로 제재할 수 없다면, 원고들은 입증에 성공하기 어려울 것이다. AI가 관련된 사건은 아니었지만, 피고가 원고의 저작물에 대한 접근성(access)이 쟁점이 된 사건으로 다음 참조. Three Boys Music Corp. v. Bolton, 212 F.3d 477 (9th Cir. 2000); Bright Tunes Music Corp. v. Harrisongs Music, Ltd., 420 F. Supp. 177 (S.D.N.Y. 1976). 이 판결에 따르면, 미국의 유명한 팝 가수 마이클 볼턴(Michael Bolton)과 영국의 비틀즈 멤버 조지 해리슨(George Harrison)이 각기 피소된 사건에서 자신(원고)들의 곡에 이들이 접근 가능했다는 것을 입증하기 위한 상당한 노력이 재판 중에 드러나 있다. 소벨은 위 사건들에서 인간의 기억(두뇌)은 언제 입력되었는지 추적하는 것이 매우 어렵지만, AI는 트레이닝 데이터로 무엇을 사용했으며 언제 입력됐는지를 조사하는 것이 용이하며 이로써 저작권침해 사건에서 접근성을 입증할 수 있다고 한다. Sobel, 전게논문(주 264), 65-66면.
641) The Daily (New York Times Podcast), "The Writers' Revolt Against A.I. Companies", 2023. 7. 18.

그런데, 앞서가는 이야기이지만, 본 저자는 이들 소송에서 최종적으로 저작권자들이 승소하기는 쉽지 않으리라 예상한다. 개별 저자(저작권자)들이 인공지능 기업을 상대로 제기한 저작권침해 소송의 결과는 향후 저작권 분야를 넘어 IT 산업과 미국을 넘어 세계 경제 전반에 미칠 영향으로 인해 관심이 집중될 것으로 보인다. 그럼에도 불구하고 본 저자는 그 영향은 제한적일 것으로 생각한다. 첫째, 앞서 본 바와 같이 법 논리를 떠나 침해가 인정될 경우 과도한 손해배상액으로 인해 인공지능 기업에 파멸적 상황을 초래할 수 있다는 점에서 관련 재판을 담당하는 미국 법원으로서는 정책적 접근(policy-based approach), 즉 인공지능 산업에 끼칠 영향을 고려하지 않을 수 없을 것이다.642) 통상 미국 법원판결에서 미국 산업에 미칠 영향을 고려하는 정책적 접근은 낯설지 않다. 둘째, 소를 제기한 개별 저자가 승소한다고 해도 그 판결의 효력이 소를 제기하지 아니한 다른 저자들에게 당연히 미치는 것이 아니다. 소송법적으로는 소를 제기하여 승소한 당사자에게만 판결의 효력이 미치기 때문에, AI 기업에 대한 승소 판결이 선고된다고 하더라도 소송에 들어가는 시간과 비용을 부담하며 소를 제기할 저자들이 그다지 많을 것 같지는 않다. 이런 점들을 고려하면, AI 기업에 대한 저작권침해 소송을 통한 해법은 매우 제한적이며, 결국 정책적/입법적 해결이 근본적인 해법으로 더욱 관심을 받을 것으로 생각한다.

(마) 비판 5: 디지털 데이터 저작물(eBook)의 경우

기계(AI)가 처음부터 디지털 형태로 만들어져 있는 저작물, 예를 들어 이북(ebooks)이나 뉴스 사진을 복제 사용하기도 하는데, 이를 두고 표현적 이용이 아니라고 할 수 없다.643) 이 경우 기계나 인간 이용자가 이용하는 대

---

642) 위 II.3.다.(2)(나) ② 대마불사 전략에 굴복한 사법부 및 Sobel, 전게논문(주 264), 80면.
643) Sobel, 전게논문(주 264), 61면. AI 인풋 데이터셋 중에는 유형물(physical media)을 디지털화하여 어셈블링하는 경우도 있지만, 처음부터 디지털로 만들어진 데이터

상물이 동일한데, 기계의 이용만을 비표현적 이용이라고 하는 것은 합리적이지 않기 때문이다.

㈐ 정리

이상, 여러 가지 점에서 기계(AI)의 저작물 이용을 비표현적 이용으로 단정할 수 없다.

(3) 공정이용 — 생산적 소비와 변형적 이용

㈎ 생산적/소비적 이용 이분법 — Sony 판결 재검토

TDM 면책을 정당화하는 근거는 기계(AI)의 사용이 스스로 소비하고 만족하기 위함이 아니라 다른 의미 있는 것을 생산하기 위함이라는 데 있다. 이를 생산적 이용(productive use)이라고 한다.644) 소비적 이용(consumptive use) 또는 향유(enjoyment)와 대립하는 개념이다. Sony 판결(1984년)은 VTR의 녹화기능(타임 시프팅)이 저작권침해 또는 공정이용에 해당하는가에 관한 사안으로서 TDM 면책과 직접 관련이 없으나, 생산적/소비적 이용에 관한 쟁점을 공유하므로 이를 TDM 논의로 치환해 논의하기로 한다.

Sony 판결의 반대의견에서 블랙먼 대법관(J. Blackmun)은 생산적 이용과 소비적 이용이라는 이분법(dichotomy)하에서 미국 저작권법 제107조에서 예시로 든 공정이용 사유는 원작이 만들어 낸 것을 넘어 일반대중에게 유익을 주는 '생산적(productive)' 이용이라고 하면서 해당 사안에서 타임 시프팅(time shifting) 기능이 '소비적(consumptive)' 이용에 해당할지언정 생산적 이

(born-digital data)도 있는데, 후자의 경우 디지털화할 필요 없이 바로 복제하여 프로세싱할 수 있다.
644) Sony 판결(주 10), 478-479면.

용은 아니라고 보았다.645) 이에 대해 동 판결의 법정의견에서 스티븐스 대법관(J. Stevens)은 위와 같은 이분법이 공정이용 판단에 도움이 되긴 하지만, 그것이 공정이용 판단의 결정적 요소는 아니라고 했다. 예를 들어, 교사가 강의 노트를 준비하기 위해 저작물을 복제 이용하거나 전문성에 대한 이해를 높일 목적으로 복제 이용하는 것은 생산적인 이용이라 할 수 있지만, 그렇다고 해서 공정이용이 인정되므로 교사 자신이 이미 지불한 저작물 이용 대가를 후에 환불받을 수야 없지 않느냐라며 반대의견의 이분법에 따른 공정이용 판정을 비판한다.646) 따라서, 타임 시프팅이 생산적 이용이 아니라는 이유가 공정이용 배척 사유로 연결되는 것은 아니라는 결론에 이른다.

소벨(Sobel)은 위 교사의 사례처럼 미래의 생산성(productivity)을 촉진하기 위해 저작물을 소비(이용)하는 것이 공정이용의 사유가 될 수 없듯 로봇(인공지능, 기계)의 소비도 마찬가지로 공정이용으로 면책될 수 없다고 한다.647) 타당한 주장이다. 저작물 이용이 미래의 생산을 위한 것이면 공정이용에 해당한다는 Sony 판결의 반대의견에 들어있는 이분법적 논리를 AI/로봇의 머신 러닝에 적용하는 것은 위험하다. 교사 외에도 저작권법상 저작재산권 제한 사유에 해당하는 직업과 활동에는 여러 가지가 있는데, 먼저 교사 사례를 들여다보고, 이어서 법관 등의 직역으로 확대해 논의하기로 한다.

(나) 교사 및 법관 사례

Sony 판결에서 법정의견과 반대의견의 논란 대상이 된 '교사'는 이른바 '생산적 소비자(productive consumer)'의 한 예이다.648) 교사는 대부분 국가의 저작권법649)에서 교육이라는 공익 목적 종사자로서 일정한 요건 아래 저

---

645) 위 판결, 479-480, 496면.
646) 위 판결, 455면 중 주 40.
647) Sobel, 전게논문(주 264), 74면.
648) 위 같은 면.

작권침해의 예외 대상으로 인정한다. Sony 판결에서 교사를 교육을 통한 미래 가치의 생산자로 보고 그의 저작물 소비를 생산적 이용으로 이해할 수 있느냐가 논란의 대상이 되었다. 그런데 무제한 면책을 허용하는 것이 아니고 일정한 요건을 두고 있으며,[650] 그 요건을 충족해도 다시 이용 범위를 제한하고 있는데,[651] 이는 베른협약 제9조(2) 단서[652]에 충실한 입법이라 할 수 있다.

교사와 같은 '생산적 소비자'에 해당하는 직업군 또는 활동은 더러 있다. 한국 저작권법을 예로 들면, 법관, 수사주체, 입법 및 행정기관(제23조 재판 등에서의 복제), 언론인(제26조 시사보도를 위한 이용), 학자, 연구자(제28조 공표된 저작물의 인용) 등을 들 수 있다.[653]

그런데 이런 직업군의 저작물 소비를 모두 생산적 이용으로 보아 공정이용에 해당한다고 보는 것은 부당하다. 재판을 위해 필요하다고 해서 저작권으로 보호되는 법학교과서, 법학논문을 무단으로 복제하여 이용하는 것을

---

[649] 미국 저작권법 §110(1)은 instructor에 관한 면책을 허용하고 있다. 일본 저작권법 제35조(학교, 그 밖의 교육기관에서의 복제등) 제1항은 한국 저작권법 제25조(학교교육 목적 등에의 이용) 제3항과 유사하다.

[650] 한국 저작권법 제25조 제3항의 '수업 목적', 일본 저작권법 제35조 제1항의 '수업과정에서의 이용에 제공하는 목적', 미국 저작권법 §110(1)의 '대면하여 하는 비영리 교육기관의 교육활동 과정', §110(2)의 '비연극적 어문저작물이나 음악저작물, 정규 교육과정' 등이 이에 해당한다.

[651] 한국 저작권법 제25조 제3항 단서의 '부득이한 경우에는 전부 복제', 일본 저작권법 제35조 제1항 단서의 "다만, 해당 저작물의 종류 및 용도와 그 복제의 부수 및 형태에 비추어 저작권자의 이익을 부당하게 해치는 것이 되는 경우에는 그러하지 아니하다." 등이 이에 해당한다.

[652] "다만, 그러한 복제는 저작물의 통상적인 이용과 충돌하지 아니하여야 하며, 저작자의 합법적인 이익을 부당하게 해치지 아니하여야 한다."

[653] 한편, Sony 판결의 법정의견은 교사 외에 입법자와 유권자도 예로 들고 있다. 입법자는 자신의 유권자가 무엇을 보고 있는지에 대한 이해의 폭을 넓히기 위해 저작물을 복제 이용하고, 유권자는 어떻게 투표할 것인지를 결정하는 데 도움을 받기 위해 뉴스 프로그램을 복제한다고 한다. Sony 판결(주 10), 455면 중 주 40.

면책 사유에 해당한다고 할 수 있을까? 법관이 법학 지식과 소양을 기르기 위해 저작권으로 보호되는 법학서적 등을 허락없이 복제 이용하는 것을 '재판을 위해 필요한 경우'에 해당한다고 볼 수는 없다. 저작재산권 제한 사유를 이처럼 넓게 해석하는 것은 베른협약 제9조(2) 단서 정신이 구현된 한국 저작권법 제23조 단서, "다만, 그 저작물의 종류와 복제의 부수 및 형태 등에 비추어 해당 저작재산권자의 이익을 부당하게 침해하는 경우에는 그러하지 아니하다."에 배치되기 때문이다.

(다) 소비는 생산을 위한 준비?

저작권법 제30조의 사적이용복제는 대표적으로 소비적 이용에 해당하지만, 침해의 사소(些少)성, 집행의 곤란 등의 이유로 저자재산권 면책 사유로 인정된다. 그런데, 인간의 모든 소비활동은 넓게 보면 생존을 넘어 생산활동을 위한 준비(건강, 증식, 생식)로 볼 수 있다는 점에서 저작물의 사적이용복제도 창작이라는 생산활동을 위한 준비과정으로 이해하면 생산적 이용으로 못볼 바 없게 된다. 이처럼 저작물의 이용 목적을 생산과 소비로 나누는 것은 불명확할 뿐 아니라 때로 자의적으로 악용될 수 있다는 점에서 부당하다. 머신 러닝에서 기계를 똑똑하게 만들어 생산적 활동을 하게 하는 것이, 인간이 타인의 저작물을 마음껏 소비하여 지식과 감성 등이 풍부해져 새롭고 창의적인 작품을 내는 것과 무엇이 다를까? 예를 들어 저작권법 제23조(재판 목적 복제)는 법관의 재판을 위한 것이지만, 그 재판을 지원하기 위한 판사를 보좌하는 재판연구원(로클럭) 또는 대법관을 보좌하는 재판연구관의 재판 준비 또는 연구 목적으로 하는 저작물 복제, 나아가 법관/검사가 되기 위해 준비하는 과정인 과거 사법연수원생과 로스쿨 학생, 더 나아가 합격률이 변호사시험과는 비교할 수 없을 정도로 낮았던 사법시험을 준비하는 법대생이나 고시생들 ― 이는 여전히 행정공무원 채용 시험을 준비하는 학생들에게 적용될 수 있음 ― 의 수험 준비를 위한 법학교과서 이용에까지 확장할 수는 없을까? 시중에 있는 법학 서적을 무단 복제해 공부하는 목적이 향후 법관이 되어 재판하기 위한 것이라면, 단지 소비적 이용에 그치지 않고 생산적 이용에 부합한다는 논리도 가능하지 않을까? 이는 인공지능의 기계학습과 다를 바 없다. 기계학습을 통해 똑똑해진 인공지능이 구체적으로 어떤 작품, 어떤 책을 입력함으로써 지능의 진보가 얼마나 이루어졌는지 알 수 없듯,654) 법정에서 재판하는 법관의 머릿속에 들어 있는 전문지식이 언제 어떤 책으로 얻어진 것인지 정확히 짚어낼 수 없는 것은 마찬가지다. 인공지능에 광범위하게 TDM 면책을 인정한다면, 로스쿨 학생의 법학 서적 복제도 공정이용의 한 태양으로 인정해야 할 것이다. 로스쿨 학생 중에도 그렇게 공부한 후 변호사시험에 탈락하거나 법관이 되지 못한 경우가 있으나, 이는 인공지능도 엄청난 양의 저작물을 비롯한 데이터를 입력(feeding)했음에도 상업적으로 성공하지 못하고 도태하는 것이 있을 것이란 점에서 다르지 않다. 이 말은 인공지능의 기계학습에 저작권 면책을 해주는 것처럼 로스쿨 학생의 법서에 대한 무단복제를 정당화하라는 것이 아니다. 로스쿨 학

---

654) 여기에서 후술 논의[III.4.바.(1) (나) 머신 언러닝(Machine unlearning)]를 전제로 논의를 이어간다. 언러닝 기술이 사실상 불가능하다는 점에서 인간과 마찬가지로 인공지능에 입력된 정보(저작물)도 인공지능의 성능을 고도화하는데 '소비'되었다는 것을 추지할 수 있다. 인간에게 소비되었다는 것, 향유가 이루어졌다는 것은 그 사람의 소용/니즈를 충족시킨 것으로서, 예를 들어 그 소용 또는 니즈의 목적에 능력배양(학생의 경우 입시, 교사의 경우 교육 훈련)도 당연히 들어간다. 이를 두고 '생산적 이용'이라고 보아 공정이용을 인정하는 것이 부당한 것처럼(위 Sony 판결의 반대의견), 마찬가지로 기계의 저작물 이용도 말 그대로 'training data', 즉 그 기계(인공지능)의 성능을 고도화하기 위한 것이 그 쓸모요, 저작물 이용의 목적이라는 점에서, 인간이 좋은 상급학교 진학을 위해 지적 능력을 끌어올리기 위해 저작물을 이용하는 것과 인공지능이 그 성능을 고도화하기 위해 저작물 등 데이터를 학습(입력)하는 것은 다르지 않다고 할 것이다. 본문으로 돌아가서, "기계학습을 통해 똑똑해진 인공지능이 구체적으로 어떤 작품, 어떤 책을 입력함으로써 지능의 진보가 얼마나 이루어졌는지 알 수 없다"라고 한 것은 언러닝 기술의 성공 가능성 부재로 실증된 '기억의 상호연결성', '정보의 상호작용'과 연결된다.

생의 경우까지 생산적 이용으로 보아 저작권 면책을 해주는 것이 불합리하다면(3단계 테스트), 마찬가지로 인공지능 기계학습의 경우에도 이용의 목적이 '생산적'이라는 것을 내세워 저작권 면책(TDM 면책)을 허용하는 것이 타당하지 않다는 뜻이다.

 기계학습은 더 똑똑한 기계를 만들기 위한 것이다. 이는 인간(학생)이 지식을 습득하여 성적을 향상하고 그로써 원하는 상급학교에 진학하기 위해 ― 일반적으로 그렇게 함으로써 더 좋은 직업을 얻을 수 있고 권력과 명예, 부를 갖게 할 수도 있다고 생각하는 경향이 있다 ― 책을 사서 공부하는 것과 무엇이 다른가? 기계학습이 '생산적 이용(소비)'이라면, 인간(학생)의 학습도 달리 볼 이유가 없지 않을까?

 또한, 향유(enjoy)와 소비(consumption)라는 말은 인간 위주의 언어이다. 인간의 감정을 기반으로 하는 향유 또는 소비라는 말이 감정이 없는 기계에 어울리지 않을 뿐, 트레이닝 데이터를 기계에 입력(feeding)하는 것은 맞으므로, 이를 향유 또는 소비라고 보지 않을 이유가 없다. 만약 그렇게 보지 않는다면, 인간(학생)도 공부를 좋아할 리 없고 성적을 올리기 위해 책을 읽을 때 행복감, 향유를 떠올리기 어려울 수 있다는 점에서 입시와 장래를 위해 하는 독서를 두고 향유 또는 소비로 말할 수 없을지도 모른다. 나아가 기계학습의 경우 입력된 정보(저작물)가 기계의 어딘가에 남아있을 수 있고 그것이 기계의 성능을 올리는 데 기여했을 것이라고 볼 수 있는 반면, 인간(학생)의 경우 책을 샀지만 읽지 않았거나 일부만 읽은 경우가 있고, 읽었어도 전혀 기억에 남아있지 않거나 그의 지식 형성에 조금도 기여가 없을 수도 있다는 점에서 독서 또는 책 내용의 입력을 통해 인간은 향유/소비하지만, 기계는 그렇지 않다고 보는 것은 논리적이지 않다. 그것이 공정이용 인정 여부에서 인간보다 기계에 혜택(favor)을 주는 결과를 낳는다는 점에서 동의할 수 없다. 인간보다 기계를 우위에 둠으로써 누구에게 이로울까를 생각하면 이런 논의의 허점을 명확히 이해할 수 있을 것이다.

라. 21세기판 공정이용 — 제3의 인클로저

TDM 예외 규정을 만들어 기계(AI)의 대규모 저작물 이용을 면책하려는 것은, 인간의 이용에 대해서는 그토록 엄격하더니 기계의 이용에 대해서는 한없이 관대하다는 비판과, 공정이용 판단에서 저작권자와의 이해 균형 등을 면밀하게 따지더니 AI 산업과 빅테크 플랫폼에 대해서는 공정이용이라는 높은 허들을 치우고 TDM 예외 규정이라는 낮은 허들로 대체함으로써 저작권 제도를 형해화시킨다는 비판이 가능하다.

기계에 대한 인간 차별의 문제점과 그 논의의 허점에 대해서는 앞서 논의했으므로(Ⅲ.4.다. (1) 용어의 문제: 레토릭이 가져온 혼란) 재론을 생략하고, 여기서는 공정이용이 TDM 면책으로 대체되는 것이 어떤 의미인지 살펴보고자 한다. 이는 공정이용 논의의 새 국면으로서 이 책을 집필하게 된 동기와 직접적으로 연결된다. 현재 진행되는 이 논의의 결과에 따라서는 지난 삼백 년간 지속돼 온 저작권법 체제가 사실상 그 명운을 다할지도 모른다는 점에서 긴장을 자아내고 있다. 그런데 그 긴장감은 점차 인간의 창작을 독려하고 인간 정신의 결과물을 보호함으로써 인류 중심의 문화를 뒷받침해 온 저작권법의 존립 기반이 근본에서부터 흔들리고 있다는 데서 절박감으로 변하고 있다(아래 Ⅲ.4. 마. 역차별이 초래할 디스토피아). 인간과 기계(AI)의 공존 가능성에 대한 논의가 본격 시작됐다는 점에서 법학 외에 경제학, 정치학, 철학, 심지어 신학655)까지 아우르는 학제적 연구가 필요한 시점

---

655) 인간과 인공지능의 공존 문제는 근본적으로 존재론과 신학의 문제로 연결된다. 본 저자도 이에 관한 문제의식을 품고 '인간과 인공지능'의 관계를 '신과 인간'의 관계로 비유하여 인간과 인공지능의 관계가 역전되려는 상황을 비평한 적이 있다. 소제목만 소개하면, "인간 닮은 인공지능 — *Imago Hominis*", "신의 형상대로 창조된 인간 — *Imago Dei*", "인공지능을 닮으려는 인간 — *Imago AI*" 등이다. 남형두, 전게논문(주 571), 74-82면. 한편, 유럽에서는 인공지능에 관한 신학적 연구가 매우 활발한데, 대표적으로 로마에 있는 그레고리안(Gregorian) 대학의 교수이자 가톨릭 신부인 Paolo

이다.656)

공정이용 제도의 미래로서 TDM 예외 제도는 '기계를 위한 공정이용' 또는 '21세기판 공정이용'이라고 할 수 있다. 토지에 대한 사유재산권을 인정한 영국의 인클로저 운동(Enclosure movement)에서 인사이트를 얻어 저작권 등 지식재산권을 비판적으로 고찰한 유력한 이론이 있다(아래 Boyle 논문). 본 저자는 이에서 한 걸음 더 나아가 공정이용과 TDM 면책 제도를 인클로저 운동의 연장선에서 논의하고자 한다. 토지에 대한 인클로저 운동으로부터 지식재산권이라는 제2의 인클로저, 그리고 TDM 면책을 가능하게 할 제3의 인클로저에 대해 차례대로 살펴보기로 한다.

(1) 인클로저 운동 엿보기

인클로저 운동은 17~18세기 영국에서 토지 정리를 통해 효율성을 추구함으로써 농업생산량을 획기적으로 증가시킨 일종의 '농업혁명'이었다. 이로써 기계 영농이 가능해짐에 따라 농촌의 잉여 인력이 도시의 임금 노동자로 공급돼 산업혁명의 배경이 됐다는 점은 널리 알려진 사실이다. 한편, 경지 정리 과정에서 수많은 공유지(commons)가 사유지로 되었는데, 이를 재산을 대표하는 의회(귀족)와 주권을 대표하는 왕실 간 타협의 산물로서 소유권과 주권 간 거래로 보기도 한다.657) 인클로저 운동은 영국의 농촌에서 발생한

Benanti는 인공지능윤리 연구자로서 신학적 관점에서 인공지능을 연구하고 가르치고 있다. 뉴욕타임스가 인터뷰한 기사에 따르면, 인공지능이 지배하는 세계에서 부의 분배에 심각한 문제가 발생하는데, 궁극적으로는 영적인 문제(spiritual question)로 귀결된다고 한다. Jason Horowitz, "The friar who became the Vatican's oracle on A.I.", New York Times (Int'l ed.), Feb. 13, 2024.

656) 본 저자가 이에 관해 시론(試論) 성격으로 쓴 것이 전게논문(주 571)이다.
657) 프리초프 카프라(Fritjof Capra)·우고 마테이(Ugo Mattei), 박태현·김영준 역, 『최후의 전환』(원제: THE ECOLOGY OF LAW, 2015), 경희대학교 출판문화원, 2019, 91-95면 참조. 근대 소유권과 주권 이론의 사상적 토대가 되었던 로크의 재산권이론과 홉

역사적 사건이었지만, 이후 여러 분야에서 공유자원이 사적 소유권으로 변하는 사회 변혁기의 상징으로 소환되고 있다.

미국 듀크 로스쿨(Duke Law School) 교수 제임스 보일(James Boyle)이 공통의 자산(커먼즈)이라 할 수 있는 지식을 사유재산인 지식재산권(저작권 등)으로 권리화하는 현상을 종래 인클로저 운동에 빗대 '제2의 인클로저 운동(Second Enclosure movement)'으로 명명한 것은 매우 통찰력이 있는 견해다.658) 보일의 주장은 저작권 강화에 반대하는 쪽(creative commons 주의, open source 운동 등)의 이론에 큰 힘을 실어주고 있다.

보일 외에도 상품화 측면에서 인클로저를 세 단계로 나눈 견해가 있다. 호주의 미디어 이론 저술가 매켄지 와크(McKenzie Wark)에 따르면, 1차 상품화는 토지에서 이루어졌고(pastoralism), 2차 상품화는 노동에서 이루어졌으며(capitalism), 3차 상품화는 정보에서 이루어졌다고 한다(vectoralism).659) 이 책의 논의와 관련된 것은 3차 상품화인데, 정보 회사는 정보가 흐르는 네트워크, 클라우드, 인프라를 통제함으로써 소수의 지배계급에 부가 집중되어 그 해악이 자본주의 폐해보다 더 심각하다고 한다.660) 한편, 호주 모나쉬 대학(Monash University) 미디어 전공 교수 안드레제빅(Mark Andrejevic)은 디지털 인클로저(Digital Enclosure)라는 개념을 통해 인터넷상의 검색 및

스의 주권이론이 이 시기에 나온 것은 우연이 아니라고 한다.
658) James Boyle, *The Second Enclosure Movement and the Construction of the Public Domain*, 66 Law & Contemp. Prob. 33 (2003).
659) McKenzie Wark, "Worse Than Capitalism", TREBOR SCHOLZ and NATHAN SCHNEIDER, eds., 『OURS THE HACK and TO OWN』, OR BOOKS, 2016, pp.43-44. 와크가 말한 1, 2차 인클로저는 토지의 인클로저에 따라 잉여 노동력이 도시로 나와 자신의 노동을 상품화하여 대체가능한 재산으로 교환함으로써 산업혁명이 가능하게 되었다는 것으로서 영국의 인클로저 운동을 시작과 효과의 두 측면에서 본 것으로 이해할 수 있다. 다만, 와크 논의의 실익은 토지, 노동에 이어 정보가 상품화 대상이 된다고 하는, 지속적 상품화 논의에 있다고 보인다.
660) 위의 책, 45-47면.

방문 기록 등 개인정보를 집적함으로써 가상(virtual) 공간에 대한 인클로저가 이루어지고 있다고 주장한다.661)

이처럼 인클로저 운동은 사회 변혁기에 패러다임 전환의 상징으로 재소환되고 있는데, 사회변화를 분석하고 비판하는 데 유용하다.662) 예를 들어 본다. 영국의 인클로저 운동 때 토지개혁이 농촌의 개혁과 토지 생산성 향상이라는 단기적 효과를 가져왔고 그것이 산업혁명을 가능하게 한 풍부한 노동력 제공이라는 중기적 효과를 가져왔지만, 그로 인해 도시와 환경 문제, 빈부격차의 문제, 나아가 계급투쟁과 이데올로기 대립의 원인(遠因)이 되었다. 제2의 인클로저의 경우 혁신적 아이디어를 특허로 보호하고 창작적 표현을 저작권으로 보호함으로써 산업과 문화가 발전한 측면이 있지만, 과도한 특허권 보호와 특허권 제도의 남용으로 여러 폐해가 발생하고 있으며, 저작권의 과도한 보호로 퍼블릭 도메인이 줄어들어 표현의 자유가 위축된다는 비판이 있다.

(2) 제3의 인클로저

오늘날 거대 플랫폼 기업이 인터넷 트래픽(traffic)을 장악하여663) 이를 이용해 양면/다면 시장에서 수익을 올리는 새로운 영업 방식(business model)은 인간의 삶과 세계 경제의 판도를 바꾸어 놓고 있다. 사오십 년 전 장사꾼들은 중소도시의 장터에서 재미있는 볼거리로 사람들을 모은 후 장사했다.

---

661) Mark Andrejevic, *Privacy, Exploitation, and the Digital Enclosure*, 1 Amsterdam L.F. 47 (2009).
662) 상징과 수사적 표현은 단순한 언어의 유희라기보다는 사회적 변화에 대한 깊은 통찰력을 제공할 뿐 아니라 법적 대응에서도 시류에 휩쓸리지 않는 조망(眺望)을 가능케 한다.
663) 트래픽 확보를 전제로 하는 비즈니스 전략에 대해서는 다음 글 참조. 남형두, 전게논문(주 366); 남형두, 전게글(주 516).

그런데 오늘날 플랫폼은 온라인에서 스포츠, 엔테테인먼트 등 각종 볼거리와 정보검색, 소셜 미디어(SNS), 이메일, 번역, AI 지원 등 유용한 서비스를 제공해 사람들을 모아놓고, 한편으로는 수많은 장사꾼을 불러들여 각기 영업하거나 광고할 수 있게 함으로써, 그 과정에서 수수료 또는 광고 수입을 얻는다. 플랫폼은 전통적 장터와 비교하여 '온라인 장터'라 할 수 있다.664) 장소적 한계를 갖지 않는 플랫폼 비즈니스는 지역과 국경을 초월하여 구매자와 판매자를 끌어모으고 접속할 수 있다는 점에서 유통의 혁명적 변화를 가져왔다. 유통뿐 아니라 현대인의 삶에 없어서는 안 될 필수 요소로 자리 잡은 플랫폼 기업은 단기간에 세계에서 가장 부유한 기업이 되었다.

빅테크라 불리는 몇몇 초거대 글로벌 플랫폼의 전략은 의외로 간단하다. 옛날 시골 장터처럼 사람을 최대한 많이 끌어모으는 데 있다. 사람만 끌어들이면 그것을 보고 사업자들이 몰려들고 저절로665) 수수료와 광고에서 수

---

664) 본 저자는 '온라인 장터'라는 개념을 이용해 플랫폼을 설명한 적이 있다. 남형두, 전게 논문(주 366), 293-295면. 한편, 여기에서 전통적 장터라고 한 것에는 위에서 설명한 장사꾼들이 찾아가는 시골 장터만을 의미하지 않는다. 백화점 ― 직영 매장이 아닌 임대 매장의 경우 ― 도 백화점주 입장에서 일종의 플랫폼이라 할 수 있다. 구매자들과 판매자들이 편하고 효율적으로 만날 수 있도록 장소를 제공하고 판매액의 일정액을 수수료로 챙기는 양면 시장의 구조로 되어 있기 때문이다. 구매자들도 백화점이 제공하는 각종 편의성 외에 그곳에 가면 다양한 상품을 만날 수 있다는 장점이 있고, 판매자들도 별도의 매장을 내는 것보다 비용을 절감하고 판매량을 늘릴 수 있다는 장점이 있다. 시골 장터는 판매자들이 장날이라는 특정 일에 구매자들을 찾아가지만, 백화점은 구매자들이 판매자들이 모여 있는 상설 매장으로 온다는 점에 차이가 있다. 이에서 보면 백화점도 양면 시장 구조로 되어 있으므로 플랫폼 기업이라 할 수 있지만, 이 책에서 말하는 플랫폼은 기본적으로 구매자와 판매자, 광고주 등이 인터넷 기반의 온라인에서 만난다는 점에서 백화점과 다르다.
665) '저절로'라는 표현을 쓴 것은 사람을 모으기만 하면 수익을 발생시키는 것이 상대적으로 쉽기 때문이다. 본 저자는 이를 전통적 금융기관의 수익 모델인 '예대마진 방식'에 비유해 설명한 적이 있다. 즉, 전통적 금융기관은 주로 대출에서 이익을 얻는데, 대출하기 위해서는 사금이 필요하므로 예금을 유치하려고 애를 쓴다. 물론 유동성이 풍부하고 경기가 좋을 때는 금융기관에 예금이 쌓여 있어 예금이자 지급이 부담되기도 하지만, 과거 돈을 빌리려는 사람이 항상 대기하고 있던 때에는 예금만 확보

입이 발생하기 때문이다. 문제는 사람을 어떻게 모이게 하느냐이다. 정확히 말하자면 남녀노소를 불문하고 모든 인간에게 똑같이 주어져 있는 하루 24시간 중 수면 시간을 제외하고 의식적 활동을 할 수 있는 시간을 차지하기 위해 빅테크 간 치열한 경쟁을 벌이고 있다. 이처럼 사람의 관심 또는 주의 (attention)를 차지하려고 애쓰는 기업을 관심 추종 기업(attention seekers)이라고 한다.[666] 세월이 흘러 사람이 변하고 영업방식이 고도화됐다고 하지만, 사람을 끌어모아 영업하는 전략과 방식은 크게 달라지지 않았다. 관심 추종 기업으로서 플랫폼은 사람의 관심을 집중시키기 위해 앞서 든 바와 같은 매력 있는 (ⅰ) 볼거리와 (ⅱ) 서비스를 제공한다.[667]

<u>(ⅰ) 볼거리</u>

볼거리는 반드시 시각적인 것만을 의미하지 않고 청각적인 것, 즉 음악 등도 포함한다. 볼거리의 상당수는 저작권으로 보호되는 저작물이다. 그런데 플랫폼이 그 많은 저작물을 저작권자들로부터 일일이 매입하거나 이용허락을 받아 이용자(유저)에게 제공하는 것은 불가능에 가깝다. 이런 난관에 봉착한 플랫폼에 활로가 된 것이 바로 '공정이용'이었다. 정확히 말하면 플랫폼은 공정이용 제도에 호소해 저작물을 사실상 무단 이용했고, 법원 — 미국 법원의 Google Books 판결 등 — 은 공정이용 법리의 변화와 적용을 통해 이를 지원해 왔다.

하면 '저절로' 대출을 통해 수익이 발생했다. 이를 플랫폼에서 사람만 끌어모으면 판매자/광고주들이 몰려들어 플랫폼의 수익이 확보되는 것에 비유한 것이다. 남형두, 전게논문(주 366), 304-306면.

666) 주 441.
667) Evans, 전게논문(주 463) 참조.

(ii) 서비스

빅테크 플랫폼이 제공하는 서비스는 정보검색, 소셜 미디어(SNS), 이메일, 번역, AI 지원 등으로 다양하다. 저작물을 무단 제공해서 문제가 됐던 Google Books 서비스는 결국 공정이용으로 인정받아 그 허들을 넘었다.668) 그런데 AI 기술의 발전으로 산업뿐 아니라 개인 차원에서 AI 서비스를 직접 이용할 수 있도록 플랫폼이 그 서비스를 일반 이용자에게 제공하면서 저작권 문제가 수면 위로 올라오게 되었다. 예를 들어 그림을 그리거나 작곡하고 글도 써주는 생성형 AI는 기존 저작물을 데이터로 트레이닝하여 그 성능을 고도화하고 있다. 플랫폼 입장에서 TDM 예외 제도의 도입이 절실한 지점이다.

이처럼 볼거리와 유용한 서비스로 플랫폼이란 새로운 영토를 분점(分占)하기 위한 필수적 전제가 공정이용이었고, AI의 개발과 발전으로 TDM 예외가 거론되고 있다. 그런데 제2의 인클로저가 공유(커먼즈)였던 생각(idea)을 지식재산권이란 제도를 통해 사적 재산권으로 만들었다면, 이제 저작권으로 보호되는 저작물을 저작권자의 허락 없이 무상으로 이용할 수 있도록 공정이용과 TDM 면책을 통해 저작권을 해체할 필요가 생긴 것이다. 이렇게 해체하여 일반 이용자에게 직접 제공하거나 간접 제공함으로써,669) 이용자의 관심과 주의를 확보하여 이를 기반으로 양면/다면 시장에서 수익을 창출하는 것을, 본 저자는 '제3의 인클로저'로 부르고자 한다.670)

---

668) Google Books 판결 I(주 14), II(주 14).
669) 앞서 본 바와 같이 공정이용 제도를 통해 저작물을 이용자에게 '직접' 제공하는 것과 달리, AI를 트레이닝하는 과정에서 저작물을 이용하고, 그 트레이닝된 AI를 이용자가 활용해 창작행위를 한다면 저작물은 '간접' 이용되는 것이다.
670) 남형두, 전게논문(주 571), 66-67면. 이 글에서 본 저자는 제한된 인터넷 트래픽을 몇몇 빅테크가 독점/과점한다는 점에서 제3 인클로저를 '21세기판 신대륙 정복'으로 부를 만하다고 했다.

(3) 각 인클로저 비교

본 저자가 주장하는 제3의 인클로저 논의에 좀 더 깊이 들어가 보자. 먼저 영국의 인클로저 운동의 결과 토지소유권 제도가 확립된 기본 틀은 단순화하면 다음과 같다. 모든 토지는 국왕의 소유로서 사유가 인정되지 않았다. 중세를 거치는 동안 토지에 대한 보유와 이용 권한이 다층적으로 형성됐는데, 상층의 영주로부터 마지막에 소작농이 있었다. 끊임없이 토지의 사유화를 시도했던 귀족들이 울타리를 치거나 기계영농과 생산성 향상이란 명목으로 경지를 정리하는 과정에서 소작농들은 쫓겨나게 되었다. 의회의 다수를 차지한 이들 귀족의 이해관계를 국왕이 인정하고, 의회(귀족)는 국왕의 주권을 인정한다. 여기에서 귀족들의 토지소유권을 정당화하기 위해 '모두가 이용할 수 있는 토지'[커먼즈, 공유지(共有地)]를 '누구에게도 속하지 않은 토지'[무주물(無主物)]로 의제하고, 여기에 '무주물 선점' 이론을 적용해 토지를 보유·점유하고 있던 귀족들에게 소유권을 인정하는 논리이다.671) 정리하면, '공유(共有)'를 '공유(公有)'로 만들고, 여기에 '무주물 선점 이론'을 적용해 현재의 점유자인 지주 계급의 사적 재산권을 정당화하는 것이다.

같은 이치에서 보일은 지식재산권(특허권, 저작권)이란, '퍼블릭 도메인(public domain)'에 속한 지식을 여러 가지 정당화 이론 ─ 노동이론, 인센티브이론, 인격이론 등 ─ 을 통해 발명가 또는 창작자의 배타적 재산(권)으로 만든 '제2의 인클로저'의 산물이라고 보았다. 그런데 저작권법 역사의 초기부터 저작물에 대한 과도한 보호가 지적되자 'fair dealing', 'fair use'와 같은 예외 제도로 보정되었다. 공정이용이란 제도를 통해 표현의 자유를 보호하고 후발 창작자들에게 숨 쉴 틈을 만들어 주는 것이다.672) 그런데 이 작은

---
671) 이상, 카프라·마테이, 전게서(주 657), 79-95면 참조.
672) Sobel, 전게논문(주 264), 88면; Sony 판결(주 10), 478-480면(Blackmun 대법관의 반대의견); Campbell 판결(주 12), 579면.

틈 — 공정이용이라는 예외 규정 — 을 이용해 지구에서 가장 큰 기업들, 즉 구글로 대표되는 빅테크가 혜택을 받아 성장하고 있다.673) 이들의 저작물 이용이 공정이용으로 인정되면 저작권이라는 사적 재산권으로 보호되던 저작물은 누구나 쓸 수 있는 상태, 즉 무주물 상태(퍼블릭 도메인)로 풀리게 된다.674) 여기에서 빅테크는 이런 저작물 등 콘텐츠를 모아 다시 빅데이터로 만들고 이를 이용해 양면 시장의 다른 쪽(광고 영업 등)에서 엄청난 수익을 올린다. 이는 "지식의 저작권화675) → 공정이용을 통한 무주물화676) → 무주물을 활용한 비즈니스677)"로 요약할 수 있는데, 위에서 본 제1, 2의 인클로저와 그 과정 및 결과가 유사하지 않은가?

한편, 앞서 본 안드레제빅의 '디지털 인클로저'와 와크가 말한 '3차 상품화 인클로저'는 보일이 말한 '제2의 인클로저'의 '개인정보 버전'이라고 할

---

673) 공정이용이 재판의 쟁점이었던 사건에서 구글이 승소한 대표적인 사례로는 위 Google Books 판결, Oracle 판결 등이 있다.
674) 물론 구글과 같은 행태를 일반 이용자가 따라 했다면 공정이용으로 인정됐을까 하는 물음에 대해서는 그렇지 않다고 생각한다. 이는 위에서 언급한 '대마불사' 논의와 연결되는데[II.3.다.(2)(나) ② 대마불사 전략에 굴복한 사법부], 저작권법은 큰 물고기는 빠져나가고 작은 물고기만 잡는 '성긴' 그물이 되고 만 것이다[위 Oracle 판결 중 토마스 대법관의 반대의견 참조. II.3.다. (2) Oracle 판결 — 공익이란 틈을 이용한 빅테크]. 본문에서 '누구나' 쓸 수 있는 상태라고 한 것은 정확하지 않은 표현이라고 할 수 있을지도 모른다. 그런데 구글과 같은 빅테크를 통해 일반 이용자도 해당 저작물에 접근해 이용할 수 있다는 점에서 이 표현을 유지하고자 한다.
675) Boyle이 말한 '제2의 인클로저'의 결과물이다.
676) 현재 진행 중인 저작권자들의 인공지능 개발사를 상대로 한 여러 저작권침해 소송에서 저작권자들이 패소한다면, 즉 인공지능 개발사가 공정이용을 내세워 승소한다면, 그리고 나아가 TDM 면책이 제도화된다면, 인공지능을 고도화하는 데 이용된 저작물은 일종의 '땔감'으로서 더는 누구도 권리를 주장할 수 없는 대상이 된다는 점에서 '무주물'이 된다고 할 수 있을 것이다.
677) 무주물을 집적하고 검색을 용이하게 함으로써 빅데이터 — 데이터베이스 제작자의 권리와 유사하나 그보다 훨씬 규모가 방대하고 검색 속도가 빠른 것 — 를 구축해 그 자체로 새로운 지식재산 또는 영업비밀로 보호받거나, 이를 기반으로 플랫폼의 수익을 창출하는 비즈니스로 활용할 수 있을 것이다.

수 있다. 넓게 보면 이들은 무형의 것으로서 이전에 누구도 재산으로 생각하지 않았던 것들, 심지어 무익한 것들이라 생각했던 것들을 사회변화와 기술 발전에 따라 보호하거나, 19세기의 낭만주의/개인주의 사조에 따라 개성의 표현인 창작물을 저작권 등 재산권으로 보호했거나 하려고 한다는 점에서 같은 범주라 할 수 있다. 다만, 보일의 '제2의 인클로저'에 따라 다수의 저작권자가 생겨났지만, 안드레제빅과 와크의 '디지털 인클로저' 등을 통해서는 소수의 플랫폼이 생겼다는 점이 다를 뿐이다. 그런데, 본 저자가 말하는 '제3의 인클로저'는 극소수의 빅테크(예컨대 구글, 애플, 메타 등)에 의해 행해진다는 점이 특징이다. 다시 말해 몇몇 빅테크는 다수 저작권자의 비용(희생) ― 공정이용을 말함 ― 으로 만들어진 빅데이터를 이용해, 인터넷 안에 있는 수많은 다양하고 복층적인 플랫폼 사이에서 인터넷 이용자들의 관심을 놓고 영토확장 경쟁에서 승리해 왔다는 점에서 앞의 여러 인클로저와 구별된다. 결국 자유의 공간인 인터넷은 몇몇 빅테크에 의해 구획정리, 즉 인클로저가 될 것이다. 이처럼 제1, 2를 넘어 제3의 인클로저에 오면,[678] 부의 집중은 더욱 가속화되고[679] 더욱이 그것이 몇몇 빅테크에 집중된다는 점에서 제3의 인클로저에 주목할 필요가 있다. 제1의 인클로저, 제2의 인클로저, 제3의 인클로저를 정리하면 다음과 같다.

---

[678] 이들을 인클로저 운동이라는 공통된 범주로 묶을 수 있는 것은 커먼즈, 지식, 트래픽 또는 관심(attention) 등이 모두 특정 개인 소유라 할 수 없고, 특정인의 재산권으로 담아내기 어렵다는 점에 있다.

[679] 수천억 달러의 자산을 보유하고 있는 일론 머스크, 빌 게이츠, 제프 베이조스, 마크 저커버그 등이 구축한 세계에서, 나머지 사람들은 그들 안에 갇혀 있을 뿐 자본주의는 더는 존재하지 않는다는 견해가 있다. Jill Lepore, "Capitalism is out of this world", New York Times (Int'l ed.), Nov. 8, 2021, 12면 참조.

<표 4> 각 인클로저 비교

	제1의 인클로저	제2의 인클로저	제3의 인클로저
계기	17~18세기 영국 토지 정리 사업	18~19세기 개성 중시, 위험한 생각의 표현에 대한 대가[680]	20~21세기 인터넷 트래픽 확보 경쟁
역사적 배경	왕과 지주계급(귀족)의 타협 산물, 주권·근대국가 탄생	종교개혁, 계몽주의, 산업혁명, 모더니즘과 개성 중시, 문화 향유자로서 대중의 등장과 확대	세계화, 신자유주의, 포스트모더니즘(몰개성), 결과중시 가치관, 인간중심주의 탈피
대상	땅	생각과 표현	저작권, 개인정보, 인지 잉여
사상	공리주의(효율성), 노동이론	자연권사상(노동이론, 인격이론), 공리주의(효율성)	공리주의(효율성)
특징	법적안정성	창의성 중시, 혁신	편의·효율 중시
법의 역할 (지원)	토지소유권	전유: 지식재산권	해체와 재전유[681] 해체: 공정이용/TDM 면책, 동의의제, 자발적 참여 (인지 잉여) 재전유: AI 및 플랫폼 지원법, 경쟁법의 지원[682]
순기능	토지 효율성 증대, 노동인구 유입에 따른 산업혁명 촉발	기술 발전, 다양한 창작물 공급에 따른 폭넓은 문화 향유	효율성 증대, 정보 비대칭 해소, (단기적)[683] 소통의 원활/가격 인하
악영향	사회 계급(지주) 고착화, 경제 불평등 가속화	거대 저작권기업의 등장과 저작권보호 강화에 따른 표현의 자유 제약	빅테크 플랫폼의 경제력/통제력 초집중, 그로 인한 디스토피아[684]/ 문화의 황폐화

---

680) 주 343의 본문 참조.
681) 제3의 인클로저는 '해체'와 '재전유'라는 두 단계로 성사된다. 남형두, 전게논문(주 192), 254-257면.
682) 경쟁법이 사실상 빅테크의 경제력 집중을 억제하지 못하고 오히려 지원하고 있음을 귀납적으로 논증한 것에 대해서는 다음 논문 참조. 남형두, 전게논문(주 19), 242-251면.

(4) 공정이용/TDM 면책과 인클로저 — 비가역성이 주는 경종(警鐘)

기본적으로 본 저자가 새롭게 정의한 '제3의 인클로저'를 포함한 인클로저 운동은 사회 변혁기에 공유(commons) 상태의 자원이 사유화되는 현상을 지칭한다. 이면의 숨은 의도나 정치적 배경 등을 떠나 인클로저 현상의 기본 공통 이념에는 정도의 차이[685]가 있지만, '효율 추구'가 들어 있다. 그런데, 다음에서 보는 바와 같이 제3의 인클로저는 제1, 2의 인클로저와 다른 점이 있는데, 이 차이점은 '제3의 인클로저'의 가속화 수단이 되는 TDM 면책 도입 논의에서 중요하게 고려되어야 한다.

사유화 이전의 커먼즈, 이는 모두의 것(共有)일 수도 있고, 누구의 것도 아닐(公有) 수 있다.[686] 그 사유화 이전의 커먼즈는 인클로저 별로 상이하다. '제1의 인클로저'의 커먼즈는 공유(共有) 상태인 데 반해, '제2의 인클로저'의 커먼즈는 공유(公有) 상태였다. 이런 제1, 2 인클로저의 사유화 이전 커먼즈에 대한 법적 평가의 차이는 유체물과 무체물의 속성에서 비롯된다.

---

[683] '순기능'이라고 할 때, 부정적 의미를 지닌 '단기적'이라는 말은 빼야 맞지만, 그 효과가 단기적일 것이라는 점은 본 저자의 생각이므로 쓰지 않을 수 없었다. 한편, '단기적이라고 예상'하는 것이 법학 논문에서 적절한가 하는 비판이 있을 수 있다. 그런데, '소통의 원활'을 예로 들면, 빅테크 플랫폼이 제공하는 각종 소셜 네트워크 시스템(SNS)으로 인해 사람 사이의 소통이 매우 활발해졌지만, 그로 인해 오히려 대면접촉을 꺼리고 생각이 같은 사람끼리만 만나며 그 안에서 뉴스와 문화를 소비함으로써 극단화를 부추겨 소통의 벽이 생겼다고 볼 수도 있다. 이런 관점에서 보면 '소통의 원활'이라는 순기능은 단기간에서조차 인정될 수 없다는 견해도 가능하다.

[684] 이어지는 '마. 역차별이 초래할 디스토피아' 참조.

[685] 제2의 인클로저 경우 법계(法系)에 따라서는 효율성 추구가 아닌, 개성을 보호하려는 목적이 강조된다. 저작권을 예로 들면, 저작권 정당화 이론으로 미국에서는 공리주의가, 독일과 프랑스 등 대륙법계에서는 인격이론이 각광받는다. 남형두, 전게서(주 120), 68-101면 참조.

[686] 물론 전자의 공유(共有)는 특정 공동체(community)를 전제로 한다. 즉, 그 공동체의 구성원이 아닌 외부인은 그 공유 자산을 이용할 수도 없고 공유 지분을 주장할 수도 없다.

유체물 커먼즈와 무체물 커먼즈의 소유 형태의 차이는 유체재산권(제1의 인클로저 결과)과 저작권(제2의 인클로저 결과)의 권리자가 상속인이 없이 사망할 때 극명하게 나타난다. 상속인 없는 재산의 향방에 대해 민법은 최종적으로, 즉 분여되지 아니한 상속재산을 국가에 귀속하는 것으로 정하고 있다(민법 제1058조). 그런데 무체물 재산권의 대표적인 예로 저작재산권은 소멸하는 것으로 정하고 있다(저작권법 제49조). '제1의 인클로저'의 사유화 이전 커먼즈는 공유(共有)였으므로 사유화된 이후 그 권리(토지소유권)자의 상속인이 없는 경우 국가가 해당 공동체(community)의 수임인으로서 다시 공유(共有)로 돌아간 재산을 국가에 귀속시키는 것으로 이해할 수 있다. '제2의 인클로저'의 사유화 이전의 커먼즈는 공유(公有)로서 무주(無主)의 것이었으므로 사유화된 이후 그 권리(저작권)자의 상속인이 없는 경우 권리를 소멸시킴으로써 다시 공유(公有)로서 무주(無主)로 돌아가게 하는 것으로 볼 수 있다. 상속인이 없는 경우 상속의 대상이 된 재산을 '본래'의 형태로 돌린다는 점에서 제1의 인클로저와 제2의 인클로저가 각기 대상으로 하는 커먼즈의 속성 ― 共有와 公有 ― 을 이해할 수 있다.

그렇다면, 제3의 인클로저는 어떤가? 제3의 인클로저라는 사유화 이전의 커먼즈는 어떤 형태였는가? 즉, 제3의 인클로저가 해체되면 원래의 모습인 전유(專有)로서 저작권이 회복되는가? 앞서 본 바와 같이[687] '제2의 인클로저'의 산물인 저작권이라는 전유(專有)는 그것이 해체되면, 공유(公有)라는 커먼즈로 회귀한다. 그렇게 함으로써 퍼블릭 도메인을 더욱 풍성하게 하여 새로운 창작의 토대가 되고, 다시 제2의 인클로저(전유)를 가능하게 한다. 그런데, '제3의 인클로저'의 경우 해체로 인해 본래 저작권자에게로 회귀가 일어나는가? 그렇지 않다는 점이 제2의 인클로저와 다르고, 그래서 제3의

---

687) 위에서 저작재산권자가 상속인 없이 사망한 경우 그 저작재산권이 소멸한다고 설명한 바 있다. 저작재산권의 소멸은 곧 공유(公有)를 의미하는데, 저작재산권이 보호기간 만료로 소멸하는 경우에도 마찬가지로 공유(公有)로 된다.

인클로저에 위험성이 큰 것이다.

  첫째, 제3의 인클로저는 해체(사망, 기업 해산)가 일어날 가능성이 거의 없다. 플랫폼 기업 또는 인공지능은 그 실체를 유지하면서 인수합병되거나 더 강력한 인공지능(인공지능 개발사)로 흡수될 것이기 때문이다. 둘째, (그에 따라 회귀가 일어날 가능성이 없기도 하지만) 이미 일반에 유포된 상황에서 다시 권리화(전유화 — 저작권, 특허권 등)하기가 어렵다. 즉, <u>비가역적이란 것</u>인데, 바로 여기에서 종래 제1, 2의 인클로저와 제3의 인클로저는 건널 수 없는 큰 차이가 있다. '제1의 인클로저'의 결과, 토지의 사유화가 진행되어 토지를 중심으로 유산자와 무산자라는 계급이 형성됐는데, 다시 토지 재산권을 몰수하여 국유화 또는 공유화하려는 시도가 역사상 몇 차례 있었다. 이는 기본적으로 이데올로기 영역이다. '제2의 인클로저'의 결과 발생한 저작권은 앞서 본 바와 같이 보호기간이 만료되면 소멸하여 원래 상태인 공유(公有)로 회귀한다. 정리하면 제1, 2의 인클로저는 원래 상태로의 복귀가 완전히 불가능한 것은 아니다. 그런데 제3의 인클로저는 사실상 비가역적이란 점에서688) 앞선 다른 인클로저 운동과 다르고, 이 점에서 제3의 인클로저를 결정적으로 돕고 있는 '공정이용'과 향후 더욱 결정적일 것이 확실한 'TDM 면책 규정 도입' 논의에 심각한 우려가 들지 않을 수 없는 것이다. 위에서 "이 차이점은 '제3의 인클로저'의 가속화 수단이 되는 TDM 예외 도입 논의에서 중요하게 고려되어야 한다."라는 부분에 밑줄 쳐 강조한 것은 바로 이를 염두에 둔 것이다.

---

688) 물론 '제3의 인클로저'의 수혜자인 빅테크의 해체(break up)가 불가능한 것은 아니고 실제 미국 경쟁당국(공정거래위원회)과 법무부에 의해 해체가 시도되거나 인수합병이 거절된 사례가 있으나, 현실적으로 빅테크의 해체가 어렵다는 것이 중론이다. 미국 공정거래위원회 위원장 리나 칸(Lina Kahn)이 빅테크에 연거푸 고배를 마시고 있다는 취지의 다음 기사 참조. Cecilia Kang, "Agency reeling after losses to Big Tech", New York Times (Int'l ed.), Jul. 15, 2023.

(5) 인클로저의 명암

(가) 효율성 논의의 함정

　제1, 2의 인클로저로 사적 재산권을 갖게 된 사람(지주, 저작권자)의 수와 제3의 인클로저로 플랫폼의 막대한 영토를 차지하게 된 빅테크의 수를 비교하는 것은 의미가 없다. 전 2자의 수는 헤아릴 수 없을 정도로 크지만, 후자의 수는 세계적으로 손가락 안에 꼽을 정도이기 때문이다.

　한편, 수혜자의 범위를 재산권자에 한정하지 않고 확장하면, 다른 차원의 논의가 가능하게 된다. '제1의 인클로저'로 소작농이 임금 노동자가 돼 당대에는 더욱 열악한 지위로 떨어졌다고 할 수 있어도,[689] 길게 보면 그들 중 상당수의 노동자는 과거 소작농 때보다 경제적 형편이 나아졌다고 할 수 있다. '제2의 인클로저'에 의해 일반 대중은 이용자로 전락 아닌 전락을 한 셈이지만, 인센티브 이론에 따라 매력적이고 유용한 창작물·발명품을 향유함으로써 비록 권리자는 아니어도 지식재산권 제도('제2의 인클로저')에 따른 수혜자가 되었다고 할 수 있다. '제3의 인클로저'는 어떤가? 같은 논리로 빅테크가 제공하는 각종 서비스와 인공지능의 발전으로 사회 전체의 총효용이 증진되었다고 볼 수 있다. 이처럼 인클로저의 배경과 결과에는 효율성이 중요한 자리를 차지한다.

　그런데 단기적으로는 경제적 효율성이 증진되었다고 볼 수 있을지라도 장기적으로 보면 효율성 이면에 가려진 비용과 희생이 있다(위 Ⅱ.4.다. (2) 통시적 연구 — '시간차 공격'에 대한 대응 참조). 비가역적이란 점에서 제1, 2의 인클로저와 크게 구별되는 '제3의 인클로저'의 경우, 효율성의 대가로 치러야 하는 비용으로서 개성의 상실 및 다양성의 훼손(후술 Ⅳ.1.나.(2) (나)

---

[689] 카를 마르크스(Karl Marx)의 사회변동이론이 인클로저와 산업혁명을 거친 영국에서 나오게 된 배경을 생각하면 쉽게 이해할 수 있다.

다양성 상실 참조), 간격의 소멸(후술 Ⅳ.1.다. (3) 효율성 신화(神話)의 맹점 — 옥수수밭과 목장 참조), 나아가 인공지능 활용의 저변 확대로 인해 인간의 창의성과 고유성이 존중받지 못하는 현실은 지금보다 앞으로 더욱 악화될 것이다[후술 Ⅳ.2. '나. 표절 논의 — 인간의 고유성을 지켜줄 최후의 보루(堡壘)' 참조]. 제1, 2의 인클로저는 이미 끝났거나 제도로 완성되었다. 따라서 이것을 뒤바꾸기에는 혁명과 같은 체제 변혁이나 법 제도의 환골탈태가 필요할 정도여서 여기에서 논의하기 쉽지 않을 뿐 아니라, 이 책의 논의 범위를 벗어난다. 그런데 지금 진행 중인 '제3의 인클로저'의 경우 과거의 경험을 반추하고 그것이 가져올 위 여러 폐해를 고려하여 신중히 대응할 필요가 있다는 점에서 유의할 필요가 있다.

(나) 해자(垓字) — 혁신을 가로막는 혁신기업

미국 스탠포드 로스쿨의 렘리 교수는 최근 공저 논문에서 5개의 테크 자이언트 — 알파벳, 아마존, 애플, 메타, 마이크로소프트 — 가 설립된 지 적어도 20년이 넘어 사람으로 말하자면 고령화된(aging) 기업들인데, 이들이 이전 대기업을 밀어내고 그 자리를 꿰찼으나 이후 어떤 회사도 이들 테크 자이언트를 위협하는 새로운 기술의 대기업으로 성장하지 못하고 있다며 왜 그런가에 대한 문제를 제기했다.690) 혁신기업이 오히려 혁신을 막는 모순을 지적한 것인데, 테크 자이언트가 자신들에게 협조적인 스타트업과는

---

690) Lemley, Mark A. and Wansley, Matthew, Coopting Disruption (February 1, 2024). Stanford Law and Economics Olin Working Paper No. 589, Available at SSRN: https://ssrn.com/abstract=4713845, p.3. 이 논문에 대해서는 저자들이 뉴욕타임스에 소개한 다음 기사 참조. Mark Lemley & Matt Wansley, How Big Tech is killing innovation, New York Times (Int'l ed.), Jun. 14, 2024. 테크 자이언트는 이 책에서 말하는 빅테크와 비슷한 개념이다. 한편, 모두(주 13)에서 언급한 바와 같이 최근 엔비디아(NVIDIA)의 급성장이 눈에 띄는데, 일시적 현상인지 아니면 렘리 주장의 설득력을 떨어뜨리는 것인지 조금 더 두고 볼 일이다.

협력관계를 유지하는 반면, 경쟁적이고 잠재적으로 위협이 될 만한 스타트업에 대해서는 자신들이 확보한 엄청난 양의 데이터와 이를 기반으로 구축한 네트워크를 레버리지로 사용하여 접근을 봉쇄함으로써 사실상 제재(punish)를 가한다고 한다.691) 또한 이들 테크 자이언트는 정치권에 로비하여 그들의 지위를 유지할 수 있도록 규제를 만들기도 하는데 그것이 잠재적 경쟁자가 될 수 있는 스타트업에게는 일종의 해자(moat, 垓字)가 된다고 한다.692)

물론 렘리 교수와 다른 목소리가 없는 것은 아니다. 즉, 정부의 규제가 빅테크를 옥죄고 있고 빅테크에 대한 세인들의 집중적인 관심과 감시 때문에 빅테크는 변화에 느린 반면, 스타트업은 "Move Fast and Break Things"(페이스북의 저커버그가 만들었다는 모토 "빠르게 움직여 기존 질서를 깨라") 할 수 있어 오히려 스타트업에 유리한 생태계가 조성돼 있다는 반론이 있다.693) 그런데, 빅테크와 경쟁하거나 이들을 뛰어넘는 스타트업이 최근 20년간 없었다는 렘리 등의 주장이 현실적으로 입증되고 있다는 점에서 위 반론은 빅테크의 엄살 정도로 이해할 수 있다.

중요한 것은 과거 테크 자이언트가 이룩했던 혁신기업의 성공 신화가 더는 나오지 않거나 더디 나온다는 목소리에 귀 기울일 필요가 있는데, 여기에서 기득권층인 빅테크가 스타트업을 따돌리는 수단인 데이터에 주목한다.

---

691) 빅테크와 스타트업 간 기술 격차가 보유 데이터의 양에서 비롯된다는 것은 Frenkel 등, 전게기사(주 589) 참조. 한편, Lemley 등은 테크 자이언트의 데이터 봉쇄로 고사한 스타트업 사례로서 페이스북에 의해 제재된 Six4Three (2015년), MessageMe (2019년) 등과 마이크로소프트의 PC OS에서 퇴출당한 Netscape Navigator, 애플과의 앱 수수료 분쟁으로 앱 스토어에서 퇴출당한 Spotify 등을 들고 있다. Lemley 등 전게논문(주 690), 22-25면.
692) 위 논문 17면. Lemley 등은 규제를 경쟁 스타트업이 넘어오지 못하게 하는 '해자 파기'에 비유했는데, 이는 장하준 교수가 말한 '사다리 걷어차기'와 같은 것으로 이해할 수 있다.
693) Cade Metz and Mike Isaac, "Meta, Long an A.I. Leader, Tries Not to Be Left Out of the Boom", New York Times (Int'l ed.), Feb. 7, 2023.

이런 데이터의 상당수가 이 책의 논의 대상인 저작물과 개인정보 등으로 이루어져 있는데, 빅테크가 보유하면서 경쟁자의 접근을 봉쇄하고 있는 저작물이 공정이용과 TDM 예외 등으로 확보한 것이라는 점에 유의할 필요가 있다. 이 점에서 렘리가 말한 바와 같이 테크 자이언트가 엄청난 데이터와 네트워크로 무장하고 각종 규제를 만들어, 과거 자신들과 같은 스타트업이 이제는 자신들을 넘보지 못하도록 해자를 파 놓은 것은 본 저자가 말한 제3의 인클로저로 인해 가능하게 된 것이다. 즉, 혁신을 가로막기 위해 혁신기업이 판 해자는 데이터와 네트워크로 형성된 것이란 점에서 제3의 인클로저가 혁신적인 스타트업의 성공을 막아 결국 혁신을 저해하는 결과를 초래할 수 있다.

혁신이 지속되어야 한다는 점에서 Lemley 등은 몇 가지 제안을 하고 있는데,[694] 그 어디에도 빅테크의 저작물 확보에 대한 문제점을 제기하지 않는 것은 아쉽다. 혁신을 계속 이어가기 위해서 빅테크의 공정이용을 통한, 그리고 향후 TDM 예외를 통한 저작물 보유가 정당한가에 대한 근본적 문제 제기가 있어야 한다고 생각한다.

마. 역차별이 초래할 디스토피아

앞서 언급한 바와 같이 TDM 면책은 기계(인공지능)를 위한 공정이용으

---

694) Lemley 등 전게논문(주 690), 54-67면. 한편, 렘리 등은 데이터와 네트워크를 레버리지로 사용하는 것을 제한해야 한다는 것을 제안 중 하나로 제시하고 있으나(위 논문, 57-60), 이는 테크 자이언트가 잠재적으로 경쟁자가 될 만한 스타트업에 대해 자신이 보유한 데이터 또는 네트워크에의 접근 차별을 경쟁법 차원에서 제재한다는 것으로서, 본 저자가 말하는 데이터 수집과 형성을 위한 공정이용과 TDM 예외의 문제점을 지적하는 것과 다르다. 데이터 측면에서 보면 렘리의 주장은 사후적, 본 저자의 주장은 사전적인 것으로 이해할 수 있다.

로 이해할 수 있는데, TDM 면책을 제도화하는 것은 자칫 인간보다 기계를 우월하게 대우하는 결과를 낳을 수 있다. 그 이면에는 물론 극강의 효율주의가 자리하고 있다. 여기에서는 인간의 공정이용은 어렵게 하고 기계의 공정이용·TDM 면책은 쉽게 하는 역차별이 가져올 폐해를 논증하고자 한다.

(1) 인간중심주의의 역효과

공정이용 제도를 넘어 TDM 면책을 제도화하고 이를 확대하면, 기계를 인간보다 우대하는 결과를 낳아 인간에 대한 역차별이 발생한다. 기계는 저작물을 이용해도 면책이 되는데, 인간은 침해가 되는 현상이 생기기 때문이다.

(가) 권리능력 측면

현행의 법률은 전 세계 어디나 인간만이 권리와 의무의 주체이자 법적 책임의 주체임을 전제로 한다. 이와 같은 인간중심주의 법률 체계가 인공지능 창작과 관련하여 저작권법에서 심각한 도전에 직면하고 있다. 저작권법은 비인간(non-human beings)으로서 권리능력이 없는 인공지능이 만든 결과물을 저작물로 보지 않는데,[695] 인간과 인공지능의 동서(同棲) 시대에 인간 중

---

695) 긴즈버그 교수는 공저 논문에서 기계를 이용한 결과물을 4가지 범주로 나누고, 인간(기계 디자이너, 이용자)에게 권리를 귀속시킬 수 없는 제4의 유형으로 'authorless'를 제시한 후, 이에 대해 저작권에 유사한 보호제도를 만들 필요가 없다고 한다. Jane C. Ginsburg & Luke Ali Budiardjo, *Authors and Machines*, 34 Berkeley Tech. L.J. 343, 445-448 (2019). 미국 저작권청이 2014년 펴낸 실무제요(Compendium of U.S. Copyright Office Practices)에서 저작물은 인간(human being)에 의해 창작된 것이어야 한다고 정의했는데, 현재까지 입장에 변화가 없다. U.S. COPYRIGHT OFFICE, COMPENDIUM OF U.S. COPYRIGHT OFFICE PRACTICE, 3d ed. 2021, §306 (The Human *Authorship* Requirement), "The U.S. Copyright Office will register an original work of authorship, provided that the work was created by a human being.", §313.2 (Works That Lack Human Authorship), "As discussed in Section 306, the Copyright

심의 권리능력 체계를 재고할 때가 되었다는 목소리가 나오고 있다.[696] 인간 중심 사고에 대한 도전은 환경보호단체, 동물애호단체 등이 지속적으로 시도해왔다는 점에서 작금에 일어나고 있는 인공지능에 대한 권리능력 인정 문제를 그 연장선에서 볼 수 있지만, 다음 몇 가지 점에서 차원을 달리한다.

첫째, 적극성 측면이다. 환경 및 동물보호 단체 등의 문제 제기가 오래됐다는 점은 역으로 그 실현 가능성이 약하지 않은가 하는 반증이 될 수 있고, 기후 문제가 매우 심각한 것이 사실이지만 여전히 경제 논리에 밀리는 측면을 부정할 수 없다. 그런데 인공지능의 권리능력 문제는 그로 인한 혜택을 받는 기업이 위 시민단체나 개인에 비해 입법기관에 훨씬 강력한 영향력을 미치고 있다는 점에서 문제 제기가 매우 적극적으로 이루어지고 있다. 둘째, 구체성 측면이다. 자연환경 보호나 동물에 인격을 부여하자는 주장이 이른바 지구법학, 생태법학 등에서 제기돼 왔지만, 인공지능의 권리능력 논의는 과거 법인이론을 유추하여 전자인(電子人) 등의 새로운 개념을 도입하자는 매우 구체적인 논의로 진행되고 있다.[697] 셋째, 보편성 측면이다. 인공지능

Act protects 'original works of *authorship*.' 17 U.S.C. § 102(a) (emphasis added). To qualify as a work of 'authorship' a work must be created by a human being.", https://www.copyright.gov/comp3/docs/compendium.pdf (2024. 12. 30. 방문).

696) Robert C. Denicola, *Ex Machina: Copyright Protection for Computer-Generated Works*, 69 Rutgers U.L. Rev. 251, 264-270 (2016) 등.

697) 여러 접근방법으로 인공지능의 법인격 부여에 관해 논의한 것으로 다음 참조. 이상용, "인공지능과 법인격", 민사법학 제89호, 2019. 2., 4-39면. 법인격을 인공지능을 포함한 비인간 존재로 확장하는 것에 관한 외국 이론 소개는 다음 논문 참조. 김건우, "법인격론의 최근 연구 동향", 법철학연구 제24권 제3호, 2021, 151-158면. 그 밖에 법철학, 민법, 형법 등 전통적 법학 분야에서 이를 다루고 있다. 김건우, "법적 주체로서 자율적 인공지능 로봇 I: 의의와 관점", 성균관법학 제30권 제2호, 2018. 6., 219-229면; 김건우, "로봇윤리 vs. 로봇법학: 따로 또 같이", 법철학연구 제20권 제2호, 2017, 20-24면; 양천수, "탈인간중심적 법학의 가능성", 행정법연구 제46호, 2016. 8., 9-15면; 이해원, "인공지능과 법인격 — 불법행위책임의 관점에서 — ", 법조 제70권 제4호(통권 제748호), 2021. 8., 218-230면; 이도국, "인공지능과 전자인(Electronic Person) — 독자적 법인격 부여 가능성을 중심으로 — ", 법과 정책연구 제21집 제1

을 이용한 각종 창작은 전문가가 아닌 일반인에게도 어렵지 않은 일이 되었다. 일상의 삶에 매우 가깝게 들어온 인공지능 창작은, 예컨대 음악저작물 신탁단체에서 인공지능 창작물을 신탁받을 것인가를 현안으로 다루고 있을 정도이다.[698]

물론 환경, 기후 문제가 인공지능 문제보다 결코 덜 시급한 것은 아니다. 그런데 위와 같은 여러 이유에서 인간중심주의에 대한 도전이 오히려 인공지능 쪽에서 더욱 거센 것을 부인할 수 없다. 그럼에도 불구하고 인공지능이 가져다줄 장밋빛 미래 — 그것이 반드시 검증되었다고 볼 수 없고 반론도 만만치 않은 상황에서 — 로 인해 수천 년 이어진 인간중심의 권리능력 체계를 바꾸어도 될지는 단언하기 어렵다.

이 문제는 법학의 범위를 벗어나 철학적 논제가 되기도 한다. 철학자 백종현에 따르면 인공지능에 법인격을 부여할 수 없다고 한다. 백종현은 책임과 행위 영역을 분리하여, 먼저 민형사상 책임은 법인을 구성하는 자연인, 인공지능 시스템을 운영 또는 소유하는 자연인에게 최종 귀속된다는 점에서 같지만, 의사결정이나 행위 방식 영역에서 보면, 법인의 경우 그 구성원인 자연인이 하는 데 반해, 인공지능의 경우 인공지능 자신이 한다는 점에서 법인과 크게 다르다고 한다.[699] 경청할 만한 견해이다.

(나) 책임 측면

책임 영역에서 지금 논의하고 있는 TDM 면책을 예로 들면, 기계적 사용은 면책되고 인간의 사용은 면책되지 않는다는 점에서 기존 법률 체계가 오

호, 2021. 3., 446-451면 등.
698) 김수영, "한국음악저작권협회 'AI 시대 창작자 보호 필요'", 한국경제신문 2023. 7. 26.자 기사, https://www.hankyung.com/entertainment/article/202307264441H (2024. 12. 30. 방문).
699) 백종현, "인공지능의 출현과 인간 사회의 변동", 한국포스트휴먼연구소 등 편저, 『인공지능과 새로운 규범』, 아카넷, 2018, 62-63면.

히려 인간을 차별하는 결과를 낳고 있다. 인간중심주의 법률 체계가 인간에게 오히려 불리하게 작용하는 것이다. 이런 상황은 인간과 기계(인공지능)가 공존하는 현재 및 미래에 더욱 빈발할 것으로 예상한다. 두 가지 예를 들어 설명한다. 하나는 AI/TDM 면책과 직접 관련이 있는 것이고, 다른 하나는 기계에 대한 인간 차별을 악용한 사례이다.

① AI/TDM 면책 관련 사례

소벨은 왜 전통적인 학자들이나 보통의 독자들은 저작물을 이용하기 위해 비용을 지급해야 하는데, 디지털 인문학자(digital humanities scholar)는 저자에 보상하지 않고 수백만 권의 책을 먹어 삼켜도 되느냐는 도발적인 질문을 제기한다.700) 앞서 저자의 개인적 경험을 들어 설명한 바와 같이,701) 실제 출판사들이 표지 디자인을 하거나 저자들이 책에서 어떤 시인의 시 한 연을 가져다 쓸 때 그들이 얼마나 고민하는가? 사려 깊은 출판사/저자는 전문가(법률가)에게 물어보기라도 할 것이나 대부분 그럴 형편이 못 된다. 그런데 전문가에게 물어본다고 해도 시원한 대답을 얻지 못하는 경우가 대부분인데, 이때 출판사/저자는 서너 가지 행태를 보이게 된다. 첫째, 공정이용에 해당할 것이라고 믿고 감행하는 경우, 둘째, 저자(본 저자가 든 사례의 시인)와 이용 허락에 관한 논의 끝에 합의에 이른 경우(이에는 과도한 보상 요구를 수용할 때도 있음), 셋째, 아예 이용하기를 포기하는 경우 등이다. 출판 일정에 쫓기다 보면 셋째의 경우를 선택하기 쉬운데, 이로써 법적으로 안전한 글쓰기는 넘쳐날지도 모르지만, 그로 인한 학문적/예술적 손해는 불가피하며, 이는 학문과 예술의 진보를 막는 사회적 비용으로 전가될 것이다.702) 그런데 빅테크나 AI 개발사가 인간 저자나 출판사와 같은 치열한 고

---

700) Sobel, 전게논문(주 264), 82면. 소벨이 말한 '디지털 인문학자'가 머신 러닝을 하는 인공지능(개발사)이나 빅테크를 가리키고 있음은 물론이다.
701) 주 253에 있는 본 저자의 출판 경험 참조.

민을 하지 않을 것은 분명하다. 이 점에서 소벨의 문제 제기는 매우 적절하다. 이처럼 공정이용 제도, 나아가 TDM 면책이 인간 독자(유저)에 대한 제한과 로봇 독자(인공지능의 머신 러닝)에 대한 관대함으로 작동하면, 창작활동에 대한 개인적 참여를 오히려 저해하게 되는데, 이에는 로봇은 선하고 인간은 악하다는 생각이 전제되어 있다.703) 인간 저자/독자가 세련되고 박식한 기계를 위해 한계상황으로 내몰리는 현상은 크게 잘못된 것이며, 인간 창작자보다 로봇 저자의 진보/발전에 특혜(인센티브)를 주는 공정이용 체제는 경계해야 한다.704)

② 차별을 악용한 사례

표시·광고의 공정화에 관한 법률(표시광고법)과 그 하부 지침인 '추천·보증 등에 관한 표시·광고 심사지침'에 따르면 인간만이 법적 책임의 주체로 상정돼 있는데, 최근 가상 인간(virtual human) 중에서 영향력이 있는 이른바, 버츄얼 인플루언서(virtual influencer)의 책임 문제가 발생하고 있다. 제품 사용 경험 등을 소개하면서 광고할 때 허위 사실이 있다면 법 또는 지침 위반이 된다(표시광고법 제3조, 지침 Ⅳ.1.가). 그런데 버츄얼 휴먼은 기본적으로 제품을 사용하는 경험을 할 수 없으므로 위 법이나 지침 위반의 주체가 될 수 없다는 점을 이용해 오히려 인간 인플루언서 대신 버츄얼 인플루언서를 광고에 활용하는 일이 잦아지고 있다. 입법적으로 해결해야 할 일이나 법 개정 전에 법의 미비 또는 공백 상태를 악용하는 사례가 방치된 상황이다.705)

---

702) 위 같은 주.
703) Sobel, 전게논문(주 264), 90면[원전: Grimmelmann, 전게논문(주 612), 660, 675면].
704) Sobel, 전게논문(주 264), 90면.
705) 미국 FTC는 한국의 '표시광고 심사지침'에 준하는 것으로서 특별히 소셜 인플루언서에 관한 가이드를 두고 있다. "Disclosures 101 for Social Media Influencer Guide", 2019. 한편, CGI (computer generated imagery) 인플루언서와 관련된 광고 산업이 성

위와 같은 역차별, 즉 비인간에 법적 책임을 물을 수 없는 인간중심주의 법률 체계를 악용해 인간에게는 위법이 되는 일을 기계(인공지능)가 대신함으로써 법적 책임을 피하는 일이 생겨나고 있다. 이런 차별은 인간을 위해 희생하는 로봇 신화를 통해 정당화가 시도되기도 한다. 예를 들어 로봇이 인간의 일자리를 빼앗는 것 아닌가 하는 우려에 대해 오히려 원자로 해체 작업이나 폭발물 수거 작업 등 위험이 수반되는 일에 인간 대신 로봇을 투입함으로써 이런 우려를 불식하려는 주장은 익히 알려져 있다. 그런데 그 '위험이 수반되는 일'에 '위법행위'를 넣어보면, 위에서 언급한 법망을 회피하는 일이 발생하게 된다. 앞서 인공지능이 창작해도 권리주체가 될 수 없다는 점에서 인간중심주의 법률 체계를 바꾸어야 한다는 주장과는 사뭇 다른 차원에서, 인간이 하면 위법이 될 일을 기계가 하여 법망을 교묘히 피해가는 것을 막기 위해 법을 개정해야 한다는 주장이 나오는 이유가 여기에 있다.

③ 소벨 주장에 대한 비판 ― 부역(賦役)을 넘은 부역(附逆)

위에서 역차별의 문제를 설득력 있게 제기한 소벨은 역차별도 결국 인간을 위한 것이므로 수용해야 한다는 다소 의아한 주장을 한다. 소벨은 AI와

장하고 있음에도 FTC가 이에 관한 규정을 두고 있지 않아 위 2019년 규정을 적용할 수 있겠는가와 관련하여 의견이 갈린다. 규정 개정 전이라도 소비자 피해를 막기 위해 CGI 인플루언서 ― 본문에서 말하는 버츄얼 인플루언서 ― 에 대해서 기존 소셜 인플루언서 가이드를 적용해야 한다는 주장[Kelly Callahan, *CGI Social Media Influencers: Are They above the FTC's Influence?*, 16 J. Bus. & TECH. L. 361, 385 (2021)]과 버츄얼 인플루언서가 인간의 가면을 쓰고 있지만(masquerading), 인간이 아니므로 FTC 가이드를 적용할 수 없으며 규정 개정이 필요하다는 주장[Jim Masteralexis, Steve McKelvey, Keevan Statz, *#IAMAROBOT: Is It Time for the Federal Trade Commission to Rethink Its Approach to Virtual Influencers in Sports, Entertainment, and the Broader Market?*, 12 Harv. J. Sports & Ent. L. 353, 375-381 (2021)]이 대립하고 있다.

TDM의 이점을 다음과 같이 설명한다.

> 작가들이 단순한 일은 AI에 맡기고 더 창조적인 일에 몰두할 수 있게 되었으며, 교수가 학생과의 간단한 이메일은 AI에 맡기고 더욱 연구에 매진할 수 있게 되었다. 그런데 저작권은 이처럼 떠오르는 기술을 만들(make) 수도 깰(break) 수도 있다. 만약 머신 러닝의 거대하고도 잠재적인 이점이 저작권 때문에 가라앉게 된다면 부끄러운 일이 아닐까?706)707)

그러나, 새로운 기술이 나왔을 때 법률의 역할이 반드시 협조적이어야만 할까? 깰 수도 있는 것 아닐까? 그렇다고 해서 그것을 부끄러운 일(shame)이라고까지 할 것은 아니지 않은가? 역으로 저작권(법) 때문에 신기술이 끝까지 저지된 적이 있는가 하고 되묻지 않을 수 없다.708) 단지 개발과 실행이 지연되었을 뿐, 오히려 그 길이 탄탄하게 만들어진 것은 아니었을까? 현재 플랫폼이 공정이용/TDM 면책을 통해 사업 영역과 영토를 확장하는 것을 '제3의 인클로저' 관점에서 본다면, 인간에 대한 역차별도 부당하지 않다는 취지의 소벨 견해에 동의하기 어렵다. 결국 인간을 위한 것이므로 AI를 트레이닝하기 위한 TDM 면책에 역차별이 있더라도 인간이 이에 협조해야 한다는 시각은, 빅테크나 거대 인공지능 개발사를 국가나 공공 단체에 비유하여 "국가나 공공 단체가 특정한 공익사업을 위해 국민에게 의무적으로 지우는 노역"의 의미로서 '부역(賦役)'의 의무가 있다는 것으로 이해할 수 있다. 그런데 미래 어느 시점에 인류와 인공지능의 대립과 갈등이 극에 달하

---

706) Sobel, 전게논문(주 264), 80면.
707) 한편, 보일에 따르면, 커먼즈주의자들은 지식재산권/저작권을 패러데이 법칙(Faraday's Law)의 '저항(resistance)'으로 본다고 한다. Boyle, 전게논문(주 658), 46면 중 주 54.
708) 물론 생명과학 기술 분야에서, 예컨대 인간 복제 기술은 법률이 개입함으로써 연구개발이 지연이 아닌 중단된 경우가 있기는 하다.

여 SF 영화처럼 인간이 인공지능에 종속되는 시대가 온다면, 위와 같은 인간이 인공지능과 TDM에 협조해야 한다는 주장은 부역(賦役)이 아닌 '부역(附逆)'이 될지도 모른다.

(2) 빈약한 공리주의 비판

인간이 직접 창작하는 것보다 인공지능으로 창작하게 하는 것이 훨씬 효율적이라는 믿음으로 인간의 창작물을 인공지능이 기계 학습하여 더욱 똑똑한 인공지능을 만들자는 주장을 극단적으로 밀어붙이면, 인간의 창작 목적이 인공지능을 위한 원재료 또는 땔감을 마련하는 데 있다는 것으로 흐를 수 있다. 이는 SF 소설에나 나올 법한 먼 훗날에 벌어질 이야기가 아니라, 최근 현실의 문제가 되어 관심이 집중됐다.

2023년 상반기 할리우드를 중심으로 활동하는 미국 작가 조합(WGA, Writers Guild of America)과 미국 배우 조합(SAG-AFTRA, Screen Actors Guild-American Federation of Television and Radio Artists)이 넷플릭스, 디즈니, 워너브라더스 등이 회원으로 되어 있는 미국 영화·TV 제작자 연맹(AMPTP, Alliance of Motion Picture and Television Producers)을 상대로 파업을 벌였다. 63년 만에 양 조합이 동반 파업을 벌인 것 외 이 파업은 '생성형 AI'라는 이전에 없었던 쟁점으로 크게 주목을 받았다. 작가들은 제작사들이 인공지능을 활용해 만든 시나리오 대본 초고를 자신들에게 수정해달라고 하지 말 것을,[709] 배우들은 인공지능과 컴퓨터로 만든 얼굴·음성으로 인간 배우를 대체하지 말 것을[710] 요구했는데, 유명 배우들이 합세하여 크

---

[709] 이상덕, 전게기사(주 424). 작가 조합은 시나리오와 같은 문학적 자료는 AI가 생성해서는 안 되며, 작가의 정의를 사람으로 명시해달라는 주장을 했다고 한다.

[710] 베른트 데부스만 주니어, 사만다 그랜빌, "할리우드가 멈췄다⋯ 미국 배우조합 역사에 남을 파업 결의", BBC NEWS 코리아 2023. 7. 14.자 기사, https://www.bbc.com/korean/articles/c512gq4vw3lo (2024. 12 30. 방문). 인공지능이 짧은 시간 배우의 얼굴

게 화제가 되었다.711) 제작사들의 효율성 추구, 즉 노동 비용 절감을 통한 이윤극대화가 인공지능 기술의 발전으로 가능하게 되자, 일자리를 빼앗길 위기에 처한 작가 조합과 배우 조합이 들고 일어선 것이다.

비용 절감을 위해 인간이 인공지능 기계학습의 보조자가 되는 현상은 앞으로 더욱 많아질 것이다. 나아가 정확성을 기하고 위험성을 줄이는 등 인간 표현의 한계를 극복하기 위해 인공지능이 인간의 창작을 대신하게 하자는 주장은 갈수록 커질 전망이다. 이런 주장을 법적으로 지원하는 제도적 수단으로서 TDM 면책에 힘이 실릴 수 있다.

그런데, 과연 그럴까? 가보지 않은 미래에 관한 논의를 할 때 과학적 합리성을 확보하기 위해 과거의 논의와 철학적 사유에 기댈 수밖에 없다는 점에서 짧은 철학적 논의를 하고자 한다. 기본적으로 공정이용에서 '변형적 이용 이론'의 득세와 TDM 면책을 도입하자는 주장에는 공리주의 강화라는 공통점이 있다. 이들 주장은 한 지점, 즉 공리주의 철학을 향한다. 저작권법(의 공정이용)처럼 '대놓고' 공리주의를 옹호하는 법 영역이 있을까? 공리주의적 사고는 오히려 정의와 배치되는 하나의 '가치' 또는 '주장'에 불과할 때가 있다. 그런데, 오늘날 갈수록 인간의 존엄, 가치 등을 포기하면서까지 전체적 이익 또는 이익의 총합을 추구하는 것이 득세한다면, 이를 '정의'로 포장하는 것이 온당한지 문제를 제기하지 않을 수 없다.

전 세계가 하나의 시장 단위로 인식되기 시작한 것은 근대를 지나 제국주

과 목소리 등을 학습하고, 실제 배우의 특정 동작을 촬영하여 확보하면, 실제 배우를 출연시키지 않고도 인공지능과 컴퓨터로 영화를 만들 수 있다고 한다.
711) 정재현, "[기획] 할리우드 작가조합, 배우조합 파업 무엇이 쟁점인가 ― WGA와 SAG-AFTRA의 파업을 둘러싼 7가지 질문들", 씨네21 2023. 8. 18.자 기사, http://www.cine21.com/news/view/?mag_id=103339 (2024. 12. 30. 방문). 제작사들은 생성형 AI를 통해 배우의 얼굴을 스캔한 후 복제한 신체를 자사 영화에 무한정 등장시킬 초상권을 제작사에 귀속할 것을 강권했다고 하는데, 여기서 초상권은 퍼블리시티권을 말하는 것으로서 인공지능 제작이 활발해지면 퍼블리시티권 관련 논의도 뒤따를 것이다.

의가 발호한 이후가 아니었을까 생각한다. 그리고 물질과 정신세계까지도 계량 가능(calculable)하다는 사고와 이를 뒷받침하는 자연과학 이론이 나옴으로써 공리주의는 더욱 득세하게 되었다. 그러나, 인간의 정신적 창작물인 저작물을 다루는 법에서 권리자와 이용자의 균형을 고려하는 공정이용 이론, 나아가 공정이용의 미래 버전이라 할 수 있는 TDM 면책 논의 중 창작자 개인의 정신적 영역과 사적 재산권 영역에 공익 기준을 적용하기 위해 '사회 문제'로 가져가는 것을 공리주의라고 포장하지만, 그 이면에 있는 전체주의적 사고를 우려하지 않을 수 없다. 경제 논리가 법학적 논의를 지배할 때 법학자와 법률가의 시선은 어디에 닿아 있어야 할까?[712] 소유권 제도가 확립된 근대 이후 공익을 내세워 사익을 제한하는 법리는 예외의 자리에 있었다. 보이는 재산(물권의 세계)에서는 남의 재산에 침범하면서 공익으로 정당화할 수 없고, 토지수용 등에서처럼 극히 예외적인 상황이 아니고는 사적 권리를 제한할 수 없다. 그런데, 저작권법 영역의 '변형적 이용 이론'과 TDM 면책 논의에서는 '공익'과 '공리'가 전면에 나서고 있다. 한국 저작권법 제1조의 '문화의 향상발전'이라는 입법 목적/취지에서 '문화'란 반드시 '공익', '행복의 총량'의 증진만을 의미하지는 않을 터이다. 이 점에서 문화의 다양성, 창작자인 인간의 존엄과 가치, 소수자에 대한 존중 — 참다움, 착함, 아름다움 등 진선미(眞善美)라는 근본 가치에 천착하는 창작자, 연구자 등은 예로부터 소수자였다는 점에 주목할 필요 있음 — 을 높은 가치로 삼고 있는 저작권법 영역에서 공익과 공리가 전면에 나선다면 심각한 일이 아닐 수 없다. 저작권법을 비롯한 법학의 고유성, 본질이 무너지고 TDM 면책이 자유롭게 허용되면, 지금과 전혀 다른 세상이 올지도 모른다.

  인간을 특별한 기원이나 운명이 없는 입자의 집합체에 불과한 존재로 본다면, 특히 약하고 가난한 사람들에게 무엇이든 함부로 할 수 있다는 로마

---

[712] 이런 시각에서 본 저자는 법(학)에 대한 과도한 경제적 접근과 경제학적 방법론(법경제학)에 대한 우려를 표한 적이 있다. 남형두, 전게논문(주 571).

가톨릭 교황의 우려는 '빈약한 공리주의(impoverished utilitarianism)'에 대한 비판과 만날 때,713) 인류의 미래에 대한 강한 경종이 될 것이다.

바. 몇 가지 대안 비판

빅테크 플랫폼을 중심으로 한 각종 거래는 산업계뿐 아니라 일상의 삶 — 예를 들어 구글의 지메일, 메타의 페이스북 — 에 깊숙이 뿌리내려 인공지능을 활용한 서비스가 증가하고 있다. 국제 경쟁이 갈수록 치열한 상황에서 TDM을 저작권침해로 전면 금지하자는 것은 지나치게 현실과 동떨어진 주장으로 이해되고 있다.714) 물론 TDM 면책을 인정하는 주장에도 매우 다양한 견해가 있다. 일본의 입법례처럼 거의 무제한 면책을 인정하는 경우가 있는가 하면, EU 지침처럼 제한적인 경우가 있다.

여기에서는 TDM 면책 논의에 대한 여러 가지 대안적 논의를 소개하고 이를 비판적으로 살펴보기로 한다. 먼저 기술 측면의 대안[아래 (1) 기술 측면]을 검토 비판하고, 이어서 법적 측면의 대안[아래 (2) 법적 측면]을 검토 비판하기로 한다.

---

713) Sohrab Ahmari, "What Pope Benedict Taught Me About Faith", New York Times (Int'l ed.), Dec. 31, 2022. 이 기사는 2022년 선종한 가톨릭 교황 베네딕토 16세가 '빈약한 공리주의'와 평생 분투했던 점을 평가한 글이다.
714) 위 II.3.다.(2)(나) ② 대마불사 전략에 굴복한 사법부 참조. TDM 면책에 매우 비판적인 소벨조차 저작권법으로 기계학습을 막는 데는 한계가 있다고 한다. 그런데 그의 주장은 기계학습을 저작권침해로 의율할 경우 미국 저작권법에 따른 천문학적 손해배상액이 해당 기업을 괴멸적 상황으로 몰아가게 되어 현실적으로 저작권침해를 인정하기 어렵다는 것이어서, 현실론으로서는 이해할 수 있어도 반드시 논리적이라고 할 수는 없다. 더욱이 이는 미국식 손해배상제도에 기반한 것이어서 보편타당한 것으로 보기 어렵다.

(1) 기술 측면

TDM의 저작권침해 문제는 인공지능 개발사와 빅테크 플랫폼의 아킬레스건과 같다. 인공지능 개발사와 저작권자 사이에 이 문제는 결코 지나칠 수 없는 것으로서 인공지능 성능 고도화를 위한 TDM에 대한 저작권자들의 대응과 인공지능 개발사의 또 다른 대응 등 이들 간의 공방은 그야말로 점입가경으로 치닫고 있다. 기술에 바탕을 둔 공방은 계속 진화·발전할 텐데, 양상은 달라도 법적 구조와 본질은 크게 다르지 않다는 점에서 현재까지 나온 몇몇 기술을 중심으로 논의한다.

(개) 창과 방패[715] ― 스크래핑(Scraping)과 데이터 독 살포 (Data poisoning)

---

[715] 본문에서 '창과 방패'라고 말할 때의 '방패'는 이른바, '저작권 방패(Copyright Shield)'와는 다른 개념이다. 'Copyright Shield'는 오픈AI가 2023. 11. 6. 발표한 정책인데, 이는 ChatGPT 엔터프라이즈 및 오픈AI 응용프로그램 인터페이스(API) 등의 이용자가 저작권침해 소송을 당하면 오픈AI가 직접 개입해 방어하고 소송비용을 모두 지급해 주는 제도로서 저작권침해 우려 없이 자유롭게 TDM을 할 수 있도록 지원하겠다는 것이다. 권혜미, "저작권 걱정 말고 생성형 AI 콘텐츠 만드시라...소송까지 책임", 전자신문 2023. 11. 9.자 기사, https://www.etnews.com/20231108000274 (2024. 12. 30. 방문). 마이크로소프트도 자사의 생성형 AI, 코파일럿(Copilot) 이용 고객을 저작권 소송으로부터 보호하겠다는 발표를 했다. 코파일럿 저작권 약정(Copilot Copyright Commitment)을 통해 자사 소프트웨어 제품에 내장된 '가드레일 및 콘텐츠'를 사용하는 고객에게 이 약정이 적용된다고 한다. Matthew Finnegan, "AI 저작권 문제 대신 배상... MS, 코파일럿 저작권 약정 도입", CIO, 2023. 9. 11.자 기사, https://www.ciokorea.com/news/306895 (2024. 12. 30. 방문). 이상 오픈AI의 '저작권 방패' 등은 법적 영역인 데 반해, 위 본문에서 논의하는 '방패'는 기술적 영역이라는 점에서 다르다. '저작권 방패'는 막대한 비용이 드는 미국 소송 제도에서 오픈AI가 소송비용을 부담하여 싸우겠다는 것으로서 엄밀히 말하면 법적/경제적 지원에 다름이 없다. 참고로 미국에서의 소송비용이 얼마나 부담스러운 것인지는 디즈니사의 전략을 통해 짐작할 수 있다. 주 273 참조.

인공지능 개발사가 TDM 과정에서 특정 웹페이지의 저작물을 긁어가는 이른바 '스크래핑(scraping)'716)을 막기 위한 기술은 워터마크와 같이 소극적인 것이 있는가 하면, 글레이즈(Glaze)나 나이트쉐이드(Nightshade)와 같은 적극적인 것이 있다. 저작물에 인공지능 결과물이라는 비가시적 표시(워터마크)를 하는 것은 마치 "여기는 OOO의 집입니다"라는 문패를 걸거나, "주인 허락 없이 들어오지 마세요"라는 식의 경고문구를 게시하는 것과 비슷하다. 그런데, 사전에 저작물(이미지)에 글레이즈가 적용돼 있으면 AI가 스크래핑할 경우 다른 형태로 변형되어 AI의 스크래핑을 방해하게 된다.717) 더 나아가 예술가들이 그룹으로 나이트쉐이드 프로그램을 깔면 머신 러닝 트레이너에 독(poison)이 퍼짐으로써 해당 AI에 손상을 가하게 된다. 이처럼 글레이즈와 나이트쉐이드는 적극적으로 변형을 초래한다는 점에서 종래 워터마크 기술과 차이가 있다.718)

위 글레이즈와 나이트쉐이드를 개발한 시카고대학(University of Chicago) 컴퓨터과학과(Computer Science) 연구팀의 리드, 벤 자오(Ben Zhao) 교수는 위 두 시스템의 차이에 대해 전자는 방어적 도구(defensive tool)인 데 반해, 후자는 공격적 도구(offensive tool)라고 설명한다.719) 여기에서 특히 보호하

---

716) 웹 크롤링(Web Crawling)과 웹 스크래핑(Web Scraping)은 웹상에서 데이터를 추출하는 방법이란 점에서 같지만, 전자는 여러 웹페이지를 순회하며 일반적으로 큰 규모의 데이터를 수집하는 것인데 반해, 후자는 특정 단일 웹페이지에서 필요한 정보를 수집한다는 점에서 구별된다. https://blog.hectodata.co.kr/crawling_vs_scraping/ (2024. 12. 30. 방문).

717) "What Is Glaze?", https://glaze.cs.uchicago.edu/whatis.html (2024. 12. 30. 방문). 이 소프트웨어는 2023. 8. 공개됐는데, AI의 모방을 방해함으로써 인간 창작 예술을 보호하기 위해 디자인된 것이다. 예를 들어 목탄(charcoal)으로 그린 초상화로서 인간의 눈에는 목탄화로 보이는데, 글레이즈를 적용하면 인공지능 모델은 잭슨 폴락이 그린 현대 추상화로 인식하게 된다고 한다.

718) "What Is Nightshade?", https://nightshade.cs.uchicago.edu/whatis.html (2024. 12. 30. 방문). 이 소프트웨어는 2024. 1. 공개됐다.

719) 위 웹사이트(2024. 12. 30. 방문).

려는 저작물의 방어를 넘어, 역추적 기술을 통해 스크래핑하는 AI를 공격해 독을 퍼뜨리는 나이트쉐이드에 대해 법적으로 살펴볼 필요가 있다.

나이트쉐이드 기술이 주효할 경우 AI에 손상이 발생하게 되는데, 나이트쉐이드를 활용한 행위자(저작권을 보호받고자 이 소프트웨어를 이용한 자) 또는 이 기술을 개발한 자에게 법적 책임은 없을 것인가? 자오 교수의 말대로 이 기술은 창작물(예술물)을 허락없이 스크래핑하는 것으로부터 창작물을 보호하고자 만든 것이다.[720] 그런데 방어를 위한 기술이 적극적인 공격으로 진행돼 상대방에게 손해를 끼친다면 이는 새로운 법익 침해의 결과를 낳아 나이트쉐이트 개발자 및 이용자에게 법적 책임이 생기는 것은 아닐까?

여기에서 정당방위 성립 가능성을 논의해 보고자 한다. 정당방위가 성립하기 위해서는 침해의 현재성 요건을 갖추어야 한다. 즉, 예방 행위는 정당방위로 인정되지 않는다. 그런데 나이트쉐이드를 저작물에 깔아놓아 AI의 스크래핑에 대비하는 것이 예방 행위에 해당하지 않는가 하는 의문이 생긴다. 여기에서 정당방위에 관한 전통적 설명의 하나로서 전기가 흐르는 철조

---

[720] 자오 교수는 2024. 1. 14. 한겨레 신문과의 인터뷰에서 "기업들은 생성형 인공지능으로 수익이 발생하면 창작자 등에게 분배할 수도 있지 않느냐?"라는 질문에 대해 다음과 같이 답변했다. "일단 너의 것을 훔쳐 가서 너를 노숙자로 만든 뒤 내가 돈을 벌게 되면 나중에 줄지도 모른다는 이상한 논리다. 시간이 지나 현재의 논쟁을 돌아보면 웃을 것이다. 하지만 당장 오늘과 내일, 올해와 내년에 일자리를 잃는 사람들이 발생할 것이니 소송이나 규제 결과를 기다리기에는 시간이 없다. 나는 창작자들의 고통을 줄이고, 자신의 삶과 작업이 도난당해 불안과 우울을 느끼는 이들을 돕고 싶다." 나아가, "전 세계적으로 규제 움직임이 있고, 뉴욕타임스처럼 생성형 인공지능 기업을 향한 소송도 이어지고 있다. 변화가 올 것이라고 생각한다. 하지만 법률 시스템의 변화는 느리다. 그렇기 때문에 나는 내 자리에서 할 수 있는 연구를 한 것이다."라고 덧붙였다. 그리고 나이트쉐이드 기술에 의해 AI 개발사들이 저작권을 침해하는 방식의 트레이닝 방식을 바꾸게 되리라고 예측했다. 이상, 임지선, "[AI의 습격 인간의 반격] AI 데이터 우물에 '독' 푸는 교수…'저작물 도둑질, 창작자 삶 뺏어'", 한겨레 2024. 2. 16.자 인터뷰 기사, https://www.hani.co.kr/arti/economy/economy_general/1128405.html (2024. 12. 30. 방문).

망 설치를 예로 든다. 주거침입을 막기 위해 경계(울타리)에 전기선을 설치하고 전기가 흐르게 한 경우 침입자가 없으면 아무런 피해가 발생하지 않으나, 침입자가 경계를 침범하는 과정에서 전기선에 접촉해 비로소 감전 피해가 발생하면 이는 예방 행위로 보지 않는다. 마찬가지로 나이트쉐이트 기술 역시 스크래핑이라는 불법적 행위가 이루어질 때 비로소 작동돼 AI에 독을 퍼뜨리게 한다는 점에서 보면, 예방적 조치가 아니라 침해의 현재성 요건을 충족한다고 할 수 있다. 다만, 방위행위와 상대방의 피해 사이의 균형 문제가 남는다. 균형이 깨질 정도로 AI 측에 심대한 피해를 발생시킨다면 과잉방위가 될 것이다. 그런데 이 균형의 문제는 보호받으려 하는 저작물의 중요성과 AI 측의 피해 정도에 따라 달라질 것이다. 나이트쉐이드 개발에 참여한 벤 자오에 따르면, 나이트쉐이드 때문에 훈련비용이 비싸져 기업들이 업무방식을 바꾸길 바란다는 것이므로,721) 그 정도라면 AI를 파괴하는 수준이 아니라 비용 증가로 그 발전 속도를 늦추는 수준에 그칠 것이다. 따라서, 공격행위로 인한 피해가 균형을 잃을 만한 정도는 아닐 것으로 생각한다.

한편, 정당방위 논의는 AI의 스크래핑이 불법적인 것이 아니라면 애초에 성립할 수 없다. AI의 스크래핑이 공정이용으로 정당화된다면, 나이트쉐이드는 정당방위가 될 수 없다는 뜻이다. 여기에서 TDM 면책이 중요하게 떠오르게 된다. 즉, TDM 면책이 입법화된다면 나이트쉐이드와 같은 기술이 오히려 불법적인 공격행위가 될 것이다. '창과 방패'의 싸움에서 저작권자 측과 인공지능 개발사 측이 각기 "상대방의 행위를 창으로, 자신의 행위를 방패라고" 내세우는 형국이다.

나이트쉐이드를 효과적으로 막아내는 기술 — 정당방위를 막아내는 또 다른 기술 — 을 AI 측에서 만들어 낼 수 있고, 다시 이 기술을 무력화하여 AI를 공격하는 또 다른 기술이 나올 수 있다. 현재까지는 나이트쉐이드 정

---

721) 위 기사.

도의 기술이 논의의 대상이지만, 그것이 발전을 거듭해도 정당방위 논의는 재현될 것이다.

(나) 머신 언러닝(Machine unlearning)

인공지능이 트레이닝 데이터로 저작물을 사용하면 저작권침해의 우려가 있다. 그렇다고 저작물을 이용하지 않을 수도 없어, 인공지능 연구자들은 저작물을 이용하되 그 흔적을 지우는 묘안을 연구해 왔다.722) 이른바, '머신 언러닝(Machine unlearning)'(이하 '언러닝') 기술을 말하는데, 요약하면 트레이닝 데이터를 그대로 뱉어내는 '역류'를 방지하고, 특정 데이터나 관련 지식으로 훈련했다는 증거를 제거하는 기술이다. 사실 '역류'는 TDM이 비표현적 이용에 해당하지 않는다는 비판 중 하나로서 앞에서(Ⅲ.4.다.(2) (라) 비판 4: 아웃풋에 그대로 남아있는 경우) 다룬 내용의 기술적 표현이다. 또한 '훈련했다는 증거 제거' 역시 비슷한 맥락에서 볼 수 있다.

언러닝 기술에서 두 가지 시사점을 발견할 수 있다. 첫째, 그동안 컴퓨터공학 쪽에서 언러닝 기술 연구가 활발했다는 것은 머신 러닝과 TDM에서 저작권 문제와 개인정보 보호 문제가 얼마나 심각한 이슈 ― 아킬레스건 ― 이었는지를 반증한다.723) 둘째, 언러닝 기술은 저작물을 이용하지 않는

---

722) 이에 관해서는 수많은 연구논문이 있다. Weijia Shi, etc., "MUSE: Machine Unlearning Six-Way Evaluation for Language Models", http://muse-bench.github.io (2024. 12. 30. 방문)의 미주에 있는 논문 참조.

723) 위 논문의 서문(Introduction)은 이를 우려한 법학 논문과 판례로 시작한다. 본 저자가 이 책에서 중시하는 학제적 연구(interdisciplinary research)가 컴퓨터과학 논문에서 어떻게 이루어지고 있는지를 실증한다는 점에서 원문 그대로 옮긴다.

"Training language models (LMs) often involves using vast amounts of text data, which may inadvertently contain private and copyrighted content (Carlini et al., 2021; Henderson et al., 2023; Min et al., 2023; He et al., 2024). In real-world applications, data owners may demand that their data be removed from a trained language model due to privacy or copyright concerns, as mandated for example

기술이 아니라 저작물을 이용하되 이용한 흔적을 삭제하는 기술이다. 따라서 언러닝 기술이 성공한다고 해서 저작권침해에서 자유롭게 되는 것이 아니라, 단지 저작권침해에 대한 증거 부족 또는 증명 실패로 그 '자유'가 잠시 '유보'된 것일 뿐이다.

어쨌든 언러닝 기술은 저작권침해 쟁점에서 인공지능 개발사의 저작권자에 대한 유력한 방패/방어책이 될 수 있다는 점에서 저작권 문제를 해결하기 위한 대안이 될 수 있는지 주목을 받고 있다.

그런데, 2024년 7월, 6가지 평가를 통해 언러닝 기술이 언어 모델(Language models, LMs)의 성능을 저하시킨다는 연구 결과(MUSE)가 발표됐다.[724] 요약하면, 특정 정보를 삭제하면서도 언어 모델 인공지능의 성능을 유지하는 것은 트레이드 오프(trade off) 관계에 있다는 것이다. 저작권자, 개인정보 주체의 요구에 따라 언어 모델 인공지능에서 특정 정보를 삭제하면 인공지능의 성능(유용성)이 저하된다는 것은 언러닝 기술의 치명적 한계를 드러내 준 것으로서 이를 실증했다는 점에서 이 논문의 의의를 찾을 수 있다.

인공지능은 인간의 신경망을 모델로 만들어진 것이다. 사람의 뇌에서 특정 단어 또는 사람에 관한 기억을 삭제한다고 할 때, 그 부분을 지운다고

---

by the General Data Protection Regulation (GDPR, European Parliament & Council of the European Union). Moreover, recent copyright lawsuits (*DOE 1 v. GitHub, Inc.*, N.D. Cal. 2022; *Tremblay v. OpenAI, Inc.*, 2023) emphasize the need for removing copyrighted data from the model."

참고로 위에서 인용된 논문, "Henderson et al., 2023"의 공저자 중에는 버클리 로스쿨의 저작권법 전공 교수 Mark Lemley가 눈에 띄는데, 논문 제목도 "Foundation models and fair use"로서 공정이용 쟁점을 다루고 있음을 알 수 있다.

724) Shi, 전게논문(주 722). 이 논문은 미국 워싱턴 대학, 프린스턴 대학, 시카고 대학, 남가주 대학(USC), 구글 연구진의 공동 저술이다. 본 저자는 이 논문을 다음 기사를 통해 알게 됐다. 박찬, "특정 데이터 잊게 하는 '언러닝' 사용하면 모델 자체가 멍청해져", AI타임스, 2024. 7. 30.자 기사, https://www.aitimes.com/news/articleView.html?idxno=162205 (2024. 12. 30. 방문).

해도 그것에 터 잡아 이루어진 지식, 관계 등까지 모두 없앨 수는 없다.725) 실제 신경과학계에서 '일과성 기억상실증(Transient global amnesia)'으로 일정 기간 기억상실이 이루어졌을 때, MRI를 촬영하면 뇌에서 기억을 담당하는 해마의 손상 소견이 보이는데 뇌의 특정 부위의 손상이 발생해도 뇌의 기억 기능 전체에 영향을 미친다고 한다.726) 이는 '기억의 상호연결성'을 보여주는 좋은 예로서, 인간을 본뜬 인공지능 언어 모델에 대한 언러닝 기술의 테스트 결과 역시, 인간을 모델로 한 인공지능도 같은 한계('정보의 상호작용')를 갖는다는 점이 논증된 것이다. 이는 인간과 인공지능에 적용된 망각/삭제 기술을 통해 기억(입력)된 정보가 단독으로 존재하지 않고 '상호작용' 속에 존재한다는 것을 확인한 결과이다. 위 논문의 연구진은 인공지능 언어 모델이 상당한 유용성 손실 없이 특정 데이터를 잊을 수 있도록 하는 효율적인 방법이 현재로서는 존재하지 않는다고 단정했다고 한다.727)

---

725) 사람의 뇌에서 특정인(人), 특정 시간대, 특정 사건의 기억만 타겟팅하여 지워버리는 기술이 가능할까? 그것에 터 잡아 시놉시스로 연결된 정보(기억)까지 없애는 것은 어렵지 않을까 싶다. 언러닝 기술도 트레이닝 데이터로 쓰인 특정 저작물을 삭제하는 기술이 가능할지 모르지만, 가능하다고 해도 이미 그 저작물(지식)에 기반해서 형성된 지식까지 없애기는 어려울 것이다. 그것까지 추적해서 없애려고 한다면 인공지능의 성능 저하가 초래될 것이기 때문이다. 이는 마치 인체에서 음식물이 소화되어 세포 성장에 기여한 상태에 비유할 수 있다. 사람의 경우 소화된 후 음식물(원형)을 토해내게 할 수 없지만, AI의 경우 그것이 가능할까? 상호 연결된 체계(AI는 인간의 신경망 구조를 흉내 낸 것이므로) 안에서 특정 지식을 삭제한다는 것은, 그것이 정확한 의미를 갖추려면(즉 진정한 '삭제'가 되려면) 연관/연결된 지식까지 삭제해야 하는데, 이 경우 인공지능의 성능이 떨어질 수밖에 없다. 한편, 손상이 아닌 기억 측면에서 설명할 수도 있다. 인간 두뇌의 저장은 일종의 블록체인(Blockchain) 기술의 분산화 저장에 유사한 것이어서 기억이 여러 곳에 동시 저장되어 있다면, 삭제 또한 분산되어 저장된 기억 전부에 대해 이루어져야 하는데, 사회적 존재인 인간의 기억이 계속 업데이트된다는 점에서 특정 기억을 타겟팅하여 삭제하는 것은 불가능하다. 인간의 신경망을 본뜬 인공지능에 대해서도 마찬가지로 설명할 수 있을 것이다.
726) 이는 연세대학교 의과대학 신경과 교수 김원주 박사와의 인터뷰(2024. 8. 1)를 토대로 정리한 것이다.
727) 박찬, 전게기사(주 724).

물론 언러닝 기술은 앞으로도 계속 발전할 것이다. 트레이닝 데이터로 저작물을 이용하지 않으면 모를까 이용하면서 법적 책임을 피하기 위해서는, 이용 흔적을 삭제하되 인공지능의 성능은 유지하는, '두 마리 토끼 잡기' 기술 개발은 끊임없이 이어질 것이다. 그러나 인공지능이 인간 신경망을 모델로 한 이상, 앞으로도 어렵다는 것이 증명되는 것만 남지 않았을까 조심스럽게 예상해 본다. 그렇게 되면 결국 저작물을 이용하지 않고 인공지능의 성능을 고도화하거나, 법을 뜯어고치거나 하는 방법만 남게 될 것이다. 후자가 TDM 면책 제도를 가리킨다는 것은 긴 설명이 필요하지 않다.

(2) 법적 측면

(가) 전면적 '옵트 인' 방식

최근 뉴욕타임스, 로이터 등 해외 굴지의 신문사들이 자사의 기사를 AI의 트레이닝 데이터로 쓰지 말 것을 공지했다. 국내 신문협회도 보조를 맞추는 등 세계적으로 자신의 콘텐츠를 허락 없이 크롤링하여 머신 러닝에 활용하는 것을 금지하는 움직임이 본격화하고 있다.[728] 이들의 주장은 저작물 등 콘텐츠를 허락받고 사용해야 하는 일종의 '옵트 인(opt in)' 방식으로서, TDM 면책을 부정하는 것이다.

---

[728] 임경업, "공짜로 뉴스 긁어 쓰는 빅테크 AI ... 美·유럽 '사용료 내라'", 조선일보 2023. 8. 26.자 기사. 이 기사에서 보듯 주요 국가는 입법을 준비하고 있으며, 줄소송도 예고돼 있다. 대표적인 입법으로 미국의 "빅테크, 캘리포니아 지역 뉴스콘텐츠 사용료 지불 법안 발의"(2023년 3월), 영국의 "'AI 개발에 저작권 예외' 정책 철회"(2023년 2월) 등을 들 수 있는데, 빅테크와 AI 개발사의 TDM에 따른 저작권 문제는 인류가 지금까지 가보지 않은 길을 가는 상황에서 협상의 우위를 점하려는 치열한 물밑 전쟁으로 생각된다. 2024년 4월 현재 주요국의 빅테크 뉴스 사용료 지불 강제 정책은 다음 기사에 있는 정리 참조. 변희원·오로라, "'빅테크, 공짜 뉴스는 없다' 각국 정부가 언론사 지원", 조선일보 2024. 4. 24.자 기사.

레이몬드 쿠(Raymond Ku) 케이스 웨스턴 리저브 대학(Case Western Reserve University)의 지식재산권 교수는 결국 AI 기술을 활용한 아트 제너레이터(art generator)가 인터넷에서 아트를 무단으로 긁어다 쓰기보다는 사적 계약(private contractual system)을 통해 창작자에게 이용료를 지급하고 쓰는 쪽으로 관행이 정착될 것으로 예상한 적이 있다.729) 이에 따르면, 아티스트는 그들의 작품이 인공지능 훈련(training AI)과 새로운 이미지 착안(inspiring new images)에 사용될 때 음악가들이 음악 스트리밍 회사(music-streaming company)로부터 일정하게 지불받는 것처럼 명목 금액(nominal amount)을 받게 된다. 여기서 '명목 금액'이라 함은 이용료를 정확히 산출할 수 없어 일단 창작자와의 협상 차원에서 물꼬를 열어놓는다는 의미로 이해할 수 있다. 이는 마치 응급실에 들어간 환자에게 수액, 항생제 등 앞으로 어떤 주사액이 투여될지 모르지만 링거 주사를 대비해 일단 혈관을 찾아 확보하는 것에 비유할 수 있다.

사전 계약 방식에 따른 보상은 크게 두 가지로 생각할 수 있다. (ⅰ) 트레이닝 단계(AI training)에서의 이용료 지급, (ⅱ) AI의 활용에 따른 이용료 지급 등이다. 이 둘의 관계는 마치 노래방 기기에 노래(음악저작물)를 수록하는 과정의 복제이용료와 노래방에서 해당 노래가 불리는 것에 따른 공연이용료에 해당한다고 보면 이해하기 쉽다.730) 문제는 트레이닝 단계에서는 후

---

729) Hill, 전게기사(주 1). 이 기사 중 인터뷰를 한 쿠 교수의 예상은 몇 개월이 안 돼 적중하였다. 2023년 ChatGPT 출시 이후 인공지능의 성능이 일반에 알려진 후 이에 대한 우려 또한 증폭되어, 2023. 8. 22. 기준 AI 콘텐츠 정보 제공업체인 오리지널리티 AI에 따르면, 세계에서 인기 있는 사이트 1,000개 중 ChatGPT의 정보 수집 도구인 GPT봇을 차단한 사이트가 9.2%로 늘어났다고 한다. 여기에는 세계 굴지의 언론기관(NYT, 로이터, CNN, 비즈니스 인사이더 등)과 아마존, 에어비앤비, 이케아 등 대형기업도 차단 행렬에 동참했다고 한다. 김은성, "'AI에 공짜학습 못 시켜줘!' 언론사 등 데이터 차단조치 늘어", 경향신문 2023. 8. 29.자 기사.
730) 대법원 1994. 5. 10. 선고 94도690 판결('노래 반주용 기계 판결'). 노래 반주용 기계의 제작업자에게 사용료를 받고 가사와 악곡 등 음악저작물의 이용을 허락하는 경우에

자로 인한 이용료를 산정할 수 없다는 데 있다. 이 점에서 쿠 교수가 언급한 'nominal amount'(명목 금액)가 여기까지 고려한 것인지 알 수 없지만, 일면 수긍할 수 있는 주장이다. 다만, 이 경우에도 전자(AI training) 단계에서 저작물을 사용하는 것이 확정적이라면, 노래방 기기 회사가 저작권자에게 지급하는 복제이용료에 상응하는 금액을 지급할 수는 있을 것이다.

한편, 종래 각종 학술정보회사가 연구자의 논문을 유료로 서비스하는 경우를 보면, 저작권 이용 허락은 통상 다음과 같은 방식으로 행해져 왔다. 논문 저자들이 학술지(저널)에 투고할 때 논문의 저작재산권을 양도하거나 이용 허락한다는 취지의 내용이 들어 있는 학술지 약관에 동의하게 돼 있고, 이에 따라 학술지는 투고된 논문에 대한 저작권자로서 다시 학술정보회사에 이용 허락한다. 물론 저작물 이용 허락의 범위를 명시하지 않거나 이용 허락을 넘어 양도한다는 내용을 담은 약관의 법적 효력에 대한 문제가 있다.731) 여기에서 학술지가 인공지능 개발사에 논문 등 저작물을 '트레이닝 데이터'로 쓰도록 허락할 수 있을까? 실제 논문 작성에 관한 인공지능 개발사는 '나름대로' 합법적이라고 생각하여 위와 같은 경로를 통해 인공지능을 훈련하고 있는 것으로 알려져 있다. 만약 학술지 약관에 인공지능 개발사에 대한 트레이닝 데이터로 제공한다는 내용이 없다면 기존의 약관 내용만으로 위법 소지를 불식시킬 수 있을지 의문이며, 약관에 그와 같은 내용이 들어 있다고 하더라도 투고자가 이를 거부하기 쉽지 않다는 점에서 불공정약관의 소지가 있다고 생각한다.

최근 양질의 데이터 수집에 어려움을 겪고 있는 인공지능 개발사는 세계

그 허락의 범위는 일반적으로 노래 반주용 기계에 그것을 수록하여 복제하는 데 한하고, 별도로 노래방에서 위와 같이 복제된 노래 반주용 기계를 구입하여 복제된 가사와 악곡을 재생하는 방식으로 일반 공중을 상대로 영업하는 행위는 공연권침해에 해당한다는 판결인데, 이처럼 복제와 공연을 나누어 본 데서 'AI 트레이닝 단계'를 복제로, 'AI 활용 단계'를 공연으로 적용해 볼 수 있다.
731) 남형두, 전게서(주 120), 449-451면의 '다. 학술지 투고규정의 문제' 참조.

적인 학술서적 출판사(대학 출판사 포함)의 출판물을 확보하여 트레이닝 데이터로 쓰려고 노력한다. 이런 사실은 출판사가 저자들에게 저서를 인공지능 개발사에 트레이닝 데이터로 제공하기 위한 동의를 얻는 과정에서 저자들을 통해 바깥으로 알려지기도 한다. 저자와 출판사 간에 체결한 저술계약 또는 출판계약 중 종이책 또는 eBook 출판에 관한 조항이 인공지능 개발사에 트레이닝 데이터로 제공한다는 것까지 포함하고 있지 아니하여 별도의 동의를 받는 과정에서 사후 허락을 받는 것이다. 저자들이 출판사에 협조하지 않거나 별도의 비용 정산 문제가 생길 경우, 출판사로서는 향후 출판계약 안에 책을 인공지능 개발사에 트레이닝 데이터로 제공한다는 것을 포함할지도 모른다. 통상 저자들이 출판계약을 체결할 때 그 내용을 꼼꼼히 살피지 않는다는 점에서 향후 문제가 될 가능성이 있다.

(나) 사용 후 보상 제도

TDM 면책 제도가 반드시 무료여야 한다는 결론으로 이어지는 것은 아니다. TDM 면책 이전 공정이용 단계에서 이와 관련한 논의가 있었다.732) 공정이용에서 '사용 후 보상(permitted-but-paid)'을 주장한 긴즈버그 교수에 따르면, 대량의 디지털 복제(mass digitization)는 복제할 저작물의 엄청난 수와 권리자(저작권자) 찾기의 어려움, 나아가 권리자를 찾는다고 해도 허락받기의 어려움 때문에 공정이용은 '무료'가 바람직한 것처럼 보이지만, 이 전제는 틀렸다고 한다.733) 적은 숫자의 저작물을 복제해 쓰면 공정이용이 성립

---

732) 일찍이 오랜 기간에 걸쳐 공정이용에 관한 논문을 여러 편 써온 긴즈버그 교수는 '변형적 이용'에 지나치게 편중된 공정이용 논의에서 제4 요소를 주목해야 한다고 하며, 대안으로서 '사용 후 보상'을 제시한다. 이 대안이 발표된 2014년은 Google Books 사건의 1심 판결 선고(2011년 및 2013년)와 항소심 판결 선고(2014년 및 2015년) 사이에 Google Books 프로젝트(구글 라이브러리)에 의한 저작물 이용이 공정이용에 해당하는가에 대한 치열한 논쟁이 있었던 때로서, 2020년대 이후에 본격 논의가 시작된 TDM에 의한 저작권침해 논란이 발생하기 전이다. Ginsburg, 전게논문(주 98) 참조.

하기 어려운 데 반해, 많은 수의 저작물을 대량으로 복제해 쓰면 권리자 찾기의 어려움과 허락받기의 어려움으로 인해 무료로 공정이용을 허락할 수밖에 없다는 주장은 논리적이지 않다는 것이다.734) 매우 설득력 있는 주장이다. 나아가 기계학습이란 이름으로 수많은 저작물을 복제 이용하는 것을 저작권침해에서 면책해야 한다는 주장의 근거가 권리자 찾기와 허락받기의 어려움 때문이라면, 마찬가지로 설득력이 부족하다.

현재 진행 중인 미국의 대표적인 뉴스콘텐츠 회사인 뉴욕타임스와 인공지능 개발사로서 선두 주자인 오픈AI 간 저작권침해금지 소송735)은 미국 저작권법에 TDM 면책 조항이 없다는 점에서 공정이용 성립 여부가 주된 쟁점이 될 것이 분명하다. 나아가 인공지능 개발사가 머신 러닝을 위해 크롤링할 때 이용되는 저작물의 양은 종래 Google Books 프로젝트에 이용되는 저작물의 양과는 비교할 수 없을 정도로 다량이며, 이용 주체로 인간이 아닌 인공지능이 상정돼 있다는 점에서 Google Books 판결에서보다 훨씬 더 치열한 논란이 예고돼 있다. 이와 같은 상황에서 긴즈버그 교수의 '사용 후 보상' 대안은 TDM의 공정이용 쟁점에 중요한 시사점을 줄 수 있다. 물론 위 대안은 플랫폼을 전제로 한 것이 아니라, 당시 공정이용 논의에서 변형적 이용 이론에 지나치게 경도돼 있는 것을 비판하고 제4 요소에 다시 집중해야 한다는 차원에서 나온 것이다. 여기에서는 공정이용 논의를 넘어 TDM 면책 논의에 위 대안을 적용해 보고자 한다.

---

733) 위 논문, 1407면.
734) 위 같은 면. 한편, 역추적 기술로 특정 저작물이 어디에서 이용되고 있는지 찾는 것이 가능해졌다고 하니, '권리자 찾기의 어려움'이 공정이용이나 TDM이 무료여야 한다는 근거로 되기는 너욱 어렵게 되었다. 예술가들이 AI 개발사를 상대로 저작권 소송을 벌이고 있다는 Hill, 전게기사(주 1) 참조.
735) 주 2.

① '옵트 아웃' 방식과의 차이

생성형 AI의 저작물 학습(머신 러닝)을 통한 성능 고도화에 필수적이라고 주장되는 TDM 면책 논의에서, 이른바 '옵트 아웃' ― EU 지침 ― 이 대안으로 떠오르고 있다. 여기에서 공정이용의 '사용 후 보상' 대안과 TDM 면책 요건의 '옵트 아웃' 방식은, 합법/불법 여부가 불확실하여 분쟁이 발생하면 최종적으로 법원의 판단에 의존할 수밖에 없는 기존 공정이용 제도나 사전 허락을 받고 이용해야 하는 '옵트 인' 방식처럼 위법을 전제로 하지 않고, 이용 단계에서 위법성을 걷어버려 법적안정성을 꾀할 수 있다는 점에 공통점이 있다. 다만, '사용 후 보상' 대안은 저작권자에게 선택권이 부여된 '옵트 아웃' 방식과 다르게, 저작권자에게 사용을 거부할 수 있는 권리가 부여되지 않는다는 점에 차이가 있다.

한편, '옵트 아웃' 방식은 위 '머신 언러닝'과 관련하여 생각하면, 이미 머신 러닝이 끝난 상황에서 저작권자가 '옵트 아웃'을 선택한다고 해도 언러닝이 기술적으로 온전히 이루어질 수 없다는 점에서 저작권자로서는 큰 의미가 없다는 것이 한계로 지적될 수 있다.

② 시장실패 이론의 극복 ― 인본주의 정보경제와 그 위험성

권리자 찾기의 어려움, 즉 거래비용의 과다로 인한 시장실패(market breakdown)를 공정이용의 근거로 삼는 것은 일찍이 고든(Gordon) 교수의 주장이었다.736) 그런데 이 주장이 안고 있는 이론상 허점을 지적한 긴즈버그 교수의 견해, 즉 시장실패가 반드시 무상이라는 논리로 귀결되는 것이 아니라는 지적은 유효하며, 그의 '사용 후 보상' 논의가 대안으로 보완될 수 있다. 그런데, 문제는 보상 또는 과금(課金)을 어떻게 할 수 있느냐에 달려있다. 공정이용을 넘어 TDM 면책 논의 단계에 오면 권리자의 수는 헤아릴 수

---

736) Gordon, 전게논문(주 51), 1627-1629면.

없이 많다는 점에서 '사용 후 보상' 대안의 실현 가능성이 더욱 희박해지게 된다.

여기에서 미국의 컴퓨터과학자이자 현대음악 작곡가인 재런 러니어(Jaron Lanier)의 주장에 귀 기울일 필요가 있다. 러니어는 자신의 저작물을 누가 어디에서 사용하는지를 추적하는 기술로 권리자가 이용자를 찾는 것이 어렵지 않으며 그 기여분에 따라 '나노 지불(nanopayment)'이 이루어져야 한다고 주장한다.737) 조세적 해법에 대해서 후술하겠지만,738) 러니어는 관료조직을 이용한 조세적 해법보다는 정보공간에 가치를 부여하는 사람에게 직접 보상하는 방법이 지속 가능한 정보경제에 부합하고 혁신을 저해하지 않는다고 한다.739) 러니어의 주장은 디지털화된 세계에서 자기 기여분을 자기에게 돌릴 수 있다는, 일종의 기본권 개념에서 출발하고 있는데,740) 나름대

---

737) 러니어는 플랫폼과 플랫폼이라는 장(場)에 참여하는 이용자의 입장이 맞아떨어짐으로써 'P2E'라는 비즈니스가 가능하게 되는데, 플랫폼에서 클라우드 알고리듬이 지켜보고 있는 가운데 사람들이 자기가 하고 싶은 일을 하는 것만으로 먹고 살 수 있다고 제안한다. 재런 러니어(Jaron Lanier), 노승영 역,『미래는 누구의 것인가』(원제: WHO OWNS THE FUTURE?, 2013), 열린책들, 2016, 364면. 러니어는 예를 들어 구글이나 마이크로소프트 같은 회사에서 제공하는 번역 서비스는 마치 거대한 인공지능이 들어 있는 것 같지만, 사실은 클라우드 서비스가 진짜 사람들이 번역한 수많은 예문을 인터넷에서 수집해 번역을 요하는 문장에 끼워 맞추는 것에 불과하다고 하면서, 어떤 사람이 말하거나 행하는 것이 데이터베이스에 조금이라도 기여하여 기계번역 알고리듬이 작업을 수행할 수 있도록 한다면 기여의 크기와 기여로 인한 가치에 비례하여 그 사람에게 나노 지불이 이뤄지는 것이 마땅하고, 이처럼 디지털 세상에서 각 개인은 자신의 상태나 행동에서 측정할 수 있는 모든 데이터의 상업적 소유주가 될 것이라고 한다. 위의 책, 46-47면.
738) 후술하는 IV.2. 다. 조세적 해법과 기본소득 논의의 단초.
739) 러니어, 전게서(주 737), 338-340면.
740) 러니어에 따르면, 인본주의 컴퓨팅의 근본 개념은 출처(provenance)에 가치가 있으며, 정보의 실체는 사람이기 때문에 사람들은 자신이 기여한 가치에 대해, 특히 디지털 네트워크에 전송되거나 저장될 수 있는 가치에 대해 대가를 받아야 한다는 것이나. 위의 책, 351면. 러니어는 인본주의 정보경제에서는 출처를 기본권으로 취급하는데, 이는 민주주의와 시장 자본주의를 위해 민권과 소유권에 보편적 위상을 부여하는 것

로 구체성과 실현 가능성을 갖고 있다.741) 최근 'X2E' 방식의 비즈니스 모델 논의가 활발한데, 이는 러니어의 주장과 맥을 같이한다.742)

그런데, 러니어의 이른바 인본주의 정보경제·컴퓨팅은 일견 이상적으로 보이지만, 다음과 같은 이유에서 현실적이지 않고 오히려 인본주의(휴머니즘)를 더욱 후퇴시킬 가능성이 존재한다.

첫째, 권리자(저작권자, 개인정보 주체)라 주장되는 사람의 정보가 모종의 콘트롤 타워에 제공되어야 하는데, 이 과정에서 개인정보 침해 문제가 심각하게 발생한다. 둘째, 문화의 차이에 따라 저작권과 개인정보 등의 제도는 나라별로 다르고,743) 관련한 법적 개념 및 정의가 다르다는 점에서 일관성을 유지하기 힘들다. 셋째, 위 첫째와 둘째의 문제가 해결된다고 하더라도

과 비슷하다고 한다. 위의 책, 352면. 그는 심지어 죽은 자의 몫이 산 자의 몫을 추월하여 새로운 부호 계층이 탄생하지 않을까 하는 우려를 지적하고, 죽은 자의 몫은 '매끄러운 함수(smooth function)'에 따라 소멸하게 함으로써 우려를 불식할 수 있다고까지 주장한다. 위의 책, 374-375면. 한편, <u>저작재산권 보호기간이 이 '매끄러운 함수' 중 하나가 될 수 있다</u>고 생각한다.

741) 예를 들어, 우리가 찍은 사진을 누군가 이용한다 해도 디지털 추적 기술로 이용자를 찾아내는 것이 가능하다고 한다. 위의 책, 445면. 실제 이런 기술은 게티이미지 등 기업이 인터넷을 통해 저작권침해물을 찾아내는 데 쓰이고 있다. 한편, 최근 각광받는 <u>블록체인(Blockchain) 방식을 이용한 분배구조도</u> 생각해 볼 수 있을 것이다.

742) 최근에는 사람(의 관심)을 온라인 장터에 끌어모으는 방식에서 다소 피동적인 수용자(recipient) 지위보다는 좀 더 적극적인 참여자(participant) 지위가 강조되는 형태의 비즈니스 모델이 나오고 있다. 이른바 'X2E' 생태계로 불리는 것인데, 이는 'P2E (play to earn)'에서 비롯된 것으로서, 'X'에 'Like', 'Create' 등이 대입된 다양한 형태의 적극 참여형 끌어모으기가 모색되고 있다. 플랫폼은 '놀면서 돈 벌기(P2E)'를 '좋아하면서 돈 벌기(L2E)', '창작하면서 돈 벌기(C2E)' 등으로 사업 모델을 발전시켜 참여자(이용자)가 돈을 벌게 함으로써 참여자(의 관심, 트래픽)를 모아 이에서 구독료 또는 광고 수입을 올리는 새로운 형태의 영업 방식으로 변화하고 있다. 이상, 남형두, 전게 논문(주 538), 456-457면.

743) 빅테크가 수집하는 데이터 중에는 초상, 성명 등도 있을 것인데, 이를 법적으로 보호하는 퍼블리시티권의 경우 나라별 보호 여부가 다를 뿐 아니라, 미국에서도 주(州)마다 보호 여부 및 정도(보호기간 등)가 다르다.

TDM 이용에 따른 가격 결정(pricing) 및 과금을 누가 어떤 과정을 거쳐서 할 것인지의 문제가 있다. 저작물에 대한 질적 평가 등 산적한 난제를 특정 정부가 위임받아 해결할 수도 없고, 결국 특정 사기업 또는 사적 기관이 담당할 수밖에 없는데 그 과정에서 정당성을 어떻게 확보할 것인지의 어려운 문제가 남는다.

앞질러 말하면 TDM을 통해 자신의 저작물 또는 개인정보가 이용됨으로써 보상될 금액은 매우 예외적인 경우를 제외하고는 대부분 극히 사소(些少)할 것으로 예상된다. 공정이용과 비교할 때 TDM의 경우 이용되는 저작물의 양과 종수가 매우 많을 것이고 이용 목적에도 차이가 있기 때문이다.[744] 이처럼 TDM에 따른 저작물과 개인정보 이용료 징수와 배분을 위해 개인정보 등을 제공함으로써 얻어질 금액이 사소하다면, 그야말로 푼돈 받고 소중한 정보를 넘기는 셈이 되어 본말전도의 결과가 발생할 것이다. 나아가 징수와 배분의 공정을 위한다는 명분으로 법제를 통일한다는 것도 그것이 불러올 폐해를 생각한다면 단견에 그칠 수 있다. 한편, 배분에 이의를 갖는 콘텐츠 제공자가 징수와 배분의 구체를 알고자 하더라도 징수와 배분을 주관하는 시스템 주관자가 일종의 블랙박스로 되어 있는 그 시스템의 과정을 외부에 공개할 가능성이 매우 낮다.[745] 결과적으로 지불되는 금액이

---

[744] 변형적 이용 이론에 따르면 성공한 공정이용이나 TDM 면책의 정당화 사유로 '공익 목적'을 들기 때문에, 이때 공정이용이나 TDM 면책은 공익을 위한 '수단'이 된다는 점에서 같다. 그런데 좀 더 들여다보면 차이가 있다. 전자(공정이용)는 후자(TDM 면책)와 비교할 때, 그 자체로 직접적이고 최종적 만족을 가져온다는 점에서 저작권자 입장에서 보면 피해가 상대적으로 작다고 할 수 있다. 즉, 공정이용의 경우 타인의 저작물을 이용하는 것에 공익 목적이 있다고 해도 그 자체로 이용 주체의 최종적인 소비로 그칠 수 있지만, TDM의 경우 저작물을 이용해 머신 러닝을 하는 것 그 자체로 인간 이용자의 만족을 가져올 수 없고, 머신 러닝의 결과 스마트해진 AI를 인간 이용자가 활용함으로써 비로소 그 최종 목적을 달성해 피해가 더 광범위하다. 물론 TDM의 결과 AI를 스마트하게 하는 것이 공익에 부합한다고 볼 소지도 있다.
[745] 이런 일이 반복되어 벽처럼 느껴지게 되면, 창작자들은 이에 순응하게 될 가능성이 있다. 기술은 복잡하고 어려워 설명하지 않아도 된다는 생각이 확산하고 여기에 거대

권리자별로 볼 때 사소한 금액으로서 사실상 의미 있는 금액으로 볼 수 없다면, 러니어 식의 징수와 배분 제도는 불법적인 이용을 정당화하는 구실 제공에 그칠 우려가 있다. 그로써 이용자인 빅테크 플랫폼의 TDM에 불법성을 해결하는 면책부를 주는 것을 넘어 그들이 펼치고자 하는 사업에 비단길을 깔아주게 될 것이다.746) 일단 사용하고 후에 보상하는 시스템은 초거대 기업인 빅테크와 AI 개발사들 앞에 놓인 저작권이라는 지뢰를 제거해 길을 내주는 셈인데, 이들 기업 뒤에 있는 국가(입법기관) 간 경쟁으로 비단길은 고속도로가 될 가능성이 크다. 이런 식으로라면 토지 등 유형 자산에 대한 재산권(부동산소유권)도 일단 가져다 쓰고(토지 등 수용 절차의 간소화) 사후 보상하자고 할 수 있는 것일까? 결코 그럴 수 없을 것이다. 결국 다수의 약자가 만든 정신적 창조물을 보호해 주는 재산권으로서 저작권 제도만 종언을 고하는 셈이 된다. 전통적 지주들은 살아남고, 다수 창작자의 권리만 뿌리를 깊이 내리지 못하고 말라버리는 셈이 된다. '사용 후 보상' 대안이 갖는 결정적 약점이다.

나아가 경제적 보상의 적정성을 떠나 X2E라는 명목하에 인간과 삶의 모든 빈틈을 금전으로 환가(換價) 및 유동화함으로써, '틈이 메워지고', '과도하게 피로한 사회'를 만들 가능성도 있다. 빅테크나 인공지능 개발사와 같은 초거대 이용자와 작은 창작자 간에서는 자칫 저작물 이용 환경에서 패러다임 변화(paradigm shift)가 생겨나고 그것이 인류의 미래에 중대한 위협이 될 수 있다는 점에서 신중할 필요가 있다. 이에 대해서는 후술한다(Ⅳ. 1. 귀납적·경험적 고찰).

기업인 인공지능 개발사의 언제든지 법정 싸움을 마다하지 않겠다는 태도가 결합하면, 무기력한 창작자들은 이에 순응할 수밖에 없을지도 모른다. 이것이 인공지능 개발사와 창작자의 미래 모습이 아닐까 하는 우려가 있다.
746) 조세적 해결 논의에서도 비슷한 우려가 있다. 남형두, "디지털세, 글로벌 법인세, 그리고 데이터세", 경향신문 2021. 7. 14.자 칼럼.

따라서, '사용 후 보상' 대안은 위와 같은 약점과 위험성을 내포하고 있어, TDM 면책에 대한 대안으로 채택하기에 부족하다. 여기에서 본 저자가 제안하는 대안은 빅테크의 저작물 이용에서 부딪치는 허들로서의 저작권을 걷어버리는 것과 같은 TDM 면책 제도의 도입을 거부하거나 최대한 늦춰야 하지만, 설령 받아들인다고 해도 '사용 후 보상' 제도로는 매우 부족하므로, 종국적으로는 조세적 해법으로 해결을 도모하자는 것이다. 물론 조세적 해법 역시 '사용 후 보상' 제도가 갖는 동일한 약점과 위험성을 내포하고 있으나, TDM 면책이나 공정이용으로 혜택을 입는 빅테크로부터 걷는 저작물 이용료를 기본소득제의 재원으로 삼을 수 있다면, 위 '약점'을 어느 정도 상쇄할 수 있을 것으로 기대한다. 그러나 이 경우에도 위 '위험성'은 해소할 수 없다는 것이 문제로 남을 것이다.

(다) 정리

이용 주체나 이용 목적(영리/비영리), 이용 방법(컴퓨터 환경) 등을 제한하지 않고 폭넓게 면책을 인정하는 일본 입법례가 과하다는 비판은 옵트 아웃 방식, 주체 한정, 비상업적/과학적 연구 목적 등으로 면책 요건을 제한하고 있는 EU 지침에 눈을 돌리게 한다. 현재 한국을 포함해 여러 나라에서 입법을 시도하고 있는데, 크게 보면 일본 모델과 EU 모델을 놓고 많은 논의가 진행되고 있다. 한편, 미국은 공정이용 조항에 대한 법원의 해석(판례)으로 TDM 면책의 여부와 범위를 인정할 것으로 보인다.

사. 소결

이상을 종합하면, 머신 러닝의 저작권침해 논란은 정리된 것이 아니며, 단지 학계나 실무의 강력한 자장(磁場) 때문에 반대 견해를 펼치는 것이 너무 늦은 것처럼 보일 뿐이다. TDM 면책을 수용한다면, 창작과 창작 과정이 유통의 하위 단계로서 유통 산업에 복무하게 될지도 모른다. 이럴 경우, 인간의 정신이 황폐화되고, 나아가 미래 인류와 사회에 암울한 그림자가 드리울 가능성이 크다. 또한, 빅테크 등 플랫폼에 부의 과도한 집중이 발생할 수 있다. TDM 면책은 공정이용에서 더 나아간 것으로서 머신 러닝에 공정이용의 백지위임장을 주는 것에 해당하여 부의 재분배는 더욱 심각하게 왜곡될 것이라는 주장에 귀 기울일 필요가 있다.[747] 여기에서 조세적 해결과 기본소득 논의로 연결될 수 있다.[748]

조심스럽게 제안하건대, 미국과 한국에서와 같이 개별적인 저작재산권 제한 조항 외에 포괄적인 공정이용 조항(제35조의5)을 두고 있는 나라에서는 TDM 면책 제도를 도입하는 데 신중해야 한다.[749] 백 보를 양보해 도입한다고 하더라도 전면적인 TDM 면책보다는 EU와 같이 '과학적 연구 목적'으로 요건을 제한하고 '사용 후 보상 제도'를 도입함으로써 TDM 예외 인정에 따른 폐해를 줄여야 할 것이다. 나아가 조세적 해법에 관한 논의도 시작해야 할 것이다.

---

747) Sobel, 전게논문(주 264), 89면. TDM 면책은 엔지니어들과 법률가들에게 저작권으로 보호되는 인풋 데이터를 무단 사용해도 좋다는 백지위임장으로 이해될 것이며, 이런 채로 수년이 지나면 상황은 매우 심각해질 것이다. 위 논문, 81면.
748) 남형두, 전게논문(주 192), 254-279면 및 후술 IV.2. 다. 조세적 해법과 기본소득 논의의 단초 참조.
749) 홍승기 교수도 본 저자와 비슷한 견해를 주장하고 있다. "종래 일반규정과 유사하게 운용되어 온 '공표된 저작물의 인용(제28조)' 규정의 판례가 상당 정도로 축적되어 있고, '공정이용'의 입법과정으로 보아 그 모국인 미국 판례의 도움을 받는 데도 무리가 없다고 하겠다." 홍승기, 전게논문(주 592), 34면. 다만, 본 저자는 한국 법원에 공정이용 판결이 제법 축적돼 있을지라도, 미국 판례와 비교할 수 있을 정도로 그 위상이나 논의의 성숙도가 높거나 충분하다고 생각하지 않는다. 판례를 통해 기준을 정립할 수 있지만, 한국 법원의 현실과 판례의 역할에 비추어 볼 때 그 역할의 상당 부분은 학계가 맡아야 할 것으로 생각한다. 후술 V.3.나. (2) 학계의 역할: 학계의 법리 개발과 실무의 화답 ─ 법학계와 실무계의 산학연계 참조.

아. 여론(餘論): pre-TDM으로서 뮤프리 사건

인터넷에서 TDM을 통해 인공지능을 트레이닝한 후 성능이 고도화된 인공지능으로 서비스하는 것과 정확히 같지는 않지만, 사전에 인터넷상 저작물의 위치를 파악하여 이용자에게 연결해 주는 서비스에 대한 저작권침해 사건이 있어 소개한다.

2008년 한국에서 인터넷 미니홈피나 블로그 등의 배경음악을 검색하여 무료로 들을 수 있는 '뮤프리(MuFree)'라는 서비스를 제공한 회사에 대해 음악저작권협회가 저작권침해금지 가처분신청을 제기한 사건이 있었다. 법원은 저작권침해를 전제로 가처분신청을 인용했다.750)

피신청인은 이 사건 서비스를 제공하기 위해 '웹기반 음악정보 추출재생방법 및 음악정보 추출재생시스템'에 관한 특허를 등록했는데, 이 특허는 인터넷상의 공개된 음악파일을 추출해 그 접속경로를 데이터베이스에 저장하고 사용자(회원)가 검색할 경우 검색엔진과 함께 음악파일 재생 수단을 제공해 위 데이터베이스로의 접근과 검색을 허용함과 아울러 검색 결과에 따라 접속경로를 통해 위 재생 수단으로 음악파일을 재생시켜 준다. 피신청인은 자체 웹사이트(www.mufree.com)와 뮤프리 프로그램의 실행에 따른 플레이어 등에 광고를 게재함으로써 수익을 창출한다. 이에 대해 신청인(음악저작권협회)은 서비스가 미니홈피나 블로그의 방문 자체를 목적으로 하는 것이 아니라 음악을 들을 목적으로 특정한 배경음악이 등록된 미니홈피나 블로그를 검색하여 그 음악을 실행하는 기능을 제공하는 것이므로, 이는 배경음악의 이용허락의 범위를 넘어서서 음악저작물을 공중송신함으로써 신청인의 저작권을 침해하는 행위라고 주장했다.

사실 미니홈피 등의 배경음악으로 사용하기 위해서는 케이티에프뮤직을

---

750) 서울중앙지방법원 2008. 6. 9.자 2007카합3973 결정('뮤프리 판결').

통해 에스케이커뮤니케이션스 등에 금 1,000원 남짓을 지불하고 이용 허락을 받아야 한다. 따라서 인터넷에 공개된 음원은 합법적으로 이용 허락받은 것이며 배경음악을 듣기 위해 미니홈피 등을 방문하는 것 또한 그 자체로 불법이라고 할 수는 없다. 그런데 배경음악을 듣기 위해 미니홈피 등을 방문하거나 이를 유도하는 것은 일반적이라 할 수 없고, 저작권자 입장에서는 자신이 이용 허락한 범위를 넘어서는 저작물 이용이라고 볼 수 있다. 즉, 합법이라는 형식을 갖추었으나 실질에서는 불법인 이용행위에 대해 법원은 저작권침해를 인정한 것이다.

 인터넷상에서 저작물(음악저작물) 파일 정보를 추출해 수익을 창출한 뮤프리의 비즈니스 모델은 이 항에서 논의한 TDM을 활용한 AI 개발사의 비즈니스 모델의 이전(pre) 버전이라 할 만하다. 그런데 뮤프리와 TDM 사이에는 건너뛸 수 없는 강이 흐른다. 형식적이든 실질적이든 이용 허락의 여부에 근본적인 차이가 있다. 뮤프리는 형식적으로는 저작권자로부터 허락을 받은 저작물을 이용했다는 점에서 TDM과 차별된다. 그리고 뮤프리 비즈니스 모델이 작동하도록 한 검색 소프트웨어 특허는 어떤 저작물을 이용했는지 확인(검증)할 수 있는데 반해, TDM을 하는 AI는 대체로 블랙박스로 되어 있어 어떤 저작물을 이용했는지 쉽게 알아내기 어렵다.

 위 뮤프리 가처분사건은 널리 알려지지 않았으나, TDM 면책 논의에 시사점이 작지 않다고 생각한다.

IV
공정이용 논의의 새로운 지평

"Every valley shall be exalted, and every mountain and hill shall be made low: and the crooked shall be made straight, and the rough places plain:"

Isaiah 40:4, Bible (KJV)

위 Ⅲ장이 연역적 논의라면, Ⅳ장은 귀납적 논의와 새로운 제안으로 구성돼 있다. '변형적 이용 이론'을 확대하여 빅테크와 인공지능 개발사가 이를 이용하도록 문호를 활짝 열고 TDM 면책까지 허용한다면, 문화의 형식과 내용이 플랫폼에 종속되는 획일화된 미래가 도래할 수 있고, 나아가 인간과 인공지능의 관계가 역전될 수 있음을 논증함으로써 역으로 공정이용 논의, 특히 TDM 면책 논의에 깊은 사려가 필요함을 역설한다(아래 1. 귀납적·경험적 고찰). 공정이용에 관한 이론과 TDM 면책 논의의 추세에 따라 현실적으로 빅테크와 인공지능 개발사의 저작물 무단 이용을 법적으로 막아내기 어렵다면, 대안으로서 어떤 것이 있을지 고민한다(아래 2. 대안적 논의). 이 장에서는 앞서 본 연구방법론(위 Ⅱ. 4. 공정이용 논의의 새로운 패러다임)에 따라, 법학의 영역을 벗어나 예술학, 사회학, 생물학, 언론학, 언어학, 인공지능 기술 등 다양한 학문의 통섭적 연구를 과감히 펼칠 예정이고, 그 과정에서 법학적 상상력을 발휘해 다양한 예화, 우화, 비유 등을 이용해 이론을 개진할 것이다.

1. 귀납적·경험적 고찰

가. 개요

여기의 논의는 다분히 귀납적·경험적 논의이다. 공정이용이라는 법이 허용한 관문을, 당초 그 문을 지나다니도록 설계된 작은 이용자가 아닌, 초거대 이용자인 빅테크가 드나들고, 나아가 TDM 면책을 통해 인공지능이 창작하고 인간은 보조적 역할에 그치는 것이 대세가 되면, 어떤 상황이 초래될 것인가를 살펴봄으로써 빅테크의 공정이용 제도 활용의 부당성과 TDM 면책 도입의 신중한 접근 필요성을 논증하고자 한다.

먼저 빅테크, 거대 플랫폼의 등장과 시장 지배의 배경에 공정이용 제도의 활용이 있음을 부인하기 어렵다. 공정이용 제도를 통해 저작물을 무상 이용함으로써 발생한 문화의 플랫폼 종속 현상을 살펴본다(아래 나. 문화의 플랫폼 종속 — 플랫폼 측면). 오늘날 AI 개발과 성능 고도화에서 TDM은 불가피한 측면이 있는데, 역으로 저작권이 AI 산업 발전의 장애물 또는 규제로 인식되는 것이 현실이다. 머지않은 미래 인간은 AI 창작을 위한 중간재료 또는 반재료(半材料) 생산자로 전락할 가능성이 있다. 그로 인한 가치 전도(顚倒) 현상을 지적한다(아래 다. 가치 전도 현상 — 인공지능 측면).

창작(예술)자와 소비자가 직접 만나지 않는다는 점, 즉 간접적이라는 점에서 '나. 문화의 플랫폼 종속'(플랫폼을 통한 유통 — 공정이용 제도)과 '다. 가치 전도 현상'(인공지능 창작 — TDM 면책)은 공통적이나, 전자는 유통의 간접화이고 후자는 생산/제작의 간접화라는 점에서 구별된다. 전자는 어쨌거나 인간이 창작하고 유통만 플랫폼을 이용한다는 점에서 과거와 다를 뿐인데, 후자는 인공지능이 창작한다는 점에서 전자보다 더욱 진전된 단계라 할 수 있다. 아래 논의 순서(나 및 다)는 이런 단계적 논의에서 비롯된 것이다. 즉, 전자는 플랫폼을 통한 '유통', 후자는 TDM(머신 러닝)이라는 '창작' 과정의 변화를 다루고 있어, 후자가 전자보다 진전 또는 심화 상태라는 전제하에 논의하기로 한다. 끝으로 공정이용이 표현의 자유를 보장하여, 특히 정치적 의사소통을 활발하게 함으로써 민주주의 신장에 크게 기여할 수 있는데, 오히려 억강부약과는 반대로 정치·사회적으로 약한 지위에 있는 이들의 '표현의 자유'를 억압하는 기제로 작동됨으로써 민주주의의 위기를 초래할 수 있음을 논증한다. 공정이용의 확대·심화 버전인 TDM과 관련해 미디어 산업에 닥친 위기를 소개하고, 이를 타개하는 과정에서 예상되는 언론/미디어 기업의 양면성을 지적함으로써 민주주의가 퇴행될 수 있음을 지적한다(아래 라. 민주주의의 위기 ― 미디어를 중심으로).

나. 문화의 플랫폼 종속 ― 플랫폼 측면

논의는 크게 두 가지로 진행될 것이다. 저작물(창작물)의 사은품(gratitude) 화(化) 경향[아래 (1) 문화의 사은품 화(化) 경향 ― 미끼·끼워팔기 상품으로 전락], 그리고 플랫폼의 요구에 따른 창작의 형식 및 내용의 변화이다[아래 (2) 플랫폼의 문화 지배 현상 ― 주객전도(主客顚倒)]. 위 두 가지는 모두 빅테크의 공정이용 제도 이용의 부당성을 입증하기 위한 귀납적 논의라는 점에서 공통적이지만, 이 둘의 관계에 집중해 보면 원인과 결과임을 알 수 있다. 즉, 빅테크 플랫폼이 그 사업 목적을 위해 공정이용 제도를 통해(악용 또는 전용함으로써) 저작물(문화상품)을 미끼 또는 끼워팔기 상품으로 사용한 결과, 창작물을 가치 있는 재산권의 대상으로 여기던 시대[751]가 더욱 퇴조하는 것이 아닐까 하는 생각이 들 수 있다. 문화가 끼워팔기 상품이 되면, 소비자가 창작물을 직접 구매하기보다는 플랫폼을 통해 무료로[752] 접근하는 것에 익숙해져, 차츰 플랫폼을 매개로 창작물이 유통되는 것이 일반적 현상으로 변한다. 이런 환경에 놓인 창작자는 처음에는 플랫폼의 창작물 이용이 공정이용을 가장한 무단 이용이라고 반발하다가 차차 자기 작품을 향유하는 최종 소비자를 직접[753] 만나거나 거래하는 것이 어려워지면서 오히

---

751) 개성을 강조하는 모더니즘, 근대정신은 18세기 초 저작권의 태동과 관련이 있으며 이후 서구의 19세기를 관통했다.
752) 물론 금전적인 기대가 없다는 것일 뿐 개인정보 등을 제공한 대가로 플랫폼이 제공한 문화상품을 향유한다는 점에서 무상이라고 단정할 수는 없다.
753) 책방, 음반회사 등도 일종의 매개자라고 할 수 있으나, 이들과 플랫폼이 다른 것은

려 플랫폼을 이용하는 쪽으로 선회하게 된다. 이렇게 되면 창작자는 자기 작품이 플랫폼의 공정이용 대상이 되는 것을 더는 문제 삼지 않을 뿐만 아니라 오히려 플랫폼을 적극적으로 이용하게 된다. 이 과정에서 창작자는 작품 구매자인 플랫폼의 요구에 따라 작품의 형식과 내용을 조율하게 된다. 결국 '문화의 사은품 화'[아래 (1)]와 '플랫폼의 지배 현상'[아래 (2)]이 지속되면 장기적으로 볼 때 문화의 황폐화는 불을 보듯 뻔한 일이 될 것이다. 이런 경향이 심화하면 인간의 창작은 인공지능의 기계학습(machine learning)을 위한 중간재를 만드는 것으로 전락할 수도 있다.

또 다른 측면에서 접근하면, 위 둘은 플랫폼에 있는 두 개의 키워드, 즉, 잉여와 획일화로 요약할 수 있다. 플랫폼에 참여하는 이용자의 인지 잉여와 공정이용 제도를 통해 플랫폼이 무상으로 사용하는 저작물754)은 결국 보상

이들 매개자는 해당 창작물을 제작하여 판매하는 것을 목적 또는 주업으로 하는 데 반해, 양면/다면 시장의 플랫폼은 영리를 목적으로 하되 해당 창작물의 판매에서 수익을 내지 않는다는 점에 있다.

754) 저작물은 셔키가 말한 인지 잉여(주 376)에 해당하지 않지만, 이 책에서 주장하는 바와 같이 플랫폼이 무상으로 사용한다는 점에서 넓게 보아 인지 잉여에 포함해 논의할 수 있다는 것이 본 저자의 주장이다. 남형두, 전게논문(주 192), 231-232면. 이해의 편의를 위해 이 논문의 해당 부분을 전재한다.

"한편, 플랫폼 환경에서 빅테크로 집중되는 각종 저작물, 개인정보 등은 위에서 말한 인지 잉여의 범위에 들어가지 않으나, 빅테크 존립 및 성장의 기반이 된다는 점, 그 뿌리로 거슬러 올라가면 플랫폼 생태계의 구성원인 개인에게서 나온다는 점(그것이 의식적인 활동이건 무의식적인 활동이건), 빅테크가 이를 활용하는 과정에서 정보주체의 허락을 받지 않거나 받더라도 형식적이고 때로는 동의를 받지 않아도 되는 법적 의제 장치가 있다는 점 등에서 이 논문의 인지 잉여와 함께 논의할 필요가 있다. 특히 이 논문의 집필 목적상 — 빅테크의 엄청난 성장의 과실을 배분함에 있어 빅테크의 혁신기술 개발자와 플랫폼 운영자가 기여한 부분을 제외하고 빅테크라는 엔진을 작동하게 하는 연료를 제공한 이용자의 몫을 사법적 관계에서 반환하게 하거나 공적으로 회수하는 방안을 모색하려는 것 — 인지 잉여의 범위를 넓혀서 논의하려고 한다. 요약하면 저작물이나 개인정보는 엄밀한 의미에서 인지 잉여에 포함되지 않으나 위와 같은 논의의 필요에 따라 이 논문에서는 인지 잉여라는 하나의 개념으로 묶어 다루고 있음을 밝힌다."

이 따르지 않는다는 점에서 잉여와 착취의 구조로 이해할 수 있고, 플랫폼의 요구에 따라 창작자는 창작물의 형식과 내용까지 영향을 받는다는 점에서 문화의 획일화가 문제로 떠오른다. 이 둘은 연결돼 있다. 플랫폼이 조장하는 문화의 획일화가 바람직하지 않은 것이라는 데 공감대가 형성되면 잉여와 무상 제공의 착취 구조를 막아야 할 것이다. 즉, '잉여-착취-획일화'라는 흐름이다. 그런데, 획일화에 큰 문제의식을 느끼지 않는다면 잉여에 대한 착취로 보지 않게 되고, 위 흐름의 구도는 깨지게 된다. 따라서 플랫폼이 가져오는 문화의 획일화에 대한 인식 여하가 이 글의 주제인 공정이용을 보는 시각을 좌우하게 되는 것이다.

끝으로 문화의 플랫폼 종속에 대한 예상 반론을 상정하고 이에 대한 재반론을 제시한다[아래 (3) 예상 반론과 재반론].

(1) 문화의 사은품 화(化)[755] 경향 — 미끼·끼워팔기 상품으로 전락

문화를 사은품 화하는 데 가장 앞장서 가는 관심 추종 기업(attention seekers)으로서 구글이란 회사에 주목해 보기로 한다.[756] 위키백과에 따르면 구글에 대한 소개 첫머리는 다음과 같이 시작한다.

> "구글(영어: Google LLC)은 구글 검색을 중심으로 스마트폰 운영체제인 안드로이드와 유튜브 사업, 클라우드 사업을 하는 미국의 기업이다."[757]

---

755) '문화의 사은품 화(化)'라는 개념은 본 저자가 저작권문화 기고문에서 처음 만들어 썼다. 남형두, 전게글(주 516).
756) 2022년 11월 ChatGPT의 출시 이후 마이크로소프트(Bing)의 검색 시장점유율이 다소 오르고 구글의 비중이 그만큼 줄어들었으나 구글은 여전히 검색 시장의 최강자 지위를 차지하고 있다. 주 185, 585 참조. 한국 네이버나 카카오도 ChatGPT와 유사한 생성형 AI 개발에 박차를 가하고 있는데, 그 자체가 수익 모델이 될 수 있기도 하지만 구글과 같은 관심 추종 기업이란 점에서 '강 건너 불구경할' 수 없기 때문이기도 할 것이다.

이 회사의 주요 비즈니스, '검색', '안드로이드', '유튜브', '클라우드' 등은 하나같이 저작권과 깊은 관련이 있다. 1998년에 설립된 이 회사가 대표적인 글로벌 대기업758)이 되는 과정에서 위 키워드가 말해주듯 <u>저작권 문제가 기업의 생존과 사활의 가장 큰 걸림돌이었고, 그 해결이 성장의 가장 큰 도약대였다</u>고 감히 진단한다. 저작권 문제와 해결은 이 기업 역사의 분기점이 된 것이다. 앞서 본 바와 같이 스마트폰 운영체제인 안드로이드는 Oracle이 저작권을 갖고 있었는데 구글이 무단으로 복제 이용한 후 수년간 재판을 통해 공정이용이라는 판결을 받아냈고, 구글 정보검색의 핵심이라 할 수 있는 Google Books 프로젝트 역시 오랜 저작권분쟁을 통해 법원에서 공정이용을 확인받았다. 유튜브 사업759)은 수많은 영상저작물을 매개하는 것으로서 앞서 본 바와 같이760) 구글은 심지어 저작권자와 이용자(유튜버) 사이에서 공정이용 여부에 관한 판정자 역할을 하고 있다. 클라우드 서비스 역시 저작물의 복제와 공중송신이라는 저작권침해 문제가 도사리고 있음은 길게 설명할 필요가 없다. 오늘날 안드로이드, 정보검색, 유튜브를 뺀 구글을 상상

---

757) https://ko.wikipedia.org/wiki/구글(2024. 12. 30. 방문).
758) 알파벳(Alphabet)으로 사명을 변경한 구글은 2025. 1. 7. 현재 미국 주식시장(NASDAQ과 NYSE) 시가총액 기준 4위이다($2,323bn). https://www.myfinpl.com/investment/stock/ranking (2025. 1. 28. 방문).
759) 구글의 오늘이 있기까지 수많은 인수합병이 있었는데, 그중 유튜브 인수는 구글 역사의 분기점으로 평가받고 있다. 구글은 2006년 유튜브를 16억5천만 달러라는 당시로서는 큰 금액으로 인수했다. 김계환, "구글, 유튜브 16억5천만 달러에 인수", 한겨레 2006. 10. 10.자 기사, https://www.hani.co.kr/arti/international/globaleconomy/163105.html (2024. 12. 30. 방문). 구글이 유튜브를 인수한 후 2020년 처음 공개된 유튜브의 재무 성과에 따르면, 유튜브가 2019년 광고로 벌어들인 수익은 무려 151억5천만 달러였다고 한다. 정원엽, "처음 공개된 유튜브 실적... 광고 매출만 연 18조원, 네이버의 3배", 중앙일보 2020. 2. 4.자 기사, https://www.joongang.co.kr/article/23697351#home (2024. 12. 30. 방문). 2020년 이후 유튜브의 광고 매출은 지속적으로 성장하고 있다는 점에서 구글의 유튜브 인수는 가장 성공적인 기업인수합병 사례의 하나로 인정받고 있다.
760) 위 III.3.라. (2) 사실상 사법 기능 수행 ― 사법주권의 형해화 참조.

할 수 없는데, 그 핵심적 역량의 이면에는 저작권분쟁과 그 해결이 있었다.

주지하는 바와 같이 구글은 영리기업으로서 그 매출 대부분을 광고에 의지하고 있다. 광고의 핵심은 많은 사람에게 노출되는 데 있다. 사람들의 왕래가 잦은 길거리의 옥외광고와 다수의 사람이 선택하는 방송과 신문 등 전통적인 광고매체(이상 '오프라인 광고')는 온라인 광고761)와 노출에서 비교가 되지 않을 정도이다.762) 광고 효과를 높이기 위해서는 수많은 이용자를 모아야 하는데, 구글은 이용자가 관심 가질 만한 매력 있는 콘텐츠를 미끼로 삼는 전략을 써 왔다. 그런데 콘텐츠의 상당수는 저작권자의 허락 없이 사용할 수 없는 저작물이다. 그중에는 소프트웨어 개발자들에게 개방된(오픈소스) 안드로이드 운영체제도 포함돼 있다. 매출은 광고에서 발생시키되, 주된 전장(戰場)은 '사람 끌어모으기'에 있으니 이는 마치 전통적인 금융업의 예대마진 기법과 유사하다.763) 즉, 예대마진에서 수익을 취하는 전통적인 은행의 수익 모델은 예금을 확보하기만 하면, 늘 대출 수요가 대기하고 있으므로 낮은 예금 이율과 높은 대출 이율의 차이에서 안정적 수익이 창출되는 구조이다. 마찬가지로 구글과 같은 관심 추종 기업은 사람들의 제한된 관심을 놓고 경쟁하면서 이용자들을 자신의 사이트에 방문하게만 하면 대출 수요처럼 대기하고 있는 광고 수요에 따라 광고 매출이 자동적으로 발생하는 것이다. 한편, 금융기관은 예금이자를 지급하면서 수신 고객을 유치하지만, 구글은 콘텐츠 대부분을 무료로 가져다 쓴다. 원자재 매입을 위한 비용이 'zero'인

---

761) 본 저자는 이를 '전통 장터'와 '온라인 장터'로 비유해 설명해 왔다. 남형두, 전게논문(주 366), 294-300면.
762) 한국에서 1996년부터 2018년까지 22년 동안 신문의 광고 총액은 62.8% 성장했으나, 인터넷 광고 규모는 53배 성장했다고 한다. 홍성철·강연곤, "포털 뉴스의 등장과 한국 신문산업의 20년 변화", 언론과학연구 제21권 제3호, 2021, 63-64면. 1998년 설립된 구글이 2008년에 기록한 매출 218억 달러에서 광고 수입이 97%를 차지하는데, 이 금액은 이미 미국의 주요 방송사 5개(CBS, NBC, ABC, FOX, CW)의 광고 수입을 합한 것에 필적했다고 한다. 구글에 관한 위키백과 자료, 주 757 참조.
763) 주 665; 남형두, 전게논문(주 366), 303-306면.

셈이다. 이를 가능하게 하는 데 크게 기여한 것이 다름 아닌 '공정이용'이다.
 구글 등 빅테크 기업이 저작물 등 콘텐츠를 무료로 공급받는 데 기업의 명운을 걸고 있는 상황에서 이를 가로막는 공정이용 제도가 무너졌을 때 어떤 일이 발생하는지 좀 더 살펴보기로 한다.764)

(가) 관심 끌기 경쟁과 빅테크 플랫폼

 시간은 남녀노소, 빈부를 막론하고 누구에게나 하루 24시간씩 부여되어 있다. 그 시간 중 의식적인 인지 활동에 사용될 수 없는 수면 시간 등을 제외하면 의미 있는 시간은 더욱 제한되는데,765) 이러한 한정된 시간의 관심을 끌어모아야 하는 빅테크에는 익히 알려진 GAFA (Google, Amazon, Facebook, Apple)가 있다. 각각의 주 수익원은 광고수익, 물건 판매수익, 구독수익, 앱 결제수익 등으로 차이가 있지만, 이들은 한결같이 얼마나 많은 사람의 관심을 끌어들여 자기 사이트에 머물게 하느냐를 두고 경쟁하고 있다. 제한된 자원을 차지하려고 경쟁하다 보니 시간이 흐를수록 GAFA의 점유율은 후발 경쟁자가 따라올 수 없을 정도로 높아져, 부익부 빈익빈 현상이 가속화되고 있다. 경쟁 당국이 적극적으로 개입하지 않는다면 멀지 않은 장래에 이들 몇 개의 기업만 남아 인류의 제한된 관심 자원을 놓고 서로 제로섬(zero sum) 경쟁을 하게 될지도 모른다.
 빅테크 매출에서 광고 수입이 차지하는 비중은 지속적으로 늘어나는 추세다.766) 빅테크 안에서 다소 차이가 있지만, 특히 페이스북의 광고 수입 의존도는 매우 극적이다. 광고주들은 사람이 많이 모여들고 장시간 머무는 구

---

764) 아래의 내용은 본 저자의 전게글(주 516)을 바탕으로 이 책에 맞게 수정 보완한 것이다.
765) 이 점에서 2019년 넷플릭스의 최고경영자 헤이스팅스(Reed Hastings)가 넷플릭스의 라이벌은 디즈니 플러스가 아니라 인간의 수면 시간이라고 한 발언은 의미심장하다. 진영화, "헤이스팅스 넷플릭스 CEO '우리의 경쟁상대는 인간의 수면시간'", 매일경제 2019. 11. 7.자 기사, https://www.mk.co.kr/news/society/9056222 (2024. 12. 30. 방문).
766) 주 469 참조.

글과 페이스북에 광고하면 그 효과가 전통적 미디어(legacy media)에 비할 수 없을 정도로 크다는 것을 알고 있다. 그래서 이들 플랫폼 기업은 인터넷에서 트래픽을 늘리는 것을 최고의 영업전략으로 삼는 것이다.767)

(나) 관심 끌기용 미끼로서의 저작물

그렇다면 어떻게 사람들의 관심을 사로잡을 것인가? 이 질문에 대한 답은 어렵지 않게 찾을 수 있다. 사람들이 좋아하는 것을 제공하면 되기 때문이다. 구글은 대중이 좋아하는 것 중 대표적으로 검색서비스와 유튜브를 무료로 제공하고 있으며, 메타(페이스북)는 소셜 네트워크 서비스(페이스북, 인스타그램), 소셜 메신저 서비스(왓츠앱)를 역시 무료로 제공한다. 하루도 이들 서비스를 쓰지 않고 지낼 수 없을 정도로 전 세계 많은 사람은 이들 사이트에 드나들고 장시간 머무르게 된다. 애플의 경우 이들 기업과 조금 다른 마케팅전략을 쓰고 있는데, 아이폰, 아이패드, 앱 스토어 등 애플 계열 IT 생태계에 친숙한 이들의 강력한 충성심으로 특정 소비층을 확보하고 있다. 광고 수익보다는 직접 구매(iTunes 모델) 또는 앱 결제수익(앱 스토어)에 집중하는 것이 메타와 다르다. 이들 세 기업과 달리 아마존 웹 서비스

---

767) 물론 트래픽만으로 광고 영업이 저절로 되는 것은 아니다. 페이스북은 이용자의 개인정보를 활용해 맞춤형 광고를 함으로써 광고 효과를 높여 왔는데, 2021년 애플이 '앱 추적 투명성(ATT)' 정책을 도입해 맞춤형 광고를 하는 페이스북과 구글을 견제함으로써, 양대 진영의 갈등이 고조됐다. 애플이 채택한 옵트인 방식은 소비자의 호응을 받아 1년 만에 광고 수익이 급증한 반면, 여전히 옵트 아웃 방식을 고수한 메타(페이스북)의 광고 수익은 창사 이래 처음으로 감소하는 대조를 보였다. 노정연, "페북 '애플과 싸우겠다' … 전면전 치닫는 '디지털 패권 다툼'", 경향신문 2020. 12. 21.자 기사; 최은수, "3년 전 애플 VS 페북 광고 프라이버시 논쟁, 승자는?", 뉴시스 2023. 4. 9.자 기사, https://mobile.newsis.com/view.html?ar_id=NISX20230407_0002258663 (2024. 12. 30. 방문). 이처럼 트래픽을 모아 영업을 하는 빅테크 간 개인정보 보호정책 등에서 차등화를 통해 경쟁자를 제압하는 싸움이 지속되고 있는데, 어쨌든 이들 경쟁의 핵심이 트래픽 획득에 있다는 것만은 변함이 없다.

(AWS)의 경우 엄청난 물류사업과 온라인 유통을 위해 구축해 놓은 웹 스토리지를 타 기업에 빌려주는 데서 큰 수익을 내고 있다. 아마존이 사람들을 끌어모으는 것은 구글/메타와 다르지 않다. 다만 모인 사람들이 구매자냐 광고 노출의 대상이냐의 차이가 있을 뿐이다. 아마존은 자사 사이트의 트래픽을 늘릴 방편으로 미국인들이 좋아하는 미식축구(NFL)의 독점 중계권을 따냈고, 메타는 전미농구(NBA) 중계권을 거액에 사들인 지 오래됐다.768) 비싼 유료 방송 수신료 부담 때문에 TV에서 시청하고 싶어도 보기 힘든 스포츠 중계방송을 아마존 사이트에서 볼 수 있으니 수많은 사람이 아마존의 유료 구독형 서비스인 아마존 프라임 회원에 가입한다. 아마존 사이트에서 미식축구 경기를 보는 팬 중에 상당수는 자신이 좋아하는 선수의 셔츠나 모자를 구입하는 경우도 있지 않을까? 이 대목에서 아마존 창업자 베이조스(Jeff Bezos)가 했다는, "신발을 팔기 위해서라도 영화를 만들어야 한다"라는 말은 오늘날 아마존의 성장전략을 고스란히 보여주고 있다.769) 최근 오픈AI의

---

768) 남형두, 전게논문(주 366), 299-300면. 이후 업데이트 정보는 다음 참조. 황순민, "스포츠, OTT '킬러 콘텐츠'로 떴다", 매일경제 2023. 10. 9.자 기사. 글로벌 OTT 공룡들 중 애플 OTT(Apple TV+)는 미국 프로축구(MLS) 2023년~2032년 독점중계방송권을 위해 25억 달러를 지불했는데, 리오넬 메시의 미국 이적 후 미국 내 축구 열풍과 무관하지 않다. 아마존 프라임은 NFL(프로 미식축구), ATP(남자프로테니스) 중계권을 확보했다. 대표적인 OTT 넷플릭스도 스포츠 중계 사업 진출을 고민하고 있다고 한다. 한편, 쿠팡은 한국에서 전자 상거래 사업을 운영하는 미국의 플랫폼 기업으로서 스포츠와 드라마 등 인기 콘텐츠를 제공하는 자사 OTT인 쿠팡플레이를 통해 회원 수를 증가시키는 전략을 쓰고 있다. 쿠팡이 2022년 OTT 쿠팡플레이에서 손흥민 선수가 소속된 영국 프로축구리그 토트넘 핫스퍼 초청 경기를 단독 중계하고, 2024년에는 미국 프로야구(MLB) 개막전을 서울에서 개최했는데 티켓 판매대행사로서 쿠팡 회원으로 가입해야만 티켓을 구매할 수 있도록 하여 크게 화제를 모았다. 남형두, "쿠팡, 토트넘 초청의 놀라운 효과", 한국경제신문 2022. 7. 18.자 칼럼; 김성태, "'MLB 개막전·아시안컵 중계' 쿠팡플레이, 이용자 1년 만에 63.3%↑", 서울경제 2024. 2. 7.자 기사, https://www.sedaily.com/NewsView/2D59MDIW8Z (2024. 12. 30. 방문). 쿠팡의 비즈니스 전략은 아마존을 모델로 한 것으로 보인다.

769) 본 저자의 전게논문(주 366)의 제목, "신발을 위한 영화 — 플랫폼 사업자의 콘텐츠

눈부신 성장의 덕을 톡톡히 보는 기업은 마이크로소프트이다. PC 시대 윈도우즈 OS로 시장을 장악했으나 한때 모바일 시대에 뒤처졌던 마이크로소프트가 과거 전성기를 회복한 것으로 보인다. 이로써 한동안 득세했던 GAFA 용어가 주춤하고 그 자리를 'Magnificent 7'(Microsoft, Apple, NVIDIA, Alphabet, Amazon, Meta, Tesla)770)이란 새 용어가 대체하였다.

사람들의 관심을 끄는 데는 스포츠, 영화, 음악과 같은 이른바 킬러 콘텐츠와 매일 생산되는 뉴스콘텐츠만 한 것이 없다.771) 문제는 빅테크가 막대한 매출을 일으키는 원자재 — 관심 끌기(미끼)용 콘텐츠 — 를 획득하기 위해 지출하는 비용이 매출에 비해 미미하다는 데 있다. 그나마 아마존과 페이스북은 앞서 본 바와 같이 거액을 들여 빅 스포츠의 중계방송권을 사들여 제공하고 있지만, 구글의 경우 이용자들에게 제공하는 대부분 콘텐츠 — 검색에 제공되는 저작물과 개인정보 등의 콘텐츠 — 중 대가를 주고 사는 것이 거의 없을 정도다. 물론 구글 쪽에서 보면 지메일 서비스를 제공하고 이용자의 소중한 개인정보를 얻기도 하므로 대가가 없다고 할 수는 없지만, 금전적으로 지불되는 것이 없는 것은 분명하다. 그러니, 구글이 수많은 콘텐츠를 모아 빅데이터를 구축할 수 있게 만들어 준 일등 공신은 뭐니 해도 공정이용 제도라 하지 않을 수 없다.

⑷ 플랫폼을 매개로 만나는 창작자와 소비자

플랫폼이 인간의 관심(시간)을 독차지하다 보니 시장은 급속도로 이에 적응하기 시작한다. 콘텐츠를 만드는 창작자들과 이를 감상(소비)하는 이용자

확보에 따른 법적 문제 — "은 베이조스의 말에서 착안한 것이다. 남형두, 전게논문(주 366), 292면; 남형두, "경제성장의 엔진 문화·지식산업", 한국일보 2020. 12. 9.자 칼럼 참조.
770) 이는 2024. 7. 20. 현재 미국 뉴욕 나스닥 시총 순위로 기재한 것이다. https://www.myfinpl.com/investment/stock/nasdaq/ranking (2024. 12. 30. 방문).
771) 뉴스 저작물에 관한 빅테크와 뉴스미디어 사이의 갈등은 주 879 참조.

들이 플랫폼을 매개로 만나는 것은 일상이 되고 있다. 소비자들은 유통시장이 변하면 빠르게 적응한다. 예를 들어 대형서점 때문에 동네서점이 문을 닫게 되고, 온라인 서적 판매 사이트가 성행하자 대형서점이 온라인 판매에 뛰어드는데, 바뀐 유통구조에 독자들은 적응한다. LP나 CD와 같은 형식의 음반시장을 음원시장이 대신한 후 — 물론 LP 음반을 여전히 선호하는 마니아를 위해 LP 음반이 출시되기도 하지만 — 음악소비자들은 바뀐 음원시장에 적응한다. 인류가 존재하는 한, 책 등 문자로 된 매체를 읽거나 음악을 감상하는 소비자들이 사라질 일은 없을 것이므로, 유통시장의 변화로 창작 및 소비 행위가 없어지지는 않고, 다만 형태만 바뀔 것이다.

플랫폼이 문화상품을 매개하는 시대에는 소비자가 창작자와 작품을 직접 경험하고 그 경험에 터 잡아 구매를 결정하는 것이 점점 어려워진다. 동네 책방이나 대형서점에 들러 서가에 꽂혀 있는 책을 일부 읽어 보고 자기에게 필요한 책인지를 확인한 후 구매를 결정하는 것은 이제 과거의 일이 되어버렸다. 신문사 출판 기자가 주말 북 섹션(book section)에서 추천해 주는 책이나 포털(한국의 대표적인 포털 네이버)의 도서 검색 순위에 의존해 구매하기 쉽다. 음반이나 공연도 마찬가지다. 구매자들이 문화상품을 구매하는 과정이 이렇다 보니 검색 순위 조작이 성행하는 것이다. 좋게 말하면 마케팅 전략이라고 할 수 있지만, 검색 순위를 단기간에 올리기 위해 돈을 받고 사재기함으로써 조작하는 것은 일종의 사기에 해당하는 불법행위다. 상황은 조금 다르지만 몇 해 전 팬 투표를 조작한 '프로듀스 101 판결'에서 한국 법원이 업무방해죄를 인정한 것은 이와 같은 조작에 사법적 제재가 가해졌다는 점에서 의의를 찾을 수 있다.[772] 물론 순수한 팬덤 현상으로서 팬들이 집중적으로 구매하거나 접속함으로써 자신들이 좋아하는 스타와 음반의 검색 순위를 올리는 것은 돈을 받고 순위를 조작하는 행위와 비교할 수 없을

---

772) 대법원 2021. 3. 11. 선고 2020도17078 판결('프로듀스 101 판결').

것이다.773) 그런데 일반인의 관점에서 보면 두 가지 모두 자연스러운 것은 아니라 할 수 있다. 이런 현상은 플랫폼이 문화상품의 유통경로가 되는 한 앞으로도 지속될 것으로 보인다.

구매자와 소비자의 분리

플랫폼의 유통 및 거래 구조를 저작권자 중심에서 보면 플랫폼은 직접 거래 상대방, 최종 이용자는 간접 거래 상대방이라 할 수 있다. 플랫폼은 저작물을 그 자체로 이용하지 않으므로 구매자일지언정 이용자는 아니라는 점에서 플랫폼 환경에서 저작물의 구매자와 이용자가 분화되는 셈이다. 소비재에서 구매자와 이용자의 분리 현상은 플랫폼 환경이 아니더라도 쉽게 목격할 수 있다. 예컨대 영유아와 부모, 집단급식 대상자(학생, 수용자)와 급식업무 담당자 등이다. 최종 이용자(end users)의 요구에 잘 부응하는 구매자가 있는가 하면, 그렇지 않은 구매자도 있다. 예를 들어 가정에서 어린아이가 갖기를 원하는 것, 학교급식에서 학생이 좋아하는 음식을 부모나 급식담당자가 구매할 때가 있지만, 꼭 그렇지만은 않다. 이는 자녀와 학생의 건강과 미래를 위해서일 수도 있으나 구매자 측 사정, 즉 제품 가격이나 구매편의성 때문일 수도 있다. 이들 구매자(부모, 급식담당자)와 최종 이용자(자녀, 학생)의 관계를 플랫폼과 이용자의 관계로 치환하는 것이 반드시 매끄럽지만은 않지만, 구매자와 이용자(소비자)가 분리되는 공통점이 있다는 데

---

773) 대중음악 전문가들은 팬들이 실시간 차트 순위를 올리기 위해 새벽 시간 등을 활용해 다운로드, 스트리밍을 집중 받아 순위를 올리는 것과 브로커를 고용한 '음원 사재기'를 분류하기도 한다. 전자는 팬덤 현상의 하나로서 수익 목적이 아니라 자신이 지지하는 가수에 대한 애정과 충성도에 기반한 것이므로 실수요에 의한 구매 행위인 데 반해, 후자는 해킹 등을 통한 불법적인 행위라고 보는 것이다. 조유빈, "[음원 사재기 논란③] 팬덤 구매와 음원 사재기 다르게 봐야", 시사저널 2019. 12. 7.자(1573호), http://www.sisajournal.com/news/articleView.html?idxno=193558 (2024. 12. 30. 방문).

서 참고할 수 있다고 생각한다.

플랫폼의 이용자에 대한 태도가 자녀와 학생/수용자의 건강과 행복을 위해 애쓰는 부모나 기관책임자의 태도와 같으리라고 생각하기는 어렵다. 가장 큰 차이는 플랫폼과 이용자의 관계는 철저히 플랫폼 자체의 수익 극대화에 맞춰져 있다. 이 논의를 조금 더 진전해서 광고에 적용해 보기로 한다. 소비재 제품 제조판매사는 최종 이용자(위 예에서 자녀, 학생 등)를 타겟팅하여 광고한다. TV 광고 등을 통해 제품의 존재 및 효능을 알게 된 최종 이용자의 요구가 구매자인 부모와 기관담당자에게 잘 전달되는 가정이나 기관이라면 이런 광고 마케팅은 성공할 것이다.774) 그런데 소통이 잘 이루어지지 않는 가정 또는 기관이라면 상품 판매자는 오히려 구매자를 대상으로 광고하거나 로비 등 마케팅을 하게 된다. 플랫폼의 경우 소통이 이루어지지 않는 가정 등의 경우와 비교할 수 없을 정도로 일방향적이다. 다시 말해, 이

---

774) 어린아이가 소비하는 상품의 상표권침해 사건에서 상표 유사 판단의 기준이 되는 주체를 수요자로 본 것이 있어 소개한다. 이른바 상표 유사 판단의 세 요소인 외관, 칭호, 관념 중에서 외관 및 칭호는 유사하고, 조어(造語) 상표라는 점에서 관념의 차이는 문제가 되지 않은 사안이다. 서울지방법원 2001. 4. 20. 선고 2000가합66329 판결(재판장 판사 정장오, 판사 권영준, 판사 이상주, '요쿠르트 판결'). "그러나, 비록 상표 자체의 외관, 칭호, 관념에서 서로 유사하여 일반적·추상적·정형적으로는 양 상표가 서로 유사해 보인다 하더라도 당해 상품을 둘러싼 일반적인 거래실정, 즉 시장의 성질, 당해 상품의 속성과 거래방법, 상표의 사용상황, 상표의 주지정도 등을 종합적·전체적으로 고려하여 거래사회에서 수요자들이 구체적·개별적으로는 명백히 상품의 품질이나 출처에 오인·혼동의 염려가 없을 경우에는, 양 상표가 공존하더라도 당해 상표권자나 수요자 및 거래자들의 보호에 아무런 지장이 없으므로, 결국 양 상표를 유사하다고 할 수 없다." 위 판결 내용 중 수요자와 거래자를 따로 설시하고 있는 것에 주목할 필요가 있다. 분쟁 상표의 상품이 주로 미취학 아동들을 대상으로 하는 유제품이라는 점에서 구매자인 부모를 기준으로 하면 외관, 칭호가 유사하여 출처에 오인·혼동의 염려가 있다고 볼 수 있으나, 실제 수요자인 아동을 기준으로 하면 그런 염려가 없다고 보아 양 상표의 유사성을 인정하지 않은 판결이다. 본 저자는 이 소송에서 피고 소송대리인으로 참여해, 출처의 오인·혼동 여부 판단에서 '수요자의 범위'를 중요하게 보아야 한다고 주장했는데, 결과적으로 피고측 주장을 법원이 받아들였다.

용자의 요구와 취향을 알더라도 플랫폼의 수익 극대화에 도움이 되지 않는다면 이용자의 니즈는 우선 고려 대상에서 제외될 수 있다. 창작물의 구매(취득)와 이용이 분리된다는 점에서 볼 때, 플랫폼을 매개로 만나는 창작자와 이용자는 플랫폼의 강력한 영향력 아래 놓이게 된다고 할 수 있다. 창작자/이용자에 대한 정보에서 플랫폼과 이용자/창작자의 비대칭성은 매우 클 수밖에 없다는 점에서 플랫폼의 강력한 영향력은 창작물 유통경로를 지배하고 나아가 왜곡할 수 있는 중요한 요인이 될 것이다.

⑷ 전통적 저작권환경의 몰락과 창작물의 사은품 화(化)

위와 같은 현상에는 저작물의 전통적인 유통경로를 통한 본연의 수익 구조가 더는 작동될 수 없는 저작권환경도 한몫하고 있음을 부인하기 어렵다. 한때 세계를 떠들썩하게 했던 가수 싸이(PSY)의 강남스타일은 다운로드 286만 건, 스트리밍 2,732만 건을 기록하는 등 당시로서는 공전의 히트를 했으나, 저작권 수입이 고작 3,600만 원이었다고 하여 충격을 준 적이 있다.[775] 저작권 수입이 이렇다 보니 싸이를 포함한 인기 가수들은 저작권에

---

775) 손봉석, "싸이 '강남스타일' 음원 저작권료 수입…깜짝", 경향신문 2012. 10. 4.자 기사, http://news.khan.co.kr/kh_news/khan_art_view.html?art_id=201210040910551 (2024. 12. 30. 방문). 가수 싸이가 '강남스타일'로 세계적인 히트를 했지만 정작 국내 음원의 저작권료 수입은 4000만 원이 안 되는 것으로 나타났다. 이는 국회 국정감사에서 다른 나라에 비해 온라인 음원 가격이 매우 낮게 책정돼 있다는 것을 지적하는 과정에서 나온 것이다. 이경호, "남경필, '초대박 싸이, 저작권수입 3600만원도 안돼'", 아시아경제 2012. 10. 4.자 기사, https://cm.asiae.co.kr/article/2012100410432188975 (2024. 12. 30. 방문). 저작권료가 상대적으로 높은 선진국에서는 한국보다 사정이 낫겠지만, 한국에서 대체로 창작활동의 본래적 수입(primary income)은 여전히 적을 뿐 아니라 다른 수익 기회와 비교하면 대개 창작자들이 그 본래적 수입에 기대기 어려운 것이 사실이다. 사정이 이렇다 보니 매크로 시스템을 이용하는 브로커에게 저작권수익의 80%를 넘겨준다는 조건에도 불구하고 많은 가수/기획사가 이런 음원 사재기를 통한 순위 조작의 유혹에 쉽게 넘어간다. 이는 단지 순위를 올리는 데 목적이 있다기보다는 높은 순위와 인지도를 기반으로 광고 출연 등 다른 경제적 수익의 기회를 잡는

서 나오는 수입에 의존하는 대신 인기를 발판으로 다른 수익 기회를 찾는 것이다.

　문학, 음악 등 문화상품의 바뀐 유통환경에 적응하여 나름 제 길을 모색하는 창작자들의 선택을 탓하거나 잘못이라고 단정할 수는 없다. 다만 이 대목에서 지적할 수 있는 것은 이용자/소비자가 문화상품(창작물)을 구매함으로써 창작자에게 저작권료를 지급하는 전통적인 방식이 버림을 받게 되면 종국적으로 플랫폼의 상단에 오른 몇몇 창작자들과 콘텐츠만 살아남게 될 가능성이 크다는 것이다. 플랫폼의 주목을 받지 못하는 대다수 창작자는 미미한 저작권 수입으로 생존하기 어렵게 될 것이고, 이런 상황이 지속되면 창작자의 플랫폼 예속 현상은 가속화될 우려가 있다.776)

　한편, 처음부터 본연의 수입(음원 판매수입, 책 인세)보다는 플랫폼으로부터의 수입에 관심을 더 기울이는 창작자도 있다. 이는 창작자가 광고 수입에 절대적으로 의존하는 플랫폼의 영업 방식에 도움을 주는 영업 보조자로 자신을 자리매김하는 것으로서, 창작자 스스로 자신의 창작물을 '사은품 화(化)'하는 길을 선택한 것이라고 볼 수 있다. 플랫폼이 창작행위를 사실상 무상으로 착취하고 있다고 비판한 일본의 만화작가이자 비평가인 오쓰카 에이지(大塚英志)는 플랫폼이 개방된 투고의 장을 연 것처럼 보이지만 실제로는 이용자에게 무상으로 콘텐츠를 제공하게 하는 동시에 그 콘텐츠를 보러 오는 사람에게 회비(콘텐츠 사용에 대한 대가)를 받아 수익을 창출하거

데 있다고 생각한다.
776) 여기에 창작자들의 패배주의 의식이 작용할 수 있다. 자신의 창작물을 공정이용을 이용해 사실상 무상으로 이용하는 플랫폼을 대항해 막아낼 수 없다고 판단한 나머지 차라리 플랫폼에 먹혀서라도 널리 알리는 전략을 취하는 것이다. 정신적 고뇌라는 창작행위와는 어울리지 않는 '플랫폼 편승' 행위를 전략이라고 말하는 것 자체가 비극이다. 그 점에서 만화가로서 일간지에 날카로운 비평을 써온 김태권의 다음 글은 울림이 있다. 김태권, "'한 배에 탄' 창작자와 플랫폼의 상생전략", 경향신문 2020. 12. 14.자 칼럼. 독자로부터 유리된 창작자들의 쓸쓸한 뒷모습이 느껴진다.

나, 광고 수익을 올리는 비즈니스 모델을 따르는 것이라고 주장했다.777) 오늘날 많은 플랫폼이 창작자의 투고라는 무상 노동으로 만들어진 콘텐츠로 이익을 얻는 경향을 정확히 파악한 것으로 보인다.

플랫폼 환경에서 창작물의 사은품 화는 역으로 '자본의 노동자 착취'로 설명되기도 한다.778) 오쓰카 에이지에 따르면, 인터넷에는 창작행위를 통해 이익을 추구하지 않는 '무상 봉사의 미덕'이 여전히 남아있는데, 이런 미덕 이면에는 예술의 숭고함과 창작자의 청빈이라는 근대 문학과 예술의 판타지가 작용하고 있다고 한다.779) 오쓰카 에이지는 그와 같은 미덕이 인터넷에 도입되면 무상 노동은 예술과 문학이 아닌 플랫폼 기업에 봉사하도록 강제된다고 역설한다.780) 자본(플랫폼) 입장에서 '착취'와 노동(창작자) 입장에서 '무상 봉사의 미덕'이라는 오쓰카 에이지의 주장을 저작권법으로 환원하면 '공정이용의 일탈'로 일컬어질 수 있다.

(2) 플랫폼의 문화 지배 현상 ― 주객전도(主客顚倒)

(가) 유통경로 장악이 초래할 형식·내용 지배781)

문화 영역에서 창작을 고정(fixation)하는 매체/매개 수단이 없으면 창작자는 장르를 불문하고 생(生) 실연(live performance)에 의존할 수밖에 없다. 그리스 시대 각종 공연이 소리 전달이 잘 되는 원형 극장이나 실내에서 이루어졌던 이유가 여기에 있다. 금속활자 발명 이후 서적 보급의 증가는 식자

---

777) 오쓰카 에이지, 선정우 역, 『감정화하는 사회』, 리시올, 2020, 68-70면.
778) 위의 책, 70면.
779) 위의 책, 73면.
780) 위 같은 면.
781) 이 논의의 상당 부분은 본 저자의 다음 글에서 가져왔다. 남형두, "[남형두의 법과사랑] 쿠팡플레이 드라마 '안나' 사태로 본 플랫폼과 저작권", 한국경제신문 2022. 9. 19. 자 칼럼.

(識者)층의 확대로 이어졌고,782) 문학은 말(구전)에서 글(책)로 매체의 변화를 겪게 된다. 이는 중세의 막을 내리고 근대를 여는 단초가 된다. 음악에서도 변화가 생긴다. 종교음악 중심에서 개성을 중시하는 낭만파 음악이 활짝 꽃피우면서 작곡가와 연주자는 후원자들을 찾아 나라와 도시를 이동하였다.783) 종래 소수의 식자층과 귀족을 고객으로 삼았던 작가들은 자신의 독자를 갖게 되었으며, 음악가·미술가 등 창작자들은 자신을 알아보고 좋아하는 소비자를 갖게 되었다. 이와 같이 개성을 중시하는 시대에 저작권 보호의 필요성이 생겨 대체로 이 시기에 유럽에서는 저작권이 태동되고 저작권법이 제정되기에 이른다.

그런데 축음, 사진 등 복제 기술의 발전에 따라, 창작자와 소비자(독자, 관객 등)가 직접 연결되던 시대가 저물고 책, 음반, 사진 등 매체를 통한 간접적 연결 시대가 열리게 된다. 발터 벤야민이 말한 대중문화 시대에 접어

---

782) Carla Hesse, "The Rise of Intellectual Property, 700 BC to AD 2000 - An Idea in the Balance", DAVID VAVER, ed.,『INTELLECTUAL PROPERTY』, ROUTLEDGE, 2006, p.56. 헤세에 따르면 인쇄출판업이 폭발적으로 팽창하게 된 것은 독서의 양상이 특정 계층의 '집중적인 독서(intensive reading)'에서 '독서인구의 확장(extensive reading)'으로 변모했기 때문이라고 한다. 특히 중산층 독서인구 확대가 두드러졌다고 한다. 한편, 18세기 독서인구 급증의 원인을 프랑스혁명을 비롯한 유럽 여러 지역의 혁명적 사회 분위기에서 찾는 견해도 있다. 일본의 주목받는 사상가 사사키 아타루에 따르면, 독일의 서적 생산은 40만 부에서 50만 부에 달해 17세기의 두 배 이상에 이르고, 18세기 프랑스에서는 책의 평균 발행 부수가 초판 1,000부에서 2,000부에 달하는데, 이는 당시 식자율(識字率)을 생각하면 대단한 숫자라고 한다. 예를 들어 디드로의『백과전서』(1751)가 초판 4,250부, 볼테르의『풍속시론』(1756)이 초판 7,500부를 찍었다고 한다. 사사키 아타루, 송태욱 옮김,『잘라라, 기도하는 그 손을 - 책과 혁명에 관한 닷새 밤의 기록』, 자음과모음, 2012, 244-245면.
783) 미술의 경우 고대 시대에는 매체가 벽화 형태로 고착된 것이었는데, 이후에도 기록과 소장을 목적으로 보유할 뿐 전시를 위해 보유하는 경우는 드물었던 것으로 보인다. 근대에 들어서도 미술품 자체의 지역간 이동이 어려워 작곡가와 마찬가지로 화가들이 이동하였다는 점에서 화가와 소비자(소유자 및 관람자)는 직접적인 관계를 맺었다고 볼 수 있다.

들어 문화의 향유자·소비자가 일반대중으로 확장된다.[784] 에디슨의 축음기 발명 이후, 녹음·녹화 등 창작물을 전달하는 매체/수단이 다양화되었는데, 방송/통신의 다변화, 나아가 인터넷의 발전은 창작물을 향유하는 사람을 확대하는 긍정적인 측면이 있다. 아울러 기술의 발전은 장애인의 정보접근을 용이하게 하는 효과도 있다. 종이책을 읽을 수 없는 시각장애인이나 노령층에 전자책(eBook)이라는 매체 기술은 책 기근(book famine)에 시달리는 소외계층에 새로운 기회를 열어주었다.

<u>그런데 플랫폼 환경하에서는 의사소통의 수단과 통로의 집중화가 이루어지고 있다.</u> 전통적인 매체와 계약을 체결하지 않으면 소비자를 만날 수 없었던 때에 비하면, 유명하지 않은 창작자들에게는 기회의 땅이 열린 셈이다. 소비자 역시 인터넷을 통해 다양한 콘텐츠를 만날 수 있게 됐으니 문화 융성 시대가 온 것이다. 그러나 과연 융성하기만 할까?

플랫폼이라는 수단과 통로는 전통 매체와 달리 전 세계적으로 몇몇 테크 기업이 장악하고 있다. 그리고 이들이 콘텐츠를 만들거나 사들이는 것은 물건 판매와 서비스 제공이라는 주된 영업(main business)을 위한 손님 끌기에 그 목적이 있다. 그러니 기업이 문화예술계를 지원하는 메세나(Mecenat)와 비교할 수 없다. 물론, 이른바 '레거시 미디어(legacy media)'라고 불리는 종래의 출판사, 방송사, 음반사 등도 창작물의 형식에 간여하지 않았던 것은 아니다. "<u>형식이 내용을 좌우한다</u>"는 말이 들어맞는다. 그런데 플랫폼은 그 간여의 정도가 비교할 수 없을 정도로 심하다. 그리하여 이제는 "<u>수단·통로가 형식과 내용을 결정하는 시대</u>"가 됐다고 말할 수 있다. 이런 현상은 플랫폼이 적극적으로 요구하기도 하지만 플랫폼 자체의 고유한 속성에 따라 창작자들 스스로가 플랫폼의 형식에 맞추기도 하여 발생한다. 플랫폼이 창작곡은 4분 이내, 드라마는 회당 40분 이내, 소설은 문장 길이가 어떠해야 하

---

784) 주 49, 517 참조.

고 전체 분량은 몇 장을 넘어서는 안 된다는 등 이른바 스펙을 정한다면, 2022년에 있었던 드라마 '안나' 해프닝 때처럼 영화감독이 거대 자본(플랫폼)에 저항해 성공한 예도 있겠지만,[785] 대다수 창작자는 사전에 자기 검열을 통해 독자·소비자가 아닌 플랫폼의 구미에 맞게 창작 형태와 내용을 정할 가능성이 크다.[786][787]

작가들은 작품을 자신의 분신으로 여긴다. 일찍이 미인도 위작 논란이 일었을 때, 천경자 화백은 "작품은 자기 자식 같은 것인데 제 자식을 몰라볼 어미가 있겠느냐"라며 자기 작품이 아님을 강변했다.[788] 자신의 작품이 잘리고 편집되는데 이의를 제기하지 않는다면 그것이 오히려 이상하다고 할 수 있다.[789] 그런데 창작물이 플랫폼을 통해 유통되는 환경에서 플랫폼이

---

[785] 쿠팡플레이는 당초 8부작이었던 드라마를 감독의 허락과 관여 없이 6부작으로 편집 방영해 감독의 거센 항의를 받았다. 급기야 감독이 소송까지 제기하자 쿠팡은 부랴부랴 감독 주장을 받아들여 사과하고 8부작을 다시 방영하는 것으로 종결지었다. 한편, 감독이 쿠팡을 상대로 제기한 소송에서 1심 법원은 쿠팡의 손을 들어주었다. 서울중앙지방법원 2024. 2. 14. 선고 2022가합550734 판결('드라마 안나 판결', 현재 항소심 계류 중).

[786] 오쓰카 에이지는 "LINE이 가시화한 문학"이란 제하에서 일본에서 라인(LINE)이 바꾼 문학 현상을 분석하였다. 오쓰카 에이지, 전게서(주 777), 126면. 그는 웹 문학이라는 장르에서 '구전 문학화' 현상을 고발하고(168면), AI가 편집자 기능을 대신한다는 점에서 '작가의 죽음' 이전에 '편집자의 죽음'이 먼저 올 것이라며(276-277면), 인터넷이 가져온 문학의 위기를 진단한다. 그에 따르면 문학은 이미 '특이점'을 지나고 있다고 한다. 위의 책, 283면.

[787] 최근 국내에서 호흡이 짧은 창작물 위주로 콘텐츠 제작 관행이 생기고 있는 현상에 대한 설명으로 다음 기사 참조. 고민서, "'쇼핑·소설도 짧아야 성공'... 네카오 '쇼트폼' 영토 넓힌다", 매일경제 2022. 11. 2.자 기사. 이 기사에 따르면 웹소설이나 웹툰조차 호흡이 길다고 보아 등장인물들이 카카오톡으로 짧게 대화하는 과정으로 전개되는 채팅 소설을 카카오페이지에서 정식 출시할 예정이라고 한다.

[788] 1991년 천경자 화백의 KBS 인터뷰 기사[동영상: https://news.kbs.co.kr/news/pc/view/view.do?ncd=3396979 (2024. 12. 30. 방문)] 중 1분55초의 "내가 낳은 자식을 몰라볼 수 없다"라고 말한 부분 참조.

[789] 밀란 쿤데라는 음악가 스트라빈스키, 연극작가 베케트, 그리고 소설가 카프카의 예를

창작물의 형식과 분량에 직접 간여하는 일이 빈발하고 있다.

흔히 문화 영역에서 권력은 편집에서 나온다고 한다. 그런데 소재를 선택, 배열, 구성하는 편집 권력을 갖게 된 플랫폼이 선거로 선택됐다거나, 그 밖에 막대한 권력 행사에 대한 정당성을 확보한 것으로 보이지 않는다. 단지 영리를 추구하는 사기업에 불과할 뿐이다. 여기에서 플랫폼 자율규제에 대해 살펴볼 필요가 있다. 플랫폼 업계에서는 경쟁력 제고를 위해 각종 규제를 철폐하고 자율규제가 도입되어야 한다는 주장이 비등한데, 위에서와 같은 문제 인식하에 플랫폼이 콘텐츠 제작에 대한 간섭을 줄여야 한다고 하면 한가한 소리로 치부하는 경향이 있다. 저작권은 플랫폼 기업으로서는 규제의 하나로 인식된다. 플랫폼 시대 저작권을 운위하는 것이 그야말로 '한가한 소리'에 지나지 않는다고 볼 수 있을까?[790] 플랫폼이 스스로 규제할 수 있게 법 규제를 최소화하는 것이 바람직할까?

권력이 세면 셀수록 그에 걸맞게 견제와 감시가 있어야 한다.[791] 그런데 작금 플랫폼에 대한 자율규제 주장에는 우려스러운 점이 있다. 일견 평화로

들어 작가가 유지하고자 하는 작품의 온전성 — 저작권법으로 환원하면 '동일성유지권' — 에 대해 설명한다. 쿤데라, 전게서(주 502)의 다음 면 참조. 스트라빈스키는 자신의 곡 일부가 삭제돼 연주된다면 차라리 연주하지 않는 편이 낫다고 했으며(361면), 베케트는 예비 공연을 참관하고 나서야 연출에 동의하는 경우가 허다했고(404면), 카프카는 자신의 원고가 게재되지 않는 것은 참을 수 있어도 내용이 잘려 게재되는 것은 참을 수 없었다고 한다(406면).

790) 자율규제에 관해 온탕과 냉탕을 오가는 대표적인 법(안)으로 제정 논의 중인 온플법을 들 수 있다. 이전 정부 때 논의됐다가 윤석열 정부에 들어와 사실상 폐기됐는데 공정위에서 다시 논의를 시작하자 관련 업계에서 반대하고 있는 형국이다. 그런데 2024년 7월 전자상거래(이커머스) 업체 티몬·위메프의 대규모 미정산 사태로 피해자가 눈덩이처럼 불어나자 다시 규제 필요성이 고개를 들고 있다. 윤선영, "티메프 사태에 꿈틀대는 온플법...입법 논의 재시동", 디지털타임스, 2024. 8. 11.자 기사, https://m.dt.co.kr/contents.html?article_no=2024081102109958820005 (2024. 12. 30. 방문). 혁신기술 규제를 부정적으로 보는 견해에 대한 비판으로는 남형두, 전게논문(주 212) 참조.

791) 미국 의회에서 제기된 빅테크에 대한 견제의 필요성은 주 374 참조.

위 보이는 오아시스는 사실 초긴장 상태이다. 사자, 호랑이 등 포식자 외에 얼룩말, 사슴 등 초식동물도 갈증을 해소하기 위해 먹힐 각오를 하고 오아시스를 찾기 때문이다. 플랫폼 안에는 힘의 차이가 큰 다양한 역할자들이 있다. 정글보다 더 정글 같은 곳에서 자기들끼리 알아서 규율하라고 하면 약한 초식동물 같은 역할자들은 어찌할 것인가?[792] 저작권도 그런 규제 중 하나이다. 사실상 플랫폼이 저작권자의 허락 없이 함부로 저작물의 분량을 줄이거나 형식, 제호 등을 바꾸는 것은 저작권법상 동일성유지권 침해에 해당한다는 점에서 저작권으로 플랫폼의 횡포를 일정 부분 제지할 수 있다. 그런 점에서 드라마 '안나' 사건에서 플랫폼 회사에 대해 창작자가 저작권으로 자신의 지위를 보호하려고 했던 것은 시사점이 크다.

플랫폼의 콘텐츠 유통경로 장악이 문화의 형식과 내용 지배로 나아가는 것을 막는 데 저작권 제도가 적절한 브레이크 역할을 할 수 있다. 이 책에서 언급하고 있는 빅테크 플랫폼의 공정이용 제도 악용에 대한 비판도 같은 궤에서 시도된 것이다.

(나) 다양성 상실

머신 러닝, TDM 등 빅테크와 AI 개발사에 유리한 환경을 조성하기 위해서는 권리 측면에서 저작권의 제한 등의 논의 외에, 사실 측면에서 저작물 형식의 균일화가 요구된다. 아날로그를 대체한 디지털 세상에서 이미 그러한 요구는 어느 정도 실현됐다. 나아가 누구를 위해 창작하는가 하는 물음 앞에 창작물 제공의 상대방(타겟)이 플랫폼과 AI가 되어가고 있는 현실을 부인하기 어렵다. 이런 상황에 비추어 보건대 플랫폼과 AI가 이용(섭취)하기 좋은 형식과 형태로 창작 실태가 바뀌는 현상은 지금보다 앞으로 더욱

---

[792] 애니메이션 <라이언 킹>에서 무파사 사후(死後), 스카를 옹위한 하이에나 떼만 득시글거리는 황폐화된 정글을 떠올린다면 지나친 상상일까?

가속화될 것이다. 이를 다음과 같이 농사에 비유할 수 있다.

공정이용이 '이삭줍기'라면 TDM은 '콤바인으로 하는 벼 베기'라고 할 수 있다. 논에 콤바인이 들어가 작업하기 위해서는 경지(耕地) 정리를 통해 기존의 논두렁을 헐고 사각형 모양으로 반듯하고 크게 만들어야 한다. 전통적인 논두렁으로 경계 지어진 작은 면적의 비정형적인 논에는 콤바인이 들어가기도 어렵지만 들어간다고 해도 효율적이지 못하기 때문이다. 쌀 증산이라는 경제적 목적을 위해서는 기계영농과 이를 위한 경지 정리가 필요하다고 볼 수 있겠으나, 문화 창작의 영역에서 기계학습의 전제로서 TDM을 위해 창작물의 내용을 머신 러닝에 적합하도록 ― 기계가 섭취(machine feeding)하기 쉽게 ― 형식과 내용을 통제하는 일이 발생하고 창작자 스스로 그에 맞추는 일이 생긴다면 그것이 바로 '경지 정리'가 아니고 무엇이겠는가? 콤바인 작업의 효율성을 위해 기존의 논두렁이 사라지는 것은 이해할 만하지만, TDM을 위해 인간 창작자들의 사유(思惟)와 독자성의 둑마저 허물어뜨린다면 창작의 목적과 이용 측면에서 볼 때, 심각한 전도(顚倒) 현상이라 하지 않을 수 없다.

같은 것의 지옥에서는 타자를 욕망하는 것이 불가능하다는 한병철의 말[793])도 같은 맥락에서 이해할 수 있다. 세계화는 모든 것을 서로 교환할 수 있는 것, 비교할 수 있는 것, 즉 같은 것으로 만드는 폭력적 힘이 있는데, 이러한 전면적인 '같게-만들기'는 궁극적으로 의미의 소멸을 낳는다고 한다.[794]) 같은 것으로 만들고자 하는 세계화는 'TDM 면책을 통한 간접적 창작'이라는 빅테크와 AI 개발사의 전략에 다름이 없다. 한병철이 말한 '같게-만들기'와 그 결과물인 획일화는 다양성 소멸을 의미하며, 이는 민주주의를 쇠락케 하는 길로 인도할 것이다. 속도 경쟁이 가져올 파멸의 시작 또는 가

---

793) 한병철(Byung-Chul Han), 이재영 옮김, 『타자의 추방(원제: DIE AUSTREIBUNG DES ANDEREN, 2016)』, 문학과지성사, 2017, 18면.
794) 위의 책, 21면.

속화 단자로서, 빅테크의 무분별한 공정이용 제도의 악용과 AI 개발사에 대한 TDM 면책에 주목하지 않을 수 없다. 역으로 속도에 대한 거부권의 단초를 '저작권과 공정이용의 제자리 찾기'에서 찾을 수 있다.

획일화에 저항하는 소수를 제압하는 수단으로 저작권이 이용될 때, 공정이용이 활로를 열어줄 수 있다. 그런데 공정이용 제도를 빅테크가 이용함으로써 저작물 무단 이용의 합법적 통로가 열리고, 나아가 TDM 면책을 통해 창작의 형식과 내용이 플랫폼의 요구에 따라 순치될 때, 다양성과 이를 기반으로 하는 민주주의는 붕괴하고 말 것이다. 그렇다면, 상충하는 저작권/공정이용 제도가 언제 어떻게 작동되어야 할까? 저작권/공정이용과 민주주의의 관계는 각자의 처지에 따라 다르게 보일 수 있다. 결국 민주주의의 작동 원리인 억강부약(抑强扶弱)이 하나의 중요한 기준이 되어야 한다고 생각한다.

인공지능, 빅데이터, 사물인터넷 등에서 보듯 인간은 빅데이터를 구성하는 하나의 데이터로 전락하고 있다. 인간을 목적적 존재로 보지 않는 것 정도로는 설명이 부족할 정도로 빅데이터의 구성요소가 되어 버린 것이다. 이런 양상은 도처에서 발견되기도 하는데, 이런 '인간의 물화(物化)' 현상은 '플랫폼의 독점'과 깊은 관련을 맺고 있다. 몇몇 거대 플랫폼은 빅데이터를 갖추고 있는데, 이런 플랫폼에서 인간은 철저히 데이터의 하나로 취급되고 있기 때문이다. 성명, 초상, 각종 신분정보(ID), 건강정보, 금융정보, 위치정보 등 수많은 개인정보와 인간이 만들어 낸 수많은 저작물 등이 인간과 함께 빅데이터 플랫폼 안에서는 하나의 데이터에 불과하게 된다. 인간이 0과 1이라는 이진화(二進化, binary)된 디지털 세계에서 계산가능한 존재가 됨으로써 수(數)가 지배하는 세상[795]이 이미 왔거나 목전에 와 있다. 정언명령과

---

[795] 꼴레주 드 프랑스 소속 알랭 쉬피오 교수는 이를 법치(法治)에 빗대 수치(數治)라고 한다. 알랭 쉬피오(Alain Supiot), 박제성 역,『숫자에 의한 협치』(원제: La Gouvernance par les nombres), 한울, 2019.

합의된 가치를 전제로 하는 법학적 사유는 설 땅이 좁아지고 그 자리에 효율을 중시하는 경제학적 방법론이 들어와 효율 외에 다른 정의가 어디 있느냐고 반문하는 법경제학적 사유가 법학 전반을 뒤덮을 기세다. 법의 자리에 수학적 알고리듬(algorithm)이 들어오게 된 것이다. 철저한 계량주의, 경제원칙으로 판단하고 결정하는 세계 속에서 인류는 그 목적적 존재성을 상실한 채 편입되었고, 이에 대한 반기 또는 반추조차 허락하지 않는 사회 분위기는 국제사회를 효율과 획일화의 경쟁으로 몰아가고 있다.

획일화는 민주주의가 제대로 작동하지 않은 결과이기도 하고, 민주주의를 좌절케 하는 원인이 되기도 한다. 이 점에서 다양성은 민주주의의 전제이자 결과라고 할 수 있다. 이런 상황을 인식한다면 다양성을 상실하게 할 가능성이 큰 TDM 면책 논의는 그것이 초래할 결과를 예상하면서 신중히 진행해야 할 것이다.

(3) 예상 반론과 재반론

이상의 현재 진행 중인 공정이용과 TDM 면책 논의에 대한 본 저자의 비판으로서 귀납적·경험적 고찰, 즉 '문화의 플랫폼 종속화'로 인해 '문화의 사은품 화' 경향이 강해지고, 형식 지배가 내용 통제를 낳게 될 것이라는 주장은 다음 몇 가지 반론에 맞닥뜨릴 수 있다.

본 항에서는 이런 예상 반론을 상정하고 이에 대해 본 저자가 재반론하는 형식으로 논의를 이어가기로 한다.

(가) 몇몇 사례로 예단하는 것은 섣부르다? —
    '손바닥만 한 작은 구름'[796)]

몇 가지 사례를 들어 '문화의 사은품 화'와 같은 결론을 내는 것이 지나친 억측은 아닌가 하는 의문이 제기될 수 있다. 또한 문화가 끼워팔기 상품으로 되는 현상은 플랫폼 이전에도 플랫폼과 무관하게 있었다[797)]는 점에서 이런 의문에 더욱 힘이 실릴 수 있다.

그러나 플랫폼 환경은 양면/다면 시장이다. 플랫폼을 통해 문화가 전달/소비되는 것을 분석하면, 문화를 생산하는 창작자와 소비하는 독자 사이에 이 둘을 매개하는 공급자가 존재함을 알 수 있다. 물론 공급자는 플랫폼이다. 공급자 중심에서 보면 창작자와 독자는 모두 이용자에 해당한다. 창작자와 독자는 모두 플랫폼에 자신의 아이디/패스워드[798)]로 접속할 뿐이다. 이용자

---

796) "제비 한 마리가 왔다고 여름이 되는 것은 아니다(One swallow does not make a summer)"라는 그리스 속담이 있다. 속뜻은 성급하게 판단하지 말라는 것인데, 본 저자는 "여름이 오는 것을 제비는 안다"로 바꾸어 말하고 싶다. 성서 열왕기상(1 Kings) 18장(현대인의 성경)에는 갈멜 산에서 북이스라엘의 아합 왕을 추종하는 바알의 선지자 수백 명과 극심한 가뭄에 단비를 내려달라는 기도를 하며 겨루는 엘리야(Elijah)의 이야기가 나온다. 엘리야의 기도 후에 사환이 "바다에서 <u>손바닥만 한 작은 구름</u>이 떠오르고 있다."("A cloud as small as a man's hand is rising from the sea.", 18:44a, NIV)라고 보고하자, 엘리야는 "너는 급히 아합왕에게 가서 비가 쏟아지기 전에 마차를 타고 급히 내려가라고 일러주어라."("Go and tell Ahab, 'Hitch up your chariot and go down before the rain stops you.'", 18:44b, NIV)라는 당부의 말을 한다. 그리고 조금 후에 하늘이 시커먼 구름으로 뒤덮이고 바람이 불며 폭우가 쏟아지기 시작했다고 성서는 전한다(밑줄은 본 저자가 친 것임).

797) 미국에서는 피자나 에너지 음료에 끼워팔기로 판매되는 '묶음 판매' 방식의 '번들(bundle) 음반'이 성행했는데, 음반 판매 순위 발표 때 이를 포함할 것인지를 두고 논란이 있었다. 빌보드는 2020년 음반 차트 산정 시 이런 번들 음반의 판매량을 포함하지 않기로 했다고 한다. 이규탁, "피자 끼워파는 음반 빌보드서 퇴출, 음악의 순수한 힘 보고싶다", 조선일보 2020. 7. 22.자 칼럼 참조. 본 저자도 지난 세기 중후반까지도 전통 시장에서 화장품이나 문구류 등 공산품을 팔기 위해 판소리 공연이나 차력 쇼를 했던 사례를 들어 문화의 사은품 화를 주장한 적이 있다. 남형두, "문화의 산업화와 저작권 — 약장수와 차력사", 문화정책논총 제18집, 2006. 12.

들은 각기 플랫폼을 통해 수익하거나 문화를 향유하는 등으로 서로 다른 목적이 있지만, 플랫폼의 목적은 단순하다. 광고가 매출 대부분을 차지하는 구글과 페이스북을 예로 들면, 광고를 통한 수익이 목적이다. 수많은 창작자와 이용자가 플랫폼에 접속하는 의도와 목적은 서로 다르지만, 관심 추종 기업(attention seekers)으로서 빅테크 플랫폼의 목적은 매우 단순하고 뚜렷하다. 또한 전자상거래 플랫폼 기업인 쿠팡 — 사실 쿠팡은 아마존의 비즈니스 모델을 충실히 따르는 팔로워임 — 은 물건 판매 매출이 회원 수에 달려있다는 점에서 회원 수를 늘리는 것이 관건인데, 이를 위해 자사 OTT 쿠팡플레이를 통해 소비자가 좋아하는 인기 스포츠팀을 초청해 독점중계방송을 하고, 재미있는 드라마를 만들어 공개하고 있다.799) 이런 구조에서 문화의 사은품 화는 중요한 마케팅 전략이 되고 있다. 본 저자가 몇 가지 사례를 든 것은 단지 지면의 한계 때문이지 그것으로 경향성을 충분히 설명하지 못한 논리 비약이라고 볼 수는 없을 것이다. 오히려 양면/다면 시장이 아닌 단일 시장에서 문화의 끼워팔기는 예외적일 수 있지만, 양면/다면 시장의 플랫폼에서, 문화상품 판매를 목적으로 하는 경우가 아닌 한, '문화의 사은품 화' 현상은 매우 지속적이고 구조적이라고 할 것이다.800)

한편, 긴즈버그 교수는 광고 방식의 수익 모델을 추구하는 유통구조 — 상위 플랫폼을 의미함 — 에서 저자들은 주목받지 못하고, 그런 구조는 오히려 사악한 산업 이용자와 일반 이용자들 간의 각축장으로 전락하고 말았다고 강변한다.801) 이는 창작물은 사은품, 저자는 사은품 제조자가 되고 말

---

798) 물론 아이디와 패스워드를 입력하지 않고 이용할 수 있기도 하다.
799) 주 768.
800) 결국 본 저자의 패러다임 — 플랫폼 생태계에서의 '문화의 사은품 화' — 은 시간을 두고 검증될 것으로 생각한다.
801) Ginsburg, 전게논문(주 131), 382면. 한편, 긴즈버그 교수는 여기에서 '저자의 사라짐(disappearance of the author)'이라는 표현을 쓰고 있는데, 이는 다분히 바르트와 푸코의 '저자의 죽음(death of the author)'을 변주한 것으로 보인다. Ginsburg, 전게논문(주

았다는 본 저자의 주장과 일맥상통하는 것으로서 구조적인 문제라는 점을 뒷받침한다. 이런 구조는 쿠팡과 같은 하위 플랫폼도 전자상거래 회원 수를 늘리기 위해 문화를 사은품으로 취급하고 있다는 점에서 동일하다.802)

(나) 품질의 저하라고 단정할 수 있나?

'사은품'이라고 하면 대개 조아(粗野)한 상품으로 인식된다는 점에서 문화의 품질 저하를 의미한다고 이해될 수 있다. 그런데 플랫폼을 통해 거래된다고 해서 창작물이 전통적인 방식으로 유통되던 때와 비교해서 반드시 품질 저하를 초래한다는 것은 논리적 필연 관계는 아니지 않은가 하는 반론이 제기될 수 있다.

플랫폼에서 돌아다니는 창작물이 질적 수준에서 반드시 떨어진다고 단정할 수는 없다. 그러나 자신의 이름을 붙여 내놓는 창작물과 익명 속에 떠다니는 창작물은 작가의 책임성에서 분명한 차이가 있을 수밖에 없다. 창작자에게는 저작권법상 저작인격권이 있는데, 이는 자신의 작품으로 인한 영광과 비난을 한 몸에 받기 때문에 작품의 완결성에 대한 통제권을 인격권의 형태로 보장하는 것이다.

장르에 따라 그 정도는 다를 수 있지만 대개 창작자는 작품을 자신의 일부로 여긴다.803) 작품에 대한 작가의 책임과 이에 따른 통제는 저작인격권

---

87), 7면.
802) 상위/하위 플랫폼의 분류에 대해서는 위 Ⅲ.2.가. (2) 플랫폼 분류 – 다양하고 복층적인 플랫폼 유형 참조.
803) 작품을 작가 자신의 분신이라 여겼던 미술가 천경자 사례(주 788) 외에 여기에서는 시인과 소설가의 사례를 소개한다. 시인 김선우는 한 신문에 쓴 칼럼에서 자신의 시가 인터넷 블로그나 카페에서 퍼 날라지는 것에 대해 저작권(저작재산권을 말한 것으로 보임)으로 막는 것을 반대한다고 한다. 더 많은 사람에게 알려지는 것을 환영한다는 뜻이다. 그런데 자신의 시가 원문이 훼손되어 돌아다니는 것을 보는 것은 슬프다고 하며, "주격조사 '은는이가' 중에 어느 것을 쓸지, 보조사를 쓸지 말지를 놓고도 밤새 고민하는 게 시인이라는 종족이다."라는 말로 창작의 고뇌를 역설한다. 김선우,

인 공표권, 성명표시권, 동일성유지권 등으로 지지되는데, 그 전제는 작가성(authorship)에 있다. 익명의 사은품에는 이런 작가성이 없거나 희미하다는 점에서 품질 저하의 개연성은 충분하다고 생각한다.

　　(다) 예술의 새로운 경향으로 이해할 수는 없나?

　플랫폼 접속을 통해 전달되는 음악 등 문화상품이 최종 소비자(향유자)와 창작자 사이에서 유상으로 거래되지 않을 뿐 창작자가 간접적으로라도 경제적 보상을 받으므로, 무료 이용을 전제로 창작(자)이 고사하거나 자본(플랫폼)이 노동(창작자)을 착취하는 것은 아니지 않은가 하는 반론이 있을 수 있다. 위에서 본 수준의 저하라는 것도 누가 판단할 것이며, 가사 수준이 저하된다고 해도 문화의 대중화 차원에서 볼 수 있지 않은가 하는 반론도 같은 맥락에서 제기될 수 있다. 문화예술의 대중화라는 관점에서 보면 플랫폼으로 인해 대중이 더 많은 창작물을 더욱 자유롭게 향유하게 된 것이 사실이고, 이를 플랫폼 시대 하나의 경향으로 인정할 수 있다면, 본 저자가 앞서 지적한 우려는 문화예술 상품 거래 방식에서의 새로운 경향에 포섭된다고 보는 (가정적) 주장이다.

　프랑크푸르트학파의 일원인 독일 철학자 호르크하이머(Max Horkheimer)와 아도르노(Theodor W. Adorno)는 『계몽의 변증법』에서 미국의 할리우드

"[김선우의 빨강] 퍼 날라지는 시", 한겨레 2014. 9. 23.자 칼럼. 소설가 김훈도 젊은 소설가들의 문체에 대한 얕은 고민을 비판하면서 김선우와 비슷한 이야기를 했다. "한국어로 사유한다는 것은 조사를 연주해간다는 것, '은, 는, 이, 가'를 이리저리 뗐다 붙였다 하면서 밀고 가는 것이다." 김지수, "'나는 평생 가건물에 사는 것 같았다' 소설 '공터에서'로 돌아온 김훈, 父子가 겪은 비극의 현대사 그려", 조선일보 2017. 2. 7.자 인터뷰 기사, https://www.chosun.com/site/data/html_dir/2017/02/07/2017020701940.html (2024. 12. 30. 방문). 한편, 정끝별 시인(이화여대 국문과 교수)은 2014년 아예 '은는이가'라는 제목의 시가 들어 있는 동명의 시집을 출판하기도 했다. 명사나 대명사에 붙는 조사 하나를 두고 벌이는 치열한 작업에서 창작자들의 고뇌를 엿볼 수 있다. 정끝별, 『은는이가』, 문학동네, 2014.

를 대중문화보다는 문화산업으로 보는 것이 제격이라고 했는데, 대중문화라고 하면 대중의 자발성이 전제된 것으로 오인되기 때문에 반계몽적인 대중사기로서 문화산업이 더 어울리는 조어라고 보았다.804) 이런 문화산업에서 대중의 소외 현상은 프랑스 사회학자 부르디외(Pierre Bourdieu)가 말한 '문화 스폰서링'에 와서 더욱 심화했다.805) 물론 팬덤(fandom) 등 종래 볼 수 없었던 새로운 문화 현상이 플랫폼 생태계에서 가능했다는 점에서 위와 같은 심화 현상에 역행하는 조류가 있다고 볼 수도 있지만, 크게 볼 때 팬덤 또한 플랫폼 생태계 안에서 기획된 설정으로 이해한다면 대중 소외의 심화 현상은 19세기 말 이후 현재까지 이어지는 흐름으로 보아 무방하다고 생각한다. 더욱이 플랫폼 유통구조에서 '부의 쏠림' 관점으로 보면 위 심화 현상은 플랫폼 환경에서 부르디외가 말한 것보다 훨씬 강화됐다고 볼 수 있다.

한편, 문화예술의 수준을 이야기할 때 무엇이 예술인가라는 명제는 매우 불편한 논의가 도사리고 있다. 부르디외의 말을 빌려와 보자.

"뒤샹 이후의 미술사는 수많은 마술적 행위를 보여준다. 이러한 마술적 행위들은 작품들의 가치가 작품 생산자의 사회적 가치에 지나치게 의존하고 있다는 사실을 잘 보여준다. 따라서 '예술가가 무엇을 만드는가'라는 질문이 아니라 '무엇이 예술가를 만드는가'라고 질문해야 한다. (중략) 뒤샹의 변기와 자전거 바퀴(뒤샹 이후에는 더 잘 만들어 내고 있다)는 매우 예외적인 예에 지나지 않는다고 나를 반박할 수도 있을 것이다. 그러나 오리지널('진정한 것')과 허위 복사품이나 모사품과의 관계를 분석한다면, 그리고 작품의 경제적 사회적 가치 부여(전통적 예술사의 주요 대상이자 전문가들과 감식가들의 전통 속에서 영속되는 것)의 효과를 분석한다면 예술 작품의 가치를 만드는 것은 <u>산물의 희귀성(통일성)</u>이 아니라 상표의 등가물인 <u>서명, 즉 생산자의 희귀성</u>이며, 생산자의 가치를 인정하고 그의 생산물의 가치를 인정하는 집단적

---

804) 송두율, "글로벌 문화산업의 명암", 경향신문 2019. 7. 16.자 칼럼.
805) 위 같은 글.

믿음이라는 것을 파악할 수 있을 것이다. (중략) 예술적 생산과 예술적 산물의 '주체'는 예술가가 아니라 예술에 관심을 갖고 있고 예술의 존재에 이해 관계를 갖고 있는, 예술에 의해 살고 예술을 위해 사는 행위자들 총체, 미미하건 위대하건, 무명인사든 유명인사든 간에, 예술적이라고 간주된 작품들의 생산자들과 비평가들, 수집가들, 중개인들, 소장가들, 예술사가들의 총체인 것이다."806)

예술의 정의는 굳이 말하자면 예술사회학의 영역인데, 창작의 수준은 그 여하에 따라 저작권 보호 여부가 갈린다는 점에서 법학(저작권법)도 개입할 수 있는 영역이다. 법이 예술의 정의, 예술성의 고하를 함부로 재단할 수는 없다.807) 그런데 창작물을 보호하는 저작권법은 창작의 주체를 인간으로 한정하고, 저작물의 성립요건으로 '창작성'을 요구하여 창작성의 정도에 따라 저작물성(copyrightability)을 판단한다. 물론 저작물 요건으로서 창작성은 시대와 장소에 따라 다르게 인정하고 있어 일률적인 기준이 있는 것은 아니고, 분쟁이 있으면 최종적으로 법관에 의해 결정된다. 한편, 창작의 주체는 법에서 '인간'으로 한정하고 있어 법률의 개정 없이 현행법으로는 인간 외의 비인간 — 인공지능, 동물, 자연 등 — 에 창작의 주체성을 인정할 수는 없다. 최근 인공지능의 창작 주체성이 논의되고 있어 창작성 또는 창의성을 어떻게 정의할 것인가에 관한 문제가 현안이 되고 있다.808) 결국 '합의의 문

---

806) 피에르 부르디외(Pierre Bourdieu), 신미경 옮김, 『사회학의 문제들』, 동문선, 2004, 238-240면. 한편, 미국의 대표적 사전 기업인 웹스터(Merriam-Webster)는 2023년 '올해의 단어'로 'Authentic'을 선정했는데, 부르디외가 말한 작가의 '서명'과 밀접한 관련이 있어 보인다. "Word of the Year 2023", https://www.merriam-webster.com/wordplay/word-of-the-year (2024. 8. 15. 방문).
807) 주 204 참조. 일찍이 미국 연방대법원 대법관 홈즈(Oliver Wendell Holmes, Jr.)는 광고 포스터 저작권 사건에서 포스터 그림에 예술적 가치(artistic worthiness)가 없어 저작권으로 보호될 수 없다는 피고 주장을 배척하면서, 법률에만 숙련된 사람들(저자 주: 법관을 가리킴)이 회화의 가치를 최종적으로 판단하는 것은 위험한 일이라고 하여 예술적 판단을 유보했다.

제'로 귀착되는데,808) 예술과 창작의 주체 문제는 사회학, 미학, 법학 등의 학제적 연구가 필요한 영역이 되고 있다.810)

그러나 어떤 경우에도 '자기 책임성', '주체성', 특별히 인공지능 창작물과 관련해 논의되는 인간의 '통제성'은 예술과 창작의 정의에서 시대와 통로(문화예술의 유통경로)를 불문하고 양보할 수 없는 가치가 아닐까 생각한다.

다. 가치 전도 현상 — 인공지능 측면

TDM의 목적은 인공지능을 더욱 똑똑하게 만들기 위한 것이다. 그렇게 만들어진 인공지능이 불완전한 — 느리고 감정적이고 서툰 — 인간 대신 창작을 대신함으로써 인류에 더 큰 유익을 가져다줄 것이라는 믿음이 오늘

---

808) 인공지능의 발달에 따른 예술 창작 주체의 문제에 대해서는 김재인, 『AI 빅뱅 — 생성 인공지능과 인문학 르네상스』, 동아시아, 2023, 176-203면 참조.
809) "예술은, 그것을 예술로 보는 눈이 없이는 존재하지 않는다. 개념이 실천이나 대상의 총체에 공통적인 특성을 일반화한 것이라는, 개념에 대한 건전한 교리와는 정반대로, 회화·음악·댄스·영화·조각에 공통적인 특성을 정의하는 예술 개념을 제시하는 것은 엄격히 말해서 불가능하다. (중략) 예술 개념은 실천이나 제작 방식이라는 의미로 이해된 예술들(les arts) 사이의 분리접속(disjonction)의 개념이며, 더욱이 불안정하고 역사적으로 결정된 분리접속의 개념이다. 우리가 '예술'이라고 부르는 것은 고작 2세기 전부터 존재했을 뿐이다. '예술'은 상이한 예술들 사이에서 공통적인 원리를 발견한 덕분에 탄생한 것이 아니다." 자크 랑시에르(Jacque Rancière), 김상운 역, 『이미지의 운명』(원전: Le destin des images, 2003), 현실문화연구, 2014, 137-138면. 프랑스 미학자 랑시에르는 포스트모더니즘의 해체 시각에서 예술을 본래부터 존재했던 것이 아니라, '합의'의 개념으로 파악했음을 알 수 있다. 그런데, 비인간의 예술 주체성과 관련한 논의에서 역설적으로 '예술로 보는 눈'은 인지와 감각기관, 그리고 타인과 소통할 수 있는 인간을 전제로 한다는 점에서 결국 '합의'의 주체는 인간일 수밖에 없다고 생각한다.
810) 이에 대해서는 깊은 논의가 필요한데 본 저술의 주제와 저자의 한계를 뛰어넘기 때문에 열린 논의로 남겨두고자 한다.

날 만연해 있다. 여기에서 인공지능 문제를 살펴보지 않을 수 없다. 정말 인공지능 성능 고도화를 위해 저작권(자)의 희생을 의미하는 TDM 면책 — 공정이용의 미래811) — 을 인정해도 될지, 인류의 미래를 인공지능에 맡기면 어떤 결과가 초래될 것인지를 미리 내다봄으로써 머신 러닝을 위해 저작권(자)의 희생을 요구하는 것이나 다름이 없는 공정이용 확대(빅테크 및 AI 개발사에 대한 공정이용의 관대한 적용), TDM 면책 제도화를 역으로(귀납적으로) 비판하고자 한다.

(1) 합리적 논의를 위한 전제

㈎ 낙관론·비관론과 규제 관점

파괴적 혁신기술(disruptive innovation technology)이 가져올 미래에 대해서는 크게 두 가지 관점 — 낙관론과 비관론 — 이 있다.812) 인공지능 기술과 관련해 기술이 지속적으로 발전하여 인간의 삶을 더욱 풍요롭게 할 것이라는 낙관론과 인류의 미래를 파괴할 것이라는 비관론이 맞서고 있다. 다시 예술과 창작의 세계에 국한해 보면, 낙관론은 평범하고 지루한 일상의 일을 대신해 주는 기계나 인공지능 기술의 출현으로 인간이 더 지적이고 정신적이며 예술적인 일에 집중하게 되었으며, 어렵고 위험한 공정에 로봇을 투입함으로써 인간은 더욱 안전하게 되었다고 한다.813) 비관론은 반자율적 기계(semi-autonomous machine)는 인간의 대리인(agent)에 불과하므로 걱정하지

---

811) 본 저자는 위에서 TDM 면책을 '공정이용의 미래'로 표현했다. 위 Ⅲ. 4. TDM 면책 — 공정이용의 미래.
812) 흥미로운 것은 이런 관점을 선도적으로 제시하고 있는 것은 다름 아닌 SF 영화 또는 소설이라는 점이다. 올더스 헉슬리(Aldous Huxley)의 소설 <멋진 신세계(Brave New World)>, 영화 <매트릭스>, <마이너리티 리포트> 등.
813) David C. Vladeck, *Machines Without Principals: Liability Rules and Artificial Intelligence*, 89 Wash. L. Rev. 117, 117-118 (2014).

않아도 되지만, 완전 자율적 기계(fully autonomous machine)는 인간의 통제를 받지 않기 때문에 통제권을 벗어난 인공지능이 가져올 세계에 대해 예상할 수 없는 두려움이 있다는 것이다.814)

사실 낙관론이든 비관론이든 양극단을 취하는 견해는 그다지 설득력이 없다. 여기에서 이 두 가지 관점을 소개하는 것은 어느 한쪽이 옳고 다른 한쪽은 그르다는 것을 논증하기 위함이 아니다. 중요한 것은 이런 관점에는 사실을 있는 그대로 드러내거나 전망하기보다는 파괴적 혁신기술이 가져올 미래의 규제 필요성에 관한 인식의 차이가 있다는 점이다. 즉, 장밋빛 낙관론을 펴는 이들은 기술에 대한 규제를 비판하기 위한 수단으로 낙관론을 선택하고, 비관론자들은 규제의 필요성을 역설하기 위해 기술이 가져올 미래의 부정적인 면만 보거나 부각하는 경향이 있다. 낙관론과 비관론은 사실과 존재에 터 잡은 것처럼 보이지만, 규제와 당위에 관한 관점에 근거한 셈이다.

(나) 강·약 인공지능 논의의 허상

인공지능에 관한 논의 중에는 인간의 외모를 비롯한 여러 가지 신체적 조건이 실제 인간과 같아야 하고, 판단력 등 인간의 지성은 물론, 감정, 감성까지도 같아야 한다는 것을 전제로 그와 같은 기술에 도달할 수 있는가, 또는 그와 같은 기술에 도달하기까지 얼마나 걸릴 것인가 하는 논쟁이 있다. 일반적으로 인공지능을 '강 인공지능(strong AI)'과 '약 인공지능(weak AI)'으로 분류한다. 이 둘을 구별하는 기준은 mind (정신, 사고)의 유무에 있다. 강 인공지능은 궁극적으로 정신과 의식을 갖지만, 약 인공지능은 연산 등 특정 분야에서 인간 이상으로 뛰어난 능력을 보인다는 점에 차이가 있다.815) 예를 들어, 바둑 둘 때의 연산 속도나 기능적 판단에서 인간을 능가

---

814) 위 논문, 120-121면.
815) STUART RUSSELL AND PETER NORVIG eds., 『ARTIFICIAL INTELLIGENCE A MODERN APPROACH third edition』, PEARSON, 2016, pp.1020-1043.

하는 알파고(AlphaGo)는 대표적인 '약 인공지능'으로 분류된다. 이를 'narrow AI'로 부르기도 한다.[816] 인공지능을 분류할 때 강약의 구분이 인간의 전인적인 면모와 특성 또는 정신의 존재를 기준으로 하는 것이라면, 그와 같은 구분은 이 논의에서 중요하지 않다. 이 책에서 논의하는 인공지능은 굳이 위 분류법에 따르자면 '강 인공지능'이 아니라 '약 인공지능'이다. '강 인공지능' 기술은 가능하지도 않을뿐더러 가능하다고 하더라도 유의미한 기간 내에 도달하기는 쉽지 않다. 이 점에서 '강 인공지능'을 중심으로 앞으로 몇 년 후에 인간과 같은 인공지능, 즉 '강 인공지능'의 시대가 도래할 것인가를 따지는 것은 참으로 무의미한 일이다. 알파고와 같이 특정 분야에서 인간의 지능을 따돌려버린 인공지능이 있는가 하면, 종래 형태소 분석에 따른 번역의 한계를 벗어나 인간 번역에 근접하고 있는 — 그런데 속도에서는 인간 번역과 비교할 수 없을 정도로 빠른 — 인공지능 번역이 실용화·상용화되는 실정이다. 이와 같은 인공지능 또는 기술을 '약 인공지능'이라 부를지라도, 이 시점 인류에게 더 중요하고 의미 있는 인공지능 논의는 바로 이와 같은 '약 인공지능'이라 할 것이다. 사람의 정신, 감성, 나아가 외모를 똑같이 갖춘 '강 인공지능' 시대의 도래는 여전히 환상적이다. 환상을 전제로 논의하기보다는 이미 현실 세계에 들어와 있는, 특정 분야에서 인간의 지능을 뛰어넘은 '약 인공지능'을 대상으로 논의하는 것이 훨씬 더 합리적이다. 특히 이 책에서 논의하는 플랫폼과 TDM 면책 등의 쟁점에서 거래를 포함한 법률적 관계뿐 아니라, 정치, 문화, 경제 영역의 대부분 관계가 직접적 관계보다는 간접적 관계로 더욱 일상화, 보편화되고 있다는 점에서 부분 또는

---

[816] 한편, Kaplan은 약 인공지능을 단지 흉내 내는(simulate) 것일 뿐, 진정 인텔리전트한 것은 아니라고 하면서, 범용적으로 인텔리전트한 인공지능과 좁은 분야(narrow domain)에 국한해 인텔리전트한 것을 구분할 때 narrow AI를 약 인공지능으로 잘못 사용한다고 지적하기도 한다. JERRY KAPLAN, 『ARTIFICIAL INTELLIGENCE — WHAT EVERYONE NEEDS TO KNOW』, OXFORD UNIVERSITY PRESS, 2016, pp.68-69.

분야별로 인간을 뛰어넘는 '약 인공지능'의 문제에 논의를 집중할 필요가 있다. 이때 '약(弱)'이란 말에 오도(misleading)되어서는 안 될 것이다.

표범과 인간을 비교할 때 표범은 인간보다 훨씬 빠르다. 그렇다고 인간보다 나은 존재, 고등(高等) 존재라고 말하지 않는다. 존재는 종합적으로 판단해야 한다. AI도 마찬가지다. 연산·기억 능력 등에서 인간보다 빠르고 정확할 수 있으나, 총체적으로 볼 때 존재의 우월을 말하기는 어렵다. 지성과 감성을 지닌 존재로서 인간과 같거나 그보다 뛰어난 AI를 만드는 것은 불가능하다고 생각한다. 그런데 여전히 그것이 가능하다고 믿는 이들이 있다. 이 책에서 이에 관한 논쟁은 다루지 않을 예정인데, 이는 본 저자의 능력 밖이기도 하고 이 책의 논제를 벗어난 것이기도 하지만, 그보다 더 시급한 논의가 기다리고 있기 때문이다.

(다) Tendency / Causality

AI는 많은 자료를 입력해 가장 그럴싸한 결과치를 도출해내는 것으로서 그 값이 연역적 논리의 산출물이 아님은 당연하다. 'tendency (경향)'일 뿐, 'causality (인과관계)'가 아님에도 불구하고 AI 산출물(AI generated works)을 인간 창작물(Human created works)보다 더 확실하고, 나아가 더욱 신뢰할 만한 것으로 보는 견해가 팽배하다.

객관적으로 탁월함을 증명할 수 있는 분야와 객관적 평가보다는 고유성이 중시되는 분야가 있다. 전자에서는 인공지능이 그 기능을 발휘할 수 있으나 후자에서는 그렇지 않다. 문제는 후자의 영역, 즉 정신, 창의성 등 인간의 고유성과 밀접한 분야에까지 인공지능이 인간을 대체하는 것에 문제의식을 느끼지 못하거나, 오히려 인간의 불완전성, 나아가 분열된 사회를 보완하고 극복하는 해결책으로 생각한다는 데 있다. tendency가 causality로 둔갑하는, 이른바 '귀납에 대한 맹신', 나아가 '귀납의 연역에 대한 승리' 공식을 깨뜨리는 것이 여기 논의의 출발이 되어야 한다.

어떤 입력값이 주어질 때 특정 출력값이 나오는 함수를 통해 논의하기로 한다. 이와 같은 연역의 규칙(룰)을 함수식으로 표기하면 다음과 같다.

f(x)=y
x는 독립변수(independent variables)
y는 종속변수(dependent variables)
f(x)는 함수

(ⅰ) Type 1. 연역의 규칙[f(x)]이 확실하고, x값(input)도 자명하게 알 수 있는 경우

야구 경기의 세이프/아웃 판정을 예로 들 수 있다. 1루 베이스의 세이프/아웃 판정에 국한해 설명하면, 아웃 판정을 위해서는 수비수의 발이 베이스에 붙어 있어야 하고, 공격수가 베이스에 도착하기 전에 볼이 1루 수비수 글러브에 들어가야 하며, 일정 시간 글러브 안에 들어 있어야 한다. f(x)도 확실하고 x값도 몇 가지 되지 않아 인간보다 기계(인공지능)의 판정이 훨씬 뛰어날 수 있고, 실제 대체 가능한 영역이다. 스트라이크/볼 판정도 마찬가지다.[817]

---

817) 한국프로야구(KBO)는 2024년부터 스트라이크/볼 판정에서 자동투구판정시스템(ABS)을 도입하여 시행하기로 했다. 김진수, "'ABS 도입', 스트라이크존 이렇게 판정합니다 [프로야구]", 스포츠Q 2024. 3. 7.자 기사, https://www.sportsq.co.kr/news/articleView.html?idxno=463319 (2024. 12. 30. 방문). 한편, 시행 후 논란이 있었지만 2024 시즌 전반기를 마치면서 대체로 정착됐다는 평가가 있다. 양정민, "'스트라이크 맞아? 아냐?'…韓 야구 AI 심판, 100경기 뛰더니 똑똑해졌다", 지디넷코리아 2024. 7. 29.자 기사, https://v.daum.net/v/20240729155112605 (2024. 12. 30. 방문).

(ii) Type 2. 연역의 규칙[f(x)]이 확실하고, x값이 많지만 유한한 경우 (numerable)

바둑은 룰(rule)이 명확한 게임이다. 어떨 때 승부가 결정되는지 명확한 규칙이 있는데, 경우의 수가 매우 많다는 점이 위 type 1과 다를 뿐이다. 알파고(AlphaGo) 사례에서 초기 버전은 인간 프로기사가 둔 수많은 기보(棋譜)를 입력해서 인공지능의 성능을 높였다. 일종의 머신 러닝을 통해 성능 고도화를 한 것인데, 기보는 저작물로 보호될 수 있어서 저작권침해의 논란이 있었다.[818] 그런데 이후 알파고 제로 버전은 기존의 기보 입력 방식 대신, 바둑에 대한 지식 없이 단지 바둑 게임의 rule만을 입력한 상태에서 무작위로 에이전트가 바둑을 두어서 이긴 경우 보상을 받고 지는 경우 보상이 없는 방식으로 학습을 하여 스스로 이기는 방법을 발견함으로써 성능을 고도화한다(자기 강화 학습, reinforcement learning from self-play).[819] x값이 엄청 많을 수 있지만, 데이터(기존의 기보)가 많으면 많을수록 성능을 향상할 수 있고, 기존 데이터를 활용하지 않더라도 컴퓨팅 파워에 의해 성능을 고도화할 수 있다.

(iii) Type 3. 연역의 규칙[f(x)]이 확실하지만, x값을 명확히 알 수 없는 경우

축구 경기에서 오프사이드 위치에 있는 것만으로는 반칙이 아니다(축구 경기규칙 제11조 1. 오프사이드 위치).[820] 오프사이드 위치에 있는 선수가

---

818) 기보의 저작물성에 관한 논의는 다음 연구보고서 참조. 박성호,「바둑기보의 저작물성 판단에 관한 연구」, 한국저작권위원회, 2009.
819) 정아람, "알파고 업그레이드 … 더 이상 인간의 기보 입력 안 한다", 중앙일보 2017. 10. 19.자 기사. 알파고 초기 버전과 달리 알파고 제로(AlphaGo zero) 버전은 기존의 기보를 활용하지 않고 바둑의 룰만 알려준 상태에서 알파고가 스스로 바둑을 두어가며 깨우쳐 성능을 향상한다는 점에서 앞선 버전과 다르다.
820) 대한축구협회 경기규칙, 2023/24, 81-85면, https://www.kfa.or.kr/kfa/data_room.php?act=rule (2024. 12. 30. 방문).

팀 동료에 의해 볼이 플레이 또는 터치된 순간, 다음의 행동을 통해 적극적으로 플레이에 관여했을 때만 반칙이 된다.

    A. 팀 동료가 패스 또는 터치한 볼을 플레이하거나 터치하여 플레이에 간섭했을 때
    B. 아래와 같은 행위로 상대 선수를 방해했을 때:
        a. 명백하게 상대방의 시선을 차단하여 상대방이 볼을 플레이하거나 플레이가 가능한 것을 방해하는 행위,
        b. 볼을 목적으로 상대방에게 도전하는 행위(이상, 제11조 2. 오프사이드 반칙)

여기에서 A의 경우는 객관적으로 판단할 수 있으나, B의 경우(방해하는 행위, 도전하는 행위)에는 의도성이 들어 있다는 점에서 객관적으로 판단하기 어려운 점이 있다. 상대 수비수보다 전방에 있는 공격수(P1)가 볼을 터치하지 않고 다른 공격수(P2) — 상대방 수비수보다 후방에 있는 공격수를 말함 — 가 볼을 터치하면 오프사이드가 아니지만(위 A에 해당), 이 경우에도 공격수(P1)가 다른 공격수(P2)의 공격에 간여한다면, 오프사이드에 해당할 수 있다. 예를 들어 공격수(P1)가 다른 공격수(P2)를 마크하려는 상대방 수비수의 시야를 가리거나 몸으로 막는 등으로 그 공격수(P2)의 볼 터치와 공격에 간여하는 행위를 한다면 비록 공격수(P1)는 볼을 터치하지 않았어도 오프사이드 반칙 판정이 나올 수 있다. 여기에서 오프사이드 파울이라는 y값을 도출하는 x값은 볼이 전방에 투입될 시점에 공격수(P1)가 상대방 최후방 수비수보다 상대방 진영에 가깝게 있다는 객관적 사실만으로 결정되지 않고, 공격수(P1)의 행위가 다른 공격수(P2)의 공격을 도우려는 의도에 따라서도 결정되기 때문에, 결국 x값을 객관적으로 명확히 알기 어려워진다.

또한 축구 경기에서 페널티킥은 선수가 '직접 프리킥'에 해당하는 반칙을 자신의 페널티 구역 안에서 범했을 때 주어지는데(위 경기규칙 제14조 페널

티킥),821) '직접 프리킥'의 하나인 '핸드볼 반칙'을 예로 들어 본다(제12조 파울과 불법행위, 1. 직접 프리킥).822)

'핸드볼'
핸드볼 반칙을 결정하기 위해, 팔의 위쪽 경계를 겨드랑이 밑 부분과 일직선을 이루는 선으로 한다. 볼이 선수의 손/팔에 터치되더라도 그 모든 터치를 반칙으로 보지 않는다.
선수가 다음과 같은 행동을 하면 반칙이다:
A. 손/팔을 이용해 의도적으로 볼을 터치했을 경우. 예를 들어 볼을 향해 손/팔을 움직이는 등
B. 손/팔이 볼을 터치했을 때, 그 손/팔로 인해 신체가 부자연스럽게 확대되었을 경우. 선수가 부자연스럽게 그 신체를 확대하였다 함은, 그 손/팔의 위치가 특정 상황에서 해당 선수의 동작으로 정당화될 수 없거나, 혹은 그 동작과 연속성을 가지지 않는 것을 의미한다. 해당 상황에서 손/팔이 그 위치에 있음으로 해서, 선수는 손/팔에 볼이 맞아 처벌되는 위험을 감수하는 것이다(후략).

벌칙(페널티) 구역에서 수비수의 손/팔에 볼이 닿는 핸드볼 파울이 발생하면 페널티킥이 선언되는데, 위 B의 경우는 비교적 객관적으로 판정할 수 있으나, A의 경우는 수비수가 의도적으로823) 손/팔을 뻗어 볼에 닿았는지 회피하는 과정에서 닿았는지에 따라 판정이 달라진다. 손/팔에 볼이 닿는 것이 수비수의 의도에 의한 것인지도 위 오프사이드 판정에서처럼 x값을 정확히 알 수 없는 경우이다.
즉, 오프사이드나 페널티킥 판정에서 단지 공격수와 수비수의 위치, 핸드

---

821) 위 경기규칙, 106면.
822) 위 경기규칙 88면, 제12조 파울과 불법행위.
823) 국제축구협회 규칙 원문에 'deliberately'로 되어 있다. The International Football Association Board (IFAB), Laws of the Game, 제12조. 위 축구협회 경기규칙, 같은 면.

볼 여부 등만으로 결정하지 않고 공격수나 수비수의 의도도 판정의 요소인 경우, 판정 룰이라는 f(x)는 명확하지만, x값은 외부에서 알 수 없는 때에 해당한다.

(iv) Type 4. 연역의 규칙[f(x)]이 불확실하고, x값도 명확히 알 수 없는 경우
사람이 쇼핑할 때 어떤 요소에 의해 구매 결정을 하는지는 정확히 알 수 없다. 개별 요소인 x값에 해당하는 것도 다양할 뿐만 아니라, 어떤 요소가 구매 결정을 이끄는지 사람마다, 환경에 따라 다양하여 결론을 내리기 어렵다. 연역의 규칙과 x값 모두 명확히 알 수 없는 경우이다. 주어진 x값에 의해서만 의사결정이 이루어진다는 것을 전제로 추론하는 것일 뿐, 추가적인 자극의 영향은 배제된 것이다. 그럼에도 소비성향 등을 분석할 때 경향(tendency) 파악에는 유용하게 사용될 수 있다.

이상 네 가지 type을 살펴보았는데, 인공지능이 위력을 발휘할 수 있는 것은 type 2, 3, 4이다. 엄청난 컴퓨팅 파워로 인간의 연산 능력을 뛰어넘을 수 있는 type 2는 인공지능 세계에서 결코 어려운 분야가 아니다. 특히 인공지능의 진가(眞價)가 드러나는 영역은 type 3과 4로서, 진화 발전하는 컴퓨팅 능력으로 tendency를 끝까지 추적하도록 밀어붙이면 '참값'에 가까운 결론을 도출할 수 있다고 보기 때문이다. 그러나 인간 내부 또는 인간과 인간 사이에서 발생하는 갖가지 복잡한 요소들을 파악해 인과관계(causality)로 연역해 결론을 도출하는 것이 아니라 단지 경향성(tendency)을 파악하는 것으로서 결코 '참'이라고 할 수 없다. 고도의 컴퓨팅 능력에 의한 결론을 쉽게 받아들이는 이유에는 인공지능에 대한 맹신이 들어 있다. 이른바 '귀납의 영역에 대한 승리', '귀납에 대한 맹신'이라고 할 것이다. 그것이 가져올 우려는 항을 달리하여 설명한다.

(라) 특이점

인공지능 시대 논의되고 있는 특이점(singularity)[824]은 법적 관점에 중요한 시사점을 준다. 기술 발전에 따른 인간의 인식과 대응 양식이 지속적으로 변화하다가 어떤 시점을 넘어섬으로써 돌이킬 수 없는 상황이 되어, 법제도의 기준과 목적이 전도(顚倒)되는 바로 그 시점이라고 할 수 있다. 예를 들어 자동차 내비게이션이 보편화되고 자율주행차량이 일정 수준을 넘어서게 되면 운전자나 보행자 모두의 안전을 위해 인간 운전자(human drivers)의 도로 주행을 금지하는 법 규범이 만들어질 수 있는데, 이런 시기에 접어들면 다시 예전으로 돌아가기는 매우 힘들다.

그런데 특이점은 기술 발전으로 도래하기 전, 인간 사회의 갈등으로 그 시기가 당겨질 수 있다는 점에 유의해야 한다. 알고리듬이 인간을 대체하게 된다는 것은 완전한 알고리듬의 도래로 인한 것(또는 '때')이라기보다는 인간 사회의 갈등과 대립이 격화되어 더는 인간 판단자, 조정자를 구할 수 없을 정도로 그 틈이 벌어졌기 때문일 수 있다. 인공지능과 알고리듬의 문제는 결국 인간과 사회의 문제로 귀결된다. 이미 인간의 판단을 믿지 못하여 인공지능이나 기계에 판단을 맡기기로 한 이상, 다시 그 이전으로 회귀 불가능한 상황을 일상에서 경험하고 있지 않은가?[825] 인간 대신 인공지능에 맡기기로 한 이상, 기계가 주는 혜택과 이점에 빠져서이기도 하겠지만, 그보다는 인간 사회의 증폭되어 가는 갈등을 해소하는 주재자로서 인간이 더는 존중받지 못하기 때문이다. 이제 갈등의 조정자, 심판자로서 인간이 아닌 것(인공지능)에서 인간으로 돌리기로 하는 합의는 그 이전 합의, 즉 인간에서

---

824) 레이 커즈와일(Ray Kurzweil), 김명남 역, 『특이점이 온다』(원제: The Singularity is Near, 2005), 김영사, 2007.
825) 포털의 뉴스 편집, 스포츠 경기에서 VAR 판정시스템, 의료 분야에서 인공지능과 의공학적 도움 등 각종 영역에서 인간은 불완전한 존재로 취급되고 있어, 최소한 특정 분야에서 연산 능력이 인간을 훨씬 앞지른 약 인공지능(weak AI, narrow AI)의 시대는 이미 도래했다고 할 것이다.

인공지능으로 그 판단 주체를 넘기자는 합의보다 비교할 수 없을 정도로 어려울 것이다. 특이점은 기술에서 거론되고 있지만, 그것이 사회를 규율하는 법률 영역으로까지 들어오면 불가역적인 것이 된다. 특이점 직전에 서 있는 인류는 이를 넘기 전에 이성과 냉정을 되찾을 필요가 있다.

이런 모든 일의 출발에는 빅테크와 인공지능 개발사가 있다. 이들이 주는 달콤함에 극히 일부를 제외하고 정부 정책입안자, 산업계는 말할 것도 없고 전공 불문 학계에서도 반기를 드는 예를 찾기가 쉽지 않다. 균형을 위해 오히려 강력한 반대쪽 의견이 나와야 한다. 특히 이론과 논거를 갖춘, 산업계의 이해관계에 휘둘리지 않을 뿐 아니라, 현재 세대의 이해를 뛰어넘어 미래와 인류를 위한 관점이 필요하다. 그리고 그 중심에 법학이 있어야 한다. 법은 강제력이 있는 규범이기 때문이다. 그런데 법, 법학의 대응은 법학 내부의 세부 전공에 따라 각기 진행되고 있는데, 이는 그야말로 거대한 둑이 터져 조만간 도시가 물에 잠길 상황인데도 각자 모래주머니 몇 개를 들고나와 막는 형국이라 할 것이다. 플랫폼과 빅테크에 관한 쟁점은 법학 전 분야에 걸쳐 있다. 그도 그럴 것이 플랫폼 세계는 오프라인 세계를 인터넷에 옮겨놓은 또 다른 세계이기 때문이다. 이렇게 문제를 던진 쪽이 법학 전 분야를 포섭하고 있는 실체라면, 그에 대한 대응 또한 종합적 대처(holistic approach)가 필요하다고 할 것이다. 개별 쟁점별 접근은 마치 '두더지 잡기' 게임처럼 튀어나온 두더지를 망치로 때려잡은들 다른 쪽에서 튀어나온 또 다른 두더지를 잡기에 급급하다가 결국 게임에 패하고 말 것이기 때문이다.

(2) 단순화·다수설의 오류

(가) 단순화의 오류

위 축구의 핸드볼 파울에 따른 페널티킥 판정 예에서 인간의 주관적 의도가 개입되어 불확실한 x값을 단순화하면 참값의 결론을 얻을 수 있다는 생각으로 룰을 바꾸는 경우가 발생할 수 있다. 즉, 핸드볼 판정에서 행위자의 주관을 배제하고 어떤 경우든 볼이 팔에 닿기만 하면 — 수비수가 볼을 피하려다가 볼이 팔에 닿았건 의도적으로 막아내기 위해 닿았건 — 핸드볼 반칙이 된다는 식으로 축구의 규칙(룰)을 바꾸어 버림으로써 논란을 없애는 것이다. 인공지능의 도움을 받기 위해 기존의 규칙(함수)을 바꾼 경우로서 '꼬리가 몸통을 흔드는 격'이라 할 수 있다. 위 오프사이드 예에서는 볼을 터치하지 않은 공격수의 의도에 따라서도 오프사이드 파울이 성립할 수 있는데, 명료한 판정을 위해 오로지 볼을 터치하는 공격수의 위치만을 기준으로 바꾼다면,[826] 이는 축구에서 오프사이드 파울이 갖는 의미의 상당 부분을 상실하게 하는 것으로서 축구의 묘미를 잃게 할 가능성이 있다.

<u>인공지능 번역의 경우</u>

비단 축구만이 아니라, 인공지능이 제대로 기능할 수 있도록 인간 세계가 단순화되는 일은 앞으로 많이 발생할 것이다. 최근 인공지능을 활용한 문학 번역에서 단순화가 가져올 '바벨탑의 데자뷰'[827]는 현실이 되고 있다.
구글, 네이버 등 거대 플랫폼이 경쟁하고 있는 기계번역에 대해 살펴본

---

826) 선수들이 착용한 의복과 경기에 사용되는 볼의 겉면에 지리(공간)적 위치를 감지할 수 있도록 센서를 부착하면, 굳이 선심(부심) 또는 주심의 오프사이드 선언을 기다릴 필요 없이 자동적으로(기계적으로) 오프사이드 판정이 정확히 날 수 있을 것이다. 기술 발전의 속도와 경향성으로 미루어 보건대, 오프사이드 판정을 위해 GPS 기술이 더욱 정밀해지면 현실이 될 수 있다.
827) 인공지능 번역의 정확성을 기하려고 인간 번역자가 인공지능 번역기를 활용하기에 앞서 인공지능 번역기가 제대로 작동할 수 있도록 원문을 수정하는 전편집(pre-editing)이 활성화되면, 번역을 염두에 둔 작가들은 창작 단계에서부터 자신이 쓰는 언어의 고유성을 포기하는 경우가 성행할 수 있다. 본 저자는 이런 우려에서 논문의 부제를 '바벨탑의 데자뷰'라고 붙였다. 남형두, "인공지능 기반의 문학번역에 관한 저작권법 문제 — 바벨탑의 데자뷰?", 계간저작권 제144호, 2023.

다.[828] 구글 번역(Google Translate), 파파고(Papago)는 각기 구글과 네이버가 무료로 제공하는 기계번역 서비스이다. 한국어를 중심으로 보면 번역은 외한(外韓) 번역과 한외(韓外) 번역으로 나눌 수 있다. 이중 한외번역에 국한해 논의한다.

한국인 저자 중에 자신의 글(논문 등 학술 저술과 문학류의 저술)을 외국어로 번역 출판할 계획을 갖고 글의 전부 또는 일부 ― 예를 들어 논문 초록 ― 에 대해 기계번역의 도움을 받는다고 가정하자. 저자가 평소 자신의 글 쓰는 습관에 따라 한국어 글을 완성한 후 기계번역으로 돌리면 원문과 다른 결과(외국어 번역문)가 나오는 경우가 있다. 원문 자체에 논리성이 결여됐거나 문법이 틀려 발생한 경우라면 기계번역을 탓할 수 없고 오히려 원문을 논리에 맞게 다듬고 문법적 오류를 바로잡아 해결할 일이다. 그런데 논리성 결여나 문법 오류가 아닌 경우가 문제이다. 한국어 문장에서는 주어를 생략하는 경우가 많다. 또한 한국어 문법은 명사에 성(性)을 부여하지 않고 단수와 복수 구별도 명확히 하지 않는다. 나아가 관계사(관계대명사, 관계부사)라는 품사가 없다. 그런데 서구 언어를 기반으로 만들어진 기계번역 서비스의 경우 이런 한국어 문법과 글쓰기 방식에 적합하지 않아 오류를 발생시킬 수 있다. 여기에서 번역의 정확성을 위해 기계번역 서비스가 이해할 수 있도록[829] 문장마다 주어를 등장시키는 등 한국어 어법이나 멋을 포기해야 할까 하는 질문을 던지고 싶다.[830]

---

[828] 2023년 초 인공지능의 도움을 받아 번역한 작가의 한국문학번역원 번역신인상 수상 취소 논란 이후 한국에서 한동안 뜨거운 논의가 진행됐는데, 본 저자는 이에 관한 심포지엄에서 발표한 후 위 논문(주 827)을 출판했다.
[829] '이해'라는 것은 인지를 기반으로 하는 것이므로, 엄밀히 말하면 '원활히 작동될 수 있도록'이라 할 것이다. 앞서 TDM 면책 부분에서 쓴 'feeding'과 맥락상 비슷하다.
[830] 번역 글의 완성도를 높이기 위해 기계번역을 염두에 둔 저자는 원문을 창작하는 단계에서부터 의도적으로 조악한 모국어 문장을 구사해야 할지도 모른다. 한편, 장르에 따라서는 맞춤법을 일부러 무시하기도 하고 독자의 호흡을 위해 띄어쓰기 문법을 따르지 않는 경우가 있는데, 기계번역이 가져올 문화 재편 현상으로 인해 글에서 사투

언어와 번역에는 헤게모니가 작동한다.[831] 서구의 중심국 언어 간 번역에서도 오역이 문제되는데,[832] 이는 한국어와 같은 주변국 언어와 중심국 언어 간 번역에서 발생하는 손실과는 비교가 되지 않는다. 한외번역에서 그 외국어는 주로 중심국 언어인 경우가 많은데, 문화와 언어의 세계화가 급속히 진행되는 상황에서 한국어 문장을 외국어로 번역할 때 한국 언어로 표현되는 문화의 고유성을 쉽게 포기하는 것은 기계번역이 가져다주는 순기능으로 정당화될 수 없을 것이다. 정확한 기계번역을 위해 출발어의 고유성을 포기함으로써 언어와 문화의 다양성이 상실되고 획일화가 가속된다면 본말전도로서 그야말로 꼬리가 몸통을 흔드는 격이라 하지 않을 수 없다. 그로 인한 문화의 황폐화는 매우 비싼 비용이 될 것이다.[833]

문학 번역 외에도 창의성, 취향이 중시되는 예술 세계에서 모호함과 불확실함에 직면할 수 없는 나약함 때문에 인간의 고유성을 포기하고 과도한 단순화를 선택한다면, 참극이 아닐 수 없다고 생각한다.[834]

리(방언)가 사라지고 작가의 독특한 문장이 거세된 삭막한 통일 문체로 뒤덮이지나 않을지 우려스럽다. 쿤데라는 번역자가 자신의 글(프랑스어로 쓴 글)을 번역할 때 쿤데라의 '개인 문체'가 아닌 고등학교에서 배우는 '공동 문체'라는 권위에 복종하는 것을 거부한다. 쿤데라, 전게서(주 502), 160면.

[831] 이형진, "한국문학의 영어번역, 논란과 논쟁을 번역하다", 번역학연구 제19권 제4호, 2018, 192-196면; 이형진, "한국문학번역의 문화번역 — 한국문학의 문화번역 지점을 중심으로", 번역학연구 제17권 제3호, 2016, 158면.

[832] 쿤데라, 전게서(주 502), 160면.

[833] 재독 한인 철학자 한병철은 이를 잡다함(Diversität)과 상이성(Alterität)/단독성(Singularität)으로 나누어 설명한다. 상이성 또는 단독성이 사라진 곳에 디지털화된 기계가 소화하기 좋은 다양함이란, 곧 잡다함에 불과하다는 것이 한병철의 주장이다. 한병철, 전게서(주 793), 35면. 한병철의 저술은 TDM을 염두에 둔 것이 아니지만, 그의 주장은 기계학습에 정확히 들어맞는다.

[834] 조지 오웰의 소설 『1984』에는 언어의 단순화가 나온다. 'bad'라는 단어를 없애고 'good'과 'not good'으로만 언어를 단순화하는 세상은 인간의 사고와 행동도 그에 따라 단순화될 수 우려가 있다. 'good'과 'not good' 사이에 있는 'not bad'와 'not too bad'로 표현되는 사고와 상황을 없애버릴 수 있을까? 언어의 단순화는 사고의 단순화

(나) 다수설의 오류

위 type 3과 4에서 결과(y)는 참값이 아니고, 단지 경향일 뿐이다. 물론 경향 또는 경향성만을 알아도 그 목적을 달성할 수 있는 분야가 있다. 이를테면 앞서 본 소비성향 분석 방법을 확장해 보면 기후 예측, 경제 상황 등 다방면에 활용할 수 있다. 물질계에서는 인과관계를 정확히 알지 못해도 경향 분석이 고도화되면 나름의 가치를 가질 수 있다.

지식재산권에서 특허법이 적용되는 발명은 그 유효성이 인정되면 반드시 인간이 만든 것일 필요가 있느냐는 근본적 문제가 제기되고 있다. 인공지능이 실험을 통해 만들어 낸 신약(新藥)이 질병 치료에 효과가 있다면 인간이 한 것이 아니므로 발명이 되지 않는 것일까? 사실 특허법상 '발명'은 "자연법칙을 이용한 기술적 사상의 창작으로서 고도(高度)한 것을 말한다."(제2조 제1호)라고 하여, 인간을 주체로 명시하고 있는 저작물의 정의, "인간의 사상 또는 감정을 표현한 창작물"(저작권법 제2조 제1호)과 달리 규정돼 있다. 물론 이를 인공지능에 특허권을 부여할 수 있다는 논리로 바로 연결할 수는 없다.[835] 그런데 '발명'과 '저작물'에서 이렇게 인간 주체성 논의에 차이가 생기는 것은 왜일까? 같은 지식재산권법임에도 결과를 중시하는 특허법과 과정을 중시하는 저작권법의 차이 때문이라고 생각한다.

경향성은 수렴되는 특성이 있어 마치 자연계의 중력 법칙과 유사하다고 볼 수 있다. 그런데, 심미성과 취향이 존중되는 예술계 — 저작권법이 관계되는 — 에서 경향성은 중요하지 않다. '경향성'이란 '다수의 견해'를 '참' 또는 '참에 가까운 것'으로 받아들이는 것과 다름이 없다. 그런데 자연·경향·다수를 거스르는 자유, 그리고 그 자유에 기반한 자율성이 인간의 고유한 특성이다. 그것이 기능하는 문화·예술 세계에서 다수의 견해와 경향성에

를 가져올 수 있다는 점에서 인공지능을 위해 인간 스스로 고유한 표현을 자제하는 것은 기계가 지배하는 세상을 초래할 수 있다.
835) 앞서 논의한 비인간의 권리능력 문제[III.4.마.(1) (가) 권리능력 측면] 참조.

의존하는 인공지능 결과물은, 그 고도성 여부와 상관없이, 인간이 주체여야만 하는 예술이 될 수 없다. 다수설을 따르는 경향성이 창작과 예술에 들어오면 예술의 정의와 방식까지도 결정할지 모른다. 그런 세계는 받아들이기 어렵다. 본 저자는 창작과 예술 영역에 국한해서 논의했으나, 교육 분야, 인간의 정신·존엄성과 관련된 그 밖의 다른 영역에서도 이런 논의는 유효하다고 생각한다.

(3) 효율성 신화(神話)의 맹점 — 옥수수밭과 목장[836]

수렵을 통해 생존했던 인류는 농경과 사육(飼育)을 하면서부터 정주(定住)할 수 있었다. 사육에 사용되는 식물(食物), 즉 사료(飼料)에 대한 인간의 양보와 희생을 요구하지 않았던 시대가 지나가고, 인간의 육류 선호 현상에 따라 곡류를 두고 인간과 가축은 경쟁 관계에 놓이게 되었다. 나아가 인간의 섭생 변화로 더 많은 육류가 필요해짐에 따라 인간이 먹는 옥수수 등 곡류를 가축의 사료로 쓰는 일이 생겨났고, 아예 옥수수 품종을 식용에서 사료용으로 전환 재배함으로써 오히려 전 세계적으로 보면 식량난이 초래되기도 했다.[837] 탄수화물을 육류 단백질로 전환함에 따른 만족(효용)의 증진

---

[836] 이 책에서는 논증을 위해 몇 가지 우화와 비유를 이용한다. 논증에서 우화 또는 비유가 갖는 장점으로는 표현의 자유가 억압 또는 제한되는 외부적 환경이 있을 때 이를 회피하는 방법이 되고, 시대와 공간을 불문하고 보편성을 띠며, 독자에 대한 존중의 의미로 해석의 여지를 남기는 것 등을 들 수 있다. 비유를 적절히 잘 쓴 예로는 신약성서의 예수를 들 수 있다. "Jesus spoke all these things to the crowd in parables; he did not say anything to them without using a parable." (Matthew 13:34, NIV)("예수께서 이 모든 것을 무리에게 비유로 말씀하시고 비유가 아니면 아무 것도 말씀하지 아니하셨으니", 개역개정).

[837] 21세기 부자들의 다이어트와 빈자들의 굶주림 간의 모순과 이른바 '단백질 사다리'로 인한 양극화는 해를 거듭해도 해소되지 않고 있다. 세계은행(World Bank)에 따르면 전 세계적으로 7억에서 10억의 사람들이 절대 빈곤 속에 살아가고 있으며, 세계보건기구(WHO)에 따르면 만성적 기아에 시달리는 사람이 13억 명을 넘는다고 한다. 그

을 계량적으로 증명한 연구가 있는지 모르겠으나, 순수하게 열량(에너지) 차원의 연구 결과는 있다. 곡물을 먹여 키운 가축을 소비하는 육식 습관은 대단히 비효율적이라는 것으로서, 동물에게 9칼로리의 사료를 먹이면 사람에게 1칼로리의 고기로 돌아오는데, 이는 식량이 가장 필요한 사람들의 입에서 음식을 빼앗는 행위라는 비판이 있다.838) 이에 따르면 현재의 식량난은 해결 가능한 것임에도 육류 소비 습관을 위해 방치하는 셈이 된다. 열량의 효율성 비교 외에 축산과정에서 발생하는 각종 환경오염839)과 과도한 육류 소비로 증가하는 인간의 질병 등 사회적 비용까지 고려한다면, 전체적인 효

런데 지구에서 생산되는 전체 곡식의 1/3을 육우 및 다른 가축들이 먹어 치운다고 한다. 이상, 제레미 리프킨(Jeremy Rifkin), 신현승 역, 『육식의 종말』(원제: BEYOND BEEF, 1993), 시공사, 2002, 213-218면. 육류 단백질을 얻기 위해 소 등 가축에 먹이는 곡물의 상당량을 인류에 제공한다면, 인류의 기아 문제를 완전히 해결할 수는 없다 하더라도 아사(餓死)로 인한 희생은 막을 수 있다는 추론이 가능하다. 또한, 새로운 목장과 초지를 확보하기 위한 삼림훼손도 막을 수 있어 환경보전에도 도움이 될 것은 물론이다. Manuela Andreoni, "Forest economy's holy grail. Can forest be more profitable than beef?", New York Times (Int'l ed.), May 7, 2024.

838) 음식(food)에 관한 정치학적 관점에서 글을 써온 퍼디는 세포 배양육 고기에 대한 실험을 주제로 쓴 책에서 인간의 식량을 빼앗아 가축 사료로 쓰고 고기를 얻는 것을 마태복음 25장, "지극히 작은 자 하나에게 하지 않은 것이 곧 내게 하지 않은 것이다"에 비유한다. 체이스 퍼디(Chase Purdy), 윤동준 역, 『죽음 없는 육식의 탄생 — 도살하지 않은 고기가 당신의 입속에 들어가기까지』(원제: BILLION DOLLAR BURGER: Inside Big Tech's Race for the Future of Food, 2020), 김영사, 2021, 164면.

839) 김민정, "기후 위기 대응 방안 '육류세'…'미래 세대를 위한 유용한 선택'", ESG경제 2022. 8. 17.자 기사, http://www.esgeconomy.com/news/articleView.html?idxno=2467 (2024. 12. 30. 방문). 온라인 학술저널 '더 컨버세이션(The Conversation)'에 게재된, 옥스퍼드대학과 포츠담 기후 영향 연구소가 발표한 "이제 육류 소비에 세금을 부과해야 할 때"라는 논문에 따르면, 고기 소비를 위해 가축을 기르고 사료를 만들기 위해 작물을 재배하는 과정에서 열대 우림을 파괴하고 야생동물을 해치고 있는데, 축산업은 엄청난 양의 온실가스 배출하고 오염원이 되고 있다고 한다. 과도한 육류소비가 지구온난화의 주범이라는 것인데, 세계 온실가스 배출량의 1/4에서 1/3이 식품의 생산과 유통 관련 시스템에서 발생한다고 하며, 죄악세(sin tax)로서 육류세를 부과해야 한다고 한다.

율성 비교는 더욱 극명해질 것으로 생각한다.840)

　당장은 더디고 서툰 인간보다 빠르고 번드르르한 인공지능이 창작에서 더 효율적이라고 생각하는 것은 마치 육식으로 인한 만족을 누리기 위해 인간의 먹거리인 옥수수를 사료로 쓰는 것이 더 낫다는 논리와 비슷하다. 그러나 사육의 효율성이 반드시 증명되지 않은 것처럼 인간을 대체한 인공지능 창작의 효율성도 마찬가지라고 생각한다. 곡물 부족에 따른 기아 문제, 과도한 육식에 따른 질병 발생, 산림훼손과 오존층 파괴 등 환경오염 등 인류의 생존과 존엄성에 직간접으로 미칠 영향을 생각하면, 장기적으로 인류는 감당할 수 없는 과도한 청구서를 받게 될지도 모른다. 여기에서 위 내용을 우화 형식으로 담아 발표한 글을 전재한다.841)

옥수수밭 옆 목장
― 텍스트 데이터 마이닝(TDM) 면책을 담은 저작권법 개정안에 부쳐

　옥수수밭이 즐비한 가운데 목초지가 있다. 옥수수 농장주들과 목장주들은 경계를 나누어 각기 옥수수와 우유나 쇠고기를 생산하여 시장에 내다 팔았다. 시간이 흐를수록 유제품과 육류 소비량이 늘어 목장주는 더 많은 소를 사육하고자 했으나, 목초지 풀이 부족해 사료를 사야 했다. 비용 증가는 우유 생산량을 크게 늘이지 못한 원인이 됐다. 유제품과 쇠고기에 맛을 들인 소비자와 목장주의 눈길은 옥수수밭을 향한다. 넓은 밭에서 생산되는 옥수수를 소에게 먹인다면 더 많은 우유와 고기를 얻을 수 있다는 목장주들의 생각에, 옥수수보다 육류 소비로 얻는 만족이 더 크다고 생각하는 소비자들도 동의하게 된다. 그렇다고 울타리가 처져 있는 옥수수밭을 함부로 넘어가 소를 풀

---

840) 니콜렛 한 니먼(Nicolette Hahn Niman), 이재경 옮김, 『소고기를 위한 변론』(원제: DEFENDING BEEF, 2021), 갈매나무, 2022, 351-359면. 니먼의 주장은 육류 소비를 금지하자는 것이 아니라 축산을 위한 과도한 산림파괴 등을 막고 동물복지를 고려한 친환경 축산을 지지하는 것이다.
841) 남형두, 전게글(주 22)을 토대로 일부 수정했다.

어놓는다면 경계침범죄에 해당할 뿐 아니라 소유권침해에 따른 배상책임을 물게 될 것이다. 그런데 늘어난 소 떼로 풀이 부족해지자 목장주가 의도했건 의도하지 않았건 소들이 인근 옥수수밭에 들어가 옥수수를 마구 먹어 치우기 시작했다. 목장주는 목초지를 더 확보하지 않아도 쇠고기 생산량이 늘어나 은근히 이를 방관했으나, 농장주들이 항의하기 시작했다. 그런 가운데 무너진 울타리를 보수하고 더 높은 울타리를 치는 데 비용이 들 뿐 아니라, 소비자들의 섭생도 채식에서 육식으로 변화하고 있어 이러다가는 옥수수 재배를 포기해야 하는 게 아닐까 하고 생각하는 농장주가 늘어났다. 일부 농장주는 아예 사료용 옥수수로 품종을 전환하여 인근 목장주에게 파는 방향으로 거래선을 바꾸기도 했다. 농장주와 목장주 간에 갈등의 골은 깊어졌고, 급기야 옥수수를 식용에서 사료용으로 바꾸자는 극단적 주장을 하는 사람들이 생겨났다. 이들 뒤에서 학자들은 각기 이론으로 그 주장을 뒷받침한다. 목장주를 지지하는 경제학자들은 육류 소비를 원하는 소비자의 만족을 위해 옥수수 재배 면적을 줄이고 그나마 옥수수도 식용이 아닌 사료용으로 바꾸는 것이 더 효율적이라고 주장한다. 농장주를 지지하는 경제학자들은 환경파괴, 육류 소비로 인한 질병 발생 등 제반 비용을 다 고려하면 옥수수 재배가 소 사육보다 여전히 경제성이 더 높다고 주장한다.

여기에 법률가들이 참전하게 된다. 목장주들은 소가 울타리를 넘어 옥수수밭에 들어간 것은 경계침범죄가 되지 않는다고 한다. 형법상 경계침범죄는 인간 행위자를 전제로 한 것이므로 소에 형사책임을 물릴 수 없다는 것이다. 목동이 소를 끌고 넘어가지 않았다면 사람이나 소, 모두에게 형사책임을 묻기는 어렵다. 그렇다고 민사상 손해배상 책임까지 없다고 단정할 수는 없다. 관리 소홀에 따른 민사책임을 추궁당한 목장주들은 관리를 철저히 해도 어쩔 수 없다고 항변하고, 나아가 경제학자들을 동원해 식용을 위한 옥수수 재배는 시대착오이며 이제 옥수수 재배 목적을 바꾸어야 할 때도 됐다며 육류 소비를 원하는 소비자 후생(만족)을 전면에 내세운다. 환경파괴와 섭생 변화에 따른 건강 문제를 지적하는 일부의 목소리는 수학으로 무장한 효율주의에 가려지고 만다.

급기야 목동이 소 떼를 끌고 들어간 경우가 아니고, 단지 소들이 옥수수밭에 들어가 먹는 경우는 목장주의 책임을 면제해주자는 의견이 비등하게 된다.

이런 주장은 크게 보면 법학과 경제학에 근거한 것으로 나눌 수 있다. 경제학적 논거는 간명한데, 더 효율적이라는 것이다. 법학에서 볼 때 옥수수밭의 울타리가 애초 잘못 쳐진 것이라면 모를까 엄연히 법적으로 보호받는 경계인 이상 다소 논리가 궁색한 것이 사실이다. 그런데 울타리가 쳐지게 된 경위를 보면 꼭 그런 것만도 아니다. 옥수수 농장주들이 처음부터 밭의 소유권을 갖고 있던 것은 아니었다. 삼백 년 전쯤, 노는 땅을 개간하고 울타리를 치면 공동으로 이용할 때보다 생산성이 훨씬 높아진다는 주장에 따라 땀 흘려 경지 정리 작업에 참여한 이들에게 밭의 소유권이 인정됐다. 이때 울타리 밖으로 쫓겨난 사람 중에는 도시로 떠난 이들도 있지만, 여전히 옥수수밭 주변에서 수확하고 남은 이삭으로 연명하는 이들도 있었다.842) 경지 정리를 했다는 이유로 옥수수 농장을 단독으로 소유하여 이용하는 것이 과하지 않느냐는 지적에 따라 농장주는 인근의 빈자나 여행자를 위해 작은 문을 열어두어 이들이 드나들 수 있도록 했다. 이런 조건으로 농장주는 자신의 손주 대까지 소유권을 인정받기로 타협이 이루어졌다. 저간의 사정으로 농장주들은 빈자, 장애인, 여행자가 작은 문으로 들어와 밭에 떨어진 이삭을 주워가는 것을 단속하지 않았고 수확하면서 일부를 남겨두기도 했다. 때로는 마을 행사를 위해 울타리를 열기도 했다. 겨우내 양식이 부족한 야생동물이 빈 밭에 들어와

---

842) 장 프랑수아 밀레(Jean-François Millet)의 그림, <Des glaneuses>(1857, 이삭 줍는 여인들)에서 멀리 추수한 곡식단이 산더미처럼 쌓여 있는 가운데, 남루한 차림의 여인 셋이 맨손으로 밭에 떨어진 이삭을 줍는 장면이 나온다. 농장에 고용된 이들인지 알 수 없으나, 수확이 끝난 곡식단 옆에 남성들이 서 있는 장면으로 보건대 도구를 쓰지 않는 여인들은 개인 생계를 위해 떨어진 낟알을 줍고 있는 것으로 생각된다. 이들의 행위가 농장주의 묵인 아래 이루어진 것이라면, 본문에서 든 이야기에 딱 들어맞는다. 이는 성서 레위기(Leviticus) 19:9~10를 떠오르게 한다. "When you reap the harvest of your land, do not reap to the very edges of your field or gather the gleanings of your harvest. Do not go over your vineyard a second time or pick up the grapes that have fallen. Leave them for the poor and the alien. I am the LORD your God."("너희가 너희의 땅에서 곡식을 거둘 때에 너는 밭 모퉁이까지 다 거두지 말고 네 떨어진 이삭도 줍지 말며 네 포도원의 열매를 다 따지 말며 네 포도원에 떨어진 열매도 줍지 말고 가난한 사람과 거류민을 위하여 버려두라 나는 너희의 하나님 여호와이니라", 개역개정).

떨어진 이삭과 풀을 먹고 배설물을 남겨놓아도 농장주는 모르는 척했다. 그런데 목장주들이 바로 이 '작은 문'을 이용하기 시작하자 근근이 유지됐던 평화가 깨지기 시작했다. 빈자를 위한 문이라는 농장주의 주장에 대해 목장주는 소를 키워 빈자들에게 우유를 무상으로 공급하고 있으니, 자신도 그 문을 이용할 자격이 있다고 맞섰다. 작은 문은 경지 정리 후 농장 주변에 울타리를 치면서도 빈자와 마을 행사를 위해 열어두기로 했던 것으로서 인근 목장주들이 소 떼를 끌고 들어오게끔 설계된 것은 아니었다. 더욱이 이 작은 문으로 들어온 목장주들은 농장주들과는 경제력에서 비교할 수 없을 정도로 엄청난 부자들이었기에 이들이 내세운 논리는 조금만 들여다보아도 억지임을 알 수 있는 상황이었다. 그런데, 농장주들이 열어놓기로 약속했던 작은 문을 닫는가 하면, 울타리를 헐어야 하는 때가 왔는데도 헌 울타리 자리에 전기를 흐르게 해서 여전히 통행을 가로막기도 하여 빈자들의 불만은 커져만 갔다. 상황이 이렇게 되자 애초 울타리를 치는 것이 아니었다든지 울타리가 땅의 생산성을 더 높이는 것이 아니었다든지 하는 주장이 백출하기도 했다. 이즈음 옥수수 농장주들에게 불만이 있던 빈자들과 여행자들은 우유뿐만 아니라 치즈와 버터를 무상으로 나눠주는 목장주를 만나게 된다. 이들 중 상당수는 유제품 맛에 길들여지기 시작한다. 이들은 단체를 결성해 그 지역에서 가장 돈이 많은 목장주를 지지하며 옥수수밭과 목장 간 갈등의 전면에 나서는 진풍경을 연출하기도 했다. 한편, 얼마 전부터 기술 발전과 시장 상황의 변화로 소를 사육해 쇠고기를 가공 판매하던 목장주들은 영업전략을 바꾸게 된다. 그들은 쇠고기 판매로 수익하는 과거 영업 스타일을 포기하고 쇠고기를 무상으로 소비자들에게 공급하기로 한다. 그렇다면 돈은 어디서 버는가? 그들은 목장으로 사람들만 많이 모으면 사람이 많이 모인 곳만 찾는 또 다른 그룹을 통해 더욱 손쉽게 돈을 벌 수 있음을 알게 된 것이다. 장사꾼, 광고주들, 영화관 등 군중을 애타게 찾아 헤매는 이들에게 쇠고기를 무상으로 얻으러 몰려든 수많은 군중을 만나게 해주면 된다. 이들 각종 영업자는 그간 길거리에서 지나가는 사람들을 상대로 영업해왔으나 이제 사람이 들끓고 있는 목장에 가서 목장주에게 일정 금액을 지불하고 소비자를 만나는 것이 훨씬 유리하다고 생각하게 됐고, 이들은 더 많은 사람이 모이는 목장을 찾아 나선다. 양질의 유제품과 쇠고기를 생산하겠다는 목장주는 하나둘 사라지고 이제 목장주의 주 관심사는 유제품과 쇠고기를 미끼로 사람을 많이 모으는 쪽으로 바뀌게 된다. 물론 쇠고기는 한 예일 뿐이다. 소비자가 원하는 것이라면, 예를 들어 돼지고기나 닭고기, 나아가 서커스나 각종 스포츠 경기도 목장주들의 무상 서비스 목록에 들어 있다. 쇠고기에 국한해 이야기를 이어가기로 한다. 영업력이 떨어지거나 자본이 부족한 작은 목장은 큰 목장에 팔려나가 이제 목장은 전 세계에 몇 개 남지 않았다. 목장주들이 거대기업을 유지하고 확장하기 위해서는 쇠고기를 지속적으로 대량 공급하는 것이 목전의 과제가 됐다. 그런데 소비자들에게 무상으로 공급할 쇠고기의 양을 생각하면 현재 확보된 초지로는 턱없이 부족하다. 사료용 옥수수를 구매해서 소를 사육할 방법이 있지만, 비용 부담이 만만치 않다. 그래서 앞서 말한 옥수수밭의 '작은 문'을 어떻게든 이용해보려 한다. 일견 억지스러운 목장주들의 행위를 정당화하기 위해 동원된 법학적 논리로는 이런 것들이 있다. 첫째, 옥수수밭의 울타리에 대한 무단통행 금지의 대상은 사람이므로 소는 이에 해당하지 않는다. 둘째, 목장법에는 다른 목장의 소나 쇠고기를 훔치지 말라고 되어 있는데, 비록 목장의 소들이 인근 농장의 옥수수를 먹었다고 해도 이는 쇠고기를 생산하기 위한 중간 과정일 뿐 목장법이 보호하는 소나 쇠고기를 훔친 것이 아니므로 법 위반이 아니다. 셋째, 가사 옥수수밭을 무단 침범하여 소들이 옥수수를 먹게 한 것이 잘못이라 하더라도 이는 소비자들에게 쇠고기를 무상 공급하기 위한 것으로서 공익에 부합한다는 것이다. 즉 옥수수밭 주인의 희생이 있을지라도 큰 틀에서 공익적이라는 것 등이다.

목장주로서도 이런 논리가 자연스럽지는 않았을 것이다. 게다가 농장주로부터 제기되는 소송이 잦아지자 그중 일부라도 패소하게 되면 이미 벌여놓은 사업에 큰 지장이 발생할 것이 분명했다. 이에 거대 목장주들이 부리는 소 떼가 울타리를 넘어가 옥수수를 먹는 것을 면책하는 내용으로 법과 제도를 뜯어고치자는 움직임이 일어난다. 그 이면에는 전 세계 입법기관을 좌지우지할 정도로 강력한 몇몇 목장주들이 있었고, 이미 이들이 무상 제공한 쇠고기 맛에 익숙해진 소비자들도 좋은 게 좋은 게 아니냐며 목장주에 동조하거나 아예 관심을 갖지 않는다. 농장의 울타리가 없어지는 대신 더욱 강력한 목장주의 그늘에 놓이는 것의 심각성에 눈을 감는 것이다. 여기에 상황을 직시해야 할 입법기관은 중심을 잡지 못하고, 시류에 뒤져서는 안 된다는 현실론이 힘을 얻고 있다.

　인공지능의 성능을 높이기 위해 인터넷에서 타인의 저작물을 크롤링(crawling)해 써도 저작권침해 책임에서 면책 — 텍스트 데이터 마이닝(TDM) 면책 — 하는 내용의 저작권법 개정안이 국회에 계류 중인데, 이를 둘러싼 논란이 바로 이것이다.

　법학이 추구하는 정의의 자리를 효율성과 효율주의가 차지함으로써[843] 다가올 참담함은 미래의 일이 아니라 이미 현재의 문제가 되고 있다. 빅테크의 공정이용 수혜와 TDM 예외의 도입은 앞서 본 '제3의 인클로저'를 초래한다(위 Ⅲ.4. 라. 21세기판 공정이용 — 제3의 인클로저). 인클로저의 특성은 '노는 땅' 없애기를 통한 효율성 추구에 있다. '노는 땅'이 문자 그대로 토지일 때 그것은 인클로저 운동(이 책에서 말하는 '제1의 인클로저')을 의미하지만, 물리적 영역을 벗어나 확대하면, 생각(아이디어)의 재산권화를 통한 효율 추구인 '제2의 인클로저', 공정이용/TDM 면책 제도를 이용해 해체와 재전유를 거쳐 플랫폼 생태계를 독/과점하는 '제3의 인클로저'를 상정할 수 있다.

　인클로저(제1의 인클로저)가 사라지게 한 '노는 땅'이 제3의 인클로저에서는 '간격'이라고 생각한다. 본 저자는 일찍이 문학과 법의 건강한 관계를 위해 상호 간에 존중하는 '간격'이 필요함을 역설한 적이 있다.[844] 비단 문학/예술 영역만이 아니라 헌법이 자치와 자율을 보장하고 있는 영역에서 갈

---

843) 남형두, 전게논문(주 571) 참조.
844) 남형두, 전게서(주 212), 38-39면. "문학에서는 허용되나 법에서는 허용되지 않는 영역, 바로 이 지점에서 법과 문학은 긴장 관계에 놓이게 된다. 마치 비무장지대와 같은 그 경계의 모호함, 그것을 없애 문학과 법이 바로 맞부딪치게 하는 것보다는, 그 모호함을 방치하고 이를 즐기도록 하는 것이 문학과 법 간의 바른 이해와 예의가 아닐까? 나아가 서로 쇳소리 나게 부딪치지 않는 소도(蘇塗)와 같은 영역이 존재하도록 내버려 두는 것이 필요하다. 굳이 따지자면 금을 그을 수 없는 저수지 한복판 어딘가에 그 경계가 있겠지만, 나누지 않고 문학과 법이 서로 퍼갈 수 있는 저수지가 넓고 깊게 있어야 한다."

등이 있다고 해서 바로 법이 개입하기보다는 해당 영역의 자율에 맡기고 자율적 해결이 어려울 때 비로소 법이 간여해야 함에도 법/법률가에 대한 신뢰가 높지도 않으면서 갈등의 초기부터 법이 간여하는 형국을 비판하기도 했다.[845] 간격은 인간과 동물 사이에도 필요하다. 널리 알려진 바와 같이 2020년 재앙적 위기를 가져온 '코비드 19'의 원인으로 난개발에 의한 동물 서식처 파괴가 지목되고 있다. 간격이 사라지고 인간과 야생동물의 서식지가 맞닿게 됨으로써 인수(人獸)간 전염되는 감염병이 창궐하게 되었다고 보는 것이다. 여기에서 중요한 것은, 인간과 인간 사이의 간격이다.

인클로저는 대규모 경작지를 만드는 과정에서 '노는 땅'을 없앰으로써 토지 효율성을 극대화했다. 그런데, 위에서 본 바와 같이 '해체와 재전유'를 통해 빅테크의 땅(영역)이 확장되는 제3의 인클로저는 사람 간 원활한 소통을 넘어 '과잉 소통'을 낳아 문제가 되기도 한다. 재독 한국인 철학자 한병철이 지적한 '과잉 소통'을 여기에 연결해 볼 수 있다.

"오늘날 우리는 경계 없는 소통에 우리를 내맡긴다. 디지털 과잉 소통에 우리는 거의 정신이 팔려있다. 그러나 소통의 소음은 우리를 덜 고독하게 해주지 않는다. 어쩌면 이 소음이 우리를 '언어의 창살'보다 더 고독하게 하는지도 모른다. (중략) 언어 창살 저편에는 그래도 너가 있으니 말이다. 언어 창살은 아직 '맒의 가까움'을 간직하고 있다. 이에 반해 과잉 소통은 너뿐만 아니라 가까움도 파괴한다. 관계가 연결로 대체된다. 간격 없음이 가까움을 몰아낸다. 두 개의 입안 가득한 침묵들은 과잉 소통보다 더 많은 가까움, 더 많

---

[845] 본 저자는 헌법에서 예정하고 있는 자치의 영역 중 법치와의 충돌에서 논의할 만한 것으로 사생활의 비밀과 자유(제17조), 종교의 자유(제20조), 학문과 예술의 자유(제22조 제1항), 교육의 자주성과 대학의 자율성(제31조 제4항), 근로자의 자주적 단결권(제33조 제1항), 혼인과 가족생활(제36조 제1항) 등이 있다고 한 후, 이들 영역에 대한 사법 자제와 개입의 원칙에 대해 피력한 적이 있다. 남형두, "사회 현상으로서의 주리스토크라시(Juristocracy) ─ 사법(私法) 영역을 중심으로", 법학연구(연세대학교 법학연구원) 제27권 제1호, 2017, 156-164면.

은 언어를 내포하고 있을 수도 있다. 침묵은 언어지만, 과잉 소통은 그렇지 않다."846)

'과잉 소통'은 사람과 사람 사이에 건강하게 있어야 할 '틈' 또는 '간격'을 모조리 메워버리는 것으로 비유할 수 있다. 인클로저 초기에 '노는 땅'을 없앤 것이 효율 추구로 이해됐던 것처럼, 사람 간 '간격'을 없애는 것이 정보사회, 소통사회로 미화되어 왔으나, 이제 과도한 피로사회가 되고 있음은 길게 설명할 필요가 없다. 효율성 추구 이면에 드리워진 짙은 그림자라고 생각한다.

간격을 메워버린 소통은 효율성으로 포장되지만 같은 것끼리만 어울리게 함으로써 진정한 소통을 방해하고 있다. 한병철의 다음 말은 인공지능의 폐해가 본격적으로 지적되기 전이어서 매우 선견적이라 할 수 있다.

"오늘날 네트는 모든 다름, 모든 낯섦이 제거된 특별한 공명 공간으로, 메아리의 방으로 변하고 있다. 진정한 공명은 타자의 가까움을 전제로 한다. 오늘날 타자의 가까움은 같은 것의 무간격에 밀려난다. 지구적인 소통은 같은 타자 혹은 다른 자만을 허용한다. 가까움과 멂은 서로 얽혀 있다 변증법적 긴장이 양자를 결합시킨다. 사물들이 그 대립물, 즉 그 자신의 타자에 의해 활력을 얻는다는 것이 이 긴장의 핵심이다. 무간격과 같은 단순한 긍정성에는 이런 활력을 주는 힘이 없다. 가까움과 멂은 동일자와 타자처럼 서로를 변증법적으로 매개한다. 그러므로 무간격도, 같은 것도 활력이 없다."847)

간격 메움으로 완충지대가 사라지고, 소통 과잉이 도리어 소통의 부재를 낳고 있음에도 효율성의 이름으로 자행되고 있다. 이를 뒷받침하는 중요한 요인으로 제3의 인클로저를 가능하게 한 공정이용의 확대 적용을 드는 것은

---

846) 한병철, 전게서(주 793), 59-60면.
847) 위의 책, 15면.

무리가 아니다. 빅테크와 인공지능 개발사의 공정이용 수혜와 TDM 면책이 가져올 효율성 신화(神話)의 맹점이자 공정이용의 역설이라고 하지 않을 수 없다.

(4) 과정이 생략된 결과의 위험성 — 콩고기와 고양이

위에서 말한 기아, 질병, 환경오염 등이 이 글에서는 일종의 상징이다. 저작권으로 보호되는 '멀쩡한' 표현을 인공지능에 먹여(feeding AI, machine learning) 똑똑해진 인공지능으로 하여금 창작을 대신하게 하는 것이 일반화 될 때의 위험성을 조금 더 상징적 수사로 설명한다.

채식주의자(vegetarian)를 위한 식물성 고기인 '콩고기', 즉 콩 단백질에 고기의 질감과 향을 넣어 육류인 것처럼 가공한 인조고기를 사람은 의식적으로848) 또는 부지불식간에 먹을 수 있다. 그런데, 고양이와 같은 육식동물이 이런 콩고기를 고기로 속아 먹을 수 있을까? 실험을 해봐야 정확히 알겠지만,849) 당장에 고양이가 속지는 않을 것이다. 그런데 고양이가 속아 섭취할 정도로 콩고기 제조 기술이 발전한다고 할 때, 식물성 단백질을 소화할 수 있는 소화 효소 및 장내 미생물 군집 구조가 없는 육식동물(고양이)이 콩

---

848) 콩으로 만든 것임을 알면서도 자신을 속여 고기로 생각하고 먹는 경우를 말하는데, 자의식이 있는 인간은 이럴 수 있다. 그러나 육식동물이 고기로 속아 먹는 것은 별론으로 하되, 콩으로 만든 것임을 알면서도 고기라고 생각하여 먹는 자의식은 없다는 것을 전제로 한다.
849) 본 저자는 이 비유를 사용하기 위해 식품영양학, 식품공학, 수의학 분야 여러 전문가에게 문의했으나, 유감스럽게도 이와 관련한 연구나 실험이 있다는 말을 듣지 못했다. 따라서 본 저자의 문제 제기에 공감하는 연구자들에 의해 연구가 이루어질 경우, 그 결과를 추후 다른 저술에서 반영하기로 하고 여기서는 과학적 자료에 근거하지 않은 논의를 할 수밖에 없음을 밝힌다. 그러나 과학적 연구와 별도로 저작권 영역에서, 결과보다는 과정이 중요하다는 논증에 사용된 이 비유는 그 자체로 쓸모가 있다고 생각한다.

고기를 섭취하면 소화에 어려움을 겪을 수 있다. 나아가 콩고기를 섭취한 고양이의 체내 이상 반응이 예상치 못한 질병을 초래할 뿐 아니라 인간을 포함한 생태계에 악영향을 미칠 가능성을 배제하지 못한다.850) 콩고기가 고기의 외양과 풍미를 갖추었어도 그 성분이 식물성이라면 고양이가 이를 섭취하지 못하거나 섭취한다 해도 종국적으로는 고양이의 질병과 나아가 생태계 파괴라는 참혹한 결과를 낳을 수 있다. 마찬가지로 인공지능이 인간을 대체해 창작하는 시대가 온다면, 단기적으로 인간에 효용을 증대시켜 줄 수 있어도 장기적으로는 인류 문화와 정신세계에 궤멸적 상황을 가져올 수 있다.

이런 우려는 경험적 증거로 당장 확증할 수는 없을지도 모른다. 그러나 오랜 시간 정신적 고뇌의 산물을 저작권으로 보호해온 것은 인간의 자유와 자율성을 전제로 한다는 점에서 그와 같은 고뇌가 들어 있지 않은 인공지능 창작물이 난무하게 되면 인간 창작자의 수가 현저히 줄 것이라고 어렵지 않게 짐작할 수 있다. 이런 현상이 지속되면 악화(惡貨)가 양화(良貨)를 구축(驅逐)하는 것처럼, 미래 세계에 인간 창작물은 사라지고 인공지능 결과물을 문화와 예술로 소비하는 참담한 사회가 올 수 있다. 결과 중심의 사고가 가져올 폐해라고 할 것이다.

과정이 거세된 결과물은 '지식'이 아닌 '정보'에 불과하다. 여기에서 지식과 정보를 준별한 한병철의 논의를 소개한다.851)

---

850) 고양이가 콩고기를 소화(체내 흡수)하지 못하거나, 소화한다고 할 경우에도 채식 성분의 영양소가 고양이 체내에 스며듦으로써 고양이에 질병을 초래할 가능성이 있다. 이는 육식 성분이 포함된 사료를 초식동물인 소에게 먹인 결과, 소가 이를 체내 흡수하여 장기간이 지난 후 이상 질병(이른바 광우병)이 생긴 것을 떠올린다. 육식동물인 고양이, 초식동물인 소가 인간의 인위적인 간섭으로 각기 식물과 동물을 섭취한 결과 생태계가 파괴되는 예를 쉽게 이해할 수 있는데, 광우병에 걸린 소를 인간이 섭취하여 인수(人獸) 간 감염이 발생한다면 그 최종적인 피해는 인간에게 나타날 수 있다는 점에서 심각한 문제가 아닐 수 없다.
851) 지식과 정보의 차이는 뒤에서 촘스키의 '하이테크 표절' 논의에서도 언급할 것이다

"정보는 단순하게 우리 앞에 놓여 있다. 이에 반해 엄밀한 의미에서의 지식은 느리고 긴 과정이다. 지식은 아주 다른 시간성을 지닌다. (중략) 정보들을 가장 대규모로 모아놓은 빅데이터에도 지식은 거의 들어 있지 않다. 빅데이터는 상관성을 조사하는 데 사용된다. 상관성이란 A가 발생하면 흔히 B도 발생한다는 것을 말한다. 하지만 왜 그런지는 알지 못한다. 상관성은 인과관계, 즉 원인과 결과 사이의 관계조차 밝혀내지 못하는 가장 원시적인 지식의 형태다. 그것은 그렇다. 왜라는 질문은 제기되지 않는다. 따라서 아무 것도 파악되지 않는다. 하지만 지식은 파악하기다. 빅데이터는 이렇게 사유를 필요 없는 것으로 만든다. 우리는 아무 생각 없이 '그것은 그렇다'에 만족한다"852)

왜 그런지 설명해주지 않는, 즉 과정이 블랙박스로 덮여 있는 결과물은 '지식'이 아닌 '정보'에 불과하다. 지식이 아닌 정보를 만들어낼 뿐인 인공지능이 원활히 작동할 수 있도록 인간이 인공지능의 보조가 되고, 인간 창작물이 인공지능 작업의 땔감이 되어도 좋다는 선언에 다름 아닌 TDM 면책 규정 도입과 공정이용 논의에서 '변형적 이용 이론'의 무분별한 확대는 깊은 논의가 필요하다.

(5) 인공지능에 지배당할 위험에 노출된 인류 — 탁란종 이야기

생태계의 탁란종(托卵種) 조류 이야기를 통해 인간이 스스로 만든 인공지능에 의해 지배될 수 있음을 논의한다.853)

[IV.2.나. (2) 하이테크 표절 기계 — 촘스키가 쏘아 올린 공].
852) 한병철, 전게서(주 793), 11-12면.
853) 이 항의 글은 본 저자가 이 책을 집필하는 중에 신문에 기고했던 것인데, 여기에 전재함으로써 그 논의를 대신한다. 남형두, "뻐새와 뻐꾸기 — 인간과 인공지능", 경향신문 2024. 6. 6.자 칼럼.

뱁새와 뻐꾸기 — 인간과 인공지능

남의 둥지에 알을 낳는 새가 있다. 이른바 '탁란종(托卵種)' 조류이다. 탁란이 처음에 어떻게 시작됐는지 알 수 없으나, 생태계에서 일어나는 기생, 번식 행위의 하나로서 조류, 어류, 곤충 등에서 관찰되고 있다. 대표적인 탁란종 조류로 뻐꾸기가 있다.

붉은머리오목눈이(뱁새)는 둥지를 치고 알을 낳는다. 4~5알이 들어있는 뱁새 둥지에 뻐꾸기가 1~2개를 치우고 그 자리에 자기 알을 낳는다. 뻐꾸기알은 뱁새알보다 조금 큰데, 뱁새 부부는 그 사실을 아는지 모르는지 알을 구분하지 않고 교대로 정성스레 품는다. 먼저 부화한 새끼 뻐꾸기는 뱁새가 없는 틈을 타서 아직 부화하지 않은 뱁새알을 둥지 밖으로 밀어내 땅에 떨어뜨린다. 살아남은 뱁새알 한두 개가 부화에 성공해 둥지 안에는 한동안 뱁새와 뻐꾸기 새끼들이 동서(同棲) 하는데, 상대적으로 몸이 크고 적극적인 새끼 뻐꾸기가 어미 뱁새가 물어다 준 먹이 대부분을 받아먹는다. 어미 뱁새가 나간 사이 새끼 뻐꾸기는 둥지에 남아 있는 새끼 뱁새를 밖으로 밀쳐내 드디어 둥지를 독차지한다. 3주가 지나, 성장한 몸이 둥지를 꽉 채운 새끼 뻐꾸기는 둥지 밖 숲으로 나오지만, 보름가량 스스로 먹잇감을 구할 수 있을 때까지 어미 뱁새에 의존한다. 내년 이 시기 새끼 뻐꾸기는 어미가 되어 다시 이곳을 찾아 제 어미가 그랬듯 뱁새 둥지에 알을 낳을 것이다.[854]

훌쩍 커버린 새끼 뻐꾸기에게 여전히 먹이를 물어 나르는 작은 몸집의 뱁새가 뻐꾸기를 여전히 자기 새끼인 줄 알고 하는 것인지, 아니면 자기 새끼가 아니란 걸 알면서도 습관적으로 하는 것인지 나는 알지 못한다. 다만, 뱁새에게서 인간(저자)의 모습이 겹쳐 보인다.

최근 인공지능에 매료된 인간은 인공지능의 성능을 고도화하기 위해 신문기사 등 저작물을 인공지능에 먹이는 일(feeding AI, machine learning)에 몰두하고 있다. 이 과정에서 저작권이 걸림돌이 되자, 인터넷 크롤링을 통한 저작물의 무단이용을 저작권침해 책임에서 자유롭게 하는 것을 골자로 하는

---

854) 이상의 내용은 본 저자가 EBS 다큐프라임 <생존>을 시청하고 정리한 것이다. https://youtu.be/4SAs1ES3F7A (2024. 12. 30. 방문).

TDM(Text Data Mining) 면책 입법이 추진되고 있다. 혹시 이 작은 어미 뱁새는 자기가 먹여 키운 새끼 뻐꾸기가 제 새끼와 알을 둥지 밖으로 밀쳐내 죽였다는 것을 알지 못한 채, 저보다 훨씬 큰 뻐꾸기가 자기를 보살피고 보호해 주리라고 착각하는 것은 아닐까? 마치 인간이 인공지능과 빅테크에 거는 기대처럼 말이다.

속고 속이는 일이 그 시원(始原)을 알 수 없을 정도로 오랜 기간 반복되고 있다면 이는 생태계의 자연스러운 현상이라고 할 것이다. 이미 생태계의 한 부분이 된 탁란종의 세계에서 교정(矯正)은 오히려 생태계 교란을 초래할지 모른다. 그런데 인간과 새는 다르다. 인간은 서로 정보를 공유하며 교정하는 능력이 있다. 인공지능의 위험성에 관한 경고등이 여기저기서 커지고 있음에도 제동을 걸지 않고 여전히 가속페달만 밟는다면, 인간이 인공지능에 지배당할 수 있다는 임박한 위험 앞에 눈을 감는 것은 아닐까?

작년 말 우려했던 불행한 일이 드디어 발생하고야 말았다. 농산물유통센터에서 산업로봇이 프로그램을 점검하던 40대 노동자를 상자로 인식한 나머지 압착해 숨지게 하는 사고가 발생한 것이다.[855] 인간의 노동과 창작을 대신하는 뛰어난 로봇이나 인공지능이 인간을 데이터로 인식하는 이상 이런 사고는 다시 일어난다고 해도 전혀 이상한 일이 아니다.

어미 뱁새가 품어 부화하고 정성스레 먹여 키운 뻐꾸기가 어미 뱁새의 다음 세대인 알과 새끼를 죽여도 어미 새는 그 일을 반복한다. 공정이용(fair use)으로도 부족해 TDM 면책이란 인간(저자)의 희생을 통해 인간을 뛰어넘는 능력을 갖게 된 인공지능이 미래세대 인류의 위협적 존재가 될 수 있다는 것에 인류는 어떻게 대처해야 할까? 탁란종에서 배워야 할 교훈이다.

(6) 트레이닝 데이터의 고갈 — 종(種)의 몰락

최근 인공지능 개발사가 양질의 콘텐츠(데이터)를 얻는 데 어려움을 겪고 있다는 뉴스가 나오고 있다. 이는 뉴욕타임스와 소송전을 벌이고 있는 인공

---

855) 김정훈, "사람을 박스로 인식한 로봇 40대 노동자 깔려 숨졌다", 경향신문 2023. 11. 9.자 기사.

지능 개발사(오픈AI) 등의 '볼멘소리'로 들리기도 하지만, (ⅰ) 컴퓨팅 능력의 발전 속도, (ⅱ) 인공지능 발전을 저해하는 각종 규제에 대한 탈규제화(TDM 예외 입법도 탈규제의 하나임) 경쟁 가속, (ⅲ) 인간 창작 기피 및 그에 따른 인간 창작물의 감소 현상[856] 등으로, 그야말로 머지않은 미래 인류는 인공지능을 위한 트레이닝 데이터(training data)의 고갈을 경험하게 될지도 모른다. 마치 민둥산이 될 정도로 산에 있는 나무를 죄다 베어다 쓰고 집의 기둥과 서까래마저 땔감으로 쓴 나머지 더는 땔감을 찾을 수 없는 때로 비유할 수 있다. 여기에서 탈출구로 두 가지를 상정할 수 있다.

첫째, 위에서 지적한 바와 같이 트레이닝 데이터가 필요하지 않은 자기 강화 학습이다. 알파고 제로가 채택한 방식이다.[857] 그런데, 여기에는 인간의 고유성, 창의성, 정신(mind)과 같은 것이 발붙일 틈이 없다. 이세돌과 알파고의 대국에서 본 바와 같이 사람이 보기에는 '변칙 수'인데 결과적으로 승부에는 도움이 되었으니 정석/변칙은 의미가 없어지고 오로지 결과만 중요해지는 세상이 올 수 있다. 이세돌은 이런 상황에 대해 "벽에 대고 테니스를 치는 느낌"이라고 표현했는데, 소통과 공감의 부재를 우회적으로 말한

---

[856] 인간 창작물에 대해 인공지능 개발사 또는 빅테크 플랫폼이 공정이용과 TDM 면책 제도를 통해 보상 없이 마구 긁어다 써버린다면, 창작에의 유인이 떨어져 인간은 창의적인 일에 몰두하지 않고 오로지 인공지능이 만들어낸 것을 소비하는 세상이 올지 모른다.

[857] 위 Ⅳ.1.다.(1) (대) Tendency / Causality 참조. 기존 기보 등을 트레이닝 데이터로 쓰지 않는다는 점에 대해서는 다음 논문 등 참조. Silver, D., Schrittwieser, J., Simonyan, K. et al. Mastering the game of Go without human knowledge. Nature 550, 354–359 (2017). https://doi.org/10.1038/nature24270 (2024. 12. 30. 방문); David Silver, Demis Hassabis, "AlphaGo Zero: Starting from scratch", 18 October 2017, https://deepmind.google/discover/blog/alphago-zero-starting-from-scratch/ (2024. 12. 30. 방문); 감동근, "인간의 지식 없이 인간을 뛰어넘다! 돌아온 '알파고 제로'", Samsung Newsroom, 2017. 11. 30., http://bit.ly/336jdVA (2024. 12. 30. 방문) 등. 끝에 있는 삼성 뉴스룸 자료에 따르면, "알파고 제로의 가장 큰 특징은 인간의 기보를 전혀 참고하지 않았다는 점이다"라고 되어 있다.

것이다.[858]

둘째, 인공 땔감으로의 전환이다. 트레이닝 데이터로 쓸 수 있는 인간 창작물/콘텐츠가 고갈되어[859] 더는 양질의 풍부한 데이터가 부족하게 되면, 인공지능 제작물을 트레이닝 데이터로 쓰는 것이다. 이는 자신이 토하거나 배설한 것을 다시 먹는 것으로서, 마치 동종교배, 근친상간 등에 비유할 수 있다. 이런 비유를 든 것은 유전학의 검증된 이론으로서 종의 열성화(劣性化), 나아가 종의 몰락을 초래할 수 있다는 점을 강조하기 위해서이다. 실제 컴퓨터과학계의 최근 연구에 따르면 이를 뒷받침하는 결과가 나와 관심을 끈다. 인공지능 생성물로 인공지능을 훈련하는 과정이 반복되면 몇 세대 지나 급격한 품질 저하가 나타나거나 모델로서 기능하지 못하는 모델 붕괴(model collapse)에 이른다고 하면서, 모델 붕괴는 생성형 인공지능의 보편적인 문제가 될 수 있다고 한다.[860]

한편, 이미지 생성 인공지능에서도 동일한 연구가 보고되기도 했는데, '모델 자가포식 장애(MAD)'라고 명명된 품질 저하 현상은 인공지능이 아닌 인간이 생성한 데이터를 충분한 양으로 공급할 때 줄어들었다고 한다.[861] 이

---

858) 주 899 참조.
859) 고갈의 원인을 트레이닝 데이터의 수요자(인공지능 개발사)와 공급자(인간 창작자) 측면에서 보면, 본문의 (ⅰ)과 (ⅱ)는 수요자 측면의 요인, (ⅲ)은 공급자 측면의 요인이라 할 수 있다.
860) 오철우, "AI가 AI로 학습할 때의 '딜레마'", 한겨레 2024. 8. 20.자 칼럼, https://www.hani.co.kr/arti/opinion/column/1154530.html?utm_source=kakaotalk&utm_medium=social&utm_campaign=btn_share&utm_content=20240820 (2024. 12. 30. 방문). 오철우 글의 토대가 된 원출처, NATURE 논문은 다음과 같다. Shumailov, I., Shumaylov, Z., Zhao, Y. et al. AI models collapse when trained on recursively generated data. Nature 631, 755-759 (2024). https://doi.org/10.1038/s41586-024-07566-y (2024. 12. 30. 방문).
861) 오철우, 전게기사(주 860). 여기에 인용된 원출처로서 학회에 발표된 포스터 논문은 다음과 같다. Sina Alemohammad, Josue Casco-Rodriguez, Lorenzo Luzi, Ahmed Imtiaz Humayun, Hossein Babaei, Daniel LeJeune, Ali Siahkoohi, Richard Baraniuk, "Self-Consuming Generative Models Go MAD", published as a conference paper at

로써 알 수 있는 것은 트레이닝 데이터의 고갈에 따른 탈출구로 상정한 방법은 모두 인공지능과 인간의 공존이 아닌 인간 '종의 몰락'과 인공지능의 품질 저하를 초래함으로써 오히려 인공지능의 사용을 외면하게 하지 않을까 조심스럽게 예상한다. 이럴 때 인간의 고유성을 지키기 위해 인공지능을 거부하는 움직임도 일어날 가능성이 엿보이기도 한다.862)

라. 민주주의의 위기 — 미디어를 중심으로

(1) 저작권·공정이용과 민주주의

저작권과 민주주의,863) 공정이용과 민주주의는 어떤 상관관계에 있을까?

ICLR 2024. chrome-extension://efaidnbmnnnibpcajpcglclefindmkaj/https://openreview.net/pdf?id=ShjMHfmPs0 (2024. 12. 30. 방문).
862) 노도현, "인기 드로잉 앱 '프로크리에이트'의 AI 거부 선언, '인간의 창의성 지원이 올바른 길'", 경향신문 2024. 8. 21.자 기사.
863) 저작권과 민주주의의 관계에 대해서는 다음 논문 참조. Neil Weinstock Netanal, *Asserting Copyright's Democratic Principles in the Global Arena*, 51 Vand. L. Rev. 217, 225-231 (1998); Neil Weinstock Netanal, *Copyright and a Democratic Civil Society*, 106 Yale L.J. 283 (1996). 한편, 경제적 관점에서 저작권과 민주주의의 관계를 고찰하기도 한다. 저작권·공정이용과 '부의 재분배'에 관해서는 앞서 살펴본 바 있다(III.1. 가. 보조금과 부의 재분배 이론). Merges와 Hughes는 다분히 경제적 관점에서 부의 쏠림 현상 관점에서 민주주의의 몰락을 경고하며, 저작권 제도를 통한 분배적 정의의 실현으로 민주공화제와 정의로운 사회의 일부를 형성할 수 있다고 주장한다. Justin Hughes & Robert P. Merges, *Copyright and Distributive Justice*, 92 Notre Dame L. Rev. 513, 577 (2016). 저작권의 지나친 강화 및 확대 현상이 창작자와 독자가 아닌 저작권 중개 매체들의 배를 불린다고 지적하기도 한다. Jessica Litman, *Real Copyright Reform*, 96 Iowa L. Rev. 1, 27-28 (2010). 참고로 본 저자는 저작권·공정이용과 민주주의에 관해 별도의 논문에서 자세히 다룰 예정이고 이 책에서는 미디어 중심으로 소략하기로 한다.

표현의 자유가 보장되지 않는 민주주의란 상상할 수 없다. 생각을 표현할 때 '말'은 휘발성이 있지만, 명확히 남는 '글'은 시간과 공간의 제약을 받지 않아 지속적으로 확산할 수 있다는 점에서 더 효과적이다.[864] 그런데, 표현의 자유를 반기지 않는 세력에게 인쇄된 글은 탄압할 명분과 확실한 증거가 된다. 금속활자의 발명과 인쇄 매체의 출현으로 불온한 생각은 억압당하기 쉬워졌고 저자는 위험에 노출하게 된 것이다. 이 점에서 위험을 감수한 저자에 대한 보상으로 저작권이 생겨났다고 보는 견해[865]는 설득력이 있다. 이때 저작권은 민주주의의 기초가 되는 표현의 자유를 지탱하는 법적 제도가 된다.

그런데 표현의 자유를 보장하기 위한 저작권은 역으로 표현의 자유를 억압하는 기제로 작동하기도 한다. 저작권자의 지위가 강해짐에 따라 저작권을 무기로 이용자의 표현을 막는 경우가 생긴 것이다.[866] 저작권이 표현의 자유를 억압하는 수단이 되는 현상을 '저작권의 무기화(weaponizing copyright)'라는 관점에서 광범위하게 설명하기도 하는데,[867] 이에는 명암이 있다. 프라

---

864) 말이 글로 변하는 과정을 '에너지의 변압기'로 표현한 사르트르의 저술에서 말과 글의 관계를 엿볼 수 있다.
"나는 어머니에게 모든 것을 이야기했다. 아니 그 정도가 아니었다. 머릿속으로 옴츠러든 글은 요설로 변해서 입으로 흘러나왔다. (중략) 말하자면 에너지의 변압기가 되었던 것이다. 세계는 말로 변신하기 위해 나를 이용하는 셈이었다." 장 폴 사르트르(Jean Paul Sartre), 정명환 옮김, 『말』(원제: Les Mots), 민음사, 2008, 232-233면(밑줄은 본 저자가 친 것임).
"입으로 이야기할 때 나오는 제 나라 말도 글로 쓸 때는 외국어가 되는 것이다." 위의 책, 177면.
865) 주 227.
866) 저작권이 표현의 자유와 민주주의 기초가 되는 것과 저작권을 제한하는 공정이용이 표현의 자유를 보장하는 것은 상충하는데, 이 두 명제가 시기적으로 확연히 나뉘는 것이 아니다. 저작권 역사 초기에는 저자들이 약자의 지위에 있었기 때문에 저작권을 인정하는 것이 위험한 사상에 대한 보상이 될 수 있었지만, 이후 오늘날에 이르기까지 저작권자가 강자의 지위에 서기도 하고 때로는 약자의 지위에 있기도 하여 시기적으로 명확히 나눌 수 없다.

이버시 침해 등에 대해 전통적인 불법행위에 근거한 피해구제가 어려운 경우 저작권침해로 구성함으로써 쉽게 권리구제를 할 수 있는 장점이 있다.868) 그러나, 특정 표현을 저작권으로 제압함으로써 과도하게 표현의 자유를 제한하는 것은 단점으로 지적될 수 있는데, 여기에서 공정이용이 '숨쉴 틈'869)을 제공하고 표현의 자유를 보장하는 통로가 된다. 그런데, 공정이용을 통해 빅테크 플랫폼이 저작물을 자유롭게 이용하게 되고, 나아가 TDM 면책 규정의 도입으로 빅테크 플랫폼과 인공지능 개발사의 비즈니스가 더욱 안정적으로 정착할 경우, 표현의 자유와 민주주의는 어떤 상황을 맞이할 것인가?

강자가 약자의 표현을 억압하기 위해 저작권을 수단으로 쓰기도 하지만, 약자가 강자를 견제(일종의 항거 수단)하기 위해 저작권을 무기로 쓰기도 한다.870) 그런데, 당초 공정이용 제도가 만들어질 때 예정됐던 수혜자로는 대체로 '작은 이용자(little users)'였고, 오늘날 빅테크 플랫폼과 같은 '슈퍼 빅 유저(super big user)'는 아니었다. 그런데, 빅테크 플랫폼이 미국 판례이

---

867) Cathay Y. N. Smith, *Weaponizing Copyright*, 35 Harv. J. L. & Tech 193 (2021).
868) 위 논문, 238-241면.
869) Sony 판결(주 10), 478-480면(Blackmun 대법관의 반대의견).
870) 대표적인 예로 선거 캠페인 과정에서 특정 곡을 허락받지 않고 선거로고송으로 쓸 때, 가수(저작인접권자)나 저작권자가 해당 후보자에 대해 지지하지 않는다는 의사를 저작권침해 소송 등으로 표시하기도 한다. 2016년 미국 제45대 대통령선거 캠페인 때 도널드 트럼프 캠프의 인종차별주의 등 자신이 동의하지 않거나 도덕적으로 반대하는 가치에 자기 저작물이 이용되는 것을 금지해 자신의 평판을 지키려는 저작권자들이 있었다. Smith, 전게논문(주 867), 219면. 2024년 미국 제47대 대통령선거 캠페인 중에도 캐나다 출신 팝가수 셀린 디옹(Celine Dion)이 트럼프 진영에 자신의 노래를 유세 행사에 사용하지 말라고 경고해 화제가 되었다. 박용필, "팝스타 셀린 디옹, 트럼프에게 경고", 경향신문 2024. 8. 12.자 기사. 미국 소울 가수 아이작 헤이스(Isaac Hayes)의 유족들도 트럼프 캠프를 상대로 고인의 노래를 무단 사용했다는 이유로 300만 달러를 배상하라는 소송을 제기했다. 이신영, "美 소울 거장 유족, 트럼프에 40억원대 손배소 '노래 무단 사용'", 연합뉴스 2024. 8. 12.자 기사, https://www.yna.co.kr/view/AKR20240812143400009?input=1195m (2024. 12. 30. 방문).

론의 주류가 된 '변형적 이용 이론'에 의해 공정이용을 인정받기 시작함으로써(위 Google Books 판결, Oracle 판결 등), 결과적으로 '작은 저작권자'를 포함한 저작권산업이 위기에 처하게 됐다. 저작권법도 법의 하나이고, 법의 본질에 '억강부약'이 핵심적 가치로 자리하고 있다는 점에서 공정이용이 그 본질을 잃는 것은 '짠맛을 잃은 소금'에 비유할 수 있을 것이다.

다음 항에서 공정이용을 넘어, 이 제도의 확대·심화 버전인 TDM과 관련해 미디어 산업에 닥친 위기를 소개하고,[871] 이를 타개하는 과정에서 예상되는 미디어(기업)의 양면성을 지적함으로써 민주주의가 위기에 처할 수 있음을 지적한다.[872]

(2) 미디어의 문제

구글 등 뉴스포털에 이어 인공지능 개발사는 저작권 문제로 언론(미디어)과 갈등 관계에 있다. 전통적 미디어는 유튜브 등 새로운 미디어의 출현으로 과거와 같은 영향력을 갖지 못하고 있는데, 저작권 갈등으로 더욱 큰 재정적 압박을 받고 있다. 최근 양질의 트레이닝 데이터 획득에 어려움을 겪고 있는 인공지능 개발사는 미디어 기업과 합의를 통해 저작권 문제를 해결하기 시작했다. 여기에서 미디어는 인공지능 개발사와의 관계에서 피해자로서 지위[아래 (가) 최전선에 놓인 미디어 기업]에 있는가 하면, 안정적 수입 기반을 확보할 기회를 갖게 되었다[아래 (나) 미디어 기업의 양면성].

다시 앞으로 돌아가서, 본 저자는 공정이용 논의의 새로운 패러다임을 제

---

871) 한편, 개인의 '표현의 자유'와 관련한 논의는 다른 기회에 논의하기로 한다.
872) 종래의 미디어를 전통적 미디어(legacy media)로 돌려버린 유튜브의 영향력은 갈수록 강해지고 있다. 이른바 유튜브 저널리즘이라는 말이 나올 정도로 전통 미디어의 영향력은 현저히 낮아졌다. 유튜브 환경에서 저작권과 공정이용을 수단으로 표현의 자유를 억압하는 현상은 매우 심각하다. 이에 대해서는 위 III.3.라.(2) (다) 표현의 자유 억압이라는 의외의 효과 및 아래 V.2.가. (2) 정치적 표현의 자유 관련 참조.

시했는데, 그 근거로 '저작물 이용 환경(context)의 변화'를 전제로 했다 (Ⅱ.4.가. 중 '<표 3> 저작물 이용 환경의 변화' 참조). 인공지능 개발사가 인공지능의 성능을 높이기 위해 크롤링을 통해 얻은 수많은 저작물을 트레이닝 데이터로 쓰는, 이용 환경의 3단계는 '다대수 저작권자 대 극소수 이용자'로 정리할 수 있다. 그런데, 이때 '다대수 저작권자'는 크게 '거대 신문사/출판사 등 콘텐츠 기업'과 '개인 창작자/예술가'로 나눌 수 있다. 인공지능 개발사를 상대로 전자 그룹이 제기한 저작권분쟁이 현재 진행 중인 뉴욕타임스와 오픈AI 간 소송이고(주 2), 후자 그룹의 분쟁이 개인 예술가들과 오픈AI 간 소송이다(주 1). 이 항에서 논의하는 미디어(기업)가 전자 그룹에 속하는 것은 물론이다. 전자 그룹 안에서도 인공지능 개발사 등 빅테크와 분쟁 중인 뉴욕타임스 같은 미디어가 있는가 하면, 그렇지 않고 합의를 한 미디어 그룹이 있다. 한편, 인공지능 개발사 등 빅테크는 후자 그룹의 저작권 문제 제기를 대놓고 무시하면서도 전자 그룹에 대해서는 어떻게든 협상을 통해 합의에 이르려는 의지를 보이고 있다.[873] 이는 전자 그룹의 대표적인 미디어(기업)가 양질의 콘텐츠를 갖고 있기 때문이라고 볼 수도 있지만, 숫자로 볼 때 협상 테이블에 함께 앉을 수 있다는 현실론이 작용하기 때문으로도 볼 수 있다.

이처럼 미디어(기업)는 인공지능 개발사의 저작물(콘텐츠) 이용에서 매우 중요한 지위에 있음이 분명하므로 저작권 관점에서 미디어를 살펴보기로 한다.

---

[873] 개인 창작자에 대해 무시 전략을 드러낸 대표적인 예로 메타의 저커버그를 들 수 있다. 저커버그는 개인 크리에이터가 저작권 문제를 제기하면 해당 저작물은 사용하지 않겠다고 공공연히 발언하기도 했다. 임대준, "저커버그 '콘텐츠 가치 과대평가 경향…비용 요구하면 AI 학습에 사용하지 않을 것'", AI타임스 2024. 10. 2.자 기사, https://www.aitimes.com/news/articleView.html?idxno=163804 (2024. 12. 30. 방문).

(가) 최전선에 놓인 미디어 기업

　미국 법원의 공정이용 판결로 인해 미국 미디어 기업의 불만이 매우 고조돼 있다. 이는 비단 미국 내 미디어만의 문제는 아니고 한국에서도 상황은 마찬가지이다. 문학작품 등 저작물의 사은품 화 또는 끼워팔기 우려 중에서도 가장 심각한 것은 뉴스(저작물)라고 할 수 있다.[874] 뉴스 저작물을 무단이용하는 것에 큰 타격을 입은 미디어 기업의 연합체로서 미국 뉴스미디어연합이 펴낸 백서에 따르면, 구글의 미디어에 대한 통제력은 결국 미디어산업을 크게 해칠 것이고, 이로써 지역 뉴스 등 공적 사안을 다루는 고품질 기사가 적어져 결과적으로 모든 국민이 손해를 보게 될 것이라고 한다.[875] 2019년 EU가 발표한 "Directive on Copyright in the Digital Single Market"(디지털 단일시장 저작권지침)에서는 언론의 번성이 민주사회의 올바른 작동과 공공의 토론에 근본적으로 기여한다는 점을 인정하고 이를 위해 신문 발행물의 재사용은 온라인서비스의 중요한 수입원으로서 보호되어야 한다는 점을 강조했는데, 여기에서 고품질 저널리즘 및 시민의 정보접근 보장이라는 중요한 가치를 내세운 것과 위 백서의 내용은 일맥상통한다.[876] 아마존과 구글을 상대로 잡지 출판사 'Perfect 10'이 제기한 소송에서 미국 연방항소법원이 공정이용을 인정함으로써, 미국 뉴스미디어연합은 지식재산권법이 구글의 시장지배력 남용에 대해 효과적인 보호가 되지 못하고, 결과적

---

874) 실제 뉴스콘텐츠 회사와 구글 등 포털 간에는 지속적인 갈등 관계가 있었다. 대표적으로 세계적인 언론재벌 루퍼트 머독이 자사 뉴스코퍼레이션의 뉴스 저작물을 구글이 무단 전재해 영업한다고 비판한 것도 같은 맥락에서 이해할 수 있다. 송은아, "머독 '구글서 유료기사 검색 금지 검토'", 세계일보 2009. 11. 10.자 기사, https://www.segye.com/newsView/20091110001765 (2024. 12. 30. 방문). 뉴스콘텐츠에 대해 저작권적 보호를 구하는 위 입장과 달리 공공재 측면에서 뉴스콘텐츠의 TDM에 관대한 입장도 있다. 상윤모, "인공지능의 뉴스 콘텐츠 학습과 뉴스 저작권에 대한 고찰", 계간저작권 제145호, 2024, 124-125면 참조.
875) 뉴스미디어연합, 전게백서(주 255), 45면.
876) 위 백서, 47면.

으로 많은 신문사가 민주주의에서 가장 중요한 역할을 하는 보도의 능력을 상실하고 있다고 지적한다.[877]

표현의 자유를 지키기 위한 역사는 언론·출판 기관 자유의 역사라 할 만한데 과거에는 주로 편집권 독립 등 정치권력이나 사주로부터의 독립이 중요한 의제였다면, 오늘날에는 빅테크 플랫폼과의 관계 설정이 새로운 의제로 떠올랐다는 점에 주목할 필요가 있다. 굳이 위 백서의 내용을 들지 않더라도 전통적 미디어의 영향력이 갈수록 떨어지는 데 빅테크 플랫폼의 영향이 적지 않았다는 것에 반론을 제기하기는 어려울 것이다. 유료 판매 부수와 시청률 저하는 빅테크 플랫폼의 뉴스 무료 제공과 매체의 다양화에 기인한 바가 크기 때문이다. 여기에서 빅테크 플랫폼의 뉴스 저작물 무료 이용을 가능하게 한 것이 다름 아닌 '공정이용'이란 점에서 공정이용은 언론기관의 물적 토대를 허물어 결과적으로 언론 자유 침해의 중요한 요인이 되고 있다는 점에 주목하는 것이다.

한편, 신문, 방송 등 전통적인 미디어 대신 빅테크 등 거대 플랫폼이 그 자리를 대체한 것에 무슨 문제가 있느냐고 반문할 수 있다. 종이신문과 포털이 제공하는 뉴스를 비교하면, 전자는 수용자의 능동적인 선택에 따라 매체를 고르기도 하고 매체 안에서 기사를 취사선택할 수 있음에 반해, 후자는 제공된 뉴스에 수동적으로 반응한다는 점에서 크게 차이가 있다. 그렇다 보니 '맞춤형 기사'로 인한 편향성이 문제로 지적된다.[878] 또한, 전통적인

---

877) 위 백서, 50면.
878) 종이 신문 등 레거시 미디어의 경우 사실상 보수/진보를 표방하고 있어 특정 매체를 선택한 독자는 그 자체로 자신의 정치적 지향성을 드러낸다고 볼 수 있다. 따라서 자신을 객관화할 여지가 있으나, 인터넷상에서 알고리즘에 의해 뉴스를 개인별 맞춤형으로 제공받는 경우, 이용자는 자신의 선택이 개입되지 않았다고 생각하는 나머지 자신이 접하는 뉴스를 중립적인 것으로 오해할 수 있다. 이는 유튜브를 통해 뉴스를 접할 때도 마찬가지 현상이 발생한다. 이로 인해 갈수록 사람들 간 이념적 편향성이 좁혀지기 힘들게 되었다.

미디어에는 언론기관의 책임에 따른 각종 법규제가 따르지만, 빅테크 플랫폼에 언론기관의 책임을 요구하는 것은 매번 논란의 대상이 될 뿐 실질적으로 성취된 적이 없다는 점에서 형평에 반하기도 한다. 오늘날 전 세계적인 현상이 된 극단주의 또는 정치 성향의 극단적 대립을 가져온 원인(原因)으로 전통적 미디어의 쇠락과 인터넷 미디어의 약진을 든다면, 이를 가능하게 한 원인(遠因)으로 빅테크 플랫폼의 공정이용을 통한 뉴스콘텐츠의 자유로운 무상사용을 드는 것은 결코 과장이 아니다.

미디어 기업과 빅테크와의 갈등이 공정이용을 쟁점으로 한다면, 인공지능 개발사와의 갈등은 공정이용을 넘어 TDM 쟁점까지 점화시키고 말았다. AI 고도화를 위한 머신 러닝에 뉴스 저작물이 사용됨에 따라 여러 미디어 기업과 언론 단체는 무단 이용을 금지한다는 주장을 발표하였고 본격적인 갈등이 시작됐다. TDM 면책이 입법적으로 해결되지 않은 상태에서 AI의 저작물 무단 이용에 대해 최근 뉴욕타임스와 오픈AI 간 소송 등이 시작됐지만, 유독 미디어 기업과의 갈등이 크게 부각된 것은 미디어 기업의 파워 때문이기도 하다. 미디어 기업은 일반 기업과 달리 한 나라의 법률과 정책을 바꿀 만한 힘이 있어 기업 규모에서 비교가 안 될 정도로 큰 빅테크 또는 AI 개발사가 때로는 수세에 몰리기도 한다.

빅테크와 미디어 기업 간 뉴스 저작물의 무단 이용을 둘러싼 갈등은 호주, 유럽연합 등에서 입법적으로 해결을 시도한 적이 있다.[879] 최근에는 인

---

879) 호주는 2021년 알파벳(구글)과 메타 같은 기업에 뉴스 사용료를 징수할 수 있도록 법을 제정해 시행하고 있다. 정윤섭, "구글, 루퍼트 머독 소유 언론사들에 뉴스 사용료 낸다", 연합뉴스 2021. 2. 18.자 기사, https://www.yna.co.kr/view/AKR20210218018100075 (2024. 12. 30. 방문). 유럽에서는 EU 저작권 지침에 따라 메타와 구글 등이 뉴스 매체와 라이선스 계약을 체결했다. 조유진, "뉴스 사용료 안내려는 메타…유럽서 '페이스북 뉴스' 중단", 아시아경제 2023. 9. 6.자 기사, https://view.asiae.co.kr/article/2023090605400512285 (2024. 12. 30. 방문). 한편, 지난 2024. 2.말 메타는 호주 미디어 기업과 더는 계약갱신을 하지 않을 것이라고 발표해서 다시 한번 긴장을 조성하였다. Adam Satariano and David McCabe, "Tech giants bow to an onslaught

공지능 개발사의 뉴스 저작물 이용을 둘러싸고 벌어진 갈등으로 양측 모두 양보 없는 대치를 이루고 있는데, 이는 미디어 기업과 빅테크가 과거에 전혀 가보지 않는 길을 가는 상황에서 협상의 우위에 점하려는 물밑 노력으로 이해할 수 있다.880) 빅테크 플랫폼와 뉴스 저작물 무단이용 문제를 해소하기 위한 입법적 해결 모색과 별개로 최근 인공지능 개발사의 뉴스 저작물 크롤링 등 TDM 문제는 개별 기업 간 소송전과 협상이 진행되는 등 매우 복잡한 양상을 띠고 있는데, 사기업으로서 미디어 기업의 양면성이 간과되기 쉽다. 미디어 기업의 양면성이라는 숨어 있는 이슈를 드러내지 않을 수 없는 이유가 여기에 있다.

(나) 미디어 기업의 양면성

빅테크 플랫폼과 인공지능 개발사의 뉴스 저작물 무단 사용이 문제가 되고 있는데, 이때 미디어 기업은 피해자이기만 할까? 놓치기 쉬운 부분인데 미디어 기업은 사기업으로서 자신의 이익을 극대화하는 과정에서 타인의 권리를 처분하거나 언론의 공적 기능을 위해 법률이 보장하고 있는 지위881)를 이용하는 측면이 있다. 이에 관해 살펴보기로 한다.

종래 뉴스 저작물을 둘러싼 빅테크 플랫폼과 미디어 기업 간 갈등은 빅테크 플랫폼과 인공지능 개발사가 뉴스콘텐츠를 고객에게 직접 제공할 때와 달리, 인공지능을 트레이닝하기 위한 데이터로 쓰려고 하는 최근에는 극한 대립 대신 합의로 종결하는 예가 있어 주목을 끈다. 대표적으로 구글과 줄

---

of new rules", New York Times (Int'l ed.), Mar. 6, 2024.
880) 임경업, 전게기사(주 728) 참조. 일종의 홍역을 앓고 있는 셈이다.
881) 나라마다 다른 언론 환경에 따라 미디어 법제가 다양한데, 한국의 경우 정부 출연금 등으로 조성된 언론진흥기금이 법['신문 등의 진흥에 관한 법률'(신문법) 제34조]으로 설치돼 신문 및 잡지의 유통구조 개설을 위한 지원에 직접 사용되기도 한다(동 제35조). 직접적인 금전 지급 외에 언론은 국민의 알 권리 보장을 위해 명예훼손 등의 책임 요건에서 표현의 자유를 두텁게 보호받고 있다.

곧 대립해왔던 머독의 뉴스코퍼레이션[미국의 월스트리트저널(WSJ), 뉴욕포스트, 영국의 더타임스, 호주의 유로 방송, 미국 대형출판사 하퍼콜린스 등 보유]이 구글의 AI 모델 강화에 뉴스코프 매체 콘텐츠를 이용 허락하고 연간 500~600만 달러를 받기로 합의했다.882) 이런 변화의 조짐은 왜 발생한 것일까? 먼저 미디어 기업 쪽에서는 인공지능 개발사가 트레이닝 데이터로 쓴다는 점에서 뉴스 저작물을 이용자에 직접 제공하는 것과 비교해 부담이 적어 저항이 약해진 점이 있다. 인공지능 개발사 쪽에서는 데이터 고갈로 갈수록 뉴스콘텐츠와 같은 양질의 데이터를 구하기 어려워지고 있는데 인공지능 성능 고도화를 위한 치열한 경쟁 속에서 경쟁사를 따돌리기 위해 분쟁보다는 허락에 의한 이용 전략을 선택한 것으로 보인다. 그럼에도 불구하고 뉴욕타임스와 같은 미디어 기업은 인공지능 개발사(오픈AI)와 소송전을 불사하고 있어, 인공지능 개발사의 인공지능 트레이닝을 위한 뉴스콘텐츠 이용에 대해 미디어 기업은 크게 두 갈래로 나뉜다고 할 수 있다.883)

언론사별로 기사를 트레이닝 데이터로 쓰는 인공지능 개발사에 대한 대응 ― 저작권 소송과 콘텐츠 공급계약 등 ― 은 다르지만, 소송을 선택한 언론사(대표적으로 뉴욕타임스)가 판결 확정 전에 합의로 종결할 가능성을 배제하기 어렵다고 생각한다. 뉴욕타임스를 비롯해 현재 소송 진행 중인 언론사의 경우 협상전략의 일환으로 소송을 선택했을 수 있기 때문이다. 인공지능 개발사 입장에서도 공정이용 항변이 받아들여지지 않아 저작권침해가

---

882) 현윤경, "오픈AI-뉴스코프, 5년간 3천400억원 상당 콘텐츠 협약", 연합뉴스 2024. 5. 23.자 기사, https://www.yna.co.kr/view/AKR20240523037000009 (2024. 12. 30. 방문).
883) 윤정민, "오픈AI, 이유 있는 오픈마인드", 중앙일보 2024. 5. 24.자 기사. 기사에 따르면 뉴스 저작물을 인공지능 훈련에 사용하는 오픈AI, 구글 등 인공지능 개발사에 대한 언론사의 대응은 크게 두 가지로 나뉜다. 뉴욕타임스, 뉴욕데일리뉴스, 시카고 트리뷴 등은 저작권침해 소송을 제기했고, 미국 정치매체 폴리티코, 경제매체 비즈니스인사이더를 소유한 독일 미디어그룹 악셀 스프링거, 미국의 AP통신, 프랑스의 르몽드, 영국의 파이낸셜타임스 등은 뉴스코퍼레이션과 같이 콘텐츠 사용계약을 체결했다.

인정될 경우 부담해야 할지도 모를 천문학적 손해배상액[884]과 안정적인 사업기반 확보를 고려하면, 판결 대신 합의를 택할 가능성이 크다.

그런데, 대부분 주식회사 형태를 취하고 있는 언론(미디어)은 이익을 추구하는 사기업이지만, 일반 사기업과 달리 각종 법[885]의 규제를 받는 동시에 대중에 책임을 부담하는 공적 성격을 지니고 있다.[886] 언론이 이익을 극대화하기 위해 기사 저작물을 인공지능 개발사에 공급하기로 하는 계약을 체결한다면 사기업으로서 칭송받을 일이지만, 그 과정에서 공적 기능을 저해하는 결과를 초래한다면 언론(미디어)의 본질과 사회적 책임 등을 저버렸다는 비판을 피하기 어렵다. 콘텐츠 공급계약으로 인한 이익은 언론사의 주주에게 돌아가겠지만, 그로 인한 피해는 언론(미디어)을 법적으로 규제하는 이유이자 목적인 사회 전반의 공익을 저해하는 형태로 은밀하고도 장기간에 걸쳐 나타날 수 있다.

여기에서는 저작권 측면의 문제 한 가지를 지적하기로 한다. 언론기관이 인공지능 개발사에 제공했거나 제공할 기사에는 해당 언론사가 저작권을 확실하게 보유하고 있는 것이 있는가 하면, 반드시 그렇지 않은 것도 있다. 외부인이 작성한 칼럼 등은 해당 언론사가 게재라는 형태로 이용하는 권한만 가질 뿐, 이를 넘는 저작권을 확보하지 않은 경우가 있는데, 그럼에도 불구하고 제3자 — 여기에서 문제되는 인공지능 개발사 — 에게 해당 칼럼 등 기사를 제공(저작물의 이용 또는 저작권의 양도)한다면, 언론기관은 자신의 권리가 아닌 타인의 권리를 행사한 셈이 되어 법적 책임 문제가 도사리고 있다.[887]

---

884) 주 264 참조.
885) 한국에서는 방송법, 신문법, 언론중재 및 피해구제 등에 관한 법률, 인터넷 멀티미디어 방송사업법 등이 있다.
886) 주 526 참조. Angwin에 따르면 적어도 종이신문과 같은 전통적 게이트키퍼는 대중에 책임을 지기라도 하지만 검색엔진이나 인공지능과 같은 새로운 게이트키퍼는 기본적으로 이익을 추구하는 사기업으로서 주주들에게 책임을 질 뿐이라고 한다.

빅테크 플랫폼과 인공지능 개발사가 미디어 기업과 뉴스콘텐츠 이용에 대한 포괄적인 합의를 하는 경우, 그 기본 전제로 미디어 기업은 양도 또는 이용 허락의 대상인 뉴스콘텐츠에 대한 처분 권한이 있어야 한다. 그런데, 미디어 기업이 인공지능 개발사 등에 트레이닝 데이터로 쓸 수 있도록 넘겨주는 뉴스콘텐츠에는 미디어 기업이 자체 생산한, 즉 소속 기자들이 만들어낸 기사와 사진 등 저작권을 확보한 콘텐츠만 있는 것이 아니다. 외부 필진의 기고도 투고 계약(약관)에 따라 해당 미디어가 이용(게재 및 온라인서비스 등)할 수 있는 권리를 확보하고 있을 수 있으나, 그 권리에 인공지능 개발사에 트레이닝 데이터로 제공하는 것까지 포함돼 있는지 확인할 필요가 있다. 만약 들어 있지 않다면, 이용허락 범위와 관련해 논란이 발생할 수 있고, 이용허락 범위를 벗어난 것으로 해석된다면[888] '이론상' 타인의 권리매매(한국 민법 제569조)에 해당할 수 있다.[889]

---

[887] 언론사는 이 문제를 해결하기 위해 인공지능 개발사와의 콘텐츠 공급계약을 염두에 두고 내부 직원이 만들어낸 기사에 대한 업무상저작물 관련 계약 및 외부자의 투고계약 등을 세심하게 수정할지도 모른다. 통상 약관 형식으로 체결한 투고계약에서 외부 기고가의 칼럼을 인공지능 개발사에 제공해도 이의를 제기하지 않겠다는 내용을 담을 수 있다. 그런데 이런 약관은 외부 기고가에게 일방적으로 불리한 것으로서 효력을 다툴 여지가 있을 것이다.

[888] 새로운 매체 출현에 따라 저작물 이용허락 범위와 관련해 논란이 있었던 분쟁 사례를 소개한다. 대법원 1996. 7. 30. 선고 95다29130 판결. 이 판결 사안은 음반에 대한 이용허락 범위에 CD가 포함되는지에 관한 것이었다. 법원은 LP(음반)에 대한 이용허락 범위에 새로운 매체인 CD에 대한 이용허락도 포함된다고 보았다. 그런데, 음반(LP)과 CD는 아날로그/디지털로 차이가 있으며 후자는 원본 손실 없이 무제한 복제 가능하다는 점에서, 저작권자로서는 이용허락 계약 당시 CD라는 새로운 매체의 존재를 알지 못한 상황에서, 이런 특성을 가진 매체에 대한 복제까지 종전 이용허락의 범위에 포함한다고 볼 것인지 의문이다. 이런 문제는 기술 발전에 따라 오늘날에도 양상을 달리할 뿐 본질이 비슷하게 반복되고 있는데, 외부 칼럼니스트가 칼럼을 게재할 때, 신문 및 온라인신문에 게재 및 전송 서비스하는 것을 넘어 인공지능 개발사에 넘겨 인공지능의 트레이닝 데이터로 쓰는 것까지 이용허락했다고 볼 것인지 의문이 들지 않을 수 없다.

[889] 한편, 매매에 관한 규정이지만, 이 규정은 매매 외의 유상계약에도 준용되므로(민법

또한 뉴스콘텐츠에 들어 있는 사진도 사진 속 인물의 초상권이 문제가 될 수 있다. 공공장소, 역사적 사건 등이 촬영된 사진 속 인물은 초상권, 프라이버시권 행사에 제한을 받을 수 있다. 그런데 그런 경우가 아니거나, 그런 경우라 하더라도 신문 및 온라인매체에 게재 및 전송 서비스하는 것을 넘어 사진 등을 인공지능 개발사에 넘겨 트레이닝 데이터로 쓸 수 있게 한다면, 그런 경우까지 사진 속 인물의 초상권 또는 프라이버시권이 제한된다고 단정할 수는 없다. 뉴스 보도라는 공적 기능을 수행하는 과정에서 사인의 초상권 등이 제한된다는 법리가 미디어 기업이 단지 수익을 위해 인공지능 개발사에 트레이닝 데이터로 넘길 때도 동일하게 적용된다고 볼 수 없기 때문이다. 따라서 외부 기고가의 글과 마찬가지로 사진 속 초상 주체가 갖는 초상권, 개인정보 등에 관해 해당 미디어가 저작권, 초상권 등을 확보하고 있지 않은 가운데 뉴스콘텐츠(저작물)를 합의 대상으로 삼는다면, 이는 타인의 권리를 임의로 처분하는 결과가 되어 위와 마찬가지로 타인의 권리매매에 따른 하자담보책임 등 문제가 발생한다.

'타인의 권리매매'의 경우 매수인(인공지능 개발사)은 계약해제, 손해배상 청구 등의 권리를 행사할 수 있다(민법 제570조). 매도인(미디어 기업)도 손해를 배상하거나 하지 않고 계약을 해제할 수 있다(제571조). 또한 공동저작물이라면 매수인의 경우 감액 청구도 할 수 있다(제572조). 그런데, 트레이닝 데이터로 제공되는 뉴스콘텐츠는 셀 수 없이 많고, 개별 콘텐츠의 권리관계를 일일이 확인하기도 쉽지 않다. 따라서, 이상의 논의는 이론의 세계를 넘어 현실화할 가능성이 거의 없다. 그렇다고 해서 그 부당함이 없어지는 것은 아니다. 여기에서 조세적 해법이 대안으로 제시될 수 있고 그 해법의 정당성을 찾을 수 있을 것이다. 즉, 자신의 권리가 아닌 타인의 권리로 되어 있는 콘텐츠까지 인공지능 개발사에 트레이닝 데이터로 넘겨 수익한 것에

제567조), 미디어 기업과 인공지능 개발사 간 유상의 저작물 이용 허락 계약에도 적용된다.

대해 조세를 부과해 공적으로 회수하는 것을 말한다.[890]

정리하면, 언론(미디어)은 공적 기능을 수행할 수 있도록 법에 의해 특별한 보호를 받는 한편, 이윤을 추구하는 사기업으로서의 성격을 지니고 있다. 그런데, 이런 미디어 기업이 인공지능 개발사와 자사의 기사를 트레이닝 데이터로 공급하기로 하는 계약을 체결할 때, 그 기사 중에는 해당 미디어 기업이 함부로 처분할 수 없는 타인의 저작물 또는 개인정보가 포함돼 있다는 점에서 향후 면밀한 관찰과 감시가 따라야 할 것이다.

2. 대안적 논의

가. 개요

공정이용에 관한 이론과 TDM 면책 논의의 추세에 따라 현실적으로 빅테크와 인공지능 개발사의 저작물 무단 이용을 법적으로 막아내기 어렵다면, 대안으로서 어떤 것이 고려될 수 있을까? 크게 경제적 측면과 비경제적 측면으로 나누어 볼 수 있다. 먼저 비경제적 측면에서 표절 논의가 하나의 대책이 될 수 있다. 법적 영역이 아닌 윤리적 영역의 책임이지만 교육기관이나 인간의 정신활동에 의한 예술 창작 분야에서는 여전히 표절 금지 윤리가 작동할 수 있다[아래 나. 표절 논의 — 인간의 고유성을 지켜줄 최후의 보루(堡壘)]. 경제적 측면에서는 부의 왜곡을 시정하는 방법으로 조세적 해법을 제시한다. 이는 다른 사전/사후 규제가 적절하지 않을 때 최후의 수단으로 고려되는 것으로서 '실패 논증'을 전제로 한다. 조세적 해결의 결과 형성된

---

[890] 이 부분 논의는 '인지 잉여' 논의의 최종 귀결이 조세적 해법으로 될 수밖에 없다는 본 저자의 논의와 연결된다. 후술 IV.2. 다. 조세적 해법과 기본소득 논의의 단초 참조

돈은 기본소득의 재원이 될 수 있을 것이다(아래 다. 조세적 해법과 기본소득 논의의 단초).

나. 표절 논의 — 인간의 고유성을 지켜줄 최후의 보루(堡壘)

(1) 인간의 고유성과 진정성 — '불완전한 완전성'과 창의성

영화 <미션 임파서블> 시리즈로 유명한 배우 톰 크루즈(Thomas Cruise Mapother Ⅳ)는 1962년생으로 적지 않은 나이에도 불구하고 여전히 절벽에서 뛰어내리는 등 극 중 위험한 장면에서 대역을 쓰지 않고 직접 연기하는 것으로 알려져 있다. 스턴트 대역을 써 촬영한 후 얼굴을 바꾸는 인공지능 딥 페이크(deep fake) 기술을 이용해 부상을 줄이고 액션의 완성도를 높임으로써 인간 표현이 갖는 한계를 극복할 수 있는데, 굳이 직접 연기를 하는 것에 대한 평가는 엇갈린다. 톰 크루즈는 왜 저렇게 위험한 장면을 촬영하기 위해 목숨을 내거는 것일까?[891] 먼 훗날 톰 크루즈의 연기관을 비웃는

---

[891] 실제 톰 크루즈는 이런 질문에 숱하게 시달렸다고 한다. 2022년 칸 영화제에서는 "자식도 있는 사람이 왜 목숨 걸고 스턴트를 직접 하느냐"는 질문을 받았는데, 그때 톰 크루즈는 그런 시선을 이해하기 어렵다는 듯, "아무도 (<사랑은 비를 타고>의) 진 켈리에게 왜 직접 춤을 추냐고 묻지는 않잖아요?"라고 되물었다고 한다. 정유진, "할리우드의 AI 임파서블", 경향신문 2023. 7. 24.자 칼럼, https://www.khan.co.kr/article/202307240300085 (2024. 12. 30. 방문). 2024년 파리 올림픽 폐막식에 깜짝 등장한 톰 크루즈는 주경기장(스타드 드 프랑스) 꼭대기에서 밧줄에 의지한 채 지상으로 내려와 올림픽 기를 넘겨받아 오토바이에 매달고 경기장 밖으로 나와 파리 시내의 개선문과 샹젤리제 거리를 지나 공항으로 이동, 수송기에 올라 대서양을 횡단해 미국 로스앤젤레스 상공에서 낙하산으로 하강한 후 오륜기를 MTB 미국 국가대표 선수에게 이양하는 장면이 나온다. KBS 뉴스, "[영상] 올림픽 폐막식 장소 꼭대기에서 톰 크루즈가? 현실이 된 '미션 임파서블'", 2024. 8. 12.자 기사, https://news.kbs.co.kr/news/

날이 올지도 모른다. 그러나 인간이 만든(human made) 것과 인공지능이 만든(AI made) 것을 구별하고, 전자에 특별한 의미를 부여하는 한, 톰 크루즈와 같은 연기자와 창작자는 이어질 것이다. 인간의 고유성과 관련된 문제인데, 벤 자오 교수는 이를 인간의 자존감이 걸린 문제라고까지 말한다.

"지금 우리가 열광하고 있는 생성형 인공지능은 인공지능의 일부일 뿐이며, 인류를 위한 기술을 개발하던 과학자들을 좌절하게 하고 있다. 햄버거 가게에 간 손님이 햄버거에 피클을 더 넣고 양파는 빼달라고 한 뒤 그걸 들고나와 자신이 훌륭한 요리를 했다고 말하는 만화가 있다. 생성형 인공지능 기업들은 이미 다른 예술가들이 노력해 만든 결과물들을 모아서 '나를 봐라, 나는 천재다'라고 말한다. 이건 인류의 자존감에 관한 문제다."[892]

인간의 고유성이 고성능, 완전성, 무결점을 의미하는 것이 아님은 말할 필요도 없다. 인간이기에 드러나는 부족함, 결핍, 불완전성 나아가 소박함, 고졸미, 투박함, 서투름 등 인간적인 것이야말로 갈수록 세상에 필요한 덕목인지도 모르겠다.[893] 이 점에서 인간의 고유성은 '불완전한 완전성'이라고 할 수 있다. 그런데, 인공지능이 이마저도 흉내 낼 수 있을 것이나, 그럴수록 앞서 현대미술에 관한 저작권 논의에서 본 바와 같이[894] '진정성(authenticity)', 즉 인간에 의한 창작이 중요하게 된다.

---

pc/view/view.do?ncd=8032827 (2024. 12. 30. 방문). 물론 경기장 바깥으로 이동한 이후는 사전 제작으로 보이는데, 중요한 것은 톰 크루즈가 경기장 꼭대기에서와 수송기에서 스턴트맨을 쓰지 않고 직접 뛰어내렸다는 것이다. 차기(2028년) 올림픽 개최지인 LA를 상징하는 할리우드, 그리고 이를 대표하는 배우 톰 크루즈가 위와 같은 위험 장면에 직접 나선 것은 보는 이에게 감동을 주었는데, 이런 감동은 스턴트맨이나 CG(computer graphic)가 줄 수 없는 것이다.

892) 임지선, 전게기사(주 720).
893) 여기에서 노자의 『도덕경』 45장에 나오는 '대교약졸(大巧若拙)', 즉 "큰 기교는 졸렬함과 같다는 것"이 21세기 인공지능 시대에 인간의 고유성과 관련하여 시사점을 준다.
894) 위 II.3.다.(1)(나) ③ 정리 부분 참조.

이세돌과 알파고 대전으로 본 인간의 고유성

2016년 전 세계인이 지켜보는 가운데 벌어진 이세돌과 알파고의 대국은 인간과 인공지능의 대결이란 점에서 큰 관심을 불러 모았다. 당시를 잠시 회상해 보자. 대국에 앞서 이세돌은 4:1 또는 5:0의 승리를 예상했다. 그런데 모두의 예측을 깨고 내리 3연패를 당하자 이세돌의 승리를 장담했던 세간의 기대는 인간이 한 판이라도 이길 것인가의 초조함으로 바뀌었다. 3연패를 당한 후 이세돌은 "이세돌의 패배일 뿐 인간의 패배가 아니다"라고 했고, 드디어 제4국에서 승리한 후 "무엇과도 바꿀 수 없는 승리", "이세돌이 아닌 인류가 인공지능을 이겼다"라는 명언을 남겼다.[895] 컴퓨팅 파워(computing power)가 개선될수록 인간 기사를 뛰어넘을 것은 불문가지였던 것인데, 인간이 인공지능을 상대로 이길 수 있다거나 이기려 했다는 것이 지금 생각하면 웃음거리밖에 되지 않는다. 이세돌이 이긴 제4국은 그의 말대로 인간이 인공지능을 이긴 마지막이 되고 말았다.

연산을 수반하는 승부의 세계에서 인간이 기계/인공지능을 이긴다는 것은 언어도단이다. 이세돌은 대국 후 8년 만에 뉴욕타임스와의 인터뷰에서 인공지능이 2,500년 이상 발전돼 왔던 바둑이라는 게임의 성격(nature)을 바꾸어 버렸다고 했다. 그는 기사 개인의 개성과 스타일의 발로이자 예술의 일종이라고 생각했던 것이 알고리듬의 무자비한 효율성(algorithm's ruthless efficiency)으로 무참히 깨어진 바람에 더는 바둑을 즐길 수가 없어 3년 후에 은퇴했다고 회고했다.[896]

---

895) 대국 후 1년 만에 다시 알파고는 당시 세계 1위 커제에 완승을 거두고 은퇴를 선언했다. 정아람, "알파고 vs 알파고 대국 … 프로기사들 '4차원 수 충격적'", 중앙일보 2017. 6. 1.자 기사; 이은, "인류 자존심 지켜준 '신의 한 수'...이세돌 '1승'에 전세계 들썩[뉴스속 오늘]", 머니투데이 2024. 3. 13.자 기사, https://v.daum.net/v/20240313054006442 (2024. 12. 30. 방문).

896) 뉴욕타임스는 2024년 7월, 이세돌을 인터뷰하여 2016년 대국을 회고하고 인공지능에

그런데 비록 이세돌은 절망감에 은퇴했을지라도 오늘날 바둑 게임이 사라진 것은 아니다. 그의 실망은 이해할 수 있지만, 여전히 어린아이들은 바둑을 배우고 있고 프로 입단대회가 개최되고 있으며 각종 바둑대회는 성황리에 열리고 있다. 이런 현상을 어떻게 설명할 수 있을까?

옥스퍼드 대학 수학과 교수인 사토이(Marcus du Sautoy)는 이세돌과 알파고의 대국을 분석하여 창조력·창의성이 인간의 전유물인가를 논의한 책을 냈다.[897] 이 책에서 사토이는 이세돌이 이긴 유일한 제4국에서 알파고를 따돌릴 수 있었던 것은 제78수의 변칙 수인데, 그보다 앞선 제2국에서 알파고의 제37수 역시 통상 프로기사들이라면 두지 않는 변칙 수라고 하며, 인간이 둔 제4국 제78수와 마찬가지로 인공지능이 둔 제2국 제37수 역시 창의성의 산물이라 할 수 있느냐는 물음을 던진다.[898] 사토이에 따르면, 인간의 능력은 인공지능에 비해 초라한 것일 수 있지만, 기술 발전에도 불구하고 인공지능의 창의성은 요원하며, 인공지능이 인간을 따라올 수 없는 가장 분명한 것은 '공유와 공감의 부재'라고 한다.[899]

대한 견해를 소개한 기사를 실었다. Daisuke Wakabayashi and Jin Yu Young, "Defeated by A.I., a Legend in the Board Game Go Warns: Get Ready for What's Next", Jul. 11, 2024. 참고로 뉴욕타임스는 2016년 대국 이후에도 관련 기사를 크게 다루었다. Choe Sang-Hun, "Google's Computer Program Beats Lee Se-dol in Go Tournament", New York Times (Int'l ed.), Mar. 15, 2016.

[897] 마커스 드 사토이(Marcus du Sautoy), 박유진 옮김, 『창조력 코드』(원제: The Creativity Code: How AI is Learning to Write, Paint and Think, 2019), 북라이프, 2020.

[898] 위의 책, 59, 65면.

[899] 위의 책, 165면. 사토이는 인공지능 딥바흐(DeepBach)가 바흐 풍의 음악을 만들어낼 수 있다고 하면서, 그렇지만 인류사적으로 볼 때 음악은 종교적 맥락에서 시작됐는데, 딥바흐가 만든 종교음악에 인간 예배자(성가대)가 속아 신을 찬미할 수 있을지 몰라도 그 기계 내부에서는 아무런 감흥이 일지 않는다는 점에서 인간과 작곡자인 인공지능 사이에는 공유와 공감이 존재할 수 없다고 한다. 위의 책, 335-336면. 이는 이세돌이 벽에다 대고 테니스를 치는 느낌이었다거나, 알파고를 무자비한 알고리듬이라고 평가한 것과 통하는데, 공통점은 공유와 공감의 부재이다. 이원율, "'AI에 패배? 내

인간계에서 바둑은 여전히 유효하고 좋은 게임이다. 인공지능이 인간을 능가했다고 해서 바둑 게임이 사라지지 않는 것은 바둑을 유희로 생각하는 수많은 사람이 있기 때문이다. 다만, 인간(인간 기사)과 감정이나 지성을 공유하지 않고, 공감할 수도 없는 인공지능과 대국하지 않으면 될 뿐이다. 연산 능력으로는 인공지능을 이길 수 없지만, 바둑을 개성의 표현으로 또는 예술로 이해하는 인간의 고유성을 인공지능은 갖고 있지 않아 서로 다른 계(界)에 있다고 보면 공존할 수 있다. 따라서, 그 경계(境界)를 허물어뜨리는 것에 경계(警戒)하지 않으면 안 된다.

경계 침범 사례 몇 가지를 소개한다. 바둑 입단대회에서 몰래 인공지능의 도움을 받은 기사에 대해 업무방해죄로 징역형(집행유예)이 선고된 사례,[900] 한국문학번역원의 신인상 공모전에서 인공지능 번역기의 도움을 받은 것이 문제된 사례,[901] 한국음악저작권협회에서 인공지능이 작곡한 곡임이 밝혀져 저작권료 배분을 중단한 사례,[902] 미국의 한 대학에서 ChatGPT를 활용했다는 이유로 학생들에게 '0'점을 부여해 졸업이 유예된 사례[903] 등이

세계 전체가 무너져' 이세돌, 알파고와 대결 회상", 헤럴드경제 2024. 7. 11.자 기사, https://v.daum.net/v/20240711173522604 (2024. 12. 30. 방문) 참조.
900) 방진혁, "바둑 입단대회에서 AI로 '컨닝'한 바둑기사 실형", 서울경제, 2020. 7. 15.자 기사. <https://www.sedaily.com/NewsView/1Z5BAFAZ47>, (2024. 12. 30. 방문).
901) 이 사건(해프닝)에 관한 상세는 다음 논문 참조. 남형두, 전게논문(주 827).
902) 안희재, "클릭 두 번에 뚝딱...작곡 AI '이봄' 저작료 중단", SBS 2022. 10. 14.자 기사, https://news.sbs.co.kr/news/endPage.do?newsId=N1006933085 (2024. 12. 30. 방문); 박설민, "인공지능 작곡가 '이봄'이 저작권료 못 받게 된 이유", THE AI, 2022. 10. 16.자 기사, https://www.newstheai.com/news/articleView.html?idxno=3447 (2024. 12. 30. 방문). 이에 따르면, 작곡가 '이봄(EvoM)'은 광주과학기술원에서 만든 AI 작곡 프로그램인데, 6년간 30만 곡을 작곡했고, 그중 3만 곡을 판매해 6억 원의 매출을 올렸으며, 유명 트로트 가수 홍진영의 노래 '사랑은 24시간'도 이봄이 작곡한 곡이라고 한다. 한국의 저작권법상 AI는 저작권자가 될 수 없고, 한국음악저작권협회에 저작물을 신탁할 수 있는 권리주체가 될 수 없다. 그런데 인공지능 제작물이 신탁된다면, 음악저작권협회가 징수한 저작권 수입을 회원들에게 배분하는 과정에서 왜곡이 생길 수 있다는 점에서 다른 회원에게 경제적 피해를 입힐 수 있다.

있는데, 앞으로 여러 영역에서 다양한 사례가 많이 발생할 것이다.

  인간의 고유성은 그것이 '불완전한' 것이든, '창의적인' 것이든 수준의 고하를 막론하고 '인간의 것'이라는 진정성(authenticity)과 상통하는 것으로서 이를 깨뜨리는 것이 표절이다. 저작권법으로도 해결할 수 없는 영역에 표절금지 윤리가 빛을 발휘한다. 항을 달리해 이에 대해 논의한다.

(2) 하이테크 표절 기계 ― 촘스키가 쏘아 올린 공

  2023년 말 뉴욕타임스가 오픈AI를 상대로 제기한 저작권침해 소송904)은 몇몇 창작자들이 인공지능 개발사를 상대로 저작권침해 소송905)을 제기했을 때보다 훨씬 큰 관심을 끌어모았다. 그런데 인공지능의 저작권침해 문제에 집중하고 있는 사이 조용하게 표절 문제가 거론된 적이 있다. 2023년 1월 세계적인 언어학자 촘스키(Noam Chomsky)는 ChatGPT에 대해 'High Tech Plagiarism'이라고 일갈했다.906) 인공지능과 관련된 표절 논의는 위 사건들과 비교할 때 널리 알려지지 않았으나, 인공지능 머신 러닝의 문제점에 대한 정확한 지적으로서 향후 저작권침해 소송의 결과와 관계없이 인공지능 산업으로서는 '손톱 밑에 박힌 가시'처럼 불편한 쟁점이 될 것이다.907)

---

903) 김은성, "챗GPT 베낀 학생들에 0점 '졸업유예' … 미 대학 강사 논란", 경향신문 2023. 5. 20.자 기사. 본 저자는 ChatGPT 선풍이 불기 시작할 무렵 일찍이 교육 현장에서 ChatGPT 사용에 따른 문제가 불거질 것을 예상한 적이 있다. 남형두, 전게칼럼(주 586).

904) 주 2.

905) 주 1.

906) 촘스키의 유튜브 동영상 인터뷰(2024. 1. 20.), https://www.youtube.com/watch?v= SJi4VE-0MoA (2024. 12. 30. 방문) 참조. 촘스키는 이후 뉴욕타임스에 관련 내용을 기고했다. Noam Chomsky, Ian Roberts and Jeffrey Watumull, "The False Promise of ChatGPT", New York Times (Int'l ed.), Mar. 8, 2023.

907) 본 저자는 촘스키의 언급(2023년) 이전, 2015년『표절론』과, 2017년『표절 백문백답』에서 이미 이 문제를 제기한 적이 있다. 남형두, 전게서(주 120), 231, 240, 331면. 특

촘스키의 주장을 요약하면 이렇다. 인간의 사고는 ChatGPT와 같이 패턴 매칭을 위해 수백 테라바이트의 데이터를 모아 가장 그럴듯한 반응이나 답변을 추론하는 육중한 통계 엔진이 아니다. 어린아이가 언어를 습득하는 과정에서 보는 바와 같이 인간의 언어 운영체제는 머신 러닝 프로그램의 운영체제와 완전히 다르다. 보편적인 문법을 타고나 배울 수 있는 언어가 수학적 우아함을 지닌 언어로 제한되는 인간과 달리, ChatGPT는 가능/불가능을 구분하지 않고 — 말이 되는지 안 되는지를 구별하지 않고 — 모든 언어를 동등한 능력으로 학습/암기하는데, 단지 시간이 지남에 따라 변화하는 확률로 거래할 뿐이다.908) 이런 관점에서 촘스키는 사고체계를 갖추지 않은 ChatGPT를 '첨단기술의 표절(high tech plagiarism)', '육중한 통계 엔진(lumbering statistical engine)'이라고 함으로써 그 가치를 깎아내렸다.

기술 발전에도 불구하고 인공지능에 감추어진 표절 문제는 여전히 존재한다. 그런데, 표절에 대해 저작권침해와 같은 법적 책임이 없다는 오해 내지는 막연하고도 진부한 이론909)에 숨어 인공지능과 관련된 표절 문제의 심각성을 거들떠보려 하지 않는 것이 도리어 더 큰 문제라고 생각한다.910) 융합학자인 가천대학교 창업대학 석좌교수 장대익은 ChatGPT가 하이테크 표절 기계에 불과하다는 촘스키의 지적에 대해 이는 본질적으로 인공지능이

히 "내 것과 남의 것을 구별하는 정직한 자세를 가져야 한다."라고 썼는데(671면), 여기에서 '남'에는 '나'를 제외한 모든 것(사람, 물건)으로서, '타인(他人)' 외에 '인공지능'도 포함될 수 있다. 본 저자는 후속 저서에서도 인공지능 결과물을 자신의 것으로 발표하는 행위를 표절의 하나로 설명하였다. 남형두, 『표절 백문백답』, 청송미디어, 2017, 12번 문답 참조.

908) 이상, 촘스키, 전게기사(주 906).
909) 표절과 저작권침해를 구분해야 양자에 대한 합리적인 논의가 가능한데, 이를 구분하지 않고 섞어 논의함으로써 제대로 된 표절 논의가 이루어지고 있지 않다는 비판은 다음 참조. 남형두, 전게서(주 120), 176-205면.
910) 간혹 인공지능의 표절 문제를 다룬 글이 발표되기도 하지만, 내용을 보면 저작권침해에 관한 것으로서 표절과 저작권침해를 혼동한 글이 대부분이다. 예를 들어 홍경한, "표절공장 '생성형 AI'", 경향신문 2024. 2. 22.자 기사.

없는 인터넷 세상에서도 동일하게 제기될 수 있는 문제라는 식으로 비판한다.911) '헛소리'나 '표절'이 인공지능만의 문제가 아니라, ChatGPT가 나오기 전 인터넷에서 본래 있었다는 장대익의 비판적 답변은, 표절에 국한해 말하자면 인공지능만의 문제가 아니므로 문제 되지 않는다는 일종의 '희석화(물타기)'로 볼 수 있다. 그리고, 이에는 "표절이면 어떤가? 결과만 좋으면 되는 것이 아닌가?"라는 생각이 깔려 있다. 물론 인공지능 이전, 더 나아가 인터넷 이전에도 인간 사이에 표절은 있었다. 그렇다고 해서 인터넷 시대, 인공지능 시대의 표절이 정당화될 수 있을까? 표절이 여전히 사회적 문제가 되는 상황에서 인공지능 표절을 대충 얼버무리고 넘어갈 수는 없다. 나아가, 인공지능의 표절 문제 ― 촘스키가 지적한 표절 문제 포함 ― 는 인간 표절보다 양적인 면에서 비교할 수 없을 정도이며, (인공지능 이전의) 인터넷 시대 표절보다 훨씬 교묘하다는 점에서 결코 가볍게 치부할 수 없다. 더욱이 표절 논의는 결과 중심 사고와 과정 중심 사고의 충돌을 야기한다. 여기에서 지식(知識, knowledge)과 정보(情報, information)의 차이를 분석할 필요가 있다.

  지식은 과정을 포함한 것이고, 정보는 과정이 축약된 결과를 말한다. 인공지능이 결과물을 내놓았을 때, 우리는 어떤 과정을 통해 그런 결과물이 나왔는지 알 수 없다. 인공지능에 물어봐도 대답하지 않을 것이다. 생성형 인공지능은 그 과정이 철저히 블랙박스로 되어 있기 때문이다. 과정을 보여 달라는 요구가 빗발치면, 인공지능은 그 과정을 일종의 '대답'으로 내놓을지도 모른다. 그러나 진정성을 검증할 수 없는 한 이는 결과물일 뿐 과정이라고 할 수 없다. 그렇다면, 왜 과정이 그토록 중요한 것일까? 과정을 알아야 비판할 수 있는데, 결과만 내놓는다면 그 결과에 이르기까지의 과정, 즉 어

---

911) 장대익, "[장대익의 에볼루션] 촘스키의 틀린 전제, 생성형 AI는 어디로 가야 하나", 경향신문 2023. 3. 28.자 칼럼, https://www.khan.co.kr/opinion/column/article/202303280300045 (2024. 12. 30. 방문).

떤 근거로 그런 결론에 도달했는지를 비판할 수 없기 때문이다. 예를 들어 설명한다. 일반적으로 길을 가다가 주운 물건을 집에 들여다 놓지 않는다. 슈퍼마켓에서 식재료나 음식물을 구입할 때 그것의 원산지가 어디인지, 유통기한은 언제까지인지 등을 꼼꼼히 살펴본다. 그렇지 않고 겉으로 맛있게 보인다고 해서 길거리에서 누군가가 준 음식을 가져다가 가족과 함께 먹지는 않는다. 몸을 위한 음식이 그렇듯, 정신을 위한 지식도 마찬가지이다. 유전자 조작(GMO, Genetically modified organism) 식품을 대할 때 주저하게 되고, 나라별로 엄격한 통관절차를 적용하기도 하는 것은 GMO 식품이 인체에 들어와 어떤 질병을 일으킬지, 어떤 유전병을 만들지 알지 못하기 때문이다. 인공지능 결과물이 인간의 정신세계에 축적될 때도 비슷한 현상이 생길 것이라고 본다면 지나친 억측일까? 출처가 불분명한 정보, 과정이 생략된 결과물이 학계와 교육계에 들어오는 것은 막아야 할 이유가 여기에 있다.

(3) 언어 습득에 관한 인간·인공지능의 차이 — 암기와 지식

장대익은 근본적 차원에서 촘스키의 언어이론을 비판한다. 촘스키가 예찬한 매우 효율적인 인간의 지능 또한 영겁의 시간 동안 엄청난 데이터를 학습한 결과로 진화한 농축 솔루션임을 간과한 것으로서 ChatGPT에 대한 잘못된 비판이라고 한다.912) 즉, 인간도 인류의 축적된 경험이 세대(世代)를 이어 전수되므로 입력된 양에서 인공지능과 다르지 않다는 것이다. 예를 들어 엄마에게서 태어난 아이가 불을 피우고 도구를 사용하는 지식을 배우지 않아도 커가면서 이를 할 수 있는 것은 인류라는 하나의 종(種)이 갖는 경험적 자산을 물려받기 때문이라는 것이다. 직접 경험하지 않더라도 인류의 축적된 자산을 간접적으로 경험한다는 점에서, 인공지능에 비해 반드시 효율

---

912) 위의 글.

성이 높은 것은 아니라고 본다. 그런데 과연 그럴까?

　여기에서 지식이란 무엇인가라는 질문에 봉착하게 된다. 암기를 잘하고 기억력이 뛰어나면 지성인 또는 지적인 사람일까? 암기와 기억이 지식과 같은 것일까? 암기와 기억력에서 이제 인간은 인공지능을 당해낼 수가 없다. 그런데 인간과 인공지능의 명백한 차이는 여전히 존재한다. 예로부터 뛰어난 사람을 가리켜 '문일지십(聞一知十)'이라고 했다. 즉, 하나를 들으면 열을 안다는 것인데, 평범한 사람(凡人)은 하나를 들으면 하나를 알거나, 조금 똑똑하다는 평을 듣는 사람이라면 둘 또는 셋을 안다. 그런데 하나를 들었을 뿐인데 열을 알거나 백을 추론하는 사람이 있다. 이런 사람을 수재(秀才) 또는 천재(天才)라고 한다. 그렇다면, 인공지능은 수재 또는 천재일까? 그렇게 볼 수 없다. 인공지능의 능력을 굳이 표현한다면, '문백지백(聞百知百)'이라고 할 수 있다. 백을 입력해서 백이 나오는 것이다. 컴퓨팅 기술의 발전과 저장공간의 확장으로 '문무한지무한(聞無限知無限)'이 될 수 있을지도 모른다. 많이 들으니까(입력) 많이 내놓는(출력) 것이지, 조금 듣고도 많이 내놓는 게 아니다.

　장대익은 AI가 생산성 증폭 도구를 넘어 우리의 본질을 위협하는 경쟁자가 될 수 있는가에 대해 진지하게 논의해 봐야 한다고 하면서, AI의 진화 속도는 인간 지능의 그것과 비교가 안 될 정도로 빨라 인류가 합리성, 따뜻함, 정서적 반응, 자율성 그리고 융통성 면에서 위협받을 가능성은 늘 열려 있다고 한다.913)

　인공지능 기술의 발전 속도에 비춰보건대, 장대익의 예상처럼 인간의 심리적 속성까지도 인공지능이 따라잡을 가능성은 있다. 그런데, 중요한 것은 심리적 속성까지 같은 결과를 내놓는다고 해서 그런 인공지능을 인간과 비교해서 같거나 낫다고 할 수 있을까? 촘스키에 따르면, 진정한 지능은 불가

---

913) 위의 글.

능해 보여도 통찰력 있는 것을 생각하고, 진정한 지성은 도덕적 사고도 할 수 있는 데 반해, ChatGPT는 표절과 무관심, 무책임이라는 악의 평범성(banality of evil) 같은 것을 보여준다. 그것은 일종의 초자동 완성으로 문헌의 표준 주장을 요약하고, 어떤 입장도 취하지 않으며, 단순한 무지가 아니라 지능 부족을 호소하고, 최종적으로는 "단지 명령을 따랐을 뿐"이라고 항변하며 책임을 제작자에게 전가한다는 것이다.914)

(4) 정리

표절이라고 하여 항상 법적 책임 영역 밖에 있는 것은 아니고 법적 책임을 지는 경우가 있다. 예를 들어 설명한다. 맞춤복과 기성품은 각자의 선호가 있을 수 있다. 그런데 기성복을 맞춤복으로 속이는 행위는 다른 차원의 문제이다. 사기가 될 수 있기 때문이다. 마찬가지로 AI 창작물을 인간 창작물인 양 속인다면, 인간의 고유성에 대한 훼손을 말할 필요도 없이 기망행위에 해당하여 형사적 또는 윤리적 제재 대상이 될 수 있다. 이 과정에서 금전의 수수 등 사기죄의 구성요건을 갖춘다면 사기죄가 성립할 것이다. 한편, 이런 일이 교육기관 등에서 발생하는 경우 직접적인 금전 수수 행위가 발생하지 않을 것이므로 이런 행위를 규제하는 방법(대안)으로 형사적 처벌이 따르는 '사기(죄)'보다는 징계가 가해지는 '표절'이 더 적합하게 고려될 수 있다.

현행법상으로 AI 창작물은 저작권으로 보호되지 않으므로 이를 인간이 만든 것인 양하더라도 저작권법상 침해 문제가 발생하지 않는다. 그렇더라도 직관적으로 이런 행위를 옳다고 단정하기는 어렵다. 이때 주목받는 것이 '표절'이다. 간단히 말하면, 저작권침해는 '동의(consent)'가 있는지에 집중하

---

914) 이상, Chomsky, 전게기사(주 906).

지만, 표절은 동의 여부와 관계없이 '피해(harm)'에 관련되기 때문이다.[915] 인공지능은 동의의 주체가 될 수 없다. 따라서 인공지능이 만든 것을 가져다 쓴다 해도 저작권침해가 되지 않는다. 그러나 그 경우에도 인간이 만든 것인 줄 알았는데 밝히지 않아 몰랐거나 뒤늦게 알게 돼 독자에게 피해가 발생한다면, 이는 표절에 해당한다.

인공지능 기술의 발전 추세로 볼 때, 결과의 정확성 및 섬세함에서 인간은 인공지능을 따라잡기 어려울 것이다. 인간과 인공지능의 차이는 결국 인간의 고유성에 있고, 이는 과정 중심 사고의 핵심이다. 인공지능과 TDM은 창작과 예술의 미래, 더 나아가 인간의 고유성과 인류의 미래에 관한 본질적 고민을 불러일으키고 있는데, 이는 저작권침해 논의만으로는 부족하여, 앞으로 '저작권침해가 아닌 표절'[916]에 기반하여 생성형 AI의 표절 문제를 본격적 논제로 다루어야 한다고 생각한다. 인공지능의 TDM이 공정이용 또는 별도의 TDM 예외 입법으로 적법하게 된다고 할 때, 인간의 고유성을 지킬 수 있는 모든 방책이 없어진 것은 아니며, 마지막으로 '표절'이 보루가 될 수 있다.

다. 조세적 해법과 기본소득 논의의 단초

(1) 실패 논증

빅테크의 공정이용 수혜와 인공지능 개발사의 TDM에 대한 면책이 구체

---

[915] 저작권침해와 표절의 차이를 동의와 피해 관점에서 살핀 것의 상세는 다음 참조. 남형두, 전게서(주 120), 199면; Stuart P. Green, *Plagiarism, Norms, and the Limits of Theft Law: Some Observations on the Use of Criminal Sanctions in Enforcing Intellectual Property Rights*, 54 Hastings L.J. 167, 190 (2002).

[916] 남형두, 전게서(주 120), 171-174면, '표절과 저작권침해'의 구별에 관한 그림 참조.

화하면, 보상 쟁점이 따르게 된다. 공정이용과 TDM 면책은 저작권자의 허락 없이 일정한 요건 아래 이용을 허락하는 것이므로 법에 의한 강제매매 또는 허락 의제에 해당한다. 따라서 불법이 아니므로 '배상'이 아닌 '보상'이 되는 것이다. 그런데, 현행 공정이용 제도에서는 보상을 전제로 하고 있지 않다. 출처표시를 비경제적 보상의 하나로 볼 수 있다고 지적했지만, 그나마도 미국 저작권법은 한국과 달리 공정이용의 요건 또는 부수적 의무로서 출처표시 의무를 부과하고 있지 않다.917) 또한 TDM 면책에서 '옵트 아웃' 방식이라 할지라도 사용 허락에 관한 것일 뿐 보상 의무와 직결되는 것은 아니다. 이처럼 공정이용, TDM 면책이 저작권자의 허락을 의제하는 제도인 것은 맞지만, 이로써 보상 없는 이용이 반드시 정당화되지는 않는다. 그래서 긴즈버그 교수는 공정이용에 관한 문제의 해법으로서 '사용 후 보상(permitted-but-paid)'을 대안으로 제시했던 것이다.918)

이론적으로 보상 논의가 있었던 것과 별개로 현실에서 그 이론이 수용된 입법례는 없다. 공정이용의 특성, 즉 "다수 저작권자 대(對) 다수 이용자", 빈발성, 공정이용 성립 여부 판단의 모호성 등으로 보상이 쉽지 않기 때문이다. 그런데, mass digitization, 빅테크/인공지능 개발사의 TDM 등 저작물 이용 환경의 변화에 따라919) 새롭게 맞닥뜨린 '다대수 저작권자 대(對) 극소수 이용자'라는 상황은 보상과 정산을 기술적으로 가능하게 했다.920) 앞서 본 바와 같이(Ⅳ.1.라. (2) 미디어의 문제) 다대수 저작권자는 두 그룹으로 나뉘는데, 개인 창작자·예술가 그룹은 극소수 이용자에 해당하는 글로벌 대기업(빅테크, 인공지능 개발사)의 무시 전략으로 갈수록 입지가 사라지고 있으

---

917) 위 Ⅲ.1.나.(2)(대) ② 비금전적 보상 — 출처표시 참조.
918) 위 Ⅲ.4.바.(2) (나) 사용 후 보상 제도; Ginsburg, 전게논문(주 98) 참조.
919) 위 Ⅱ.4. 가. 저작물 이용 환경(context)의 변화 참조.
920) 블록체인 기술, 나노 페이먼트(nanopayment) 기술 등으로 구현 가능하다는 논의가 있다. Ⅲ.4.바.(2)(나) ② 시장실패 이론의 극복 — 인본주의 정보경제와 그 위험성 참조.

며,921) 더욱이 이들 그룹은 과도한 비용 부담으로 소송으로 나아가지 못하고 있어, 여전히 보상 문제는 뒷전으로 밀리게 되었다. 한편, 본 저자는 저작물에 대한 공정이용을 포함하여 개인정보의 동의 의제와 그 밖에 인지 잉여의 무상사용까지 확대하여 다대수 개인 창작자의 빅테크에 대한 권리 실현 가능성을 타진한 적이 있다. '실패 논증'이라고 명명한 논의에서 데이터 오너십에 의한 해결, 부당이득반환 청구에 의한 해결 등의 현실적 실현 불가능, 즉 실패할 수밖에 없음을 논증했기에 이를 '실패 논증'이라고 했다.922)

한편, 위 '실패 논증'에 몇 가지를 더 추가할 것이 생겼다. 첫째, 블록체인 기술에 의한 과금 방식이다. 앞서 언급한 러니어 식의 '인본주의 정보경제'와 일맥상통하는 것인데,923) 빅테크의 공정이용과 인공지능 개발사의 TDM 면책에 따른 이용에서 저작권자를 추적해 보상금을 지급한다면, 공정이용/TDM 면책 이용에 따른 보상 문제를 해결할 수 있다. 그런데, 저작권자가 자신의 저작물, 개인정보 및 인지 잉여를 누가 이용했는지, 특히 어떤 인공지능에서 트레이닝 데이터로 썼는지를 알게 된다고 하더라도, 보상금 요율 및 산정에 관해 참여할 수 없다면 이용자가 임의로 정한 금액을 받을 수밖에 없을 것이다. 나아가 보상금액이 사소한 정도에 그친다면, 보상했다는 명분 아래 빅테크와 인공지능 개발사에 면책부를 줄 우려가 있다. 둘째, 집단적 보상 체계이다. 오픈AI는 뉴욕타임스로부터 소송을 당하긴 했지만, 여러 미디어 기업과 뉴스콘텐츠 사용에 관한 합의를 했다.924) 이와 같은 개별적 보상 합의 외에 최근 구글은 검색과 인공지능 활용을 위해 미국 캘리포니아주에 2억 5천만 달러 규모의 미디어 지원금을 내놓겠다고 발표했다. 구글은 2023년부터 검색에 뉴스를 사용하는 대가로 광고 수익의 일정 부분을 지불

---

921) 메타 CEO 저커버그의 발언에 주목한다. 주 873.
922) 남형두, 전게논문(주 192), 240-254면.
923) III.4.바.(2)(나) ② 시장실패 이론의 극복 — 인본주의 정보경제와 그 위험성 참조.
924) 주 882 본문 참조.

하거나 일정 비율의 세금을 부과하라는 주 정부의 입법 압박을 받고 있었는데, 이 자금 지원으로 이에 대한 부담을 덜 뿐 아니라 이 계약에는 캘리포니아의 모든 뉴스 매체로부터 검색과 AI 검색, AI 학습 데이터까지 모든 권리를 해결하는 내용이 들어 있다고 한다.925) 구글이 내놓은 '뉴스 변혁 기금'은 일종의 집단적 보상 체계라 할 수 있는데, 앞서 오픈AI 합의 사례와 마찬가지의 문제,926) 즉 구글 협상 상대방에게 합의 권한이 있는지, 그리고 그 집단적 보상 합의에 의해 이용할 수 있는 저작물의 범위 등 여전히 해결되지 않은 문제가 도사리고 있다. 집단적 보상 체계는 개별적 보상 합의와 마찬가지로 당사자나 이용 범위에서 대단히 제한적이라는 문제를 극복하기가 쉽지 않다.

위와 같은 여러 실패 논증을 거쳐 결국 조세적 해법이 논의될 수밖에 없다는 결론에 이른다.

(2) 조세적 해법 — 이른바 데이터세(稅) 논의

(가) 실패 논증에 터 잡은 데이터세

공정이용(나아가 TDM 면책)을 정당화하는 논리로서 위 공용수용 및 주위지 통행권 유추 이론에 다소간 취약한 부분이 있는 것은 사실이다.927) 저작권자에 대한 보상이 이루어지지 않거나(공용수용 이론), 충분하지 않은 것(주위지 통행권 이론)이 문제인데, 그렇다고 공정이용/TDM 면책을 통해 엄청난 부를 형성하거나 기업가치를 획기적으로 증대시킨 빅테크나 인공지능

---

925) 이상, 임대준, "구글, AI 저작권 해결 위해 미디어 지원금 발표...'꼼수에 불과' 비난 등장", AI타임스 2024. 8. 25.자 기사, https://www.aitimes.com/news/articleView.html?idxno=162791 (2024. 12. 30. 방문).
926) 위 IV.1.라.(2) (나) 미디어 기업의 양면성 참조.
927) 위 III.1. 나. 공용수용 이론 및 다. 새 제안 — 주위지 통행권 이론 등 참조.

개발사의 이익을 그대로 인정하기에는 정의롭지 않다는 생각을 지울 수 없다. 그럼에도 공평 이념에 기반한 부당이득반환(prevention of unjust enrichment)을 포함한 기존의 법제도 또는 법리로써 공정이용/TDM 면책이 가져올, 특히 빅테크와 인공지능 개발사에 발생한, 일종의 횡재(windfall)와 관련해 그 형성에 기여한 자들에게 그들의 몫을 배분하기 어렵다는 것을 절감하게 된다.928) 사적 관계에서 정의를 실현할 수 있는 출구(해법)가 막혀 있을 때, 차원을 달리하여 공적 관계에서 해법을 모색할 수 있다. 위 횡재에 대해 과세하고 이를 재원으로 재정지출을 통해 횡재에 기여한 이들에게 '간접적으로' 혜택을 주는 것을 말한다. 이런 공적 해법은 사법(私法)적 해결의 기대난망, 즉 '실패 논증'을 전제로 한다.929)

빅테크가 공정이용 제도를 악용함으로써 생긴 부의 왜곡 또는 왜곡된 부의 재분배라는 결과를 어떻게 치유할 수 있을까? 공정이용 판단이라는 사전 단계에서 이를 막아내지 못한 경우 사후에 조세적 해법으로 치유하는 것을 고려해 볼 수 있다. 공정이용 제도에 의한 왜곡된 부의 재분배 결과는 이른바, 데이터세 도입 논의에 힘을 실어 줄 수 있다.930)

다시 앞에서 보았던 조세와 보조금 논의를 상기해 보자. 첫 단계가 "독자들에게 매긴 세금으로 저자들을 위한 보조금으로"(Macaulay), 두 번째 단계

---

928) 위 Ⅲ.1.다. '(1) 주위지 통행권 이론'의 '(나) 지가 상승에 따른 형평 문제 — 민사 및 조세 정의 차원'의 말미 참조.

929) 본 저자는 '전게논문(주 192), 240-254면'에서 '실패 논증'으로, 데이터 오너십, 부당이득반환 등의 무용(無用)함을 지적했고, 타개책으로서 조세적 해법을 제시했다. '실패 논증'에 대해서는 이 논문을 참조하고 여기에서는 상론을 피한다.

930) 남형두, 전게칼럼(주 746) 참조. 본 저자는 이 글에서 당초 구글세가 디지털세를 거쳐 글로벌 법인세로 바뀐 과정에서 일종의 '물타기'가 있었음을 주장했는데, 특정 기업의 이름을 붙인 세금이란 것이 적당하지 않다는 점을 감안해 '데이터세'라고 하는 것이 바람직하다고 생각한다. 중요한 것은 데이터 이용과 무관하게 매출 규모 일정 이상의 글로법 기업에 과세하는 내용의 '글로벌 법인세'는 본질을 흐린 것으로서 경계할 대상이라고 본다.

가 "저자들이 부담한 세금으로 작은 후속 창작자들을 위한 보조금으로"(Sony 판결의 블랙먼 대법관)[931]라면, 세 번째 단계로 "큰 이용자들에게 부과한 세금으로 일반대중을 위한 재원으로"라는 패러다임을 구상해 볼 수 있지 않을까 한다. 이는 뒤에서 논의할 기본소득 재원이 될 수 있다는 점에서 거대한 담론으로 연결된다. 향후 조세법, 경제학 등 학제적 연구가 풍성하게 이어지기를 기대한다.

(나) 전장(戰場)의 이동: 사전 규제에서 사후 규제로?

빅테크를 대하는 각국의 태도는 다르다. 특히 조세 정책에서 차이를 보이는데, 조세 피난처를 제공함으로써 적극적으로 글로벌 대기업을 유치하려는 몇몇 나라와 빅테크에 적극적으로 과세하려는 나라로 분류할 수 있다.[932] 영리를 추구하는 빅테크가 조세 절감을 위해 아일랜드, 싱가포르 등에 법인

---

[931] "a form of subsidy — albeit at the first author's expense — to permit the second author to make limited use of the first author's work for the public good.", Sony 판결 (주 10), 478면; "to provide the ordinary user with a fair use subsidy at the author's expense.", 위 판결, 480면.

[932] 대표적으로 한국 조세 당국은 과세 문제로 빅테크와 갈등 관계에 있다. 이승우, "구글, 韓서 12조원(작년 추정매출) 벌었는데...법인세는 155억원 뿐", 한국경제신문 2024. 9. 25.자 기사 참조. 기사 내용 중 국내 기업과의 과세 불균형을 지적한 내용을 옮기면 다음과 같다.

"재무관리학회 발표 '해외 빅테크 기업 한국법인의 매출액 및 법인세 추정' 보고서에 따르면 구글 코리아의 작년 추정 매출은 약 12조 1350억 원으로서 이에는 광고, 유튜브 구독 서비스, 앱마켓 인앱결제 수수료 등으로 국내에서 벌어들인 돈의 추정치이다. 구글은 한국에서 발생한 매출 관련 세금 대부분을 아시아 지역 운영 서버가 있는 싱가포르에 내고 있다. 네이버 기준(2023년 매출 9조 6,706억 원 중 5.13%인 4,964억 원의 법인세)으로 산정하면 구글 코리아의 적정 법인세는 6,229억 원이라고 한다."

위 기사 내용의 분석자료가 정확하지는 않더라도 구글 코리아가 한국에서 벌어들인 매출에 비하면 턱없이 작은 법인세를 한국에 내고 있다는 것은 부인하기 어렵다고 생각한다.

을 설립해온 것은 어제오늘 일이 아니다. 일부 국가의 빅테크를 위한 조세피난처 정책은 대다수 국가에 의해 일종의 정부보조금 지급이라는 비판을 받아왔는데, 최근 유럽연합 최고법원인 유럽사법재판소(ECJ)는 아일랜드가 애플에 제공한 법인세 혜택이 불법적 보조금이라고 판단했다. 이에 따라 아일랜드는 애플로부터 체납 세금 130억 유로를 받게 됐다.[933]

위와 같이 조세 피난처 전략이 불법보조금으로 판단된다면, 빅테크의 조세 회피는 어려워지고 갈수록 개별 국가의 빅테크에 대한 과세 정당성과 글로벌 데이터세 논의에 힘을 실어줄 수 있다. 여기에서 빅테크 및 인공지능 개발사의 저작물 등 무단 사용을 사전에 규제하기 어렵고, 위 '실패 논증'을 통해 빅테크 및 인공지능 개발사에 대한 과세 외에 달리 부당이득을 회수할 수 있는 실현 가능한 방안이 나오지 않는다면,[934] 빅테크에 대한 규제 논의는 사전 규제에서 사후 규제, 특히 조세 논의로 이동할 가능성을 배제할 수 없다.

(다) 본말전도의 함정 — OSP 책임 제한 법리의 교훈

조세적 해법이 역으로 빅테크에 의한 저작권의 무력화, 공정이용의 확대, 나아가 TDM 예외 인정을 더욱 확고하게 할 우려가 있다는 점에 유의해야

---

933) 조문희, "소송 저서 19조원 돈방석 앉게 된 아일랜드 '난감하네'", 경향신문 2024. 9. 11.자 기사. 이 기사에 따르면, 아일랜드는 오히려 애플 편에 서서 불법적 보조금이 아니라고 주장해 왔기 때문에 갑자기 늘어난 수입을 어떻게 처리할지 고민이라고 한다. '조세 피난처의 행복한 비명'이라고 생각한다.
934) 개별 국가의 입법에도 불구하고 빅테크가 이를 준수하지 않는 상황이 지속되고 있다(주 521 참조). 예를 들어 한국에서 인앱결제 강제방지법(개정 전기통신사업법)이 시행되었어도 구글 등 빅테크가 이를 사실상 지키지 않음으로써 앱 마켓 운용자로서 막대한 수수료를 징수하는 것을 막지 못한다면, 최후의 수단으로써 조세로 해결할 수밖에 없지 않은가 하는 주장이 강하게 제기될 수 있다. 황규락, "100억 팔면 30억 떼간다, 구글·애플의 '수수료 갑질'", 조선일보 2024. 9. 24.자 기사, https://v.daum.net/v/20240924005820995 (2024. 12. 30. 방문).

한다. 자칫 빅테크에 면책부(免責符)로 기능할 수 있기 때문이다.935) 세부적 논의로 들어가면 세율과 징수세액의 배분 등 여러 난제가 있는데, 혹여라도 미미한 수준의 세금이 부과되고, 징수세액의 혜택이 기여자인 저작권자에게 제대로 돌려지지 않는다면, 데이터세 논의는 빅테크 등의 책임을 면제하는 결과만 낳는 유명무실한 제도가 될 가능성이 있다. 데이터세가 아직 한 번도 시행된 적이 없다는 점에서 위와 같은 우려를 논증할 수는 없지만, 비슷한 구도에서 본말이 전도된 사례로 OSP 책임 제한 법리를 설명하고자 한다.

1996년에 제정된 미국의 통신품위법(The Communication Decency Act, CDA, 47 U.S. Code § 230 – Protection for private blocking and screening of offensive material)은 당초 인터넷상의 음란물(pornography)을 규율하기 위해 제정됐는데, 인터넷 오퍼레이터의 책임을 면제해주는 방향으로 기능해 왔다. 일종의 본말전도 현상인데, 미국에서도 수차 이를 개선하려는 법 개정 시도가 있었으나, 거대해진 플랫폼 기업의 반대에 가로막혀 번번이 실패로 돌아가고 말았다.936) 오늘날 CDA Section 230과 인터넷 시대 OSP에 대한 책임 제한 법리는 한국 등 전 세계의 각종 법률에 반영돼 있다. 이는 마치 인터넷 시대 플랫폼의 중립성이 확보되지 않으면 관련 산업이 고사하고 표현의 자유가 보장될 수 없다는 것을 전제한 것처럼 여겨진다. 그런데 이런 책임 제한의 법리가 이들 테크 기업을 번성하게 한 중요한 법적 지원 장치임을 누구도 부정할 수 없을 것이다.937) 최근 들어 페이스북 등 SNS가 불법

---

935) 본 저자는 이를 '함정'으로 표현했다. 남형두, 전게논문(주 192), 276면.
936) 이진규, "[Vol. 6] The Communication Decency Act (통신품위법) Section 230의 이해", KISA Report, 2020. 7. 3., https://www.hiic.re.kr/vol-6-the-communication-decency-act통신품위법-section-230의-이해/ (2024. 12. 30. 방문). 위 원고는 KISA (한국인터넷진흥원) Report에서 발췌한 것이다.
937) 본 저자는 전게논문(주 192)의 'OSP 책임 제한에 따른 혜택'이란 항목의 논의에서, "혁신기술로 무장한 테크 기업의 존립과 성장은 기존 법체계와 충돌하는 경우가 많다. 기존 법률을 적용하면 혁신기업은 뿌리내리기 어려울 때가 있는데, 이때 새로운 제도 또는 법리로 이들 기업의 법적 위험(legal risk)이라는 뇌관을 제거하기도 한다.

적 콘텐츠를 삭제하지 않고 방치함으로써 피해를 본 피해자와 그 유족들이 페이스북에 책임을 묻는 등 OSP 책임 제한 법리 보호 속에 성장해 왔던 빅테크에 대한 반발이 거세어지고 있다.938) 이에 미국 내 텍사스, 플로리다 등 몇몇 주에서 OSP 면책 조항을 걷어내는 법 개정이 이루어지고 있는데, 이는 표현의 자유 제한이라는 또 다른 논쟁을 낳고 있다.939)

한편, 한국에서도 최근 페이스북, 유튜브 등에서 유명 연예인, 전 증권사 대표, 심지어 경제학자 등을 내세운 이른바 불법 주식리딩방 광고가 성행하고 있다. 유튜브 등에 접속하면 이런 광고를 쉽게 접할 수 있어 그 피해가 양산되고 있거나 그럴 위험성이 매우 큰데도 이런 불법 광고가 장기간 방치되고 있다.940) 당사자들 간 문제로 방치한 가운데 유튜브와 페이스북 등 빅

대표적인 예로 OSP 책임 제한을 들 수 있다."라고 지적했다. 이어서, 한병철이 적절히 지적하고 있는 바와 같이 '현대사회가 빠져 있는 과잉 소통 상태'는 연결을 위한 촉진자, 즉 중간자(intermediary)의 활동으로 가능해졌는데, 법적 책임에서 안전하게 해줌으로써 그들의 활동을 보장한 것이 바로 OSP 책임 제한이라고 주장했다. 결국 한병철이 우려한 과잉 연결 사회의 근본적 원인 중 하나는 OSP 책임 제한인 셈이다. 남형두, 전게논문(주 192), 272-274면. 한편, 한병철의 '과잉 연결', '과잉 소통' 주장에 대해서는 주 846 본문 참조.

938) Angela Yang, "Mark Zuckerberg apologizes to parents at online child safety hearing", NBC, Feb. 1, 2024, https://www.nbcnews.com/tech/social-media/mark-zuckerberg-apologizes-parents-online-child-safety-hearing-rcna136578 (2024. 12. 30. 방문). 메타 CEO, 저커버그는 미국 연방 상원 청문회(Senate Judiciary Committee hearing called "Big Tech and the Online Child Sexual Exploitation Crisis.")에서 빅테크와 온라인상 성착취 피해 아동의 부모들에게 사과했다.

939) 미국의 몇몇 주(Florida, Texas)에서는 OSP의 책임을 강화하는 쪽(면책 제한)으로 주 법을 제정하기도 했다. 예컨대, 플로리다 주는 2020년 대통령선거 후 공화당 입법으로 주 단위 정치인의 social media 차단 시 벌금을 과금할 수 있게 한 법(SB 7072 ― Social Media Platforms)을 제정했다. 이런 주 법률에 대해 연방 차원에서 표현의 자유 제한 논의가 법정에서 이어지고 있다. Sarah Asch, "U.S. Supreme Court to hear Texas and Florida cases about free speech and social media platforms", TEXAS STANDARD, Feb. 26, 2024, https://www.texasstandard.org/stories/supreme-court-texas-florida-cases-free-speech-social-media-platforms/ (2024. 12. 30. 방문).

테크는 계속 광고 수익을 올리고 있어 문제로 지적되고 있다. 이런 양상은 앱 유통시장에까지 확산하고 있다.941)

이렇다 보니 "법이 사람을 죽인다"라는 말이 나올 만도 하다. 인터넷상에서 일정한 요건을 갖추면 OSP를 면책해 주는 법 제도의 취지에 따를 경우, 향후 자율주행차량의 인명 사고에 대해서도 사고 차량이 기술적으로 일정 요건을 갖추었다고 하면 면책시켜 줄지도 모른다. 이미 OSP는 책임 제한 법리를 활용하여 인터넷상에서 성적 프라이버시(sexual privacy) 침해로 고통받는 사람들에 대한 책임을 회피하고 있는데,942) 이는 기술 요건을 갖춘 자

---

940) 임지선·박지영, "[단독] 주진형 사칭 온라인피싱, 검·경은 수사중지 통보만", 한겨레 2024. 3. 25.자 기사, https://www.hani.co.kr/arti/economy/economy_general/1133652.html (2024. 12. 30. 방문). 자신의 이름과 초상을 사칭 당한 유명인들이 페이스북에 신고하고 경찰에 고소했지만, 메타는 "해당 콘텐츠가 커뮤니티 규정을 위반하지 않은 것으로 확인됐다"라거나, 경찰은 "사기 피해가 발생하지 않았다"라고 하고, 정보통신망법상 명예훼손과 모욕 혐의로 고소했지만, 이 또한 피의자가 '성명불상'이어서 수사를 중지한다는 결정을 받았다. 이에 전 증권사 대표였던 주진형 씨는 기자에게 "무책임한 빅테크를 개인은 막을 수 없다는 걸 확인했다"라고 한다. 주 씨 등이 모여 "유명인 사칭 온라인 피싱범죄 해결을 위한 모임"(유사모)을 결성했다는 것으로서 빅테크의 방치 속에 피해자인 이들이 사기 피해자가 속출하는 것을 막기 위해 나서지 않을 수 없는 상황의 심각성을 짐작하게 한다. 실제 2023년 9월부터 12월까지 유명인 사칭 사기를 포함한 리딩방의 불법행위 피해 건수는 1,000건 이상, 피해액은 1,200억 원대에 이른다고 한다. 강은, "송은이와 김미경, 주진형이 한자리에 모인 까닭?…유명인 사칭 사기 대책 마련하라", 경향신문 2024. 3. 22.자 기사, https://www.khan.co.kr/article/202403221920001/?utm_source=kakaotalk&utm_medium=social&utm_campaign=sharing (2024. 12. 30. 방문).

941) 신윤정, "짝퉁 활개치는 '구글플레이'… '이용자도 개발사도 운다", 아시아타임즈 2024. 4. 12.자 기사, https://www.asiatime.co.kr/article/20240411500287#_enliple#_mobwcvr (2024. 12. 30. 방문).

942) 미국에서는 sexual privacy 사례에서 통신품위법 section 230의 웹사이트에 대한 면책 규정 때문에 구제가 어려워, 이 조항이 미치지 않는 저작권법위반으로 구제하는 것이 대안으로 제시되기도 한다. Danielle Keats Citron, *Sexual Privacy*, 128 YALE L. J. 1870 (2019); Pamela Samuelson, "Protecting Privacy Through Copyright Law?", MARC ROTENBERG, JULIA HORWITZ and JERAMIE SCOTT, eds., 『PRIVACY

율주행차량이 인명 사고 등 각종 교통사고에서 면책되는 것과 다르지 않다. 이 점에서 면책 규정으로 이들 빅테크와 관련 산업은 크게 성장했을지 모르지만 이를 가능하게 한 OSP 책임 제한 제도가 사람을 죽이고 있다는 비난에서 자유롭지 못하게 된 것이다. 다른 소셜 네트워크 시스템(SNS)과 비교해 프라이버시를 철저히 보호하는 것으로 유명한 텔레그램(Telegram)은 본래 표현의 자유가 혹독하게 억압된 러시아에서 출발했는데, 한국 이용자를 포함 전 세계 많은 이용자를 확보하고 있다. 그런데 이런 비밀성이 한국에서 발생한 n번방 사건과 같이 성착취물 제작 유포와 같은 범죄의 온상이 되어 비난의 대상이 되기도 했다.943) 지난 2024. 8. 텔레그램 창업자, 파벨 두로프(Pavel Valeryevich Durov)가 프랑스 현지에서 체포돼 텔레그램을 둘러싼 찬반양론이 치열하게 다투어졌다.944)

　인터넷이 가져온 변화로서 공급자(생산자)와 이용자(소비자)가 직접 만나지 않고 중간자(intermediary)를 통해 소통하거나 공유 사이트에서 불특정 다수 간에 거래가 이루어지는 유통 환경은 거스를 수 없는 대세가 되었다. 음원을 공유하는 한국의 소리바다, 미국의 냅스터/그록스터에 이어 스포티파이 등 사이트, 3D 프린팅 기술과 함께 제품의 설계도면을 공유하는 Thingiverse와 같은 사이트 등의 콘텐츠 공유를 넘어, 구글플레이 스토어나

　　IN THE MODERN AGE』, THE NEW PRESS, 2015, pp.191, 191-99. 한편, 콘텐츠 플랫폼은 소송을 제기하거나 유지하는 데 막대한 돈과 시간이 드는 미국 재판 제도하에서 피해자(victim)가 이를 감내할 수 없을 것이라는 점을 알기 때문에 무시 전략을 쓴다고 한다. Citron, 위 논문, 1935면. 프라이버시법이 사이버 범죄의 은신처가 되고 있는데, 이에는 OSP와 같은 proxy service를 악용하고 있음을 지적한 다음 기사 참조. Steven Lee Myers and Tiffany Hsu, "Privacy laws have created a refuge for cybercrime", New York Times (Int'l ed.), Oct. 10, 2024.
943) 이른바 '텔레그램 n번방 판결'(대법원 2021. 9. 30. 선고 2021도9002 판결) 참조.
944) 그레이엄 프레이저, "프랑스서 체포된 '텔레그램 창업자' 파벨 두로프는 누구이며, 텔레그램이란?", BBC NEWS 코리아 2024. 8. 29.자 기사, https://www.bbc.com/korean/articles/cx2nyzzxlnxo (2024. 12. 30. 방문).

애플의 앱 스토어와 같은 앱 마켓도 제3자가 중개하는 유통의 형태이다. 최근에는 생성형 AI의 발전과 함께, AI 애플리케이션 시장이 열리고 있다. 종래 앱 마켓에서 각종 앱이 거래되는 것처럼 각종 생성형 AI를 거래하는 장터가 열린 것이다. 이에 따라 앱 마켓 운영자 또는 AI 서비스제공자는 종래 ISP 또는 OSP와 같은 법적 지위에서 면책 주장을 할 것으로 예상된다.[945]

인터넷상 중간자의 책임 제한이 없다면 인터넷과 관련된 산업이 오늘날처럼 발전되지 못했을 것이라는 주장은 여전히 강력하다. 그런데, 이용자의 편의 증진을 위해 관련 산업의 책임을 가볍게 한 것이 도리어 기업의 이윤 추구라는 절대적 목표 아래 이용자의 표현의 자유가 억압되고 기본적 인권이 사각지대로 내몰리는 기이한 결과를 낳은 것이다. 관련 산업에 대한 책임 제한으로 이용자에게 회복할 수 없는 피해가 발생하고 있다면, OSP 책임 제한 제도가 왜 필요했는지에 대한 근본 논의로 돌아가서 '책임 제한을 제한'해야 할 때가 되었다고 생각한다.[946]

빅테크의 공정이용 수혜, 인공지능 개발사의 TDM 면책이 불가피하다는 전제하에 출발한 데이터세 논의가 빅테크와 거대 인공지능 개발사에 미미한 수준의 세금을 걷고 저작권침해 책임이라는 족쇄를 치워준다면, OSP 책임 제한 법리와 같이 시간이 지남에 따라 본말전도 현상이 발생할 수 있다. 데이터세 논의에서 OSP 책임제한 법리를 반면교사로 삼아야 할 것이다.

㈑ 정리

공정이용/TDM 면책을 폭넓게 인정하되 조세적 해결로 처리하자는 대안

---

945) 인공지능 개발사의 책임 제한을 주장하는 학자도 있다. 김윤명, "[법조광장] AI서비스제공자의 주의의무", 법률신문 2024. 3. 28.자 칼럼 참조.
946) 이 점에서 2019년 텍사스 주 연방상원의원인 유력 정치인 테드 크루즈(Ted Cruz)가 CDA Section 230이 빅테크에게 제공하는 '보조금이자 특혜(a subsidy, a perk)'라고 주장하면서 면책을 제거하는 법 개정을 촉구한 것은 매우 인상적이었다. 위 KISA Report(주 936) 참조.

은 시의성이 있다. 그런데, OSP 책임 제한 법리가 AI 서비스제공자에 대한 책임 제한 논의로 이어질 때 생길 불합리를 고려하면, 자칫 조세적 해법은 빅테크와 인공지능 개발사에 저작권이라는 허들을 치워주고 탄탄대로를 열어주는 일등 공신이 될 공산이 크다. 이와 같은 우려를 불식하려면, 빅테크와 인공지능 산업의 발전을 가로막는 '손톱 밑의 가시' 같은 존재인 저작권 침해 문제 ― 공정이용과 TDM 예외 적용 문제 ― 를 '변형적 이용 이론'의 관대한 적용과 입법으로 해결할 경우, 조세적 해결 과정에서 법적 난제를 해소함에 따른 실질적 세 부담이 이루어지도록, 즉 실질 세율이 적용되도록 해야 할 것이다. 나아가 그 재원이 저작권자들에게 혜택으로 돌려지도록 해야 할 것이다.

(3) 기본소득 논의의 입구(入口)[947]

로봇, 인공지능 등 자동화로 인한 인간 노동의 감소는 로봇 시대 봉건주의(Robot-age feudalism)[948]를 초래한다고 하는데, 소득이 노동에서 자본으로 이동한다는 진단[949]도 같은 맥락에서 이해할 수 있다. 일자리를 인공지

---

947) 이 항의 논의는 남형두, 전게논문(주 192), 278-279면; 남형두, 서평, "기본소득 논의의 '기본을 묻다", 더북리스트 2022. 10. 13., https://thebooklist.kr/review/detail11 (2024. 12. 30. 방문) 등을 토대로 작성된 것임을 밝힌다.

948) 인공지능과 로봇의 생산성 향상과 노동의 소외에 대해 하버드 경영대학원 교수 프리만(Freeman)은 마르크시즘(Marxism)의 소외론을 유추하여 유산자/무산자의 계급 갈등으로 본다. 이에 따르면 소수의 사람과 공장이 새로운 기술을 통제하는 시대에 로봇 소유자는 번창하는 반면, 이를 갖지 못한 대다수는 힘겹게 살아가야 한다고 한다. Richard B. Freeman, "Who Owns the Robots Rules the World ― The deeper threat of robotization", Harvard Magazine, May-June 2016, http://harvardmagazine.com/2016/05/who-owns-the-robots-rules-the-world (2024. 12. 30. 방문).

949) EXECUTIVE OFFICE OF THE PRESIDENT, 『ARTIFICIAL INTELLIGENCE, AUTOMATION, AND THE ECONOMY』, December 2016(이하 '오바마 리포트'), p.41. "Advanced AI systems could reinforce trends of national income shifting from

능에 빼앗긴 사람들은 사회적 안전망(social safety net)을 상실하게 된 셈인데,950) 부의 균형적 재분배를 위한 여러 시도가 모색되고 있다.

빌 게이츠가 주장한 로봇세(robot tax), 일론 머스크(Elon Musk)가 제안한 보편적 기본소득(universal basic income) 등 인공지능이 초래한 부의 불공평을 재편하자는 아이디어가 백출하고 있다.951) 일자리를 빼앗은 로봇에 대해 재분배세(로봇세)를 부과하고 일자리를 빼앗긴 인간은 좀 더 의미 있는 일을 자유롭게 할 수 있도록 보편적 기본소득을 나누어주자는 이들 주장은 서로 연결된다.

기본소득은 역사상 가장 많이 시도됐지만 실패한 논의 중 하나이다. 여러 원인이 있겠으나 역시 재원 마련이 가장 큰 난관이었을 것이다. 강력히 주장되었다가 실패로 돌아간 담론, 그러나 베어졌어도 여전히 남아있는 그루터기 중 하나가 헨리 조지(Henry George)의 토지 단일세론이다.952) 모든 땅은 하나님 것이므로 사적 소유가 허용돼서는 안 된다는 전제하에 그 땅에서 나오는 지대를 기반으로 모든 사람에게 기본소득을 주자는 토마스 페인(Thomas Paine, 1737-1809)이나 토마스 스펜스(Thomas Spence, 1750-1814), 그리고 헨리 조지와 같은 주장이 오늘날 지주와 기득권층의 반발을 넘기는 현실적으로 어렵다. 그런데, 플랫폼이 만들어내는 엄청난 부가가치는 플랫폼 이용자들의 저작물 등 인지 잉여에 기반한 것으로서 그들이 기여한 것을 그들의 몫으로 돌려주자는 주장은 훨씬 설득력이 있을 뿐만 아니라 현실적이기도 하다. 토지공개념, 나아가 지대를 재원으로 하는 기본소득제·기본자

---

labor to capital (후략)". 이 리포트는 오바마 대통령 집권 기간 중 낸 것으로서 인공지능, 자동화로 인한 경제적 불공평 심화에 관한 내용을 담고 있다.
950) Sobel, 전게논문(주 264), 81면.
951) 위 같은 면. 오바마 리포트도 'Modernize tax policy'라는 항에서 조세제도의 개편을 다루고 있다. 위 오바마 리포트(주 949), 41면.
952) 헨리 조지(Henry George), 김윤상 역, 『진보와 빈곤』(원제: PROGRESS and POVERTY, 1879), 비봉출판사, 1997.

산제는 수많은 지주의 반발에 부딪히고 그들을 설득하기가 불가능에 가깝지만, 플랫폼의 수익에 과세하고 이를 기본소득의 재원으로 삼는 것은 원인제공자(수익기여자)에게 소득을 돌려주자는 점에서 논리적이거니와(이점은 지대를 재원으로 하는 기본소득에도 공통됨), 수적인 측면에서 그 대상이 지주들과는 비교할 수 없을 정도로 몇 안 되는 글로벌 기업이란 점에서 현실적으로 가능한 대안이 될 수 있다. 물론 담세자의 수로 조세저항의 정도 및 과세 실현의 난이를 단정할 수는 없다. 초국가적 역량을 갖는 빅테크의 국제정치 및 개별 국가 입법과정에의 영향력을 무시할 수 없기 때문이다. 그러나 빅테크의 대부분이 미국 기업이란 점에서 미국 외의 대부분 국가가 데이터세 도입에 적극적으로 나서는 현실은 18세기 인클로저(Enclosure) 때와는 사뭇 다르다고 하겠다.

저작권자들과 플랫폼 사이, 즉 사인 간에는 청구권의 존부와 권리 실현에 현실의 법 제도상 의문이 있지만, 공동체 차원에서는 사회적 합의[953]를 통해 공적 회수로서 조세적 해결이 대안으로 될 수 있다. 나아가 조세수입을 기본소득의 재원으로 하여 실제 저작권을 침해당한 자들과 인지 잉여를 공여한 주체를 가리지 않고(선별이 아닌 보편 수급) 배분한다면, 이 책의 논의는 빅테크 플랫폼의 왜곡된 수익배분 구조를 시정하여 정의를 실현하고 기본소득 재원까지 마련할 수 있다는 점에서 일거양득이 될 수 있다.

그런데 시간이 흘러 지주층의 반발로 지대를 기반으로 하는 기본소득제가 불가능해졌듯 플랫폼에 대한 과세와 이에서 거둔 돈으로 기본소득의 재원으로 쓰자는 주장 또한 시의성을 놓친다면 그 기회가 언제 다시 올지 모

---

953) 경제개발협력기구(OECD)를 중심으로 논의 중인 디지털세도 '사회적 합의'의 하나로 볼 수 있다. 구글세, 데이터세 등으로 명명되던 초기 논의 때는 이 책의 조세적 해결과 맥을 같이 한다고 할 수 있었으나, 디지털세라는 이름이 말해주듯 국제적 합의를 도출하는 과정에서 당초 취지가 변질되고 있다고 생각한다. 남형두, 전게칼럼(주 746) 참조.

른다는 점에서 최근 플랫폼에 대한 과세를 재원으로 하는 기본소득 논의954)는 매우 중요한 시기에 나온 것으로 생각한다. 역사적으로 보면, 기본소득의 재원이 토지일 때와 달리 모든 인간에게 주어진 시간을 서로 차지하기 위해 경쟁하는 관심 추종 기업(attention seekers)에 대한 과세로 재원을 삼는 것은 새로운 양상이다. 토지, 자본, 노동 등 생산수단의 유산자/무산자의 갈등은 이데올로기 문제를 촉발하지만, 대부분 인류의 시간과 관심을 토대로 막대한 부를 축적하는 관심 추종 기업인 빅테크에 대한 과세는 이데올로기 문제나 장소적 제한을 받지 않는다. 또한 앞서 본 한국의 전원합의체 판결(주 418)에서와 같은 사인 간 청구권으로 해결할 수 없지만 불공정을 치유해야 할 부분도 있다는 점에서 기본소득 논의는 반드시 실패하고 말 것이라는 패배주의 또는 회의주의에서 탈출할 필요가 있다.

기본소득은 선거철 정치적 논의로 소환되는 정파성을 띤 쟁점이어서 대체로 한국에서는 경제학, 정치학 등에서 이념의 문제로서 다루어지기는 해도 법학자들의 논의 주제가 되는 경우를 거의 찾아보기 어렵다. 그런데 미국에서는 법학자들이 이에 관한 논의를 자유롭게 하는 예를 볼 수 있다. 대표적으로 예일 로스쿨(Yale Law School)에서 헌법과 정치철학을 가르치는 애커만(Bruce Ackerman) 교수는 미국 연방정부가 성년에 달한 모든 미국 시민에게 보편적 기본소득(universal basic income)으로 연 80,000달러의 '사회적 지분급여'(stakeholder grant)를 지급하자고 제안하며 그 재원은 사망 시 원금 회수(payback)를 조건으로 매년 2%의 부유세(wealth tax)로 충당할 수 있다고 구체적으로 주장한다.955) 한편, 기본소득 논의는 재원 마련이라는 문턱에서 항상 좌초하곤 했는데, 위에서 지적한 바와 같이 사회적 변혁기, 특히 새로운 재산권이 형성되거나 제도의 도입으로 특정 집단에 막대한 부

---

954) 김공회, 『기본소득, __ 공상 혹은 환상』, 오월의봄, 2022, 114-115, 121면.
955) Bruce Ackerman and Anne Alstott, *Why Stakeholding?*, POLITICS & SOCIETY, Vol. 32 No.1, March 2004, p.41.

가 이동되는 상황에서 실현의 기회를 맞기도 한다는 점에 유의해야 한다. 재산권의 신설은 법학적 논제라는 점에서 새로운 재산권의 창설 또는 법적/제도적 지원 — 예를 들어 이 책의 논의 주제인 공정이용과 TDM 예외 도입 — 에 의한 부의 특정 집단에의 이동이 촉발한 기본소득 논의에 법학자가 참전하지 않는다면, 그것이 오히려 이상하다고 할 것이다. 기본소득 논의를 경제학자들에게만 맡길 것이 아니라 법학의 영역에서 활성화할 필요가 있으며, 나아가 경제학, 법학 등 학제적 연구의 장으로 만들어야 할 필요성이 있다.

법학은 현실을 떠나 존재할 수 없다. 그런데 기술 발전이 점진적일 때와 달리 오늘날 빅테크는 파괴적 혁신기술로 무장하고 있으며 그 발전 속도는 날로 가속화하고 있다. 이런 상황에서 빅테크가 가져올 암울한 미래를 예견하고 우려한다면 법학의 대응 또한 비상(非常)해야 한다고 생각한다.

V
한국의 공정이용 논의

"온 세상의 찬성보다도
'아니'하고 가만히 머리 흔들 그 한 얼굴 생각에
알뜰한 유혹을 물리치게 되는
그 사람을 그대는 가졌는가"

함석헌의 시, 〈그 사람을 가졌는가〉 중에서

1. 개관

가. 공정이용 조항 도입 경위 — 한미 FTA

2011. 12. 2.자 저작권법 개정(시행 2012. 3. 15.)으로 신설된 공정이용 조항 제35조의3은 이후 2016. 3. 22.자 개정(시행 2016. 9. 23.) 때 제1항에서 '보도·비평·교육·연구 등을 위하여'와 제2항 제1호에서 '영리성 또는 비영리성 등'을 삭제했고, 2019. 11. 26.자 개정(시행 2020. 5. 27.)에서 내용 변경 없이 제35조의5로 이동했으며, 2023. 8. 8.자 개정(같은 날 시행)에 의해 제1항의 '통상적인'을 '일반적인'으로 고쳐 현재 조항은 아래와 같다.

> 제35조의5(저작물의 공정한 이용) ① 제23조부터 제35조의4까지, 제101조의3부터 제101조의5까지의 경우 외에 저작물의 일반적인 이용 방법과 충돌하지 아니하고 저작자의 정당한 이익을 부당하게 해치지 아니하는 경우에는 저작물을 이용할 수 있다.
> ② 저작물 이용 행위가 제1항에 해당하는지를 판단할 때에는 다음 각 호의 사항등을 고려하여야 한다.
> 1. 이용의 목적 및 성격
> 2. 저작물의 종류 및 용도
> 3. 이용된 부분이 저작물 전체에서 차지하는 비중과 그 중요성
> 4. 저작물의 이용이 그 저작물의 현재 시장 또는 가치나 잠재적인 시장 또는 가치에 미치는 영향

이 조항은 한국과 미국 간 자유무역 협정(한미 FTA), 한국과 유럽연합 간 자유무역 협정(한EU FTA)의 산물이라고 할 수 있다.[956)957)] 제35조의3을 신

설한 저작권법(법률 제11110호)은 부칙 제1조 본문에 "이 법은 「대한민국과 미합중국 간의 자유무역협정 및 대한민국과 미합중국 간의 자유무역협정에 관한 서한교환」이 발효되는 날부터 시행한다."라고 규정하고 있는데, 동 개정법 시행일인 2012. 3. 15.은 바로 위 서한교환이 발효되는 날이라는 점에서 넓게 보면 공정이용 조항은 FTA의 산물이라고 할 수 있다. FTA의 산물인지를 논의하는 실익은 뒤에서 자세히 논의할 예정인데, 저작권법위반 형사재판에서 중요한 의미가 있다.958)

한편, 공정이용 조항의 도입이 한미 관계에서 어느 쪽에 유리한 것인지 살펴본다. FTA 협상 중 일방에게 유리한 내용을 포함하려는 것은 흔히 있

---

956) 이일호 박사는 공정이용 조항이 한미 FTA에 따른 한국의 이행 의무 사항으로 도입된 것이 아니고 권리 보호의 강화로 인한 저작권자와 이용자의 이해 불균형을 해소하기 위한 장치로 고안된 것이라고 한다. 이일호, 전게논문(주 35, 2021년), 4면; 이해완, 『신저작권법입문』, 박영사, 2024, 492면도 같은 취지. 구체적으로 말하자면 미국 측 요청에 따라 유형물에 '일시적'으로 고정하는 것을 복제에 편입함으로써 저작권자의 권리가 강화한 데 따른 이용자의 반발을 무마하기 위해 공정이용 조항을 도입했다는 점에서 타당한 지적이다. 이규호·서재권, 전게보고서(주 36), 171면; 오승종, 『저작권법』(제6판), 박영사, 2024, 887면. 한편, 협정 의무사항으로 도입한 것은 아니라는 점에서 이일호와 이해완은 같은 입장인데, 이 주장이 FTA의 산물이란 점과 상충하는 것은 아니다.
957) 2004년의 한미 FTA 본협상과 2006년의 재협상 과정에서 한국 저작권법은 위 공정이용 제도의 도입 외에도 많은 변화가 있었다. FTA를 이행하는 과정에서 법률이 개정된 부분도 있지만, 일종의 혼돈 속에서 분출한 국내 업계의 요구에 따라 개정된 조항도 있었다. 이 과정에서 상대방 국가인 미국과의 치열한 협상이 끝나기도 전에 미국 측 요구에 부응하는 저작권법 개정안이 국회에서 통과된 어이없는 일이 발생했다. 본 저자는 친고죄 폐지를 주장한 미국 측 요구에 대해 국회가 협상 결과를 보면서 친고죄 폐지를 내용으로 담고 있는 저작권법 개정안을 통과시켜도 되었을 텐데 협상 중에 서둘러 개정법안을 통과시킨 것을 한국 정부와 국회의 대표적인 엇박자로 지적한 적이 있다. 남형두, "한미 FTA와 미국의 게임 전략", 한국일보 2009. 3. 19.자 칼럼.
958) 공정이용 조항의 도입이 한미 FTA의 산물인지는 형법 제1조 제2항 행위시법 적용의 예외 사유로서 '반성적 고려'인지, 아니면 '정책의 변화'인지와 직접 관련된다는 점에서 중요한 의미가 있다. 다만, 대법원판례 변경으로 인한 영향은 아래 V.2.나.(4)(나) ② 법령 변경 사유에 관한 대법원판결의 변경 참조.

는 일인데, 예를 들어 저작권 보호기간 연장은 미국의 요구사항이었으며, 이는 미국 저작권산업 보호를 위한 것임을 쉽게 짐작할 수 있다. 미국의 공정이용 제도가 세계로 확산되는 것에 대해 미국의 영화, 음악, 출판 등 저작권산업계와 때로는 미국 정부가 반대하는데, 이는 미국의 150년 전통의 공정이용 판례를 갖추지 않은 나라들이 공정이용 제도를 마치 무단복제 티켓('free ticket to copy') 정도로 인식할 가능성이 있다는 생각 때문이다.[959] 그런데, 공정이용 제도로 인해 미국 외의 국가들이 무조건 유리하리라고 보는 것은 엇나간 주장이다. 위 Oracle 판결에서 보는 바와 같이 미국의 빅테크 기업이 공정이용 제도를 이용해 미국의 저작물뿐 아니라 미국 외 국가의 저작물을 무상 이용할 가능성에 애써 눈을 감으려는 것일 수도 있기 때문이다.[960] 나아가 최근 오픈AI 등 주로 미국의 인공지능 개발사가 국경을 넘어 다른 나라의 저작물을 크롤링해 인공지능 성능 고도화에 쓰는 것은 공공연한 비밀이라는 점에서 미국 공정이용 제도의 세계적 확산이 빅테크와 인공지능 개발사에 도움이 되는 것은 부인할 수 없다. 가정이지만 만약 미국의 빅테크 또는 인공지능 개발사가 한국 내 저작물의 무단이용으로 한국 법원에 제소된다고 할 때, 공정이용 조항(제35조의5)이 없다면, 제28조에 근거해 정당화할 수밖에 없는데, 후술하는 바와 같이 제28조로써 이와 같은 mass digitization 또는 TDM을 허용할 수 있을지 대단히 회의적이다.

---

959) Niva Elkin-Koren & Neil Weinstock Netanel, *Transplanting Fair Use across the Globe: A Case Study Testing the Credibility of U.S. Opposition*, 72 Hastings L.J. 1121, 1128 (2021).
960) 미국 법원이 '변형적 이용 이론'을 적용할 때 중요한 기준인 '공익' 판단에서 미국의 이익을 공익으로 보는 것의 문제점에 대해서는 III.3. 다. 공익 개념의 모호성 참조.

나. 제35조의5와 제28조의 관계

저작권법의 목적을 다시 본다.

"제1조(목적) 이 법은 저작자의 권리와 이에 인접하는 권리를 보호하고 저작물의 공정한 이용을 도모함으로써 문화 및 관련 산업의 향상발전에 이바지함을 목적으로 한다."

제1조의 '공정한 이용'이 제35조의5(저작물의 공정한 이용)만을 가리키는 것이 아님은 분명하다. 즉, '제23조부터 제35조의4'의 개별적 저작재산권 제한을 포함하는 것으로 봐야 한다. 이 책의 주제인 '공정이용(fair use)'은 어떤 것을 의미하는가? Ⅱ장에서 살펴본 미국 판례는 미국 저작권법 제107조에 관한 것으로서, 이에 상응하는 것은 한국의 제35조의5이다. 그렇다면, 이 책의 논의에서 개별 저작재산권 제한을 배제한다는 것인가?

한국에서 공정이용 조항은 2011년 저작권법 개정으로 신설되었다. 그렇다면 자연스럽게 그 이전에는 한국 저작권재판 실무에서 공정이용이 논의되지 않았거나 인정되지 않았는가 하는 질문이 따른다. 이는 미국 저작권법상 공정이용 조항 신설을 떠올리게 한다. 앞서 본 바와 같이[961] 미국에서도 오랜 기간 공정이용이 판례로 인정되어 오다가 1976년 법에 들어오게 됐지만, 그 이전에 공정이용을 인정하지 않았던 것은 아니다. 1976년 신설된 제107조는 이전 판례이론을 법 조문화한 것으로서 공정이용에 관한 더욱 명확한 판단기준을 정립한 것이다. 그렇다면, 한국의 경우는 어떤가? 한국에서도 사실상 공정이용을 전제로 실무가 운영되었으며, 그 근거는 제28조였다.[962] 공정이용 조항의 신설로 저작물 이용 환경(사회적 환경)[963]이 바뀐

---

961) 위 Ⅱ. 2. 공정이용의 법제화(Codification) 참조.
962) 이런 취지의 대표적 판결로 위 '손담비 미쳤어 판결'(주 9)을 들 수 있다. 한편, 공정이

것은 아니다. 그렇다면 공정이용 조항의 신설로 법률환경(적용)이 달라졌다고 볼 수 있는가? 여기에서 제28조와 제35조의3의 관계를 살펴볼 필요가 있다.

먼저 제35조의5 제1항 "제23조부터 제35조의4까지, 제101조의3부터 제101조의5까지의 경우 외에"의 문리해석상, 제35조의5는 개별 저작재산권 제한 조항에 대한 보충적 성격의 조항임을 알 수 있다.964) 또한, 기술 발전에 따른 예비적 조항으로서의 성격도 있다.965) 이는 마치 저작재산권에서 기술 발전이 촉발한 갖가지 저작물 이용 형태를 규율하기 위한 방송권, 전송권, 디지털음성송신권을 포함한 공중송신권 조항의 신설(2007년)에 비교될 수 있다. 한편, 기술 발전과 관계없이 입법적으로 해결하기 곤란한 사정이 있어 일종의 '열린 조항'을 의도한 것으로 볼 수도 있다. 예를 들어 종교기관 면책 규정은 미국 저작권법에 있으나[§110(3)], 한국에는 없다. 종교활동에 따른 저작재산권 제한이 필요한데, 그 필요에 따라 미국처럼 개별 제한 사유로 신설할 수도 있지만, 제35조의5에 의한 해결에 맡길 수도 있다.966) 개별 제한 사유 입법은 명확성과 법적안정성, 나아가 보상 등을 별도로 정할 수 있다는 점에서 장점이 있으나, 종교와 국가의 탄생이 밀접한 관련이 있는 미국과 달리 한국에서는 특정 종교에 대한 편향성 우려가 있고, 여러 종교 간 균형 및 그에서 파생되는(파생될) 여러 가지 복잡한 그리고 예상치 못한

용 조항이 도입되기 전에 이미 공정이용에 관한 연구보고서를 한국저작권위원회가 발간했다는 점에 주목할 필요가 있는데, 이 연구보고서의 한국 부분에서는 주로 제28조와 관련 판결을 분석하고 있다. 위 이규호·서재권, 전게보고서(주 36), 171-176면.
963) 이와 관련된 저작물 이용 환경으로서 창작 과정에서 패러디를 포함해 타인의 저작물을 이용 또는 인용하는 사정 등을 들 수 있다.
964) 박성호, 전게서(주 347), 628-629면; 임원선,『제7판 실무자를 위한 저작권법』, 한국저작권위원회, 2022, 219면 등.
965) 박성호, 전게서(주 347), 628면; 이해완, 전게서(주 956), 492면 등.
966) 본 저자는 종교활동 과정에서 타인의 저작물 이용에 관해 일반 공정이용 조항에 의한 해결과 별도의 종교기관 면책 조항을 통한 해결을 모색한 적이 있다. 남형두, "종교단체와 저작권 ― 가이사의 것은 가이사에게 ―", 법조 통권 제625호, 2008. 10., 287-298면.

문제가 지속적으로 발생할 가능성이 있다는 점에서 일반조항에 맡기는 것이 바람직할 수도 있다.

공정이용 조항의 신설 전후 제28조의 역할이 여전히 같은지 논란이 있었으나, 대체로 신설 후에 선고된 대법원판결[967]로 정리됐다는 견해가 유력하다.[968] 요약하면, 제28조가 일반 공정이용 조항과 같은 역할을 하는 것으로 한국 대법원판결이 운영돼 오다가 공정이용 조항 신설 후 선고된 '식약청 판결'에서 양 조항의 법적 성격과 요건이 다르다는 것을 확인함으로써,[969] 제28조는 '정당한 범위'와 관련해 종전 판례인 '주종관계설'에 충실하게 따를 수 있게 됐고, 이른바 그 정당한 범위를 넘는 '전유형(專有型)' 이용에 대해서는 제28조의 적용이 매끄럽지 못했던 점에 비추어 이제 제35조의5에 의해 해결할 수 있게 됐다는 것이다.[970] 제28조가 일반 공정이용 조항과 같

---

[967] 대법원 2013. 2. 5. 선고 2011도5835 판결(이하 '식약청 판결'). 한편, 박성호, 박준석 등은 이를 '리프리놀 사건'으로 약칭하고 있다. 한편, 구 저작권법 제28조는 공정이용에 관한 개정 저작권법 제35조의3과 요건이나 적용범위가 달라 이를 일반적인 공정이용 법리의 적용 근거로 삼기에 적절하지 않다고 한 대법원 2024. 7. 11. 선고 2021다216872, 2021다216889 판결('소양강 처녀 판결')도 같은 취지이다.

[968] 박성호, 전게서(주 347), 552-554면; 이해완, 전게서(주 956), 417면; 박준석, "저작권법 제28조 인용조항 해석론의 변화 및 그에 대한 비평", 서울대학교 法學 제37권 제3호, 2016. 9., 200-201면.

[969] 공정이용 도입 전 발생한 사건에서 법원은 구 저작권법하에서 공정이용 법리를 적용하기 어렵다고 전제하고, 다만 제28조에 해당하는지만을 살펴보았다. 즉, 공정이용 조항과 제28조의 법적 성질 및 요건이 다름을 분명히 한 후 제28조의 '정당한 범위'는 인용저작물의 표현 형식상 피인용저작물이 보족, 부연, 예증, 참고자료 등으로 이용되어 인용저작물에 대하여 부종적 성질을 가지는 관계(즉 인용저작물이 주이고, 피인용저작물이 종인 관계)에 있어야 한다고 명시하였다. 위 '식약청 판결'(주 967).

[970] 박성호, 전게서(주 347), 547-554면. 박준석 교수도 해석론의 접근방법에는 이견이 있지만, 식약청 판결로써 양 조항의 역할이 분명해졌다는 박성호 교수의 의견에 동의한다. 박준석, 전게논문(주 968), 201면. 한편, 박준석 교수는 제28조와 제35조의5의 관계를 분석함에 있어 제28조에 관한 한국 판결 다섯 건이 일본 판결에 크게 영향받았음을 비교법적으로 실증하고 있다. 위 논문, 178-192면. 이런 박준석 교수의 분석은 박성호 교수도 대부분 그대로 인용하고 있다. 그런데, 최소한 한국에 공정이용 조항

은 역할을 했다는 것의 의미는 '정당한 범위'와 관련하여 이른바 '주종관계설'을 넘어 '전유형' 이용을 제28조로 인정할 수 있느냐인데, 일반 공정이용 조항 도입 이전에 제28조가 '전유형' 이용까지 포섭하는 대법원판결이 있었다.971) 그런데 일반 공정이용 조항 도입 이후 '정당한 범위' 요건으로 해석하기 불편했던 '전유형' 이용을 일반 공정이용 조항으로 해결할 수 있게 됐으므로, 굳이 말하자면 제28조는 종래 '주종관계설'에 의해 운용되어도 되겠다고 생각한다. 한편, 제28조에 의해서도 해결할 수 없었던 것이 '미공표 저작물'인데, 이는 일반 공정이용 조항으로 해결할 수 있음은 물론이다.972) 그렇다면, 일반 공정이용 조항의 신설로 제28조는 불필요한 조항이 되었다고 볼 것인가? 이 부분은 이 책이 집중하고 있는 공정이용 주제에서 다소 벗어나는 감이 있지만, 인근 주제인 표절로 연결된다는 점에서 짚고 넘어가지 않을 수 없다.

제28조가 제35조의5에 포함되는 것으로 보이지만, 제28조에 있는 '인용'이라는 개념의 특이성에 관심을 가져야 한다.973) 이하 논의의 흐름을 위해 번호를 붙인다. (ⅰ) 인용을 이용의 특수한 형태로 본다면, 즉 이용에 포함되는 개념으로 본다면, 제28조는 제35조의5에 포함되는 것으로서 특별한 존재 의의가 없다. 인용을 '끌어다 이용한다'는 뜻으로 이해한다면, 이는 이용

이 신설된 이후에는 공정이용 조항이 없는 일본과 제28조를 놓고 평면 비교하는 것은 문제가 있어 보인다.
971) 대표적으로 대법원 2006. 2. 9. 선고 2005도793 판결('썸네일 이미지 판결').
972) 토플 시험문제를 무단 반출해 출판한 사건에서 법원은, 교육 목적으로 토플 시험문제에 해설 기사를 덧붙여 잡지에 인용하였으므로 공표된 저작물의 인용에 해당한다는 피고 주장에 대해, 제한된 범위의 응시생들이 토플 시험을 치르는 행위만으로는 공표라 할 수 없다는 이유로 배척했다. 서울고등법원 1995. 5. 4. 선고 93나47372 판결('토플 문제 판결'). 그런데, '공표된' 저작물을 요건으로 하지 않는 공정이용 조항의 신설로 다른 요소는 몰라도 최소한 미공표 저작물이라는 이유로 공정이용이 배척되는 것은 아니게 되었다고 할 수 있다.
973) 박준석, 전게논문(주 968), 172-174면; 박성호, 전게서(주 347), 544-545면 등.

의 한 양태에 해당한다. '끌어다 쓴다'는 의미에서 원문을 '그대로' 가져온 다는 것으로 이해할 수 있다.974) 한편, (ⅱ) 인용을 직접인용과 간접인용으로 나눠보는 견해975)에서는 원작을 그대로 가져다 쓰지 않고 표현을 변형하되 원작의 내용이 그대로 남아 있는 간접인용(패러프레이징, 풀어쓰기, 바꿔쓰기)976)은 제28조에 해당하지만, 제35조의5에는 해당하지 않는다고 볼 수 있지 않을까 하는 생각이 들기도 한다. 이렇게 보면 양 조항은 부분과 전체의 관계가 아니게 된다. 즉 제28조의 독특한 존재 의의가 있는 것이다. 그런데, (ⅲ) 저작물의 이용에는 복제, 공연, 공중송신(방송, 전송, 디지털음성송신 등), 전시, 배포, 대여, 2차적저작물작성과 여러 양태의 이용을 포함하므로,977) 제35조의5의 '이용' 역시 이 모든 양태의 이용을 포함한다고 볼 수 있다. 그렇다면, 여기에서 위 제28조의 해석론으로 인용의 한 양태인 '간접

---

974) 한편, '손담비 미쳤어 판결'(주 9)은 "여기서 인용이라 함은 타인이 자신의 사상이나 감정을 표현한 저작물을 그 표현 그대로 끌어다 쓰는 것을 말하나, 인용을 하면서 약간의 수정이나 변경을 하였다고 하더라도 인용되는 저작물의 기본적 동일성에 변함이 없고 그 표현의 본질적 특성을 그대로 느낄 수 있다면 역시 인용에 해당한다."라고 함으로써, 인용의 의미를 반드시 '그대로'로 좁게 보지 않고 약간의 유연성을 인정하고 있다. 아래 임원선 박사의 견해도 같은 취지이다(주 976).
975) 남형두, 전게서(주 120), 285-286면.
976) 위의 책, 같은 면. 임원선 박사도 제28조의 인용에 대해 "원저작물을 반드시 그대로 활용할 필요는 없으며 관행상 필요에 따라 일부를 변형해 인용(paraphrasing)하는 것도 인정된다."라고 한다. 임원선, 전게서(주 964), 238면.
977) 저작재산권의 여러 권리를 저작물의 이용 양태를 중심으로 분류할 때, 크게 복제와 전달로 나누고, 복제와 전달에 각각 유형/무형적 복제/전달로 구분해 설명하는 견해가 있다. 임원선, 전게서(주 964), 134-135면. 또한, '손담비 미쳤어 판결'(주 9)에서도 "한편, 법문은 '인용할 수 있다'고만 규정하고 있으나, 이는 소극적으로 타인의 저작물을 복제하여 그 용도대로 사용하는 데 그치지 아니하고, 적극적으로 자신이 저작하는 저작물 중에 타인의 저작물을 인용하여 이용할 수 있다는 취지이므로, 인용된 부분이 복제·배포되거나 공연·방송·공중송신·전송되는 것도 허용된다. 결국, 정당한 인용은 복제권뿐만 아니라 배포권·공연권·방송권·공중송신권·전송권 등 저작재산권 일반에 대한 제한사유가 된다."라고 판시하고 있는바, 인용을 이렇게 본다면 인용을 포함하는 이용에서 이와 같은 양태를 포함한다고 보지 않을 이유가 없다.

인용'이 제35조의5의 '이용'에 포함되지 않는다고 볼 수 있을까? 2차적저작물작성도 '이용'으로 포함된다고 본다면, '간접인용'을 '이용'에서 배제하는 것은 설득력이 약하다. 결국 여러 가지 모색에도 불구하고 제28조는 제35조의5에 포함되는 것으로서 별도의 의의를 갖기 어렵다는 결론에 이르게 된다. 위 (ⅰ), (ⅱ), (ⅲ)의 논의는 정반합(正反合)에 유사한데, 이런 논의의 흐름에 따르면, 입법론상 제35조의5의 신설로 제28조는 삭제했어야 하지 않았나 하는 생각이 들기도 한다.978)

한편, 논의를 확장해 보면 제23조부터 제34조의4에 이르는 개별적 저작재산권 제한 조항이 모두 제28조와 같이 불필요한 조항일지도 모른다는 생각이 들기도 한다. 그런데, 제25조(학교교육 목적 등에의 이용), 제31조(도서관 등에서의 복제 등), 제35조의4(문화시설에 의한 복제 등)에서처럼 보상금과 복제방지조치 규정 등을 두고 있는 경우, 제32조(시험문제를 위한 복제 등) 및 제34조(미술저작물등의 전시 또는 복제)에서와 같이 영리 목적을 명백히 배제하고 있는 경우, 제33조(시각장애인등을 위한 복제 등) 및 제33조의2(청각장애인 등을 위한 복제 등)에서처럼 수혜자(장애인) 및 대체자료의 범위 등에 관해 시행령에 위임하고 있는 경우, 그리고 제36조(번역 등에 의한 이용)979) 및 제37조(출처의 명시)에서 제35조의5와 달리 정하고 있는 경우에는 이들 개별 저작재산권 제한 조항의 존재 의의가 있다. 그런데, 제28조는 위 모든 사항(보상금, 복제방지조치, 번역 등에 의한 이용, 출처의 명시 등)

---

978) 한편, 공정이용 규정을 둔 이상 제28조가 따로 필요하지 않을 수 있으나, 실무에서 오랜 기간 제28조에 관한 판례가 축적되었고 이에 관한 연구와 경험이 쌓여 있어 일정 기간 공정이용 규정을 보완하는 역할을 기대할 수 있다고 한다. 임원선, 전게서(주 964), 243면.
979) 제36조(번역 등에 의한 이용)에서도 제35조의5에 따라 저작물을 이용할 때는 그 저작물을 번역, 편곡 또는 개작하여 이용할 수 있는데(동 제1항), 제28조에 따라 이용할 때는 그 저작물을 번역하여 이용할 수 있다고 되어 있다. 따라서 번역 등에 의한 이용에서 제28조는 제35조의5에 포함된다.

에서 제35조의5와 동일하거나 포함관계에 있다는 점에서 독자적인 존재 의의를 발견하기 어렵다.

다만, 여기에서 실낱같이 제28조의 존재 의의를 찾는다면, 주로 학술저작물에서 표절 논의에 특화된 조항으로서 의의를 말할 수 있다. 첫째, 제35조의5에서 삭제된 '보도·비평·교육·연구 등을 위하여'라는 부분이 여전히 존재한다는 점에서 일반조항으로서의 제35조의5와 제28조는 일반/특별 조항의 관계에 있게 된다. 둘째, 학술저작물의 경우 '인용'이라는 용어의 사용이 확립되어 있고, 차용예술 등 미술 장르에서와 달리 '전유형'을 '정당한 범위'로 볼 수 없는 관행이 분명하다는 점에서 여전히 주종관계 이론이 설득력을 갖고 있다. 셋째, 뒤에서 자세히 논의하겠지만,[980] 제28조에 관한 판례에서 형성돼 온 주종관계설은 엄밀히 말하면 제35조의2 제2항 제3호 "이용된 부분이 저작물 전체에서 차지하는 비중과 그 중요성"과 구별된다. "인용저작물이 주이고, 피인용저작물이 종인 관계"라고 하는 주종관계 이론에서 양적 비율을 논할 때 분모(기준)가 되는 것은 인용저작물, 즉 침해물이다. 반면 공정이용의 제3 요소에서는 저작물, 즉 피해저작물이 기준이 된다. 극단적인 예로 양자의 차이를 극명하게 드러내 보이기로 한다. 두 연으로 이루어진 짧은 시의 한 연을 장문의 문장(소설)에 가져다 썼다고 할 때, 공정이용의 제3 요소 비율은 50%에 달하여 공정이용 성립을 저해하는 요소로 작용할 수 있다.[981] 그런데, 제28조의 주종관계설에 따르면, 장문의 문장이 주가 되고 한 연의 짧은 시가 종인 관계가 형성될 것이므로 정당한 범위 내에 들어갈 가능성이 크다. 여기에서 제28조의 주종관계설이 제35조의5 제2항 제3 요소와 다르게 발전해 온 것에 대해 저작재산권 제한 사유로는 부당하다고 볼 여지가 있으나,[982] 이미 공정이용 조항이 도입된 이상 과거 이론

---

980) V.2.다. (3) 제3 요소의 비율 논의 참조.
981) 빅테크가 빅데이터를 만들기 위해 또는 인공지능 개발사가 인공지능의 성능을 고도화하기 위해, 인터넷상에서 저작물을 크롤링해 쓰는 경우가 바로 이에 해당할 수 있다.

의 잘잘못을 따지기보다는 제28조에 의해 형성된 판례를 존중한다는 전제 하에[983] 주종관계 이론은 표절 논의의 이른바 '표절 산식' 또는 '침해물 기준 비율'에 차용할 수 있을 것이다.[984] 넷째, '공정한 관행에의 합치'라는 요건은 불확정 개념으로서 큰 의미가 없다고 볼 수도 있지만, 여러 학문 분야에서 각기 고유한 학문저술의 관행이 있고 이에 관한 각종 윤리위원회, 가이드라인 등으로 공정성을 유지하기 위해 노력해 오고 있다는 점에서 제35조의5의 일반 규정에 내맡기기에는 지켜야 할 학문의 전통과 관행이 더 중요하다고 볼 수 있다. 제35조의5 제2항의 네 가지 고려 요소에서 (ⅰ) 시장에 미치는 영향(제4호)은 당초 경제적 목적에서 출발하지 않은 학술저작물에는 적합하지 않을 수 있다. 경제적 영향보다는 정신적 피해, 명예와 평판 등을 더욱 중시하는 경향이 있기 때문이다. (ⅱ) 공익에 부합한다는 이유로, 즉 대를 위해 소를 희생하는 것을 큰 저항 없이 받아들이는 것(제1호에 따른 '변형적 이용')은 학술저작물/학문 분야에서는 용인되기 어렵다. 학문의 정직성, 학문의 전통, 학자의 자존심 등을 지켜주는 표절 규범(표절 연구 윤리)에 비추어 볼 때, 제35조의5가 학술저작물에는 매우 투박한 조항이라고 하지 않을 수 없다. 비유하자면, 학술저작물에 관한 한 제28조는 (날카로운) 송곳, 제35조의5는 (둔탁한) 망치와 같다고 할 수 있다.

그렇다고 제28조가 표절 규범의 근거 규정이라고 말하는 것은 위험하다. 여기에서 표절과 저작권침해의 차이를 길게 설명할 수는 없지만, 몇 가지만 예로 들어 설명한다. 아무리 독창적이어도 아이디어는 저작권 보호대상이

---

[982] 저작재산권 제한 사유는 저작재산권자의 양해(희생)하에 공정한 이용을 도모하는 예외적인 제도라는 점에서 저작권자의 피해를 중심으로 살펴봐야 한다고 보면, 제28조의 '정당한 범위'는 공정이용의 제3 요소와 같은 기준과 비율로 산정되는 것이 마땅하다.
[983] 제28조에 관해 오랜 기간 형성된 판례의 의의를 전적으로 무시하는 것은 바람직하지 않다. 임원선, 전게서(주 964), 243면에서도 같은 취지를 읽을 수 있다.
[984] 후술 V.2.다. (3) 제3 요소의 비율 논의 참조.

아니므로 애초에 제28조의 대상이 될 수 없다. 즉, 표현이 아닌 독창적 아이디어는 허락없이 가져다 써도 제28조의 요건을 따질 필요도 없이 저작권침해에 해당하지 않는다. 그런데, 표절은 성립할 수 있다. 이 점에서 제28조는 학술저작물의 표절 규범의 근거로서 도움이 되지만 정확히 표절 규범 그 자체라고 말할 수는 없다. 또 다른 예로, 제28조는 조문에 명시하고 있지 않으나 "공표된 (타인의) 저작물"을 전제로 한다. 즉, 이용자가 자신의 선행 저작물을 가져다 쓰는 데는 제28조를 적용하고 말 것이 없다. 그런데, 표절 규범에서는 자신의 선행 저술이라 할지라도 일정한 요건을 갖추지 못하면, 이른바 '자기표절'(비난받을 만한 자기복제)에 해당할 수 있다.[985]

정리하면, 공정이용 조항(제35조의5)의 신설로 사실상 그 역할을 일정 부분 대신해 온 제28조는 그 존재 의의가 사라졌다고 할 수 있으나, 학술저작물에 관한 표절 논의에는 여전히 유용하다. 물론 제28조로써 표절 논의를 전부 해결할 수 없으나,[986] 타인의 저작물 침해, 즉 '저작재산권 침해형 표절' 논의의 근거 규정이 될 수 있다. 다만, 그렇다고 해도 제28조에 의해 해결할 수 없는 표절 논의가 있다는 정도만 지적해 두고 자세한 것은 표절 관련 전문서의 논의에 미루기로 한다.

---

985) 남형두, 전게서(주 120), 437-443면.
986) 독창적 아이디어, 저작재산권 보호기간이 지난 저작물, 보호받지 못하는 저작물(제7조), 비난가능성 있는 자기복제(자기표절), 정당한 범위의 비율(산식), 그 밖에 학문 분야에서 저술 관행의 다양성 및 복잡성 등 제28조로 해결할 수 없는 표절 영역은 매우 광범위하다. 자세한 것은 남형두, 전게서(주 120), 176-205면 참조.

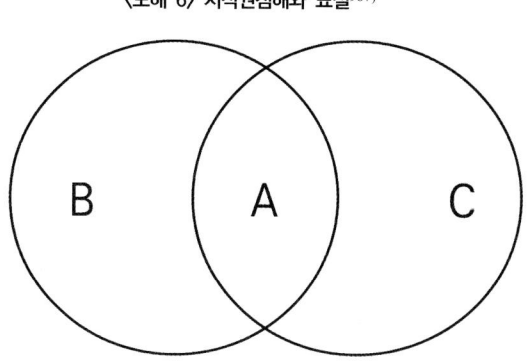

〈도해 6〉 저작권침해와 표절[987]

(B 영역이 '협의의 표절', A+C 영역이 '저작재산권 침해형 표절'이라고 한다면, A+B+C 전 영역이 '광의의 표절'에 해당한다. 제28조는 A+C 영역에 관련된다.)

다. 불확정 개념과 판례의 중요성

제28조의 '정당한 범위', '공정한 관행'의 '정당', '공정'과 제37조의 '합리적이라고 인정되는 방법'의 '합리', 즉 '정당성', '공정성', '합리성'은 일반적으로 법에서 대표적으로 꼽는 불확정 개념인데, 그것들이 모두 공정이용과 관련된 법조문에 들어 있다. 공정이용 조항(제35조의5)의 신설로써 불확정 개념이 해소되었는가 하면 전혀 그렇지 않다고 할 수 있다. 제1항의 '저작물의 일반적인 이용 방법', '저작자의 정당한 이익', '부당하게 해치지 아니하는 경우'에서 보는 바와 같이 '일반성', '정당성', '부당성'은 법 개정으로도 불확정 개념이 한 발도 확정 개념으로 나아가지 못했다고 볼 수 있기 때문이다. 나아가 제2항의 고려 사항도 제1호에서 제4호까지 어느 요소 하나 명확한 개념이라고 할 수 없을 정도이다.

---

987) 이 그림과 이에 대한 설명은 위의 책, 171-175면.

문제의 심각성은 위와 같은 불확정 개념의 적용 여하에 따라 저작권침해에 따른 민사책임뿐만 아니라 형사처벌까지 부담할 수 있다는 데 있다. 형사처벌을 위한 금지규정이 명확하지 않다는 점에서 죄형법정주의에 위반된 것이 아닌가 하는 의문이 제기될 수도 있다. 이와 같은 문제점을 안고 최종적인 판단은 사법적 해결에 의존할 수밖에 없다는 점에서 법원의 공정이용 조항에 대한 해석 적용의 결과물인 '판결'은 선례구속의 원칙을 채택하고 있는 영미법계에서는 말할 것도 없고, 엄격히 말하면 당해 사건의 결론에 불과한 대륙법계에서도 유사 사건에 대한 기준이 되고 있다는 점에서 매우 중요하게 다루어지고 있다.

법률의 명확성 원칙에도 불구하고 오늘날 복잡다단한 현대사회의 특성상 법률효과를 발생하는 법률요건에 불확정 개념을 사용하는 것은 불가피한 측면이 있다. 또한 형사적 처벌을 위한 금지규정에서도 명확하지 않은 개념을 쓰는 경우가 없지 않은데, 저작권법상 공정이용 조항은 명확하지 않은 것을 넘어, 판단기준을 제시한 것에 불과하다는 점에서 추상적인 법률조항을 구체화하는 판결에 논의가 집중되고 있다. 한편, 미국 저작권법을 다른 나라와 비교해 역동적인 법으로 만든 것은 공정이용 제도인데, 미국 법원은 기술 등 저작물 환경의 변화가 가져온 저작권법상 불명확한 문제를 해결하는 데 이 제도를 잘 활용해 왔다고 한다.[988] 비록 추상적이고 불확정적인 개념으로 되어 있지만, 공정이용 제도가 현재의 타당한 법을 찾고 만드는 과정에 오히려 유용하다고 보는 이런 견해는 공정이용에 관한 선행 판례를 후속 판결이 얼마나 잘 따르고 있으며, 일반 이용자(수범자)에게도 예측가능성을 주는 사실상 법규범으로 인정되고 있느냐에 따라 그 설득력이 달라진다고 할 수 있다.

저작권법이 다루는 다양한 저작물은 곧 특정 시대, 특정 공간에서의 문화

---

988) Sag, 전게논문(주 55), 366면.

적 표현인데, 선행 저작물을 이용한 후행 저작물을 어느 범위까지 허용할 것인가를 선언하는 과정이 곧 공정이용 재판 실무라 할 수 있다. 여기에 명문의 법률조항이 있어도 그것이 개별 사건에 적용해 반드시 확실한 답을 가져다줄 것으로 기대하기는 어렵다. 법률이 개별 사건에 적용된 결과물인, 판결이 축적됨으로써 후속 판결에 기준으로 정립되는 것, 이것을 공정이용 판례라고 할 수 있다. 이 점에서 개별 사건의 해답과 기준을 세워 가는 과정으로서 공정이용 판례의 중요성은 아무리 강조해도 지나침이 없다. 저작권법에 각종 저작물별로 상황에 따른 공정이용에 관한 가이드라인(규정)을 만들기로 하면 책 한 권 분량으로도 부족할 것이다. 따라서 판례는 유사 사건에 적용되는 사실상 법규범으로 기능하게 된다. 판례가 곧 법원(法源)인 미국법 체제에서는 공정이용에 관한 판례의 입장은 매우 중요하다. 판례에 변화가 있다면 이는 대륙법계 국가로 말하자면 곧 법률의 개정에 비교될 수 있기 때문이다. 그 점에서 공정이용에 관한 판례와 그 경향성을 살펴보는 것은 공정이용 연구의 핵심이라 할 수 있다. 그렇다면 한국에서도 그럴까? 이 장(章)은 여러 시도를 통해 한국 판결에서 공정이용에 관한 법적안정성과 예측가능성을 담보 내지 추론할 만한 의미 있는 법리와 경향성을 찾는 데 할애될 것이다.

  2011년 이후 지난 13년간 쌓인 공정이용에 관한 법원판결이 적지 않은데, 사실 제35조의3이 신설되기 이전 제28조(공표된 저작물의 인용)까지 포함하면 판결의 범위는 더 확장된다. 나아가 위 포괄적 공정이용 조항이나 제28조를 넘어 개별적 저작재산권의 제한 조항까지 확대하면 관련 법원판결은 더 많아진다. 이 책에서는 논의를 집중하기 위해 일반적 공정이용 조항(제35조의5)에 관한 판결과 예외적으로 제28조에 관한 판결 중 필요한 것을 대상으로 할 것이다. 한편, 이 글에서 연구 대상으로 삼는 공정이용에 관한 한국 법원의 판결은 이일호 논문(주 35, 2023년)의 조사 방법을 기준으로 선정하되, 이후에 선고된 판결이나 누락된 판결을 추가했다.[989]

라. 한계

공정이용 법리는 미국 법원의 판례에서 발전되어 오다가 법제화되었고 한국은 그와 같은 과정을 생략한 채 한미 FTA 후에 법제화했다는 점에서 양국의 판례를 직접 비교하기 어려운 점이 있다. 한편, 미국 공정이용 판례의 변화는 연방대법원이 주도해 왔는데, 한국 판례에서도 그렇다고 볼 수 있을까? 미국 판례는 구체적 사건에 대한 결론을 넘어 이른바 법관법, 즉 법관의 입법 기능의 산물이란 점에서 한국과는 확연히 다른데, 한국 대법원판결이 개별 사건에 대한 해결, 즉 개별 사건의 최종심으로서의 의의를 넘어 공정이용에 관한 법리의 변화를 선도한다고 말하기가 쉽지 않다.[990] 그렇다

---

989) 이일호는 대법원에서 제공하는 종합법률정보, 법고을LX 2018, 로앤비(LawnB), 엘박스(LBox), 케이스노트(CaseNote) 및 빅케이스 등에서 제공하는 판결 데이터베이스에 특정 검색어, 즉 "(공정이용 or '공정한 이용') and 저작권법", "저작권법 and (제35조의3 or '35조의 3')", "저작권법 and (제35조의5 or '제35조의 5')"를 입력해 출력된 결과와 그 외 몇 가지를 추가하여 전량 분석했다고 한다. 이일호, 전게논문(주 35, 2023년), 156-158면.

990) 특정 법 분야에서 중요한 법리를 발견하고 현실에 맞게 법리의 변화를 선도하기 위해서는 관할의 집중이 필요하다. 특히 저작권, 공정이용과 같은 전문 분야에서는 해당 분쟁의 전문성을 갖춘 법관에 대한 사건의 집중이 요구되기도 한다. 그런데, 최근 대법원 같은 소부(小部)에서 흔치 않은 저작권재판의 재판장과 주심이 각기 다른 두 건의 판결이 선고되어 눈길을 끌었다. 2024. 7. 11. 선고 2021다272001 판결[(재판장 대법관 오석준, 주심 대법관 노정희), 주 127], 2024. 7. 11. 선고 2021다216872, 216889 판결[재판장 대법관 엄상필, 주심 대법관 이흥구), 주 967]. 이는 자동으로 사건 배당이 이루어지고 배당 후에는 인위적인 사건 집중이 이루어지지 않았기 때문으로서 현재 대법원 재판실무에 비추어 볼 때 특별히 이상하다고 할 것이 없다. 그런데, 이렇게 같은 날에 저작권재판의 판결이 다른 주심 대법관에 의해 선고되는 현실에서, 한국 대법원이 미국 연방대법원과 비교까지 할 것은 아니라 할지라도 저작권 또는 공정이용 법리를 이끌어간다고 말하기는 어려울 것 같다. 물론 주심 대법관은 달라도 전문 재판연구관들이 검토하기 때문에 전체적으로 법리가 서로 어긋나는 판결이 선고되지 않을 것이지만, 대법관을 보좌하는 연구관들에 의해 법리가 형성되고 조정된다는 것은 그 자체로 문제가 없다고 말할 수는 없을 것이다.

보니 한국 공정이용 판결을 분석할 때 법리보다는 구체적 사안의 특이성에 더욱 주목하게 되어 하급심 판결 가운데 더 의미 있는 것을 발견할 때도 있다. 한편, 미국의 경우 판례를 선도하는 학자들(법관 포함)의 획기적인 논문(seminal articles)991)이 있고, 이런 논문을 법원이 적극적으로 인용함으로써 '현재의 법'을 찾아가는 과정에서 법관과 학자가 협업하고 있으나, 한국에서는 이런 노력과 협업이 여전히 부족하다는 점에서 아쉬움과 함께 판례 연구의 한계점이 명백히 존재한다.992)

한국의 공정이용 제도가 미국 저작권법을 거의 그대로 받아들인 것은 부인할 수 없는 사실이다. 한국은 공정이용 제도의 기원국이 아니지만, 도리어 미국 밖에 있는 제3세계 국가로서 한국 학자의 몫과 역할이 분명히 존재한다고 생각한다. 이는 앞서 본 바와 같은 구글과 유튜브의 사법주권 침탈과 같은 고유의 시각993)을 가질 수 있는 장점 등을 포함한다. 이 장(章)에서 본 저자의 집필 의도가 성공한다면, 한국 내부의 회고적이고 자기 비판적 논의를 넘어, 서구에서 이식된 제도가 한국에서 어떻게 활용되고 있는지를 통해

---

991) 공정이용에 관한 분수령이 된 몇몇 연방대법원 판결에 앞서 유력한 학자의 같은 취지의 논문이 있었다는 점은 이를 뒷받침한다. 예를 들어 Gordon 논문(주 51)은 Sony 판결(주 10)에, Leval 논문(주 63)은 Campbell 판결(주 12)에 지대한 영향을 미쳤다. 이는 공정이용에 관한 미국 판결의 경향성을 예리하게 분석한 Netanel 교수의 평가이다. Netanel, 전게논문(주 57), 735-736면.

992) 한국 법원과 학계에 이런 교호작용 내지 산학연계가 원활하지 않은 점은 못내 아쉽다. 한편, 이일호 박사는 공정이용 제도가 한국 저작권법에 도입된 지 10년이 지났어도 학계와 실무계의 주목을 받은 판례가 있었는지 의문을 표하고 있는데[이일호, 전게논문(주 35, 2023년), 155면], 이는 본 저자가 지적한 원활치 못한 산학연계 때문이기도 할 것이다. 법학계와 실무계의 산학연계에 대해서는 본 저자의 다음 글 참조. 남형두, "변호사연수제도의 새로운 모색 – 산학연계의 실험", 대한변협신문 2005. 3. 21.자; 남형두, "판결문 작성과 저작권법의 존중 – 산학연계의 실험 2", 대한변협신문 2005. 8. 22.자; 남형두, "변호사의 학술활동 – 법실무계와 법학계의 산학연계 실험 3 –", 대한변협신문 2020. 12. 14.자.

993) 위 III.3.라. (2) 사실상 사법 기능 수행 – 사법주권의 형해화.

미국 등 주요 국가의 논의에 영향을 줄 수 있을 것이다.

2. 한국 공정이용 판결의 특징과 비판

공정이용은 저작권침해 사건에 나오는 일종의 항변이지만, 모든 저작권침해 사건에 공정이용 항변이나 쟁점이 있는 것은 아니다. 따라서, 공정이용 쟁점이 있는 판결의 특성은 저작권침해 사건 판결의 특성과 일부분 공통될 뿐이다. 그런데 저작권분쟁에서 가장 치열하게 다투어지는 쟁점이 공정이용이란 점에서 공정이용 판결의 특성을 살펴보는 것은 저작권분쟁의 특성을 검토하는 것과 다름이 없다고 해도 과언이 아니다.

공정이용 쟁점이 들어 있는 저작권침해 사건은 기본적으로 저작재산권 침해에 관한 것이다. 공정이용은 저작재산권의 예외 제도이기 때문이다.994) 즉 저작인격권 침해에 관한 사건에는 공정이용 항변이 나올 수 없다. 저작재산권은 저작권 중 저자의 경제적 이익과 관련된 것으로서 저작권법은 저작재산권으로 복제권, 공연권, 공중송신권, 전시권, 배포권, 대여권, 2차적저

---

994) 한국 저작권법이 모델로 삼은 미국 저작권법의 공정이용 조항(§107) 역시 저작재산권에 대한 제한 또는 예외 조항이다. 게다가 미국 저작권법은 한국 저작권법과 달리 일반적인 저작인격권을 인정하지 않는다. 다만, 시각예술 저작물에 대해 성명표시권과 동일성유지권을 인정하고 있는데(§106A), 이 조항에서 §107에 따를 것을 조건으로 하고 있어(subject to section 107) 시각예술 저작물에 관한 한 동일성유지권 등도 공정이용에 의해 제한될 수 있다. 굳이 따지자면 한국 저작권법도 성명표시권의 예외 조항(제12조 제2항 단서, "다만, 저작물의 성질이나 그 이용의 목적 및 형태 등에 비추어 부득이하다고 인정되는 경우에는 그러하지 아니하다")과 동일성유지권의 예외 조항(제13조 제2항 단서 제5호 "그 밖에 저작물의 성질이나 그 이용의 목적 및 형태 등에 비추어 부득이하다고 인정되는 범위 안에서의 변경")이 저작인격권에서 공정이용과 유사한 기능을 갖는다고 말할 수 있다.

작물작성권을 인정하고 있다(제10조 제1항 후반부, 제16조부터 제22조).

그런데 한국 저작권침해 사건(과 공정이용 항변 사건)의 상당수는 경제적 이익이라는 외피를 둘러쓰고는 있지만 실질은 비경제적 이익과 관련된 것들이다. 그 비경제적 이익으로는 정치적, 종교적, 예술적 자유 등을 들 수 있다. 저작권자(원고)로서는 자신의 정치적 목적, 종교적 목적, 예술적 목적 등을 실현하고자 상대방 이용자(피고)의 원고 저작물 이용행위를 저작재산권 침해 행위로 구성하여 피고의 이용을 금지하거나 그로 인한 손해를 배상하라는 청구를 하기도 한다. 원고 청구에 맞서는 피고의 항변에는 여러 가지가 있을 수 있는데,995) 여기에서는 공정이용만을 논의하기로 한다. 이처럼 저작권침해 주장이나 공정이용 항변은 저작권법에서 저작재산권이라는 장(場)의 논의로 예정하고 있는 것인데, 한국의 현실에서는 '경제적 외피에 비경제적 실질'이라는 특성이 있다. 공정이용 측면에서 보면, '경제의 외피를 쓴 비경제(정신)'에 관한 저작재산권 침해 주장과 공정이용 항변의 수단화 경향이라고 할 수 있다. 이에 대해서는 아래 '가. 저작권과 공정이용의 수단화 경향'에서 논의한다.

이처럼 저작권분쟁이 제도의 본 취지를 벗어나 수단으로 활용되는 경우가 많다 보니, 공정이용 항변이 있는 한국의 저작권분쟁은 민사와 형사 사건이 혼용되는 경향이 심하다. 소송을 제기하는 목적과 실질이 경제적 이익에 있지 아니하고 비경제적 이익에 있어 민사 사건의 경우 소액 사건이 다른 법 영역에 비교해 상대적으로 많다. 형사의 경우에는 구약식 사건으로 시작하여 피고인이 정식재판 청구를 하거나 재판부가 직권으로 정식재판에 회부한 사건이 역시 상대적으로 많다. 소액 사건이나 구약식 사건으로 시작

---

995) 통상 저작권재판에서 피고는 원고의 작품이 저작물성 요건을 갖추지 못하였다거나 피고의 작품이 원고 저작물과 유사하지 않다는 등의 주장을 한다. 물론 저작물성, 실질적유사성 등에 관한 주장과 증명책임은 원고에게 있지만 저작권재판 실무에서는 이에 구애받지 않고 피고가 항변처럼 적극 주장 입증하는 경우가 많다.

하여 대법원까지 진행되는 사건의 비율이 상대적으로 높다는 것도 특징의 하나라고 할 수 있다. 이에 대해서는 아래 '나. 민사와 형사 구제 절차의 혼용'에서 살펴본다.

한국 공정이용 판결은 대체로 합리적 논의나 분석이 철저하지 않고, 결론에 이른 구체적 이유가 매우 빈약하다. 특히 미국의 공정이용 판결과 비교할 때 그 차이가 매우 현저하다고 할 수 있다. 굳이 말하자면 법조문(제35조의5)을 나열한 후 제2항의 네 가지 고려 요소에 대한 개별 분석이나 종합이 충분하지 않은 것이 특징이라 할 수 있을 정도이다. 이에 대해서는 아래 '다. 합리적 분석·논의 결여'에서 비판한다.

그나마 한국 공정이용 판결에서 유의미한 특징을 찾자면 시장 중심의 접근을 하고 있다는 것이다. 여기에서 '유의미한'이라고 한 것은, 앞서 세 가지 특징이 후진적이고 퇴행적이란 점에서 차별하기 위해 쓴 표현이다. 물론 이 네 번째 특성에도 그런 점이 없지 않으나, 어떤 점에서는 비교 대상 국가인 미국의 공정이용 판결이 지나치게 앞서 나감으로써 공정이용 제도의 본질을 망각한 측면이 있다는 점에서 보면, 한국의 다소 지체된 듯한 위 네 번째 특징은 '유의미'한 것으로 이해할 수 있다는 뜻이다. 이에 대해서는 아래 '라. 과도한 시장 중심 접근'에서 논의한다.

끝으로 베른협약의 정신을 구현한 제35조의5 제1항이 한국 공정이용 판결에서 상대적으로 외면당하고 있다는 점을 지적하고 출처표시 의무에 관한 제37조의 법적 성격과 공정이용과의 관련성을 '마. 기타' 논의로 정리한다.

가. 저작권과 공정이용의 수단화 경향[996]

(1) 현상

저작권에는 재산권 요소와 인격권 요소가 들어 있어 저작권침해 소송의 목적 역시 경제적인 것 외에 비경제적인 것도 있다. 공정이용은 저작재산권의 예외에 해당하므로 공정이용 쟁점이 있는 저작권침해 소송은 기본적으로 저작재산권 침해를 전제로 한다. 다시 말해 저작인격권 침해 소송에서는 공정이용 쟁점이 있을 수 없다. 그런데 저작재산권 침해 소송의 실무에서는 경제적 원인 외에 비경제적 원인이 있을 뿐 아니라, 오히려 소송의 실질적 원인이 비경제적인 경우가 더러 있다.[997] 재산권 침해(경제)의 외피를 쓰고 있으나 이면에는 정신적(비경제) 이유로 쟁송하는 것인데, 공정이용 쟁점이 들어 있는 저작권침해 사건에서 특히 많이 발견된다. 저작재산권 침해 청구와 공정이용 항변이 일종의 수단으로 활용되는 것이다. 민사 소액 사건 또는 형사 약식명령 청구 사건이 항소 또는 정식재판 청구를 통해 대법원까지

---

[996] '저작권의 수단화'는 비단 저작재산권과 공정이용에 한하지 않고 저작인격권에서도 논의할 수 있다. 이는 '저작권의 무기화'(weaponizing copyright)와 관련이 있는데(주 867), 본 저자는 이 주제에 집중한 별도의 논문을 준비 중이며, 이 책 출간 이후 발표할 예정이다.

[997] 이는 비단 한국만의 문제가 아니다. 미국에서도 조형 예술가 Anish Kapoor가 시카고에 소재한 자기 작품 <Cloud Gate>를 전미총기협회(NRA)가 동영상 광고 중에 배경화면으로 쓰자, 외국인을 혐오하고 총기 규제를 반대하는 내용의 광고에서 자신의 저작물(조형물)을 빼라는 취지의 저작권침해 소송을 제기한 적이 있다. 정치적 견해가 다른 당사자 간에서 자신의 정치적 견해를 적극적으로 표현하기 위한 수단으로 저작권침해 소송이 활용된 예이다. NRA에서 위 조형물을 이용한 동영상 장면과 이를 다룬 다음 기사 참조. Henri Neuendorf, "Anish Kapoor Declares 'Victory Over the NRA' in a Settlement That Requires the Gun Group to Remove His Art From an Ad", artnet, Dec. 6, 2018, https://news.artnet.com/art-world/anish-kapoor-nra-settlement-1412923 (2024. 12. 30. 방문).

가는 경우가 많다는 것은 공정이용 인정 여부가 단지 경제적 이유에 머물지 않음을 뜻한다.998) 한편, 저작권의 수단화 현상은 한국만의 독특한 특징이라고 할 수 없다. 사회 양극화가 심해짐에 따라 생긴 보편적 현상으로 볼 수 있는데, 여기에 '과도한 사법화(司法化)'가 더해져 갈수록 그 경향이 강화되고 있다. 대표적으로 미국에서도 선거철에 상대방 진영을 공격하는 수단으로 저작권분쟁이 자주 등장한다.999) 그런데 한국 저작권 사건은 민사의 경우 소액 사건이 적지 않고, 형사 분쟁화가 빈번하다는 점에서 저작권분쟁을 통한 목적 또는 실익이 저작권 자체에 있다기보다는 다른 데 있다고 할 수 있어 본 항의 '수단화 경향'이 더욱 강화된 경우라고 할 수 있다.

공정이용 쟁점이 들어 있는 저작권침해 사건(민사 또는 형사)에서 이면의 비경제적 원인은 표현의 자유와 관련된다. 저작권자 쪽에서는 자신의 사상과 표현을 보호받기 위해 저작권 보호를 내세우고, 상대방은 그것이 표현의 자유에 대한 억압이라며 표현의 자유를 위해 공정이용 제도에 기대는 형국이다.1000) 여기에서는 정치적 표현의 자유[아래 (2)], 종교적 표현의 자유[아래 (3)], 그 밖에 문화예술 표현의 자유[아래 (4)]로 나누어 논의한다.

---

998) 저작권분쟁에서 민사 소액 사건 및 형사 정식재판 청구 사건이 많다는 것은 분쟁 당사자 간 갈등의 실질이 돈에 있는 것이 아니라 명예와 평판 등 비경제적인 데 있음을 반증한다. 물론 저작권분쟁의 수단화를 무조건 부정적으로 볼 것은 아니다. 최근 사이버 범죄, 특히 성적 범죄의 온상이 되고 있는 인터넷에서 프라이버시법과 OSP 책임 제한 법리로 은신처를 삼고 있는 것에 대한 비판이 비등한데, 이때 뜻밖에도 저작권이 위와 같은 법적 제한을 뚫고 효과적인 구제수단이 되기도 한다. 주 942 참조.
999) 미국 대통령선거 캠페인과 관련한 저작권분쟁에 대해서는 주 870 참조.
1000) 헌법 논의로 환원하면, 헌법 '제22조 제2항'과 '제21조 제1항·제4항' 간의 갈등이라 할 수 있다.

(2) 정치적 표현의 자유 관련

정치적 목적의 공방이 저작권침해 형식으로 분쟁화하는 경우가 있다. 대체로 다음 세 가지 유형으로 나눌 수 있는데, '개인 대 개인'의 갈등은 이어지는 '종교적 표현의 자유'[아래 (3)], '문화예술 표현의 자유'[아래 (4)] 등에서도 나타나므로, 여기에서는 힘의 우열, 즉 권력적 관계의 구도가 첨예한 앞의 두 가지만 다루기로 한다.

- 국가권력 대 개인
- 방송 인용 보도
- 개인 대 개인

(가) 국가권력 대 개인

한국은 이른바 1987년 체제 이후 실질은 차치하고 외면적으로는 민주주의와 법치주의의 형식을 갖추었다고 평가받고 있다. 그 과정에서 국가 폭력 등 사실적인 힘에 의한 지배 또는 억압 대신 법이 수단이 되는 경우가 있는데, 엄밀히 말하면 법치주의(rule of law)가 아닌 법에 의한 통치(rule by law)가 사회 곳곳에 여전히 남아 있다. 저작권(법)도 그 통치의 한 수단이 되어 시민[1001]의 '표현의 자유'를 제한하고 때로는 불법적으로 억압하는 상황이

1001) 헌법은 상반되는 두 기본권, 즉 '저작권'과 '표현의 자유'의 주체를 '국민'이라고 규정하고 있으나(제22조, 제21조), 이것이 대한민국 국적을 갖고 있지 않은 외국인을 배제하는 것은 아닐 것이다. 위 두 기본권의 주체인 '국민'은 '사람(people)'을 뜻하는 '인민'이어야 하고, 당초 제정 헌법 유진오 초안에도 그렇게 되어 있었다. CHAIHARK HAHM, 『THE CONSTITUTION OF SOUTH KOREA』, HART PUBLISHING, 2024, pp.31-32. 그런데 헌법 제정 당시 남북 대립 상황에서 북한이 먼저 사용하는 바람에 '인민'이란 용어 대신 '국민'을 쓰게 됐다고 한다. Chaihark Hahm and Sung Ho Kim, "To make 'We the People': Constitutional founding in postwar Japan and South Korea", I•CON: International Journal of Constitutional

발생하고 있다.

　지금은 잘 쓰이는 말이 아니지만, '공안 통치' 시대 특정 집단의 행동을 제압할 목적으로 저작권(법)이 동원되었던 사례로 이른바 '노가바 판결'을 들 수 있다.[1002] 1980년대 공안사건에 주로 적용됐던 법률로서 국가보안법, '집회 및 시위에 관한 법률', '폭력행위 등 처벌에 관한 법률' 등의 요건에 해당하지 않자, 공안 당국은 특정 노동자들이 모여서 기성 유행가의 가사를 바꾸어 노동요 등 비판적 내용의 노래로 만든 행위를 저작권법위반죄로 기소했다. 항소심에서 무죄가 선고됐으나, 대법원은 저작권법위반 혐의에 대해 유죄판결을 선고했고 판결은 확정됐다.[1003] 사회의 공공안녕 질서를 유지하고 보호하는 것을 목적으로 하는 국가보안법 등 위반에 해당하지 않았다면 처벌하지 않는 것이 타당했을 텐데, 검찰은 굳이 입법 목적을 달리하는 저작권법까지 동원하여 기소했고 결과적으로 법원은 유죄 판결을 내림으로써 검찰권의 부당한 행사를 막지 못했다. 정부가 자신의 정치권력을 유지하기 위해 저작권법을 수단으로 표현의 자유를 억압한 것은 전체주의 국

　　Law, vol. 8 no. 4 (2010), 800, pp.842-847.
[1002] 대법원 1991. 8. 27. 선고 89도702 판결(재판장 대법관 최재호, 대법관 윤관, 주심 대법관 김주한, 대법관 김용준), 원심: 서울형사지방법원 1988. 10. 14. 선고 85노3363 판결(재판장 부장판사 이영규, 판사 강영호, 판사 조해섭).
[1003] '노가바 판결'에서 피고인의 변호인이었던 한승헌 변호사가 일간지에 쓴 회고담의 일부 내용을 소개한다. 변호인과 증인으로 소환된 시인 신경림 간의 문답이다.
　　　문: "방송에서 노래 가사 바꿔 부르기를 잘한 사람에게는 상을 주던가요? 벌을 주던가요?"
　　　답: "많은 박수와 함께 푸짐한 상품을 주는 것을 보았습니다. 벌 받았다는 말은 못 들었습니다."
　　　문: "그런데 이 사건의 피고인은 왜 재판까지 받게 되었다고 생각하십니까?"
　　　답: "노동자들이 즐겨 부르는 노가바에는 현실 비판적인 노랫말을 붙인 것이 많아서 정부가 탄압하는 줄로 압니다."
　　이상, 한승헌, "[길을찾아서] '노가바'까지 탄압한 공안정권, 한승헌-산민의 '사랑방 증언' 55", 한겨레 2009. 3. 23.자 칼럼, https://www.hani.co.kr/arti/society/society_general/345700.html (2024. 12. 30. 방문).

가에서나 있을 법한 것으로서 법치주의와 법률문화 측면에서 대단히 부적절하다고 할 것이다.1004)

저작권법이 본래의 입법 취지를 벗어나 이처럼 특정 목적을 위한 수단으로 전락하는 것은 바람직하지 않다. 수사기관, 특히 검찰이 특정인을 처벌하려는 의도가 앞서다 보면 무리한 기소를 하는 경우가 있다. 근자의 '정치의 사법화'라는 사회 현상에서 이런 일이 잦은 편인데, 몇 가지 단계로 나누어 살펴보기로 한다. (ⅰ) 어떤 행위가 그 행위를 규율하기 위해 만들어진 법률(A)에 위반된 것이 확실한 때와 (ⅱ) 확실하지 않은 때가 있다. (ⅰ)의 경우, 검찰이 기소하여 유죄가 선고되거나, 피고인과 변호인의 방어 여하에 따라 무죄가 선고될 수 있다. (ⅱ)의 경우, 공익의 대표자인 검찰은 공익 관점에서 반드시 기소할 것이 아니라 불기소처분을 할 수도 있을 것이다. 한편, 그 행위에 대한 A법률 위반의 점 외에 B법률 위반 문제가 거론될 수 있다. B법률은 문제된 행위와 직접 관련이 없는 것으로서 입법 취지(목적)가 A법률과 다르다고 가정한다. 그 행위의 처벌 필요성에 관한 실질을 떠나 형식만으로 보면 B법률을 적용할 수 있으나 B법률이 본래 그 행위를 겨냥하여 만들어진 것이 아니라고 할 때, 수사기관으로서는 그 행위에 대해 B법률도 적용할 수 있음을 발견한 것인데 위 '노가바 판결'이 바로 이에 해당한다.1005)

1004) 그런데, 이런 일이 최근 재현되고 있어 우려를 자아내고 있다. 2024. 2. 윤석열 대통령과 직원들의 합창 영상을 풍자한 혐의로 문화체육관광부 산하 케이티브이(KTV)가 '백자'라는 가수를 고발한 사건이 있었다. 김가윤, "'수사력 낭비인거죠'…가수 백자 '탄핵이 필요한 거죠' 경찰조사", 한겨레 2024. 8. 1.자 기사 참조. 또한 정부기관은 아니지만 사실상 정부에 의해 장악되고 있는 방송통신심의위원회가 대통령과 정부에 비판적인 유튜브 채널에 대해 저작권침해 신고 등을 통해 사실상 표현의 자유를 억압하고 있어 문제가 되고 있다. 이에 대해서는 주 561 참조.
1005) 이는 마치 특허법상 '용도발명'에 비유될 수 있다. 법률도 각기 용도(용처)가 있는데, 이를 입법 목적 또는 입법 취지라고 한다. 입법자가 예상하지 못했던 용도에 그 법이 쓰일 수 있음을 발견한 것이다. 재산권인 특허권의 세계에서 용도발명은 다른 발명과 마찬가지로 요건을 갖추면 별도의 특허발명으로 인정한다.

그런데 기소권을 독점한 공익의 대표자인 검찰의 위와 같은 업무처리 방식을 긍정적으로 평가할 수 있을까? 위와 같은 일은 별건 수사 및 기소 단계뿐 아니라 공판절차 중에 공소장 변경을 통해 이루어지기도 한다. 검찰의 기소 또는 공소장 변경이 공소권남용에 해당하면 법원으로서는 공소기각 판결을 선고할 수 있다(대법원 2021. 10. 14. 선고 2016도14772 판결). 그런데 공소권남용의 정도에 이르지 않는다면, 법원의 선택지는 좁아진다. 형사소송의 구조적 한계이다. 이를 비유하자면 검찰이 낸 숙제(공소)에 대해 법원은 답지(판결)를 제출해야 하는데, 숙제가 잘못된 것이라고 선언하는 것이 공소권남용에 따른 공소기각 판결인 셈이다. 숙제가 잘못된 것이라고 할 정도가 아니라면 법원은 어떤 답지를 내놓아야 할까? '좁아진' 선택지 중에 위 B법률이 저작권법이라면 '공정이용' 인정 여부와 같이 법관에게 부여된 재량권을 활용해 '좁아진' 선택지를 나름대로 '확장'할 수 있다고 생각한다.[1006]

이상은 저작권(법)이 목적 외 이용, 즉 수단화되는 것에 대한 비판이다. '노가바 판결' 당시에는 공정이용 조항이 없었으나, 공정이용 제도가 도입된 후라면 '노가바 판결'과 같이 저작권법이 그 입법 목적과 달리 이용될 때, 공정이용은 '목적 외 이용'에 대한 적절한 제재가 될 수 있을 것으로 생각한다.

공정이용 조항이 도입된 이후에 정치적 목적의 공방이 저작권침해 소송이란 형식으로 진행된 사건을 소개한다. 이른바 '지방자치단체장 선거 판결'(의정부지방법원 2015. 6. 25. 선고 2015고정646 판결)이다.

피고인은 전국동시지방선거의 특정 시장 후보자의 SNS 팀장인데 경쟁

1006) 이 점에서 정권 교체에 민감한 언론사에서 사장이 바뀐 후 이에 대한 불만을 표출하기 위해 ".. 사장으로 바뀌더니 적화 다 되어 부렀노?"라는 글을 기자 채용 시험 등과 전혀 관련이 없는 인터넷 게시판에 올리면서 기자 채용 시험문제 3문항을 올린 것에 대해 저작권법위반죄로 기소한 사건에서, 법원이 피고인의 공정이용 주장을 받아들여 무죄를 선고한 판결(서울중앙지방법원 2020. 5. 29. 선고 2019노2573 판결, 1심: 서울중앙지방법원 2019. 8. 14. 선고 2018고정2866 판결)은 본 저자가 지적한 공정이용이라는 재량을 법원이 적절히 활용한 사례라고 생각한다.

후보(현 시장)가 그를 지지하는 카페 회원들과 모임을 하는 모습을 담은 사진 6장을 사진 촬영자인 저작권자의 허락 없이 자신이 속한 선거 캠프의 공식 블로그에 "경쟁 후보, '사이버 비방·욕설 부대운영' 의혹"이라는 제목의 게시글 내용 중간에 업로드 하는 방법으로 전시하여 사진 저작권자의 저작재산권을 침해했다는 이유로 기소됐다(형사 약식명령 청구, 후에 정식재판 회부). 이에 피고인은 피고인의 저작물 이용행위가 저작권법 제35조의3 제1항에 따른 저작물의 공정한 이용에 해당하므로 저작권침해가 아니라고 주장했으나, 법원은 공정이용에 해당하지 않는다고 보아 저작권침해의 유죄판결을 선고했다.

먼저 이 사건에서 법원은 '정보통신망 이용촉진 및 정보보호 등에 관한 법률'(정보통신망법) 제70조 제2항의 명예훼손을 인정하여 유죄판결을 선고했는데, 그와 별개로 기소한 저작권법위반에 대해 법원이 유죄를 인정했다. 선거 운동 과정에서 경쟁자 간 치열하게 법적 공방을 하는 것은 드물지 않은데, 공격 수단으로 저작권침해와 방어 수단으로 공정이용이 동원됐다는 점에서 눈길을 끈 사건이다.

논리적으로만 보면, 저작물로 보호되는 사진을 사진 저작권자의 허락을 받지 않고 이용한 것은 저작재산권 침해가 될 수 있다. [최근 한국에서 일어나는 분쟁으로서 과거에는 해당 분야의 자치 규범으로 처리되던 것이 법원으로 쇄도하는 현상이 있다. 이를 사법화(司法化, judicialization)의 관점에서 볼 수 있는데, 문화 및 예술에 관한 저작권분쟁도 이에 포함될 수 있다. 이에 대한 논의는 후속 논문에 담기로 하고,[1007] 다만 정치적 목적을 위해 수단으로 제기된 저작권침해 사건이 사법심사의 대상이 되었을 때 법원으로

[1007] 본 저자는 '정치의 사법화', '문학과 예술의 사법화', '대학과 학문의 사법화', '종교의 사법화', '교육의 사법화' 등 헌법에서 자율과 자치를 보장하거나 본래 국가권력이 들어갈 수 없는 자율적 영역의 갈등과 분쟁이 사법 판단의 대상이 되는 사법화 현상을 분석하고 비판하는 저술을 준비 중이다.

서는 그 판단을 피하기 어렵다는 점만은 지적해 둔다.[1008] 그리하여 저작권 침해 여부 판단의 장(場)이 열린 가운데 피고인으로서는 그 혐의를 벗어나기 위해 그 틀 안에서 공정이용 주장을 했을 터이다. 그런데 법원이 공정이용에 해당하지 않는다고 본 이유는 한 편의 소극(笑劇)에 가깝다.

> "이 사건 저작물 이용 경위와 목적, 이용 방법 등에 비추어 위 법조 소정의 저작권의 공정한 이용에 해당한다고 보기 어렵고, 피고인이 이 사건 저작물을 상업 목적에 이용한 것이 아니라고 하여도 마찬가지이다."

첫째, 이를 두고 제35조의3(구법) 제2항의 네 가지 요소를 분석한 후 내린 결론이라 할 수 있을까? 오죽하면 피고인은 저작물 이용에 '상업적 목적'이 없음을 강변했을까 싶은데, 법원은 친절하게도 상업 목적 이용을 불문하고 결론이 달라지지 않는다는 이유를 달았다. 치열한 선거전 가운데 경쟁 후보를 비방할 목적으로 상대방 측 사진을 가져다 쓴 것에 무슨 상업(영리) 목적 여부를 따지고 말 것이 있을까? 비방 목적과 명예훼손이 인정되는지에 따라 유죄 또는 무죄 판결을 내리면 되는 것이지, 그 행위의 수단이 된 사진 이용에 대해 별도의 저작권침해 또는 공정이용 해당 여부를 논의한다는 것 자체가 참으로 개탄스러울 뿐이다.

둘째, 다른 죄목으로 유죄가 되는 것과 별도로 이 건의 경우 공정이용으로 보지 않은 것에는 동의하기 힘들다. 비록 가정적 설시라고 해도 법원은 피고인의 사진 이용이 비영리적 목적임을 인정했다. 그런데 그 이용 목적에 비방 목적이 들어 있고 그에 따라 정보통신망법에 위반된다고 했을 때, 공정이용 고려 요소 중 이용 목적(제35조의3 제2항 제1호)에 비추어 공정이용

1008) 조심스럽게 본 저자는 위 사건에서 저작권법위반의 점은 애초 기소 단계에서 빠졌어야 하고, 공직선거법위반 또는 위 사건에서 유죄로 인정한 정보통신망법위반 등으로 기소했어도 충분하지 않나 하는 생각이 든다.

이 아니라고 단정할 수 있을까? 여기에서 공정이용의 '이용 목적'은 반드시 합법적이어야 하는가 하는 문제가 떠오른다.[1009]

공정이용 성립 여부 판단에서 이용 목적에 합법성을 요건으로 하지 않는다면, 위 사건은 이른바 '광어회 사진 판결'[1010]과 다를 바 없다. 채식을 장려하는 비영리단체에서 구글 검색을 통해 광어회 섬네일 사진을 가져다 쓴 것에 대해 저작권침해 손해배상소송이 제기됐는데, 법원은 피고의 공정이용 항변을 받아들여 원고 청구를 기각했다.

"피고가 이 사건 사진을 이용한 목적 및 성격이 영리적이라고 보기 어려운 점, 이 사건 사진이 피고의 게시물 전체에서 차지하는 비중 및 중요성이 크지 아니한 점, 피고가 이 사건 사진을 이용한 것이 이 사건 사진의 관련 시장 및 가치에 큰 영향을 미쳤다고 보기는 어려운 점 그 밖에 이 사건 사진의 크기 및 형식 등을 종합하여 보면, 피고의 이 사건 사진 이용은 피고가 비평 활동을 함에 있어 저작물의 통상적인 이용 방법과 충돌하지 아니하고 저작자의 정당한 이익을 부당하게 해치지 아니하는 경우로서 저작권법 제35조의3이 정한 저작물의 공정한 이용에 해당한다고 봄이 상당하다."

위 '지방자치단체장 선거 판결'과 '광어회 사진 판결'은 사진 저작권자의 허락 없이 임의로 사용했다는 점에서 동일한데, 다만 그 사진의 대상이 사람과 광어회로 차이가 있고, 이용 목적이 비방 목적과 광고 목적에서 다를 뿐이다. 그런데 저작권법 측면에서 보면 공정이용에서 그 차이가 공정이용의 성립 여부를 좌우할 만한 것은 아니라고 생각한다. 초상권·퍼블리시티권 침해, 명예훼손 또는 정보통신망법 위반, 공직선거법 위반 등의 책임은 별론

1009) 공정이용과 이용 목적의 합법성, good faith에 대해서는 뒤에서 상술한다[V.2.다.(4)(나) 이용과 컴플라이언스].
1010) 서울서부지방법원 2015. 11. 26. 선고 2015나33407 판결(원심판결: 동 2015. 6. 25. 선고 2015가소308746 판결). 원심에서 원고의 청구를 기각했고 원고의 항소 역시 기각되어 확정됐다.

으로 하고 저작권법상 공정이용 성립에서 차이를 둘 것은 아니다.

(나) 방송 인용 보도

위 '지방자치단체장 선거 판결'은 특정 지자체에 관한 것으로서 전국적인 정치 쟁점이 아니다. 그런데 지금 소개할 사건은 한국의 정치 상황에서 극한적인 대립으로 치달은 적이 있었던 것으로서 사실상 정치영역의 갈등이 저작권분쟁으로 옮겨 간 건이다.

이른바 '통일 토크 동영상 판결'(서울고등법원 2017. 1. 26. 선고 2016나2018997 판결)에서 원고 주권방송은 반미·종북 성향의 유튜브 방송을 하는 인터넷 언론사이고, 피고 방송사들은 주식회사 조선방송, 채널에이, 매일방송, 문화방송 등 널리 알려진 종합편성채널 및 지상파 방송사들이다. 원고는 자신이 프로그램을 기획·제작하고 소외 재미교포가 진행한 영상물 등 20개의 일부를 피고 방송사들이 무단 사용한 것에 대해 저작권침해에 따른 손해배상청구를 했는데, 법원은 일부에 대해 공정이용을 인정하고 나머지 부분에 대해서는 저작재산권 침해를 인정했다.

또 다른 건은 조국 교수와 관련된 사건인데, 이른바 '사모펀드 유튜브 판결'(대구지방법원 2021. 6. 3. 선고 2020나322266 판결)[1011]이다. 원고는 인터넷방송사이고 피고는 주식회사 채널에이(종편 방송사)이다. 원고는 참여연대 소속 회계사를 초청해 사모펀드 의혹의 문제점을 지적하는 인터뷰 영상을 제작해 방송했는데, 피고 방송사가 이를 무단으로 사용했다는 이유로 저작재산권 침해에 따른 손해배상을 구한 사건에서 법원은 공정이용을 인정하여 원고의 청구를 기각했다. 공정이용 항변을 인정하여 저작권침해가

[1011] 1심은 소액 사건(청구금액 150만 원)으로 대구지방법원 서부지원 2020. 10. 14. 선고 2019가소332618 판결(이유 미기재)이고 상고심은 대법원 2021. 9. 9. 선고 2021다241700 판결인데, 소액사건심판법 제3조에서 정한 사유가 없다고 보아 본안 판단에 관한 이유 기재 없이 상고를 기각했다.

아니라고 한 '사모펀드 유튜브 판결'과 일부이지만 공정이용 항변을 배척하여 저작권침해를 인정한 '통일 토크 동영상 판결'은 어떤 차이가 있었을까?

먼저 원고는 두 사건 공히 유튜브로 방송하는 인터넷방송사이고, 피고는 일반에 널리 알려진 지상파 또는 종편 방송사이다. 피고는 지상파든 종편이든 상관없이 대형 방송회사라는 점에서 인터넷방송사인 원고와 차별된다. 그런데 피고들 간에 공정이용 인정에서 다른 결론을 낼만큼 어떤 차이가 있었는지 살펴본다.

'통일 토크 동영상 판결'에서 공정이용 항변을 기각한 이유는 다음과 같다.

> 피고들 각 영상물(이하 '침해영상물'이라고 한다)은 위 규정이 정한 '저작물의 공정한 이용'에 해당한다고 평가하기는 어렵고, 달리 이를 인정할 증거가 없다. 따라서 피고들의 이 부분 항변은 받아들일 수 없다.
> ① 침해영상물은 기본적으로 보도 또는 비평을 위해 제작된 것이기는 하나, 피고들은 침해영상물과 관련하여 광고료를 받거나 이를 다른 방송사에 유료로 판매할 수 있어서, 원고 각 영상물의 이용은 영리적 상업적인 이용으로서의 성격을 가진다.
> ② 앞서 본 것과 같이, 침해영상물의 경우 원고 각 영상물을 인용한 정도가 정당한 범위를 넘어서거나 그 인용의 방법이 우리 사회에 형성되어 정당한 관행에 합치하지 않는다.
> ③ 침해영상물의 제작 시 원고 각 영상물이 그 안에 삽입되는 형태로 이루어졌고 침해영상물은 공중에 방송되었기 때문에, 피고들의 원고 각 영상물에 관한 저작권침해의 파급력이 상당하다.

여기에서 위 ①,②,③을 '사모펀드 유튜브 판결' 사안에 적용해 보면 결론을 달리할 정도로 유의미한 차이가 있을지 의문이다. '사모펀드 유튜브 판결'에서 공정이용 항변을 받아들인 이유는 다음과 같다.

> 다음의 각 사정들을 종합하면, 피고가 이 사건 영상을 뉴스프로그램 등에 사

용한 것은 저작권법 제35조의5에서 규정한 바에 따른 공정한 사용이라고 할 것이므로, 원고의 이 사건 청구는 이유 없다.

가. 원고의 영상이 방영될 무렵, 검찰이 법무부장관 후보자로 임명된 조국과 그의 일가의 각종 비리를 조사하던 상황이었고, 국민들이 조국 일가의 비리 여부와 그 내용에 관하여 전국민적인 관심을 가지고 있으면서, 조국을 지지하는 입장과 반대하는 입장이 첨예하게 대립하던 중이었다.

그런데, 참여연대 소속의 ooo 회계사가 조국 일가의 사모펀드 의혹의 문제점을 지적하는 내용의 인터뷰를 하는 이 사건 영상이 유튜브에 업로드되었고, ooo 회계사는 참여연대 소속이라는 점에서 그의 말은 공신력이 높아 국민들의 알 권리를 충족하기 위하여 보도할 가치가 높은 내용이었다.

나. 원고 영상의 분량은 2시간 23분 8초인데, 이 사건 영상의 분량은 2019. 10. 8. 뉴스에이 영상은 5문장 27초 분량, 2019. 10. 9. 돌직구쇼 5문장 27초 분량, 2019. 10. 21. 뉴스 1문장 7초 분량이었기 때문에 원고 영상 중에서 극히 일부만 인용되었다.

다. 원고 영상은 ooo 회계사가 조국 일가의 비리를 상세하게 분석하는 내용임에 비하여, 이 사건 영상이 포함된 피고의 프로그램들의 보도취지는 『참여연대 소속의 ooo 회계사가 조국 일가의 사모펀드 운영의 문제점을 고발했다』는 것에 중점을 두고 있어서, 이 사건 영상을 본 시청자들이 ooo 회계사의 자세한 분석내용을 알기 위하여는 결국 유튜브에서 원고 영상을 검색하여 시청하여야 하므로, 원고 영상의 시장 가치를 훼손하거나 대체하지 않았고, 오히려 이 사건 영상은 원고 영상을 광고하는 역할을 한 것으로 볼 여지가 많다.

라. 을가 제9호증의 1 내지 4의 각 기재 및 영상, 을 제20호증의 영상에 의하면, 각 언론사는 다른 언론사에서 보도 내지는 방영이 된 저작물의 화면, 음성, 동영상을 일부씩 발췌하여 사용하는 관행이 있다고 보이고, 이 사건 영상도 그러한 관행에 크게 어긋나는 방법으로 사용되었다고 보기 어렵다.

결국 위 두 사건 공히 공정이용을 저해하는 요소로서, (ⅰ) 피고 방송사들은 침해 영상을 통해 광고료를 받거나 이를 다른 방송사에 유료로 판매할 수 있다는 점에서 이용 목적에 영리성이 있다는 점, (ⅱ) 원고들은 피고들과는 비교되지 않을 정도로 영세한 인터넷방송사로서 피고들의 방영으로 원고들 방송이 가려질 가능성이 크다는 점이 있다.1012) 한편, 공정이용을 지지할 만한 요소로서, (ⅰ) 보도 가치가 높은 사회적 쟁점이었다는 점,1013) (ⅱ) 국민적 갈등이 있는 쟁점이라는 점을 들 수 있다.

양 사건 결론의 차이에 타당성이 있다고 이해하려면, 결국 제3 요소, 즉 '이용된 부분이 저작물 전체에서 차지하는 비중과 그 중요성'이라 할 것이다(위 ②와 '나'의 비교). 후자 사건에서는 2시간이 넘는 영상물(원고)에서 피고가 가져다 쓴 것이 30초를 넘지 않은 데 반해, 전자 사건에서는 원고 영상물이 20개여서 단순 비교하기 어려우나, 대체로 1분 이상 사용한 것이 드물다. 그런데 전자 사건에서 30초 이내로 가져다 쓴 경우에도 피고의 공정이용 주장을 배척하고 저작권침해를 인정한 것이 상당수 있다는 점이 눈에 띈다.

'통일 토크 동영상 판결' 또는 '사모펀드 유튜브 판결'에서 이용된 부분이 30초 이내임에도 불구하고(물론 원고 영상물에서 차지하는 비중은 전자 사건에서 원고 영상물이 20개나 되어 단순 비교가 어렵지만), 전자의 경우 피고의 공정이용 주장을 배척한 경우가 있는가 하면 후자의 경우 공정이용 주장을 인용하고 있는데, 그 차이를 가져온 이유가 무엇일까? 후자의 사건에서 다루어진 뉴스(조국 교수 사건) 가치가 더 높아서일까? 두 사건은 모두 저작물 이용자인 피고가 원고에 비해 대형 방송사이고, 원고에 비해 보수적

1012) 이 점에서 빅테크의 저작물 무단 이용을 '변형적 이용 이론'으로 포장해 공정이용이라고 본 미국 판결(Oracle 판결 등)에 비하면, 한국 판결('통일 토크 동영상 판결')에서 대형 지상파 및 종편 방송사가 영세한 인터넷방송사의 영상물을 무단 이용한 것에 대해, 일부이지만 저작권침해를 인정한 것은 의미가 있다고 평가할 수 있다.
1013) 물론 객관적으로 볼 때, '사모펀드 유튜브 판결'이 '통일 토크 동영상 판결'에 비해 훨씬 사회적 관심이 더 컸다고 할 수 있지만, 두 사건 모두 한때 전국적 규모의 화제가 됐다는 점은 같다.

성향의 방송사인 것은 분명한 사실이다. 만약 반대의 경우, 즉 한국 상황에서 대형 보수 방송사의 방송영상물을 진보 성향의 소형 인터넷방송사가 무단 이용했어도 법원은 위 두 사건에서처럼 뉴스 가치가 높다면 공정이용을 인정했을까? 법원판결에 일관성이 있다면 위 두 판결은 나무랄 것이 없다. 그런데 그렇지 않다면, 즉 일관성을 지키지 않았다면 비판받을 수 있을 것이다.

방송영상물은 사진 또는 사진캡처와 다르다. 그런데 정치적 견해의 이동(異同)에 따라 방송영상물의 이용허락 여부 및 법원의 공정이용 판단이 달라진다면, 이는 언론사 간 선행 보도물의 인용 과정에서 극도의 법적 불안정을 초래할 수 있다. 이는 건전한 인용과 비판(비평) 문화의 실종으로 이어져 저작권법의 추구하는 입법 목적에 반하게 된다.

이념 성향 방송물의 경우 이용자를 골라서 이용 허락한다면, 저작권법상 공정이용 제도가 설 땅이 없게 된다. 공정이용 조항은 기본적으로 저작자의 허락 없는 경우를 전제로 한다. 이용의 객관적 성격 자체로 공정이용 여부를 판단해야지 저작권자의 의사, 저작권자와의 친소관계, 저작권자와의 이념 성향의 동질성 여부로 결론이 달라지는 것은 타당하지 않다.

이는 언론사 간 인용 보도의 문제로서 언론학자들의 논의가 필요한 부분인데, 저작권과 공정이용 측면에서 보면, 공정이용 성립에 관한 판단은 저작권법 제35조의5 제2항의 네 가지 고려 요소를 객관적으로 평가하는 데서 출발해야 한다고 생각한다. 그 외에 정치, 종교, 문화, 기타 성향 등 가치를 배제한 객관성·중립성이 담보되어야 한다. 가져다 쓰는 과정에서 원본 영상물 또는 원본 영상물을 방송하는 방송사와 다른 견해를 취한다고 해서 공정이용 판단을 달리해서는 안 된다. 다만, 인용 과정에서 왜곡 편집이 있다면 그와 관련해 방송법위반, 민사 및 형사상 명예훼손 책임 등을 묻거나 그 밖에 보도·언론 윤리위반의 책임을 물어야지, 원천적으로 이용을 불가능하게 함으로써, 즉 공정이용 주장을 배척함으로써 저작권침해 책임을 물을 일은 아니라고 생각한다. 여기에서도 공정이용은 보도윤리가 순기능을 하도록 만드는 숨통이 될 수 있다. 물론 인용보도 과정에서 정당한 범위를 벗어나는 과도한 이용은 공정이용이 될 수 없다.

(3) 종교적 표현의 자유 관련

특정 종교 안에서 종교적 신념의 차이로 갈등이 생기거나 특정 종교 및 종교 지도자에 대한 비판을 무마하는 과정에서 갈등이 발생하는 것은 동서고금을 막론하고 드문 일이 아니다. 이런 갈등을 종교 내부에서 해소하지 않고 법의 힘을 빌려 해결하려고 할 때, 종교의 자유 또는 국교 금지의 원칙에 관한 기본권과의 충돌이 불가피하게 된다.1014) 우회 수단으로 저작권이 활용되기도 하는데, 여기서는 저작권침해 소송과 공정이용 주장이 종교적 표현의 자유와 관련하여 어떻게 다루어지고 있는지 살펴본다.

이른바 '목사 사진 판결'이다.1015) 원고는 다큐멘터리 전문 사진작가이고 피고는 신문을 발행 판매하는 언론사이다. 소외 목사의 부탁을 받아 원고가 촬영한 사진을 소외 목사가 피고 신문사에 기사 작성을 위해 제공했다. 그런데 기사 내용이 소외 목사에 대해 비판적이었다. 판결 중에 소외 목사와 원고 사이에 어떤 논의가 있었는지 나타나 있지 않아 정확히 알 수 없으나, 원고가 사진 저작권자로서 피고 신문사의 무단 사용을 문제 삼아 저작권침해를 이유로 손해배상청구를 한 사안이다. 피고 신문사는 저작권법 제28조, 제35조의3에 따른 정당한 사용이라고 주장하였는데, 법원은 다음과 같은 이유로 피고의 주장을 배척했다.

1014) 미국에서 종교의 자유와 저작권이 충돌한 사례에 대해서는 본 저자의 다음 논문 참조. 남형두, 전게논문(주 966), 278-286면.
1015) 서울남부지방법원 2019. 1. 11. 선고 2018나57023 판결('목사 사진 판결').

"피고가 ① 내지 ④사진을 원고의 동의 없이 사용하면서 게재한 기사의 주된 내용은 국민의 알권리 보장이나 공공의 이익보다는 I목사의 S에 대한 태도 등을 비판하는 피고의 입장을 그대로 대변하는 내용이다. 피고의 I목사에 대한 비판적인 논조를 뒷받침하기 위한 증거로 사진이 사용된 이상 그 비중이 결코 적지 아니하고, 피고가 신문판매를 통한 이윤추구나 인터넷 B언론의 광고수익을 얻는 상법상 회사로서 ① 내지 ④사진을 사용하는 것은 영리의 목적이 있었다고 봄이 상당하므로, 피고가 정당한 범위 안에서 공정한 관행에 합치되게 공표된 저작물을 인용하였다고 인정하기 어렵다"

판시 중 "비판적 논조를 뒷받침하기 위해 사용했다는 점"을 공정이용 주장을 배척하는 사유로 삼은 것은 납득하기 어렵다. 보도와 비평이라는 언론의 속성상 언론사의 공정이용 주장에 대한 타당성을 검토할 때 그 보도의 <u>내용 여하를 고려</u>한다는 것은 자칫 헌법이 금지하는 언론에 대한 검열이자 표현의 자유 억압으로서 저작권법 제28조와 제35조의5의 본령에도 맞지 않는다. 제28조에 '보도·비평'이 들어 있을 뿐 아니라, 공정이용 조항이 신설되었던 2011년 저작권법에도 '보도·비평·교육·연구 등을 위하여'라는 문구가 있었던 점을 감안하면,[1016] 공정이용에서 원작에 대한 비평 — 비평이란 그 자체로 원작에 대한 단순한 찬사만 있는 것은 아니고 오히려 비판적이고, 때로는 부정적인 내용을 담는 경우가 많다 — 은 결코 공정이용 성립을 배척하는 사유가 될 수 없다.

한편, 위와 반대로 특정 종교의 교리 이념을 형상화하여 효과적으로 전파하기 위한 목적으로 창작된 원고의 그림을 피고가 허락을 받지 않고 위 교리에 반대하는 사람들을 주된 구성원으로 하는 인터넷 카페에 "지옥에도 휴

[1016] 2016년 개정에서 이 부분을 삭제한 것은 '보도·비평·교육·연구 등'의 목적을 공정이용에서 인정하지 않겠다는 것이 아니라, 오히려 공정이용의 목적을 위와 같은 사유에 제한하지 않고 폭넓게 고려하겠다는 것으로 보는 해석이 합리적이다. 이해완, 전게서(주 956), 495면도 같은 취지.

거 탑이 있는가"라는 비판적 문구를 그 상단에 배치하여 원고의 그림을 게시한 사건1017)에서, 피고의 행위가 원고의 당초 창작 및 공표 의도에 부합하지 않은 측면이 있음을 인정하면서도 공정이용(제35조의5)에 요건을 갖추었다고 보아 공정이용을 인정한 것은 오히려 타당하다고 생각한다.

그 밖에도 한국 공정이용 관련 판결 중 종교와 관련된 사건이 적지 않은데,1018) 한국 공정이용 관련 판결의 특징 중 하나이다. 이는 종교의 자유, 사상의 자유 등 표현의 자유와 관련된다는 점에서 공정이용의 4가지 요소를 고려하는 것이 사건의 본질이라기보다는 수단이란 점을 지적하지 않을 수 없다.

(4) 문화예술 표현의 자유 관련

(가) 누드 패러디 판결

창작의 자유 또는 문화예술 표현의 자유 영역에서 저작권을 수단으로 그 표현을 금지하려고 하는 쪽과 공정이용으로 맞서는 쪽이 충돌하는 저작권 침해 사건을 소개한다('누드 패러디 판결').1019)

피고인은 유명 패션디자이너 공소외 ㅇㅇㅇ의 노동착취를 고발할 의도로 '2014 패션노조 연말시상식'이란 형식으로 ㅇㅇㅇ을 '올해의 청년착취대상 수상자'로 선정했다는 내용의 포스터를 제작했다. 이 포스터에 들어간 ㅇㅇㅇ의 사진(이하 원작 사진)1020)은 사진작가 이 모씨(피해자)가 ㅇㅇㅇ의 퍼포먼스를

1017) 수원지방법원 2021. 6. 17. 선고 2019나2718 판결('종교 웹페이지 판결').
1018) 대전지방법원 2019. 6. 20. 선고 2018노3461 판결['명리학 판결', 대법원 2019. 9. 10. 선고 2019도9955 판결(상고기각 확정)].
1019) 1심(서울남부지방법원 2016. 6. 3. 선고 2016고정615 판결)에서 벌금 2백만 원이 선고됐고, 항소심(서울남부지방법원 2017. 4. 13. 선고 2016노1019 판결)과 상고심(대법원 2020. 6. 25. 선고 2017도5797 판결)에서 1심 판결이 그대로 유지되어 확정됐다. 공정이용에 관한 의미 있는 이유는 항소심에 나와 있어 이하 항소심 판결을 토대로 논의한다.

촬영한 것이었다.1021) 피고인의 저작권법위반 혐의는 자신의 페이스북 게시판에 피해자(사진작가)가 저작권을 갖는 원작 사진을 피해자 동의 없이 복제, 게시하여 피해자의 저작재산권을 침해하고 저작인격권을 침해하여 피해자의 명예를 훼손했다는 것이었다.

　법원은 저작권침해를 인정하고 공정이용(제35조의3)에 해당하지 않는다고 보았는데, 이유 중에 조금 더 생각해 볼 점이 있다. 첫째, 원작 사진은 디자이너 ooo의 옷이 아닌 인간 ooo을 적나라하게 드러낸다는 취지에서 ooo의 나체를 진지하게 담아낸 작품인 반면, 피고인은 ooo을 조롱하고 비하하기 위하여 포스터에 원작 사진(ooo의 누드 사진)을 복제하였는데, 피고인이 주장하는 ooo의 노동착취 현실을 고발하기 위한 목적은 ooo의 통상적인 프로필 사진을 게재하는 것으로도 충분히 전달할 수 있었을 것으로 보인다고 했다. 그런데 이 부분 판시는 법원이 원작을 비틀고 비평하는 패러디의 속성을 제대로 파악하지 못하고 있음을 드러내고 있다. ooo 자신을 디자이너의 옷이 아닌 누드로 적나라하게 드러낸다는 취지의 원작 사진이야말로 피고인으로서는 유명 디자이너 실에서 청년들의 패션을 향한 열정을 이용해 노동력을 착취한다는 그 디자이너의 이면(실체)을 고발하기에 최적의 사진이라고 생각할 수 있었기 때문이다(물론 그 고발 내용의 진위에 따라 피고인이 허위 사실에 의한 명예훼손 책임을 지는 것은 별론으로 한다). 또한 원작 사진이 인사하는 장면으로 보인다는 점에서 수상자 사진으로 적합해 선택했을 수도 있다. 이런 이유에서 원작 사진을 이용해 사진 속 주인공을

1020) 원작 사진 1 <나를 입다>, 사진 2 <표출>, 이엽 '입는 예술, 벗는 예술 — 이상봉 누드' 展. 오픈넷, "엄숙주의 유감: 패션노조 패러디 포스터 사건", Slow News 2020. 8. 10.자 기사, https://slownews.kr/77331 (2024. 12. 30. 방문).

1021) 정민경, "'열정페이' 대명사 이상봉 사진 사용 저작권법 위반이라니", 미디어오늘 2016. 6. 13.자 기사, https://www.mediatoday.co.kr/news/articleView.html?idxno=130462 (2024. 12. 30. 방문); 정경석, "저작권 침해와 표현의 자유 '비방을 위해 저작물을 어디까지 사용할 수 있나?'", 저작권문화 제317호, 2021. 1., 28면.

비판한 것은 패러디스트의 기발한 아이디어라고 할 것이다. 그런데 법원은 그런 목적이라면 프로필 사진을 쓰면 되지 않느냐고 하여 패러디의 방식까지 친절하게 제시하고 있는데, 법원이 패러디와 같은 문화예술 영역을 계도할 권한까지 부여받은 것인지 의문이 든다.1022)

둘째, 포스터에서 원작 사진이 차지하는 비중이 상당하다는 점을 공정이용 성립의 저해 요소로 삼았다. 그런데 Campbell 판결에서 보는 바와 같이 패러디를 위해 원작의 전부를 사용해야 하는 경우가 있으며, 이용의 목적 및 맥락에 따라 저작물 전부를 사용한 것이 반드시 공정이용을 배척하는 이유가 되는 것은 아니라는 점에서 부적절하다.

셋째, 원작 사진의 출처를 명시했는지는 공정이용 판단 시 중요한 고려 사항인데 그렇게 하지 않은 점을 지적한 부분은 수긍할 수 있다. 여기에서 초상권 또는 퍼블리시티권의 공정이용과 사진저작물의 공정이용을 구별해야 한다. 이 사건 쟁점은 아니었지만, 전자의 경우 사진 속 주인공이 ooo이라는 일종의 '출처'를 밝히지 않아도 된다. 패션디자인계에서 상당히 알려진 인물이기 때문이다. 그런데 후자의 경우 사진작가는 그 정도로 널리 알려진 인물이 아니므로 그의 사진전을 출처로 밝히지 않은 것은 제37조(출처표시의무) 위반이 될 수 있고, 이를 지적한 판시는 타당하다.

정리하면, 법원은 패러디에 대해 지나치게 그 성립요건을 좁게 봄으로써 과도한 엄숙주의를 낳고 있다. 풍자와 비평은 문화계의 소통을 원활하게 하는 중요한 밑거름이 될 수 있는데, 법원이 마치 창작자들의 후견인으로 자처한 모양새를 형성했다는 점에서 비판받을 수 있다고 생각한다. 물론 위 사건에서 ooo에 대한 비평이 허위 사실에 기반한 것이거나, 풍자를 넘어 심각한 조롱으로서 ooo에 대한 명예훼손이 된다면 그에 따른 처벌 또는 법적

1022) 이 점에서 예술 영역에서 예술의 고하에 관해 사법 자제를 선언한 미국 연방대법원의 홈즈(Oliver Wendell Holmes, Jr.) 대법관의 견해는 선견지명이라고 하지 않을 수 없다. 주 204, 205 본문 참조.

책임을 묻는 것은 별도로 논의할 수 있을 것이다.

⑷ 패러디와 풍자 — Warhol 판결 비교

'누드 패러디 판결'은 미국의 Warhol 판결과 아주 유사하다. 먼저 두 사건은 구도가 매우 비슷한데, 사진작가(Goldsmith, 이 모 작가)와 사진의 이용자(Warhol, 포스터 제작자) 간 저작권분쟁이며, 사진 속의 모델(가수 Prince, 유명 디자이너 ooo)은 제3자일 뿐, 재판 당사자가 아니다.[1023] 패러디(parody)와 풍자(satire), 직접 패러디와 매개 패러디, 저작권과 퍼블리시티권 등의 쟁점을 공유한 두 사건은 궁극적으로는 '표현의 자유'로 저작권을 제한할 때 그 기준을 어떻게 설정할 것인지와 관련해 앞으로도 유사 사건이 발생할 가능성이 충분하다는 점에서 비교 분석할 필요가 있다.

① 추가 공통 쟁점

판결에서 쟁점이 되지는 않았지만 두 가지 추가 논의가 가능하다.

첫째, '매개 패러디' 문제이다. '이재수 패러디 판결'[1024]에서 법원은 직접 패러디 외 매개 패러디는 인정하지 않는다는 판결을 선고한 바 있다. 그 판결이 선례로서 후속 사건을 구속하는 것은 아니지만, 위 '누드 패러디 판결'도 저작물(원작 사진) 자체를 비평하는 것이 아니라, 사진 속 주인공인 ooo의 청년 노동착취 사실을 비판하기 위해 원작 사진을 매개로 사용한 것이란 점에서 매개 패러디 범주에 들어간다고 할 수 있다. 물론 패러디라는 표현

[1023] 익명 처리된 한국 판결은 사안 파악에 어려움을 가중하는데, 특히 저작권분쟁에서 당사자 및 저작물의 실명 공개는 논의에 크게 도움이 된다는 점에서 아쉬움이 있다. 한편, Warhol 판결의 적극 당사자로서 원고는 사진 이용자(Warhol 재단)이었는데, 이는 분쟁이 발생하자 Warhol 재단이 먼저 공정이용에 해당한다는 선언판결(declaratory judgment)을 청구했기 때문이다. Warhol 판결(주 37), 534면 중 주 9 참조.

[1024] 주 293.

의 자유를 지나치게 좁게 제한하고 있다는 점에서 '이재수 패러디 판결'이 반드시 타당하다고 볼 수는 없다.

둘째, 피고인이 패러디로써 비평하고자 한 대상은 디자이너 ooo일 뿐 원작 사진(저작물) 또는 그 사진작가는 아니다. 그 점에서 피고인의 패러디(공정이용) 주장은 사진작가의 저작권에 대해서는 성립할 수 없고(위 첫째 매개 패러디 논의의 연장선임), ooo의 초상권 또는 퍼블리시티권에 대해 성립할 수 있을 뿐이다.1025)

② 가정적 논의 ― 퍼블리시티권 쟁점

양 사건에서 당사자가 아니어서 재판의 쟁점이 되지는 않았지만, 가정적으로 사진 속 모델이 원고로서 퍼블리시티권 침해를 원인으로1026) 손해배상 또는 사진 이용금지 청구를 했다면(아래 '가정적 사례') 그 재판에서 사진 이용자는 공정이용 항변을 할 수 있을 것이다. 한국에서는 퍼블리시티권 인정에 관한 논의가 아직 확립되지 않은 상태이므로 공정이용 단계까지 논의하기는 어려우나, 통상 미국 퍼블리시티권 재판에서 피고의 단골 항변 중 하나로 저작권침해 재판에서와 같은 공정이용이 있다.1027) 만약 이런 가정적 사례에서 Warhol 또는 포스터 제작자(피고인)가 각기 유명인인 가수 Prince와 디자이너 ooo를 비판할 목적으로 패러디했다고 하면, '변형적 이용이론'에 의해 공정이용이 성립하여 퍼블리시티권 침해 책임에서 벗어날 가능성이 있을까?

1025) 이상의 논의는 Warhol 판결(주 37)의 법정의견과 반대의견 사이의 논란에서도 엿볼 수 있다. 위 II.3.다.(3) '(대) 의미론적 변형을 공정이용으로 인정한다면 그로써 희생되는 이익은?' 부분 참조.
1026) '누드 패러디 판결'에서는 모델이 원고라는 가정하에 청구원인으로 초상권침해 또는 명예훼손에 따른 불법행위도 생각해 볼 수 있으나, 여기에서는 공정이용 항변 논의를 위해 생략하기로 한다.
1027) 주 295.

사실 여기에서 두 가정적 사례는 미묘한 차이가 있다. '누드 패러디 판결'에서 비판의 대상은 모델(디자이너) ooo 그 자체인 데 반해, 'Warhol 판결'에서 비판의 대상은 Prince라는 인간 자체가 아니라 '미국의 비인간화된 셀럽 문화(dehumanizing culture of celebrity)'이기 때문이다.1028) Warhol 판결(법정의견)은 비평의 대상(타겟)이 원작 자체인 패러디(parody)와 원작은 단지 수단(매개)일 뿐 사회(society)를 비평의 대상으로 삼는 풍자(satire)를 구별하여, 후자, 즉 원작에 대한 비평적 요소가 없는 풍자의 경우 공정이용이 성립하기 위해서 별도의 정당화 요소가 있어야 한다고 했다.1029) Warhol 판결에 따르면, 위 '누드 패러디 판결'의 가정적 사례는 모델 ooo을 직접 비평한다는 점에서 공정이용(패러디)이 성립하기 쉽고, Warhol 판결의 가정적 사례는 Prince를 직접적 비평 대상으로 하지 않는다는 점에서 공정이용(풍자)이 상대적으로 인정되기 어려울 것이다. 그런데, (ⅰ) Prince는 '누드 패러디 판결'의 모델과 비교할 때, 각 나라(미국과 한국) 안에서 훨씬 더 유명하고 중요한 인물이라는 점에서 예술가(Warhol 등)의 '표현의 자유'의 대상이 될 가능성이 더 크고, (ⅱ) 예술가의 이용으로 Prince의 가수 활동 등에 경제적으로 악영향을 끼칠 가능성(제4 요소)이 거의 없다는 점에서 직접 패러디는 아닐지라도 — 대상인 Prince에 대한 비평적 요소가 없을지라도 — 그 자체로 공정이용의 독립적인 정당화 요소가 있다고 할 것이다. 결국 퍼블리시티권과 관련한 공정이용 쟁점의 위 두 가정적 사례는 모두 공정이용이 성립할 가능성이 크다.

③ 공익과 사익의 형량

위 가정적 사례가 아닌 현실의 재판에서 보면, 각 재판에서 변형적 이용

1028) Warhol 판결(주 37), 566면.
1029) 위 판결, 542, 546-547면. 이 부분 Warhol 판결에 대한 정확한 이해는 주 291의 본문 참조.

목적으로 이용한 대상은 Goldsmith와 이 모 작가의 사진저작물이 아니라, 그 사진 속의 모델들이라는 데 고민이 생기는 것이다. 엄밀히 따져보면 사진 속 모델들은 '변형적 이용 목적'에 따라 공정이용의 대상이 된다고 하더라도, 사진저작물의 저작권자인 Goldsmith와 이 모 작가는 자신과 무관한 사유로 저작재산권을 제한당해도 되는지, 이들을 설득할 명분과 이유가 충분하지 않다.

원칙적으로 말하자면, Warhol이 Goldsmith로부터 Prince 사진의 이용에 대해 추가로1030) 허락받았더라면 애초에 분쟁이 발생하지 않았을 것이다. 실제 Goldsmith는 이전에도 Warhol에게 대가를 받고 자신의 사진저작물을 이용 허락했기 때문에, 이런 가정이 불가능하지 않다. 그런데, 문제는 '누드 패러디 판결'이다. 이 사건에서 포스터 제작자가 유명 디자이너 ooo를 비판할 목적으로 사진을 이용할 것이라는 점을 알면서 이 모 작가가 이용을 허락해 줄 가능성은 거의 없다고 봐야 한다.1031) 그렇다면, '누드 패러디 판결'의 경우 이 모 작가의 허락 없이는 사진을 쓸 수 없는데, 경제적 보상으로도 타개할 수 없는 이런 상황 ― 물론 이 상황이 '타개'의 대상인지 의견이 갈릴 수 있음 ― 을 저작권법으로 해결할 수 없을까?

먼저 매개 패러디가 폭넓게 인정된다면,1032) 이 모 작가의 사진이 디자이

1030) Warhol 판결에서 당초 Goldsmith는 자신의 이름을 밝혀 1회에 한하여 사용할 것을 조건으로 400달러를 받았다는 점에서 본문에서 '추가로'라는 표현을 쓴 것이다. Warhol 판결(주 37), 518면.
1031) 앞서 본 바와 같이 '누드 패러디 판결'은 형사 사건으로서 피해자는 이 모 작가로 되어 있지만, 사안의 성격상 피해자의 배후에 있을 것이 강하게 추정되는 디자이너 ooo이 실질적인 피해자로서 사실상 재판의 당사자라고 보는 것이 합리적일 것이다.
1032) 박성호 교수는 직접적 패러디와 매개적 패러디의 구별이 쉽지 않은 데다, 구별을 전제하더라도 권리자로부터 이용 허락을 받기 어려운 것은 대상 패러디뿐 아니라 수단 패러디도 마찬가지라고 하며, 패러디라는 예술장르의 존립을 보호하기 위해서는 양자를 구별할 필요 없이 권리제한의 문제로서 창작의 자유와 표현의 자유를 보장할 실익이 있다고 주장한다. 박성호, 전게서(주 347), 558-559면.

너 ooo의 청년 노동착취를 고발하기 위한 매개물로서 적정한 것이라는 전제 하에 공정이용이 인정될 수 있을 것이다. 한편, 이때 이익형량을 해야 하는데, 매개 패러디 또는 풍자(satire)가 주는 유익을 '공익'으로 보고, 이 모 작가의 저작권이라는 '사익'과 비교하는 과정에서 다른 수단이 없는지 — Warhol 판결에서 Goldsmith와 같이 돈을 주면 이용 허락할 수 있는데 반해 '누드 패러디 판결'의 경우 촬영 경위에 비추어 볼 때 사진작가가 피고인의 사진 이용 요청을 받아들일 가능성이 거의 없다는 사정 등 — 를 고려해야 한다. 다시 말해 공익과 사익의 비교에서 공익이 현저히 우월하되 사익 침해를 피할 '다른 수단'이 없거나 피하는 것이 사실상 불가능하다면, 매개 패러디(Warhol 판결에서 말하는 '풍자')를 인정하는 것도 충분히 고려해 볼 수 있다고 생각한다. 공정이용으로 볼 수 있다는 뜻이다.

끝으로 '누드 패러디 판결'의 이 모 작가와 Warhol 판결의 Goldsmith가 사진 예술 분야에서 얼마나 널리 알려진 인물인가도 위 공익과 사익 형량에서 중요한 요소로 고려되어야 할 것이다.

(5) 정리 — 경제의 외피를 쓴 비경제적 갈등 해결의 수단

이상에서 살펴본 사건들은 대체로 영리를 목적으로 한 저작물이 아닌데 저작권법으로 무단 이용을 금지하거나 무단이용자를 처벌하려고 했던 것들이다. 저작권법이 법 취지와 달리 표현의 자유를 제한하기 위한 수단으로 활용된 사건들이다. 그렇다 보니 민사재판의 경우 소액 사건,[1033] 형사재판

[1033] 이일호 박사가 분석한 판결 총 54건 중 민사 사건은 36건인데, 이중 소액 사건이 9건으로 25%를 차지한다. 한국 법원이 저작권 관련 사건의 통계자료를 내놓지 않고 있어 정확히 알 수 없으나, 이 박사가 직접 검색어('저작권 + 침해')로 조사한 2012년~2021년 기간 1심 법원 판결·결정 건수는 민사 사건 총 2,858건(소액 사건 포함)인데, 이중 소액 사건은 총 593건으로 20.7%에 해당한다. 이일호, 전게논문(주 35, 2023년), 161면.

의 경우 구약식 사건이 많은데,1034) 그럼에도 항소 및 상고심까지 나아가거나 정식재판으로 진전돼 상급심으로 진행되기도 하였다. 이와 같은 소송의 진행 과정만 보더라도 민사소송 및 정식재판 청구의 목적이 경제적인 데 있지 않다는 것을 알 수 있다.

그런데 법원은 공정이용 주장을 배척할 때 '영리성', '시장 잠식' 등의 논의를 펼치고 있으니 다소 답답한 생각이 든다. 이는 저작권(공정이용) 사건이 지나치게 표현의 자유, 사상의 자유를 옥죄는 데 활용되고 있는 한국의 세태를 말해준다. 비록 재판의 시작은 잘못됐다고 해도 저작권 소송이 수단화되고 있다는 현실 인식하에 저작권과 공정이용 제도의 본질을 꿰뚫어 보는(piercing veil) 지혜가 있다면, "마당은 비뚤어졌어도 장구는 바로 칠 수"1035) 있지 않을까 생각한다.

1034) 이일호 박사가 분석한 판결 총 54건 중 형사 사건은 18건인데, 이중 구약식 사건이 정식재판으로 전환된 사건(사건번호 '고정')이 14건으로 무려 77.8%에 달한다. 이일호, 전게논문(주 35, 2023년), 별지 부록 참조. 굳이 구약식 사건에서 정식재판으로 전환된 사건을 중심으로 저작권법위반 사건을 골랐을 리 없다는 점에서 이 비율은 시사점이 작지 않다. 한편, 정식재판으로 전환된 사건은 피고인의 구약식 처분에 대한 불복으로 정식재판 청구를 한 경우와 재판부의 직권에 따라 정식재판에 회부한 경우로 나눌 수 있다. 어느 경우나 사건번호는 '고정'으로 부여되므로 사건번호만으로는 외부(본 저자와 같은 연구자)에서 정식재판으로 전환된 사유를 알 수 없다. 그런데 대한민국 법원 홈페이지(scourt.go.kr)를 통해 조사해 본 결과, 위 14건 모두 피고인의 정식재판 청구에 의한 것이고, 14건 중 무려 8건이 상고심까지 진행됐으며, 변호사를 선임(국선 제외)한 건이 8건이나 된다. 이상을 종합하면, 약식명령 청구 사건이 정식재판을 거쳐 상급심 재판까지 진행된 비율이 높은 것은 경제적 목적보다는 비경제적 목적에 기인한 것임을 넉넉히 추론하고도 남는다.
1035) 시인 김용택의 다음 시에서 따온 것이다. 김용택, 「마당은 비뚤어졌어도 장구는 바로 치자」, 『섬진강』, 창작과비평사, 2000, 104-110면. 이상한 목적으로 저작권침해 소송이 제기되고 그에 대해 공정이용 항변이 이루어졌다면, 법원은 으레 벌어져 있는 판에서 재판하고 판결하기 마련이다. 즉, 소극적 태도로 일관하는 것이다. 그로 인해 기이한 결론이 도출되는 경우가 많다. 잘못된 질문에 대해 질문을 바꿀 수 없는 재판의 한계 때문에, 원고(저작권자)가 만든 판(마당)에서 재판할 수밖에 없는 것이다. '영리성에 관한 희한한 논의'가 생긴 이유가 여기에 있다. 이때 저작권 제도의

(6) 여론(餘論)

위 '목사 사진 판결'과 '누드 패러디 판결'은, 전자는 민사 사건 후자는 형사 사건으로 차이가 있지만, 분쟁을 제기한 민사 사건의 원고 및 형사 사건의 고소인1036)이 모두 사진의 저작권자(작가)들이고, 상대방에 해당하는 피고 언론사와 피고인 포스터 제작자가 사진저작물을 무단 이용했다는 점에서 공통적이다. 그런데 두 사건에서 원고 및 피해자(고소인)는 사실상 분쟁의 진정한 당사자가 아니다. 갈등 관계에 있는 실질적 분쟁의 당사자는 원고와 피해자 뒤에 가려져 있는 소외인(전자 사건에서 목사) 및 공소외인(후자 사건에서 디자이너 ooo)과 사진 이용자들일 것이다. 양 사건에서 사진 작가들은 사진 속 모델(목사, 디자이너)에 비해 사회적 영향력이나 유명도가 상대적으로 낮다는 점에서 이런 짐작을 가능케 한다. 사진작가가 소송을 통해 얻을 이익 또는 피할 손해(겉으로 내세우는 경제적 이익인 소가 및 벌금 액수)가 변호사비용에 턱없이 미달하며,1037) 정신적 피해도 유의미한 금액이 판결로 선고될 가능성이 크지 않다는 점에서 이를 위해 소송이란 수단을 선택했으리라고 이해하기는 어렵다. 그런데 실질적 당사자인 소외인과 공소외인을 원고 또는 피해자(고소인)의 위치에 놓으면, 분쟁을 제기한 이유가 쉽게 설명된다. 다시 말해 '목사 사진 판결'에서 피고 언론사의 기사에 의해 가장 크게 타격을 입을 사람은 소외 목사(초상 본인)였고, '누드 패러디 판결'에서도 패러디로 이미지가 크게 실추된 사람은 공소외 디자이너였을 것

본질을 꿰뚫어 보는 지혜와 용기가 필요하다는 뜻에서 "마당은 비뚤어졌어도 장구는 바로 치자"라는 시를 인용했다.

1036) '누드 패러디 판결'은 저작권법위반 형사 사건으로서 친고죄에 해당한다(저작권법 제140조).

1037) '목사 사진 판결'의 청구취지 금액은 3,200,000원으로서 항소심까지 진행됐으며, 소송대리인 변호사가 선임돼 있었다. '누드 패러디 판결'은 약식명령 청구(벌금 2백만 원) 사건이었는데, 변호사를 선임하여 정식재판 청구 끝에 대법원까지 갔다.

이라는 점에서, 사진작가들이 제기한 이들 저작권분쟁은 실제 피해자들의 명예 회복을 위한 수단으로 쓰였다는 것을 증명한다.

이 항에서 본 저자가 저작권(침해) 소송의 '수단화 경향'을 비판한 주장이 본 저자의 선행 저술 ― 저작권으로써 '평화의 소녀상'을 둘러싼 한일 간 분쟁 해결의 가능성을 모색한 두 건의 글1038) ― 과 모순관계에 있는 것 아니냐는 '가정적 자기비판'을 하고자 한다.1039) 본 저자가 '평화의 소녀상' 관련 선행 저술에서 저작권 논의를 대안으로 제시한 것은, 소녀상을 이전하기로 한 정부 간 약속을 사실상 파기하여야 할 정당한 이유가 있음에도 불구하고 ― 물론 이와 다른 견해의 가능성을 유보함 ― 재협상으로 외교적·정치적 해결을 기대하기 어렵다면, 저작권이 뜻밖의 해결책이 될 수 있음을 지적한 것이다. 그렇다면 앞선 '지방자치단체장 선거 판결' 등 정치적 표현의 자유, '목사 사진 판결' 등 종교적 표현의 자유 사건 등도 마찬가지가 아닐까 하는 반문이 제기될 수 있다. 즉, 저작권으로 정치 또는 종교의 문제를 해결하려는 시도가 잘못되지 않았다고 보는 것이다. 물론 그렇게 볼 수 있다. 입장을 달리해서, 즉 평화의 소녀상 이전 합의는 정부 간 약속이므로 반드시 지켜져야 하며 약속이 아니더라도 양국 관계를 위해 이전해야 한다는 견해에서 보면, 본 저자의 자기비판에 대한 변명이 '누워서 침 뱉기'에 해당한다고 비판할 수 있을 것이다. 그렇다. 결국 법학이라는 가치학문이 다다를 수밖에 없는 지점, 즉 숨길 수 없는 정치성(政治性)이 드러나는 순간이다. 건강한 토의와 논박을 거쳐 상대방을 설득하고 가치와 논리 정치성(精緻性)의

1038) 남형두, "소녀상 합의의 출구, 저작권", 한겨레 2017. 3. 17.자 칼럼; 남형두, "소녀상 이전 이면합의 원천 무효", 이투데이 2018. 1. 12.자 칼럼 등. 한편, 인터넷상 심각한 성적 사생활(sexual privacy) 침해에도 불구하고 프라이버시법을 은신처로 삼는 OSP 등 proxy service에 대해 저작권이 뜻밖의 효율적인 구제수단이 될 수 있다는 것도 같은 취지이다. 주 942 참조.
1039) 현재까지 누구도 본 저자에 대해 이런 비판을 하지 않았기에, 스스로 비판한다는 점에서 '가정적 자기비판'이란 용어를 쓴다.

우위를 입증해야 할 부분인데, 보편타당한 가치의 존재를 인정하고 이를 추구했던 근대정신의 상실과 불완전한 인간의 생래적·후천적 편향성에 따라 선택의 문제임을 받아들이지 않으면 안 되는 시대에 와 있는 것 같다. 이상은 본 저자가 자기비판의 검증대에 자신을 올려놓고 비판과 반박, 그리고 재비판 끝에 하는 최후의 자기 변론이다.

나. 민사·형사 구제 절차의 혼용

(1) 개요

한국에서 저작권재판은 민사 외 형사 사건이 많다는 특징이 있다.[1040] 민사상 손해배상책임 요건과 형사상 저작재산권 침해죄의 구성요건이 사실상 같아 저작권자는 민사적 구제와 형사적 구제 절차를 선택적으로 또는 병행하여 진행할 수 있기는 하지만, 그것만으로는 국가 형벌권이 발동되는 형사재판의 비율이 과도하게 높다는 점을 설명하기에 부족하다. 이 항에서는 이런 한국 저작권/공정이용 분쟁의 특성을 분석하고 의미를 찾고자 한다.

먼저 비교법적 연구를 통해 법 제도와 실무에서 미국, 일본 등 주요 국가와 비교해 한국 저작권분쟁의 과도한 형사재판에의 편중을 검토하고[아래 (2) 비교법적 검토], 형사적 해결을 특별히 선호하는 한국의 특수성과 원인

[1040] 이일호 박사가 조사한 총 54건(논문 별지 수록된 판결)을 기준으로 볼 때, 민사 사건 36건, 형사 사건 18건이다. 한편, 한국 법원이 저작권 관련 사건의 통계자료를 내놓지 않아 정확히 알 수는 없으나, 이 박사가 검색어('저작권 + 침해')로 직접 조사한 2012년~2021년 기간 1심 법원 판결·결정 건수는 민사 사건 총 2,858건(소액 사건 포함), 형사 사건 총 3,123건이라고 한다. 이일호, 전게논문(주 35, 2023년), 161면. 사법연감 등 구체적인 통계를 제시하지 않더라도, 저작권 관련 사건에서 민사 사건과 형사 사건의 숫자가 엇비슷함을 알 수 있는데, 이는 저작권 관련 분쟁에서 형사재판이 차지하는 비중이 다른 법 영역에 비해 상대적으로 얼마나 높은지 실감게 한다.

을 논증할 것이다[아래 (3) 형사적 해결 선호 현상]. 실체법적 요건이 같다고 해도 사인 간 책임을 논하는 민사절차와 국가 형벌권의 행사에 따라 개인의 자유가 박탈되고 재산적 불이익이 강제되는 형사절차는 각 절차법(민사소송법, 형사소송법)의 취지가 달라, 저작권침해라는 같은 사회적 행위에 대해 민사·형사재판의 결론이 달라질 수 있다. 그럼에도 공정이용 쟁점이 들어있는 저작권분쟁에서 민사·형사재판이 유의미한 차별 없이 진행되는 한국 저작권재판 실무의 문제점을 지적한다. 형사재판에서 증명책임을 부담하는 당사자나 유죄 인정을 위한 증명의 정도는 민사재판과 다르며, 법률의 변경에 따른 재판시법 적용 역시 민사·형사재판에서 명백한 차이가 있음에도 불구하고 이와 같은 긴장감 없이 진행되는 저작권재판은, 특히 합의금을 받아낼 목적으로 형사 고소를 통한 형사재판 절차로 나아가는 경우가 매우 많다는 점에서, 실무계의 각성이 요구된다고 할 것이다[아래 (4) 절차 혼용이 가져오는 재판 왜곡 — 형사재판의 공정이용을 중심으로].

(2) 비교법적 검토

다른 분쟁에 비해 저작권분쟁에서 형사적 구제가 민사적 구제 대비 상대적으로 높은 비율로 활용된다는 것이 한국 저작권분쟁의 특성이라고 하기 위해서는 비교법적 검토가 수반되어야 한다.

비교법적 접근은 법 제도와 실무, 두 가지로 나누어 보아야 한다. 법 제도 측면에서 저작권자에 대한 구제로서 민사와 형사절차를 다 구비하고 있는지, 그 경우에도 요건에 차등이 없는지를 살펴보아야 한다. 법 제도가 다를 경우 그것이 민사 및 형사 구제의 비율 및 선호 경향의 원인이 될 수도 있기 때문이다[아래 (가) 법 제도 측면의 비교법적 검토]. 그런데 법 제도가 비슷한 나라임에도 불구하고 형사 구제를 선호하는 경향에 큰 차이가 있다면, 법 제도의 이동(異同)에서 그 원인을 찾는 것은 정확한 진단이 아닐 수 있다. 여기에서 법 제도 외에 실무 차원의 비교법적 검토가 필요하게 된다[아래 ㈏ 실무 차원의 비교법적 검토]. 같거나 거의 유사한 법 제도가 있는 나라 간에 민사와 형사 구제 절차를 선택하는 비율에 유의미한 차이가 있다면, 비로소 그 이유가 무엇인지를 분석할 준비가 갖춰졌다고 할 것이다[이어지는 (3) 형사적 해결 선호 현상].

㈎ 법 제도 측면의 비교법적 검토

비교법적 검토를 하는 이유는 한국의 현황을 파악하고 분석하기 위함이다. 따라서 검토 논의의 첫 단계는 한국의 법 제도[아래 ㈏ 실무 차원의 비교법적 검토]를 설명하는 것에서 시작해야 한다. 한국 저작권법에서 저작권의 침해에 대한 민사적 구제는 제9장에 상세하게 규정돼 있다. 그중 대표적인 것으로 제123조(침해의 정지 등 청구)와 제125조(손해배상의 청구) 등이 있다. 형사적 처벌은 제11장에 행정벌(과태료)과 함께 규정돼 있으며, 대표 조문은 제136조(벌칙)이다.

제정 저작권법에 저작인격권 침해에 관한 벌칙 조항(제69조)은 있으나, 현행 저작권법의 제136조 제1항에 해당하는 저작재산권 침해에 관한 벌칙 조항은 없었다. 저작재산권 중 일부에 해당하는 부정출판공연에 관한 조항(제71조)이 있었을 뿐이다. 이로써 저작권법 제정 당시에는 저작권침해 행위에 대해 민사적 구제를 원칙으로 하되 예외적으로 형사처벌 조항을 두었다는 사실을 알 수 있다. 현행과 같은 벌칙 조항이 들어온 것은 법 제정 후 무려 30년이 지난 1986년 개정 때이다. 베른협약 가입에 따른 저작권법 개정 과정에서 저작권 강화 현상의 하나로 이해할 수 있다.

그런데, 1986년 개정 저작권법은 벌칙 조항의 구성요건을 민사적 구제의 손해배상청구 요건과 동일하게 규정했다. 이후 법정형 등에서 개정이 이루어졌으나 기본 틀은 같으므로 현행법의 손해배상청구 규정과 벌칙 규정 간 비교하기로 한다.

제125조(손해배상의 청구) ①저작재산권 그 밖에 이 법에 따라 보호되는 권리(저작인격권 및 실연자의 인격권은 제외한다)를 가진 자(이하 "저작재산권자등"이라 한다)가 고의 또는 과실로 권리를 침해한 자에 대하여 그 침해행위에 의하여 자기가 받은 손해의 배상을 청구하는 경우에 그 권리를 침해한 자가 그 침해행위에 의하여 이익을 받은 때에는 그 이익의 액을 저작재산권자등이 받은 손해의 액으로 추정한다.

제136조(벌칙) ① 다음 각 호의 어느 하나에 해당하는 자는 5년 이하의 징역 또는 5천만원 이하의 벌금에 처하거나 이를 병과(倂科)할 수 있다.
 1. 저작재산권, 그 밖에 이 법에 따라 보호되는 재산적 권리(제93조에 따른 권리는 제외한다)를 복제, 공연, 공중송신, 전시, 배포, 대여, 2차적저작물 작성의 방법으로 침해한 자

위에서 본 바와 같이 저작재산권 침해에 따른 손해배상청구의 요건과 벌칙의 구성요건은 과실에 관한 요건을 제외하고는 다르지 않다. 즉, 고의에 의한 저작재산권 침해의 경우 손해배상청구나 벌칙은 요건이 동일하다.

미국 저작권법은 벌칙에 관해 저작권법이 아닌 형법(미국 법전 제18편) 제2319조에 규정하고 있는데,[1041] 형사처벌을 위한 구성요건을 저작권법상 손해배상청구의 요건과 달리 제한적으로 규정하고 있다. 이 점이 한국과 다르다. 한편, 형사처벌의 법정형도 저작재산권 침해의 정도 또는 상습성 여하에 따라 차등 규정하고 있다. 한국 저작권법은 저작재산권 침해의 경우 피해액, 상습성 등과 관계없이 법정형을 "5년 이하의 징역 또는 5천만 원 이하의 벌금에 처하거나 병과할 수 있다"라고 규정하고 있다.

1041) §2319 (b)를 정리하면 다음과 같다. (1) 침해기간 180일 내, 최소 수량(10 copies), 침해저작물의 가액($2,500 이상) 등의 요건을 갖추면 5년 이상 징역형 또는/그리고 벌금형, (2) 그 범죄가 중범(felony)이고 두 번 또는 그 이상 반복된 경우 10년 이상의 징역형 또는/그리고 벌금형, (3) 위를 제외한 저작권법 §506 (a) 위반의 경우 1년 이상 징역형 또는/그리고 벌금형.

영국 저작권법상 형사처벌 조항은 제107조에 상세하게 규정하고 있고, 업무상 행위, 업무가 아니라면 '저작권자를 해치는 정도'라는 요건을 갖춘 경우와 그렇지 않은 경우를 나누어 형사처벌을 차등화하고 있다는 것이 특징인데(징역형만을 기준으로 비교하면 전자는 10년 이하의 금고, 후자는 2년 이하의 금고), 한국과 다른 점이기도 하다. 한편, 이는 피해저작물의 가액 정도 등에 따라 처벌을 차등화하고 있는 미국과도 구별된다.

독일 저작권법상 형사처벌은 제106조(보호저작물의 무단 이용), 제108조a(영업적인 무단 이용)에서 규정하고 있다. 미국, 영국 등과 같이 민사 및 형사 구제의 요건에 차등을 두고 있지 않다는 점에서 한국과 매우 유사하다. 다만, 영업적 침해의 경우 가중처벌 규정을 두고 있는데(제108조a), 이것이 한국과 차이라면 차이라고 할 수 있다. 즉, 한국 저작권법은 피해 유형(침해저작물 쪽의 피해 정도 등), 행위 유형(침해자 쪽의 영업적 이용)을 따지지 않고 민사 및 형사 구제가 다르지 않으나, 독일은 행위 유형에서 차등 처벌한다.

일본 저작권법상 벌칙 조항은 제119조에서 제124조까지 규정하고 있으며, 저작권, 출판권, 저작인접권을 침해한 자에 대한 처벌에서 민사 구제와 달리 저작물의 양, 침해액 등의 요건을 두고 있지 않으며, 그 밖에 행위자의 영업 목적 등에 따른 차등 처벌 규정도 두지 않고 있다는 점에서 한국 저작권법과 매우 유사하다. 다만 법정형 중 징역형이 한국의 두 배인 10년 이하의 징역으로 되어 있다는 점이 특이하다.

한편, 한국 저작권법의 저작권침해 범죄에 대한 친고죄 조항(제140조)과 유사한 조항을 두고 있는 나라는 일본(저작권법 제123조 제1항), 독일(저작권법 제109조) 등을 들 수 있고, 미국, 영국, 프랑스 등에는 관련 조항이 없다.

이상을 정리하면, 미국, 영국, 독일 등의 국가는 저작재산권 침해에 대한 형사처벌 조항에서 민사책임 요건과 다른 구성요건을 규정하고 있을 뿐만 아니라, 피해 가액, 행위자의 영업적 이용 등의 요소에 따라 형사처벌을 차등화하고 있다. 이는 한국과 크게 다른 점인데, 한국 저작권분쟁 실무에서 저작권자들이 형사적 구제를 선호하는 이유가 될 수 있다. 그런데 법 제도의 차이가 형사 구제를 선호하는 원인을 만들어 내는 것이라면, 법 제도가 한국과 매우 비슷한 일본도 형사 구제를 선호하는 경향성을 보여야 할 것이다. 과연 그런지 살펴보기에[아래 (3) 형사적 해결 선호 현상] 앞서 저작권분쟁 실무에서 법 제도의 차이가 실무의 경향성과 어떤 상관관계에 있는지 살펴보아야 한다. 항을 달리하여 실무 차원의 비교법적 검토를 하기로 한다.

(나) 실무 차원의 비교법적 검토

먼저 인정할 것은 저작권침해에 따른 구제와 처벌에 관한 공개 정보가 국가별로 달라 실무 차원의 비교법적 검토가 쉽지 않다는 점이다. 이런 한계를 전제하고 한국을 중심으로 법 제도가 크게 다른 미국, 그리고 비교적 유사한 일본의 실무를 비교하기로 한다. 비교 기간은 2019년부터 2021년까지로 하고, 한국과 미국(연방 기준)은 기소 건수를, 한국과 일본은 검찰청 기준 접수 건수를 비교 대상으로 한다.[1042]

〈표 5〉 한국 저작권침해 사범에 대한 검찰 처분 현황[1043]

구분			연도					
			2010	2011	2012	2013	2014	2015
기소	구공판	구속	0	7	3	1	10	2
		불구속	62	128	140	84	213	106
	구약식		2,694	3,096	3,775	2,898	2,174	1,888
	소계		2,756	3,231	3,918	2,983	2,397	1,996

1042) 한국, 미국, 일본 등 세 국가에 공통된 통계가 있으면 좋았겠지만 그렇지 않고, 또한 공개된 정보가 제한적이어서 부득이 본문의 기간과 조건으로 비교할 수밖에 없었음을 밝힌다.

1043) <표 5>는 한국저작권위원회, 『저작권통계』, 2014년 3권 4호에서 2023년 제12권 제13호까지의 자료를 토대로 편집한 것이다.

구분		연도					
		2010	2011	2012	2013	2014	2015
불기소	기소유예	4,892	4,579	7,326	6,758	7,438	11,293
	혐의없음	1,934	2,026	2,984	2,899	1,968	2,396
	죄가안됨	44	30	27	12	4	6
	공소권없음	9,912	13,203	13,679	12,000	13,093	21,358
	소계	16,782	19,838	24,016	21,669	22,503	35,053
소년보호송치		2	10	11	6	4	2
기소중지		1,120	1,523	2,262	1,754	2,181	2,069
참고인중지		26	48	39	33	47	49
총계		20,686	24,650	30,246	26,445	27,132	39,169

구분			연도					
			2016	2017	2018	2019	2020	2021
기소	구공판	구속	2	1	7	14	4	0
		불구속	104	102	96	132	74	46
	구약식		1,345	1,131	974	1,021	964	770
	소계		1,451	1,234	1,077	1,168	1,042	816
불기소	기소유예		5,045	2,924	1,503	805	685	661
	혐의없음		2,714	2,314	2,177	2,228	2,259	206
	죄가안됨		8	2	0	5	1	0
	공소권없음		11,109	7,824	5,917	5,291	3,863	727
	소계		18,876	13,064	9,537	8,329	6,808	1,594
소년보호송치			1	1	1	3	3	1
기소중지			1,092	742	1,197	988	1,011	32
참고인중지			46	26	23	14	24	3
총계			21,466	15,067	11,835	10,502	8,888	2,446

〈표 6〉 청소년 사범 집계(2008~2011)[1044]

구분		연도			
		2008	2009	2010	2011
기소유예	전체	16,772	24,676	5,102	6,191
	청소년	6,056	4,243	150	253
공소권없음	전체	51,348	27,150	10,829	14,244
	청소년	11,855	2,936	152	199
불기소 소계	전체	86,174	84,252	24,669	31,373
	청소년	21,509	22,132	3,587	4,539
총계	전체	91,683	89,206	29,356	36,614
	청소년	21,934	22,200	3,614	4,578

〈표 7〉 한·미·일 비교(2019~2021)

	구분		연도		
			2019	2020	2021
한국[1045]	침해사범		10,502	8,888	2,446
	기소		1,168	1,042	816
	불기소		8,329	6,808	1,594
	기타		1,005	1,038	36
미국[1046]	양형위원회 보고 건수		-	64,565	52,287
	저작권/상표권 위반 기소	전체	64	38	36
		저작권침해	17	7	6
일본[1047]	검찰청 신규 수리 인원		234	195	187

1044) <표 6>은 한국저작권위원회, 『저작권통계』, 2012년 1권 1호, 2012년 1권 2호, 2013년 2권 3호에서 추출한 것이다. 한편, 위 <표 5>와 2010년 및 2011년의 통계 연도가 겹치는데, 청소년을 따로 집계한 <표 6>의 전체 숫자가 <표 5>의 해당 숫자와 다소 차이가 있다. 『저작권통계』를 펴내는 한국저작권위원회는 2014년부터 청소년 사범을 따로 집계하여 발표하지 않고 이후 현재까지 일관된 방식으로 통계를 발표하고 있다. 연감 형식의 『저작권통계』가 자리를 잡기 전까지 집계 작성 과정에서 약간의 오류가 있었던 것으로 보인다.

위 통계를 토대로 한국의 저작권침해 형사 사건의 특성을 분석하기로 한다.

① 압도적인 형사 접수 건수

한국은 비교 대상국인 일본과 미국에 비해 저작권침해 형사 사건(접수 및 기소) 건수가 압도적으로 많다. 2019년~2021년을 기준으로 볼 때, 한국은 접수 건수에서 일본의 약 45배에 달한다. 비슷한 제도가 있는 나라 간, 그것도 한국의 인구가 일본의 절반이 채 되지 않은 상황에서, 이와 같은 현격한 형사 건수의 차이는 단지 법 제도만의 문제가 아님을 극명하게 보여준다.

② 기소 후 최종 처벌 정도의 미약

기소 건수에서 한국과 미국을 비교하면, 한국은 미국의 69배에서 149배에 달하여[1048] 민사 구제와 형사처벌의 요건이 다르다는 점을 감안해도 한국의 형사절차 선호 현상이 얼마나 강한지 알 수 있다. 한편, 미국에서 저작권침해로 형사 기소된 건수는 극히 적지만 기소된 범죄자의 60%에 실형이 선고됐고, 평균 형량은 10개월이다.[1049] 반면 한국에서 저작권침해 형사재판 결과 실형을 선고한 사례는 거의 찾아보기 어려울 정도로 드물다.[1050]

1045) 위 <표 5>에서 추출한 것이다.
1046) 위 미국 부분의 통계는 미국 양형위원회와 법무부에서 발표한 다음 자료에서 추출해 만든 것이다. United States Sentencing Commission, Copyright and Trademark Infringement (FY 2021), 2022, https://www.ussc.gov/research/quick-facts/copyright-and-trademark-infringement; United States Department of Justice, PRO IP Act Annual Report FY 2021, p.29, https://www.justice.gov/media/1329186/dl?inline; FY 2020, p.39, https://www.justice.gov/criminal-ccips/page/file/1460726/download; FY 2019, p.43, https://www.justice.gov/criminal-ccips/page/file/1392186/download (이상, 2024. 12. 30. 방문).
1047) https://hakusyo1.moj.go.jp/jp/69/nfm/n69_2_4_4_3_0.html (2024. 12. 30. 방문).
1048) 2019년 69배(1,168:17), 2020년 149배(1,042:7), 2021년 136배(816:6). 위 <표 7> 참조.
1049) 위 United States Sentencing Commission, Copyright and Trademark Infringement 자료 참조.

③ '공소권 없음' 처분의 과도한 비중

2010년부터 2021년까지 12년간 저작권침해 사건에 관한 검찰의 총 처분 (기소/불기소) 건수가 238,532건인데, 그 중 '공소권 없음' 처분 건수가 117,976건이다. '공소권 없음' 처분은 친고죄 또는 반의사불벌죄인 경우 저작권자의 고소취하 또는 처벌불원 의사로 사건이 종결되는 것이니, 전체 저작권침해 사건의 49.5%인 절반 정도가 사실상 당사자 간 합의로 종결되는 셈이다. 협상이 결렬돼 합의에 이르지 못하는 경우까지 포함하면 사실상 저작권침해 형사 사건 대부분이 합의를 목적으로 시작된다고 해도 과언이 아니다. 앞서 본 바와 같이 일본과 독일도 한국과 같은 친고죄 조항을 두고 있는데, 위 <표 7>에 의하면 한국과 법제가 매우 비슷한 일본은 저작권법위반 사건에서 고소 후 합의하고 '공소권 없음' 처분으로 사건이 종결되는 경우가 많다고 볼 수 없다. 검찰청 신규 사건 처리 건수가 한국과 비교할 수 없을 정도로 적기 때문이다.

(다) 정리

민형사 책임의 요건과 관련해 비교법적으로 보면, 한국 저작권법은 일본법과 유사한 구조로 되어 있다. 그리고 미국, 영국, 독일 등은 형사책임의 구성요건이 민사에 비해 엄격하고 차등화되어 있다. 이와 같은 법 제도의 이동(異同)이 실무에서 민사와 형사절차 이용에 어떤 상관관계에 있는지를 살펴보았으나, 그것이 한국의 형사절차 선호와 기소 후 약한 처벌 경향, 그리고 '공소권 없음' 처분의 과도한 비중 등을 설명하기에 부족하다는 것을 알게 되었다. 이제 항을 달리하여 저작권침해 사건에 대한 구제 수단으로 형사절차를 특별히 선호하는 한국의 특수한 상황에 대한 원인을 분석할 준

1050) 매우 드물게 징역형이 선고된 사례가 있으나, 대부분 최근에 발생한 대규모 기업형 저작권법위반 사건이다. 주 1094 참조.

비가 됐다.

　(라) 여론(餘論)

　민사책임과 형사책임을 물을 수 있을 때 형사절차를 선호하는 한국의 법률문화 및 재판 실무의 특성에 따라 저작권침해에 대한 구제 절차로 형사절차가 다른 유형의 불법행위에 비하여 상대적으로 많이 활용되는 것이 현실이다. 여기에서 '다른 유형의 불법행위'로 대표적인 절도, 사기, 횡령 등과 비교해 보기로 한다.

　저작물을 자주 이용하는 특정 계층의 사회(교육기관, 미성년, 창작자, 문화예술계 등)에서 저작권침해는 절도, 사기, 횡령 등에 비해 상대적으로 훨씬 많이 발생한다. 절도 등 형법상 범죄는 인류의 역사와 함께 오랜 기간 자연범으로 확립된 범죄행위인 데 반해, 저작권법위반죄의 경우 저작권침해인지 여부가 일반 형법상 범죄 구성요건 ― 절도의 경우 물건성, 타인성 등 ― 과 달리 저작물성, 저자성, 공정이용, 보호기간, 실질적유사성 등 여러 쟁점에 관해 사법적 판단이 최종적으로 내려지기 전까지는 확정적으로 말하기 어려운 점이 있다. 심지어 저작권법 전문가라 할지라도 공정이용 해당 여부에 관해 자신 있게 의견을 제시하기 어려운 경우가 많다.[1051]

　바로 이와 같은 판단의 모호성 측면에서 기업형 저작권침해 범죄와 같은 특별한 경우를 제외하고는 형사보다는 민사절차로 해결하는 것이 바람직하다고 생각한다. 예를 들어 재판 결과에 따라 세계에서 가장 큰 기업의 하나인 구글이 심대한 타격을 입을 수 있었던 Oracle 재판이 형사재판이 아닌 민사재판으로 진행됐다는 점은 많은 것을 시사한다. 공정이용 성립 여부에 관해 저작권자와 이용자 간에 치열한 법정 공방을 통해 어떤 규범을 만들어 가기에는, 검사에게 증명책임을 부여하고 있는 형사재판보다는 저작권자와

1051) 주 253 참조.

이용자 간 공평의 원리에 따라 증명책임을 분배하고 있는 민사재판이 훨씬 더 적합하다고 생각한다.

(3) 형사적 해결 선호 현상

위에서 본 바와 같이 저작권침해 형사 사건의 두 건 중 한 건이 기소 전에 합의로 종결되는 것은 매우 특이한데, 일반적으로 형사 사건에서 이런 예를 찾아보기 힘들다. 그만큼 저작권자들이 민사적 구제 절차를 놔두고 국가 형벌권이 작동하는 형사절차를 활용해 소기의 목적을 달성하는 것이 하나의 루트로 확고히 자리 잡았다고 볼 수 있다. 저작권자들이 저작권법에 있는 벌칙 조항을 철저히 이용하고 있는 셈이다.

저작권자들이 저작권법에 있는 제도를 활용하는 것 자체를 위법하거나 부당하다고 할 수는 없다. 다른 재산권침해죄(절도, 횡령, 배임, 장물, 손괴 등)에 국가 형벌권이 작동하는 것처럼 저작재산권 침해죄도 마찬가지이기 때문이다. 또한 성범죄 등 친고죄의 경우 당사자 간 합의로 국가 형벌권이 멈춰서야 할 때도 있다는 점에서 위와 같은 현상을 부정적으로 볼 것은 아니라고 할 수도 있다. 그런데 과연 그럴까?

절도죄 등 재산범죄에서 친족간의 범행(형법 제344조, 제354조, 제361조, 제365조, 제328조 제2항)[1052]을 제외하고는 피해자의 의사에 따라 국가 형벌권의 발동 여부가 좌우되지 않는다. 또한 성범죄 등에서 친고죄로 정한 것은 성적 자기결정권이라는 민감한 개인의 법익을 보호하는 것이 국가 형벌권의 발동에 앞서 더욱 중요한 가치라고 보기 때문이다. 이와 비교할 때

1052) 헌법재판소는 형면제를 정한 형법 제328조 제1항에 대해 헌법불합치 결정을 내렸으나(헌법재판소 2024. 6. 27. 선고 2020마468 결정 등), 고소를 공소 제기 조건으로 정한 제328조 제2항에 대해서는 합헌이라고 보았다(헌법재판소 2024. 6. 27. 선고 2023헌바449 결정).

친고죄 또는 반의사불벌죄로 되어 있는 비영리/비상습 저작권침해 형사 사건의 검찰 접수 건수의 절반 가까이가 최종 기소에 이르지 못하고 '공소권 없음'이라는 불기소처분으로 종결 처리된다는 위 통계에 따르면, 재산범죄나 성범죄의 경우와 달리 저작권침해 사건은 형사절차를 시작하는 목적이 합의금 수취에 있다고 보는 것도 무리는 아닐 것이다. 법적으로는 문제 될 것이 없으나, 제한된 국가 수사 역량 또는 자원 배분을 왜곡시킬 수 있다는 비판을 받기에 충분하다.

아무리 청소년이라 할지라도 타인의 저작권을 준수하지 않는 것을 두둔할 수는 없다. 다만 형사처벌이라는 강제적 방식으로 저작권 의식이 제고되는 데는 한계가 있다. 저작권 보호에 관한 자발성을 유도하기 위해서는 창작물을 왜 보호해야 하는지에 대한 교육이 선행되어야 한다. 이와 별개로 저작권시장이 합법적 라이선스 계약으로 정착되고 그에 위반하거나 저작물을 무단 이용하는 경우 민사적으로 해결하는 것을 원칙으로 하되, 국가 형벌권이 개입하는 것은 예외적이어야 한다. 그런데, 유독 한국에서 그렇지 않은 것이 침해자의 악성, 낮은 저작권 의식 등 침해자 측 원인 때문이라고 할 수 있을까? 이처럼 한국 저작권침해 사건에서 피해자인 저작권자가 민사 외에 형사적 해결을 선호하는 경향이 강한 이유가 저작권법에서 민사와 형사의 책임 요건이 동일하다는 것만으로는 일본과 다른 형사적 해결 선호 현상을 설명하기 어렵다[위 (2) 비교법적 검토]. 사인 간 민사적 해결보다는 국가권력에 의한 형사적 해결을 선호하는 데는 다음 몇 가지 이유를 찾을 수 있다.

(가) 법률문화 일반론

한국의 법률문화는 서양의 근대법이 일본을 통해 들어오면서 전통적 법률문화와 단절되었다. 서양법 계수가 일본 식민 지배와 맞물려 있었다는 점에서 '권리 중심의 법 개념'보다는 '통치와 지배 이데올로기로서의 법 개념'

이 한국인의 의식 속에 자리하게 되었다.1053) 한편, 사인 간 신뢰가 충분히 형성되지 않은 가운데 서구 근대법의 원칙 중 하나인 개인 책임의 원칙이 뿌리를 잘못 내린 탓에 채무를 면할 목적으로 개인 또는 법인 도산 후 타인 명의로 새로운 사업을 하는 악습이 생겼다. 이와 같은 사회환경에서 개인 간 민사 분쟁을 국가의 공권력에 의존해 해결하려는 경향이 강해진 것이다.

그런데 저작권침해죄의 경우 영리 목적 또는 상습적으로 한 경우가 아니면 친고죄 또는 반의사불벌죄로 규율하고 있는데(제140조), 국가 형벌권이 행사되는 형사 사건에서 피해자의 처벌 의사를 국가 형벌권 행사의 정지조건(친고죄) 또는 해제조건(반의사불벌죄)으로 삼아, 최종적으로 재판 확정까지 기간이 오래 걸릴 뿐만 아니라 이른바 솜방망이 손해배상액으로 실효성이 약하고 미성년자가 위반한 경우 집행에 어려움이 있는 민사적 구제를 선택하는 대신, 형사적 절차를 선호하게 된 것이다. 또한 민사재판에서 증거수집의 어려움을 극복하기 위해 형사절차를 통해 수사기관의 힘을 빌려 증거를 용이하게 수집하려는 목적도 끼어든다. 특히 기업형 저작권침해 사건에서 피해 당사자인 저작권자는 침해자가 누구이며 피해의 정도가 얼마인지 등의 정보에 접근하기 어려운 경우가 많은데, 최근 경찰청별로 설치된 사이버범죄 단속을 위한 수사 역량을 이용하면 범죄자 처벌뿐만 아니라 손해배

1053) 법, 법률이라고 하면 제일 먼저 떠오르는 단어로 권리, 변호사 등과 같은 자신을 보호하는 개념으로 생각하는 서구와 달리 감옥, 구속, 경찰, 검찰, 재판소 등과 같이 제한 개념으로 생각하는 경향이 한국인에게 강하다. 남형두, "[남형두 교수의 저작권 길라잡이] 법 없이도 살 사람?", 출판문화(대한출판문화협회), 2011. 10. 박병호는 조선 시대 재판은 민사와 형사로 완전히 분화되어 있지 못했고, 모든 재판은 경중의 차이가 있으나 형벌 가능성을 포함하고 있다는 점에서 형사재판으로 볼 수 있다고 평가한다. 박병호, 『傳統的 法體系와 法意識』, 한국문화연구소, 1972, 31면. 한편, 심희기 교수는 이와 같은 현상을 '민사의 형사화 현상'으로 진단하고, 한국과 비슷했던 일본은 이에서 탈피하여 '민사불개입 원칙', '民·刑嚴格分離의 원칙'이 확고하게 자리 잡았다고 한다. 심희기, "'한국형 민사의 형사화 현상'의 진단과 억제방향", 법학연구(연세대학교 법학연구원) 제17권 제4호, 2007, 63면.

상청구에 크게 도움을 받을 수 있다는 생각이 여기에 스며든 것이다.

(나) 저작권시장의 협소성 — 거미줄 비즈니스

한국 저작권시장의 협소함에서 오는 한국 저작권산업의 왜곡된 비즈니스 측면을 살펴본다.

① 청소년 상대 합의금 장사

지난 십수 년간 한국에서는 합법적 라이선스를 통한 저작권시장의 선순환을 기대하기보다는 저작권침해자를 적발하여 고소하고 합의금을 받아 고소를 취하하는 식의 비정상적 비즈니스가 성행하고 있다. 친고죄와 반의사불벌죄 형식으로 되어 있는 저작권법위반 벌칙 조항은 청소년을 겁박하여 이른바 '합의금 장사'를 하기 좋은 환경이 되어 왔다. 위 <표 6> "청소년 사범 집계(2008~2011)"에서 보는 바와 같이 1년에 1만 명이 넘는 청소년이 저작권침해로 입건되었다가 합의 후 불기소처분됐다는 것은 도저히 정상적인 법률문화/환경 또는 사법 작용이라고 볼 수 없다[V.2.나.(2)(나) ③ '공소권 없음' 처분의 과도한 비중].

청소년 저작권법위반 사범이 양산되는 것을 막기 위해 2008년부터 경미한 저작권침해 사건을 대상으로 한국저작권위원회에서 실시하는 저작권 교육을 이수하는 것을 조건으로 기소유예 처분을 하는 제도가 시행되었다.[1054] 그런데 교육조건부 기소유예 제도는 반드시 합의를 전제로 하는 것이 아니므로, '공소권 없음' 처분과 별개이다. 기소유예는 혐의가 인정된다는 것을 전제로 하는 불기소처분이고, '공소권 없음'은 혐의 인정 전 단계에서 하는 불기소처분으로서, 기소유예는 재범의 경우 쉽게 인정되지 않는다

[1054] 김소영, "'저작권 교육조건부 기소유예' 시행 2년... 교육대상자 85.3% '제도 계속 유지해야'", 법률신문 2010. 3. 20.자 기사, https://www.lawtimes.co.kr/news/51707 (2024. 12. 30. 방문).

는 점 등을 고려하면, 미성년 자녀가 저작권법위반으로 고소를 당한 부모 입장에서는 저작권자와의 합의를 통한 '공소권 없음' 처분을 더 선호할 수 있다. 물론 결손 가정의 미성년자 또는 부모의 경제력이 뒷받침되지 않는 미성년자는 합의를 위한 경제적 능력이 없어 기소유예 처분을 최선으로 생각할 수 있다. 바로 이런 약점을 간파한 저작권자들 ― 정확히 말하면 저작권자가 고용한 변호사들 ― 이 '고소 후 합의'라는 길을 애용해 왔다. 여기에는 가족 중심의 한국 사회에서 미성년자의 저작권법위반 행위에 대해 부모 등 가족이 미성년자의 장래를 위해 합의로 나서는 경향을 저작권자들이 이용하는 잘못된 법률문화가 기여했음은 물론이다.

② 합법적 이용 후 불법적 이용 방치

저작물을 소비자에게 판매(서비스)하고 그 이용료를 받는 선순환구조보다는 손쉽게 이용할 수 있게 한 후 단속하거나, 무료 서비스 기간이 지난 이용 및 허락 범위를 벗어난 이용을 적발해 고소 후 합의금을 받고 해결하는 왜곡된 형태의 저작물시장이 형성된 지 오래되었다. 이런 상황은 마치 거미가 거미줄을 쳐놓고 먹잇감이 걸려들기만 기다리는 것과 비슷하다.[1055]

1055) 이와 같은 비즈니스는 '저작권 괴물'(copyright troll) 형태로 진화하고 있다. 최근 어떤 부부가 변호사 자격 없이 영화제작사를 대리하며 공유사이트 '토렌트'에서 영화를 다운로드 받은 사람들을 저작권법위반 혐의로 고소해 합의금 명목으로 9억원을 받아낸 혐의를 받고 있는데, 이들은 '인터넷에서 영화를 유포하는 아이피(IP)주소를 수집해 저작권법위반죄로 고소하고 합의금 수익을 분배한다'는 내용의 저작권관리계약을 영화제작사 4곳과 체결하고, 무허가로 저작권신탁권리업을 영위하면서 영화제작사들을 대리한 것으로 조사됐다. 부부는 흥행에 실패한 영화를 의도적으로 유포해 거액의 합의금을 받아내고, 그 수익으로 성인영화를 제작해 같은 방식으로 합의금을 받아내는 등 사업을 확장해 왔다고 한다. 심우삼, "'성인영화 불법 공유' 낚시 뒤 거액 뜯었다...'저작권 괴물' 일당 법정행", 한겨레 2024. 4. 26.자 기사, https://www.hani.co.kr/arti/society/society_general/1138284.html (2024. 12. 30. 방문).

(ⅰ) 무료 이용 허락 후 단속

인터넷에서 손쉽게 내려받아 이용할 수 있게 한 후 불법 저작물로 단속하는 사례는 매우 흔하다. 물론 보호받을 수 있는 저작물을 함부로 내려받아 이용하면 저작권침해가 될 수 있다. 그런데, 저작물로 보호되므로 허락 없는 이용이 저작권침해가 될 수 있다는 내용의 공지 또는 관련한 이용 허락 약관 등은 이용자들이 쉽게 알아볼 수 없게 작은 글씨로 처리한다거나,[1056] 그나마도 인터넷 환경에서 고지 내용과 동의 여부 표시 부분이 밀접하게 배치되어 있지 않고 뒤 페이지로 넘겨야 나온다면,[1057] 이용자로서는 보호되는 저작물이 아니거나 이용해도 저작권법상 문제가 되지 않을 것으로 생각하기 쉽다.

이와 관련해 참고할 만한 사례로 '사회복지법인 서체 판결'을 들 수 있다.[1058] 이 사건에서 원고가 서체프로그램의 권리·사용범위에 제한을 두고 있었으나 원고의 홈페이지를 통한 무료 다운로드를 허용하고 있었다는 점에서 피고 이용자의 과실에 의한 이용을 사실상 방치한 사례라고 볼 수 있다. 법원은 프로그램 입수 과정에 불법성이 있다고 단정하기 어렵다는 것을 공정이용을 인정한 하나의 이유로 삼았다. 입수 과정의 불법성을 공정이용 판단에서 고려하는 것이 적절한 것인지는 아래 '악의적 이용자'에서 자세히

[1056] 대법원 2017. 4. 7. 선고 2016도13263 판결('깨알 약관 판결'). 이 사건은 개인정보 보호법 위반사건으로서 1mm의 작은 글씨로 기재된 개인정보 동의 관련 조항은 정보주체가 동의 사항을 명확하게 인지할 수 있도록 하여야 한다는 개인정보 보호법상 의무 위반이라고 판단했다.
[1057] 대법원 2016. 6. 28. 선고 2014두2638 판결. "법정 고지사항을 게재하는 부분과 이용자의 동의 여부를 표시할 수 있는 부분을 밀접하게 배치하여 이용자가 법정 고지사항을 인지하여 확인할 수 있는 상태에서 개인정보의 수집·제공에 대한 동의 여부를 판단할 수 있어야 하고, 그에 따른 동의의 표시는 이용자가 개인정보의 수집·제공에 동의를 한다는 명확한 인식하에 행하여질 수 있도록 그 실행 방법이 마련되어야 한다."
[1058] 서울남부지방법원 2022. 5. 13. 선고 2021나59869 판결). 이 사건의 원심은 소액심판사건(서울남부지방법원 2021. 5. 27. 선고 2020가소639117 판결)이었다.

다루기로 한다[Ⅴ.2.다.(4)(나) ② 선의/악의]. 한편, '사회복지법인 서체 판결'
에서 이례적으로 공정이용을 인정했는데, 공익 단체인 사회복지법인의 이용
이 비영리적·비상업적이란 점에 크게 영향을 받았다. 또한 이는 앞서 본 바
와 같이1059) 재판에서 공정이용 판정에 관한 재량이 적극적으로 행사된 사
례로 볼 수 있다.

(ii) 무료 서비스 기간 경과 후 유료 전환

무료 서비스 기간 경과 후 이용에 따라 당초 합법적 이용이 불법적 이용
으로 전환되는 경우도 있다. 무료 서비스를 제공하는 단계에서 기간 경과
후 유료 전환될 수 있도록 과금을 위한 고객의 계좌정보를 입력하게 하고
유료 기간 중 언제라도 해지할 수 있게 한다면, 고객으로서는 무료에서 유
료로 전환되더라도 바로 불법적 이용 상태로 되지 않을 뿐 아니라 유료 라
이선스 계약에서 벗어날 수 있다. 실제 '프리미엄 유튜브 서비스', DeepL 같
은 세계적인 유료 서비스와 국내 쿠팡의 과금 체계는 그렇게 되어 있다. 약
관규제법으로 고객에게 불리한 약관을 적극적으로 해석해 무효로 하는 방
법을 고려해 볼 수 있으나, 여기에서는 앞서 본 바와 같이 재판에서 공정이
용 판정에 관한 재량을 적극적으로 행사하여1060) 공정이용에 해당한다고 보
는 것도 하나의 방책이 될 수 있을 것이다.

(iii) 허락 범위를 벗어난 이용

허락 범위를 벗어난 이용이라는 이유로 저작권법으로 단속하는 경우는
주로 교육기관, 자영업자 등을 상대로 자주 발생한다. 이용 허락 범위를 약
관에 엄격히 정해놓았더라도 고객이 읽기 힘든 작은 글씨로 되어 있거나,

1059) 주 1006의 본문 참조.
1060) 주 1006의 본문 및 '사회복지법인 서체 판결'(주 1058) 참조.

현실에서 고객이 이를 잘 읽지 않는 점을 이용하고 있다면, 사실상 불법 이용을 방치 또는 종용한 것으로 볼 수도 있다. 마찬가지로 약관규제법에 대한 적극적 해석, 공정이용 판단에서 재량의 적극적 행사가 고려되어야 할 것이다.

(다) 무기력한 손해배상 제도

저작권시장의 협소함은 창작물의 공급과 수요의 불일치[1061]에서 비롯된 측면이 있는데, 여기에 무기력한 손해배상 제도도 한몫하고 있다. 고의적 저작권침해 범죄가 적발되더라도 손해배상액이 합법적 이용 계약에서 지급할 일반적 사용료를 기준으로 정해지는 경우[1062] 영리한 이용자는 불법적 이용이 100% 적발되지 않는다면 '무단 이용 후 배상하는 쪽'을 선택할지도 모른다.[1063] 미국 저작권법의 법정배상[1064] 또는 고의에 의한 불법행위에 부과

[1061] 저작물의 수요가 공급에 비해 부족한 것을 말하는데, 수요 부족은 실제 저작물 이용에 관한 수요의 부족이라기보다는 낮은 저작권 인식으로 불법적 이용이 성행한 탓에 합법적 수요가 부족한 데서 온다고 생각한다.

[1062] 저작권법 제125조 제2항에 따른 손해액 산정의 경우를 말한다. "②저작재산권자등이 고의 또는 과실로 그 권리를 침해한 자에게 그 침해행위로 자기가 받은 손해의 배상을 청구하는 경우에 그 권리의 행사로 <u>일반적으로 받을 수 있는 금액에 상응하는 액을 저작재산권자등이 받은 손해의 액으로 하여 그 손해배상을 청구할 수 있다.</u>"(밑줄은 본 저자가 친 것임). 물론 다른 선택지로서 "침해한 자가 그 침해행위에 의하여 이익을 받은 때에는 그 이익의 액을 저작재산권자등이 받은 손해의 액으로 추정"(제1항), "저작재산권자등이 받은 손해의 액이 제2항에 따른 금액을 초과하는 경우에는 그 초과액에 대해서도 손해배상을 청구"(제3항)도 있다.

[1063] 예를 들어 저작권법을 위반하는 무단 이용이 권리자 측에 적발될 확률이 30%라고 가정하자. 그리고 권리자가 제125조 제2항(일반적 사용료 기준)에 의해 손해배상청구를 한다고 전제할 경우, 순전히 경제적으로 계산하면 합법적 라이선스 계약을 체결할 때의 비용은 불법을 감행할 경우에 비해 3.33배에 해당한다. 합법적 라이선스를 체결하는 이용자는 저작권 이용료로 매번 100원씩 지불하는데, 불법을 두려워하지 않는 이용자는 걸려서 100원을 배상할 확률이 30%이므로 산술적으로 매번 30원을 지불하는 셈이다. 따라서 합법적인 라이선스 계약에 의하면, 매번 70원을 과도하

하는 징벌배상 제도까지는 아니더라도 저작물 사용자가 불법적 이용으로 나아갈 유인을 제압할 정도의 손해배상 판결이 선고되지 않는다면, 비정상적 저작권 비즈니스는 사라지지 않을 수도 있다.

㈜ 대리인의 논리 ― '틈새시장' 공략

위에서 말한 비정상적인 저작권시장의 형성은 저작권분쟁의 특성에 기인한 바가 있다는 것을 지적하고자 한다. 한국의 저작권시장이 협소한 것 외에 저작권분쟁이 변호사업계의 논리에 의해 일종의 '틈새시장'으로 타겟팅된 측면이 있다. 저작권자 입장에서 볼 때, 인터넷 환경에서 저작권분쟁은 다수의 위반자, 소액의 배상액,1065) 적발과 증거수집의 용이함1066)1067) 등의

게 지불하는 결과가 된다고 생각하기 쉽다.
1064) §504(c) (Statutory Damages)는 저작물 1개당 750달러 이상 30,000달러 이하의 금액의 법정배상을 원칙으로 하되, 고의 침해의 경우 법원은 재량으로 150,000달러까지 인상할 수 있도록 정하고 있다. 또한 침해자가 증명책임을 지는 경우 침해 구성 사실을 알지 못했고 이를 믿을 만한 상당한 이유가 있다고 법원이 판단하는 때에는 200달러까지 인하할 수 있다. 한국 저작권법도 2011. 12. 2. 개정으로 법정배상 제도를 도입했는데(제125조의2), 상한선이 1천만 원(영리 목적으로 고의 침해인 경우 5천만 원)으로 정해져 있어 미국의 법정배상 제도에 크게 미달한다.
1065) 예를 들어 신문 기사의 무단 게재는 법원에서 기사 한 건당 10만 원 정도의 손해배상이 선고되고 있다.
1066) 인터넷상에서 간단한 디지털 기술로 자신의 저작물을 누가 무단 이용하는지 쉽게 찾을 수 있으며, 이를 캡처해 두면 저작권침해에 대한 채증이 된다. 실제 저작권자를 대리하여 기획소송을 하는 변호사 사무소의 경우 인터넷 서핑을 통해 위반자를 찾아내고 채증하는 것에 전념하는 직원을 두고 한 번에 수백, 수천 건의 소송을 제기하기도 한다. 손해배상청구권의 시효가 지나기 전에 채증된 증거로 수 건을 한꺼번에 제소하는 경우도 있다. 형사절차를 선택하는 경우 저작권법위반 사실을 고지하고 합의금을 지불하지 않으면 고소하겠다는 취지의 내용증명을 일괄적으로 보내기도 한다.
1067) 저작권법위반을 입증하기 위한 증거수집, 즉 채증은 위 주에서 보는 바와 같이 인터넷상에서 비교적 쉽게 이루어지고 있지만, 오프라인에서는 반드시 그렇지만은 않다. 최근 이와 관련하여 흥미로운 사건이 발생했다. 헬스장 등 다중이용 시설에서 음악

특징이 있다. 저작권자 측에서는 민사의 경우 소송대리인으로 변호사를 선임하고, 형사의 경우 내용증명 발송, 고소장 작성 등 고소 제기에 관해 변호사를 선임하는 경우가 있는데, 개별 건은 액수가 작아도 위반자가 다수이며 동일 저작물에 관한 침해 사건을 처리하기 때문에 변호사로서도 정형화된 일을 수행한다는 점에서 수익성 있는 일로 치부돼 왔다. 한편, 이용자(침해자) 측에서는 저작권법위반 여부를 다툴만한 사유 — 예컨대 공정이용 등 저작재산권 제한 조항 해당 여부 — 가 있어도, 선뜻 응소하여 법정에서 다투기를 꺼리게 된다. 개별 건에서 요구하는 청구금액이 그렇게 크지 않아도 전문적인 법 영역이라 할 수 있는 저작권분쟁에서 변호사를 선임하지 않고 직접 재판에 참여하는 것에 큰 부담을 갖기 때문이다.[1068] 이런 상황에서 저작권자 측의 합의 요구에 이용자(침해자)가 다툴만한 사유가 있음에도 불구하고 민사재판까지 가기 전에 쉽게 굴복하고 마는 경우가 자주 발생한다. 한편, 저작권자를 대리하는 변호사가 저작권법 위반자를 상대로 형사 고소를 전제로 내용증명을 보내는 경우는 더욱 심각하다. 지급하지 않으면 고소하겠다는 합의금 액수가 고액이라면 — 변호사 선임 비용과 쌍방 간에 불복하여 최악의 경우 대법원까지 소송이 진행되는 장기간에 발생하는 기회비용 등을 감안해도 합의에 응할 수 없을 정도의 고액이라면 — 이용자(침해

을 무단 공연(이용)하는 것을 적발하기 위해 저작권단체 직원이 시설에 들어와서 공연되는 음악을 몰래 녹음해 법적 조치를 해서 논란이 생긴 것이다. 신혜연, "'몰래 헬스장 와 녹음한 뒤 고소' … 3만 관장들 분노한 사연", 중앙일보 2024. 8. 9.자 기사, https://www.joongang.co.kr/article/25269534#home (2024. 12. 30. 방문). 일종의 '저작권 파파라치'인 셈인데, 이 보도 이후 헬스장 업주들의 반발로 인해 상생이 모색되고 있다. 이슬기, "한음저협, 헬스장 음악 저작권료 해결 위한 상생 방안 모색", 이투데이 2024. 10. 2.자 기사, https://www.etoday.co.kr/news/view/2406035 (2024. 12. 30. 방문). 여기에서 이렇게 수집한 증거가 재판에서 적법한 증거로 될 수 있는지는 후술한다[V.2.나.(4)(가) ③ 위법수집증거의 증거능력 참조].

[1068] 물론 시비를 명확히 가리겠다는 뜻에서 전문적인 변호사를 선임하기도 하지만, 경제적 측면에서 보면 "배보다 배꼽이 큰 경우"라고 하지 않을 수 없다.

자)는 합의금 요구를 거절하고 피의자/피고인의 지위에서 다툴 가능성이 있다. 그런데, 요구 금액이 그 정도에 미달할 경우, 내용증명을 받은 이용자로서는 고민에 빠지게 된다. 위에서 말한 경제적 비용 외에 형사절차에서 피할 수 없는 정신적 스트레스 등을 따져보아, 다툴 수 있는 사정이 있음에도 합의 요구를 수용하는 경우가 많다. 이런 고민의 순간이 연장돼 수사기관에 고소장이 접수된 후에 합의가 성사되기도 하는데, 그때의 처분이 바로 위에서 말한 '공소권 없음'이다. 검찰청 접수 건수의 절반에 달하는 것이 '공소권 없음'이니, 고소 제기 전 단계에서 합의된 것을 포함하면 실제 형사 고소를 무기로 합의를 끌어내는 저작권분쟁은 '공소권 없음' 사례보다 훨씬 많을 것으로 추정할 수 있다. 위에서 저작권분쟁을 변호사업계에서는 일종의 '틈새시장'으로 본다는 것이 바로 이를 두고 한 말이다. 즉, 민사 손해배상 청구이든 형사 합의금 요구이든, 소 제기 전 이용자(침해자)에게 발송되는 서면에 들어 있는 '금액'은 일종의 부제소 합의금 또는 고소 부제기 합의금 성격의 돈이라 할 수 있다. 그 금액이 상대방 입장에서 감내하기 힘들 정도의 고액이 아니되, 그렇다고 쉽게 지불할 만한 정도의 금액도 아닌, 그래서 고민 끝에 민사 법정에서의 응소 또는 수사기관에서의 변소 등을 피하기 위해 다소 부담스럽지만 응하지 않을 수 없을 정도의 금액으로 책정된다면, 분쟁은 법정으로 가지 않고 — 형사의 경우 수사기관에 접수되기 전에 또는 접수된 경우에는 기소되기 전에 — 해결되는 것이다. 그 '금액'에 바로 '틈새 시장'의 비밀이 들어 있다.

변호사업계에서는 '틈새시장'으로 자리매김한 비정상적인 저작권분쟁 시장 — 사실 그렇게 많은 소액의 분쟁이 있다는 것이 근본적 문제이지만 — 은 저작권법(학)의 발전과 그로 인한 저작권산업과 저작권시장의 선순환을 위해서는 매우 좋지 않다. 또한 위에서 말한 합의금 방식의 합리적 선택은 한국 사회의 평균적 경제인을 전제로 한 것으로서, 부모의 경제적 보호 아래 있지 않은 미성년자의 경우 합의금 마련을 위해 다른 범죄(공갈, 절도 등)로 나아가거나, 그렇지 아니한 경우 압박을 못 이겨 극단적 선택을 하는 경우도 발생했던 전례에 비추어 보면,1069) 합의금 장사로 대변되는 왜곡된 저작권 비즈니스는 저작권 의식이 뿌리내리고 합법적인 저작권 생태계가 선순환하는 것을 가로막는, 그야말로 '독버섯'과 같은 존재라고 하지 않을 수 없다. 변호사업계에서는 '틈새시장'의 발견을 일종의 '묘수'로 생각할지 모르나, 본 저자는 저작권시장의 특수성, 사실상 동일한 민·형사 요건, 국가형벌권에 대한 과도한 의존 등의 저작권 법률환경에 변호사업계가 기생하는 것이라고 평가한다.1070)

(마) 정리

위와 같은 비정상적인 저작권 비즈니스가 성행할 수 있는 환경은 시장이 협소하여 선순환구조보다는 합의금을 통한 방식이 더 수익성이 있다고 보

1069) 양지우, "[뉴스 따라잡기] '불법 다운' 했다가…자살까지", KBS뉴스 2008. 7. 29.자 기사, https://news.kbs.co.kr/news/pc/view/view.do?ncd=1605125 (2024. 12. 30. 방문).
1070) 변호사업을 단지 영리 영업으로 본다면, 변호사업계의 불황 타개책으로써 친고죄로 되어 있는 저작권법위반죄를 활용한 합의금 비즈니스를 묘수로 볼 수 있겠지만, "변호사는 기본적 인권을 옹호하고 사회정의를 실현함을 사명으로 한다"라는 변호사법 제1조를 상기할 때, 자괴감이 드는 것은 현실을 도외시한 지나친 이상론일까? 이 점에서 최근 위와 같은 잘못된 저작권분쟁 관행을 끊어내는 데 크게 일조한 일종의 기획소송을 소개한다. 국내 굴지의 대형 법률사무소에 소속된 공익소송팀에서 폰트 저작권침해로 거액의 합의금을 요구받은 한 사회복지법인을 대리하여 최종 승소로 이끈 사례가 있다. 위 '사회복지법인 서체 판결'(주 1058). 서체 저작물은 위에서 말한 '틈새시장'의 대표적인 저작물이다. 폰트(서체)의 저작물성을 인정한 대법원판결 2001. 6. 26. 선고 99다50552 판결('폰트 판결') 등에 따라 폰트를 무단 이용하는 침해자를 찾아 먼저 합의금을 요구하는데, 내용증명을 받은 개인이나 단체는 수십 또는 수백만 원 정도에 합의하는 경우가 대부분이었다. 위 '사회복지법인 서체 판결'에서 피고 복지법인이 승소할 수 있었던 이유는 역시 공정이용이었다. 그런데 전문지식을 갖춘 법률가의 조력이 필요한 이런 종류의 소송이 매번 공익소송에 의존할 수는 없다는 점에서 위 소송이 잘못된 저작권시장의 관행을 단절했다고 단정하기는 어렵지만, 서체 저작물에 관한 '틈새시장'에 경종을 울렸다고 평가할 수 있다.

는 저작권자 쪽 사정, 비현실적인 손해배상 제도 측면, 그리고 대리인의 논리 등이 더해져 생긴 것이다. 그런데 최근 K-pop의 활기로 저작물 소비시장이 한국을 넘어 세계로 확장됐다는 점에서 볼 때, 저작권분쟁에서 형사적 구제를 선호하는 사유로 제시되는 '저작권시장의 협소'라는 이유는 갈수록 설 땅이 없어지고 있다. 이런 환경적 변화에 따라 민사적 구제 방법으로 이끌 수 있도록 손해배상 제도를 더욱 현실적으로 바꿀 필요가 있다.

(4) 절차 혼용이 가져오는 재판 왜곡 — 형사재판의 공정이용을 중심으로

한국 저작권분쟁에서 민사·형사재판이 혼재되어 있고, 특히 일반적 사건에 비해 저작권분쟁에서 유독 형사 사건 비중이 매우 높다는 것을 위에서 논증했다. 그리고 '민사 분쟁의 형사 사건화', '저작권분쟁의 과도한 형사화'가 법률환경 측면에서 바람직하지 않다고 지적했다. 여기에서는 이런 현상이 법적으로 잘못된 결과를 가져올 수 있음을 피력하려고 한다. 민사·형사의 실체법 및 절차법상 차이를 고려하지 않은 채 단지 손해배상 요건과 벌칙의 구성요건이 같다는 이유만으로 저작권침해의 민사·형사재판을 차별 없이 심리하고 결론(판결)을 도출하는 한국 저작권재판의 실태를 비판함으로써 그것이 가져올 폐해를 지적한다. 특히 이 문제는 공정이용과 관련하여 심각한 문제를 노출하고 있기에 이하 형사재판에서의 공정이용 쟁점을 중심으로 논의한다.

(가) 증거

① 증명책임

(ⅰ) 실태

먼저 민사재판에서 공정이용을 항변 사유로 보는 것에는 특별한 문제가 없다. 그런데 형사재판에서는 다른 요소와 결합해서 증명책임의 소재를 달리할 가능성이 있다는 점에서, 저작권침해죄의 경우 공정이용이 구성요건(후술하는 '소극적 구성요건')인지, 위법성의 조각 사유인지가 중요해진다. 그런데 판결 중에는 이 점에 관한 문제의식이 전혀 보이지 않는 것이 있어 매우 실망스럽다.

예를 들어, '시민행동 판결'(서울서부지방법원 2012. 11. 1. 선고 2012고정 1591 판결)에는 "피고인은 시민교육 목적의 비영리적 공익 캠페인 블로그를 운영하던 중 이 사건 사진저작물을 게시한 것이므로, 저작권법 제35조의3의 공정이용에 해당되어 위법성이 조각되어야 한다는 취지의 주장을 한다. 그러나 저작권법(법률 제11110호) 제35조의3의 규정은 2012. 3. 15. 시행된 것으로 이 사건에 적용할 수 없다."라는 판시가 있다. 물론 공정이용 조항을 위법성의 조각 사유로 주장한 것이 피고인의 잘못이라고 하더라도 법원은 이를 바로 잡은 후 판단해야 했는데 그렇게 하지 않았다.[1071] '누드 패러디 판결(항소심)'에 따르면, '저작권법 제35조의3이 정한 공정이용에 해당하는지 여부'에 대한 판시 말미에서 "(...) 제35조의3에서 정하고 있는 저작물의 공정한 이용에 해당한다고 평가할 수 없다. 피고인의 주장은 이유 없다."라고 설시함으로써 마치 공정이용에 관한 주장과 증명책임이 검사가 아닌 피고인에게 있음을 전제로 한 것처럼 보인다.[1072]

단지 몇몇 판결을 예로 들었지만, 더 확대해 보더라도 저작권법위반에 관

[1071] 이 판결에서 신법(재판시법)을 적용하지 않은 것의 부당함에 대해서는 뒤에서 논의한다(아래 '(나) 법률의 변경에 따른 재판시법 문제').
[1072] 그 밖에 '게임소개서 판결'(대구지방법원 2016. 2. 26. 선고 2015고단6154 판결)에서도 공정이용에 관한 피고인의 주장은 받아들이지 않는다고 함으로써 같은 형식을 취하고 있다. 피고인이 게임개발 기획 담당 책임자로서 이전에 계약해지된 게임개발 계약 과정에서 알게 된 피해자 회사의 게임 이미지를 자사의 게임소개서에 무단 사용함으로써 저작권법위반죄로 기소된 사건에서 법원은 피고인의 공정이용 주장을 배척하고 유죄를 인정한 사안이다.

한 형사재판에서 공정이용에 관한 증명책임의 소재와 증명의 정도에 관해 형사소송법의 원칙에 따르고 있는지 의문이 아닐 수 없다. 공정이용 쟁점이 있는 저작권침해 사건에서 민사재판과 형사재판의 차이를 인식할 수 없을 정도로 실무에서는 거의 비슷하게 운용되고 있기 때문이다. 그런데 이에 관한 학계의 문제의식을 찾아보기 어렵다는 점에 문제의 심각성이 크다고 생각한다.

(ii) 증명책임 소재에 관한 일반론

민사재판과 달리 형사재판에서 범죄의 혐의에 대한 증명책임은 검사에게 있다. 이는 헌법상 무죄추정 원칙(제27조 제4항 "형사피고인은 유죄의 판결이 확정될 때까지는 무죄로 추정된다")에 근거를 두고 있다. 그렇다면, 저작권법위반 사건에서 공정이용 성립 요건사실에 관한 증명책임은 어느 쪽에 있을까? 이런 문제 제기가 새삼스럽게 느껴지는 것은 한국의 저작권분쟁에서 민사·형사재판이 혼용되다 보니, 재판 실무에서 민사의 증명책임 분배 원리와 형사의 검사 증명책임 원칙을 명확히 구별해 적용하지 않기 때문이다. 증명책임의 분배가 민사재판의 성패와 직접 관련된다는 점에서 얼마나 중요한지는 긴 설명이 필요하지 않다. 그런데 증명책임의 분배가 형사에서는 민사에 비해 상대적으로 덜 중요하게 생각되는 것은 원칙적으로 범죄 혐의에 관한 증명책임이 검찰에 있기 때문이다.

민사재판에서 증명책임 분배는 기본적으로 공평의 원리에 기반하므로, 예외에 해당하는 공정이용 등 저작재산권 제한에 관한 주장 및 증명책임은 일반적으로[1073] 피고에게 있다. 즉, 민사재판에서 공정이용은 피고의 항변 사

1073) 간혹 침해자로 지목된 이용자가 저작권을 침해하지 않았다는 확인을 구하기 위해 채무부존재확인의 소를 제기하는 경우가 있어 적극적 당사자인 원고가 되기도 하지만(예를 들어 '손담비 미쳤어 판결', 주 9), 일반적으로는 소극적 당사자인 피고가 된다.

항이 된다.[1074] 그 점에서 '한경닷컴 판결'(서울중앙지방법원 2014. 2. 11. 선고 2013나36100 판결)에서 "공정이용 사실(피고의 저작물 게시행위가 '저작물의 통상적인 이용 방법과 충돌'하지 않는다거나 '저작자의 정당한 이익을 부당하게 해치지 아니하는 경우')에 해당한다고 볼 어떠한 증거도 없을 뿐만 아니라 (…) 결국 피고의 위 주장도 받아들일 수 없다"라고 판시한 것은 민사재판에서 공정이용 사실에 대한 증명책임이 이를 주장하는 이용자(피고) 측에 있음을 전제로 한 것으로서 타당하다.

그런데, 형사재판에서도 위와 같이 판결할 수 있을까? 형사재판에서 공정이용 성립 여부에 관한 증명책임은 유죄에 대한 증명책임 영역으로서 검사에게 있으므로, 원칙적으로 검찰 측이 공정이용에 해당하지 않는다는 점을 증명하지 못하면 '범죄사실의 증명이 없는 때'(형사소송법 제325조 후단)에 해당하므로 법원은 무죄를 선고해야 한다.

(iii) 공정이용의 법적 성격과 증명책임 소재

공정이용 조항(제35조의5)의 저작권법 편제상 위치는 제2장 '저작권' 제4절 '저작재산권' 제2관 '저작재산권의 제한' 내 제23조에서 제38조까지 중 한 조문으로 되어 있다. 따라서 저작재산권 침해에 따른 손해배상청구(제125조 제1항)와 벌칙(제136조 제1항 제1호)의 요건사실 또는 구성요건인 '저작재산권 침해'라고 할 때, 저작재산권은 제4절의 저작재산권을 말한다. 즉, 저작재산권은 제4절 '저작재산권' 제1관 '저작재산권의 종류'에 열거된 저작재산권(제16조 복제권 ~ 제22조 2차적저작물작성권)으로서, '복제' 등의 개념은 제1장 총칙 제2조 정의 규정, '저작물'과 '저작자'의 개념은 제2장 '저작권' 제1절 '저작물', 제2절 '저작자'의 각 규정으로 확정한다. 그런데 저작권법은 저작재산권(제4절)에서 저작재산권의 제한 조항(제2관)을 두

1074) 임원선은 공정이용을 원고의 저작권침해 주장에 맞서 피고가 주장하여 관철해야 할 적극적 항변(affirmative defense)이라고 한다. 임원선, 전게서(주 964), 215면.

고 있으니, 손해배상청구와 벌칙 조항의 요건인 저작재산권과 관련지어 볼 때 이 제한 조항은 예외 규정으로서 저작재산권의 '소극 요건'으로 해석해야 한다.[1075]

정리하면, 저작권법상 저작재산권 침해에 따른 손해배상청구의 요건 또는 벌칙의 구성요건으로서 저작재산권은 제16조에서 제22조까지의 각 저작재산권을 말하되, 제23조에서 제38조까지의 제한 조항에 해당하지 않을 것을 요건으로 한다고 할 수 있다. 다만, 적극 또는 소극 요건을 불문하고 범죄의 구성요건에 대한 증명책임은 검사에게 있다.

한편, 견해를 달리하여 공정이용을 위법성 조각 사유의 하나로 보더라도,[1076] 그리고 부존재에 대한 증명의 어려움을 감안해 공정이용에 관한 증명책임을 사실상 피고인에게 돌리는 것이 합리적이라는 주장이 있을 수 있다. 그런데, 이런 가정적 주장이 헌법에서 정한 피고인의 무죄추정 원칙에 따라 유죄에 관한 증명책임을 검사에 부담시키고 있는 형사법의 대원칙을 허물 만큼 정당성을 갖춘 것인지, 또는 그렇다 하더라도 현재의 실무가 타당한 것인지 살펴보기로 한다.

첫째, 먼저 앞서 본 바와 같이 저작권법의 편제상 공정이용(제35조의5)은 위법성의 조각 사유에 해당하기 어렵다. 형법은 총칙에서 위법성 조각 사유로 규정한 정당행위(제20조), 정당방위(제21조), 긴급피난(제22조), 자구행위(제23조), 피해자의 승낙(제24조) 등을 정한 외에 각칙 '명예에 관한 죄'에서

[1075] 참고로 독일 저작권법은 벌칙 조항에서 "법률상 허용된 경우 이외에"라는 문구가 명시적으로 들어 있어 저작재산권 제한 사유를 벌칙의 구성요건에서 배제하고 있다. 제106조(보호저작물의 무단 이용)
① 법률상 허용된 경우 이외에 권한이 있는 자의 승낙 없이 저작물, 저작물의 개작물 또는 변형물을 복제, 배포 또는 공개재현하는 자는 3년 이하의 징역 또는 벌금으로 처벌한다.
[1076] '저작재산권의 제한'의 법적 성격에 관한 논의를 찾아보기 어려운데, 이례적으로 박준석 교수는 위법성 조각 사유를 전제로 논의를 펼치고 있다. 박준석, 전게논문(주 968), 199면 중 주 91.

'위법성의 조각'을 별도 규정으로 표제를 달아 규정하고 있다(제310조). 한편, 공직선거법 제251조(후보자비방죄)는 단서에서 "다만, 진실한 사실로서 공공의 이익에 관한 때에는 처벌하지 아니한다"라고 하여 위 여러 위법성의 조각 사유와 같은 형식으로 규정하고 있다. 따라서 위와 같이 '벌하지 아니한다'라는 형식으로 되어 있지 않은 공정이용(제35조의5)을 저작권법위반죄에 관한 위법성 조각 사유로 보기 어렵다.

둘째, 위법성 조각 사유와 관련한 증명책임에 대해서는 형법학자들 사이에서 견해가 나뉜다. 부존재에 대한 증명이 어렵다는 점에서 존재에 대한 증명, 즉 조각 사유의 존재를 입증할 책임이 피고인에게 있다고 보는 견해(증명책임 전환 긍정설)와 피고인의 무죄추정 원칙을 깨뜨릴 수 있다는 점에서 여전히 조각 사유의 부존재에 대한 증명책임이 검사에게 있다고 보는 견해(증명책임 전환 부정설)가 맞서고 있다.[1077] 판례 중에는 명예훼손의 위법성 조각 사유로서 진실한 사실이고 믿은 데 정당한 사유가 있다는 점에 대한 증명책임을 피고인에게 부여하되 통상 검사에게 부여하는 엄격한 증명을 요하지 않고 완화한 것이 있다(대법원 1996. 10. 25. 선고 95도1473 판결). 이를 공정이용에 적용하면 — 물론 공정이용을 위법성 조각 사유로 본다는 전제하에 — 공정이용에 해당하는 사유, 즉 "저작물의 일반적인 이용 방법과 충돌하지 아니하고 저작자의 정당한 이익을 부당하게 해치지 아니한다는 점"(제35조의5 제1항)을 피고인이 증명하되, 그 증명의 정도를 "합리적인 의심이 없는 정도의 증명"(형사소송법 제307조 제2항)까지는 요구하지 않는 것이다. 그런데 공정이용이 쟁점인 저작권법위반 형사재판에서 검사의 증명책임 원칙을 지키거나(위 전환 부정설), 공정이용에 관한 존재 사실의 증명책임을 피고인에게 전환하되 증명책임을 완화하는(위 대법원판결) 등으로 재판 운용을 하고 있는지 의문이다. 증명의 정도에 관해서는 다음에서

1077) 김두식, "위법성조각사유와 책임조각사유의 증명책임 — 형사소송법 제307조 제2항과 증거제출책임 논의를 중심으로 — ", 강원법학 제59권, 2000, 233-235면.

이어 살펴본다.

② 증명의 정도

범죄사실의 인정은 합리적인 의심이 없는 정도의 증명에 이르러야 한다(형사소송법 제307조 제2항).[1078] 형사재판에서 범죄사실의 인정은 법관으로 하여금 합리적인 의심을 할 여지가 없을 정도의 확신을 가지게 하는 증명력을 가진 엄격한 증거에 의하여야 하므로, 검사의 증명이 그만한 확신을 가지게 하는 정도에 이르지 못한 경우에는 설령 유죄의 의심이 가는 사정이 있더라도 피고인의 이익으로 판단하여야 한다(대법원 2023. 1. 12. 선고 2022도11245, 2022보도52 판결).

저작재산권 침해에 관한 저작권법위반죄에서 공정이용은 소극적 구성요건이므로 이에 관한 증명책임은 검사에 있다. 검사는 범죄의 소극적 구성요건인 피고인의 이용이 "저작물의 일반적인 이용 방법과 충돌하고 저작자의 정당한 이익을 부당하게 해친다"라는 점을 증명해야 하며, 그 증명은 합리적 의심이 없는 정도에 이르러야 한다.

한편, 저작재산권 침해에 따른 손해배상청구에서는 원고의 저작권침해 주장과 증명이 끝나면 피고는 공정이용 사실, 즉 자신의 이용이 "저작물의 일반적인 이용 방법과 충돌하지 아니하고 저작자의 정당한 이익을 부당하게 해치지 아니한다는 점"을 증명해야 한다. 이때 증명의 정도는 "추호의 의혹도 있어서는 아니 되는 자연과학적 증명은 아니나, 특별한 사정이 없는 한 경험칙에 비추어 모든 증거를 종합 검토하여 어떠한 사실이 있었다는 점을 시인할 수 있는 고도의 개연성을 증명하는 것이고, 그 판정은 통상인이라면 의심을 품지 않을 정도일 것을 필요로 한다"(대법원 2000. 2. 25. 선고 99다65097 판결 등).

[1078] 이 조항은 판례이론이 2007년 법 개정을 통해 조문화된 것이다.

이처럼 민사·형사재판은 증명의 정도를 달리하고 있는데, 저작재산권 침해에 따른 민사·형사재판 실무에서 특히 공정이용에 관한 증명책임과 관련하여 위와 같은 차이를 명확히 인식하고 진행되고 있는지 의문이 들지 않을 수 없다.[1079]

③ 위법수집증거의 증거능력

형사소송법은 적법한 절차에 따르지 아니하고 수집한 증거는 증거로 할 수 없다고 규정하고 있다(제308조의2 위법수집증거의 배제). 위 헬스장 사례에서 본 바와 같이[1080] 저작권으로 보호되는 타인의 음원이 무단 이용(공연)되는 것을 채증하기 위해 녹음한 행위가 적법하게 영장을 받아 타인의 주거(사무실)에 들어가 이루어진 것이 아니라면, 위법수집증거로서 유죄의 증거가 되지 못할 수 있다.[1081] 그런데, 저작권침해에 따른 손해배상 등 민

[1079] '교과서 동시 판결'[서울남부지방법원 2018. 8. 24. 선고 2016고정2825 판결. 항소심 판결(서울남부지방법원 2019. 10. 15. 선고 2018노1678 판결)에는 이 부분 이유가 누락돼 있고, 상고심 판결(대법원 2019. 12. 27. 선고 2019도15768 판결)에는 특별한 이유 설시가 없다]에서 형사 사건임에도 범죄성립을 원칙으로 보고, 예외사유(공정이용) 해당 여부를 엄격 해석해야 한다는 판시가 있어 눈길을 끈다.

"저작권법은 보호되는 타인의 저작물 일부 또는 전부를 해당 저작권자 허락 없이 이용하거나 이용의 허락이 있더라도 그 허락의 범위를 현저하게 넘어서 이용하는 행위를 저작권침해를 구성한다고 규정하고 있다. 해당 저작물 이용이 영리의 목적인지 비영리의 목적인지, 이용의 주체가 누구인지, 저작물의 종류가 무엇인지 여부가 범죄 성립에 영향을 미치지 아니한다. 다만 저작권법은 제23조 내지 제35조의3에서 일정한 경우에는 저작권자의 허락 없이도 저작물을 이용할 수 있도록 저작재산권을 제한하는 예외적인 규정을 두고 있다. 저작재산권 제한규정은 저작권자가 가지고 있는 본래의 권리 내용을 공익성 등 특별한 요청에 따라 예외적으로 제한하는 것이므로 해당 규정을 적용함에 있어 엄격하게 해석하여야 할 필요성이 있다."

그런데, 이는 공정이용을 원칙에 대한 예외 규정으로 보아 예외 규정 해당성에 대한 '해석의 엄격성'을 말하는 것으로서 본문의 형사 사건에서 유죄에 대한 '엄격 증명'과는 궤를 달리하는 쟁점이다.

[1080] 주 1067.

사절차에서라면 형사절차에 비해 위법수집증거도 증거가 될 가능성이 상대적으로 열려 있다고 할 수 있다.1082) 이처럼 위법하게 수집한 증거가 유죄의 증거 또는 청구에 대한 증거가 되는지가 형사 및 민사 재판에서 달라질 수 있다.

참고로 미국 판결 중 시의회가 음란 영화를 상영하는 성인영화관에 대한 행정조치를 하기 위해 극장에 잠입, 몰래 녹화한 것에 대해 영화사와 영화관측에서 저작권침해 주장을 제기했는데, 법원이 공정이용을 인정한 사례가 있다.1083) 이는 위 헬스장 사례와 달리 증거수집을 저작권자가 아닌 공정이용을 주장하는 쪽에서 했다는 점에서 차이가 있다.

④ 정리

본 저자가 조사해 본 공정이용 판결 중에 증명책임의 소재와 관련하여 민사와 형사 판결에서 확연히 구별하고 있는 것을 발견하지 못했다. 저작권침해에 관한 민사재판에서 증명책임 분배를 철저히 하지 않는 관행이 있는 것은 사실이다. 예를 들어 저작물성에 관한 증명책임은 원고(저작권자) 측에 있으나, 재판실무에서는 피고(이용자) 측이 저작물성을 갖추지 못했다고 적극적으로 다투는 경우를 볼 수 있다. 원고에게 증명책임이 있을 뿐 피고에게는 단지 부인 사항에 불과한데도, 저작물성에 대해 원고와 피고가 각자 주장 입증하도록 한 후 재판부가 종합적으로 판단해 원고 청구를 인용 또는 기각하는 것이 저작권에 관한 민사재판의 현실이다.

1081) 수사기관 또는 사인의 위법수집증거는 개별적인 사안에서 효과적인 형사소추와 형사절차상 진실발견이라는 공익과 개인의 인격적 이익 등의 보호이익을 비교형량하여 증거능력이 결정된다. 대법원 2023. 12. 14. 선고 2021도2299 판결, 대법원 2013. 11. 28. 선고 2010도12244 판결, 대법원 1997. 9. 30. 선고 97도1230 판결 등.
1082) 문영화, "민사소송에서 증거능력의 의미", 저스티스 통권 제191호, 2022. 8., 110-112, 133-134면.
1083) Jartech, Inc. v. Clancy, 666 F.2d 403 (9th Cir. 1982).

그런데 증명의 성공 여부에 따라 형사처벌 여부가 달라지는 형사재판에서 증명책임의 소재를 불확실하게 하거나 '종합적'으로 할 수는 없다. 게다가 형사재판에서 유죄로 인정하기 위해서는 '엄격 증명'을 요한다는 점에서 민사재판에서보다 증명의 정도가 강하다.

　공정이용에 해당하지 않는다는 사실에 관한 증명책임이 검사에게 있고, 그것도 엄격 증명되어야 하며, 위법수집증거 배제의 원칙이 적용된다는 점에서 저작재산권 침해로 인한 형사재판은 저작재산권 침해에 따른 손해배상청구 재판과 유의미한 차이가 있어야 한다. 그런데 그간 한국의 저작권침해 재판은 그와 같은 구별이 있는지조차 모르고 진행되는 것이 아닐까 싶을 정도로 긴장감이 없다는 것이 큰 문제이다.

　한편, 제35조의5 제2항의 네 가지 사항은 판단 시 고려 요소이므로, 형사재판이라 하여 검사 측이 증명책임을 부담하는 것이 아니고, 법관의 판단에서 고려 사항일 뿐이라는 점에 유의해야 한다.

(나) 법률의 변경에 따른 재판시법 문제

　공정이용 조항(제35조의3)은 한미 FTA의 결과물로 2011년에 신설됐다(시행 2012. 3. 15.).[1084] 저작물 이용행위가 이 조항 시행 이전에 있었는데 시

1084) 법 시행일에 관해서는 주 958 본문 참조. 제35조의3을 신설한 2011. 12. 2.자 개정 저작권법(시행 2012. 3. 15.) 부칙 경과규정 제7조(벌칙 적용에 관한 경과조치)는 다음과 같이 규정하고 있다. "이 법 시행 전의 행위에 대한 벌칙의 적용에 있어서는 종전의 규정에 따른다." 벌칙(제136조~제140조)의 강화에 따른 경과규정이다. 이 개정으로 벌칙은 강화되었으나 동시에 공정이용 조항의 신설은 이용자(행위자)에게 유리하게 바뀌었다고 볼 수 있다. 경과규정 제7조의 '벌칙'은 처벌규정에 관한 것일 뿐, 범죄 성립요건(구성요건, 위법성 조각 사유 등)에 관한 것은 아니라고 생각된다. 그런데 범죄 성립요건까지 포함하는 것으로 해석할 경우 제35조의3의 신설이 행위자에게 유리하게 변경된 것임에도 종전 규정을 적용하게 됨으로써, 유리한 재판시법을 적용할 수 있는 근거가 되는 형법 제1조 제2항과 충돌 문제가 생긴다. 나아가 위 경과규정 제7조를 형법 제8조 단서의 '특별한 규정'으로 보아 형법 총칙 규정인

행 이후 재판에서 신법의 공정이용 조항을 적용할 수 있는지와 관련하여, 한국 법원의 재판 실무는 민사·형사 구분 없이 모두 구법을 적용하였다.

손해배상청구 등 민사재판에서 행위시법과 재판시법이 다를 경우 행위시법을 적용하여야 하므로 공정이용 조항의 신설에도 불구하고 이를 적용하지 않은 것은 당연하다.1085) 그런데 저작권법위반에 관한 형사재판에서는 형법 제1조 제2항1086)에 따라 신법이 적용되어야 하는 것은 아닐까? 제35조의3의 신설이 형법 제1조 제2항의 "범죄 후 법률이 변경되어 그 행위가 범죄를 구성하지 아니하게 된 경우"에 해당하는지가 쟁점이다.

① "범죄를 구성하지 아니하게 된 경우"에 해당하는지

일견 제35조의3의 신설 그 자체로 어떤 저작물 이용행위가 범죄를 구성하지 아니하게 된 경우라고 할 수는 없을 것이다. 그리고 이 조항 자체가 벌칙 조항이 아니기도 하다. 그런데 조항 신설로 이용자에게 처벌에 관한 법적 환경이 유리하게 변경된 것은 사실이다.1087) "제23조부터 제35조의4가

제1조 제2항을 적용하지 않는다면, 이하 형법 제1조 제2항의 행위시법/재판시법 논의는 불필요하게 될 것이다.
1085) '골프존 판결 I'(서울고등법원 2016. 12. 1. 선고 2015나2016239 판결, 대법원 2020. 3. 26. 선고 2016다276467 판결에서 상고기각으로 확정).
1086) 제1조(범죄의 성립과 처벌) ① 범죄의 성립과 처벌은 행위 시의 법률에 따른다.
② 범죄 후 법률이 변경되어 그 행위가 범죄를 구성하지 아니하게 되거나 형이 구법(舊法)보다 가벼워진 경우에는 신법(新法)에 따른다.
1087) 제35조의3의 신설에 의해 이용범위를 확장했다고 볼 수 있다는 판결이 있다. 서울고등법원 2012. 4. 4.자 2011라1456 결정('메가스터디 판결'). 이 판결은 괄호 안에 방론으로 다음과 같이 설시했다. "저작권법 제28조, 그뿐만 아니라 2011. 12. 2. 개정되어 2012. 3. 15.부터 시행된 저작권법은 제35조의3에서 저작물의 통상적인 이용 방법과 충돌하지 아니하고 저작자의 정당한 이익을 부당하게 해치지 아니하는 경우에는 보도·비평·교육·연구 등을 위하여 저작물을 이용할 수 있도록 하고 있어 피신청인의 이용범위를 더 확장하였다고도 볼 수도 있다." '식약청 판결'(주 967)도 같은 취지이다.

지, 제101조의3부터 제101조의5까지의 경우 외에"라는 규정의 문리해석으로도 제35조의3(현행 제35조의5)이 개별 저작재산권 제한 사유에 더한 포괄적 제한 사유임이 명백하다는 점에서 이용자에게 유리한 법률의 변경이라고 할 수 있다. 이처럼 공정이용 조항의 신설을 피고인에게 유리하게 변경된 법률의 변경으로 본다면, 재판시법을 적용하는 것이 맞다.

그런데 위 '식약청 판결'에서 대법원이 "저작물의 공정이용은 저작권자의 이익과 공공의 이익이라고 하는 대립되는 이해의 조정 위에서 성립하므로 공정이용의 법리가 적용되기 위해서는 그 요건이 명확하게 규정되어 있을 것이 필요한데, 구 저작권법(2009. 3. 25. 법률 제9529호로 개정되기 전의 것. 이하 같다)은 이에 관하여 명시적 규정을 두지 않으면서('저작물의 공정한 이용'에 관한 규정은 2011. 12. 2. 법률 제11110호로 개정된 저작권법 제35조의3으로 비로소 신설되었다) 제23조 이하에서 저작재산권의 제한 사유를 개별적으로 나열하고 있을 뿐이므로, 구 저작권법하에서는 널리 공정이용의 법리가 인정되는 것으로 보기는 어렵다. 따라서 구 저작권법하에서 일반조항으로 공정이용의 법리가 인정됨을 전제로 하는 한 상고이유의 주장은 이유 없다."라고 판결함으로써 저작권법위반 형사재판에서 처벌법규 변경에 따른 행위시법·재판시법 적용 논의나, 제35조의3이 처벌법규에 해당하는지에 관한 논의를 전혀 하고 있지 않음을 알 수 있다. 그 밖에 상고이유에서도 이에 관한 주장이 없는 것으로 볼 때, 재판부뿐 아니라 재판 당사자들에게도 저작권침해에 따른 형사재판이 민사재판과 다를 수 있고 달라야 한다는 점에 대한 문제의식을 찾아볼 수 없다. 피고인에게 유리한 재판시법을 적용할 수 있는 형사재판임에도 불법행위의 원인행위 발생 당시의 법률을 적용하는 민사재판에서와 같이 법률적용을 한 것으로 생각한다. 참으로 안이한 태도라고 하지 않을 수 없다.

② 법령 변경 사유에 관한 대법원판결의 변경

대법원은 이른바 '전동킥보드 판결'(대법원 2022. 12. 22. 선고 2020도16420 전원합의체 판결)로써 형법 제1조 제2항이 법률이념의 변경에 따라 종전 법령이 범죄로 정하여 처벌한 것이 부당하였다거나 과형이 과중하였다는 반성적 고려에서 법령을 변경했을 경우에만 적용된다고 한 종전 대법원판결을 변경하여, 반성적 고려에 따라 변경된 것인지를 따지지 않고 적용된다고 판결하였다. 위 '시민행동 판결'은 위 전원합의체 판결 이전에 선고됐던 것으로서, 당시 대법원판결에 따르면 형벌법규의 변경 사유에 따라 형법 제1조 제2항의 적용 여부가 달라지게 된다.

한편, 앞서 본 바와 같이 제35조의3은 한미 FTA의 산물이다. 따라서 제35조의3을 신설한 것은 저작권자를 과도하게 보호하고 이용자의 이용을 지나치게 제한함으로써 저작권침해죄 성립을 쉽게 했다는 것에 대한 반성적 고려로 인한 것이 아니라, 통상 정책의 변화에 의한 것으로 보는 것이 합리적이다.[1088] 따라서, 종전 대법원판결에 따르면, 위 '시민행동 판결'(2012년 판결)에서 재판시법(신법)이 아닌 행위시법(구법)에 의해 제35조의3을 적용하지 않은 것은 결과적으로 타당한 것이었다고 할 수 있다.[1089]

이제 전원합의체 판결에 따라 공정이용 조항 도입 시행 이후에 행해지는 재판에서는 동 법 시행 이전에 발생한 저작권법위반 행위에도 신법의 공정

[1088] 공정이용은 미국 저작권 판례에서 발전돼 오다가 미국 저작권법에 조문화된 것으로서, 여전히 많은 나라에서는 공정이용 조항을 두고 있지 않다. 예를 들어 한국 지적권법과 비교법 연구의 대상으로 많이 거론되는 일본, 독일, 프랑스 등 국가의 저작권법에는 공정이용 조항이 없다. 이를 보더라도 공정이용의 도입이 형사처벌 관점에서 볼 때, 공정이용 조항이 부재했던 종전 법령이 범죄로 정하여 처벌한 것이 부당하였다거나 과형이 과중하였다는 반성적 고려에 의한 것이라고 할 수는 없다. 통상 협정 체결 과정에서 저작권환경의 변화에 따른 저작권자의 보호와 이용자의 공정한 이용 사이의 균형을 고려한 입법일 뿐이다. 주 958 참조.

[1089] '시민행동 판결'이 법률의 적용에 관한 논의 끝에 이런 결론에 달한 것은 아니었으나, 결과적으로 타당하다는 뜻이다. 주 1071 참조.

이용 조항을 적용할 수 있다. 여기에서 제35조의3의 도입에 따른 시행일 2012. 3. 15.로부터 10년이 훨씬 더 지났기 때문에 위 전원합의체 판결에 따라 구법 당시에 발생한 사건에 신법을 적용할 수 있는 사건은 사실상 거의 없을 것이라는 점에서1090) 재판시법 적용 논의가 더는 필요 없는 게 아닌가 생각할 수 있다. 그러나 공정이용 논의를 넘어 현재 국회에서 논의 중인

1090) 이론상 전원합의체 판결에 따라 구법(제35조의3 신설 이전) 시행 당시에 발생한 사건이 신법(제35조의3 신설) 시행일 2012. 3. 15. 이후에 판결이 선고되는 사건으로서 최종적으로 대법원 판례 변경에 따라 제35조의3(현행 제35조의5)이 적용되려면, 공판이 무려 10년 이상 진행되고 있어야 한다. 저작권법위반죄의 성격상 재판이 이렇게 오래 지연될 것으로 생각하기는 어렵다. 한편, 저작권법위반죄의 공소시효(7년)를 적용하면, 구법이 적용될 수 있는 가장 늦은 사건은 2012. 3. 15. 이전에 발생한 것으로서 2019. 3. 14.까지 기소된 사건일 것이다. 이런 사건의 재판이 현재(2025년)까지 최종 확정되지 않고 진행되고 있다면, 위 전원합의체 판결에 따라 신법(공정이용 조항)이 적용될 수 있을 것이다. 한편, 위 '소양강 처녀 판결'(대법원 2024년 선고, 주 967)은 민사 사건이라는 점에서 위 공소시효 논의가 적용되지 않는다. 이 사건에서 피고 금천구의 노래비, 피고 한국수자원공사의 노래가사지가 제작 설치된 것은 2012. 3. 15. 이전인데, 원심[서울중앙지방법원 2021. 1. 22. 선고 2019나28256, 2019나45076(독립당사자참가의소) 판결]은 공정이용 법리를 적용할 수 있다고 보았다. 대법원은 위 '식약청 판결'(주 967)을 참조 판결로 제시하고 구 저작권법 하에서는 공정이용 법리가 널리 인정되는 것으로 보기 어렵다고 하여 원심을 파기했다. 구법 당시에도 공정이용 법리를 적용할 수 있다고 본 원심에 대해 제28조와 제35조의3이 요건이나 적용범위가 다르다는 점을 지적한 대법원판결은 타당하다. 다만, 대법원판결에서 논의되지는 않았지만, 민사 사건에서 마치 형법 제1조 제2항에 따라 재판시법을 적용한 듯한 원심, 그리고 형사 판결('식약청 판결')을 참조 판결을 제시한 상고심 모두 공정이용 판단에서 민사·형사재판을 명확히 구분하지 않은 잘못이 있다. 나아가, 위 대법원판결은 노래비와 노래가사지에 노래 가사인 해당 저작물을 기재하는 이용행위는 '복제'에 해당하는데 이는 유형물에 고정하거나 유형물로 다시 제작함으로써 종료되는 것임을 전제로 노래비나 노래가사지의 제작 설치에 따른 해당 저작물의 이용행위는 이미 제35조의3 시행 이전에 완성되었으므로 동 조항 신설 이후 존재하였더라도 위 규정을 적용할 수 없다고 판시했다. 그런데 복제 이후 저작권 침해물(노래비 등)이 지속적으로 외부에 전시되고 있다면, 저작권침해라는 위법 상태는 지속되고 있다고 볼 수 있고, 따라서 그 상태가 공정이용 조항 신설 후까지 이어지고 있는 — 구법과 신법에 걸쳐 있음 — 이 사안에서 그 전후에 공정이용 조항 적용 여부를 달리 볼 수는 없었을까 하는 아쉬움도 있다.

TDM 면책 조항을 담은 저작권법 개정안이 통과된다면, TDM 면책 조항 해당 여부에 따라 유무죄가 달라질 수 있는 저작권법위반 형사재판에서 위 형법 제1조 제2항에 따른 재판시법 적용 논란의 문제가 재현될 수 있다. 위 전원합의체 판결에 대한 평가는 이 글의 목적을 크게 벗어나므로 생략하지만, 향후 저작권법위반 형사 사건에서 행위시법이 아닌 재판시법을 적용해야 하는 상황이 발생할 수 있다는 점에서 저작권침해에 관한 민사·형사재판이 혼용되고 그 과정에서 양 재판의 차이를 고려하지 않고 진행하는 한국의 저작권재판의 문제점을 지적하는 본 저자의 비판은 여전히 유효할 것이다.

③ 여론(餘論)

국회 계류 중인 TDM 면책 조항 입법은 다분히 그로 인한 수혜자가 대규모 저작물 이용자('빅 유저')일 가능성이 크다. 이처럼 머신 러닝을 하려는 이용자는 상당한 규모의 기업일 것이라는 점에서 최소한 한국에서는 반드시 대규모 기업만이 그 혜택을 주장하고 있지 않은 공정이용 제도의 수혜자와는 구별될 것이다.[1091] TDM 면책 규정의 신설이, 위 공정이용 조항(제35조의3) 신설 때와 같이 형법 제1조 제2항의 적용과 관련하여 처벌법규의 변경에 해당하는지에 관한 논의는 별론으로 하고, TDM 이용자에게 유리한 저작권환경이 조성돼 그만큼 처벌 가능성이 줄어들 것은 공정이용 조항 도입 때[1092]보다는 상대적으로 더 분명하다고 할 수 있다.

따라서 위 전원합의체 판결에 따라 TDM을 활용한 저작물 이용행위가 저

[1091] 본 저자는 공정이용 쟁점에서 이이제이 현상(주 524)과 레이튼의 '초국가적 행동주의'(주 525)에 따라 저작물을 이용하는 빅테크와 일반 공중의 이해관계가 맞아떨어져 행동을 같이하는 경우를 언급했다. 한편, TDM 면책 논의에서도 비슷한 양상이 벌어질 가능성이 없지 않다는 점을 지적한다.

[1092] 본 저자는 위에서 제35조의3의 신설로 이용자에게 유리한 저작권환경 — 그로 인해 저작권법위반 처벌 가능성의 감소 — 이 조성된 것은 분명하다고 썼다. 위 '메가스터디 판결'(주 1087) 등.

작권법위반 형사 사건의 대상이 되었는데 행위 후에 TDM 면책 규정이 신설된다고 가정할 때, 즉 행위시와 재판시 사이에 TDM 면책 규정을 도입하는 법 개정이 이루어진다고 할 때, 위 전원합의체 판결에 따르면 '특별한 사정'이 없는 한 신법(개정법)이 적용될 수 있으므로 이는 TDM 면책 규정을 적용받아 무죄를 선고받고자 하는 피고인(빅 유저)에게 '면죄부'가 될 수 있다. 법 개정을 할 경우, 그 개정을 통해 법 시행 이전의 TDM 행위에 대해서까지 면책하려는 취지라면 모를까 그렇지 않다면, 부칙에 경과규정을 두는 것이 바람직하다. 이렇게 함으로써 법 개정이 TDM을 활용한 대규모 이용자(빅 유저)의 과거 침해행위에 대해 면죄부를 주는 것이 아니라는 취지를 분명히 할 수 있을 것이다.[1093]

(5) 정리 및 대안

저작권침해 행위에 대한 형사처벌의 필요성이 없다고 단정할 수는 없다. 특히 갈수록 저작물이 디지털화되고 저작권을 침해하여 수익하려는 기업형 침해자가 속출하고 있어[1094] 형사처벌로 단죄하지 않으면 저작권 생태계를 유지할 수 없는 상황이 존재한다. 그런데 앞서 본 바와 같이 한국의 저작권

[1093] 이는 본 저자가 위 전원합의체 판결에 따른 법률환경의 변화를 입법자에게 사전에 알려주려는 뜻에서 하는 지적이다.

[1094] 2018년 이후 발생한 대규모 저작권법위반 형사 사건을 소개하면 다음과 같다. (i) '밤도끼 판결'(대법원 2019. 6. 13. 선고 2019도1555 판결, 항소심: 부산지방법원 2019. 1. 11. 선고 2018노3082 판결, 1심: 부산지방법원 2018. 8. 17. 선고 2018고단2327 판결, 피고인 중 최고형은 징역 2년 6월), (ii) '웹툰 무단 복제 판결'[창원지방법원 2021. 12. 16. 선고 2021고단2449 판결, 징역 1년 4월, 피고인 항소기각(창원지방법원 2022. 4. 19. 선고 2022노41 판결)], (iii) '다시보기 링크 판결'(서울중앙지방법원 2021. 11. 25. 선고 2017고단78 판결, 징역 6월 집행유예 2년) 등에서 보는 바와 같이 저작권법위반 형사 사건에서는 이례적으로 징역형 또는 집행유예형이 선고되었다.

분쟁은 민사·형사재판이 혼재·혼용되는 세계적으로 유례를 찾기 어려운 특성이 있다. "민사분쟁의 '과도한' 형사 사건화"라는 특성은 전과자를 양산하고 있는데, 특히 청소년 위반자를 상대로 하는 합의금 장사와 같은 비정상적인 저작권 비즈니스로 인해 저작권산업의 합법적/선순환 구도를 망가뜨리고 있다. 기업형 저작권침해 범죄에 대한 형사처벌의 필요성을 충족하되 민사 합의를 끌어내기 위한 수단으로 저작권법위반 형사 사건이 과도하게 활용되는 것을 막기 위해 다음 몇 가지를 대안으로 제시한다.

첫째, 현재 민사·형사 구제 요건이 사실상 같다는 것을 탈피해서 형사처벌 요건을 차등화하고 엄격히 한다. 저작권법위반 범죄에 대한 미국법의 예처럼 저작권침해 금액이 일정액 이상일 것을 처벌 요건으로 하는 것을 생각해 볼 수 있다.

둘째, 형사 구제 절차에 과도하게 의존하는 것은 한국 법원에서 인정하는 손해배상액이 대체로 과소하여 민사재판에 걸리는 시간과 비용을 고려할 때 선뜻 민사재판을 선택하기보다는 상대적으로 신속하게 절차가 진행되는 형사절차를 통해 합의금을 받아 피해 보전하는 것을 더욱 손쉬운 방법으로 여기기 때문이다. 따라서 저작권침해에 따른 손해배상액을 현실화할 필요가 있다. 손해배상에 관한 법원 실무의 변화 외에 저작권법상 법정배상 제도(제125조의2)를 실효성 있게 개선할 필요가 있다.1095) 또한 징벌배상 제도는 한국의 손해배상 체제와 관련이 있어 전면적으로 도입하기 어려운 점이 있으나, 저작권법에서 고의에 의한 침해의 경우 사실상 징벌배상에 준하는 배상액이 가능하도록 하는 방안을 고려해 볼 수 있다.

셋째, 입법이 따르는 위 두 가지와 달리 공정이용 재판 실무 차원에서 바로 실행할 수 있는 것으로서 '저작권법위반 형사 및 민사 재판의 차별화' ('민사분쟁의 과도한 형사 사건화'에 대한 대비)를 들 수 있다. 형사재판으

1095) 저작권침해에 따른 법정배상에서 미국과 한국의 큰 차이에 대해서는 주 1064 참조.

로서 증명책임 소재(검사의 증명책임)와 증명의 정도(엄격 증명)에 대한 분명한 인식하에 형사재판을 충실히 진행하기만 해도 저작권침해에 따른 민사·형사재판의 결론은 상당히 달라질 수 있고, 이런 실무례가 쌓이면 형사적 구제를 선택하려는 저작권자가 다소 줄어들 수 있을 것이다.

다. 합리적 분석·논의 결여

(1) 본격 논의에 앞서

한국 저작권판결 중 공정이용 쟁점에 대한 판단은 대체로 정형화되어 있다. 제35조의5 제1항과 제2항의 고려 요소를 일괄적으로 서술한 후, 요소 별로 검토하기도 하지만 대부분 특별한 이유를 설시하지 않은 채 결론을 쓰고 마는 형식을 취한다.

공정이용은 미국 판례이론으로 발전돼 오다가 1976년 저작권법 개정 때 법 조문화(codification)되었는데, 판례에서 공정이용 판단 시 사용했던 고려 요소를 법률에 명확히 했을 뿐 법률 편입으로 공정이용 판단이 더 명료해진 것은 아니었다. 오히려 공정이용의 네 가지 고려 요소의 해석과 경중 및 적용 순위에 대해 논란이 이어지고 있다.[1096] 이런 논란을 현실에 타당한 법을 찾으려는 과정으로 이해하여 미국 공정이용 제도가 갖는 역동성을 장점으로 보기도 한다.[1097] 창작자 보호와 이용자의 공정한 이용 도모라는 균형을 찾는 과정에서 공정이용의 '공정'(fair)이란 개념은 시간(시대, 종적 개념)과 공간(장소, 횡적 개념)에 따라 변하고 다양하여, 맥락에 따라 특정 시점의 특정 법률환경에 타당한 '공정'을 찾는 일은 결국 법관에게 맡겨진 임무

1096) 주 57, 58의 본문 중 Netanel의 경향 분석 참조.
1097) Sag, 전게논문(주 55), 366면.

라고 보는 것이다. 법관이 입법자로 역할하고 판결이 법원(法源)으로 기능하는 지점이다.

대륙법계에 속한 한국 법원판결의 의의와 법관의 임무는 본래 어떤 것이며, 현실은 어떤가? 법원판결은 당해 사건의 결론으로서 법관은 자신 앞에 주어진 사건에 대해 심리한 후 결론을 내리면 된다. 원칙적으로 말하자면 판결이 후속 사건에 갖는 의미와 영향력까지 고려할 필요가 없고, 앞선 사건의 판결(결론)에 구속되지도 않는다(법원조직법 제8조 상급심 재판의 기속력 제외). 그런데 현실은 그렇지 않다. 대륙법계 국가의 법원도 법률로 해결할 수 없는 '틈새'를 법관의 입법적 기능으로 메울 수밖에 없다는 점에서 판례의 중요성과 법관의 입법자로서 역할이 강조된다. 그렇다면 법관이 만들어 내는 판결이 후속 사건에 대해 사실상 법원(法源)으로 기능해도 좋을 만큼 — 정확히 말하자면 법원으로서의 판례라고 할 만큼 — 판결 하나하나에 입법자로서의 고려가 들어 있는 것일까? 대법원판결의 경우 대법관을 지원하는 재판연구관 등 지원조직의 풍부한 역량으로 가능할지 모르겠으나 하급심에서는 그렇다고 말하기 어렵다. 게다가 대법관을 포함한 일선 법관의 과중한 업무에 비춰보면, 사건 하나하나에 법률을 제·개정한다는 정도의 시간과 정성을 쏟기를 기대하는 것은 난망이다.[1098]

한편, 저작권분쟁 중 공정이용이 쟁점인 사건에서 공정이용에 해당하는지 아닌지를 판단할 때, 법관의 재량은 매우 넓다. 그 재량을 행사하는 과정에

[1098] 오로지 법관 개인의 능력과 열심에 기대는 수밖에 없는 현실에서 본 저자가 이 장에서 하는 개별 판결에 대한 비판은 스스로 보기에도 과도한 것이 아닌가 하는 생각이 들기도 한다. 법관의 입법적 역할이 중시되는 미국의 공정이용 제도를 저작권법에 도입했으나 재판 실무에서는 소송 제도의 한계나 법관의 과중한 업무 등으로 한국 법관에게 미국 법관의 입법자로서 역할을 기대하기 어렵기 때문이다. 이런 상황에서 미국 학계의 논의 방식대로 한국 공정이용 판결의 경향성을 분석하고 판결 간 충돌을 들추어내는 등 철저히 검토 비판하는 것은, 몸에 맞지 않는 옷을 억지로 입히는 것이 아니냐는 자기성찰을 하게 된다. 전술 V.1. 라. 한계 참조. 특히 후술 V.3. 가. 비판을 위한 변명은 이를 두고 쓴 것이다.

서 고려 요소로 제시된 네 가지 항목 또한 매우 모호하여 판단기준은 있되 사실상 법관의 재량에 내맡겨져 있다고 해도 과언이 아닙니다. 따라서 대륙법계 국가에 속한 법관이라고 하여 선행 판결의 존재를 가볍게 생각할 수 없고, 자신이 내리는 판결이 후속 사건에 실질적으로 영향을 줄 수 있으리란 생각을 하지 않을 수 없는 것이다. 이처럼 공정이용 판단에서 판례의 중요성은 지대한데, 현실에서 법관이 판결 하나에 쓸 수 있는 시간과 노력은 매우 제한적이라는 점 또한 명백하다. 게다가 앞서 지적한 바와 같이 판결의 이유를 기재하지 않아도 되는 민사의 소액 사건이나1099) 약식명령 청구에 이의를 제기하여 정식재판에 회부된 형사 사건에서 법관이 공정이용 판단의 이유를 상세히 서술한다는 것은 사실상 기대하기 어렵다.1100) 이런 상황에서 공정이용에 관한 판단의 '빈약한 논증'은 현실적으로 불가피한 점이 있다.1101)

그렇다고 현실론 때문에 법원판결을 제대로 분석하지 않거나 비판하지 않는 태도를 취할 수는 없다. 현실론에 이상을 포기할 수는 없기 때문이다. 오히려 현실을 고쳐서라도1102) 이상을 실현하는 쪽을 택해야 할 것이다. 이 과정에서 공정이용 재판의 현실을 드러낸 것은 이런 경위를 설명하지 않고

1099) 판결의 이유가 기재돼 있다는 점에서 민사 소액 사건의 분석 대상은 주로 항소심 판결이다.
1100) 이런 상황에서 하급심 판결을 연구하는 것은 법리를 검토하기 위해서라기보다는 다양한 사안을 접하기 위해서일 때가 많다. 하급심 판결 연구의 의의에 대해서는 위 V.1. 라. 한계 참조.
1101) 이일호는 이런 판결에 대해 '논증 생략'이라고 평가한다. 이일호, 전게논문(주 35, 2023년), 177면.
1102) 법관의 증원, 전문법관 제도의 채택 등이 고려될 수 있으나 본 저자는 반드시 이에 동의하지는 않는다. 말미에서 보는 바와 같이 법원과 법관의 현실을 감안할 때 공정이용에 관한 논의와 이론의 발전은 결국 학계의 몫이라 생각하기 때문이다. 학계 논의가 판례에 반영되는 것이 현실적 타개책이 아닐까 한다. 이에 대한 상세는 후술 [V.3.나. (2) 학계의 역할: 학계의 법리 개발과 실무의 화답 — 법학계와 실무계의 산학연계]하기로 한다.

바로 공정이용 판결에 대해 '빈약한 논증'이라고 비판할 때 제기될 예봉을 사전에 피하기 위함이다.

(2) 빈약한 논증

(가) 부실한 이유 기재

한국 공정이용 판결의 대부분은 관련 법률조항을 기재하고, 결론에 이르게 된 설명을 건너뛴 채, 공정이용 해당 여부에 관한 결론을 쓰는 식을 취한다. 제35조의5를 언급한 후, 예를 들어 "피고는 공정이용 항변을 한다. 그런데 ....을 종합하면 이를 인정하기 어렵다"라는 것이 정형화된 패턴이다. 미국 공정이용 판결에서처럼 요소 별로 심도 있는 분석과 이유를 기대할 수는 없다 해도 판단의 논거가 될 만한 실질적인 내용을 찾기 어려운 경우가 많다. 예를 들어 '설교집 판결'(창원지방법원 2015. 12. 8. 선고 2014나12397 판결)을 소개한다.

> 2) 원고의 책 부분의 저작권자가 원고가 아니라는 등의 주장
> 가) 피고는 원고의 책 부분은 원고가 교회 목사로서 저작한 것이므로, 그 저작권자는 하느님이거나 교회이고, 또는 피고의 책 부분은 저작물의 공정한 이용(저작권법 제35조의3)에 해당된다는 취지로 주장한다.
> 나) 그러나, 원고의 책 부분은 법인 등의 기획하에 법인 등의 업무상 작성된 업무상저작물도 아니고, 앞서 본 바와 같이 원고 명의로 공표되었으므로 저작권법 제9조에 따른 법인 등이 저작자가 될 여지가 없다. 나아가, <u>피고가 주장하는 사정만으로는 저작물의 통상적인 이용 방법과 충돌하지 아니하고 저작자의 정당한 이익을 부당하게 해치지 아니하는 경우라고 보기도 어렵다.</u>
> 따라서, 피고의 위 주장도 받아들이지 아니한다(밑줄은 본 저자가 친 것임).

대학의 연구소에서 홍보 게시물을 제작할 때 저작권으로 보호되는 일러

스트를 이용한 사건에서 "판시 기재 저작물의 복제사용이 저작권법 제25조의 허용 범위 내에 있다거나 같은 법 제35조의3에서 규정한 저작물의 공정한 이용에 이용되었다고 보기 어렵다."라는 판결[1103]도 공정이용이 아니라고 판단한 이유가 너무 부실하여 이유가 없는 것이나 다름없다. 이 사건은 약식명령 청구 사건이 정식재판으로 전환된 형사 사건으로서, 학교 교육기관의 이용, 비영리적 이용 측면에서 공정이용 해당 여부를 꼼꼼히 살펴보았다면 다른 결론이 나올 수도 있지 않았을까 생각된다.

한국 공정이용 판결의 상당수는 '원님 재판'이라 할 정도로 결론에 이른 이유에 합리적 분석과 논의가 부족해 당사자를 설득하기 어려울 뿐만 아니라 후속 사건의 선례가 되기도 어려운 것이 사실이다.

(나) 분석과 종합의 혼재(混在)

공정이용의 네 가지 고려 요소는 종합적으로 검토하여야 한다.[1104] 종합적 판단을 위해서는 개별 요소에 대한 분석이 선행되어야 한다. 그런데 한국 공정이용 판결은 대체로 네 가지 요소를 처음부터 뭉뚱그려 판단하거나, 요소 별로 분석할 때도 각 요소의 의미를 정확히 이해하지 못한 것이 아닌가 싶을 정도로 분석이 명확하지 않은 경우가 있다. 공정이용에 관한 판단 이유가 이례적으로 길면서도 개별 요소에 대한 분석이 불분명한 판결의 대표적인 사례로 '평화의 소녀상 판결'[1105]을 들 수 있다.

[1103] '일러스트 포스터 판결'(춘천지방법원 2018. 9. 4. 선고 2018고단 364, 2018고정101 판결).

[1104] Campbell 판결은 네 가지 고려 요소를 종합적으로 판단해야 한다는 점을 분명히 했다. Campbell 판결(주 12), 578면. "Nor may the four statutory factors be treated in isolation, one from another. All are to be explored, and the results weighed together, in light of the purposes of copyright."

[1105] 서울중앙지방법원 2022. 1. 14. 선고 2021가합512773 판결(확정, '평화의 소녀상 판결').

"이 사건 조형물은 미술저작물에 해당하지만 본래 거래의 대상으로 제작된 것이 아니라, 평화와 인권의 상징으로서 oo 피해자들을 기리고 올바른 역사 인식을 확립하기 위한 목적에서 제작, 설치되었다. 그 후 이 사건 조형물이 위와 같은 취지에서 널리 알려지는 등으로 역사적·외교적 가치를 갖게 되었다. 이 사건 조형물이 취득하게 된 위와 같은 가치는 oo 피해자들의 인권과 그와 관련된 역사 인식에 대한 국민과 국제사회의 높은 관심과 호응을 바탕으로 형성된 것으로 보인다. 즉 이 사건 조형물은 제작 의도뿐만 아니라 제작·설치 후에 부여된 가치 역시 공익적·공공적 성격을 갖는다. 이러한 가치를 오직 저작권자만이 독점적으로 향유할 수 있게 하는 것은 저작권법의 목적에 반한다고 볼 수 있으나, 한편으로 위와 같은 가치를 상업적·영리적으로 이용하는 것을 제한 없이 허용하는 것도 타당하지 않다. 따라서 이 사건 조형물에 대하여 공정이용에 해당하는 범위는 그 이용이 공익적·공공적 목적과 성격을 갖는 경우에는 일반적인 미술저작물을 이용하는 경우보다 더 넓게 인정되어야 하고, 반면 상업적·영리적 이용에서는 더 제한적으로 인정되어야 한다."

위 판시는 전반부("이 사건 조형물은 … 저작권법의 목적에 반한다고 볼 수 있으나,")와 후반부("한편으로 … 인정되어야 한다.")로 이루어져 있는데, 전반부는 원고의 '평화의 소녀상'이라는 저작물의 성격(제2 요소)에 대한 판단이고 후반부는 피고(그림책)의 이용 목적(제1 요소)에 대한 판단이다.

저작권법 제35조의5 제2항 제2호의 "저작물의 종류 및 용도"는 미국 저작권법 제107조 제2호의 "the nature of the copyrighted work"에 해당하는 것으로서, 한국과 미국 저작권법에 약간의 차이가 있으나, 한국 저작권법의 해당 조항이 미국 저작권법을 모델로 만들어졌다는 점에서 '종류 및 용도'를 '성격(nature)'과 달리 볼 것은 아니라고 생각한다. 그렇다면, 판시 전반부에서는 원고 저작물, 즉 '평화의 소녀상'의 성격, 즉 판시에서 정확히 파악하고 있는 바와 같이 '공익적·공공적' 성격, 나아가 '역사적' 성격에 집중해야 하고, 판시 후반부 이용의 목적(영리성·비영리성)은 다른 요소로서 '이용의 목적 및 성격'(제1호)에서 기술함이 타당하다고 생각된다.

　물론 법원은 이 둘을 연계해서 한꺼번에 분석·논의하는 것이 효과적이라고 판단했을 수 있다. 그런데 이렇게 하면, 고려 요소를 네 가지로 열거하고 있는 법 취지를 충분히 살릴 수 없게 된다. 깊은 논의를 생략하고 종합적으로 판단했다면 모를까, 고려 요소별로 나누어 분석하려고 했다면, 일관성을 유지하는 것이 옳지 않았을까 싶다. 이런 지적을 판결 작성 스타일에 관한 문제로 회피해서는 안 된다. 요소별로 나누어 치열하게 분석한 끝에 종합적으로 판단하면 결론이 달라질 수도 있기 때문이다. 이 판결에서 이용 목적(제1호)의 영리성·비영리성이 공정이용 여부를 좌우할 수는 없고, 다만 이용 목적이 영리적이면 공정이용이 인정될 여지가 좁아진다고 한 것은 Campbell 판결의 영향을 받은 것으로서 한국 판결에서 보기 드문 것으로 평가할 만하지만,1106) 이는 저작물(피해저작물)의 성격과 무관한 것이다. 다시 말해 피해저작물의 특성(제2호)으로서 공공성·역사성은 별도의 쟁점으로 치열하게 논의했어야 했다. 물론 그런 논의(제2호)가 이 판결에 없는 것은 아니며, 충분하지는 않아도 어느 정도 평가할 수 있다. 예를 들어, 판시에서 이 사건 조형물의 공공성 등에 대해 논의한 후 "이러한 가치를 오직 저작권자만이 독점적으로 향유할 수 있게 하는 것은 저작권법의 목적에 반한다고 볼 수 있으나"라고 판단한 것까지는 매우 좋은데(제2호), 문제는 이를 제1호(이용 목적) 분석과 섞어 버렸다는 점이다. 표로 정리하면 다음과 같다.1107)

1106) 이 판결은, 한국에서 공정이용에 관한 판결은 아니지만, 인용(저작권법 제28조)에 관해서 "반드시 비영리적인 이용이어야만 하는 것은 아니지만 영리적인 목적을 위한 이용은 비영리적인 목적을 위한 이용의 경우에 비하여 자유이용이 허용되는 범위가 상당히 좁아진다."라고 한 'Be the Reds! 판결'(대법원 2014. 8. 26. 선고 2012도10786 판결)의 연장선에 있는 것으로 이해할 수 있다.
1107) 위 판결은 이용의 성격을 공익적/공공적 성격과 상업적/영리적 이용이란 이분법 구도를 취하고 있다. 비상업적/비영리적이면 반드시 공익적/공공적일까? 반대로 비공익적/비공공적이면 언제나 상업적/영리적일까? 상업적/영리적이 아니면서도 공익적/공공적이 아닌 것으로서 사적 이용과 같은 영역이 있을 수 있다. 나아가 책의 출판

2. 한국 공정이용 판결의 특징과 비판 557

		이용의 목적 및 성격(제1호)	
		영리적	비영리적(공익적)[1108]
저작물의 종류 및 용도 (제2호)	영리적	A	B
	비영리적 (공익적)	C	D

위 '평화의 소녀상 판결'은 제1호와 제2호를 묶어 판시하고 있는데, 그로 인한 문제점을 살펴본다.

(ⅰ) 먼저 이용 목적이 영리적이면 비영리적인 경우보다는 공정이용 성립에서 열위에 있다고 했다.[1109] 공정이용 성립의 크기로 표현하면, A<B, C<D 이다.

(ⅱ) 저작물의 성격이 공익적이면 공정이용이 성립될 가능성이 상대적으로 크다는 취지를 내포하고 있다. 공정이용 성립의 크기로 표현하면, A<C, B<D 이다.

(ⅲ) 그렇다면, 공정이용 성립 가능성에서 볼 때, 가장 큰 것은 D(이용 목적과 저작물의 성격이 모두 비영리적인 경우)이고, 가장 작은 것은 A(이용 목적과 저작물의 성격이 모두 영리적인 경우)이다. 문제는 B와 C 영역이다. 이 사건 조형물(평화의 소녀상)은 역사적 성격을 갖고 있어

에 영리 목적이 들어 있다는 이유로 학문적 필요에 따라 책 또는 논문을 출판하는 행위에 대해 공공성/공익성을 갖추지 못했다고 단정할 수 있을까? 이 판결의 이분법 구도는 너무 도식적이라는 비판을 받을 수 있다.

1108) 비영리적이라고 해서 바로 공익적인 것은 아니다. 주 1107 참조. 그러나 일단 논의를 단순화하기 위해 이렇게 쓴다.
1109) A 또는 C라고 해서 공정이용이 배척되는 것은 아니라는 것이 Campbell 판결(주 12)의 취지이고, '평화의 소녀상 판결'도 이 점을 인정하고 있(을 뿐이)다.

이 사건 판결에서는 공공적 저작물로 보았는데, 피고(그림책)의 이용은 영리적이라고 하니, C에 해당한다고 할 수 있다. 공정이용을 인정한 많은 사례에서 영리적 성격의 저작물에 대한 비영리적·영리적 사용이 문제 되는 가운데 비영리적 이용을 강조하는 경우(예를 들어 위 '교육과정평가원 판결'1110) 등)가 있는데, 이는 B에 해당한다. 여기에서 B와 C 중 어떤 영역이 공정이용 성립에 유리한가를 논하는 것은 의미가 없다. 저작물 성격의 공익성 정도나, 이용 목적의 영리성 정도를 일률적으로 말하기 어렵기 때문이다. 다만, 유의미하게 논의해 볼 수 있는 것으로서 제1호와 제2호에서 어떤 것이 더 결정적인가이다. 제1호와 관련하여 미국에서 공정이용 이론을 뒤덮고 있는 '변형적 이용 이론'에 따르면 이용 목적의 영리성·비영리성을 크게 보지 않는다. 그런데, 제2호와 관련하여 저작물의 성격이 공익적이라면 그 자체로 공정이용의 성립 가능성이 크다고 볼 수 있다. 사실 본 저자는 저작물의 성격(제2호)이 공공적이라면, 이용 목적(제1호)의 영리적·비영리적 여부는 공정이용 성립을 바꿀 큰 변수가 될 수 없다고 생각한다.

조금 다른 차원의 이야기이지만, 저자가 저작물에 관한 사익을 포기하고(공익성을 표방하여) CCL을 부여했다고 가정하자(물론 조건에 따라 다르지만 가장 오픈된 조건을 전제로 함). 그렇다면, 이용 목적이 비영리적이건 영리적이건 따지지 않고 저작권침해 책임에서 면제된다(공정이용 성립). 이처럼 저작물에 CCL 조건을 부여해 저작권자 스스로 권리행사를 포기한 경우 또는 '평화의 소녀상'과 같이 역사적 메시지가 담겨 공익적 성격이 강한 저작물의 경우, 이용자가 저작인격권을 침해하거나 과도하게 영리적으로 이용하지 않았다면, 영리 목적이 있다는 이유로 공정이용을 부정하는 것은 바람직하지 않다. 이 점에서 '평화의

1110) 주 127.

소녀상 판결'의 "이러한 가치를 오직 저작권자만이 독점적으로 향유할 수 있게 하는 것은 저작권법의 목적에 반한다고 볼 수 있으나, <u>한편으로 위와 같은 가치를 상업적·영리적으로 이용하는 것을 제한 없이 허용하는 것도 타당하지 않다.</u>"에서 위 밑줄 부분이 그 자체로는 타당하지만, 그 앞부분, 즉 저작물의 성격(제2호)에 공공성·역사성이 있다면 반드시 타당한 것은 아니라는 점에서 재고할 필요가 있다고 생각한다.

요약하면, 저작물 측면의 제2호와 이용자 측면의 제1호의 분석에서 논의 순서와 경중은 분명 중요하다. 바로 이 점에서 합리적 논의를 위해 네 가지 요소, 특히 제1 요소와 제2 요소를 섞지 않고 분리해 분석한 후, 나중에 종합해야 하는 이유를 찾을 수 있다.

공정이용의 네 가지 고려 요소를 종합적으로 판단해야 함은 당연하다. 한편, 종합을 통해 합리적 결론을 도출하기 위해서는 분석이 선행되어야 하는데('先분석 後종합'), 한국 판결에서는 개별 분석이 철저하지 않다 보니 종합이 제대로 이루어지지 아니하여 기이한 결론에 도달하는 경우가 생기기도 한다. 이로써 공정이용 판결의 분석을 통해 후속 판결에 의미가 있는 경향성을 추출하기가 쉽지 않다.

(3) 제3 요소의 비율 논의

한국 법원과 재판 현실을 생각할 때, 대부분 불확정 개념으로 되어 있는 공정이용의 네 가지 고려 요소에 대한 충분한 이유 설시가 없는 판결을 심하게 비판하기는 어렵다. 그런데 법률의 명시적인 규정을 오해한 나머지 잘못된 해석에 기반해 결과적으로 공정이용 판단을 그르칠 가능성이 있다면, 그 오해와 오류는 바로잡지 않으면 안 된다. 그 대표적인 예가 제3 요소의 "이용된 부분이 저작물 전체에서 차지하는 비중과 그 중요성"에 관한 것이다.

제3 요소 역시 '비중', '중요성'과 같은 불확정 개념을 사용하고 있다는 점에서 제1, 2, 4 요소와 크게 다르지 않다. 그런데 '이용된 부분/저작물 전체'란 비율 산정의 방식은 비교적 명확하다. 분모에 해당하는 '저작물 전체'에서 말하는 '저작물'은 침해당한 저작물, 즉 원고의 저작물을 의미하는 것임에도,[1111] 아래에서 보는 몇몇 판결은 침해물, 즉 피고의 저작물로 이해하여 적용하고 있다. 이하 논의의 편의를 위해 '이용된 부분/저작물 전체'를 '피해저작물 기준 비율'이라 하고, '이용된 부분/침해 저작물 전체'를 '침해물 기준 비율'이라 약칭하여 논의를 전개한다.[1112] 합리적 논의를 위해 양자를 뚜렷이 구별해야 할 필요가 있다. 그럼에도 불구하고 판결뿐 아니라 학계 논의에서 이 둘을 구별하지 않고 쓰기도 하는데, 그것이 가져올 심각성에 대한 문제의식이 없다는 것을 문제로 지적한다.[1113]

한편, 이 비율 논의는 제28조와 제35조의5의 차이와도 관련이 있다. 제28

[1111] 이 부분은 미국 공정이용 조항의 제3 요소, "the amount and substantiality of the portion used in relation to the copyrighted work as a whole"과 동일한데, 여기에서 'copyrighted work as a whole'이 원고 저작물(피해 저작물)임은 명확하다. 예를 들어 'Google Books 판결'의 공정이용 판단에서 스니펫 뷰(Snippet view)의 비율이 16%라고 할 때, 이 비율은 스캔한 개별 책(원고들의 책)에서 이용자에게 보여주는 비율을 말한다. 따라서 이 비율의 분모는 개별 책의 전체 분량을 말하는 것으로서, 본문의 '피해저작물 기준 비율'임이 명백하다. 주 478 및 그 본문 참조.

[1112] 본 저자는 『표절론』에서 '피해저작물 기준 비율'을 '저작권침해 산식', '침해물 기준 비율'을 '표절 산식'이라고 했다. 남형두, 전게서(주 120), 421면.

[1113] 한국 내 유력한 학자조차 이에 대한 문제의식이 없는 것으로 보인다. 첫째, 이 둘을 준별하지 않는 경우이다. "피고가 이용한 부분이 원고의 저작물이나 피고의 저작물 전체에서 차지하는 양적이거나 질적인 비중을 고려하는 것은 마치 '부자에게서 훔친 것이니 괜찮아'라거나 '부자가 훔친 것이니 괜찮아'라고 말하는 것과 같다." 임원선, "저작권 침해 유형과 침해 판단 기준에 대한 검토", 계간저작권 제131호, 2020, 124면. 둘째, '침해물 기준 비율'을 기타 요소로 참작할 수 있다는 견해이다. 오승종, 전게서(주 956), 901면(한국 공정이용 조항이 미국 조항을 참조했다고 하며 달리 이 부분 한국 조항에 대한 분석이 없음. 동 890면). 위 둘째가 왜 문제인지에 대해서는 후술한다[아래 '(나) 침해물 기준 비율' 중 '④ 두 단계의 논의'].

조의 '정당한 범위'에 대한 이른바 주종관계설1114)에 따르면 양적비율에서 이용자의 저작물을 분모로 저작권자의 저작물을 분자로 하는 것이라고 할 수 있다. 그런데, 제35조의5 제2항 제3 요소는 "이용된 부분이 저작물 전체에서 차지하는 비중과 그 중요성"이라고 함으로써, 문리해석상 저작권자의 저작물을 분모로 그중에서 이용된 부분을 분자로 함이 명백하다. 이 점에서 제28조의 '정당한 범위'를 주종관계설에 근거해 파악해 온 종래 판례 및 대부분 학설은 제35조의5의 신설로 변화를 맞게 됐다. 양 조문의 의의와 역할이 '정당한 범위'와 "이용된 부분이 저작물 전체에서 차지하는 비중과 그 중요성"에서 명확히 달라졌기 때문이다.1115)

이하에서는 제3 요소의 비율을 '피해저작물 기준 비율'이 아닌 '침해물 기준 비율'로 잘못 적용하고 있거나 비율의 분모를 명확히 하지 않은 판결을 지적하고[아래 (가)], 이어서 '침해물 기준 비율'을 고려하는 것의 문제점을 논의하기로 한다[아래 (나)].

(가) 피해저작물 기준 비율

① 잘못 적용한 판결 사례

'북한 전집 판결'(서울중앙지방법원 2018. 7. 6. 선고 2016가단5124828 판결)1116)에서 공정이용에 관한 판단 중 양적 비중 부분의 설시를 옮겨온다.

> 원고가 저작권이 침해되었다고 주장하고 있는 조선향토대백과의 분량에 관하여 원고는 158면에 이른다고 하는 반면 피고는 52면 정도라고 하고 있는

1114) 제28조의 '정당한 범위'에 관한 주종관계 이론은 주 969 참조.
1115) 이에 대해서는 V.1. 나. 제35조의5와 제28조의 관계의 본문 중 '제28조의 존재 의의'에 관한 설명 '셋째' 부분(주 980-984의 본문 부분) 참조.
1116) 이 판결의 항소심 판결(서울중앙지방법원 2019. 10. 18. 선고 2018나47471 판결, 항소기각 확정)에는 공정이용에 관한 판단이 없다.

점(지명유래집의 전체 분량은 1,700면 이상인 것으로 보이므로, 52면이 인용되었다고 할 경우 인용 부분의 양적 비중은 3% 가량이 되고, 158면이 인용되었다고 볼 경우에는 9% 정도가 된다), 원고가 침해되었다고 주장하는 부분의 중요성은 쉽사리 가늠하기 어려운 점(그러나 이 사건 인용부분으로 인하여 양적·질적인 측면에서 주종관계의 역전이 일어났다고까지 보이지는 아니한다), (중략) 위와 같은 사정들에 비추어 이는 저작권법 제35조의3에 해당할 여지도 충분하다고 할 것이다.

이 사건에서 원고(저작권자)의 저작물은 『조선향토대백과』이고 피고(이용자)의 저작물은 『지명유래집』이다. 따라서, 제3 요소의 양적 비중에서 분모는 『조선향토대백과』의 전체 분량이어야 하는데, 위 판결은 『지명유래집』의 전체 분량(1,700면)으로 적용하고 있다. 이는 위에서 지적한 '피해저작물 기준 비율'이 아닌 '침해물 기준 비율'로 잘못 적용한 예에 해당한다. 한편, 위 판시에서 위 비율을 뒤에서 거론할 '기타 요소'로 고려한 것이 아닌가 생각할 수도 있으나, 위 판시 이후에 바로 제4 요소에 관해 분석하고 있다는 점에서 제3 요소에 관한 분석이 맞다고 할 것이다.

원고 대한정형외과학회의 교재를 피고 한방재활의학과학회에서 무단 이용해 『한방재활의학』을 출판해 저작권침해가 문제 된 '재활의학 교재 판결'[1117]에서 공정이용 여부가 쟁점이 됐는데, 법원은 이용률이 6%라고 인정한 후 다른 요소와 종합하여 공정이용에 해당하지 않는다고 판결했다. 다른 고려 요소는 차치하더라도 위 6%의 산정은 제3 요소의 비율 계산으로서 잘못된 것이다. 법원이 인정한 피고 주장의 비율은 피고 서적을 기준으로 한 '침해물 기준 비율'이다. 특이한 점은 판결에 따르면 원고 주장이나 원고가 증거로 제출한 불기소결정서의 인용 비율도 피고 주장과 다르지 않다는 것이다. 재판 당사자들이 제3 요소의 비율에서 '피해저작물 기준 비율'을 쓰지

1117) 서울중앙지방법원 2018. 7. 27. 선고 2015가단169829 판결.

않고 '침해물 기준 비율'을 썼다고 해도 법원이 이를 교정하여 바로 적용했어야 했는데 그렇게 하지 않았다.

그 밖에 '광어회 사진 판결',[1118] '게임소개서 판결',[1119] '블로그 사진 게시 판결'(서울중앙지방법원 2016. 8. 11. 선고 2016고정382 판결)[1120]등에서도 피고 또는 피고인(저작물 이용자)의 저작물을 기준으로 이용 비율을 산정하고 있다.

한편, 잘못된 비율을 적용했어도 결론에는 큰 영향이 없는 경우가 있다. '전통주 교재 판결'(서울중앙지방법원 2015. 12. 16. 선고 2013가합93192 판결)에서 원고는 전통주 교육 강의용 교재의 저자이고 피고는 원고 강의의 수강생으로 참여한 후 원고 서적을 무단 사용해 서적을 발행하였다. 원고 강의교재는 3권으로 각 27쪽, 34쪽, 66쪽이고, 피고 서적은 총 224쪽으로 되어 있다. 법원은 공정이용에 관한 판단 중 제3 요소 부분에서 "③ 피고의 서적에서 원고의 강의교재가 이용된 부분이 차지하는 비중과 그 중요성이 미미하다고 보기는 어려운 점"을 들었고, 종합적으로 공정이용에 해당하지 않는다고 판단했다. 제3 요소의 이용 비율에서 피고 서적을 기준(분모)으로 산정하고 있음이 분명하다. 이 경우 피고 서적의 분량이 원고 강의교재의 분량보다 크다는 점에서 비율을 제대로 적용하여 원고 강의교재를 분모로 두었다면 이용 비율은 더욱 높아졌을 것이다. 따라서, 제1, 2, 4 요소에 대한 판단은 별론으로 하고 제3 요소만으로 보건대, 위 잘못된 비율 적용으로 공

[1118] 주 1010. "이 사건 사진(광어회 사진, 본 저자의 설명임)이 피고의 기사 전체에서 차지하는 비중 및 중요성이 그리 크지 아니한 점"이 피고의 공정이용을 인정한 고려 요소가 됐다.

[1119] 주 1072.

[1120] "피고인의 글에서 이 사건 사진이 차지하는 비중이나 중요성이 크지 않고 이 사건 글의 내용과 직접적인 연관이 있는 것도 아니며, 이 사건 사진을 이용한 글의 게시로 이 사건 사진에 대한 수요가 대체되는 것도 아닌 점"이라는 판시 부분을 보면 피고인의 저작물을 기준으로 판단하고 있음을 알 수 있다.

정이용 판단이 뒤바뀌지는 않았을 것이다. 그러나 비율을 잘못 적용한 것은 분명하다.

② 저작물의 장르적 특성 — '분모 찾기'의 중요성

'교과서 동시 판결'1121)은 초·중·고등학교 선생님에게 전용으로 학습자료를 제공하는 출판사 소속 직원인 피고인이 교과 학습자료에 있는 피해자의 동시 한 편을 피해자의 동의를 받지 않고 동 출판사에서 운영하는 사이트에 올림으로써 저작권을 침해했다는 혐의를 받는데, 법원은 공정이용에 관한 판단에서 "이 사건 동시가 게재된 비중과 그 중요성 등에 비추어 보면(밑줄은 본 저자가 친 것임), (중략) 저작권법 제35조의3에서 정하고 있는 '저작물의 통상적인 이용 방법과 충돌하지 아니하고 저작자의 정당한 이익을 부당하게 해치지 아니하는 경우'에 해당한다고 볼 수는 없다."라고 판시하고 있다. 여기에서 피고인이 피해자의 동시 한 편을 가져다 쓴 것은 알 수 있으나, 비중을 말할 때는 분모에 해당하는 것이 있어야 하는데, 판결 전체로도 그것을 알 수 없다. 즉, 그 동시 한 편의 출전인 피해자 시집의 전체 분량(면수, 시의 편수)을 알아야 양적 비중을 판단할 수 있고, 그 시가 시집에서 차지하는 중요도를 알아야 질적 비중을 판단할 수 있으므로, 이런 판단을 위해 시집의 분량 등 개요에 관한 설명이 판결에 있어야 했는데 그렇지 않았다.

공정이용 해당 여부를 판단할 때, 피해저작물이 무엇인지, 예를 들어 문학/비문학인지, 문학이라면 시/소설/수필 등 어떤 장르인지, 시나 소설 안에서도 운문/산문, 단편/중편/장편 등 어떤 형태에 해당하는지에 따라 공정이용 판단은 달라질 수 있다.

1121) 주 1079. 심급과 관계없이 모든 판결에서 공정이용을 인정하지 않았는데, 모두 배척하고 있는데, 이 중에서 공정이용에 관해 상대적으로 가장 많은 분량의 이유를 설시한 것은 항소심 판결(서울남부지방법원 2019. 10. 15. 선고 2018노1678 판결)이다.

제3 요소와 관련하여 문학작품에서 '분모 찾기'에 관해 살펴보기로 한다. 시나 단편소설은 출판 매체가 다양하다. 시의 경우 (ⅰ) 한 시인이 시집으로 출간한 경우, (ⅱ) 문학잡지 등에 한 편씩 펴낸 것을 후에 시집으로 모아 출간한 경우, (ⅲ) 위 두 경우와 달리 시집으로 묶어 내지 않고 시별로 문학잡지 등에 출간한 경우가 있다. 단편소설도 시의 경우와 같이 세 가지로 나누어 볼 수 있다. 한편, 시나 단편소설은 반드시 한 시인의 시집이나 한 소설가의 소설집으로만 출간되지는 않아서, 여러 시인의 시를 묶은 한 권의 시집 또는 여러 소설가의 단편을 엮은 한 권의 단편소설집으로 출간되기도 한다. 위와 같이 시와 단편소설 — 수필도 마찬가지 — 은 다양한 형태로 출간되는데, 출간된 시 또는 단편소설을 이용한 것의 공정이용 여부를 판단할 때 제3 요소의 '분모'를 개별 시·단편소설, 그 시·단편소설이 수록된 시집·소설집, 또는 그 시·단편소설이 들어 있는 문학잡지 중 무엇으로 해야 할지에 대한 논의가 필요하다. 시만 놓고 본다면 시 한 편의 길이, 시 연의 개수, 시집에 수록된 시의 편수 등이 천차만별이어서 일률적인 기준을 정하기 쉽지 않을 것이다. 분모를 잘못 적용하면 공정이용 성립 판단에서 저작권자나 이용자 어느 한쪽에 치명적인 피해를 줄 수 있으므로 주의가 요구된다. 나아가 시집을 기준으로 분모로 산정할 때, 가져다 쓰는 시가 그 시인 또는 그 시집의 대표시라면 비록 수십 편 중의 한 편에 불과하여 양적 비중은 작다고 할지라도 질적 비중은 큰 경우가 있을 것이다. 그리고 그 경우에는 제4 요소, 즉 그 시 한 편의 이용이 '시집의 현재 시장 또는 가치나 잠재적인 시장 또는 가치에 미치는 영향'이 결코 작지 않다고 할 수 있다.

한편, 시인 중에는 자신의 시가 다른 저작물에 이용되거나 인터넷에 올려졌어도 경제적 피해(저작재산권 측면)에 마음 쓰기보다는, 오히려 더 많은 사람이 시를 읽어주었으면 하는 바람과 동시에 시가 잘못 전달되지는 않을까(저작인격권 측면) 조바심 내는 시인도 있다는 점을 지적한다.[1122] 그런데 피해저작물이 시일 경우 시인의 주관적 성향에 따라 공정이용 여부를 달리 판단할 수는 없다. 시 등 문학의 세계에 객관적·보편적 규범으로서 법이 개입하는 불편한 순간은 불가피하다. 저작권법 실무와 학계에서 공정이용 기준을 만들어도 자칫 문학계에서 인정받지 못하여, 결국 결과물(가이드라인, 기준 등)이 활용되지 못할 우려가 있다. 그래서 이런 기준은 문학(출판)과 법학이 함께 만들어 가야 한다.

(나) 침해물 기준 비율

결론부터 말하자면, 최소한 공정이용 판단 단계에서는 '침해물 기준 비율'을 고려 요소로 삼아서는 안 되며, 고려한다고 해도 법에서 정하고 있는 고려 요소로서 '피해저작물 기준 비율'을 대체할 수는 없다.

공정이용으로 판단되지 아니하여 저작권침해가 인정되고 그에 따라 형사처벌이 이루어지는 단계에서, 비로소 '침해물 기준 비율'은 피고인에 대한 정상 참작 사유로 고려될 수 있을 뿐이다. 이처럼 두 단계 — 공정이용 판단 단계와 유죄 인정 후 양형 단계 — 로 나누어 보면 '침해물 기준 비율'이 적용되어야 하는 단계는 명백한데, 백 보를 양보하여 공정이용 판단 단계에서 고려할 수 있다고 해도 이는 어디까지나 '기타 사항'으로서 보충적인 고려 요소여야 한다고 생각한다. 즉, 법률에 명시된 고려 사항('법정 고려 요소')과 배치됨에도 비법정 기타 사유를 우선하는 것은 적절하지 않다. '침해물 기준 비율'을 기타 고려 요소로 수용한다고 해도 법정 고려 요소와 배치되지 않는 범위 내에서 보충적 요소로 고려해야 한다는 것이다. 이하 본 저자의 주장을 뒷받침하는 근거를 설명한다.

① 문리해석 등

제35조의5 제2항 제3호 '이용된 부분이 저작물 전체에서 차지하는 비중

1122) 주 803 참조.

과 그 중요성'에 대한 문리해석상 제3호의 비율은 '피해저작물 기준 비율'임이 명백하다. 제3호 비율을 '침해물 기준 비율'을 포함하는 것으로 해석하기는 어렵다. 여기에서는 제3호에 대한 문리해석이 아닌 그 위 단계인 제2항 본문에 대한 문리해석상 '침해물 기준 비율'이 '기타 요소'로 고려 사항이 될 수 있는지 검토한다. 제2항의 네 가지 고려 요소를 제한적 규정이 아닌 예시적 규정으로 이해한다면 '기타 요소'로 고려할 수는 있을 것이다. 여기에서 제2항 본문의 '다음 각 호의 사항등'이란 문구에 대한 문리해석이 중요하게 된다.

국립국어원 표준국어대사전에 따르면, '등(等)'은 의존 명사로서 (명사나 어미 '-는' 뒤에 쓰여) 그 밖에도 같은 종류의 것이 더 있음을 나타내는 말, 또는 (명사 뒤에 쓰여) 두 개 이상의 대상을 열거한 다음에 쓰여, 대상을 그것만으로 한정함을 나타내는 말을 의미한다.1123) 한국어 문법상으로는 예시적 열거 규정인지, 제한적 열거 규정인지 불분명하여, 두 가지 경우에 다 쓰이고 있다. 이와 관련하여 다음과 같이 세 가지 견해를 상정할 수 있다.

첫째, 제한적 열거 규정설이다. 제35조의5 제2항의 서술어 '고려하여야 한다'라는 부분과 종합해 보면, 제한적 열거 규정으로 이해하는 것이 타당하다. 예시적 규정이라면 '고려할 수 있다'가 자연스러운 서술어가 될 것이나, 의무 규정 형식인 '고려하여야 한다'를 쓰고 있다는 점에서 제한적 열거 규정으로 해석하는 것이 적합하다. 나아가 공정이용은 저작재산권의 제한 사유의 하나로서 예외 규정 형식으로 되어 있다는 점과 예외 규정의 엄격성 측면에서 보더라도 예외 규정 해석과 판단에 관한 고려 사항은 제한적 열거 규정으로 봄이 타당하다고 할 수 있다.

둘째, 예시적 열거 규정설이다. 한국의 공정이용 조항이 미국의 조항을 거의 그대로 참조했다는 점에서 예시적 규정으로 해석할 수 있는 미국 저작

1123) 국립국어원 표준국어대사전, https://stdict.korean.go.kr/search/searchView.do?word_no=94658&searchKeywordTo=3 (2024. 12. 30. 방문).

권법 공정이용 조항의 "the factors to be considered shall include-"에 따라 한국의 조항 역시 예시적 규정으로 봐야 하지 않을까 하는 의견이 제기될 수 있다.1124) 한국 공정이용 조항의 네 가지 고려 요소는 미국과 거의 유사하다. 다만, 그 네 가지 고려 요소의 법적 성격, 즉 제한적 열거 규정인지, 예시 규정인지를 드러내는 서술어가 다르게 규정돼 있다는 점에 유의해야 한다. 미국 규정은 위에서 보는 바와 같이 'include'라는 단어를 사용함으로써 네 가지 고려 요소를 예시적 성격으로 서술하고 있다. 더욱이 미국 저작권법은 'including'에 관한 정의 규정까지 두어 예시적인 의미임을 밝히고 있다.1125) 그런데, 한국 공정이용 규정이 네 가지 고려 요소에서는 미국과 비슷하지만, 한국 저작권법 제35조의5 제2항의 서술어는 미국 규정과 다르고 그 밖에 달리 정의 규정이 없다는 점에서 그것이 예시/제한 규정인지에 관해서는 반드시 미국과 같게 볼 필요는 없다.1126) 한편, 위 서술어에 대한 해석과 별론으로 '고려'라는 용어의 속성상 '열린 규정' 즉, 예시로 볼 여지가 있다.1127) 다시 말해 공정이용 판단 시 고려 요소로 열거된 네 가지 외에는

1124) 이런 주장은 본 저자가 앞서 비교법 연구의 중요성을 논의하면서 "왜 미국 판결인가?"라고 자문(自問)한 후에 "법 조문이 거의 비슷하다. 한국 저작권법에서 미국의 공정이용 조항을 거의 그대로 받아들였다는 점에서 한국의 공정이용 재판은 미국 판결의 공정이용 법리에서 교훈을 얻을 수 있음은 물론이다."(위 II. 1. 비교법 연구)라고 썼다는 점에서 자연스럽게 나올 수 있는 가정적 견해이다.
1125) 이일호, 전게논문(주 35, 2023년), 171면; 주 153 참조.
1126) 이 점에서 이일호는 한국 공정이용 조항이 미국식 공정이용을 완전히 '계승'하고 있지 않음을 인정한 후, 한국 공정이용 조항에서 "네 요소에 대한 평가는 반드시 해야 한다고 해석될 가능성이 크고, 다른 요소를 추가로 검토하는 것을 자제해야 한다는 해석도 가능하다"라고 정리한다. 이일호, 전게논문(주 35, 2023년), 172면. 매우 타당한 견해이다. 다만, 본 저자는 본문에서 주장하는 바와 같이 경우에 따라 '자제'로는 부족하다고 생각한다.
1127) 이는 형법 제51조(양형의 조건)의 "... 참작하여야 한다"라는 것과 유사하다. 법조문에서 '고려'니, '참작'이니 하는 용어가 들어 있는 조항은 반드시 '그것만' 고려 또는 참작하라는 것이 아니라, 고려 또는 참작 사유를 포괄적으로 정한 것으로 볼 수 있기 때문이다.

고려 사유로 삼으면 안 된다는 배제의 의미로 단정해 해석하기는 어렵다는 것이다. 그 점에서 제35조의5 제2항의 네 가지 외의 사유를 고려 요소로 삼는 것이 법에 의해 허용되지 않는다고 할 수는 없다.

셋째, 법정/비법정 요소에 따른 순위설이다. 위에서 본 문리해석의 한계를 넘을 수는 없다는 점까지를 더해 종합적으로 살펴보면, 법이 정한 네 가지 고려 요소를 '법정 요소'라고 하고, 그 외를 '비법정 요소'라고 할 때, 어디까지나 '비법정 요소'는 '법정 요소'를 보완/보충하는 역할에 그쳐야 한다고 생각한다. 그런데 여기에서 문제가 되는 것은 '비법정 요소'가 공정이용 판단에서 '법정 요소'와 다른 결론을 가리키고 있을 때이다. 제한규정 또는 예시규정으로 볼 것인지를 넘어, 제3의 견해로서 법정/비법정 요소의 적용에서 순위(차등)를 두어야 한다는 주장(아래 "⑧ 고려 순위")이 설득력을 갖는 지점이다. 여기 논의로 돌아와 적용하면, 제3호의 '피해저작물 기준 비율'은 법정 요소이고, '침해물 기준 비율'은 비법정 요소이다. 따라서, 공정이용 판단 시 '침해물 기준 비율'을 법정 요소로 혼동하거나, 두 비율의 적용에 따라 서로 다른 결론이 나올 가능성이 클 때(아래 '⑥ 논의의 실익'에 나오는 사례) '침해물 기준 비율'만 적용하거나 '피해저작물 기준 비율'에 앞서 적용한다면, 결론이 바뀔 우려가 있다는 점에 경각심을 갖지 않으면 안 된다.

2024년 7월에 선고된 대법원판결('교육과정평가원 판결'1128)은 "... 종합적으로 고려하여야 하고, 이용의 경위나 방법 등과 같이 위 각 호에서 열거하지 않은 사항이라도 판단 요소로 고려할 수 있다"라고 함으로써, 제35조의5 제2항의 성격을 예시적 열거 규정으로 보고 있으나(위 첫째 견해), 반드시 고려해야 하는 법정 요소와 고려할 수 있는 비법정 요소를 나누고 있다는 점에서 위 셋째 견해로 볼 여지도 있다.

1128) 주 127.

② 유체물과 절도죄

저작권침해 대상인 저작물은 무체재산(intangible property)이다. 이해를 돕기 위해 유체물(tangible property)을 대상으로 하는 절도죄에 관한 논의를 먼저 하고 이를 저작권침해 논의에 적용해 보기로 한다. 극명한 대비를 위해 예화로 설명한다.

예화 1. 우리야인가, 마리엘 신부인가?[1129] — 피해자 측면

피해자의 빈부(貧富)가 절도죄의 성립과 양형에 어떤 영향이 있을까? 이웃집의 양 한 마리를 훔치면 절도죄가 된다. 그 이웃이 수만 마리의 양을 거느린 부호이건(A), 가진 것이 양 한 마리뿐인 빈자이건(B), 이웃의 사정이 절도죄 성립을 좌우하지 않는다. 다만, 비난가능성이 달라져 처벌의 정도를 정하는 양형에 영향을 미칠 수는 있다.

예화 2. 다윗인가, 장발장인가? — 행위자 측면

행위자(훔친 사람)의 빈부가 절도죄 성립 또는 양형에 어떤 영향이 있을까? 행위자와 피해자가 모두 부자인 경우(부자→부자, 이하 a)보다 행위자가 부자인데 피해자는 빈자인 경우(부자→빈자, 이하 b)가 가벌성이 더 크

[1129] 구약성서에 유대 왕 다윗이 밧세바라는 유부녀와 간통하고 증거를 없애기 위해 자신의 부하인 밧세바의 남편을 죽게 하는 이야기가 나오는데, 상간녀의 남편이 우리야이다. 사무엘하(2 Samuel) 11장. 위 성서 이야기에서 선지자가 다윗을 책망할 때, 양과 소가 심히 많은 부자가 이웃의 작은 암양 새끼 하나뿐인 빈자의 양 새끼를 빼앗았다고 비유로 말하는 장면이 나온다. 사무엘하 12장 1~6절. 한편, 마리엘은 빅토르 위고의 소설 『레미제라블』에서 장발장이 은그릇을 훔친 성당의 신부이다. 탈옥수 장발장이 성당에서 은그릇을 훔친 혐의로 경찰이 그를 체포하여 신부에게 데려왔을 때, 마리엘은 훔친 것이 아니라 선물로 준 것이라며 은촛대까지 주는 장면이 나온다. 둘 다 피해자이지만, 굳이 분류하면 마리엘은 본문의 A, 우리야는 B에 해당한다.

다고 할 수 있다. 부자가 빈자의 것을 훔쳤기 때문이다. 한편, 행위자가 빈자인데 피해자가 부자인 경우(빈자→부자, 이하 c)보다 행위자와 피해자 모두 빈자인 경우(빈자→빈자, 이하 d)가 가벌성이 더 크다고 할 수 있다. c의 경우 동기와 용처에 따라 의적(義賊)으로 칭송되기도 한다. d는 빈자가 피해자라는 점에서 b와 같지만, 일반적으로 행위자가 부자인 b 경우보다는 가벌성이 작다고 할 것이다.

절도죄의 성립 여부

위 여섯 가지의 사례(A, B, a, b, c, d) 모두 절도죄가 성립하는 데는 이론의 여지가 없다. 행위자나 피해자의 빈부가 절도죄의 성립 여부에 아무런 영향을 미칠 수 없다는 것인데, 절도죄의 성립은 절취 대상 물건과 그것이 피해자의 소유물인지가 관건일 뿐 절취행위자나 피해자의 빈부에 달린 것이 아니라는 점에서 당연하다. 단지 양형이 차등이 있을 뿐이다.

가벌성의 상대적 크기

사회적 비난가능성 측면에서 가벌성의 크기를 상대적으로 비교하면 다음과 같이 정리할 수 있다.

피해자 중심 접근
A < B
행위자 중심 접근
c < [a<d or d<a] < b

행위자 중심에서 비난가능성에 접근하면 최악은 부자가 빈자의 것을 탈취한 경우(b)이고, 상대적으로 최선은 빈자가 부자의 것을 탈취한 경우(c)라는 데는 크게 이론이 없을 것이다. 그런데 그 사이에 있는 것으로서 '부자가 부자의 것을 빼앗은 경우'(a)와 '빈자가 빈자의 것을 빼앗은 경우'(d) 중 상대적으로 어떤 것이 더 나쁜지는 논란의 여지가 있다. 형법상 양형의 조건1130)에 '피해자에 대한 관계'(제2호)가 있지만, 따져보면 피해자의 재력이나 형편 등의 사정이라기보다는 <u>범죄자(행위자) 중심</u>에서 피해자에 대한 '관계'를 의미한다고 할 것이다.

정리

행위자나 피해자의 빈부는 절도죄 성립에 영향을 미치지 않는다. 다만, 양형에 참작 사유가 될 뿐이다. 절도 행위자를 처벌할 때 형법상 양형의 조건은 행위자를 중심으로 한다.

③ 무체물과 저작권침해

이상의 절도죄 논의를 저작권침해로 치환해 보자. 절도죄는 '보이는 세계'의 범죄이다. 저작권침해(에 따른 민사 또는 형사 책임)는 저작권이라는 '보이지 않는 세계'의 위반행위이다. 양자 사이에는 많은 차이가 있지만, 여기에서는 '공정이용'에 한정하여 다루기로 한다. 타인의 저작물을 허락 없이 가져다 썼어도 공정이용에 해당하면 저작재산권 침해가 아니다. 저작권법은 공정이용 성립 여부 판단 시 고려 요소로 네 가지를 규정하고 있으며, 그중

1130) 형법 제51조(양형의 조건)
  1. 범인의 연령, 성행, 지능과 환경
  2. 피해자에 대한 관계
  3. 범행의 동기, 수단과 결과
  4. 범행 후의 정황

제3호에 '이용된 부분/저작물 전체'의 비율이 있다. 절도죄로 말하자면, '절취가액/피해자의 전 재산' 정도가 될 것이다. 앞에서 든 예화 1로 설명하면, 훔친 양 한 마리가 이웃(피해자)의 전 재산에서 차지하는 비율을 말하는데, 이 비율이 절도죄에서는 범죄의 성립에 아무런 관련이 없다. 그런데 저작권법에서는 그 비율, 즉 '피해저작물 기준 비율'에 따라 — 물론 다른 고려 요소와 함께 종합적으로 결정하는 것이지만 — 저작권침해(공정이용 성립) 여부가 달라질 수 있다.

여기에서 저작권의 세계에서는 절도죄와 달리 '피해자(저작권자) 중심'으로 접근한다고 말할 수 있을까?[1131] 재산권 침해라는 점에서 절도죄와 저작재산권 침해는 같은데, 왜 이런 차이가 생긴 것일까?

키(key)는 구성요건에 해당하는 '재물'에 있다. 절도에서 타인 소유의 물건인지 아닌지가 중요하듯, 저작권침해에서도 타인의 저작물인지 아닌지가 중요한데, 저작권의 특성상 보호 대상인 저작물이란 것이 전적으로 저작권자의 사적 재산권의 대상으로만 볼 수 없는 사정이 있다. 저작물의 사회적

[1131] 여기에서 임원선 박사의 논의를 소개한다. 임원선은 제3 요소와 관련하여 "이 기준을 곧이곧대로 적용하면, 자칫 '가난한 자에게서 훔치면 안 되지만, 부자에게서 훔치는 것은 괜찮다'라고 하는 것 같아서 문제가 될 수 있다"고 한다. 임원선, 전게논문(주 1113), 124-125면. 이 주장은 임원선의 논문에서 제시한 바와 같이 골드스타인의 주장에서 비롯된 것으로 보인다. 골드스타인에 따르면, 피고의 책임이 '피해저작물 기준 비율'에 의해 좌우지되는 것은 기이한 결과를 낳는다고 한다. 같은 분량만큼을 가져다 썼어도 원고 작품의 전체 분량 여하에 따라 피고의 저작권침해 책임(공정이용 성립 여부)이 달라지기 때문이다. PAUL GOLDSTEIN, 『GOLDSTEIN ON COPYRIGHT third edition』, WOLTERS KLUWER, 2005, 9:31-32. '기이한 결과'가 생긴다는 골드스타인의 주장은 본 저자가 본문에서 말한, '보이는 세계'에서는 타당할 수 있어도, '보이지 않는 세계'에 관한 저작권의 세계에서는 반드시 타당한 것이 아니다. 한편, 니머는 제3 요소의 비율을 피고의 이용이 공정한가에 대한 것보다는 실질적 유사성(substantial similarity)의 문제로 볼 수 있다고 한다. MELVILLE B. NIMMER & DAVID NIMMER, 『NIMMER ON COPYRIGHT Vol. 3』, MATTHEW BENDER, 1987, 13-79.

산물성이라는 특징에 따라 전적으로 창작자의 것이라고 단정할 수 없는 점을 말한다. 세상에 존재하는 저작물 대부분은 선행 저작물에 터 잡아 또는 그것을 이용하여 만들어진다는 점 — "해 아래 새 것이 없다"[1132]라는 말을 상기할 필요 있음 — 에서 저작권자도 누군가의 저작물에 기대 창작한 것이므로, 그 또한 후속 이용자가 일정한 조건을 갖추면 자신의 저작물을 이용할 수 있도록 허용해야 한다고 보는 것이다. 경계가 분명한 유체재산(동산, 부동산)과 달리 경계가 불분명한 무체재산인 저작권의 특성이다. 여기에서 공정한 이용으로서의 '공정이용'이라는 법리가 나온다.

그런데 '보이는 세계'에서는 재산 이용에 따른 권리자와 의무자가 매칭될 수 있지만, '보이지 않는 세계'에서는 저작권자를 중심으로 선행 저작물의 권리자들과 저작물을 이용하는 후속 창작자들이 동일하게 매칭되지 않는다.[1133] 따라서 일률적으로 얼마를 빚졌으니 얼마를 이용하게 한다는 논리가 성립할 수 없어, 공정이용이라는 제도를 활용하여 네 가지 요소를 통해 후속 이용의 '공정성'을 판단하는 것이다. 여기에서 이용 비율(제3 요소)로 보면, 저작물의 몇 퍼센트까지의 이용은 공정이용으로 용인하자는 법리가 나오는 것이다. 저작권침해의 소극적 요건인 공정이용 논의가 피해자를 중심으로 이루어지고 이용자(침해자)를 중심으로 진행되지 않는 이유가 여기에 있다.

위에서 든 예화 1을 절도죄가 아닌 저작권침해라고 가정하고 논의하자. 예화 1에서 사례 A(장발장과 마리엘 신부)는 사례 B(다윗과 부하 우리야)에 비해 공정이용이 성립할 가능성이 크다. 제3 요소의 비율('피해저작물 기준 비율')에서 분모가 훨씬 크기 때문이다(마리엘 신부 > 우리야). 이처럼 사례

1132) "What has been will be again, what has been done will be done again; there is nothing new under the sun." (Ecclesiastes 1:9, NIV). "이미 있던 것이 후에 다시 있겠고 이미 한 일을 후에 다시 할지라 해 아래에는 새 것이 없나니" (전도서 1장 9절).
1133) 위 III.1. 라. 여론(餘論) — '이어달리기 이론' 참조.

A, B 모두 절도죄의 성립에 아무런 영향이 없으나, 저작권침해에서는 공정이용 성립 여부가 달라질 수 있다. '피해저작물 기준 비율'이 저작권의 세계에서는 저작권침해 또는 공정이용의 요건 성취를 좌우할 수 있는 데 반해, 절도에서는 이 비율이 양형 참작 사유에 그칠 뿐 구성요건이 아니기 때문이다.

그렇다면, '침해물 기준 비율'은 무엇인가? 공정이용이라는 저작권침해의 소극적 요건에 들어가지 않는다면, 공정이용 성립 여부를 검토하는 단계에서는 고려할 수 없다. 원칙적으로 말하면, 이는 저작권침해로 인한 형사 범죄, 즉 저작권법위반죄에서 양형의 참작 사유일 뿐이다. 항을 달리하여 설명한다.

④ 두 단계의 논의

제35조의5에 있는 네 가지 고려 요소를 적용한 결과 공정이용에 해당하지 아니하여 저작권침해로 인한 저작권법위반 유죄가 인정된다고 가정한다. 형사재판에서 유죄 인정 후에 형을 정할 때 형법 제51조(양형의 조건)를 참작하여야 한다. 여기에서 '이용된 부분/이용자의 저작물 전체'('침해물 기준 비율')는 형법 제51조 제3호의 '범행의 결과'에 포함된다고 할 수 있다. 가져다 쓴 부분이 이용자(침해자)의 저작물에서 작은 비중을 차지하면 양형에 긍정적으로 참작될 수 있으나, 큰 비중을 차지하면 이용(침해)으로 인해 얻은 이익이 크므로 양형에 부정적으로 참작될 수 있다.

이처럼 제3호에 의한 비율('피해저작물 기준 비율')과 '침해물 기준 비율'의 적용을 두 단계로 나누어, 즉 먼저 공정이용 성립 여부 단계(저작권침해라는 구성요건 충족 단계)와 저작권침해가 인정된 후 침해자에 대한 양형 단계로 구분하면 합리적 설명이 가능해진다. 그럼에도 하나의 단계, 즉 공정이용 성립 여부를 살피는 과정에서 제3호 비율과 함께 '침해물 기준 비율'을 기타 요소로 고려할 수 있다고 보거나(오승종 견해), 아예 위 두 비율을 혼용하면(위에서 거론한 한국 판결들), 자칫 논의가 뒤죽박죽될 수 있다. 물론, 이처럼 뒤섞인 논의를 '종합적 고려'로 선해할 수도 있을 것이다. 그러나 중요한 것은 이런 선해가 합리적 논의를 저해한다는 것이다. 특히 선례 구속의 원칙을 채택한 미국은 말할 것도 없고, 공정이용 판결이 선례로서 사실상 후속 사건에 영향을 미치는 한국에서도 제35조의5 제2항의 네 가지 요소에 대해 합리적으로 논의함으로써 판결이 축적되고 이를 기반으로 일정한 기준이 세워지려면 종합적 판단 이전에 개별 요소별 논의를 충실히 할 필요가 있다. 여기에서 '두 단계의 논의'로 구별하여 제3호의 비율을 오로지 '피해저작물 기준'으로 살펴야 하는 이유를 찾을 수 있다.

이렇게 보면, 제3호의 '피해저작물 기준 비율'이 저작권자 중심, '침해물 기준 비율'이 가해자(이용자) 중심이라는 점이 쉽게 이해된다.

⑤ '침해물 기준 비율'의 새로운 용처 — 표절 논의

다시 앞으로 돌아가서, '침해물 기준 비율'은 공정이용 판정에서 '기타 요소'라는 것에도 쉽게 동의하기 어렵다. 예를 들어 본다.

사례 1. 장편 대하소설『토지』에서 0.01%를 가져와 썼는데, 그것이 이용자의 글(시, 운문)의 50%를 차지하는 경우

사례 2. 위 사례 1에서 5%를 가져와 썼는데, 그것이 이용자의 글(산문)에서 10%를 차지하는 경우

저작권법상 위법의 정도(저작권자·피해자 중심)는 '0.01% 대 5%'의 현격한 비율 차에서 보듯 사례 1이 사례 2보다 훨씬 약하다고 할 수 있다. 여기에서 공정이용 성립에 관해 다른 요소에 대한 논의는 접어두고 제3 요소만으로 살펴볼 때(그것도 질적 비중은 제외하고 오로지 양적 비중만을 논의대상으로 함), 사례 1에서 '피해저작물 기준 비율'은 0.01%에 불과하므로 공정이용이 성립하는 데 매우 유리한 상황이다. 그런데 여기에서 '침해물 기준 비율' 50%를 기타 요소로서 제3 요소 비율에 반영한다거나, 공정이용 성

립에 관한 종합적 판단에 참작함으로써 공정이용 성립의 저해 요소로 볼 수 있을까? 수긍하기 어려울 것이다. 그렇다고 해서 사례 1 이용자의 행위를 선뜻 정당하다고 평가하기도 망설여진다. 공정이용이 성립하여 저작권침해가 인정되기 어려운 사례 1 이용자의 부당한 행위를 제재하기 위해 저작권법을 적용하는 것만이 능사일까? 위에서 본 바와 같이 공정이용에 해당하는 이용행위에 대해 제3 요소에 관한 해석을 달리하거나 기타 요소를 동원해 공정이용에 관한 판단에 영향을 미치게 함으로써 저작권침해로 만드는 것에는 동의할 수 없다.

사례 1의 이용자는 자신의 글 절반을 남의 글에서 가져와 쉽게 창작했다. 그것이 비록 저작권자에게 끼친 피해가 작아 저작권침해에 해당하지 않을지라도(공정이용 성립), 만약 출처표시를 하지 아니하여 '자신의 글인 것처럼' 보이려 했다면, 이는 표절 영역으로 들어가게 된다.[1134] 이때 위 '침해물 기준 비율'이 표절 논의에서 빛을 발휘할 수 있다. 일찍이 본 저자가 선행 저술『표절론』에서 '침해물 기준 비율'을 '표절 산식'이라고 한 것은 이 때문이다.[1135]

⑥ 논의의 실익

(ⅰ) 비율 구별의 실익 — 빅테크 이용자

위 두 비율을 구별하는 실익이 어디에 있을까? 가장 의미 있는 것으로서 이용자가 빅테크인 경우에 주목한다. 빅테크가 불특정 다대수의 저작물을 크롤링하여 가져다 쓸 경우, 공정이용의 제3 요소, '피해저작물 기준 비율'에 따르면, '침해물 기준 비율'을 적용할 때와 비교해 상대적으로 공정이용이 성립하기 어려울 것이다. 여기에서 빅테크와 같은 글로벌 초대형 이용자

1134) 남형두, 전게서(주 120), 420-425면.
1135) 주 1112 참조.

는 자신의 이용이 공정이용에 해당한다는 주장의 설득력을 더하기 위해 '침해물 기준 비율'을 제3 요소의 비율인 양 주장하거나, 기타 고려 요소로 주장할 가능성이 있다.

예를 들어 빅테크가 크롤링을 통해 특정 저작물을 전부(100%) 가져다 썼어도 — '피해저작물 기준 비율' 100% — 이용 부분이 빅테크 자신의 저작물에서는 극히 일부를 차지하면 '침해물 기준 비율'은 거의 '0%'에 수렴할 것이다.[1136] 이때 '침해물 기준 비율'을 들어 면책하는 것이 타당할까? 이런 허위적인 주장에 따라 재판이 오도되는 것을 막기 위해 공정이용 여부를 판단할 때 적용할 비율이 '피해저작물 기준 비율'이란 점을 분명히 함으로써 '침해물 기준 비율'이 적용되는 것을 막을 필요가 있다. 제3 요소를 고려할 때, '침해물 기준 비율'을 적용하면 큰 고기는 빠져나가고 작은 고기만 잡는 '성긴 그물'이 될 우려가 있음에 유의해야 한다.

(ii) 두 단계 논의의 실익 — 형사재판의 양형 사유

두 단계 — 공정이용 판단 단계와 양형 참작 단계 — 로 나누어 논의하는 것의 실익은 어디에 있을까? 앞서 본 바와 같이 저작권침해에 따른 민사 및 형사재판의 운영에서 달라질 수 있다는 데 있다. 즉, '침해물 기준 비율'은 공정이용 판단 단계에서는 고려하지 않고 단지 '피해저작물 기준 비율'에 따라 공정이용이 성립되지 않아 저작권침해가 인정된다고 하더라도, 민사재판과 달리 형사재판에서는 유죄 인정 후 '침해물 기준 비율'을 양형에 참작할 수 있다. 달리 말해, 본 저자의 '두 단계 논의'에 따르면, '침해물 기준

1136) 표절 사건에서 표절의혹자가 출처표시 없이 남의 저작물에서 상당 부분을 가져온 후 개정 증보를 통해 자신의 저술 부분이 늘어나면, '침해물 기준 비율'에서 분모가 커짐에 따라 이 비율이 낮아질 수 있다는 점도 유의해야 한다. 대법원 2006. 12. 22. 선고 2005다41009 판결(원심: 서울고등법원 2005. 6. 30. 선고 2004나52967 판결) 사안 및 남형두, 전게서(주 120), 413-414면 참조.

비율'이 민사재판에서는 기타 요소로 고려될 수 없지만, 형사재판에서는 공정이용이 성립하지 아니하여 유죄판결이 선고될 때 양형 사유로 참작될 수 있다. 이 점에서도 저작권침해에 관한 민사 및 형사재판을 구별할 실익을 발견할 수 있다.

⑦ 질적 비중

이상의 논의는 모두 제3 요소 중 양적 비율에 관한 것이었다. 이와 별개로 '이용된 부분이 저작물 전체에서 차지하는 중요성'이라는 질적 비중은 따로 고려해야 함은 물론이다.

⑧ 고려 순위

백 보를 양보해서 '침해물 기준 비율'을 고려한다고 해도, 이는 어디까지나 보완적인 고려 요소이므로, 먼저 '피해저작물 기준 비율'(제3 요소)을 적용한 후에 고려하여야 하며, 두 비율이 서로 상충한다면[1137] '침해물 기준 비율'을 적용해서는 안 될 것이다. 이 점에서 위에서 든 한국 법원판결 사례들[1138]은 합리성이 결여된 것으로 볼 수 있다.

(4) 공정이용 환경에 대한 이해 부족

저작권재판에서 저작물 이용 맥락에 대한 이해 부족은 자칫 공정이용의 본질을 벗어나 그릇된 판단으로 이끌 수 있다. 나아가 저작권자의 허락을 요하지 않는 공정이용의 본질상 합법적 이용 또는 선의의 이용을 전제로 하

[1137] 위 "⑤ '침해물 기준 비율'의 새로운 용처 — 표절 논의"에 있는 사례 1과 위 '⑥ 논의의 실익' 중 '(i) 비율 구별의 실익 — 빅테크 이용자'에 있는 사례는 본문의 상충하는 경우를 극단적으로 보여준다.
[1138] 위 '㈎ 피해저작물 기준 비율'에 있는 판결 등을 말한다.

지 않음에도 그렇게 보지 않는 판결이나 견해가 있어 이에 대해 논의할 필요도 있다.

(가) 이용 맥락

종교 언론이 비판적 논조로 특정 목사의 사진을 사용한 것이 저작권침해로 문제 된 '목사 사진 판결'1139)에서 법원은 비판적 논조를 공정이용 성립을 방해하는 요소로 삼았는데, 이는 공정이용이 저작권자의 허락 없이 저작물을 사용할 수 있는 저작재산권 제한 제도라는 점에 대한 이해 부족에 기인한 것임을 앞에서 지적했다.1140) 비평·비판이라는 언론의 목적상 언론이 인물을 다루는 방식은 긍정적이기보다는 부정적일 때가 많기 때문이다.

그런데 어떤 인물을 비판하기 위해 거론하거나, 특정 사건을 다룰 때 '약방의 감초'처럼 따라 나오는 인물을 소개하는 과정에서, 그 인물의 사진을 기사 중에 싣는 경우가 있다.1141) 사진 게재 행위는 비평 이전에 보도 과정에서 지시적 기능을 수행하기 위해 필연적으로 수반되는 것이다. 이처럼 언론의 지시적 기능에 따른 사진 등 저작물의 이용을 저작재산권 침해로 막는 것은 언론 본연의 기능과 목적을 크게 저해할 수 있다. 지시적 기능이라는 보도의 목적을 벗어난 사용, 예컨대 해당 인물을 부정적으로 보이게 할 목적으로 사진을 조작하거나 많은 사진 중에서 명예가 훼손될 만한 이미지의 사진을 골라 쓰는 경우가 아니라면, 언론에서 보도, 나아가 비평 목적으로 해당 인물의 사진을 사용하는 것을 저작재산권으로 금지하는 것은 표현의 자유 보장 차원에서 합리적이지 않다. 이때 공정이용이 이런 상황에서 이용

1139) 주 1015.
1140) 위 V.2.가. (3) 종교적 표현의 자유 관련 참조.
1141) 예컨대, 연쇄살인 사건 보도에서 이전 연쇄살인범의 사진을 싣거나, 간통죄 위헌 사건 보도에서 과거 세상을 떠들썩하게 했던(간통죄 사건에 휘말렸던) 유명인의 사진을 싣는 것 등을 들 수 있다.

자를 구출해 줄 수 있다.

비평 또는 비판 목적의 이용은 동의 없는 저작물 이용을 합법화한 공정이용의 본령에 가까운 것이다. 이를 공정이용에서 배제하거나 부정적으로 고려하는 것은 공정이용 제도의 본질을 망각한 것으로서 타당하지 않다.

(나) 이용과 컴플라이언스

공정이용에 관한 판결 중에는 간혹 '공정'을 의식한 나머지 이용자의 이용 또는 그 목적이 합법적이어야 한다거나 선의(good faith)를 공정이용의 요건으로 보기도 하고, 나아가 고려 요소로 참작하는 것이 있다. 이는 한국 판결뿐만 아니라 비교 대상인 미국 판결에도 있는 현상인데,[1142] 이는 공정이용에 관한 합리적 논의를 저해하는 것으로서 타당하지 않다.[1143] 합법성, 선의 등은 넓게 보면 컴플라이언스(compliance)의 범주 안에 넣을 수 있는데, 아래에서 공정이용을 주장하는 이용자의 이용을 합법성/불법성, 선의/악의로 나누어 논의한다.

① 합법성/불법성

공정이용의 '이용 목적'은 반드시 합법적이어야 하는가? 다음과 같은 이유에서 그렇지 않다고 생각한다. (i) 법 조문에는 단지 '이용의 목적 및 성격'으로 되어 있을 뿐, 반드시 '합법' 목적으로 한정하고 있지 않다. (ii) 저작물성(copyrightability)에서 합법성이 요건이 아니듯[1144] 공정이용 여부의

[1142] 미국의 일부 하급심 판결에서 공정이용의 제1 요소 판단시 good/bad faith를 고려하고 있다고 한다. Alec Peden, *The Good, the Bad, and the Ugly: Incorporating the Good or Bad Faith Consideration into the Fair Use Analysis*, 54 U. Pac. L. Rev. 117, 123 (2023).

[1143] Campbell 판결(주 12), 583면 중 주 18 참조. 오승종, 전게서(주 956), 897-898면도 같은 취지.

[1144] 남형두, "합법성과 저작권 보호 요건 — 음란물을 중심으로", 민사판례연구 통권 제

고려 요소로서 '이용 목적' 역시 합법적인 것으로 제한할 수는 없다.1145) 만약 저작물이 성립하기 위해서는 합법적일 필요가 없다고 하면서도 공정이용이 성립하기 위해서는 그 이용 목적이 합법적이어야 한다고 하면, 저작권법의 목적(제1조)에서 예정해 놓고 있는 '문화 및 관련 산업의 향상발전에 이바지'하기 위한 하위 목적 또는 수단으로서 '저작자의 권리 보호'와 '공정한 이용 도모'라는 균형은 깨지고 말 것이다. '변형적 이용 이론'을 정립한 Leval 판사도 저작권은 옳은 행위에 대해서만 인정되는 권리가 아니며, good faith는 공정이용 분석과 무관하다고 했는데, 본 저자의 주장과 같은 취지에서 이해할 수 있다.1146)

② 선의/악의

이해완 교수는 '악의적 이용'은 공정이용의 성립을 어렵게 하는 사유의 하나라고 하면서, 그와 별개로 협상 등 거래비용이 높지 않음에도 불구하고 저작권자의 동의를 구하지 않았다는 것만으로는 '악의적 이용'에 해당하지 않는다고 구분하고 있다.1147) '악의적 이용'은 미국 판례에서 나오는 'bad faith'를 말하는 것으로 보이는데, 이를 공정이용을 저해하는 요소로 보는 것은 동의하기 어렵다. 기본적으로 공정이용은 저작권자의 동의 없는 이용을 전제로 하는 것으로서 good/bad faith를 포함 당사자들의 행위나 동기와 무관한데, bad faith 분석을 통해 공정이용 여부를 고려하면 저작권법의 목적

34권, 2012. 2., 976-979면 참조.
1145) 예를 들어, 공정이용의 고려 요소로서 '이용 목적'에 합법성을 요구한다면, Campbell 판결(주 12)에서 원고의 곡 'Pretty Woman'을 개사한 피고(이용자)의 가사 내용에 다분히 음란한 표현이 들어 있으므로 이용 목적에서 공정이용이 성립하지 않거나 저해한다고 할 수 있을까?
1146) Leval, 전게논문(주 63), 1126-1127면.
1147) 이해완, 전게서(주 956), 500-501면. '이용자의 행위가 신의성실 원칙에 비추어 정당한 것으로 인정되어야 하고, 거짓말 등으로 불법 또는 부당하게 저작물을 입수하여 이용한 경우 등은 이른바 '악의적 이용'이라고 한다.

과 무관한 이유로 사회적으로 가치 있는 창작물이 나오지 못할 수 있으며, 저작권법을 다른 법 영역과 얽히게 하여 불확실성을 증가시킬 수 있어 부당하다.[1148] '악의적 이용'과 관련된 것으로서 국내외 판결 몇 개를 중심으로 분석한다.

(i) 협상 결렬 후 이용

'협상 결렬'을 공정이용 성립의 부정적 요소로 고려한 사례가 있다.[1149] 저작권법위반 형사 사건 피고인이 피해 회사의 저작물 사용을 허락해달라고 요청했으나 거절당한 사안에서 피해 회사의 저작물을 사용해서는 안 된다는 것을 명확히 인식한 상태에서 이용했다는 점을 들어 공정이용에 해당하지 않는다고 보았다. 참고로 미국의 Oracle 판결, Google Books 판결 등[1150]은 저작물 이용에 관한 협상 결렬 후 무단 이용한 사안임에도 공정이용을 인정했다는 점에서 비교가 된다.[1151]

구글이 이용자로서 '악의적 이용' 또는 '공정이용'에 해당하는지와 관련하여 다수의 경쟁사가 저작권자로부터 라이선스를 얻으려고 했다는 점에서 Google Books 판결과 다른 Oracle 판결을 살펴볼 필요가 있다. 오라클과의 협상에 따른 거래비용이 높았던 당시 상황에서 협상 결렬 후 협상에 임했던 다른 회사들의 행보 ― 마이크로소프트는 포기, 애플은 독자적으로 iOS 개발 ― 에 비추어 볼 때, 무단 이용을 감행한 구글이 '악의적 이용자'가 아니

1148) Simon J. Frankel and Matt Kellogg, *Bad Faith and Fair Use*, 60 J. Copyright Soc'y U.S.A. 1, 3 (2012-2013).
1149) '게임소개서 판결'(주 1072).
1150) 주 474, 475 및 그 본문 참조.
1151) Oracle 판결(주 15), 8면. 참고로 이해완 교수는 협상 과정에서 협상 등 거래비용이 높지 않음에도 불구하고 저작권자의 동의를 구하지 않았다는 것만으로는 '악의적 이용'에 해당하지 않는다는 것이 미국의 다수 판례 입장이라고 한다. 이해완, 전게서 (주 956), 500면.

라고 볼 수 있을지 의문이다. 그럼에도 불구하고 미국 연방대법원은 구글에 대해 공정이용에 해당한다고 판단했으니, '라이선스 협상 결렬 후 무단이용'을 공정이용 인정에 부정적 요소로 고려한 것은 아니다.[1152] 백 보를 양보해 위와 같이 거액의 협상 거래비용이 요구된 상황과 달리 거래비용이 통상적인 수준이고, 라이선스를 위한 경쟁상황이 없다면, '협상 결렬 후 이용'이 공정이용 인정에 결정적인 부정적 요소로 작용하는 것은 아니라고 생각한다.

엄밀히 말하자면 '협상 결렬 후 무단 이용'은 그에 따른 책임은 별론으로 하되, 공정이용의 부정적 요소로 보지 않는 것이 합리적이다. 공정이용 제1 고려 요소에서 논의되는 선의/악의 이용 여부는 제1 요소의 범주 안에서, 즉 이용 목적에서 살펴보아야 하는데, '변형적 이용 이론'에 따를 경우 그 이용의 공익 부합성에서 논의해야 하며, 그 밖에 다른 법 위반(절도, 명예훼손 등)에 해당하는지 여부가 공정이용 판단을 좌우해서는 안 된다. 만약 이런 것들을 함께 고려하여 공정이용 여부를 판단해야 한다면, 논의의 사슬에 갇히게 되어 부당하다.[1153]

한편, 이용자의 'bad faith'가 저작권법(공정이용) 외의 다른 법 영역에 저촉되어 그 법으로 처벌/제재됨에도 불구하고 공정이용 판단에서 부정적으로 작용한다면, 이용자에게는 이중 제재가 될 수 있고, 심각한 표현의 자유 침해[1154]가 된다는 점도 지적하지 않을 수 없다.

(ii) 기간 경과 후 이용

저작물의 처음 이용 단계에서는 합법적이었는데 후에 불법으로 전환된 경우 — 이용자 부주의로 유료 전환된다는 사실을 모르고 이용했거나 저작

1152) 위 II.3.다. (2) Oracle 판결 — 공익이란 틈을 이용한 빅테크 참조.
1153) Frankel 등, 전게논문(주 1148), 3면에서 사용한 'entangle'이란 용어에 주목할 필요가 있다.
1154) 위 논문, 35-36면.

권자가 설정해 놓은 계약(약관)에 따라 유료 전환되었음에도 무료로 이용한 경우 등 — 이러한 사정이 공정이용 판정에서 부정적 고려 요소로 작용할까? 이 문제는 나아가 합법적인 이용 계약(라이선스) 체결을 위한 협상이 결렬된 후 무단 이용했을 때, 공정이용의 부정적 요인이 될 것인가라는 위 논의와도 연결된다.

위 '사회복지법인 서체 판결'은 다음 판시에서 보는 바와 같이 공정이용 판단의 제1 내지 제4 요소에 없는 것으로서 저작물 취득 경위가 들어 있다는 것이 특이하다. "원고가 이 사건 서체 프로그램의 권리·사용범위에 제한을 두고 있으나 원고의 홈페이지를 통한 무료 다운로드를 허용하고 있음에 비추어 프로그램 입수 과정에 <u>불법성</u>이 있다고 단정하기 어렵고, 피고 복지원이 이 사건 서체 외에 이 사건 서체 프로그램 전체를 무단으로 복제하여 사용하였다고 인정할 만한 증거는 없다."(밑줄은 본 저자가 친 것임)

위 이용자의 이용과 컴플라이언스 측면에서 볼 때, 판시 중 '불법성' 부분은 불필요한 것으로서, 마치 최초 이용 단계에서 불법성이 있었다면 — 위 '협상 결렬 후 무단 이용' 사례 — 공정이용에 부정적 요소가 될 수 있는 것으로 오해할 만한 표현이란 점에서 쓰지 않는 것이 좋았다고 생각한다.

(5) 정리

한국의 공정이용 판결 중에 빈약한 논증, 합리성 결여, 심지어 저작권법에 대한 몰이해에 기반한 판결이 상당수 존재한다는 것은, 불편하지만 엄연한 사실이다. 이런 상황에서는 판례(선례)로 참고하는 것이 오히려 위험할 수도 있다는 점을 지적하지 않을 수 없다.

라. 과도한 시장 중심 접근

(1) 개요

미국의 공정이용 판결은 시기적으로 일정한 경향성이 있다. 크게 보면 시장 중심 패러다임(Market-centered paradigm)에서 변형적 이용 패러다임(Transformative use paradigm)으로 바뀌는 경향이 있다고 하는데, 이는 저작자와 피해저작물을 중심으로 하는 사고에서 공익 중심 사고로의 전환을 의미하며, 저작권법 조문으로 말하자면 제4 요소에서 제1 요소로의 중심 이동이라고 할 수 있다.[1155] 이와 비교해 한국 공정이용 판결에서는 어떤 경향성을 찾을 수 있을까?

한국 공정이용 판결이나 논문에서 이런 경향성을 논의하는 예를 찾아보기 힘들다. 굳이 찾는다면 여전히 제4 요소에 매달려 있으며, 이용 목적의 영리성 유무(제1 요소)와 피해저작물의 시장에 미치는 영향(제4 요소)을 묶어 판단하는 경향이 있다. 미국 판결에서 제4 요소는 사익(저작자) 중심, 제1 요소는 공익 중심으로 이해되고 있으나, 한국 판결에서 이 두 요소를 결합해 판단하는 것이 사익과 공익의 조화를 의미한다기보다는 경제적 측면의 공통점 — 영리/비영리 목적(제1 요소), 시장에 미치는 영향(제4 요소) — 때문이란 점에 유의할 필요가 있다. 그만큼 한국 공정이용 판결은 여전히 저작물의 시장과 경제적 관점에 치중하고 있음을 알 수 있는데, 공정이용 논의를 선도하는 미국식 관점에서 보면 '지체 상태', '고전적 상태'에 있다고 말할 수 있다. 그런데 미국의 공정이용 판결이 제1 요소의 공익 목적을 지나치게 부각한 나머지 저작권법의 본령을 벗어났다는 비판적 시각[1156]에서 보면, 한국의 공정이용 판결은 오히려 저작권법 정신에 충실하다는 평가

1155) 주 58 및 그 본문 참조.
1156) 위 II.3. 라. 소결.

를 받을 수도 있다.

(2) 비영리성 중시

한국 저작권법은 2016년 법 개정 때 제1호에서 '영리성 또는 비영리성 등'을 삭제했고, 공정이용이 성립하기 위해서 반드시 비영리적인 이용이어야만 하는 것은 아니라는 판결(위 '평화의 소녀상 판결')이 선고되기도 했다. 이 판결에는 마치 미국의 Campbell 판결의 영향[1157]을 받은 것으로 보이는 판시가 있어 눈에 띈다.

> "반드시 비영리적인 이용이어야만 하는 것은 아니지만 영리적인 목적을 위한 이용은 비영리적인 목적을 위한 경우에 비하여 허용되는 범위가 상당히 좁아진다."[1158]

이 판결은 영리적 목적과 비영리적 목적으로 이용 목적을 이분법적으로 분류하여 공정이용 여부를 판단해 왔던 대다수의 공정이용 판결과 차별된다. 그런데 Campbell 판결은 피고의 영리적 이용에 대해 공정이용을 인정한 데 반해, '평화의 소녀상 판결'에서는 공정이용을 부정했다. 이 판결 외에 공정이용에 관한 판결은 아니지만, 저작권법 제28조의 인용과 관련하여 이용 목적에 영리적인 것을 배제하지 않는다고 한 판결은 더러 있지만, 결론에서는 영리적 이용에 대해 자유이용 또는 공정이용을 인정한 예가 거의 없다는 점에서 '언어의 성찬'에 불과한 것이 아닌가 싶다.[1159]

1157) Campbell 판결(주 12), 584-585면.
1158) 주 1106 참조.
1159) 공정이용 조항 신설 이전에 사실상 그 역할을 했던 제28조 인용에 관한 판결 중에 자유이용이 성립하기 위해 영리적 목적을 배제하지 않는다고 하면서도 영리적 목적의 이용에 대해 자유이용을 부정한 사례로는 대법원 1997. 11. 25. 선고 97도2227

미국 공정이용 판결에서 제1 요소의 이용 목적을 발전시켜 '변형적 이용 이론'으로까지 나아간 것을 한국 법원이 수용할 수 있으리라는 기대는 현재로서 엄두도 내지 못할 상황이지만, 영리적 목적의 이용을 공정이용에서 철저히 배제하는 것은 다소 지나치다는 생각이 든다. 심지어 직접적으로 영리 목적이 없더라도 이용 목적에 간접적으로 이용자의 신분상 변동에 따른 이익이 포함되어 있다는 것을 들어 공정이용 주장을 배척한 다음 사례[1160)는 한국 법원이 공정이용을 배척하기 위해 영리적 목적에 얼마나 집착하고 있는지 보여준다.

"피고의 이 사건 저작물 이용행위가 자신이 지도하는 학생들의 연극동아리 공연을 위한 것이어서 교육의 목적을 어느 정도 가지고 있다고 하더라도 그 이용은 피고가 기간제교사로서 교사 경력의 첫 단계를 성공적으로 이끌어가는데 영향을 미치는 활동인 점 (후략)"

교사가 교육 목적으로 저작물을 사용한 것이라면, 교사의 신분(정규직 또는 기간제)과 관계없이 공정이용 판단에서 같게 봐야 하는데, 이 판결은 기간제교사에게 불이익을 주었다. 저작물(시나리오) 이용으로 기간제교사로서 교사 경력의 첫 단계를 성공적으로 이끌어가면 정규직 교사로 되기에 이로우므로 영리적 목적이 있다는 것인데, 교사 사회에서 사회적 지위가 약한 기간제교사에 대한 배려 부족 또는 정규직 교사에 대한 비정규직 교사의 차별이란 것까지 언급할 것도 없이, 이 판결은 논리적 흠결이 있다. 예를 들어, "기간제교사가 저작물을 이용하는 것이 반드시 정규직 교사가 되는 것을 목표로 잘 가르치기 위한 것만 있을까?", "기간제교사가 정규직 교사가 되려는 목표 없이 위와 같이 저작물을 이용했다고 하면, 공정이용 성립에서 유

판결('대입본고사 문제 판결'); 위 'Be the Reds! 판결'(주 1106) 등이 있다.
1160) '기간제교사 판결'(서울중앙지방법원 2018. 5. 4. 선고 2017나76939 판결).

리하게 작용할까?", "이용자의 신분상 이익과 동기까지 영리적 이용 목적으로 연결 짓는다면, 정규직 교사도 잘 가르칠 경우 직급 변동이나 교감 등 승진 등에서 이익이 있다고 볼 수 있지 않을까?" 등의 질문이 이어질 것이다.

위 사안에서 교육 목적으로 동아리 활동을 지도하는 과정에서 시나리오 대본을 이용한 것은 공정이용에 유리한 요소로 고려할 수 있는데, 만약 공정이용을 부정해야 할 만한 사정이 있다면 다른 요소(제2, 3, 4 요소)에서 부정적 요인을 찾는 것이 타당했을 것으로 생각한다. 그런데 기간제교사의 정규직 전환에 도움이 될 수 있다는 것에서 영리적 이용 목적을 찾고, 공정이용이 아니라고 본 것은 지나치게 억지스럽다고 하지 않을 수 없다.

(3) 시장 대체 가능성 중시

피고의 이용이 피해저작물의 현재 시장 또는 가치나 잠재적인 시장 또는 가치에 영향이 있는지를 공정이용 판단에 중요한 고려 요소로 삼은 판결은 여럿 있다.[1161] 공정이용이 저작재산권의 제한 사유라는 점에서 보면, 원고의 저작물과 피고의 침해의혹물이 시장에서 동일한 소비자를 대상으로 대체적 이용관계에 있는지는 중요하게 고려할 사항임이 틀림없다. 대표적으로 스크린골프장 관련 저작권 사건을 들 수 있다.[1162] 골프장 설계자가 스크린

1161) '교육과정평가원 판결'(주 127); '손담비 미쳤어 판결'(주 9); '통일 토크 동영상 판결' 등. 위 '통일 토크 동영상 판결'은 여러 건의 동영상을 무단 이용한 피고 방송사들에 대해 공정이용을 인정하기도 하고 부정하기도 했는데, 그 주된 기준은 제4 요소와 관련된 것이었다[V.2.가.(2) (나) 방송 인용 보도 참조].
1162) 실내 스크린골프장의 스크린골프 시뮬레이터에 사용되는 소프트웨어와 하드웨어를 개발 판매하는 골프존을 상대로 제기된 저작권 사건은 크게 다음 두 그룹으로 나눌 수 있다. 골프장 소유주가 제기한 사건 그룹, '골프존 판결 I'(주 1085)과 골프 코스 설계자가 제기한 사건 그룹, '골프존 판결 II'[서울고등법원 2024. 2. 1. 선고 2022나2000485 판결(원심: 서울중앙지방법원 2021. 12. 8. 선고 2018가합533121 판결), 현재 대법원 2024다229671로 상고심 계류 중; 서울고등법원 2024. 2. 1. 선고 2023나

골프장을 상대로 제기한 사건에서 시장 대체 가능성을 인정한 판시를 옮기면 다음과 같다.

"피고들이 이 사건 각 골프장의 골프코스 영상을 제작하여 스크린골프장 운영업체에 제공함으로써 실제 필드골프와 관련한 시장의 이익 침해의 가능성을 완전히 부정할 수 없고, 실제로 스크린골프와 필드골프는 대체적 이용관계에 있다고 볼 여지도 있어 피고들의 저작물 이용이 이 사건 각 골프장의 골프코스의 현재 시장 또는 가치나 잠재적인 시장 또는 가치에 영향을 미치지 않는다고 볼 수도 없다."[1163]

2003078 판결(원심: 서울중앙지방법원 2022. 12. 9. 선고 2015가합22446 판결), 현재 대법원 2024다228661로 상고심 계류 중 등]. 그룹 I 사건에서 법원은 골프 코스에 대해 저작권을 인정하되 저작권은 골프코스 설계자에게 있다고 보아, 골프장 소유주의 부정경쟁방지법위반에 따른 손해배상청구만을 인용했다. 그룹 II 사건에서 법원 판결은 엇갈리고 있다. 그룹 II의 여러 사건이 현재 재판 진행 중인데, 1심에서는 골프 코스의 저작물성을 인정하고 골프코스 설계자의 손해배상청구를 인용했으나, 항소심에서 창작성이 없다는 이유로 1심 판결을 취소했다. 현재 사건은 대법원에 계류 중이다(위 사건번호 참조). 한편, 스크린골프장과 관련된 사건은 아니지만, 골프장의 설계도면 간 저작권침해 사건에서 골프장 설계도면에 대해 저작물로서 창작성을 인정한 판결로는 대법원 2009. 7. 9. 선고 2007다36384 판결('골프코스 설계도면 판결', 원심: 서울고등법원 2007. 4. 10. 선고 2006나43295 판결)이 있다. 골프코스에 관한 저작권 논의를 정리한 논문으로 다음 참조. 차상육, "건축저작물의 저작권 보호 쟁점 ― 최근 5년간 판례를 중심으로 ―", 계간저작권 제146호, 2024, 136-142, 148-155면; 정상조, "골프코스의 저작권", 비교사법 제31권 제3호(통권 제106호), 2024. 정상조 교수는 골프코스를 건축저작물로 보고 건축저작물은 미술저작물에 속하며 미술저작물에는 예술성이 있어야 하는데, 골프코스가 갖는 아름다움은 자연에서 나온 것으로서 미술저작물(건축저작물)이 되기 어렵다고 본다. 다만, 골프코스 설계도가 시공에 필요한 도면으로서 기술적 표현을 담고 있어서 도형저작물로 보호가능성은 있다고 한다. 동 논문, 155-174, 179-181면 참조. 그런데, 건축저작물에 예술성이 있어야 한다는 데 동의하기 어렵고, 골프코스 설계에서 자연을 골프 경기와 규칙에 맞게 배치와 구성할 때 편집 작업 과정에 창작성이 발현될 수 있다는 점에서도 본 저자는 견해를 달리한다.

1163) '골프존 판결 II'(주 1162)의 1심 판결. 이 판결은 항소심에서 취소되어 현재 대법원에 계류 중인데, 논의를 위해 인용했다.

2. 한국 공정이용 판결의 특징과 비판

국토 면적이 협소한 한국에서는 골프에 대한 수요가 워낙 커서 공급이 수요를 따라가지 못하고 있는 형편이다. 이런 상황에서 실내 스크린골프장은 골프에 대한 새로운 수요를 창출하기도 했지만, 기존 수요를 상당 부분 흡수하였음을 부인하기 어렵다. 게다가 2020년 '코비드 19' 전염병으로 다중 스포츠 시설에 대한 이용이 제한되자 스크린골프장 영업이 더욱 성행했던 것도 사실이다. 이런 점에 비추어 보면, '골프존 판결 Ⅱ'의 1심(항소심에서 취소, 대법원 계류 중)에서 스크린골프의 필드골프에 대한 시장 대체 가능성을 인정한 것은 충분히 설득력이 있다고 할 것이다.

수요자가 구별된다는 이유로 시장에 미치는 영향이 적어 공정이용을 인정한 극적인 사례로는 '재활의학교재 사건'[1164]을 들 수 있다. 참고로 이 사건에서 원고는 대한정형외과학회이고, 피고는 한방재활의학과학회이다.

> "피고 서적과 원고 서적의 수요자가 뚜렷이 구분되고 이미 피고 서적 및 원고 서적의 개정판이 출시되어 피고 서적이 원고 서적의 현재적·잠재적 시장 또는 가치에 미치는 영향이 미미한 점, (후략)"

한국 법원이 시장 대체 가능성을 공정이용 판단에서 얼마나 중시하는지는 제1 요소 이용 목적에서 공정이용을 인정하였다가 제4 요소 시장 대체 가능성을 고려하여 공정이용을 부정한 사례를 통해 알 수 있다. '교육과정평가원 판결'[1165]은 원고 사단법인 한국문학예술저작권협회(구 한국복제전송저작권협회)가 보유한 평가 문제를 피고 한국교육과정평가원이 임의로 피고 웹사이트에 무단 게시한 행위에 대해 1심[1166]에서는 피고 법인의 공익성을 중심으로 저작물 이용이 영리적인 목적으로 이루어진 것이 아니라는 취

1164) 주 1117.
1165) 주 127.
1166) 서울서부지방법원 2020. 11. 19. 선고 2019가합38727 판결.

지에서 공정이용을 인정했으나, 항소심은 다음에서 보는 바와 같이 원고의 시장에 미치는 영향을 크게 고려하여 공정이용을 부정했다.[1167]

> "이와 같이 저작물을 학습자료로 사용하는 경우, 저작권자의 이용허락과 이에 대한 이용자의 사용료 지급의 구조로 이루어진 통상적인 이용방법이 존재하고, 이에 관한 일정한 시장이 형성되어 있다. 그런데 피고가 이 사건 게시행위로써 저작물을 저작권자의 허락 없이 무상으로 학습자료로 이용하는 결과를 초래하였으므로, 이는 위와 같이 형성된 저작물의 학습자료 이용에 관한 통상적 이용방법에 반하는 것이라 할 수 있다. 더욱이 이 사건 게시행위는 저작물을 인터넷상에서 장기간 지속적으로 노출시킨 것이므로, 인터넷의 강한 전파성과 이용의 편리성을 감안하면, 오프라인 시장에서 저작물이 제공된 것에 비해 저작물을 학습자료로 이용하는 시장에 미치는 영향이 상대적으로 더 클 것으로 보인다. 이 사건 저작물이 다운로드된 횟수를 보면, 저작물별로 수천 건에서 수만 건에 이르고, 대학수학능력시험에 이용된 저작물의 경우에는 수십만 건에 이르기도 한다."

위 판결만으로 제4 요소를 제1 요소보다 더욱 중요하게 고려한다고 단정하기는 어렵지만, 한국의 공정이용 판결에서 시장적 경쟁관계, 시장 대체 가능성이 매우 중요하게 고려되고 있음을 알 수 있다.

한편, 위 '교육과정평가원 판결'은 최근(2024년 7월)에 선고된 대법원판결로서 공정이용에 관해 비교적 상세한 법리를 전개하고 있다. 특히 한국 판결로서는 매우 이례적으로 '변형적 이용'에 관해 설명하고 있다. 해당 판시 부분을 옮겨온다. 먼저 일반론으로 개진한 부분은 다음과 같다.

> "'이용의 목적 및 성격(제1호)'에 관하여는 그 이용이 원저작물을 단순히 대체하는 수준을 넘어 새로운 표현, 의미, 메시지 등을 나타내도록 변형한 것인

[1167] 서울고등법원 2021. 8. 19. 선고 2020나2045644 판결.

지, 원저작물과는 구별되는 별개의 목적과 성격을 가지는지, 원저작물을 변형한 정도가 2차적저작물 작성에 필요한 수준보다 더 높은 정도에 이르렀는지, 공익적이거나 비영리적인 이용인지 등을 고려할 수 있다."

당해 사건에 변형적 이용 법리가 적용된 부분은 다음과 같다.

"그러나 이 사건 게시행위는 이 사건 저작물을 이 사건 평가문제에 포함한 채로 그대로 전송하는 것이므로, 이 사건 게시행위에 따라 이 사건 저작물이 새로운 표현, <u>의미, 메시지 등으로 변형</u>되는 정도가 높다고 할 수는 없다."
(밑줄은 본 저자가 친 것임)

한국 법원에서, 그것도 최고법원인 대법원에서 미국의 '변형적 이용 이론'을 소개한 것은 매우 특별하다고 할 수 있는데, 게다가 미국에서도 대표적으로 'Warhol 판결'에서 크게 논란이 됐던 '의미론적 변형'까지 변형적 이용으로 인정하는 것을 전제로 판시하고 있다.[1168] 물론 일반론으로 설시한 것이기는 하지만, 앞으로 한국 법원이 이 판결의 '의미, 메시지 등의 변형'을 포함한 '변형적 이용 이론'을 수용할 수 있을지 대단히 의문이 든다. 이론의 발전, 특히 판례이론의 발전은 단계적이어야 하는데, 너무도 급진적이어서 그 논의의 타당성 여부를 떠나 대법원판결에서 굳이 이처럼 설시할 필요가 있었는지 회의가 드는 대목이다. 위에서 지적한 바와 같이 제4 요소로써 제1 요소를 제압한 듯한 취지의 결론을 내리면서 상고를 기각하고 원심을 유지한 대법원판결이, 비록 일반론이지만 제1 요소 영역의 '변형적 이용 이론'을 최초로 소개하고, 나아가 '의미론적 변형'까지 포함하는 내용을 담은 것은 다소 지나치지 않았나 생각된다.

[1168] II.3.다. (3) Warhol 판결 — 현대미술의 저작권법적 논의 참조. Warhol 판결에서 법정의견과 반대의견이 팽팽히 갈린 지점은 '의미론적 변형'을 공정이용의 긍정적 요소인 '변형적 이용'으로 볼 것인가에 있었다.

(4) 지체현상의 공과(功過)

이상을 종합하면, 한국의 공정이용 판결은 미국의 공정이용 이론의 발전에 비추어 볼 때, 다분히 답보 또는 지체 상태에 있다고 할 수 있다. 그런데 미국 판례에 나타난 공정이용 이론의 전개가 저작권법의 본질을 일탈한 것이라는 비판적 관점(위 Ⅱ.3. 라. 소결)에서 보면, 오히려 한국의 현 판례 태도가 저작권법 목적에 충실하다고 볼 소지도 있다. 물론 제1 요소 중심의 '변형적 이용 이론'이 반드시 바람직하지 않다고 말하는 것은 아니다. 앞서 본 바와 같이 그 이론이 공정이용 제도의 본질인 '작은 이용자'의 보호를 벗어나 '슈퍼 빅 유저'인 빅테크에 유리한 저작물 이용 환경을 조성하는 데 악용되고 있다는 점에서 비판하는 것임을 분명히 한다.

한편, 위 한국 공정이용 판결의 특성 중 '저작권과 공정이용의 수단화 경향'(Ⅴ.2.가.)에서 본 바와 같이, 한국 판결에는 저작권침해와 공정이용 쟁점에서 분쟁의 실질적 이유가 비경제적·정신적인 것임에도 재산권의 일종인 저작재산권을 침해했다고 다투는 사례가 많다. 공정이용 판결의 또 다른 특성인 영리성 유무와 시장 대체 가능성의 중시는 이와 같은 외피 또는 형식을 뒷받침한다는 점에서 위 두 특성 — '경제의 외피를 쓴 비경제로서 저작권과 공정이용의 수단화 경향'과 '영리성 유무와 시장 대체 가능성 중시' — 은 동전의 앞뒷면 관계에 있다. 한마디로 말해 <u>실질을 숨긴 형식의 구차함</u>이 묻어난다고 할 수 있다.

어쨌든 위에서 말한 지체현상에는 공과가 있다. 때로는 늦은 것이 오히려 바람직할 수도 있다. 앞서 미국의 '변형적 이용 이론'에 대한 비판을 최소한 한국의 공정이용 판결은 피할 수 있기 때문이다. 그런데, 미국의 '변형적 이용 이론'이 무조건 비판받을 것은 아니다. 공정이용 제도에서 당초 이용 주체로 예정하지 않은 빅테크 등을 위해 억지로 짜맞춘 듯한 이론으로 제공되기 때문에(대표적으로 Oracle 판결) 문제가 있다는 것이지, 문화예술 영역에서, 예를 들어 Warhol 판결에서는 비록 연방대법원이 최종적으로 받아들이지 않았어도 반대의견에서 '의미의 변형'에 대해 '변형적 이용 이론'에 의해 공정이용으로 본 것은 시사하는 바가 크다고 생각한다.

'변형적 이용 이론'의 긍정적 측면에서 보면, 영리성 유무 및 시장 대체가능성을 다른 모든 요소보다 우월하게 고려하는 한국 공정이용 판결은 '변형적 이용 이론'이 갖는 유연한 적응이라는 장점을 취하기 어렵다. 이런 추세라면, 'Warhol 판결' 같은 의미론적 변형 이용 사례는 공정이용으로 인정받지 못하리라는 점은 말할 것도 없고,[1169] ― 미국 법원도 Warhol 판결에서 의미론적 변형에 대해 공정이용을 인정하지 않았다는 점에 유의할 필요가 있다 ― 패러디를 활용한 광고적 이용도 공정이용으로서 한국에서 뿌리내리기 어려울 듯하다.

(5) 정리

미국에서 공정이용의 폭을 크게 열어놓은 '변형적 이용 이론'이 터 잡은 제1 요소에 대한 논의가 충분하지 않은 가운데 한국 판결은 여전히 제4 요소의 저작물의 시장에 미치는 영향을 중심으로 공정이용을 판단하고 있으며, 제1 요소에서 삭제된 '이용 목적의 영리성·비영리성'이라는 이분법에 여전히 천착하는 경향이 있다.

1169) 미국에서도 Warhol 판결에서 '변형적 이용 이론'을 의미론적 변형에까지는 인정하지 않았다는 점에서 한국에서 이런 변형적 이용에 공정이용을 인정하기란 기대난망이다. 한편, 위 '교육과정평가원 판결'(대법원판결)에서 일부 의미론적 변형을 포함한 '변형적 이용'을 설명한 내용이 들어 있으나, 이로써 한국 법원이 오랜 기간에 걸쳐 '변형적 이용 이론'을 발전시켜 왔고 '의미론적 변형'에 관해 치열하게 논의하고 있는 미국 판례이론을 단숨에 따라잡았다고 평가할 수는 없다. 덧붙여, 본 저자의 '변형적 이용 이론'에 대한 비판은 주로 그 이론이 빅테크에 봉사하는 것('Oracle 판결')에 집중됐던 것이지, 예술 영역에서 의미론적 변형 사용('Warhol 판결')에 대해서까지 반대한 것은 아니라는 점을 밝힌다.

이러한 한국 판결은 공정이용의 성립 가능성을 상당히 제한하는 편이라고 진단할 수 있다. 이용 목적의 비영리성을 강조하는 과정에서 저작물 이용자의 이용 동기까지 추적해 영리성을 찾아낸다거나 시장 대체 가능성을 폭넓게 인정하는 것은 저작권 측면에서 한국이라는 좁은 시장을 염두에 두고 저작권자를 두텁게 보호하려는 의식이 깔려있다고 생각한다. 그러나 K-pop의 눈부신 발전으로 저작권시장이 확장되고 있는 현실과 더 중요하기로는 표현의 자유 측면에서 볼 때 영리성과 시장 대체 가능성을 지나치게 넓게 설정하는 것은 창작 생태계를 얼어붙게 할 우려가 있다는 점에서 한국 판결이 조금은 공정이용을 넓히는 방향으로 움직여도 되지 않을까 하는 의견을 개진한다.

마. 기타

(1) 제35조의5 제1항: 베른협약 정신의 적극적 활용

한국 저작권법 공정이용 조항에는 그 모델이 된 미국 저작권법에 없는 내용이 있다. 제35조의5 제1항이 그것이다.

> ① 제23조부터 제35조의4까지, 제101조의3부터 제101조의5까지의 경우 외에 저작물의 일반적인 이용 방법과 충돌하지 아니하고 저작자의 정당한 이익을 부당하게 해치지 아니하는 경우에는 저작물을 이용할 수 있다.

이는 베른협약에서 출발해 TRIPS 협정, WCT (WIPO Copyright Treaty), WPPT (WIPO Performances and Phonograms Treaty), '시청각 실연의 보호에 관한 베이징 조약', '독서장애인을 위한 저작권 제한 규정 마련에 관한 마라케시 조약' 등, 저작권에 관한 여러 국제조약에 있는 이른바 3단계 테스트

(Three-step test)를 모델로 한 것이다.1170) 따라서 엄밀히 말하면 한국 공정이용 조항은 미국식 제도라고 하기 어려운 점이 있다.1171) 한편, 제35조의5 제1항(베른협약 등의 3단계 테스트 이론)과 제2항(미국식 공정이용)의 관계에 관해 여러 주장이 있지만,1172) 결론적으로 의미 있는 차이를 발견하기 어렵다. 제1항과 제2항 모두 추상적인 개념의 나열이라는 점에서 더욱 그러하다. 다만, 미국에는 없는 제1항, 즉 베른협약의 내용이 들어 있는 제1항을 한국 법원판결이 거의 투명 조항으로 취급하고 있다는 점을 지적하고자 한다.

제1항이 베른조약에 가입한 국가가 준수해야 할 의무를 그대로 옮겨온 것으로서 분쟁 해결을 위한 기준이라기보다는 입법을 위한 추상적 기준에 불과한 것이라는 위 견해1173)는 타당하다. 그런데 판례를 조문화한 미국 저작권법 제107조를 거의 그대로 받아들인 한국 저작권법 제35조의5 제2항 역시 한국에서는 추상적 기준일 수밖에 없다는 점에서, 제1항이나 제2항 모두 추상적 기준인 것은 마찬가지이다. 문제는 한국 법원이 제1항은 거의 도외시하고 제2항만을 갖고 판단하는데, 그나마도 앞에서 계속 지적한 바와 같이 제2항의 네 가지 고려 요소를 깊이 있게 분석하지 않고 '이현령비현령(耳懸鈴鼻懸鈴)' 식으로 특별한 내용 없이 결론에 꿰맞추듯 법조문을 나열하는 수준에 그친다는 점이다. 그렇다면 제1항을 적용하지 않는 것은 문제가 있다고 본다. 한국 법 조항을 그 자체만으로 보면 제1항이 원칙 조항이고 제2항은 참고 조항이다. 그런데 원칙은 언급하지 않고 참고할 것만 살핀다면 문제가 있는 것이 아닐까?

이례적으로 제1항을 언급하고 이에 따라 판결한 사건('비키니 모델 판결')

1170) 이일호, 전게논문(주 35, 2023년), 169면.
1171) 이에 이일호는 태생부터 다른 베른협약과 미국 공정이용의 두 기준을 동시에 적용하는 일이 결코 쉬운 작업은 아니라고 한다. 위 논문, 168-172면.
1172) 위 이일호 논문에 소개된 문건영, 김경숙 견해 등. 위 논문, 170면 중 주 57.
1173) 위 논문, 170-171면.

이 있어 소개한다. 여성 속옷과 비키니를 판매하는 인터넷쇼핑몰 운영 회사인 원고와 배우 및 모델 피고 사이에 전속 모델 계약이 종료된 후, 피고가 원고의 저작물인 사진(피고를 모델로 촬영한 사진)을 구인 사이트에 올린 행위에 대해 저작권침해를 이유로 손해배상을 구한 사건에서 피고는 공정이용이라고 다퉜다. 법원이 공정이용을 인정한 이유는 다음과 같다.[1174]

> 나) 구인 사이트에 사진 게시 부분
> 앞서 인정한 바와 같이 피고는 이 사건 계약의 해지 이후 인터넷 구인 사이트 등에 원고의 모델로서 촬영된 사진을 자신의 프로필 사진으로 게시하였다. 살피건대 저작권자의 허락 없이 구인 사이트 등에 사진을 게시하는 것은 비록 피촬영자가 자신이더라도 단순히 개인적으로 이용하는 범위를 넘어서는 복제행위로서 영리목적의 행위가 아니라고 단정하기는 어렵다. 그러나 원고가 저작물을 보유하는 주된 목적은 상품 판매를 위한 광고에 있으므로, 피고가 구직을 위하여 사진을 게시한 것이 원고 저작물의 통상적인 이용 방법과 충돌한다고 보기는 어렵고, 피고가 사진 게시에 따른 직접적인 대가로 이익을 취한 것은 아니므로 저작권자인 원고의 이익을 해쳤다고 보기도 어려운 점(저작권법 제35조의5 참조) 등에 비추어보면, 피고가 구인 사이트 등에 원고의 저작물인 사진을 게시한 행위로 인하여 그에 대한 원고의 저작권이 침해되었다고 단정하기는 어렵다.

위 판시에서 보는 바와 같이 위 사안은 제35조의5 제1항에 의해 판단이 가능한 사건이다. 물론 거기에 제2항의 여러 고려 요소를 참고해야 할 것이다. 한국 법원의 공정이용 판결 중 제1항을 직접 적용하여 공정이용을 받아들인 사례가 거의 없다는 점에서 매우 이례적이라 할 수 있다.

한국의 공정이용 조항은 베른협약과 미국 공정이용 조항을 동시에 수용

1174) 서울중앙지방법원 2020. 9. 10. 선고 2019나73156 판결(원심은 소액심판 사건으로 저작권침해 및 공정이용에 관한 판단이 없음).

한 것이다. 공정이용을 다투는 사안에 따라서는 미국 판결처럼 제2항의 네 가지 요소를 개별 분석하고 종합 판단하는 것이 타당할 수 있지만, 베른협약을 수용한 제1항에 따라 판단하는 것이 더욱 설득력 있을 수도 있다. 한국 법원이 현실적 한계로 인해 미국 법원처럼 자세히 분석한 판결을 내놓지 못하는 형편이라면, 제1항에 따라 법관의 재량을 충분히 행사하는 것도 좋은 대안이라고 생각한다.

(2) 제37조 제1항: 공정이용의 부수적 의무로서 출처표시

출처표시 의무에 관한 제37조 제1항의 법적 성격1175)을 무엇으로 볼 것인가에 따라 위반에 대해 공정이용 여부에 관한 판단이 달라질 수 있다. (ⅰ) 저작재산권 제한의 요건으로 본다면, 출처표시 의무 위반으로 공정이용이 인정되지 않을 수 있다. (ⅱ) 저작재산권 제한에 따른 부수적 의무로 본다면, 출처표시 의무를 위반했다고 해서 공정이용이 부정되는 것은 아니라고 할 수 있다. 이에 대한 법원판결은 엇갈린다.

'영상 인용보도 판결'(2015년)1176)에는 위 (ⅰ)설에 따라 출처표시 의무를 공정이용의 요건으로 볼 만한 이유 설시가 있다.

"위 사실에다가 저작권법 제28조 내지 제35조의3에 따라 공정한 관행에 합치되게 인용하였다고 인정하려면 같은 법 제37조 제1항에 따라 그 출처를 명시할 것이 법률상 요구된다는 점 등을 종합하여 보면, 피고인들의 방송보도

1175) 본 저자는 『표절론』에서 제37조의 법적 성격에 대해 상세한 논의를 했는데, '부수적 의무'로 보는 견해를 취하고 있다. 남형두, 전게서(주 120), 202-205면.
1176) 대법원 2015. 11. 26. 선고 2015도7887 판결에는 의미 있는 이유 설시가 없고, 원심 판결(서울중앙지방법원 2015. 5. 8. 선고 2015노582 판결)에 공정이용과 출처표시 의무(제37조 제1항)의 관계가 나와 있다. 같은 취지의 판결로는 '캘리그래피 교재 판결'(청주지방법원 2015. 8. 28. 선고 2015노288 판결) 참조.

가 정당한 범위 안에서 공정한 관행에 합치되게 인용되었다고 볼 수 없다."

또한 위 '재활의학 교재 판결'(2018년)에서는 책 장 말미에 기재한 참고문헌을 출처표시로 인정하여 이를 공정이용 인정에 긍정적 요소로 고려하기도 했다. 최근(2024년 7월) 대법원에서 선고된 '교육과정평가원 판결'은 "… 그중 일부 저작물에 대하여는 출처를 명시하지 않아 구 저작권법 제37조에서 정한 출처표시의무를 위반하기도 하였다. 이러한 피고의 이용 방법이 정당하다고 보기는 어렵다."라고 함으로써 공정이용의 요건으로 볼 여지를 남겨두었다. 한편, 위 (ⅱ)설에 따른 판결도 있다('북한 전집 판결' 2018년).[1177]

"나아가 출처명시 의무 위반은 형사적 제재(저작권법 제138조 제2호) 등의 대상이 될 뿐, 출처명시 의무를 위반하였다고 하여 그 자체로 저작재산권의 제한 사유에 해당하지 않게 되는 효과가 발생하는 것은 아니라고 할 것인바, (후략)"

제28조(공표된 저작물의 인용)와 제35조의5(공정이용)는 저작물 이용 시 출처를 명시해야 하는 점에서 같다(제37조 제1항). 그런데 제28조에서는 타 저작물에서 끌어다 쓴다는 의미의 '인용'의 본질과 '공정한 관행에 합치'라는 데서 출처표시 의무가 도출되는 데 반해, 제35조의5에서 반드시 출처표시가 공정이용 성립의 고려 요소라고 보는 것은 논리적이지 않다. 한편, 대부분의 공정이용 사건에서 네 가지 고려 요소 외에 제37조에 따른 출처표시를 공정이용 성립의 요건으로 본 경우는 매우 드물다. 그나마 존재하는 판결도 위에서 본 바와 같이 엇갈리고 있는 실정이다. 위 '영상 인용보도 판결'의 경우 방송의 인용보도라는 점을 강조하면서 출처표시를 하지 않은 인용에 대해 공정이용을 배척한 것으로 보인다. 제37조 제1항의 법적 성격, 특

1177) 주 1116.

2. 한국 공정이용 판결의 특징과 비판

히 공정이용 등 저작재산권 제한과의 관계에 대해서는 이상의 논의에 더하여 제37조 제1항의 문리해석 및 표절 논의[1178]를 종합하면, 위 (ⅱ)설이 타당하다고 생각하며, 위 '북한 전집 판결'을 지지한다.

그런데, '북한 전집 판결'이 출처를 명시하지 않았다고 해서 공정이용에 해당하지 않는 것은 아니지만 별도의 형사적 제재(제138조 제2호)의 대상이 될 수 있음을 설시하고 있다.[1179] 물론 이 판결은 민사 판결이므로 처벌 규정을 적시한 것은 아니다. 여기에서 저작인격권침해(제136조 제2항 제1호, 3년 이하 징역 또는 3천만원 이하 벌금 및 병과)는 별론으로 하고, 출처표시 의무(제37조) 위반을 형사처벌(제138조 제2호, 500만원 이하 벌금)하는 것이 입법적으로 타당한 것인지는 의문이다. 출처표시 의무 위반은 사소한 것에서부터 심각한 것까지 천차만별인데,[1180] 일부 문구에서 출처를 표기하지 않았다고 해서 형사처벌 대상이 될 수 있다면, 대학, 학술단체 등 학문의 자율성과 자치가 보장되어야 하는 기관에 국가의 강제 수사권이 무분별하게 들어올 우려가 있다는 점을 지적해 둔다.

1178) 본 저자는 제37조를 '저작권침해와 표절의 연결고리'라고 평가했다. 남형두, 전게서 (주 120), 202면. 제37조의 출처표시 의무는 공정이용 등 저작재산권 제한의 요건이 아닌 부수적 의무로서, 그에 위반할 경우 출처표시 의무 위반에 따른 형사적 제재가 가능하지만, 친고죄이므로 저작권자가 고소하지 않으면 처벌이 어렵다. 이처럼 저작권자가 처벌을 원하지 않는 경우로서 표절의 요건을 갖춘다면, 표절의 피해자에는 저작권자만 있는 것이 아니므로 독자 등 피해자가 문제 삼을 수 있는데, 그때 출처표시 의무라는 부수적 의무 위반은 표절 문제로 연결하는 교량이 되는 셈이다.
1179) 이용자는 출처표시 의무 위반이 형사처벌 대상이 될 수 있다는 점에서 공정이용에서 배제되지 않는 것을 다행이라고 볼 수 없을지도 모른다.
1180) 본 저자는 표절이 인정되어 제재 수위를 정할 때, 표절의 등급을 크게 '경미한 표절' '표절', '중한 표절' 등으로 나눌 것을 제안한 적이 있다. 남형두, 전게서(주 120), 689면.

3. 대안

가. 비판을 위한 변명

위에서 한국의 공정이용 판결을 비판한 목적이 한국 법관의 능력을 평가절하하는 데 있지 않음은 당연하다. 법관의 과중한 업무 현실에 비춰보면 본 저자의 비판이 현실을 도외시한 가혹한 것일 수 있다고 생각한다.[1181] 법관의 이동이 잦은 현재의 법원 인사 제도하에서, 법관이 공정이용 쟁점이 들어 있는 민사 소액 사건 또는 형사 고정 사건(약식명령 청구 사건이 정식 재판으로 전환된 사건)에서 당해 사건의 결론을 넘어 후속 사건의 선례가 될 수 있음을 의식해 판결을 작성할 것으로 기대하기는 현실적으로 쉽지 않다. 이처럼 저작권 사건을 담당하는 법관이 저작권법에 관한 전문적 식견을 갖기 어려울 뿐만 아니라, 고도의 전문성이 필요함에도 판결문 작성에 많은 시간을 투입할 수 없는 현실에서 나온 공정이용 판결을, 현미경으로 들여다보듯 철저히 분석하고 비판하는 것은 과분하다고 할 수 있다.

그렇다면, 본 저자의 비판적 논의(Ⅴ장)를 현실성과 균형감이 없는 논의로 치부하는 것이 타당할까? 본 저자의 상세한 비판은 현재의 한국 법원판결이 갖는 한계를 드러냄으로써 한국 판결이 공정이용에 관해 미국 판결과 같은 '선례'가 될 수 없음을 논증하고, 법으로 다 채울 수 없는 공정이용 법리 적용의 틈새는 결국 학계가 맡을 수밖에 없다는 점을 주장하는 데 그 목적이 있다. 이 장의 내용이 분에 넘칠 정도로 가혹한 비판이라 느끼는 독자들이 있다면, 그 비판이 아래에서 볼 대안 제시를 위한 배경으로서의 성격도 있다는 점을 밝힌다.

1181) 본 저자는 주 1098에서 '자기성찰'이라는 표현을 통해 일종의 자기 검열을 한 적이 있다.

나. 몇 가지 대안

대안은 비판에서 나온다. 위에서 한국 공정이용 판결에 대한 비판의 끝에 쓴 각 '정리' 부분 중에는 대안으로 삼아도 무방한 내용이 있다. 여기에서는 이를 재론하는 대신 더욱 큰 틀에서 세 가지로 압축하여 한국 공정이용 재판과 판결 작성을 위한 대안을 제시하고자 한다. 재판을 맡은 법관의 역할[아래 (1)], 공정이용 법리를 발전시켜야 할 학계의 역할[아래 (2)], 그리고 법관 개인적 노력으로 해결할 수 없는 제도개선[아래 (3)]이다.

(1) 법관의 역할: 저작권분쟁의 수단화 시도에 대한 저항

재산권이지만 그 권리의 경계가 명확하지 않을 뿐만 아니라 문화적·사회적 자산으로서의 성격이 있는 저작재산권의 영역에서 권리자와 이용자의 이해관계가 충돌할 때가 많다. 저작권법은 아예 제1조에서 저작자의 권리를 보호함과 아울러 공정한 이용을 도모하는 것을 하위 목적 또는 수단으로써 최종적으로 문화 및 관련 산업의 향상발전에 이바지함을 목적으로 한다고 규정하고 있다. 이에서 보듯 '공정한 이용' 도모는 저작권법이 추구하는 목적 중 하나인데, '공정'이라는 모호한 영역 — 권리자의 권리 영역과 이용자의 자유로운 이용이 명백한 영역 사이의 '틈'으로 표현할 수 있다 — 에 대한 최종적인 판단을 법관에게 부여하고 있다. 곧 '틈'을 메울 임무는 저작권법이 법관에 부여한 권한이자 재량이다. 실제 법관은 제35조의5 제2항의 네 가지 요소를 고려해야 하는데, 그 요소가 불확정 개념으로 되어 있다는 점에서 법관은 헌법상 양심[1182]에 따라 판단하여야 한다. 따라서 후술하는 바

1182) 헌법 제103조 "법관은 헌법과 법률에 의하여 그 양심에 따라 독립하여 심판한다." 이때 양심은 개인적 소신과는 거리가 있는 것으로서 일반적으로 사회적 양심으로 해석하고 있다. 법관의 양심에 대해서는 길게 논의할 수 있지만, 짧게 말하자면 본래

와 같이 정치, 종교, 표현의 자유 등을 둘러싼 상충하는 이해관계에서 취해야 할 입장, 그리고 정의를 바라보는 관점 등에서 법관이 자기 자신을 초월해 한국이라는 공간과 21세기라는 시간에서 '함께' 바라보아야 하는 가치관을 적극적으로 찾는 작업이 선행되어야 한다. 이런 입장, 관점, 가치관으로 공정이용 여부를 판단해야 한다.

한국에서 저작권분쟁은 표현의 자유와 밀접한 관련이 있는 사건이 많다. 창작 과정에서 선행 작품을 이용할 때 허용된 표현의 자유 범주에 들어가는지와 같이 문화예술 분야에서 저작권과 표현의 자유는 긴장 관계에 놓이게 된다. 저작권이라는 이름으로 표현의 자유가 과도하게 억압되는 경우 공정이용은 문화예술 창작의 활로를 열어주는 통로이자 적절한 잠금장치가 필요한 밸브(valve)가 되기도 한다. 그런데 한국에서는 정치적 또는 종교적으로 서로 다른 생각을 지닌 쪽의 활동을 제약할 목적으로 저작권이 수단으로 쓰이는 경향이 강하게 존재한다. 비단 한국뿐 아니라 갈수록 극단화되는 현 시대에 저작권의 수단화 경향은 장소(국가)를 불문하고 세계적인 현상이 되고 있다. 여기에서 저작권과 '표현의 자유'의 충돌은 새로운 양상을 보이고 있는데, 저작권이라는 이름으로 자행되는 '정치적·종교적 의견 표명의 자유'에 대한 탄압과 문화예술계의 자정에 내맡겨도 큰 문제가 없을 '창작의 자유'에 대한 억압이 심각한 수준이다. 저작권이 사상의 자유와 문화 발전을 가로막는 기제가 되어서는 곤란한데, 문제는 이런 행위가 저작권 행사라는 합법적 수단으로 이루어지고 있다는 데 있다.

한국에서는 미국과 달리 공정이용 제도가 빅테크와 같은 초거대 이용자

---

conscience를 일본에서 '양심(良心)'으로 번역한 것을 한국 헌법이 그대로 가져온 것이다. 그런데 일본 메이지 시대 번역학자 중에, '함께'라는 뜻을 지닌 'con'과 '보다' 또는 '인식하다'라는 뜻을 지닌 'science'로 이루어진 conscience를 일본제 한자어로 번역하는 과정에서, 전자의 의미를 빠뜨린 것에 대한 지적이 당대에도 있었다고 한다. 石塚正英·柴田隆行, 『哲学·思想翻訳語事典』, 論創社, 2013, 285-286면.

를 위한 제도로 전락했다는 비판을 받을 만한 판결1183)이 아직까지는 선고된 적이 없다. 이 말은 즉 공정이용이 '변형적 이용 이론'을 통해 본래의 취지를 벗어났다고 비판받기도 하는 미국 공정이용 판결과 달리 한국에서 공정이용을 주장하는 이용자가 일반적으로 '작은 이용자'의 범주 내에 있다는 것을 뜻한다. 그런데 빅테크와 같은 초거대 이용자는 아니지만, 합법적 라이선스를 통한 선순환 비즈니스가 아닌 '합의금 장사'로 일컬어지는 비정상적인 방법을 악용하는 저작권자들이 저작권을 무기로 분쟁을 일으키는 것이 문제로 지적된다. 빅테크가 저작권분쟁에서 공정이용 제도를 이용하려 하거나, 형사적 제재를 동원하여 이용자를 겁박하려 할 때, 공정이용 제도는 균형추 역할을 할 수 있다. 특히 형사재판으로 진행된 저작권침해 사건에서, 사기(詐欺) 등 민사 분쟁이 형사화되었던 전철을 밟지 않고 또한 전례를 탈피하기 위해, '민사불개입 원칙', '民·刑嚴格分離의 원칙'이 실무에 정착했던 일본의 예를 참고하여 법원이 적극적으로 형사적 구제를 엄격하게 진행하는 것도 고려할 수 있다. 공정이용이 쟁점인 저작권침해죄 형사재판에서 민사와 다른 엄격성(증명책임, 증명도, 증거능력 등)을 적용한다면 분쟁 해결의 통로가 형사에서 민사 쪽으로 정착하는 데 크게 도움이 될 것으로 생각한다. 물론 이는 기업형 저작권침해 사건에 대해서까지 형사적 제재 대신 민사적 해결이 선행되어야 한다는 뜻은 아니다.

  저작권과 공정이용이 법과 제도의 본질에서 일탈하여 표현의 자유를 억압하는 수단으로 쓰이는 사건에서 법관은 적극적으로 위장된 외피를 뚫고 보아야 한다(piercing veil). 그렇지 않고 소극적으로 임한다면 법에 대한 신뢰는 추락할 수밖에 없다.

1183) 대표적으로 미국의 'Oracle 판결'을 들 수 있다. 이에 대한 비판은 II.3.다. (2) Oracle 판결 ― 공익이란 틈을 이용한 빅테크 참조.

(2) 학계의 역할: 학계의 법리 개발과 실무의 화답
— 법학계와 실무계의 산학연계

　비교법 대상 국가와의 이동(異同)을 고려하지 않고 무분별하게 그 외국의 법제 및 판례를 자국에 도입·적용하는 것은 실패로 돌아가기 쉽다는 점에서1184) 판례가 공정이용 법리를 주도하고 있는 미국을 모델로 한국의 법원 실무를 고쳐야 한다는 것은 미국과 크게 다른 한국 법관의 역할과 법원의 현실에 비추어 볼 때 타당하지 않을 뿐 아니라 무책임한 주장이 될 수 있다.
　오늘날 공정이용 법리를 꾸준히 발전시켜 가는 가장 큰 역할을 미국의 판결이 담당하고 있다는 데 크게 이의가 없을 것이다. 앞서 본 바와 같이 미국의 공정이용 법리는 점진적으로 발전해 왔지만, 그중에는 몇 차례 단속적(斷續的)인 발전을 가져온 판결이 있었다.1185) 판례법주의 국가에서 이런 판결의 출현은 대륙법계 국가의 법 개정에 비견될 만한 것인데, 이런 판결이 나오기까지 학계의 역할은 지대한 것이었다. 예를 들어 Sony 판결은 Gordon의 논문에, Campbell 판결은 Leval의 논문에 크게 영향을 받은 것이 사실이다.1186) 이런 연계가 한국에서는 왜 일어나지 않는 것일까?
　사실 미국 법원이 선례로서 법적 구속력 있는 판례를 작성하는 데 들어가는 시간과 노력, 전문성을 생각할 때, 한국에서 법관 수의 획기적 증원과 재

1184) Kozyris, 전게논문(주 27), 165, 167-169면.
1185) Sony, Harper, Campbell, Oracle, Warhol 판결 등. 이와 같은 이른바 '랜드마크 판결'은 갑자기 연방대법관의 머릿속에 있다가 나온 것이 아니다. 이전 연방대법원 판결의 반대의견이 법정의견이 되기도 하고 학자들의 주장(논문)이 판결에 채택되기도 한다. 반대의견에 있는 논의가 더욱 숙성되어 후에 판사 또는 학자의 지지를 얻고 후속 판결의 법정의견이 되는 경우는 자주 있는 일이다. 이런 판례 변경은 이전 판결의 법정의견에 오류가 있어 교정하는 과정에서 생기기도 하지만, 법적 상황(콘텍스트)의 변화에 따라 이루어지기도 한다. 이렇게 학자의 논문이 판례 변경에 크게 영향을 미칠 수 있는 중요한 전제 중 하나는 철저한 '인용 문화'이다(주 992 참조).
1186) 주 991 참조.

판 실무의 변화를 전제하지 않으면서도 가능한 방안으로서, 법조문 자체가 판결에 의한 법 형성을 예정해 놓고 있는 공정이용 법리 영역에서, 판결의 논리에 이론을 제공할 싱크 탱크(think tanks)로서 저작권법 학계의 역할이 현실적 대안이 될 수 있다고 생각한다.1187) 저작권법 학계가 생산해 내는 저술의 수준이 재판 실무에서 공정이용에 관한 논의를 가져다 쓸 만큼 높아야 함은 물론이다.

한편, 이른바 새로운 시대의 획을 긋는 논문(seminal article)이 한국 법학계에서 나오기 어렵다고 단정할 수는 없다. 문제는 깊은 연구 결과물이 나온다고 해도 재판 실무에서 가져다 쓰지 않으면 판례의 발전을 가져오기 어렵다는 것이다. 또한 판결에 가져다 쓰면서도 출처를 밝히지 않으면 뿌리 깊지 않은 나무가 크게 성장하지 못하는 것처럼 지속적인 법리 발전을 기대할 수 없다. 판례를 통한 법리 발전이 필요하되 재판 실무의 제도적·인적 한계로 인해 판결 자체만으로 기대하기 어렵다면 학계의 도움을 받아야 하는데, 학계의 논의를 출처표시 없이 소비하고 만다면 개별 사건 해결을 넘

1187) 대학 교수로서 연방항소법원 판사를 역임하기도 했던 포스너는 업무의 성격과 관련해 교수와 판사의 직업을 비교한 적이 있다.
"법학 교수는 1년 동안 자신이 선택하지 않은 주제에 대해 25편의 논문을 쓸 필요가 없다(이는 현재 연방항소법원 판사가 1인당 작성해서 공표하는 판결문의 최소 수치다. 일부 판사는 더 많이 쓴다. 게다가 모두들 미공표되는 수많은 판결문에도 책임성 있게 관여한다). 교수는 자신이 독창적인 이야기를 쓸 수 있는 주제에 대해 1년에 한두 편의 논문을 쓰기만 하면 학계 내에서 위상을 잃을 일이 없다." 리처드 포스너(Richard A. Posner), 백계문·박종현 역,『법관은 어떻게 사고하는가』(원제: HOW JUDGES THINK, 2008), 한울, 2016, 301면.
포스너에 따르면, 업무의 성격 및 과중한 정도에 비추어 볼 때 학문적/독창적 연구와 저술에서 학자는 판사와 비교할 수 없을 정도로 유리한 위치에 있다는 것이다. 하물며 한국과 미국 법관의 1인당 재판 처리 건수를 비교할 때 한국이 압도적으로 많다는 점에서, 저작권분쟁 실무에 국한해 말하자면 공정이용 법리 형성에서 학자의 역할은 미국에서보다 한국에서 더욱 중요하며, 현실적으로 법관보다는 학자에게 더 크게 기대할 수밖에 없다는 논리가 가능하다.

어 법리 발전을 가져오기는 힘들다. 이 점에서 인용을 통한 법학계와 실무계의 산학연계가 절실히 요구된다고 할 것이다.[1188) 관련 학계의 분발과 실무/학계의 산학연계를 대안으로 제시한다.

(3) 제도개선: 관할 집중과 전문 법관제

저작권분쟁, 특히 공정이용 쟁점이 있는 사건을 제대로 해결하기 위해서는 저작권법에 대한 전문성뿐 아니라 각종 저작물을 둘러싼 맥락에 대한 풍부한 이해가 필요하다. 한국 법원의 현실에서 저작권분쟁을 담당하는 법관이 단기간에 전문성과 맥락에 대한 이해를 갖추어 재판하기를 기대하기란 매우 어렵다. 짧은 기간을 두고 임지를 변경하거나 같은 법원 안에서 소속 부서를 바꾸는 한국 법원의 인사 시스템 하에서 법관이 전문성을 갖추기까지 처리된 사건의 당사자들은 희생양이 될 가능성이 있다.[1189) 행정부 공직과 달리 법관의 경우 전문성이 독이 되기도 한다. 법관에게 가장 중요한 덕목은 균형감이라 할 것인데, 전문성을 강화하다 보면 균형감을 잃을 수 있기 때문이다.[1190) 특수분야를 관장하는 전문법원으로 가정법원(서울가정법

1188) 본 저자는 인용을 통해 법학계와 실무계의 산학연계를 가져올 수 있다고 주장한 적이 있다. 남형두, 전게글(주 992). 한편, 판결에서 논문의 출처를 밝히지 않고 사실상 표절한 것을 지적한 논문으로는 다음 참조. 남형두, "법률가와 표절", 사법 제30호, 2014. 12.; 남형두, "표절에 관한 최초의 본격적인 대법원판결의 명암 ― 대법원 2016. 10. 27. 선고 2015다5170 판결에 대한 평석 ―", 저스티스 통권 제162호, 2017. 10.
1189) 남형두, "공무원이 주인인 공화국", 한국일보 2009. 5. 21.자 칼럼. 이 글에서 본 저자는 잦은 공무원 인사를 다음과 같이 비판했다. "전문직 공직의 경우 국내외를 막론하고 그 분야를 훤히 꿰고 있는 사람이 한자리에 꾸준히 근무함으로써 국가와 국민이 혜택을 볼 수 있게 해야 한다. 공직은 공무원들이 장・차관이 되기 위한 연수코스가 아니다."
1190) 이희준, "스페셜리스트 판사, 제너럴리스트 판사", 법률신문 2024. 8. 13.자 칼럼 참조. 한편, 이희준 판사는 이 글에서 포스너 등 여러 학자의 견해를 소개하는 것에

원 1963년 개원), 특허법원(1998년 개원), 행정법원(서울행정법원 1998년 개원) 등이 설치됨으로써 여성의 권익 신장, 산업재산권 보호, 기본권의 신장 등에 크게 기여한 측면이 있으나, 그로 인해 상실될 수 있는 균형성을 간과해서는 안 된다.

전문법원의 설치로 국민의 권익이 신장된 점은 분명하고, 특히 사회적 약자, 소수자 보호에서 큰 기여를 한 것은 분명하다. 그런데 지식재산권을 예로 들면 권리자 보호를 두텁게 할 경우 이용자의 이익은 줄어들게 마련이다. 행정사건에서도 마찬가지다. 행정처분성을 확대하고 원고 적격을 넓히는 등 과거에 비해 국민의 기본권이 넓게 보호된 점은 분명하지만, 그로 인해 상대적으로 피해를 보는 국민도 있을 수 있다는 점을 간과해서는 안 된다. 전문법원 법관들이 갖는 전문성으로 인해 사건 파악이 신속하고 권익구제에 도움을 주는 측면이 있지만, 법관에게 더욱 기본적으로 요구되는 균형성을 잃을 우려가 있기도 하다. 전문법원의 공과(功過)를 평가할 때가 되었다고 생각한다.1191)

균형을 위해 저작권과 공정이용이 쟁점인 재판을 일반 사건과 같이 모든 재판부에 고루 배당하여 재판하게 할 수도 있다. 그런데 분쟁의 특성을 이해하지 못하면 아무리 탁월한 균형감이 있다고 해도 타당한 결론을 늦지 않게 내리기는 쉽지 않다. 그렇다고 저작권법에 조예가 깊어 저작권자 또는 이용자의 어느 한쪽에 확고한 신념이 있는 것도 법관에게는 바람직하지 않다.1192) 사익과 공익이 충돌하는 재판에서 편향성을 갖고 전문적으로 연구하는 것은 학계의 몫일 뿐, 법관에게 허용되어서는 곤란하다. 여기에서 중요

그칠 뿐 자신의 견해를 명확히 제시하지 않고 있는데, 앞서도 지적한 바(주 27, 28의 본문)와 같이 비교법 연구의 함정에 빠지지 않도록 주의가 요구된다.
1191) 남형두, 전게논문(주 571), 84면 중 주 105.
1192) 물론 연구를 통해 개인적 소신 또는 신념을 가질 수 있겠으나, 그것이 헌법 제103조에서 말하는 '양심'은 아니므로, 법관은 자신을 초탈함으로써 '양심'에 따를 필요가 있다. 주 1182 참조.

한 것은 법관은 특정 법 분야의 전문가일 필요는 없지만 분쟁해결의 전문가라는 점이다. 가사, 행정, 지식재산권 등 전문분야 사건에서 분쟁해결 전문가라면 쟁점 파악이 빨라야 하고, 판단 시 고려해야 할 요소는 무엇인지 정확히 알고 있어야 하며, 관련 학계의 흐름 및 다른 나라의 판결 동향 등에 늘 열린 자세를 견지할 것이 요구된다.

　따라서 공정이용이 쟁점인 저작권재판에서 분쟁해결의 전문성과 맥락에 대한 이해 및 관련 학계와의 소통 등을 위해, 관할의 집중과 함께 2년 내외의 통상적인 인사이동보다는 적어도 5년 이상 임기가 보장되는 인사 시스템이 필요하다. 이는 비단 저작권분쟁에만 해당하는 것은 아니지만, 여기서는 저작권분쟁에 한하여 주장한다.

에필로그

당랑거철(螳螂拒轍), '수레바퀴를 막아선 사마귀'라는 뜻으로 장자(莊子)에 나오는 고사성어이다. 본뜻은 "제 분수를 모르고 큰 힘을 가진 상대에게 무모하게 덤빈다는 것"이라고 하나, 나는 여기에서 다른 뜻으로 쓰고자 한다.

오늘날 질주하고 있는 빅테크 기업의 폭풍 성장 이면에는 저작권침해의 위험성이 도사리고 있다. 빅테크뿐만 아니라 급성장하고 있는 인공지능 개발사가 주는 달콤한 효능에 젖은 채 저작권이라는 '손톱 밑 가시'를 뽑아버려 이들을 위해 탄탄대로를 만들자는 데 대체로 공감대가 형성돼 있다. 저작권이 문제라면, 이를 복잡한 논리로 푸는 대신 아예 18세기 이전, 즉 저작권법이 생겨나기 전으로 돌아가면 되지 않은가 하는 생각도 할 수 있다. '병 주고 약 주고'에서 약을 처방하는 대신 근원에 해당하는 '병' 자체를 없애버리자는 논리다. 이 '병'이 본래부터 있었던 것이 아니라 인간 스스로 만든 것이라고 보면(공리주의 시각, 특히 인센티브 이론), 더 큰 공익을 위해 충분히 가능한 얘기다. 빅테크와 같은 초거대 이용자들의 저작권침해 위기는 대부분 공정이용 제도를 통해 돌파하곤 했는데, 이는 공리주의적 접근이 낳은 결과이다. 그러나 반드시 모두에게 긍정적인 것은 아니었을지라도, 지난 수 세기 동안 인류가 그 정체성을 잃지 않으면서도 발전을 거듭해 온 데는 저작권(법)의 기여를 부인하기 어렵다. 공정이용의 업데이트 버전이라 할 수 있는 TDM 예외 조항 도입이 논의되고 있는 작금의 상황에서 다시금 공정이용 제도의 공과를 돌아봄으로써 그 '돌파'가 타당했는지를 살펴보자는 의미에서 빅테크와 공정이용의 관계를 '거대한 수레바퀴 밑에 있는 사마귀'로 표현했다. 공익과 공리주의를 내걸었지만, 특정 국가와 극소수 기업의 지배 이데올로기가 되어버린 빈약한 공리주의 앞에 선 것이다.

'수레바퀴 밑 사마귀'라고 하니 헤르만 헤세(Herman Hesse)의 소설, 『수레바퀴 아래서』(원제: Unterm Rad)가 떠오른다. 헤세는 신학교 시절 자신을 수레바퀴 아래 깔린 달팽이 신세로 묘사한 자전적 소설을 썼는데, 다분히 비관주의적이다. 그러나 내가 말한 사마귀는 수레바퀴 밑에 있는 처지는 달팽이와 같아도 수레바퀴 밑을 일부러 찾아갔다는 점에서 다르다.

오늘날 민법전에 들어 있는 재산권은 그 시원을 정확히 알 수 없어 멀리 로마법과 게르만법에 이르기까지 법제사적 연구가 진행되지만, 저작권은 명백히 그 시작이 있는 권리라는 점에서 구별된다. 권리가 창설된 후 저작권자 쪽으로 무게가 기울자, 이용자 쪽을 보완하기 위해 만들어진 '공정이용'은 놀이터의 시소(seesaw)와 비슷하다. 최근 빅테크와 인공지능 개발사가 공정이용 제도의 수혜자가 되기 위해 이 제도를 이용하는 것은 지난 삼백여 년간 법률과 판례를 통해 가까스로 균형을 유지해 온 시소에 거인(빅테크)이 올라탄 형국에 비유할 수 있다. 이제 이 시소가 제 기능을 발휘하기는 어렵게 됐다. '공정이용의 역설'이다. 그런데 빅테크와 인공지능 개발사의 질주가 가져올 인류의 불가역적인 상황을 우려한다면, 공정이용이라는 시소가 그 폭주를 막아 세우거나 최소한 감속하게 하는 데 크게 기여할 수 있음을 저작권법 영역을 넘어 널리 알릴 필요와 의무가 있다.

마치 거대한 수레바퀴를 멈춰 세우겠다고 나선 사마귀처럼 무모해 보이지만, '반역'을 넘어 균형의 '복원'을 꿈꾼다.

※ 이 책은 인간 독자를 위한 것입니다. 인공지능을 포함한 모든 기계의 트레이닝 데이터로 사용하는 것을 거부합니다.

참고문헌

• 국내 단행본

요한 볼프강 폰 괴테(Johann Wolfgang von Goethe), 정서웅 역, 『파우스트 2』(원제: Faust), 민음사, 1999
김공회, 『기본소득, __ 공상 혹은 환상』, 오월의봄, 2022
김용택, 『섬진강』, 창작과비평사, 2000
김재인, 『AI 빅뱅 — 생성 인공지능과 인문학 르네상스』, 동아시아, 2023
남형두, 『표절 백문백답』, 청송미디어, 2017
_____, 『표절론』, 현암사, 2015
남형두 편저, 『문학과 법 — 여섯 개의 시선』, 사회평론아카데미, 2018
니콜렛 한 니먼(Nicolette Hahn Niman), 이재경 옮김, 『소고기를 위한 변론』(원제: DEFENDING BEEF, 2021), 갈매나무, 2022
자크 랑시에르(Jacque Rancière), 김상운 역, 『이미지의 운명』(원전: Le destin des images, 2003), 현실문화연구, 2014
재런 러니어(Jaron Lanier), 노승영 역, 『미래는 누구의 것인가』(원제: WHO OWNS THE FUTURE?, 2013), 열린책들, 2016
제레미 리프킨(Jeremy Rifkin), 신현승 역, 『육식의 종말』(원제: BEYOND BEEF, 1993), 시공사, 2002
_____, 이희재 역, 『소유의 종말』(원제: The Age of Access), 민음사, 2001
샤를 루이 드 스콩다 몽테스키외(Charles-Louis de Secondat Montesquieu), 이재형 역, 『법의 정신』(원제: DE L'ESPRIT DES LOIS), 문예출판사, 2004
박병호, 『傳統的 法體系와 法意識』, 한국문화연구소, 1972
박성호, 『저작권법』(제3판), 박영사, 2023
발터 벤야민(Walter Benjamin), 심철민 옮김, 『기술적 복제시대의 예술작품』(원제: Das Kunstwerk im Zeitalter seiner technischen Reproduzierbarkeit), 도서출판 b, 2017

피에르 부르드외(Pierre Bourdieu), 신미경 옮김,『사회학의 문제들』, 동문선, 2004
장 폴 사르트르(Jean Paul Sartre), 정명환 옮김,『말』(원제: Les Mots), 민음사, 2008
사사키 아타루, 송태욱 옮김,『잘라라, 기도하는 그 손을 – 책과 혁명에 관한 닷새 밤의 기록』, 자음과모음, 2012
마커스 드 사토이(Marcus du Sautoy), 박유진 옮김,『창조력 코드』(원제: The Creativity Code: How AI is Learning to Write, Paint and Think, 2019), 북라이프, 2020
성염, "해제", 아우구스티누스, 성염 역주,『고백록』(원제: Confessiones), 경세원, 2016
클레이 셔키(Clay Shirky), 이충호 역,『많아지면 달라진다 – '1조 시간'을 가진 새로운 대중의 탄생』, 갤리온, 2011
알랭 쉬피오(Alain Supiot), 박제성 역,『숫자에 의한 협치』(원제: La Gouvernance par les nombres), 한울, 2019
조지프 스티글리츠(Joseph E. Stiglitz), 이순희 역,『불평등의 대가』(원제: THE PRICE OF INEQUALITY), 열린책들, 2013
오승종,『저작권법』(제6판), 박영사, 2024
오쓰카 에이지(大塚英志), 선정우 역,『감정화하는 사회』, 리시올, 2020
조지 오웰(George Orwell), 정회성 옮김,『1984』(원제: Nineteen Eighty-Four), 민음사, 2003
이광석,『피지털 커먼즈 Phygital Commons』, 갈무리, 2021
이영석,『영국사 깊이 읽기』, 푸른역사, 2016
이해완,『신저작권법입문』, 박영사, 2024
임원선,『제7판 실무자를 위한 저작권법』, 한국저작권위원회, 2022
정끝별,『은는이가』, 문학동네, 2014
정희성,『한 그리움이 다른 그리움에게』, 창비, 1998
헨리 조지(Henry George), 김윤상 역,『진보와 빈곤』(원제: PROGRESS and POVERTY, 1879), 비봉출판사, 1997
프리초프 카프라(Fritjof Capra)·우고 마테이(Ugo Mattei), 박태현·김영준 역,『최후의 전환』(원제: THE ECOLOGY OF LAW, 2015), 경희대학교 출판문화원, 2019
레이 커즈와일(Ray Kurzweil), 김명남 역,『특이점이 온다』(원제: The Singularity is

Near, 2005), 김영사, 2007
밀란 쿤데라(Milan Kundera), 김병욱 옮김, 『배신당한 유언들』(원제: LES TESTAMENTS TRAHIS, 1993), 민음사, 2013
체이스 퍼디(Chase Purdy), 윤동준 역, 『죽음 없는 육식의 탄생 ― 도살하지 않은 고기가 당신의 입속에 들어가기까지』(원제: BILLION DOLLAR BURGER: Inside Big Tech's Race for the Future of Food, 2020), 김영사, 2021
리처드 포스너(Richard A. Posner), 백계문·박종현 역, 『법관은 어떻게 사고하는가』 (원제: HOW JUDGES THINK, 2008), 한울, 2016
_____, 『표절의 문화와 글쓰기의 윤리』(원제: The Little Book of Plagiarism, Pantheon books, 2007), 산지니
미셸 푸코(Paul-Michel Foucault), 황유진 역, "저자란 무엇인가", 윤난지 편, 『모더니즘 이후, 미술의 화두』, 눈빛, 1999
한병철(Byung-Chul Han), 이재영 옮김, 『타자의 추방(원제: DIE AUSTREIBUNG DES ANDEREN, 2016)』, 문학과지성사, 2017
올더스 헉슬리(Aldous Leonard Huxley), 이덕형 옮김, 『멋진 신세계』(원제: Brave New World), 문예출판사, 1998

- 국내 북챕터

백종현, "인공지능의 출현과 인간 사회의 변동", 한국포스트휴먼연구소 등 편저, 『인공지능과 새로운 규범』, 아카넷, 2018

- 외국 단행본

HA-JOON CHANG, 『BAD SAMARITANS - RICH NATIONS, POOR POLICIES & THE THREAT TO THE DEVELOPING WORLD』, RANDOM HOUSE BUSINESS BOOKS, 2007
_____, 『GLOBALISATION, ECONOMIC DEVELOPMENT AND THE ROLE OF THE STATE』, ZED BOOKS, 2003
_____, 『KICKING AWAY THE LADDER DEVELOPMENT STRATEGY IN HISTORICAL PERSPECTIVE』, ANTHEM PRESS, 2002

HENRY VAN DYKE, 『THE NATIONAL SIN OF LITERARY PIRACY』, NEW YORK CHARLES SCRIBNER'S SONS, 1888
PAUL GOLDSTEIN, 『GOLDSTEIN ON COPYRIGHT third edition』, WOLTERS KLUWER, 2005
CHAIHARK HAHM, 『THE CONSTITUTION OF SOUTH KOREA』, HART PUBLISHING, 2024
JERRY KAPLAN, 『ARTIFICIAL INTELLIGENCE ― WHAT EVERYONE NEEDS TO KNOW』, OXFORD UNIVERSITY PRESS, 2016
J. THOMAS McCARTHY, 『THE RIGHTS OF PUBLICITY AND PRIVACY 2nd ed.』, WEST, 2011
MELVILLE B. NIMMER & DAVID NIMMER, 『NIMMER ON COPYRIGHT Vol. 3』, MATTHEW BENDER, 1987
WILLIAM F. PATRY, 『THE FAIR USE PRIVILEGE IN COPYRIGHT LAW』, BNA BOOKS, 1985
RICHARD A. POSNER, 『ECONOMIC ANALYSIS OF LAW』, ASPEN, 1992
MARK ROSE, 『AUTHORS AND OWNERS ― THE INVENTION OF COPYRIGHT』, HARVARD UNIVERSITY PRESS, 1993
STUART RUSSELL and PETER NORVIG eds., 『ARTIFICIAL INTELLIGENCE A MODERN APPROACH third edition』, PEARSON, 2016
CLAY SHIRKY, 『COGNITIVE SURPLUS ― CREATIVITY AND GENEROSITY IN A CONNECTED AGE』, THE PENGUIN PRESS, 2010
JOSEPH E. STIGLITZ, 『THE PRICE OF INEQUALITY』, W. W. NORTON & COMPANY, 2012
EXECUTIVE OFFICE OF THE PRESIDENT, 『ARTIFICIAL INTELLIGENCE, AUTOMATION, AND THE ECONOMY』, December 2016('오바마 리포트')

中山信弘, 『著作權法 第3版』, 有斐閣, 2020
_____, 『著作權法』, 有斐閣, 2007
齊藤博, 『著作權法 第3版』, 有斐閣, 2007
山本隆司·奧邨弘司, 『フェア·ユースの考え方』, 株式會社太田出版, 2010
石塚正英·柴田隆行, 『哲學·思想翻譯語事典』, 論創社, 2013

• 외국 북챕터

Jane C. Ginsburg, "Twenty Years of US Digital Copyright: Adapting from Analogue", HAYLEIGH BOSHER & ELEONORA ROSATI eds., 『DEVELOPMENTS AND DIRECTIONS IN INTELLECTUAL PROPERTY LAW: 20 YEARS OF THE IP KAT』, OXFORD UNIVERSITY PRESS, 2023

Carla Hesse, "The Rise of Intellectual Property, 700 BC to AD 2000 - An Idea in the Balance", DAVID VAVER, ed., 『INTELLECTUAL PROPERTY』, ROUTLEDGE, 2006

Pamela Samuelson, "Protecting Privacy Through Copyright Law?", MARC ROTENBERG, JULIA HORWITZ and JERAMIE SCOTT, eds., 『PRIVACY IN THE MODERN AGE』, THE NEW PRESS, 2015

Andreas Sattler, "From Personality to Property - Revisiting the Fundamentals of the Protection of Personal Data", MOR BAKHOUM, BEATRIZ CONDE GALLEGO, MARK-OLIVER MACKENRODT, GINTARE SURBLYTE-NAMAVICIENE, eds., 『PERSONAL DATA IN COMPETITION, CONSUMER PROTECTION AND INTELLECTUAL PROPERTY LAW — TOWARDS A HOLISTIC APPROACH?, MPI STUDIES ON INTELLECTUAL PROPERTY AND COMPETITION LAW 28』, SPRINGER, 2018

Sobel, Benjamin, A Taxonomy of Training Data: Disentangling the Mismatched Rights, Remedies, and Rationales for Restricting Machine Learning (August 19, 2020). Artificial Intelligence and Intellectual Property (Reto Hilty, Jyh-An Lee, Kung-Chung Liu, eds.), Oxford University Press, Forthcoming, Available at SSRN: https://ssrn.com/abstract=3677548

James Tierney, "Periodicals and the Trade, 1695-1780", MICHAEL F. SUAREZ, and MICHAEL L. TURNER, eds., 『THE CAMBRIDGE HISTORY OF THE BOOK IN BRITAIN, Vol. 5: 1695-1830』, CAMBRIDGE UNIVERSITY PRESS, 2009

McKenzie Wark, "Worse Than Capitalism", TREBOR SCHOLZ and NATHAN SCHNEIDER, eds., 『OURS THE HACK AND TO OWN』, OR BOOKS, 2016

• 국내 논문

김건우, "법인격론의 최근 연구 동향", 법철학연구 제24권 제3호, 2021
김건우, "법적 주체로서 자율적 인공지능 로봇 Ⅰ: 의의와 관점", 성균관법학 제30권 제2호, 2018. 6
김건우, "로봇윤리 vs. 로봇법학: 따로 또 같이", 법철학연구 제20권 제2호, 2017
김두식, "위법성조각사유와 책임조각사유의 증명책임 ― 형사소송법 제307조 제2항과 증거제출책임 논의를 중심으로 ― ", 강원법학 제59권, 2000
남형두, "'타다'와 '카카오모빌리티' 사례로 본 기술과 법 ― 레드 헤링으로서 과학·혁신", 경제규제와 법 제17권 제1호(통권 제33호), 2024. 5
_____, "인공지능 기반의 문학번역에 관한 저작권법 문제 ― 바벨탑의 데자뷰?", 계간저작권 제144호, 2023
_____, "잉여(剩餘) ― 빅테크와 양봉업자", 법철학연구 제25권 제2호, 2022. 8. 31
_____, "빅테크에 대한 국제사법의 대응 ― 구글 합의관할 사건 판결에 대한 비판으로부터 ―", 국제거래법연구 제31권 제1호, 2022. 7. 31
_____, "법학의 학문 정체성에 관한 시론(試論) ― 경제학의 침습과 법학의 고립", 서울대학교 法學 제62권 제3호, 2021. 9
_____, "플랫폼과 법 ― 절전(折箭)의 교훈", 정보법학 제25권 제2호, 2021. 8. 31
_____, "신발을 위한 영화 ― 플랫폼 사업자의 콘텐트 확보에 따른 법적 문제 ― ", 경제규제와 법 제11권 제2호(통권 제22호), 2018. 11
_____, "표절에 관한 최초의 본격적인 대법원판결의 명암 ― 대법원 2016. 10. 27. 선고 2015다5170 판결에 대한 평석 ― ", 저스티스 통권 제162호, 2017. 10
_____, "사회 현상으로서의 주리스토크라시(Juristocracy) ― 사법(私法) 영역을 중심으로", 법학연구(연세대학교 법학연구원) 제27권 제1호, 2017. 3. 30
_____, "법과 예술 ― 조영남 사건으로 본 주리스토크라시(Juristocracy)", 정보법학 제20권 제2호, 2016. 8. 31
_____, "장애인 정보접근성 향상을 위한 입법과제 ― 장애인의 능동적 사회참여를 위한 기본 전제", 입법과정책 제7권 제2호, 2015. 12
_____, "마라케시 조약의 의의와 우리나라에 미치는 시사점 ― 인권의 저작권에 대한 우위 확인", 저스티스 통권 제146-1호, 2015. 2
_____, "법률가와 표절", 사법 제30호, 2014. 12

_____, "합법성과 저작권 보호 요건 ― 음란물을 중심으로", 민사판례연구 통권 제34권, 2012. 2

_____, "종교단체와 저작권 ― 가이사의 것은 가이사에게 ―", 법조 통권 제625호, 2008. 10

_____, "저작권의 역사와 철학", 산업재산권 통권 제26호, 2008. 8

_____, "문화의 산업화와 저작권 ― 약장수와 차력사", 문화정책논총 제18집, 2006. 12

노현숙, "사적 미디어로서의 유튜브 플랫폼에 의한 콘텐츠 삭제에 관한 논의", 미디어와 인격권 제8권 제1호, 2022

류시원, "인공지능 시대 저작권 정책 형성절차에 관한 제언 ― 텍스트·데이터 마이닝 예외규정 입법 논의를 중심으로 ―", 법제 제704호, 2024

_____, "저작권법 텍스트·데이터 마이닝(TDM) 면책규정 도입 방향의 검토", 선진상사법률연구 제101호, 2023. 1

_____, "공정이용 판단의 고려요소로서 '변형적 이용'의 한계 ― 미국 연방법원의 Andy Warhol Foundation v. Goldsmith 사건을 중심으로 ― ", 계간저작권 제140호, 2022

문영화, "민사소송에서 증거능력의 의미", 저스티스 통권 제191호, 2022. 8

박성호, "텍스트 및 데이터 마이닝을 목적으로 하는 타인의 저작물의 수집·이용과 저작재산권의 제한", 인권과정의 제494호, 2020. 12

박준석, "저작권법 제28조 인용조항 해석론의 변화 및 그에 대한 비평", 서울대학교 法學 제37권 제3호, 2016. 9

상윤모, "인공지능의 뉴스 콘텐츠 학습과 뉴스 저작권에 대한 고찰", 계간저작권 제145호, 2024

심희기, "'한국형 민사의 형사화 현상'의 진단과 억제방향", 법학연구(연세대학교 법학연구원), 제17권 제4호, 2007

양천수, "탈인간중심적 법학의 가능성", 행정법연구 제46호, 2016. 8

오승종, "데이터마이닝 및 텍스트마이닝과 저작재산권의 제한", 홍익법학 제20권 제2호, 2019

이나라, "사적 저작권 집행 시스템의 법적 쟁점 ― 유튜브의 콘텐츠 ID를 중심으로 ―", 계간저작권 제125호, 2019

이도국, "인공지능과 전자인(Electronic Person) ― 독자적 법인격 부여 가능성을 중심으로 ― ", 법과 정책연구 제21집 제1호, 2021. 3

이상용, "데이터의 비계약적 이용 ― 데이터 마이닝을 위한 저작권 제한을 중심으로 ―", 강원법학 제65권, 2021. 11
_____, "인공지능과 법인격", 민사법학 제89호, 2019. 2
이일호, "우리 저작권법상 공정이용의 운영 현황과 과제 ― 판례를 중심으로 ―", 계간저작권 제141호, 2023
_____, "우리 저작권법상 공정이용 규정의 실효성에 관한 소고", 정보법학 제25권 제1호, 2021
이종덕, "증강현실 기술의 활용과 물권 침해 ― 포켓몬GO 게임을 중심으로 ―", 법학논총(한양대학교) 제34권 제4호, 2017
이해원, "인공지능과 법인격 ― 불법행위책임의 관점에서 ―", 법조 제70권 제4호(통권 제748호), 2021
이형진, "한국문학의 영어번역, 논란과 논쟁을 번역하다", 번역학연구 제19권 제4호, 2018
_____, "한국문학번역의 문화번역 ― 한국문학의 문화번역 지점을 중심으로", 번역학연구 제17권 제3호, 2016
임원선, "저작권 침해 유형과 침해 판단 기준에 대한 검토", 계간저작권 제131호, 2020
정상조, "골프코스의 저작권", 비교사법 제31권 제3호(통권 제106호), 2024
차상육, "건축저작물의 저작권 보호 쟁점 ― 최근 5년간 판례를 중심으로 ―", 계간저작권 제146호, 2024
최상필, "빅데이터의 분석과 활용을 위한 TDM의 저작권적 쟁점과 입법론", 계간저작권 제137호, 2022
최진원·남형두, "매체기술의 변화와 저작권법 ― 그 도전과 응전의 역사", 커뮤니케이션이론 제2권 제2호, 2006. 12
홍성철·강연곤, "포털 뉴스의 등장과 한국 신문산업의 20년 변화", 언론과학연구 제21권 제3호, 2021
홍승기, "데이터마이닝 면책 입법 방향에 대한 의문", 경영법률 제32집 제4호, 2022

- 국내 연구보고서 등

뉴스미디어연합(NEWS MEDIA ALLIANCE), 문재완·황현숙 역, 「구글은 어떻게 시장지배적 플랫폼으로서 지위를 남용하여 언론사들을 강압하고 저널리즘을 훼손하였는가」(원제: How Google Abuses Its Position as a Market Dominant Platform to Strong-Arm News Publishers and Hurt Journalism), 한국신문협회, 2020. 7. 10
박성호, 「바둑기보의 저작물성 판단에 관한 연구」, 한국저작권위원회, 2009
이규호·서재권, 「공정이용 판단기준 도출을 위한 사례연구」, 한국저작권위원회, 2009
이진규, "[Vol. 6] The Communication Decency Act(통신품위법) Section 230의 이해", KISA Report, 2020. 7. 3
최승재(연구책임자), 「국내외 판례 조사 및 분석을 통한 공정이용(Fair Use) 가이드 제시를 위한 연구」, 한국저작권위원회, 2019
한국저작권위원회, 『저작권통계』, 2008~2023
한국콘텐츠진흥원, 정책보고서, 「앱 마켓 독점 규제 게임사 인앱결제 수익성 개선되나」, 2023. 8. 14

● 국내 소논문/에세이

남형두, "모두를 위한 저작권법, 장애인의 권리를 더하다 ― 2023년 저작권 장애인 조항 개정에 대한 소감", 저작권문화 제355호, 2024년 4-5월
＿＿＿, "[법조광장] 솔로몬 재판의 생모(生母) ― 법학에 주는 교훈", 법률신문 2024. 2. 8
＿＿＿, "옥수수밭 옆 목장 ― 텍스트 데이터 마이닝(TDM) 면책을 담은 저작권법 개정안에 부쳐 ―", 법률신문 2023. 9. 25
＿＿＿, "기본소득 논의의 '기본을 묻다", 더북리스트 2022. 10. 13., https://thebooklist.kr/review/detail11 (2024. 12. 30. 방문)
＿＿＿, "침대는 과학인가? ― '혁신기술과 법의 관계'에 관한 합리적 논의의 전제", 법률신문 2022. 3. 28
＿＿＿, "사은품으로 전락한 창작물 ― 플랫폼 유통구조에서의 문화상품", 저작권문화 제317호, 2021. 1
＿＿＿, "변호사의 학술활동 ― 법실무계와 법학계의 산학연계 실험 3 ―", 대한변협신문 2020. 12. 14.자
＿＿＿, "미국 법무부의 구글 반독점 제소를 보며 ― 빅테크 기업에 대한 우리의

대응 방안", 법률신문 2020. 11. 5.자 연구논단

_____, "[남형두 교수의 저작권 길라잡이] 법 없이도 살 사람?", 출판문화(대한출판문화협회), 2011. 10

_____, "판결문 작성과 저작권법의 존중 ― 산학연계의 실험 2", 대한변협신문 2005. 8. 22.자

_____, "변호사연수제도의 새로운 모색 ― 산학연계의 실험", 대한변협신문 2005. 3. 21.자

정경석, "저작권 침해와 표현의 자유 '비방을 위해 저작물을 어디까지 사용할 수 있나?'", 저작권문화 제317호, 2021. 1

• 외국 논문

Bruce Ackerman and Anne Alstott, *Why Stakeholding?*, POLITICS & SOCIETY, Vol. 32 No.1, March 2004

Amy Adler, *Why Art Does Not Need Copyright*, 88 Geo. Wash. L. Rev. 313 (2018)

_____, *Fair Use and the Future of Art*, 92 N.Y.U. L.Rev. 559 (2016)

Sina Alemohammad, Josue Casco-Rodriguez, Lorenzo Luzi, Ahmed Imtiaz Humayun, Hossein Babaei, Daniel LeJeune, Ali Siahkoohi, Richard Baraniuk, "Self-Consuming Generative Models Go MAD", published as a conference paper at ICLR 2024

Mark Andrejevic, *Privacy, Exploitation, and the Digital Enclosure*, 1 Amsterdam L.F. 47 (2009)

Clark D. Asay, Arielee Sloan, Dean Sobczak, *Is Transformative Use Eating the World?*, 61 B.C. L. Rev. 905 (2020)

James H. Barron, Warren and Brandeis, *the Right to Privacy, 4 Harv. L. Rev. 193 (1890): Demystifying a Landmark Citation*, 13 Suffolk U. L. Rev. 875 (1979)

Barton Beebe, *An Empirical Study of U.S. Copyright Fair Use Opinions, 1978-2005*, 156 U. Pa. L. Rev. 549 (2008)

Joseph L. Bower and Clayton M. Christensen, *Disruptive Technologies: Catching the Wave*, Harv. Bus. Rev., Jan.-Feb. 1995

James Boyle, *The Second Enclosure Movement and the Construction of the Public*

Domain, 66 Law & Contemp. Prob. 33 (2003)

Oren Bracha, *The Adventures of the Statute of Anne in the Land of Unlimited Possibilities: The Life of a Legal Transplant*, 25 Berkeley Tech. L.J. 1427 (2010)

Christopher Buccafusco, *A Theory of Copyright Authorship*, 102 Va. L. Rev. 1229 (2016)

Dan L. Burk, *The Trouble With Trespass*, 4 J. Small & Emerging Bus. L. 27 (2000)

_____, *Muddy Rules for Cyberspace*, 21 Cardozo L. Rev. 121 (1999)

Kelly Callahan, *CGI Social Media Influencers: Are They above the FTC's Influence?*, 16 J. Bus. & TECH. L. 361 (2021)

Alex Chisholm & Nelson Jung, *Platform regulation—ex-ante versus ex-post Intervention: evolving our antitrust tools and practices to meet the challenges*, Competition Policy International, Vol. 11, No. 1, 7-21 (2015)

Danielle Keats Citron, *Sexual Privacy*, 128 YALE L. J. 1870 (2019)

Benjamin G. Damstedt, Note, *Limiting Locke: A Natural Justification for the Fair Use Doctrine*, 112 Yale L.J. 1179 (2003)

Robert C. Denicola, *Ex Machina: Copyright Protection for Computer-Generated Works*, 69 Rutgers U.L. Rev. 251 (2016)

Gregory M. Duhl, *Old Lyrics, Knock-off Videos, and Copycat Comic Books: The Fourth Fair Use Factor in U.S. Copyright Law*, 54 Syracuse L. Rev. 666 (2004)

Niva Elkin-Koren & Neil Weinstock Netanel, *Transplanting Fair Use across the Globe: A Case Study Testing the Credibility of U.S. Opposition*, 72 Hastings L.J. 1121 (2021)

David S. Evans, *The Antitrust Economics of Free* (April 17, 2011), Competition Policy International, Spring 2011

_____, Attention Rivalry Among Online Platforms (April 12, 2013). University of Chicago Institute for Law & Economics Olin Research Paper No. 627, Available at SSRN: https://ssrn.com/abstract=2195340

Shae Fitzpatrick, *Setting Its Sights on the Marrakesh Treaty: The U.S. Role in Alleviating the Book Famine for Persons with Print Disabilities*, 37 B.C. Int'l & Comp. L. Rev. 139 (2014)

Simon J. Frankel and Matt Kellogg, *Bad Faith and Fair Use*, 60 J. Copyright Soc'y U.S.A. 1 (2012-2013)

Richard B. Freeman, "Who Owns the Robots Rules the World ― The deeper threat of robotization", Harvard Magazine, May-June 2016

Jane C. Ginsburg, *Comment on Andy Warhol Found. for the Visual Arts, Inc. v. Goldsmith, 992 F.3d 99 (2d Cir. 2021)*, Journal of Intellectual Property Law & Practice, forthcoming; Columbia Public Law Research Paper No. 14-691 (2021)

_____, *Fair Use in the United States: Transformed, Deformed, Reformed*, Singapore Journal of Legal Studies [2020] 265-294

_____, *Fair Use for Free, or Permitted-but-Paid?*, 29 Berkeley Tech. L.J. 1383 (2014)

_____, *The Author's Place in the Future of Copyright*, 45 Willamette L. Rev. 381 (2009)

_____, *Copyright, Common law, and Sui Generis Protection of Databases in the United States and Abroad*, 66 U. Cin. L. Rev. 151 (1997)

_____, *Authors and Users in Copyright*, 45 J. Copyright Soc'y U.S.A. 1 (1997)

Jane C. Ginsburg & Luke Ali Budiardjo, *Authors and Machines*, 34 Berkeley Tech. L.J. 343 (2019)

Wendy J. Gordon, *Fair Use as Market Failure: A Structure and Economic Analysis of the Betamax Case and Its Predecessors*, 82 Colum. L. Rev. 1600 (1982)

Stuart P. Green, *Plagiarism, Norms, and the Limits of Theft Law: Some Observations on the Use of Criminal Sanctions in Enforcing Intellectual Property Rights*, 54 Hastings L.J. 167 (2002)

Giovanni De Gregorio, *The Normative Power of Artificial Intelligence*, 30 Ind. J. Global Legal Stud. 55 (2023)

James Grimmelmann, *Copyright for Literate Robots*, 101 Iowa L. Rev 657 (2015)

Chaihark Hahm and Sung Ho Kim, "To make 'We the People': Constitutional founding in postwar Japan and South Korea", I•CON: International Journal of Constitutional Law, vol. 8 no. 4 (2010), 800

Justin Hughes & Robert P. Merges, *Copyright and Distributive Justice*, 92 Notre Dame L. Rev. 513 (2016)

P. John Kozyris, *Comparative Law for the Twenty-First Century: New Horizons and*

New Technologies, 69 Tul. L. Rev. 165 (1994)

Roberta Rosenthal Kwall, *A Perspective on Human Dignitary, The First Amendment, and The Right of Publicity*, 50 B.C. L. Rev. 1345 (2009)

Alan Latman, *Fair Use of Copyrighted Works (1958)*, reprinted in Study No. 14 for the Senate Committee on the Judiciary, Copyright Law Revision, Studies Prepared for the Subcommittee on Patents, Trademark, and Copyrights, 86th Cong., 2d Sess., 1 (1960)

Mark A. Lemley & Bryan Casey, *Fair Learning*, 99 Tex. L. Rev. 743 (2021)

Lemley, Mark A. and Wansley, Matthew, Coopting Disruption (February 1, 2024). Stanford Law and Economics Olin Working Paper No. 589, Available at SSRN: https://ssrn.com/abstract=4713845

Pierre N. Leval, *Toward a Fair Use Standard*, 103 Harv. L. Rev. 1105 (1990)

Stan Liebowitz, *The Case for Copyright*, 24 Geo. Mason L. Rev. 907 (2017)

Jessica Litman, *Real Copyright Reform*, 96 Iowa L. Rev. 1 (2010)

Jiarui Liu, *An Empirical Study of Transformative Use in Copyright Law*, 22 Stan. Tech. L. Rev. 163 (2019)

Toni M. Massaro, Helen Norton & Margot E. Kaminski, *SIRI-OUSLY 2.0: What Artificial Intelligence Reveals About the First Amendment*, 101 Minn. L. Rev. 2481 (2017)

Jim Masteralexis, Steve McKelvey, Keevan Statz, *#IAMAROBOT: Is It Time for the Federal Trade Commission to Rethink Its Approach to Virtual Influencers in Sports, Entertainment, and the Broader Market?*, 12 Harv. J. Sports & Ent. L. 353 (2021)

Rita Matulionyte, *10 years for Google Books and Europeana: copyright law lessons that the EU could learn from the USA*, International Journal of Law and Information Technology, 2016, 24, 44-71

Robert P. Merges, *The End of Friction? Property Rights and Contract in the "Newtonian" World of On-Line Commerce*, 12 Berkeley Tech. L. J. 115 (1997)

Arthur R. Miller, *Copyright Protection for Computer Programs, Databases, and Computer-Generated Works: Is Anything New Since CONTU?*, 106 Harv. L. Rev. 977 (1993)

Neil Weinstock Netanel, *Making Sense of Fair Use*, 15 Lewis & Clark L. Rev. 715 (2011)

_____, *Asserting Copyright's Democratic Principles in the Global Arena*, 51 Vand. L. Rev. 217 (1998)

_____, *Copyright and a Democratic Civil Society*, 106 Yale L.J. 283 (1996)

Okediji, Ruth L. 2018. Creative Markets and Copyright in the Fourth Industrial Ere: Reconfiguring the Pubic Benefit for a Digital Trade Economy. Geneva: International Centre for Trade and Sustainable Development (ICTSD)

Alec Peden, *The Good, the Bad, and the Ugly: Incorporating the Good or Bad Faith Consideration into the Fair Use Analysis*, 54 U. Pac. L. Rev. 117 (2023)

Richard A. Posner, *Misappropriation: A Dirge*, 40 Hous. L. Rev. 621 (2003)

Jenny Quang, *Does Training AI Violate Copyright Law?*, 36 Berkeley Tech. L.J. 1407 (2021)

Matthew Sag, *The New Legal Landscape for Text Mining and Machine Learning*, 66 J. Copyright Soc'y U.S.A. 291 (2019)

_____, *The Prehistory of Fair Use*, 76 Brook. L. Rev. 1371 (2011)

Pamela Samuelson, *Unbundling Fair Uses*, 77 Fordham L. Rev. 2537 (2009)

Silver, D., Schrittwieser, J., Simonyan, K. et al. Mastering the game of Go without human knowledge. Nature 550 (2017)

Weijia Shi, etc., "MUSE: Machine Unlearning Six-Way Evaluation for Language Models", http://muse-bench.github.io (2024. 12. 30. 방문)

Shumailov, I., Shumaylov, Z., Zhao, Y. et al. AI models collapse when trained on recursively generated data. Nature 631 (2024)

Cathay Y. N. Smith, *Weaponizing Copyright*, 35 Harv. J. L. & Tech 193 (2021)

Benjamin L. W. Sobel, *Artificial Intelligence's Fair Use Crisis*, 41 Colum. J.L. & Arts 45 (2017)

David C. Vladeck, *Machines Without Principals: Liability Rules and Artificial Intelligence*, 89 Wash. L. Rev. 117 (2014)

Eugene Volokh, *Freedom of Speech and The Right of Publicity*, 40 Hous. L. Rev. 903 (2003)

Samuel D. Warren & Louis Brandeis, *The Right to Privacy*, 4 Harv. L. Rev. 193 (1890)

WATSON, J., CRICK, F. Molecular Structure of Nucleic Acids: A Structure for Deoxyribose Nucleic Acid. Nature 171, 737‐738 (1953)

Sean Williams, *Closing in on the Light at WIPO: Movement towards a Copyright Treaty for Visually Impaired Persons and Intellectual Property Movements*, 33 U. Pa. J. Int'l L. 1038 (2012)

Peter K. Yu, *Can Algorithms Promote Fair Use?*, 14 FIU L. Rev. 329 (2020)

上野達弘, "人工知能と機械學習をめぐる著作權法上の課題 — 日本とヨーロッパにおける近時の動向", 法律時報, 2019年 91卷8号 通卷1140号

Ken Tsutsumibayashi, "Anticipated Technological Breakthroughs and Their Possible Impact on Democratic Legitimacy: ELSI and the Political Implications of Neuroscience", HOGAKU KENKYU, Vol. 96, No. 6, Jun. 2023

• 국내 신문 등

감동근, "인간의 지식 없이 인간을 뛰어넘다! 돌아온 '알파고 제로'", Samsung Newsroom, 2017. 11. 30.자 기사

강 은, "송은이와 김미경, 주진형이 한자리에 모인 까닭?…'유명인 사칭 사기 대책 마련하라'", 경향신문 2024. 3. 22.자 기사

강한들, "방심위 사무처 팀장 11명 "언론 탄압·검열 논란 우려…성급한 의사 결정 지양해야", 경향신문 2023. 10. 6.자 기사

고민서, "'쇼핑·소설도 짧아야 성공'... 네카오 '쇼트폼' 영토 넓힌다", 매일경제 2022. 11. 2.자 기사

곽도영, "MS 창업자 빌게이츠 뒤늦은 후회… '구글 안드로이드 허용은 최대 실수'", 동아일보, 2019. 6. 25.자 기사

권혜미, "저작권 걱정 말고 생성형 AI 콘텐츠 만드시라...소송까지 책임", 전자신문 2023. 11. 9.자 기사

김가윤, "'수사력 낭비인거죠'…가수 백자 '탄핵이 필요한 거죠' 경찰조사", 한겨레 2024. 8. 1.자 기사

김계환, "구글, 유튜브 16억5천만 달러에 인수", 한겨레 2006. 10. 10.자 기사

김기범, "방통위, '가짜뉴스 근절' 앞세워 방송 장악에 속도…'패스트트랙' 활성화",

경향신문 2023. 9. 19.자 기사

김민정, "기후 위기 대응 방안 '육류세'…'미래 세대를 위한 유용한 선택'", ESG경제 2022. 8. 17.자 기사

김상범, "'인앱 결제 강제' 애플, 유럽서 7200억원 첫 과징금", 경향신문 2024. 2. 20.자 기사

김선우, "[김선우의 빨강] 퍼 날라지는 시", 한겨레 2014. 9. 23.자 칼럼

김성태, "'MLB 개막전·아시안컵 중계' 쿠팡플레이, 이용자 1년 만에 63.3%↑", 서울경제 2024. 2. 7.자 기사

김소영, "'저작권 교육조건부 기소유예' 시행 2년… 교육대상자 85.3% '제도 계속 유지해야'", 법률신문 2010. 3. 20.자 기사

김수영, "한국음악저작권협회 'AI 시대 창작자 보호 필요'", 한국경제신문 2023. 7. 26.자 기사

김윤명, "[법조광장] AI서비스제공자의 주의의무", 법률신문 2024. 3. 28.자 칼럼

김은성, "'AI에 공짜학습 못 시켜줘!' 언론사 등 데이터 차단조치 늘어", 경향신문 2023. 8. 29.자 기사

＿＿＿, "챗GPT 베낀 학생들에 0점 '졸업유예' … 미 대학 강사 논란", 경향신문 2023. 5. 20.자 기사

김은영, "배달의민족, 요기요 모기업 獨 딜리버리히어로에 팔려…4조7500억 규모 M&A", 조선일보 2019. 12. 13.자 기사

김재섭, "EU, 애플에 매출 0.5% 규모 과징금…'빅테크 규제' 본격화", 한겨레 2024. 3. 5.자 기사

김정훈, "사람을 박스로 인식한 로봇 40대 노동자 깔려 숨졌다", 경향신문 2023. 11. 9.자 기사

김지수, "'나는 평생 가건물에 사는 것 같았다' 소설 '공터에서'로 돌아온 김훈, 父子가 겪은 비극의 현대사 그려", 조선일보 2017. 2. 7.자 인터뷰 기사

김진수, "'ABS 도입', 스트라이크존 이렇게 판정합니다 [프로야구]", 스포츠Q 2024. 3. 7.자 기사

김태권, "'한배에 탄' 창작자와 플랫폼의 상생전략", 경향신문 2020. 12. 14.자 칼럼

남형두, "뱁새와 뻐꾸기 ― 인간과 인공지능", 경향신문 2024. 6. 6.자 칼럼

＿＿＿, "플랫폼 시대 변호사의 고민", 한국경제신문 2023. 3. 8.자 칼럼

＿＿＿, "챗GPT가 촉발한 교육 현장의 문제", 한국경제신문 2023. 1. 30.자 칼럼

_____, "'망 이용료法' 반대나선 구글", 한국경제신문 2022. 11. 10.자 칼럼

_____, "[남형두의 법과사랑] 쿠팡플레이 드라마 '안나' 사태로 본 플랫폼과 저작권", 한국경제신문 2022. 9. 19.자 칼럼

_____, "쿠팡, 토트넘 초청의 놀라운 효과", 한국경제신문 2022. 7. 18.자 칼럼

_____, "경제성장의 엔진 문화·지식산업", 한국일보 2020. 12. 9.자 칼럼

_____, "디지털세, 글로벌 법인세, 그리고 데이터세", 경향신문 2021. 7. 14.자 칼럼

_____, "팬데믹과 개인정보 — 빅 테크와 헬스케어 기업을 주목한다", 고대신문 2020. 5. 18.자 칼럼

_____, "소녀상 이전 이면합의 원천 무효", 이투데이 2018. 1. 12.자 칼럼

_____, "소녀상 합의의 출구, 저작권", 한겨레 2017. 3. 17.자 칼럼

_____, "공무원이 주인인 공화국", 한국일보 2009. 5. 21.자 칼럼

_____, "한미 FTA와 미국의 게임 전략", 한국일보 2009. 3. 19.자 칼럼.

노도현, "'구글, 뒤에 숨어 클라우드 사업 방해' MS, 유럽에서 '흑색선전' 공개 비판", 경향신문 2024. 10. 30.자 기사

_____, "인기 드로잉 앱 '프로크리에이트'의 AI 거부 선언, '인간의 창의성 지원이 올바른 길'", 경향신문 2024. 8. 21.자 기사

노정연, "페북 '애플과 싸우겠다' … 전면전 치닫는 '디지털 패권 다툼'", 경향신문 2020. 12. 21.자 기사

베른트 데부스만 주니어, 사만다 그랜빌, "할리우드가 멈췄다… 미국 배우조합 역사에 남을 파업 결의", BBC NEWS 코리아 2023. 7. 14.자 기사

박설민, "인공지능 작곡가 '이봄'이 저작권료 못 받게 된 이유", THE AI, 2022. 10. 16.자 기사

박세인, "'배민' M&A 겨누는 공정위 '수수료 개편 영향 집중 조사'", 한국일보 2020. 4. 8.자 기사

박용필, "팝스타 셀린 디옹, 트럼프에게 경고", 경향신문 2024. 8. 12.자 기사

박 찬, "'특정 데이터 잊게 하는 '언러닝' 사용하면 모델 자체가 멍청해져'", AI타임스, 2024. 7. 30.자 기사

방진혁, "바둑 입단대회에서 AI로 '컨닝'한 바둑기사 실형", 서울경제, 2020. 7. 15.자 기사

배덕훈, "방심위 가짜뉴스 대책, 중대한 절차적 하자…책임 물어야", 뉴스토마토 2023. 10. 26.자 기사

변희원·오로라, "'빅테크, 공짜 뉴스는 없다' 각국 정부가 언론사 지원", 조선일보 2024. 4. 24.자 기사

손봉석, "싸이 '강남스타일' 음원 저작권료 수입…깜짝", 경향신문 2012. 10. 4.자 기사

송두율, "글로벌 문화산업의 명암", 경향신문 2019. 7. 16.자 칼럼

송은아, "머독 '구글서 유료기사 검색 금지 검토'", 세계일보 2009. 11. 10.자 기사

신윤정, "짝퉁 활개치는 '구글플레이'… '이용자도 개발사도 운다'", 아시아타임즈 2024. 4. 12.자 기사

신혜연, "'몰래 헬스장 와 녹음한 뒤 고소' ... 3만 관장들 분노한 사연", 중앙일보 2024. 8. 9.자 기사

심우삼, "'성인영화 불법 공유' 낚시 뒤 거액 뜯었다…'저작권 괴물' 일당 법정행", 한겨레 2024. 4. 26.자 기사

안희재, "클릭 두 번에 뚝딱...작곡 AI '이봄' 저작료 중단", SBS 2022. 10. 14.자 기사

안희정, "방심위원장 구글 방문 논란 ... 국회서도 비판", 지디넷코리아 2024. 5. 23.자 기사

양정민, "'스트라이크 맞아? 아냐?'…韓 야구 AI 심판, 100경기 뛰더니 똑똑해졌다", 지디넷코리아 2024. 7. 29.자 기사

양지우, "[뉴스 따라잡기] '불법 다운' 했다가…자살까지", KBS뉴스 2008. 7. 29.자 기사

양철민, "챗GPT 품은 '엣지'의 반격 ... '구글 크롬' 흔들", 서울경제 2023. 8. 1.자 기사

오수연, "방심위, 구글 부사장과 면담…가짜뉴스 대책 동참 당부", 아시아경제 2023. 9. 20.자 기사

오철우, "AI가 AI로 학습할 때의 '딜레마'", 한겨레 2024. 8. 20.자 칼럼

오픈넷, "엄숙주의 유감: 패션노조 패러디 포스터 사건", Slow News 2020. 8. 10.자 기사

윤선영, "티메프 사태에 꿈틀대는 온플법...입법 논의 재시동", 디지털타임스, 2024. 8. 11.자 기사

윤정민, "오픈AI, 이유 있는 오픈마인드", 중앙일보 2024. 5. 24.자 기사

이경호, "남경필, '초대박 싸이, 저작권수입 3600만원도 안돼'", 아시아경제 2012. 10. 4.자 기사

이고운, "유엔 사무총장 'IAEA 같은 AI 감시기구 필요.'", 한국경제신문 2023. 7. 20.

자 기사

이규탁, "피자 끼워파는 음반 빌보드서 퇴출, 음악의 순수한 힘 보고싶다", 조선일보 2020. 7. 22.자 칼럼

이나라, "[미국] 美 연방대법원, 앤디 워홀의 [프린스 초상화 시리즈] 저작권 분쟁 다룬다", 저작권문화 제21호, 2022. 12. 9.자

이상덕, "인공지능 창작물의 소유권은? … 저작권 분쟁 시작됐다", 매일경제 2023. 5. 9.자 기사

이상우, "로슬린 레이튼 '구글, 망 중립성 내세워 페북 데이터 무료 막았다'", 아주경제 2022. 10. 21.자 기사

이상주, "'한국판 냅스터' 소리바다", 경향신문 2001. 2. 23.자 기사

이선율, "'챗GPT 대부' 샘 알트만 방한 'AI 규제 공감, 스타트업 혁신 막을 우려도'", 조선일보 2023. 6. 9.자 기사

이슬기, "한음저협, 헬스장 음악 저작권료 해결 위한 상생 방안 모색", 이투데이 2024. 10. 2.자 기사

이승우, "애플의 앱 마켓 정책 비판하던 '스포티파이' 외부 링크 결제 가능해져", 데일리시사 2022. 3. 31.자 기사

이승우, "구글, 韓서 12조원(작년 추정매출) 벌었는데…법인세는 155억원 뿐", 한국경제신문 2024. 9. 25.자 기사

이신영, "美 소울 거장 유족, 트럼프에 40억원대 손배소 '노래 무단 사용'", 연합뉴스 2024. 8. 12.자 기사

이원율, "'AI에 패배? 내 세계 전체가 무너져' 이세돌, 알파고와 대결 회상", 헤럴드경제 2024. 7. 11.자 기사

이 은, "인류 자존심 지켜준 '신의 한 수'…이세돌 '1승'에 전세계 들썩[뉴스속 오늘]", 머니투데이 2024. 3. 13.자 기사

이준형, "美상의 또 플랫폼법 압박", 서울경제 2024. 2. 14.자 기사

이지현, "오픈AI '뉴스 데이터 AI 학습은 정당… 뉴욕타임스 소송 무의미한 일'", CIO, 2024. 1. 9.자 기사

이희준, "스페셜리스트 판사, 제너럴리스트 판사", 법률신문 2024. 8. 13.자 칼럼

임경업, "공짜로 뉴스 긁어 쓰는 빅테크 AI … 美·유럽 '사용료 내라'", 조선일보 2023. 8. 26.자 기사

임대준, "저커버그 '콘텐츠 가치 과대평가 경향…비용 요구하면 AI 학습에 사용하지 않을 것'", AI타임스 2024. 10. 2.자 기사

임대준, "구글, AI 저작권 해결 위해 미디어 지원금 발표…'꼼수에 불과' 비난 등장", AI타임스 2024. 8. 25.자 기사

임지선, "[AI의 습격 인간의 반격] AI 데이터 우물에 '독' 푸는 교수…"저작물 도둑질, 창작자 삶 뺏어"", 한겨레 2024. 2. 16.자 인터뷰 기사

임지선·박지영, "[단독] 주진형 사칭 온라인피싱, 검·경은 수사중지 통보만", 한겨레 2024. 3. 25.자 기사

임혜령, ""노란 딱지 받으면 미국 법원 가라'… 보호 받지 못하는 국내 크리에이터들", 법조신문 2022. 3. 3.자 기사

장대익, "[장대익의 에볼루션] 촘스키의 틀린 전제, 생성형 AI는 어디로 가야 하나", 경향신문 2023. 3. 28.자 칼럼

전성필, "구글·애플 "과징금 부당"… '인앱결제 강제' 법적다툼 가열 조짐", 국민일보 2023. 10. 9.자 기사

정민경, ""'열정페이' 대명사 이상봉 사진 사용 저작권법 위반이라니", 미디어오늘 2016. 6. 13.자 기사

정병묵, "저작권 '삼진아웃제'…프랑스 '위헌', 국내는 '강행'", 아이뉴스24, 2009. 6. 11.자 기사

정아람, "알파고 업그레이드 … 더 이상 인간의 기보 입력 안 한다", 중앙일보 2017. 10. 19.자 기사

_____, "알파고 vs 알파고 대국 … 프로기사들 '4차원 수 충격적'", 중앙일보 2017. 6. 1.자 기사

정원식, "미 작가들 '챗GPT, 대규모 조직적 절도'…오픈AI에 작품 무단 사용 소송", 경향신문 2023. 9. 21.자 기사

정원엽, "처음 공개된 유튜브 실적… 광고 매출만 연 18조원, 네이버의 3배", 중앙일보 2020. 2. 4.자 기사

정유진, "할리우드의 AI 임파서블", 경향신문 2023. 7. 24.자 칼럼

정윤섭, "구글, 루퍼트 머독 소유 언론사들에 뉴스 사용료 낸다", 연합뉴스 2021. 2. 18.자 기사

정재현, "[기획] 할리우드 작가조합, 배우조합 파업 무엇이 쟁점인가 ― WGA와 SAG-AFTRA의 파업을 둘러싼 7가지 질문들", 씨네21 2023. 8. 18.자 기사

조계완, ""국가정책 흔드는 ISDS 이탈' 새 흐름 … 한국은 피소 10건", 한겨레 2023. 7. 25.자 기사

조문희, "소송 져서 19조원 돈방석 앉게 된 아일랜드 '난감하네'", 경향신문 2024.

9. 11.자 기사

조유빈, "[음원 사재기 논란③] 팬덤 구매와 음원 사재기 다르게 봐야", 시사저널 2019. 12. 7.자(1573호)

조유진, "뉴스 사용료 안내려는 메타...유럽서 '페이스북 뉴스' 중단", 아시아경제 2023. 9. 6.자 기사

조일준, "페이스북이 이용자의 음성대화를 몰래 녹음한 사실이 드러났다", HUFFPOST 2019. 8. 14.자 기사

진영화, "헤이스팅스 넷플릭스 CEO '우리의 경쟁상대는 인간의 수면시간'", 매일경제 2019. 11. 7.자 기사

최은수, "3년 전 애플 VS 페북 광고 프라이버시 논쟁, 승자는?", 뉴시스 2023. 4. 9.자 기사

최인준, "구글 서비스 줄줄이 유료화... '공짜 서비스 뿌린 뒤 수금하나'", 조선일보 2021. 6. 1.자 기사

최진석, "생성형 AI 열풍 주역 '챗GPT' 1년 만에 방문자수 세계 24위", 한국경제신문 2023. 10. 15.자 기사

그레이엄 프레이저, "프랑스서 체포된 '텔레그램 창업자' 파벨 두로프는 누구이며, 텔레그램이란?", BBC NEWS 코리아 2024. 8. 29.자 기사

한승헌, "[길을찾아서] '노가바'까지 탄압한 공안정권, 한승헌-산민의 '사랑방 증언' 55", 한겨레 2009. 3. 23.자 칼럼

현윤경, "오픈AI-뉴스코프, 5년간 3천400억원 상당 콘텐츠 협약", 연합뉴스 2024. 5. 23.자 기사

홍경한, "표절공장 '생성형 AI'", 경향신문 2024. 2. 22.자 기사

황규락, "100억 팔면 30억 떼간다, 구글·애플의 '수수료 갑질'", 조선일보 2024. 9. 24.자 기사

황순민, "스포츠, OTT '킬러 콘텐츠'로 떴다", 매일경제 2023. 10. 9.자 기사

KBS 뉴스, "[영상] 올림픽 폐막식 장소 꼭대기에서 톰 크루즈가? 현실이 된 '미션 임파서블'", 2024. 8. 12.자 기사

Matthew Finnegan, "AI 저작권 문제 대신 배상... MS, 코파일럿 저작권 약정 도입", CIO, 2023. 9. 11.자 기사

● 외국 신문 등

Sohrab Ahmari, "What Pope Benedict Taught Me About Faith", New York Times (Int'l ed.), Dec. 31, 2022

Manuela Andreoni, "Forest economy's holy grail. Can forest be more profitable than beef?", New York Times (Int'l ed.), May 7, 2024

Julia Angwin, "The lessons of Big Tech sovereignty", New York Times (Int'l ed.), Jul. 17, 2023

Sarah Asch, "U.S. Supreme Court to hear Texas and Florida cases about free speech and social media platforms", TEXAS STANDARD, Feb. 26, 2024

Blake Brittain, "AI companies lose bid to dismiss parts of visual artists' copyright case", Reuters, Aug. 14, 2024

_____, "Judge pares down artists' AI copyright lawsuit against Midjourney, Stability AI", Reuters, Oct. 31, 2023

Carole Cadwalladr, Emma Graham-Harrison, "Revealed: 50 million Facebook profiles harvested for Cambridge Analytica in major data breach", The Guardian, Mar. 17, 2018

Choe Sang-Hun, "Google's Computer Program Beats Lee Se-dol in Go Tournament", New York Times (Int'l ed.), Mar. 15, 2016

Noam Chomsky, Ian Roberts and Jeffrey Watumull, "The False Promise of ChatGPT", New York Times (Int'l ed.), Mar. 8, 2023

Sheera Frenkel and Stuart A. Thompson, "Creators revolt over A.I.'s 'wanton theft'", New York Times (Int'l ed.), Jul. 19, 2023

Lindsey Graham & Elizabeth Warren, "When It Comes to Big Tech, Enough Is Enough", New York Times (Int'l ed.), Jul. 27, 2023

Michael M. Grynbaum and Ryan Mac, "The Times Sues OpenAI and Microsoft Over A.I. Use of Copyrighted Work", New York Times (Int'l ed.), Jan. 19, 2024, https://www.nytimes.com/2023/12/27/business/media/new-york-times-open-ai-microsoft-lawsuit.html (2024. 12. 30. 방문)

Kashmir Hill, "Shielding artistry from the computer", New York Times (Int'l ed.), Feb. 17, 2023

Jason Horowitz, "The friar who became the Vatican's oracle on A.I.", New York Times (Int'l ed.), Feb. 13, 2024

Jin Yu Young and Daisuke Wakabayashi, "The Antitrust Enforces Aimed at Big Tech. Then Came the Backlash", New York Times (Int'l ed.), Feb. 16, 2024

Cecilia Kang, "California's crusade to limit A.I.", New York Times (Int'l ed.), Jun. 13, 2024

_____, "Agency reeling after losses to Big Tech", New York Times (Int'l ed.), Jul. 15, 2023

Darryn King, "Horror and honey: Upending beloved memories", New York Times, Feb. 13, 2023

Mark Lemley & Matt Wansley, "How Big Tech is killing innovation", New York Times (Int'l ed.), Jun. 14, 2024

Jill Lepore, "Capitalism is out of this world", New York Times (Int'l ed.), Nov. 8, 2021

Cade Metz and Mike Isaac, "Meta, Long an A.I. Leader, Tries Not to Be Left Out of the Boom", New York Times (Int'l ed.), Feb. 7, 2023

Steven Lee Myers and Tiffany Hsu, "Privacy laws have created a refuge for cybercrime", New York Times (Int'l ed.), Oct. 10, 2024

Alex Needham, "Richard Prince v Suicide Girls in an Instagram price war", The Guardian, May 27, 2015

Henri Neuendorf, "Anish Kapoor Declares 'Victory Over the NRA' in a Settlement That Requires the Gun Group to Remove His Art From an Ad", artnet, Dec. 6, 2018

Margaret O'Mara, "The last days of the tech emperors?", New York Times (Int'l ed.), Aug. 3, 2020

William Alan Reinsch and Kati Suominen, "Korea's Move to Ex Ante Competition Regulation Discriminations against U.S. Business", CSIS, Jan. 11, 2024

_____, "Are U.S. Digital Platforms Facing a Growing Wave of Ex Ante Competition Regulation?", CSIS, Jun. 21, 2023

Adam Satariano, "He beat Google. Yet it crushed him.", New York Times (Int'l ed.), Nov. 12, 2019

Adam Satariano and David McCabe, "Tech giants bow to an onslaught of new rules", New York Times (Int'l ed.), Mar. 6, 2024

David Silver, Demis Hassabis, "AlphaGo Zero: Starting from scratch", 18 October 2017, https://deepmind.google/discover/blog/alphago-zero-starting-from-scratch/ (2024. 12. 30. 방문)

Josh Taylor, "Google says AI systems should be able to mine publishers' work unless companies opt out", The Guardian, Aug. 9, 2023

Daisuke Wakabayashi and Jin Yu Young, "Defeated by A.I., a Legend in the Board Game Go Warns: Get Ready for What's Next", Jul. 11, 2024

Angela Yang, "Mark Zuckerberg apologizes to parents at online child safety hearing", NBC, Feb. 1, 2024

"The A treasure trove of Hollywood intellectual property is heading for the public domain - Mickey Mouse is about to be set free.", Economist, Dec. 24, 2022

- 웹사이트 등

https://gs.statcounter.com/search-engine-market-share (2024. 12. 30. 방문)
https://gs.statcounter.com/browser-market-share (2024. 12. 30. 방문)
https://gemini.google.com/ (2024. 12. 30. 방문)
https://www.youtube.com/watch?v=IjAcXJeqvCw (2024. 12. 30. 방문)

United States Sentencing Commission, Copyright and Trademark Infringement (FY 2021), 2022,

 https://www.ussc.gov/research/quick-facts/copyright-and-trademark-infringement

United States Department of Justice, PRO IP Act Annual Report FY 2021, https://www.justice.gov/media/1329186/dl?inline

 FY 2020, https://www.justice.gov/criminal-ccips/page/file/1460726/download

 FY 2019, https://www.justice.gov/criminal-ccips/page/file/1392186/download (이상, 2024. 12. 30. 방문)

YouTube 고객센터, "다중 채널 네트워크(MCN) 운영안내서, 콘텐츠 소유자 간의 채널 이전", https://support.google.com/youtube/answer/6351567?hl=ko (2024. 12. 30. 방문)

YouTube 고객센터, "YouTube 채널을 한 브랜드 계정에서 다른 브랜드 계정으로 이전", https://support.google.com/youtube/answer/3056283?hl=ko&ref_topic=9267 586&sjid=5057141424992327623-AP (2024. 12. 30. 방문)

The Daily (New York Times Podcast), "The Writers' Revolt Against A.I. Companies", 2023. 7. 18

1991년 천경자 화백의 KBS 인터뷰 기사(동영상),
   https://news.kbs.co.kr/news/pc/view/view.do?ncd=3396979 (2024. 12. 30. 방문)

EBS 다큐프라임 <생존>, https://youtu.be/4SAs1ES3F7A (2024. 12. 30. 방문)

촘스키의 유튜브 동영상 인터뷰(2024. 12. 30.),
   https://www.youtube.com/watch?v=SJi4VE-0MoA (2024. 12. 30. 방문)

참고판결

- 한국 판결(선고일 순서)

대법원 2024. 7. 11. 선고 2021다272001 판결('교육과정평가원 판결')
대법원 2024. 7. 11. 선고 2021다216872, 2021다216889 판결('소양강 처녀 판결')
대법원 2023. 12. 14. 선고 2021도2299 판결
대법원 2023. 1. 12. 선고 2022도11245, 2022보도52 판결
대법원 2022. 12. 22. 선고 2020도16420 전원합의체 판결('전동킥보드 판결')
대법원 2021. 10. 14. 선고 2016도14772 판결
대법원 2021. 9. 30. 선고 2021도9002 판결('텔레그램 n번방 판결')
대법원 2021. 3. 11. 선고 2020도17078 판결('프로듀스 101 판결')
대법원 2021. 3. 11. 선고 2013다59142 판결['빛(光害) 판결']
대법원 2020. 10. 15. 선고 2020다238424 판결('구글 합의관할 판결')
대법원 2020. 6. 25. 선고 2017도5797 판결('누드 패러디 판결')
대법원 2020. 5. 21. 선고 2017다220744 전원합의체 판결
대법원 2020. 3. 26. 선고 2016다276467 판결('골프존 판결 Ⅰ')
대법원 2019. 7. 11. 선고 2018도20504 판결
대법원 2019. 6. 13. 선고 2019도1555 판결('밤도끼 판결')
대법원 2017. 4. 7. 선고 2016도13263 판결('깨알 약관 판결')
대법원 2017. 2. 15. 선고 2015다23321 판결('진동 판결')
대법원 2016. 11. 25. 선고 2014다57846 판결('소음 판결')
대법원 2016. 6. 28. 선고 2014두2638 판결
대법원 2015. 11. 26. 선고 2015도7887 판결('영상 인용보도 판결')
대법원 2014. 12. 24. 선고 2013다11669 판결
대법원 2014. 8. 26. 선고 2012도10786 판결('Be the Reds! 판결')
대법원 2013. 11. 28. 선고 2010도12244 판결
대법원 2013. 2. 5. 선고 2011도5835 판결('식약청 판결')
대법원 2012. 8. 17. 선고 2010다87672 판결

대법원 2009. 12. 10. 선고 2007도7181 판결('공동저자 판결')
대법원 2009. 7. 9. 선고 2007다36384 판결('골프코스 설계도면 판결')
대법원 2006. 12. 22. 선고 2005다41009 판결
대법원 2006. 2. 9. 선고 2005도793 판결('썸네일 이미지 판결')
대법원 2001. 6. 26. 선고 99다50552 판결('폰트 판결')
대법원 2001. 6. 15. 선고 98후836 판결('우회 발명 판결')
대법원 2000. 2. 25. 선고 99다65097 판결
대법원 1997. 11. 25. 선고 97도2227 판결('대입본고사 문제 판결')
대법원 1997. 9. 30. 선고 97도1230 판결
대법원 1996. 10. 25. 선고 95도1473 판결
대법원 1996. 7. 30. 선고 95다29130 판결
대법원 1994. 5. 10. 선고 94도690 판결('노래 반주용 기계 판결')
대법원 1991. 8. 27. 선고 89도702 판결('노가바 판결')
대법원 1982. 6. 22. 선고 82다카102 판결

서울고등법원 2024. 2. 1. 선고 2022나2000485 판결
서울고등법원 2024. 2. 1. 선고 2023나2003078 판결('골프존 판결 Ⅱ')
서울고등법원 2020. 6. 9. 선고 2019나2044652 판결('구글 합의관할 판결' 항소심)
서울고등법원 2017. 1. 26. 선고 2016나2018997 판결('통일 토크 동영상 판결')
서울고등법원 2016. 12. 1. 선고 2015나2016239 판결('골프존 판결 Ⅰ' 원심)
서울고등법원 2015. 5. 28. 선고 2014나7300(본소), 2014나7317(반소) 판결('먼지 판결')
서울고등법원 2012. 4. 4.자 2011라1456 결정('메가스터디 판결')
서울고등법원 2010. 10. 13. 선고 2010나35260 판결('손담비 미쳤어 판결')
대전고등법원 2010. 8. 18. 선고 2010나819 판결('버버리 노래방 판결')
서울고등법원 2007. 12. 12. 선고 2006나110270 판결('중고등학교 시험문제 판결')
서울고등법원 1995. 5. 4. 선고 93나47372 판결('토플 문제 판결')

서울중앙지방법원 2024. 2. 14. 선고 2022가합550734 판결('드라마 안나 판결')
서울남부지방법원 2022. 5. 13. 선고 2021나59869 판결('사회복지법인 서체 판결')
창원지방법원 2022. 4. 19. 선고 2022노41 판결('웹툰 무단 복제 판결')

서울중앙지방법원 2022. 1. 14. 선고 2021가합512773 판결('평화의 소녀상 판결')
서울중앙지방법원 2021. 11. 25. 선고 2017고단78 판결('다시보기 링크 판결')
수원지방법원 2021. 6. 17. 선고 2019나2718 판결('종교 웹페이지 판결')
대구지방법원 2021. 6. 3. 선고 2020나322266 판결('사모펀드 유튜브 판결')
서울중앙지방법원 2020. 9. 10. 선고 2019나73156 판결('비키니 모델 판결')
서울중앙지방법원 2020. 5. 29. 선고 2019노2573 판결
서울남부지방법원 2019. 10. 15. 선고 2018노1678 판결('교과서 동시 판결')
대전지방법원 2019. 6. 20. 선고 2018노3461 판결('명리학 판결')
서울남부지방법원 2019. 1. 11. 선고 2018나57023 판결('목사 사진 판결')
춘천지방법원 2018. 9. 4. 선고 2018고단 364, 2018고정101 판결('일러스트 포스터 판결')
서울남부지방법원 2018. 8. 24. 선고 2016고정2825 판결('교과서 동시 판결' 1심)
서울중앙지방법원 2018. 7. 27. 선고 2015가단169829 판결('재활의학 교재 판결')
서울중앙지방법원 2018. 7. 6. 선고 2016가단5124828 판결('북한 전집 판결')
서울중앙지방법원 2018. 5. 4. 선고 2017나76939 판결('기간제교사 판결')
서울남부지방법원 2017. 4. 13. 선고 2016노1019 판결('누드 패러디 판결')
서울중앙지방법원 2016. 8. 11. 선고 2016고정382 판결('블로그 사진 게시 판결')
대구지방법원 2016. 2. 26. 선고 2015고단6154 판결('게임소개서 판결')
서울중앙지방법원 2015. 12. 16. 선고 2013가합93192 판결('전통주 교재 판결')
창원지방법원 2015. 12. 8. 선고 2014나12397 판결('설교집 판결')
서울서부지방법원 2015. 11. 26. 선고 2015나33407 판결('광어회 사진 판결')
청주지방법원 2015. 8. 28. 선고 2015노288 판결('캘리그래피 교재 판결')
의정부지방법원 2015. 6. 25. 선고 2015고정646 판결('지방자치단체장 선거 판결')
서울중앙지방법원 2014. 2. 11. 선고 2013나36100 판결('한경닷컴 판결')
서울남부지법 2013. 5. 9. 선고 2012고정4449 판결('이외수 트윗글 판결')
서울서부지방법원 2012. 11. 1. 선고 2012고정1591 판결('시민행동 판결')
부산지방법원 2011. 2. 10. 선고 2009가합10372, 2010가합29, 272, 8078 판결('악취 판결')
서울중앙지방법원 2008. 6. 9.자 2007카합3973 결정('뮤프리 판결')
서울중앙지방법원 2006. 6. 30. 선고 2005가단197078 판결('태왕사신기 판결')
서울지방법원 2001. 11. 1.자 2001카합1837 결정('이재수 패러디 판결')

서울지방법원 2001. 4. 20. 선고 2000가합66329 판결('요쿠르트 판결')

헌법재판소 2024. 6. 27. 선고 2020마468 결정
헌법재판소 2024. 6. 27. 선고 2023헌바449 결정

● 해외 판결

− 미국 대법원(선고일 순서)

Warhol v. Goldsmith, 598 U.S. 508 (2023) ('Warhol' 판결)
Google v. Oracle, 593 U.S. 1 (2021) ('Oracle 판결')
Campbell v. Acuff-Rose Music Inc., 510 U.S. 569 (1994) ('Campbell 판결')
Feist Publications v. Rural Telephone, 499 U.S. 340 (1991)
Harper & Row Publishers v. Nation Enterprises, 471 U.S. 539 (1985) ('Harper 판결')
Sony Corp. v. Universal City Studios, 464 U.S. 417 (1984) ('Sony 판결')
Bleistein v. Donaldson Lithographing Company, 188 U.S. 239 (1903)

− 미국 연방항소법원/지방법원(알파벳 순서)

Authors Guild v. Hathitrust, 755 F.3d 87 (2nd Cir. 2014) ('Google Books 판결 Ⅰ')
Authors Guild v. Google, Inc., 804 F.3d 202 (2nd Cir. 2015) ('Google Books 판결 Ⅱ')
A.V. ex rel. Vanderhye v. iParadigms, LL.C., 562 F.3d 630 (4th Cir. 2009)
Blanch v. Koons, 467 F.3d 244 (2d Cir.2006) ['Koons 판결(2006)']
Brammer v. Violent Hues Productions, No. 18-1763 (4th Cir. Apr. 26, 2019) ('Brammer 판결')
Bright Tunes Music Corp. v. Harrisongs Music, Ltd., 420 F. Supp. 177 (S.D.N.Y. 1976)
Cariou v. Prince, 714 F.3d 694 (2d Cir.) cert. denied, 134 S. Ct. 618 (2013) ('Prince 판결')
Chicago School Reform Board of Trustees v. Substance, Inc., 79 F. Supp. 2d 919 (ND Ill 2000), aff'd 354 F 3d 624 (7th Cir 2003) ('시카고 학교개혁위원회 판결')
ETW v. Jireh Publishing, 332 F.2d 915 (6th Cir. 2000) ('타이거 우즈 판결')

Folsom v. Marsh, 9 F. Cas. 342 (C.C.D. Mass. 1841) (No. 4901)
Gaylord v. United States, 595 F.3d 1364 (Fed. Cir. 2010)
Bill Graham Archives v. Dorling Kindersley, Ltd., 448 F.3d 605 (2d Cir. 2006)
Jartech, Inc. v. Clancy, 666 F.2d 403 (9th Cir. 1982)
Prager University v. Google, 951 F.3d 991 (9th Cir. 2020)
Rogers v. Koons, 960 F.2d 301 (2d Cir. 1992) ['Koons 판결(1992)']
Salinger v. Colting, 607 F.3d 68 (2d Cir. 2010)
Salinger v. Random House, Inc., 650 F. Supp. 412 (S.D.N.Y. 1986)
Three Boys Music Corp. v. Bolton, 212 F.3d 477 (9th Cir. 2000)
Ty, Inc. v. Publications International, 292 F.3d 512 (7th Cir. 2002)
Warner Brothers Entertainment v. RDR Books, 575 F. Supp. 2d 513 (S.D.N.Y. 2008)
Weissmann v. Freeman, 868 F.2d 1313 (2d Cir.), cert. denied, 110 S. Ct. 219 (1989) ('Weissmann 판결')
White v. Samsung Electronics, 989 F.2d 1512 (1993) ('White 판결')

- 미국 주 법원(알파벳 순서)

Comedy Ⅲ Productions Inc. v. Gary Saderup, Inc., 25 Cal. 4th 387 (2001)
Greaver v. National Ass'n of Corporate Directors, No. C.A. 94-2127(WBB), 1997 WL 34605245 (DDC 19 Nov 1997) (unpublished, only the Westlaw citation is currently available) ('Greaver 판결')
Philpot v. WOS, No 18-CV-339-RP, 2019 WL 1767208 (WD Tex 22 April 2019) ('Philpot 판결')
Winter v. DC Comics, 30 Cal. 4th 881 (2003)

- 기타(영국 법원)

Austen v. Cave, C33/371, f.493 (Ch. 1739)

찾아보기

/ㄱ/

가상 인간virtual human … 325
가치 중심 패러다임Value-centered paradigm
　… 44-60
가파GAFA … 6, 97, 163, 195, 261,
　362, 365
게이츠Bill Gates … 96, 312, 457
게이트키퍼gatekeeper … 7, 241, 245,
　429
게임소개서 판결 … 534, 563, 583
계몽의 변증법 … 383
고든Wendy J. Gordon … 28, 34, 40-43,
　64, 344
고서치 대법관J. Gorsuch … 117, 122
골드스타인Paul Goldstein … 573
골프존 판결 … 543, 589-591
공동저자 판결 … 50
공용수용Eminent domain … 168-174, 177-
　179, 183-186, 225, 229, 447
공표된 저작물의 인용(제28조) … 6,
　173, 299, 350, 466-475, 477,
　600
과잉 소통, 과잉 연결 … 410-411, 452
관심 추종 기업attention seekers … 205,
　308, 359-361, 381, 459

광어회 사진 판결 … 491, 563
교과서 동시 판결 … 540, 564
교육과정평가원 판결 … 569, 589,
　592, 595, 600
교황, 베네딕토 16세 … 331
구글Google
　구글 북스Google Books 판결 … 7,
　　8, 30, 61, 69, 73-79, 127-129,
　　142, 168, 175-176, 214-215, 217,
　　219-221, 240, 285, 308-309, 311,
　　343, 422, 560, 583
　구글세稅 … 448, 458
　구글플레이Google Play … vi, 7,
　　195, 197, 234
　구글 합의관할 판결 … 246, 248,
　　250, 261
　안드로이드Android … vi, 96-98,
　　104, 105, 107, 172, 173, 199,
　　213, 360, 361
구름빵 이야기 판결 … 204
구테흐스António Guterres … 268
권위자Authoritative voice … 51-55
그리멜만James Grimmelmann … 281-283,
　286
그리버Greaver 판결 … 46, 51-55

그린Stuart P. Green ··· 444
글레이즈Glaze ··· 333
기간제교사 판결 ··· 50, 588
기본소득 ··· 349-350, 432-433, 444, 449, 456-460
기업결합 ··· 108, 135, 142
긴즈버그 교수Jane C. Ginsburg ··· 35, 42, 45, 47-49, 54-55, 59, 61-62, 110-111, 127, 157, 159, 161, 201, 223, 226, 232, 286, 321, 342-344, 381, 445
김선우 ··· 382-383
김윤명 ··· 455
김훈 ··· 383
깨알 약관 ··· 526

/ㄴ/

나이트쉐이드Nightshade ··· 333-335
나카야마 노부히로中山信弘 ··· 20
네타넬Neil Weinstock Netanel ··· 33-34, 37, 41, 44, 60-67, 72, 126-128, 465, 479
넷플릭스NETFLIX ··· 262, 328, 362, 364
노가바(노래 가사 바꿔 부르기) 판결 ··· 486-488
노래 반주용 기계 판결 ··· 340
누드 패러디 판결 ··· 116, 499-508, 534

뉴스코퍼레이션, 뉴스코프 ··· 166, 200, 424, 428
뉴욕타임스New York Times ··· 3, 8, 130, 200, 339, 343, 416, 423, 426, 428, 438, 446
니머Melville B. Nimmer ··· 573

/ㄷ/

다수설의 오류 ··· 401-402
단백질 사다리 ··· 402
단순화의 오류 ··· 397-400
당랑거철螳螂拒轍 ··· 107, 611
대가이론代價理論 ··· 173, 184
대마불사 ··· 104-108, 311, 331
대입본고사 문제 판결 ··· 588
덕덕고DuckDuckGo ··· 209
데이터세稅 ··· 447-458
데이터 포이즈닝, 데이터 독 살포Data poisoning ··· 5, 332
두더지 잡기 게임Whack-a-mole game ··· 132-133, 268, 397
뒤샹Marcel Duchamp ··· 55-56, 85-86, 88-95, 384
　샘Fountain ··· 86, 88, 90, 92
드라마 안나 판결 ··· 374
디스인센티브disincentive ··· 49-51, 54, 223
디즈니Walt Disney ··· 110, 165, 332, 362

찾아보기　645

디지털 인문학자digital humanities scholar ⋯ 324
디클레어링 코드declaring code ⋯ vi, 97-98, 111, 236
땔감 ⋯ 311, 328, 414, 417, 418

/ㄹ/

라트먼Alan Latman ⋯ 157-158
러니어Jaron Lanier ⋯ 345-346, 348, 446
레거시 미디어legacy media ⋯ 253, 373, 425
레발Pierre N. Leval 판사 ⋯ 35, 65, 67, 82, 84, 219, 221, 232, 582
  Leval-Campbell transformative use doctrine ⋯ 64
레이튼Roslyn Layton ⋯ 240, 266, 547
렘리Mark A. Lemley ⋯ 265, 318-320, 337
로봇세稅 robot tax ⋯ 457
로스 리더Loss leader ⋯ 46-48, 208, 218
로크John Locke ⋯ 59, 186, 304
류시원 ⋯ 114, 272, 273
리프킨Jeremy Rifkin ⋯ 153, 403

/ㅁ/

마라케시 조약Marrakesh Treaty ⋯ 230, 292-293
맞춤형 광고 ⋯ 210, 363

망 이용료 ⋯ 163, 240
망 중립성 ⋯ 240
매스 디지타이제이션mass digitization ⋯ 7, 73, 127-130, 150, 265, 342, 445, 465
매카시J. Thomas McCarthy ⋯ 139
매컬리Thomas Babington Macaulay ⋯ 153, 155
머독Rupert Murdoch ⋯ 200, 424, 426, 428
머신 언러닝Machine unlearning ⋯ 4, 279, 301, 336-339, 344
머지스Robert P. Merges ⋯ 155, 156, 157, 159, 161, 419
먼로Marilyn Monroe ⋯ 116, 121
메가스터디 판결 ⋯ 543
모델 붕괴model collapse ⋯ 4, 418
목사 사진 판결 ⋯ 497, 508, 509, 580
몸Robert Maugham ⋯ 39
몽테스키외, 법의 정신 ⋯ xi, 133, 134
물화物化, 인간의 물화 ⋯ 378
뮤프리MuFree 판결 ⋯ 351-352
밀러Arthur R. Miller ⋯ 139, 140

/ㅂ/

바둑 ⋯ 388, 392, 435-437
  기보棋譜 ⋯ 392, 417
바드Bard ⋯ 77, 271
바르트Roland Barthes ⋯ 59, 95, 381

바벨탑 … 398
박성호 … 264, 273, 276, 289, 392, 467, 468, 469, 505
박준석 … 468, 469, 537
방송통신위원회, 방통위 … 253, 254
방송통신심의위원회, 방심위 … 253, 254, 487
배달의민족 … 134-135, 196, 199
백종현 … 323
뱁새 … 414-416
버츄얼 인플루언서virtual influencer … 325-326
법정배상 … 528-529, 549
베이조스Jeff Bezos … 364-365
베일 찢기, 베일 뚫고 보기piercing veil … 241, 507, 605
벤야민Walter Benjamin … 28, 233, 372
벤하무Françoise Benhamou … 214
보일James Boyle … 304, 305, 310-312, 327
부르디외Pierre Bourdieu … 384-385
북한 전집 판결 … 561, 600-601
불완전한 완전성 … 433-434
브라머Brammer 판결 … 47
브릴로 박스Brillo Box … 90, 93
블랑쉬Andrea Blanch → 쿤스 판결
블라이스타인Bleistein v. Donaldson 판결 … 84
블랙먼 대법관J. Blackmun … 32, 38, 41, 43, 155, 156, 161, 297, 310, 421, 449
비교법 연구Comparative law study … 19-25, 545, 568, 609
비더레즈Be the Reds! 판결 … 556, 588
비물질화dematerialization … 90-93
비키니 모델 판결 … 597
비합의 이전non-consensual transfer … 42-43
빈약한 공리주의impoverished utilitarianism → 교황
뻐꾸기 … 415-416

/ㅅ/

사다리 걷어차기 … 228, 319
사르트르Jean Paul Sartre … 420
사마귀 … 611-612
사모펀드 유튜브 판결 … 493-495
사물인터넷IoT … 378
사법 자제 … 84, 122, 125, 410, 501
사법주권의 형해화 … 242, 246, 360, 479
사법화司法化 judicialization … 484, 487, 489
사사키 아타루 … 372
사은품 化 … 359, 369-371, 379, 380-381, 424
사토이Marcus du Sautoy … 436
사회복지법인 서체 판결 … 526-527,

532, 585
산학연계 … 479, 552, 606-608
상린관계相隣關係 … 147, 151, 182-184, 186
샐린저J. D. Salinger … 64-65, 70
샘Fountain → 뒤샹
생산적/소비적 이용 … 269, 276, 297
서태지 → 이재수, 이재수 패러디 판결
선린善隣 … 183-186
설교집 판결 … 553
성염成稔 … 138
셔키Clay Shirky … 163, 358
소벨Benjamin L. W. Sobel … 106, 107, 156, 159, 161, 233, 278, 282, 285, 286, 294, 295, 298, 324-325, 326-327, 331
소비자 후생 … 135, 405
소양강 처녀 판결 … 468, 546
손담비 미쳤어 판결 … 6, 466, 470, 535, 589
수어사이드 걸즈Suicide Girls … 82, 88, 93-94
쉬피오Alain Supiot … 378
수치數治 … 378
스니펫 뷰Snippet view, Snippet service … 74, 215, 560
스크래핑scraping … 5, 279, 291, 332-335
스티글리츠Joseph E. Stiglitz … 110, 164-167, 249
스펜스Thomas Spence … 457
스포티파이Spotify … 196, 250
시각장애인 … 74, 172, 229, 284, 292, 373, 471
시간차 공격 … 134-135, 317
시민행동 판결 … 534, 545
시소seesaw … 612
시장실패market failure … 34, 39, 41, 44, 344, 445, 446
시카고 학교개혁위원회 판결 … 57-58
식약청 판결 … 468, 543-546
실패 논증 … 216, 432, 444-450
싸이PSY … 369
쌕Matthew Sag … 27, 31, 33, 39, 42, 280, 476, 550
썸네일 이미지 판결 … 469

/ㅇ/

아마존Amazon … 98, 164, 195, 197, 213-215, 261, 318, 340, 363-365, 381
아우구스티누스Aurelius Augustinus … xi, 138, 195
악의bad faith … 581-584
안드로이드Android → 구글
알고리듬algorithm … 244, 245, 345, 379, 396, 425, 435, 436
알파고AlphaGo … 389, 392, 417, 435-

437

애들러Amy Adler … 80-89, 93-94

애커만Bruce Ackerman … 459

애플Apple

   아이오에스iOS … 96, 195, 583

   아이튠스iTunes … 207, 208, 363

   앱 스토어App Store … 195, 197, 234, 250, 319, 363, 455

앤 여왕 법Statute of Anne … 26, 152

앱 마켓, 앱 시장App market … vi, 7, 195-198, 234, 236, 450, 455,

앱 형태 플랫폼 … 196-199

   논-플랫폼 앱 … 196

양봉업자 … 79

양심conscience … 603-604, 609

양질전화量質轉化 … 233

억강부약抑强扶弱 … 125, 156, 162, 356, 378, 422

엄폐물의 법칙Shelter rule … 236-237

에반스David S. Evans … 199, 208, 308

에어비앤비Airbnb … 196, 340

에픽게임즈Epic Games … 196, 234

엑스투이X2E … 346, 348

엠 세븐M7, Magnificent 7 … 6, 261, 365

오렌지 프린스Orange Prince … 112-116, 120

오브제object … 80, 86, 90, 91

오승종 … 266, 268, 280, 287-289, 464, 560, 575, 581

오쓰카 에이지大塚英志 … 370-371, 374

오케디지Ruth L. Okediji … 247

오프사이드 … 392-394, 398

옥수수밭 … 22, 185, 318, 402, 404-408

온라인 장터 … 199, 210, 307, 346, 361

온라인 플랫폼 공정화법, 온플법 … 239, 261-263, 375

와이스만Weissmann 판결 … 46, 49-52, 54, 223

왓슨 앤드 크릭Watson & Crick … 138

왓츠앱WhatsApp … 108, 135, 363

외부 혜택external benefit … 42-43

우버UBER … 196

우에노 타츠히로上野達弘 … 273, 275

워런 앤드 브랜다이스Warren & Brandeis … 138-139

워런Elizabeth Warren … 163

워홀AndyWarhol … 112

유명인의 표절 특권celebrity-plagiarist privilege … 113

유럽연합 저작권 지침CDSM, Directive on Copyright in the Digital Single Market … 8, 276, 424, 600

유튜브 커뮤니티 가이드YouTube Community Guide … 243

이광석 … 224

이브 클랭Yves Klein … 91-92
이세돌 … 417, 435-437
이어달리기 이론 … 186-192, 574
이외수 트윗글 판결 … 294
이이제이以夷制夷 … 239, 547
이일호 … xii, 23, 25, 273, 464, 477, 478, 479, 506, 507, 510, 552, 568, 597
이재수, 이재수 패러디 판결 … 116, 118, 502-503
이해완 … 464, 467, 468, 498, 582, 583
인간중심주의anthropocentrism … 267, 313, 321, 323-324, 326
인공지능
    생성형 인공지능Generative AI … 3, 77, 334, 418, 434, 440
    인공지능 번역 … 389, 398, 437
    AI feeding, feeding AI … 12, 281, 285, 377, 412, 415
인리치먼트 오브 소사이어티enrichment of society … 35, 231-232
인본주의 정보경제, 인본주의 컴퓨팅 … 344-346, 445-446
인앱결제 … 234, 235, 239, 250, 253, 449
    인앱결제 강제방지법 … 197, 234, 247, 262, 450
인지 잉여Cognitive surplus … 163, 174,
206, 216, 278, 313, 358, 432, 446, 457, 458
임원선 … 467, 470, 471, 473, 536, 560, 573

/ㅈ/
자오Ben Zhao … 333-335, 434
장대익 … 439-442
장하준Ha-Joon Chang … 228, 319
재전유 … 183, 313, 409, 410
재활의학 교재 판결 … 562, 591, 600
저커버그Mark Zuckerberg … 136, 166, 312, 319, 423, 446, 452
저자의 죽음 … 59, 95, 381
저작권
    저작권 괴물copyright troll … 47, 525
    저작권의 무기화weaponizing copyright … 420, 483
    저작권 방패Copyright shield … 332
    저작권 의존적 비즈니스 모델 Copyright-dependent business models … 45
    저작권 파파라치 … 530
전유형專有型 이용 … 428, 469, 472
전자책, 이북eBook … 213, 214, 296, 342, 373
전통주 교재 판결 … 563
절전折箭 … 9, 131
정당방위 … 334-336, 537

정상조 … 590
정책적 접근/고려policy based approach/consideration … 25, 63, 105, 115, 129, 131, 220, 296
정희성 … 102, 160
정끝별 … 383,
제미나이Gemini … 77, 271
조영남 … 84, 89, 93
조지Henry George … 457
   토지 단일세론 … 457
종합적 접근holistic approach … xi, 9, 14, 68-69, 131, 133, 222, 266-269, 397
주리스토크라시Juristocracy … 84, 410
주위지 통행권 … 177-179, 182-184, 186, 447, 448
주종관계, 주종관계설 … 468-469, 472-473, 561-562
지대rent … 110, 164-167, 457, 458
지방자치단체장 선거 판결 … 491, 492, 509
진정성authenticity … 85, 88-89, 95, 433-434, 438, 440
징벌배상 … 529, 549

/ㅊ/

차용 미술Appropriation art … 79, 472
창과 방패 … 5, 332, 335
천경자 … 374, 382

촘스키Noam Chomsky … 413, 438-442

/ㅋ/

카리우Patrick Cariou → 프린스 판결
카카오, 카카오톡, 카카오모빌리티 … 86, 195-197, 213, 234, 359, 374
카프카Franz Kafka … 374-375
카피레프트copyleft … 224, 265, 266
   카피파레프트copyfarleft … 224, 265, 266
칸Lina Khan … 316
캠벨 수프 캔Campbell's Soup Cans … 120
컴퓨터
   Computer generated works … 139
컴플라이언스compliance … 491, 581, 585
케이건 대법관J. Kagan … 32, 120-124
케이팝K-pop … 273, 533, 596
케임브리지 애널리티카Cambridge Analytica … 135
켈쿠Kelkoo … 108
코비드Covid 19 … 212, 410, 591
코지리스P. John Kozyris … 20, 272, 606
콩고기 … 412-413
쿠팡Coupang … 364, 374, 381, 382, 527
   쿠팡플레이Coupang Play … 364, 371, 374, 381

쿤데라Milan Kundera … 225, 374-375, 400
쿤스Koons 판결 … 79, 80-83, 95, 123, 232
크롤링crawling … 77, 128, 130, 200, 207, 284, 290-291, 333, 339, 409, 415, 423, 427, 465, 472, 577, 578
크리에이티브 커먼즈Creative Commons, CC, CCL … 46, 224, 305, 558
킨들Kindle … 213, 214, 215

/ㅌ/
타다 … 86
타이거 우즈Tiger Woods 판결 … 121
탁란종托卵種 … 414-416
태왕사신기 판결 … 189, 190
턴잇인Turnitin … 70
텔레그램Telegram … 454
　텔레그램 n번방 판결 … 454
토머스 대법관J. Thomas … vi, 97-99, 103, 108, 111, 124, 173
토트넘 훗스퍼Tottenham Hotspur … 364
토플TOEFL 문제 판결 … 58, 469
톰 크루즈Tomas Cruise Mapother Ⅳ … 433-434
통신품위법CDA, Communication Decency Act … 451, 453, 455
통일 토크 동영상 판결 … 492-493, 495, 589
특이점singularity … 374, 396-397

/ㅍ/
파괴적 혁신기술disruptive innovation technology … 14, 19, 137, 140-142, 387-388, 460
파편fragment … 133, 221
패러디parody
　직접 패러디 … 118, 502
　매개 패러디 … 118, 502, 505, 506
퍼디Chase Purdy … 403
퍼블리시티권Right of publicity … 3, 92-93, 120-121, 200, 231, 329, 346, 491, 501-503
페어 딜링fair dealing … 6, 27, 310
페어 어브리지먼트fair abridgment … 27
페이크fake 뉴스 … 252
　딥 페이크 deep fake … 433
페인Thomas Paine … 457
평화의 소녀상 판결 … 554, 557, 587
포스너Richard A. Posner … 53, 102, 169, 176, 185, 190, 202, 607-608
포스트모더니즘Postmodernism … 59, 95, 100, 313, 386
폰트 판결 … 532
폴섬Folsom 판결 … 27-29, 34-35, 37,

39, 202-203
표절
　자기표절, 자기복제 … 474
　표절론 … v, 53, 102, 438, 560, 577, 599
푸코Paul-Michel Foucault … 95, 152-153, 381
풍자satire …118-119, 170, 501, 502, 504, 506
프로듀스 101 판결 … 366
프린스Prince 판결 … 63, 76, 79-80, 83-84, 95, 122, 123, 129, 219, 232
　리처드 프린스Richard Prince … 82, 88
피로사회 → 한병철
필폿Philpot 판결 … 46-49, 208, 218

/ㅎ/
하이테크 표절high tech plagiarism → 촘스키
학리적 접근doctrinal approach … 129, 131
학제적 연구interdisciplinary research … xi, 131, 134, 266, 303, 336, 386, 449, 460
한국음악저작권협회KOMCA … 234, 323, 351, 437
한국저작권위원회 … 23, 467, 524
한미 자유무역협정 … 66, 463-464, 478, 542, 545
한병철Byung-Chul Han … 377, 400, 411, 413, 414, 452
　단독성Singularität … 400
　피로사회 … 411
　상이성Alterität … 400
　잡다함Diversität … 400
　타자의 추방DIE AUSTREIBUNG DES ANDEREN … 377
한승헌 … 486
합의금 장사 … 47, 109, 524, 532, 549, 605
해리 포터Harry Potter … 70
해자垓字 moat … 318-320
향유적 이용 … 241, 276
　비향유적 이용 … 69, 276
헤이스팅스Reed Hastings … 362
홈즈 대법관Oliver Wendell Holmes, Jr. … 84, 385, 501
홍승기 … 273, 350
화이트White 판결 … 190, 231
효율성 신화 … 185, 402, 412
희석화 … 56, 57, 440

■ 남형두

서울대학교 법과대학(공법학사)
미국 University of Washington School of Law (LL.M., Ph.D.)
법무법인 광장 변호사
한국저작권위원회 위원
한국엔터테인먼트법학회 회장
현 연세대학교 법학전문대학원 교수

주요 저서 및 논문

『표절론』, 현암사, 2015
『표절 백문백답』, 청송미디어, 2017
『剽竊論』(田島哲夫 譯), 日本評論社, 2019
『문학과 법 — 여섯 개의 시선』(편저), 사회평론아카데미, 2018

- "'타다'와 '카카오모빌리티' 사례로 본 기술과 법 — 레드 헤링으로서 과학·혁신", 경제규제와 법 제17권 제1호, 2024
- "인공지능 기반의 문학번역에 관한 저작권법 문제 — 바벨탑의 데자뷰?", 계간 저작권 제144호, 2023
- "저작권법에서 본 백남준 비디오 아트 — 작가의 동일성유지권과 소유자·큐레이터의 해석 간 충돌", 계간저작권 제139호, 2022
- "잉여(剩餘) — 빅테크와 양봉업자", 법철학연구 제25권 제2호, 2022
- "법학의 학문 정체성에 관한 시론(試論) — 경제학의 침습과 법학의 고립", 서울대학교 法學 제62권 제3호, 2021
- "플랫폼과 법 — 절전(折箭)의 교훈", 정보법학 제25권 제2호, 2021
- "법과 예술 — 조영남 사건으로 본 주리스토크라시(Juristocracy)", 정보법학 제20권 제2호, 2016
- "법률가와 표절", 사법 제30호, 2014
- "합법성과 저작권 보호 요건 — 음란물을 중심으로", 민사판례연구 제34권, 2012

유민총서 26

공정이용의 역설
- 시소에 올라탄 거인, 균형의 복원

초판 1쇄 발행   2025년 02월 24일
초판 2쇄 발행   2025년 05월 30일

지 은 이   남형두
편   찬   홍진기법률연구재단
주   소   서울특별시 종로구 동숭3길 26-12 2층
전   화   02-747-8112   팩   스 02-747-8110
홈페이지   www.yuminlaw.or.kr

발 행 인   한정희
발 행 처   경인문화사
편 집 부   김지선 한주연 김한별 양은경
마 케 팅   하재일 유인순
출판번호   제406-1973-000003호
주   소   경기도 파주시 회동길 445-1 경인빌딩 B동 4층
전   화   031-955-9300   팩   스 031-955-9310
홈페이지   www.kyunginp.co.kr
이 메 일   kyungin@kyunginp.co.kr

ISBN   978-89-499-6840-7 93360
값 44,000원

* 저자와 출판사의 동의 없는 인용 또는 발췌를 금합니다.
* 파본 및 훼손된 책은 구입하신 서점에서 교환해 드립니다.